TRAITÉ

DE LA

JUSTICE CRIMINELLE

DE FRANCE.

TOME QUATRIEME.

TRAITÉ

DE LA
JUSTICE CRIMINELLE
DE FRANCE,

Où l'on examine tout ce qui concerne les Crimes & les Peines en géréral & en particulier ; les Juges établis pour décider les Affaires Criminelles ; les Parties publiques & privées ; les Accusés ; les Ministres de la Justice Criminelle ; les Experts, les Témoins ; & les autres Personnes nécessaires pour l'instruction des Procès-criminels ; & aussi tout ce qui regarde la maniere de procéder dans la poursuite des Crimes.

Par M. Jousse, Conseiller au Présidial d'Orléans.

TOME QUATRIEME.

A PARIS,

Chez Debure Pere, Libraire, Quai des Augustins, à l'Image S. Paul.

M. DCC. LXXI.
AVEC APPROBATION ET PRIVILEGE DU ROI.

TABLE

DES TITRES

Contenus dans ce quatrieme Volume.

SUITE

DE LA QUATRIEME PARTIE.

TABLE DES TITRES.

Fin de la Table des Titres.

TRAITÉ

TRAITÉ

DE LA

JUSTICE CRIMINELLE.

SUITE DE LA QUATRIEME PARTIE.

TITRE XXXIX.

SECTION PREMIERE.

Du Parricide.

ARTICLE PREMIER.

Ce que c'eſt que Parricide; & de ſes différentes eſpeces.

1°.

1. **L**E *Parricide* eſt le crime de celui qui procure la mort de ſes pere & mere, aïeul, ou aïeule, ou autres aſcendants, ſoit par violence, ou par poiſon; ou de quelqu'autre maniere que ce ſoit. (L. 1, D. *ad L. Pompeiam de parricidiis*; L. 1, *in pr.*, Cod. *eodem*; Farinac., *qu.* 120, *n.* 108; Julius Clarus, §. *parricidium*; Damhouder, *cap.* 87, *n.* 1; Decianus, *in tractatu criminum, lib.* 9, *cap.* 5,

A

n. 2 ; *& cap.* 9, *n.* 2; Menochius, *d3 arbitrar. quæft. lib.* 2, *cafu 356, n.* 50, *in addition.*)

Le fils naturel qui tue fon pere ou fa mere, eft auffi coupable de parricide. (Farinacius, *qu.* 120, *n.* 110; Julius Clarus, §. *parricidium*, n. 2.)

2.   Et il en eft de même du gendre, ou du beau-fils, à l'égard de fon beau-pere, & de fa belle-mere. (L. 1, D. *ad L. Pompeiam de parricidiis* ; Farinacius, *qu.* 120, *n.* 111 & 117; Damhouder, *cap.* 87, *n.* 1 ; Decianus, *in tractatu criminum, lib.* 9, *cap.* 8, *n.* 6; & *cap.* 11, *fub. n.* 2; Menoch. , *de arbitrar. qu. lib.* 2, *cafu* 356, *n.* 54, & *n.* 86, *in addition.*)

2°. Les peres & meres qui font mourir leurs enfants, ou petits-enfants, font auffi coupables de ce crime. (L. 1, *ibi fed fi mater quoque filium filiamve occiderit, D. ad L. Pompeiam de parricidiis;* L. 1, *in princ.*, Cod. *eodem;* Farin., *qu.* 120, *n.* 106 & 109 ; Julius Clarus, §. *parricid.*, n. 1, Décian., *in tractat. crimin., lib.* 9, *cap.* 8, *n.* 3 & 4; & Menoch., *de arbitrar. qu. lib.* 2, *cafu* 356, *n.* 67.)

Le pere ou la mere qui tuent leur fils naturel , commettent auffi un parricide. (Voyez Farinacius, *qu.* 120, *n.* 110 & 161 ; & Julius Clarus, §. *parricidium*, n. 2, *in fine.*)

3.   Et il en eft de même du beau-pere, ou de la belle-mere qui tuent leur gendre, ou leur belle-fille. (L. 1 , *ibi generum, nurum,* D. *ad L. Pompeiam de parricid.;* Farinac., *qu.* 120, *n.* 117; Damhouder, *cap.* 87, *n.* 1 ; Décianus, *in tract. crim. lib.* 9, *c.* 8, *n.* 5; & *cap.* 11, *n.* 1; Menoch., *de arbitrar. quæft. lib.* 2, *cafu* 356, *n.* 49 & *feqq. in addit.*)

Les femmes ou filles qui fe font avorter ; celles qui expofent leurs enfants, ou qui recelent leur groffeffe dans le deffein de les faire périr, doivent auffi être regardées comme coupables du crime de parricide. (Voyez ce qui eft dit ci-après aux articles *Recel de groffeffe,* n. 33; *Avortement*, n. 47 ; & *Expofition d'enfants,* n. 55.)

3°. Le mari qui tue fa femme, ou la femme qui tue fon mari, commettent auffi une efpece de parricide. (L. 1, D. *ad L. Pompeiam de parricid.* ; Farinacius, *qu.* 120, *n.* 129; Damhouder, *cap.* 87, *n.* 1 ; Décian., *in tract. crim., lib.* 9, *cap.* 11, *n.* 1, & *feqq.* ; Menoch. *de arbitr. quæft. lib.* 2, *cafu* 356, *n.* 104 & *feqq.*) Ce parricide eft même plus grave que celui d'un enfant qui tue fon pere.

4. 4°. Le frere qui tue fon frere, ou fa fœur; ou la fœur qui tue fa fœur, ou fon frere, commettent auffi une efpece de parricide; quand même ils ne feroient freres & fœurs que d'un fimple lien. (L. 1, *ibi confobrinum, confobrinam, D. ad L. Pomp. de parricid.*; Farinacius, *qu.* 120, *n.* 123 & 124; Julius Clarus, §. *parricidium, n.* 4; Damhouder, *cap.* 87, *n.* 1; Decianus, *in tract. crimin., lib.* 9, *cap.* 5, *n.* 3; & *c.* 10, *n.* 1; Menoch. *de arbitr. quæft. cafu* 356, *n.* 92 & *feqq.*)

5. 5°. L'oncle, ou la tante qui tuent leur neveu, ou niece, *aut vice verfâ*, commettent auffi un parricide, fuivant la Loi 1, D. *ad L. Pompeiam de parricid.* Et il en eft de même des coufins-germains, ou d'autres collatéraux en égal, ou plus prochain degré; comme il réfulte de la même Loi. Voyez Farinacius, *qu.* 120, *n.* 125, 126 & 127.)

6°. Le crime de Leze-Majefté au premier chef, peut auffi être regardé comme une efpece de parricide; & il en eft de même de celui qui trahit fa patrie, ou qui procure la mort du Magiftrat qui le gouverne. (Farinacius, *qu.* 120, *n. 120–121.* Voyez auffi au titre *Du crime de Leze-Majefté,* ci-deffus, *part.* 4; *tit.* 28.)

7°. Enfin, on peut regarder comme parricide le domeftique qui tue fon maître, ou fa maîtreffe.

ARTICLE II.

De la peine du Parricide.

6. Suivant les Loix divines, celui qui avoit maudit, ou frappé fon pere & fa mere, étoit puni de mort. (Exode, *chap.* 1, *verf.* 15; Lévitique, *chap.* 20, *verf.* 9; Proverb., *chap.* 20, *verf.* 20. Matthieu, *chap.* 15, *verf.* 4;) d'où l'on peut conclure combien le parricide devoit y être en horreur.

A Athenes & à Rome, Solon & Romulus ne firent aucune Loi pour ce genre de crime; parce qu'ils crurent que les hommes ne pouvoient être capables d'une action auffi barbare. (Voyez Ciceron *in Orat. pro Rofcio Amerino*;) & c'eft fans doute pour la même raifon qu'on ne trouve dans les Loix divines aucunes peines établies contre les parricides.

7. Mais depuis on a établi à Rome un genre de peine particuliere contre les parricides. Celui qui en étoit convaincu, étoit d'abord

fouetté jusqu'à effufion de fang, & enfuite enfermé tout vif dans un fac de cuir avec un chien, un finge, un coq, & une vipere, & jetté dans la mer, ou dans le plus prochain fleuve. (L. 9, D. ad *Leg. Pompeiam de parricidiis* ; §. *alia* 6, Inftit. *de public. judic.* ; L. *unic.* Cod. *de his qui parentes, vel liberos occiderunt.*) La Loi elle-même rend raifon de ce genre fingulier de fupplice ; c'eft afin que le parricide qui a offenfé la nature, foit privé de l'ufage de tous les élements, de la refpiration de l'air, étant encore vivant ; de l'ufage de l'eau, quoiqu'au milieu de la mer, ou d'une riviere ; & de la terre, qu'il ne peut avoir pour fépulture. (*Eâd. L. unic.* Cod. *de his qui parentes, vel liberos occiderunt* ; & *eodem* §. 6, Inftit. *de publicis judiciis.*)

Il faut cependant obferver que ce genre de fupplice n'avoit lieu que pour le parricide commis par un enfant contre fon pere, ou fa mere ; ou par un pere, contre fon fils ; mais dans les autres degrés de parenté, la peine étoit celle de la *Loi Cornelia de Sicariis* ; (§. 6, Inftit. *de public. judic.* ; L. 9, §. 1, D. *ad L. Pompeiam de parricid.*)

8. Ce fupplice contre les coupables du crime de parricide au premier degré, ceffa depuis d'être en ufage ; & on condamna les coupables à être brûlés vifs, ou à être dévorés par les bêtes. (Voyez Paul *Sentent.*, lib. 5, tit. 22, §. 1.)

En France, la peine du parricide n'eft point fixée par les Loix : elle fe regle par les Juges, fuivant l'atrocité des circonftances, & la qualité des perfonnes.

1°. Le fils qui tue, ou qui empoifonne fon pere, ou fa mere, eft ordinairement condamné à faire amende-honorable, & à avoir le poing coupé ; & enfuite à être rompu vif, & fon corps jetté au feu : fi c'eft une fille, ou une femme, elle eft pendue ou brûlée. Cette peine a également lieu à l'égard du fils qui eft complice de l'homicide de fon pere.

Le fils naturel, ou illégitime, qui tue fon pere, ou fa mere, eft fujet, comme les autres enfants, à la peine ordinaire du parricide. (Julius-Clarus, §. *parricid.* n. 2 ; Farinacius, *qu.* 120, n. 110.) Quelques Auteurs cependant prétendent que dans ce cas la peine doit être moindre. (Voyez Farinacius, *ibid.* qu. 120, n. 161.)

9. Il en eft de même du gendre, de la bru, du beau-fils, ou de la belle-fille qui tuent leur beau-pere, ou leur belle-mere ; ils

doivent être aussi punis comme parricides. (L. 1 , D. *ad Legem Pompeiam de parricid.*; Farinacius, *qu.* 120, *n.* 111; Damhouder, *chap.* 27 , *n.* 1 ; Decianus *in Tract. crimin.* lib. 9 , cap. 8, n. 6 ; & cap. 11 *sub n.* 2 ; Menochius *de arbitrar. quæst.* lib. 2, casu 356, n. 54; & n. 86, *in addition.*)

Le fils qui tue son aïeul, ou son aïeule, ou autre ascendant, doit aussi être puni de la peine ordinaire du parricide. (Farinaius, *qu.* 120, *n.* 108 ; Julius-Clarus, §. *parricidium*, n. 3; L. 1, D. ad Leg. Pompeiam de parricid.; Damhouder, *cap.* 87 , *n.* 1 ; Decianus *in Tract. crimin.* lib. 9 , cap. 5, n. 2; & cap. 9, n. 2 ; Menochius, *de arbitrar. quæst.* lib. 2 , casu 356, n. 50, *in addit.*)

La même peine a lieu contre l'enfant qui aide à tuer son pere, & qui prête son secours à un autre; il est aussi puni de la peine du crime de parricide. (Julius-Clarus, §. *homicidium* , *in addit.* n. 21.)

10. Le fils qui, pouvant facilement secourir son pere qu'on tue , ne lui prête aucun secours, est aussi puni comme parricide. (Julius-Clarus, §. *homicidium*, *in supplem.* n. 3.)

Et il en est de même du fils qui , ayant connoissance d'un dessein , ou complot formé de tuer son pere, garde le silence & ne découvre point cette conspiration. (Julius-Clarus, *ibid.* n. 4.) Néanmoins je crois que dans ce cas la peine doit être moindre; (Voyez ce qui est dit *infrà*, n. 28.)

A l'égard de la peine qui se prononce contre les enfants & les gendres qui maltraitent leurs peres & meres, Voyez ce qui a été dit au titre *Des injures* , ci-dessus, *part.* 4, *tit.* 24, n. 87.)

11. Par Arrêt du 6 Avril 1554, ou 1556, rapporté par Imbert, *liv.* 3, *chap.* 22, *n.* 14, *sur la fin*, le nommé Darquet, Avocat à Niort, pour avoir fait tuer son pere, fut condamné à être traîné sur une claie , depuis la **Conciergerie** du Palais à Paris, jusqu'à Saint-Jean-en-Greve, tenant une torche ardente du poids de deux livres; & là être tenaillé, & ensuite rompu par les bras & jambes seulement ; & ce fait, être brûlé. Le meurtrier fut, par le même Arrêt, condamné à être pendu.

Autre Arrêt du 19 Juillet 1597, rapporté par Imbert *ibid.*, par lequel un nommé Aubert qui avoit donné un coup de coûteau à la belle-mere, fut condamné à être pendu & étranglé. (*a*)

12. Autre du 19 Juillet 1578, rapporté par Imbert, *ibid.*, *liv.* 3, *chap.* 22, *n.* 14, *in fine*, par lequel le nommé Vincent Paffagier, pour avoir donné trois coups de dague à fon pere, fut condamné à être pendu, & enfuite brûlé, & fon corps réduit en cendres.

Autre Arrêt de l'année 1605, par lequel une Demoifelle fut condamnée à être pendue & brûlée pour crime de parricide.

Par un autre Arrêt, le nommé Bernard, de Châtillon-fur-Indre, pour avoir tué fon pere, a été condamné à être roué & brûlé. (Voyez l'Arrêt du 9 Juin 1659, rapporté au Journal des Audiences.)

13. Autre Arrêt du 30 Septembre 1740, confirmatif d'une Sentence rendue en la Prévôté d'Orléans, en date du 10 du même mois, par lequel le nommé Jean Lebrun, de la Paroiffe de Checi, a été condamné à faire amende-honorable, à avoir le poing coupé, & à être roué vif, & enfuite jetté au feu, pour avoir tué fon pere, quoique dans la fuite d'une querelle ; ce qui fut exécuté en la place du Martroi d'Orléans le 8 Octobre fuivant.

Autre Arrêt du 5 Janvier 1756, fur l'appel de Dourdan, qui condamne François-Philippes Brunet, pour parricide, à être rompu vif, fon corps mort brûle, & fes cendres jettées au vent ; & avant l'exécution, être applique à la queftion ordinaire & extraordinaire.

14. 2°. Le pere, ou la mere qui tuent leurs enfants, font punis comme parricides : mais on ne les punit ordinairement que de la fimple peine de mort ; & cette peine a lieu, même dans le cas où ils tueroient leur enfant naturel ou illégitime. (*Farinacius*, *qu.* 120, *n.* 110 & 161 ; *Julius-Clarus*, §. *parricidium*, *n.* 2.) Voyez ce qui eft dit ci-après *n.* 33, des filles, ou femmes qui font périr les enfants dont elles accouchent.

(*a*) En la Ville de Château-Regnard, un enfant âgé de dix-huit ans ayant tué d'un coup d'épée fon pere qui étoit Avocat, le Maréchal de Chatillon, après les informations faites, le fit condamner à être brûlé vif, & déchiré par le menu peuple ; ce qui fut exécuté. (Voyez Morin, en fon Hiftoire du Gatinois, *liv.* 1, *pag.* 194.)

Et il en eſt de même du beau-pere, ou de la belle-mere qui tuent leur gendre, ou leur bru, ou leur beau-fils. (Farinacius, *qu.* 120, *n.* 111 & 118.)

L'aïeul qui tue ſon petit-fils, ou ſa petite-fille, doit auſſi être puni de la même peine de mort. (Farinacius, *qu.* 120, *n.* 109.)

Par Arrêt du Parlement de Touloufe, rapporté par Laroche-Flavin en ſes Arrêts, un particulier a été condamné à être mis en quatre quartiers, & à avoir la tête exécutée la derniere, pour avoir, en fureur, coupé la tête à deux de ſes petites-filles, ſans pouvoir être ému des plaintes de la puînée qui l'avoit embraſſé à la jambe, voyant le ſpectacle de l'aînée dont il l'avoit arrachée à force.

De l'Uxoride.

15.   3°. La femme qui tue, ou fait aſſaſſiner ſon mari, ou qui le fait empoiſonner, eſt ordinairement condamnée à faire amende-honorable, à avoir le poing coupé, & enſuite à être pendue, ſon corps mort brûlé, & ſes cendres jettées au vent.

Le mari qui tue, ou empoiſonne ſa femme, eſt auſſi puni de la même peine, ou de la roue, ſelon la gravité du crime.

Quelques-uns même prétendent que la peine de la femme qui fait tuer ſon mari, ou du mari qui fait tuer ſa femme, eſt d'être brûlé vif, & que c'eſt un plus grand crime de tuer ſon mari, ou ſa femme, que de tuer ſon pere, ou ſa mere; ce qui ſemble réſulter de la diſpoſition des divines Ecritures. (Matthieu, *chap.* 19, *verſ.* 5; Marc, 10, 7; ſaint Paul aux Epheſiens, 5, 31.)

16.   Par Arrêt du Parlement de Paris de l'année 1564, rapporté par Papon en ſes Arrêts, *liv.* 22, *tit.* 5, *arr.* 3, une femme fut condamnée à avoir le poing coupé, & enſuite à être pendue, pour avoir aidé à tuer ſon mari, avec le ſecours de ſon amant.

En l'année 1602, une autre femme, pour avoir fait tuer ſon mari, nommé Claude Antoine, qui étoit Marchand de vin à Paris, par des ſoldats que Jumeau ſon adultere avoit apoſtés, fut condamnée à être pendue, & Jumeau rompu vif; ce qui fut exécuté en la place Maubert. (Hiſtoire Septénaire de la Paix, *liv.* 5, *n.* 12, *pag.* 360.)

Autre Arrêt du 23 Décembre 1616, par lequel la nommée Prudhomme fut condamnée à être pendue, pour avoir fait tuer fon frere par le nommé Louis Limeron fon adultere ; & ledit Limeron condamné à être roué. (Bardet , *liv.* 1 , *chap.* 49.)

17.   Autre Arrêt du 27 Février 1677 , rapporté au Journal des Audiences , par lequel Charlotte Boucher , veuve de Nicolas de Clerfin, convaincue d'avoir préfenté & fait prendre deux fois du poifon à fon mari , & d'avoir été complice du meurtre commis en fa perfonne à coups de hache , a été condamnée à avoir le poing de la main droite coupé , pendue & étranglée , fon corps mort brûlé , & fes cendres jettées au vent , & déclarée déchue de fes préciput, droit de communauté , & autres avantages portés par fon contrat de mariage.

Voyez encore ce qui eft dit au titre *Du Poifon*, ci-après ; *part.* 4 , *tit.* 42 , *n.* 9.

Autre Arrêt rapporté par Laroche-Flavin en la fuite de fes Arrêts , *liv.* 6 , *lettre* H , *tit.* 53 , *art.* 3 , par lequel une femme ayant tué d'un coup de pelle à feu fon mari Chartier , qui la vouloit battre pendant la nuit, quoiqu'il fût prouvé qu'elle étoit très fouvent battue par lui , & qu'elle eût été trouvée le matin dans, un état déplorable auprès de fondit mari , avec qui elle avoit paffé toute la nuit , fans avoir égard à fes Lettres de grace & à trois enfants qu'elle laiffoit , a été condamnée à mort.

18.   Autre Arrêt du Parlement de Paris du 17 Août 1733 , qui condamne Marie-Catherine Favin en l'amende-honorable , & à avoir le poing coupé , & à être enfuite pendue & brûlée, pour avoir affaffiné fon mari ; & à la queftion préalable.

Par un autre Arrêt du 17 Janvier 1755 , la femme Lefcombat , a été condamnée à être pendue, & à la queftion préalable, pour avoir fait affaffiner fon mari ; & le nommé Mongenot, fon amant, condamné à la roue, pour avoir fait ledit affaffinat.

19.   4°. Le frere qui tue fon frere , ou fa fœur, eft auffi puni comme parricide ; mais le genre de mort eft plus ou moins févere , fuivant les circonftances & l'atrocité du crime. Il en eft de même de l'oncle qui tue fon neveu, ou fa tante, *aut vice verfâ*. (Voyez ci-deffus, *n.* 3 & 4.)

Du Domeſtique qui tue ſon Maître.

20. A l'égard des Domeſtiques qui tuent leurs Maîtres, ou Maîtreſſes, on les condamne ordinairement à la roue, & à avoir le poing coupé. Il y en a pluſieurs Arrêts.

Un Arrêt du Parlement du 23 Juillet 1731, rapporté au Code Louis XV, *tom.* 4, condamne René Châtelain à être roué vif, & à avoir le poing coupé, pour avoir tué ſon Maître.

Des Complices en parricide.

21. Les complices en crime de parricide, quoiqu'étrangers, doivent être punis de la même peine que le fils parricide. (Julius‑Clarus *in additionibus*, §. *parricidium*, n. 17 ; Carrerius *in Praɕt. crimin.* §. *homicidium*, n. 128.)

Et il en eſt de même de l'Etranger qui donne commiſſion à un pere de tuer ſon fils. (Julius-Clarus, *ibid.* ; Carrerius, *ibid.* n. 129.)

Il paroît néanmoins que dans ce cas la peine doit être moindre, & que ce doit être la peine ordinaire de l'aſſaſſinat.

ARTICLE III.

Autres peines contre les parricides.

22. Outre la peine corporelle dont on vient de parler, les Loix civiles & la Juriſprudence des Arrêts déclarent celui qui commet le parricide, indigne de ſuccéder à celui dont il a cauſé la mort. (*L. cùm ratio* 7, §. *fin.* D. *de bonis damnatorum* ; *L. hujus* 9, D. *de jure fiſci.* Ainſi jugé par Arrêt du 4 Décembre 1616, rapporté par Bardet, *tom.* 1, *liv.* 1, *n.* 48 ; & par Brodeau ſur Louet, *lettre* S, §. 20, *n.* 12. Autre Arrêt du 9 Juin 1659, rapporté au Journal des Audiences, *tom.* 2.)

Les enfants du parricide ſont incapables de ſuccéder aux biens de celui qui a été tué, (*L.* 7, §. 4, D. *de bonis damnat. Ita* Mainard, *liv.* 7, *chap.* 94 ; & il a été ainſi jugé par Arrêt du 7 Août 1604, rapporté par Brodeau, *lettre* S, §. 20.) même les enfants nés depuis le crime & la condamnation. (Ainſi jugé par Arrêt du 15 Mai 1665, rapporté au Journal des Audiences, qui date cet

Tome IV.   B

Artêt du 11 Mai ; par Soefve, *tom.* 2, *cent.* 3, *chap.* 56 ;& par Brodeau fur Louet, *lettre* S, §. 20, *n.* 16, qui le date du 15 Juin.) Cet Arrêt déclare Jeanne Morineau, condamnée à mort, pour avoir fait affaffiner fon pere, non recevable, enfemble fa fille née depuis la condamnation, d'un mariage contracté avant le crime, indigne de fuccéder à leurs peres & meres, & aïeux, quoique ladite Morineau eût prefcrit la peine par le laps de 30 ans.

23. Lebrun, en fon Traité des Succeffions, *liv.* 1, *chap.* 4, *fect.* 6, *dift.* 3, *n.* 5, prétend auffi que les enfants du fils parricide doivent être exclus de la fucceffion de leur aïeul mis à mort ; foit qu'ils foient nés avant, ou depuis le crime de leur pere. Mais par Arrêt du 17 Mars 1706, rapporté au Journal des Audiences, il a été jugé que cette incapacité des enfants d'un fils parricide de fuccéder à leur aïeul, n'avoit pas lieu à l'égard des enfants nés avant le crime de leur pere. Au refte, il faut obferver que cette incapacité du fils parricide, de pouvoir fuccéder à fon pere qu'il a tué, court non-feulement du jour de la condamnation contre lui prononcée, mais même du jour du crime commis. (Ainfi jugé par Arrêt du 25 Juin 1619, rapporté par Auzanet, en fes Arrêts, *chap.* 95 ; & par Bardet, *tom.* 1, *liv.* 1, *chap.* 63 ; & par un autre Arrêt du 16 Juillet 1676, rendu contre la dame Marquife de Brinvilliers, rapporté au Journal des Audiences.)

24. A l'égard du mari qui tue fa femme, il eft privé de tous les avantages qu'elle lui a faits par contrat de mariage, & de ceux dont il auroit dû jouir par fa mort naturelle ; ce qui a pareillement lieu à l'égard de la femme qui eft caufe de la mort de fon mari. (Voyez ce qui a été dit ci-deffus, au titre *De l'homicide*, part. 4, tit. 21, n. 11)

Mais fi le mari qui a tué fa femme furprife en adultere, obtient des Lettres de grace, il acquiert tous les biens de la communauté, & les autres dons de fa femme.

Quant à la queftion de fçavoir fi une femme condamnée à mort pour avoir attenté à la vie de fon mari, confifque fa part dans la communauté, ou fi cette part appartient aux héritiers du mari, V. Henris, en fes queftions Pofthumes, *tom.* 2, *confult.* 7, *pag.* 905.

Si le fimple attentat fe punit en crime de parricide.

25. Le fimple attentat dans le crime de parricide, quoique non

fuivi de mort, fe punit du dernier fupplice; pourvu que cet attentat foit joint à un acte qui marque la volonté de le commettre.

Ainfi un fils qui auroit tiré un coup de piftolet fur fon pere fans le tuer, ou qui lui auroit donné du poifon dont il ne feroit pas mort, ne laifferoit pas d'être puni du dernier fupplice, fuivant la Loi 1, D. *ad L. Pompeiam, de parricid. Ita etiam* Farinac. *qu.* 120, *n.* 147. Nous en avons un Arrêt célebre, rendu depuis quelques années, dans la perfonne d'un fils, qui ayant tiré un coup de piftolet fur fon pere fans le bleffer, fut condamné à être roué vif, & exécuté devant la porte de fon pere.

26. Il en eft de même quand il s'agit d'un homicide de mari, à femme, ou de femme à mari.

Ainfi par Arrêt du 17 Juin 1699, la dame Tiquet fut condamnée à avoir la tête tranchée, pour être complice de l'affaffinat de fon mari, quoique cet affaffinat n'eût point été fuivi de mort.

La fimple volonté même, quoique non fuivie d'exécution, eft puniffable de la peine ordinaire du parricide. (Brodeau fur Louet, *lettre* S, §. 20, *n.* 9.)

C'eft pourquoi fuivant les Loix Romaines, le fils qui achetoit du poifon pour donner à fon pere, dans le deffein de le faire mourir, étoit puni le la peine ordinaire du parricide, quoiqu'il n'eût pû donner ce poifon. (L. 1, *in fine*, D. *ad L. Pompeiam de parricidiis.*) Je crois cependant que dans nos mœurs cette rigueur ne s'obferveroit point, mais qu'on puniroit le fils d'une peine moindre, fuivant les circonftances.

27. A l'égard des perfonnes complices du crime du fils, & qui auroient fimplement eu la volonté de le commettre, fans la mettre à exécution, foit en achetant du poifon, ou autrement, ils doivent auffi être punis d'une peine arbitraire, mais moins févere que celle du fils. (Voyez Farinac. *qu.* 120, *n.* 146, 152.)

Suivant les mêmes Loix Romaines, le fils qui avoit eu le deffein de faire mourir fon pere, fans le découvrir, étoit auffi puni non comme parricide, mais comme fimple meurtrier. (L. *pen.* §. 1, D. *ad L. Pompeiam de parricidiis* ; & §. 6, Inftitut. *de publicis judiciis.*)

A l'égard du frere, qui fçachant le complot de faire mourir fon frere, ne l'avoit pas découvert, il étoit puni de la peine du banniffement. (L. *frater.* D. *ad legem Pompeiam de parricidiis.*)

ARTICLE IV.

Des causes qui peuvent contribuer à faire excuser le parricide ,
ou du moins à en faire diminuer la peine.

28. Lorsque le parricide est fondé sur quelque cause qui peut le
rendre excusable , il ne se punit pas de la peine ordinaire, mais
d'une autre peine moins sévere. (Voyez Menochius , *de arbitr.*
quæst. lib. 2, cent. 4, casu 356.) Ainsi ,

1°. La folie excuse ce crime ; & celui qui l'a commis dans cet.
état , ne doit pas être puni. (L. *pen.* §. *ult.* D. *ad leg. Pompeiam*
de parricid. ; L. 13 , §. 1 , & L. 14 *in fine*, D. *de officio præsidis* ;
Farinacius, *qu.* 94 , *n.* 27 ; & *qu.* 120, *n.* 181.) Ainsi jugé par
Arrêt du 23 Février 1690, & rapporté par Augeard, *tom.* 3,
chap. 2 , rendu contre Antoine Guignon, qui avoit tué sa
mere. Sur l'appel du Juge de Perrone, qui avoit condamné ce particulier à mort, les parents ayant allégué plusieurs traits de folie
& de fureur dudit Guignon, & ayant été admis à la preuve, la
Cour, sur l'information par laquelle ces faits furent constatés, in-
firma la Sentence du Juge de Perrone , & ordonna seulement
que le coupable seroit renfermé & gardé par les soins de ses parents.

29. 2°. Le cas d'accident, & quelquefois même celui de négligence, peut aussi rendre ce crime excusable. (Farinac. *qu.* 120,
n. 182–185.)

3°. *A fortiori*, lorsque le parricide est commis dans le cas d'une
légitime défense. (Farinac. *ibid.* qu. 120 , *n.* 186–190.)

4°. Le pere qui tue son fils nouveau né , parce qu'il a quelque
partie monstrueuse, comme s'il a trois bras , ou trois pieds, &c.
est aussi excusable. (Farinac. *ibid.* qu. 120, *n.* 191.)

5°. Le parricide seroit aussi excusable si le pere étoit trouvé abusant de la femme de son fils, ou le fils de sa belle-mere ; ou s'il
étoit traître envers sa Patrie. (Voyez Julius-Clarus, §. *Homici-*
dium in additionibus, n. 10.)

6°. Ou s'il avoit changé de religion. (Farinacius , *qu.* 120,
n. 176.)

7°. Ou pour une cause grave d'ingratitude. (Farinac. qu. 120,
n. 167.)

8°. Ou fi le pere trouvoit fa fille en adultere. (Voyez ce qui a été dit au titre *De l'adultere*, part. 4, tit. 3, n. 27.)

Dans tous ces cas, l'homicide pourroit être puni d'une peine moins févere.

30. 9°. Le pere qui fait tuer & empoifonner fon fils qui a commis un crime qui peut le faire condamner à une mort ignominieufe, eft auffi excufable, fuivant quelques Auteurs, & ne doit pas être condamné en la peine ordinaire du parricide, mais en une autre peine moindre. (Voyez Jacob. de Bellov. *in practicâ*, lih. 3, cap. 18, tit. *de his qui fibi mortem confciv.* n. 28 ; Boerius, *décif.* 216, *n.* 3 & 4 ; Farinacius, *qu.* 120, *n.* 135 ; & Julius-Clarus, §. *homicid. in fupplem.* n. 28.) Et il en doit être de même des autres parents, qui font mourir leur parents, ou alliés par un pareil motif. Néanmoins Balde, *in L. libertas*, D. *de ftatu hominis*, eft d'un fentiment contraire, & dit que dans ce cas, ils doivent être punis comme parricides.

10°. Mais la colere ne peut jamais être un motif fuffifant pour excufer le parricide. (Farinacius, *qu.* 120, *n.* 133.)

Néanmoins, fuivant un ancien Statut de la Ville de Bordeaux, le mari qui tranfporté de colere avoit tué fa femme, pourvu que de bon cœur il jurât en être repentant, étoit exempt de toutes peines ; & cela s'obfervoit encore en l'année 1314, ou environ. (Voyez Delurbe, en fa Chronique Bordeloife, *p.* 26.)

ARTICLE V.

De l'action qui naît du crime de Parricide.

31. 1°. L'action pour crime de parricide ne fe prefcrivoit point en droit, & l'accufation en étoit perpétuelle, fuivant la Loi derniere, D. *ad L. Pompeiam de parricidiis;* mais en France cette action fe prefcrit comme pour tous les autres crimes, par l'efpace de vingt ans. (Voyez ce qui a été dit au titre *De l'action qui naît des crimes*, ci-deffus, *part.* 3, *liv.* 1, *tit.* 1, *n.* 46.)

Cependant quoique l'action criminelle fe prefcrive par vingt ans, l'indignité, ou incapacité de fuccéder ne fe prefcrit point. (Ainfi jugé par Arrêt du 15 Mai 1665, ci-deffus cité, rapporté au Journal des Audiences ; & par Soefve, *tom.* 1, *cent.* 3, *chap.* 56.)

2°. Quelque atroce que foit le crime de parricide , on ne doit pas l. mettre au nombre des cas Royaux. (Voyez cependant ce qui a été dit au titre *De la compétence particuliere des Juges*, part. 2, tit. 1 , n. 137.)

32. 3°. En matiere d'homicide de mari à femme , *aut vice verfâ* , les indices les plus ordinaires font ,

Si la femme eft trouvée morte fubitement dans le lit du mari, avec des contufions , ou autres fignes de violence; fur-tout s'ils faifoient mauvais ménage. (Julius-Clarus , *in fupplem.* §. *homicidium* , n. 64.)

Ou fi le mari l'a fait enterrer de nuit, ou en cachette; & autres circonftances femblables. (Voyez Papon , *liv.* 22, *tit.* 4, *arrêt* 2.)

SECTION II.

Du recel de groffeffe ; & des filles ou femmes qui font périr leur fruit.

33. L'homicide qui fe commet par les filles , ou femmes qui font périr leur fruit, fe fait , ou pendant leur groffeffe par des avortemens, ou après leur accouchement, en les étouffant, ou les faifant mourir par le fer, ou autrement. Nous allons confidérer dans ce titre ce qui regarde l'homicide commis par les meres envers leurs enfants , après leur accouchement ; & nous verrons dans le titre fuivant, ce qui regarde les avortemens.

Les femmes , ou filles qui font périr leurs enfants après leur accouchement, font puniffables de mort. L'Edit de Henri II, du mois de Février 1556 , y eft formel.

La Coutume de Loudunois, *chap.* 39, *art.* 2, porte, que la femme qui tue fon enfant, doit être condamnée à être brûlée ; & il paroît que ce genre de fupplice étoit autrefois en ufage pour ce crime ; fuivant un ancien Arrêt du 22 Décembre 1480, par lequel une femme fut condamnée à être brûlée vive , pour avoir étouffé fon enfant.

34. La peine établie en Allemagne contre les meres qui font mourir leurs enfants, fuivant la Conftitution de Charles V , *chap.* 131, eft que la femme, ou fille qui en eft convaincue, doit être condamnée à être enterrée vive , & à périr à coups de pieux, ou noyée ; & dans le cas où il feroit prouvé qu'elle a commis plufieurs fois le même crime, elle doit être condamnée à être té-

naillée avec des fers ardents ; & enfuite précipitée dans l'eau.

On pourroit citer ici un grand nombre de condamnations à mort, pour raifon de ce crime. Il y en a un du 27 Avril 1730, contre Marie Grinjeau, fervante domeftique, qui la condamne à être pendue pour pareil crime. Autre du 16 Mars 1731 , rendu fur l'appel du Juge de la Sénéchauffée & Principauté de Chabanois , qui condamne la nommée Françoife Roche à être pendue, pour avoir célé fa groffeffe & fon enfantement, & pour avoir homicidé & fuffoqué fon enfant. (*a*)

35. Il faut obferver fur cette forte d'homicide, qu'il n'eft pas néceffaire qu'il foit prouvé par des témoins *de vifu* ; mais il fuffit qu'il y ait des préfomptions qui forment à cet égard une preuve complette.

L'Edit de Henri II, du mois de Février 1556, porte, » que » toute femme qui fe trouvera duement atteinte & convaincue » d'avoir célé, couvert & oculté, tant fa groffeffe, qu'enfan-» tement, fans avoir déclaré l'un, ou l'autre, ou avoir pris de » l'un, ou de l'autre témoignage fuffifant, même de la mort, ou » de la vie de fon enfant, lors de l'iffue de fon ventre ; & après » fe trouve l'enfant avoir été privé tant du Saint Sacrement de » Baptême, que de fépulture publique & accoutumée ; foit telle » femme tenue d'avoir homicidé fon enfant ; & pour réparation » publique, punie de mort, & dernier fupplice, de telle rigueur » que la qualité particuliere du cas le méritera, afin que ce foit » exemple à tous, & que ci-après n'y foit fait aucun doute ni dif-» ficulté.

36. Les filles groffes, en faifant cette déclaration, doivent prêter ferment, ainfi qu'il a été jugé par Arrêt du 16 Septembre 1711 , fur un appel du Juge Royal de Mefle-en-Poitou ; mais les Juges ,

---

(a) *Ofalcus in decifionibus Pedemont.* (Taurini 1569, *in-folio ; decif.* 60 ,) *refert mulierem quamdam quæ ventris doloribus impulfa , latrinam accedit & partum in cloacam effudit , nefciens fe effe pregnantem , fuiffe fuftigatam & in perpetuum exilium damnatam , quia erat minor & delictum non erat probatum , nifi per ejus confeffionem qualificatam.* Gafpard-Antonius Thefaurus *in decifionibus Pedemont.* (*Augufta Taurinorum* 1626, *in-folio ;* ou à Geneve 1656, *in-folio,* décif. 3.) fur cette même queftion, dit qu'elle fut fouetée & bannie par Arrêt du 28 Décembre 1554; *quia non conftabat partum victurum , eo quod non erat novem menfium.*

ni les Procureurs du Roi, ou Fiscaux, ne peuvent rien prendre pour ce sujet.

Suivant cet Edit du mois de Février 1556, il faut pour qu'une femme, ou une fille, soit réputée, ou présumée avoir homicidé son enfant, & comme telle punie de mort, qu'il y ait le concours des deux circonstances suivantes;

La premiere, que la femme soit convaincue d'avoir caché tant sa grossesse que son enfantement, sans avoir déclaré l'un ou l'autre, & sans avoir pris de l'un ou de l'autre un témoignage suffisant, même de la vie, ou de la mort de son enfant.

37. Et la seconde, que l'enfant soit trouvé avoir été privé tant du Baptème que de la sépulture publique. Le concours de ces circonstances est absolument nécessaire pour qu'une femme puisse être réputée coupable : d'où il suit,

1°. Que cette Ordonnance, ou Edit ne parle que des femmes, ou filles, dont les enfants se trouvent morts & cachés après qu'ils sont venus au monde.

2°. Qu'il faut prouver que la femme que l'on prétend être accouchée de l'enfant trouvé mort, ait été grosse. Ainsi on ne peut aux termes de cet Edit, poursuivre les femmes & filles pour recel de grossesse, que quand l'enfant né de cette grossesse cachée, se trouve privé de la sépulture; car quand il est constaté que l'enfant a été baptisé, il n'est plus permis d'agir criminellement contre la mere de l'enfant; à peine de prise à partie contre le Juge & le Procureur du Roi, ou Fiscal. (Ainsi jugé par Arrêt du 2 Juillet 1716, qui déclare le Juge & le Procureur Fiscal de la Justice de Saint-Arnoult bien pris à partie en pareil cas, & les condamne en deux cents livres de dommages & intérêts, & en tous les dépens.)

38. Quant à la premiere de ces preuves, elle se fait, 1°. par l'inspection du Juge qui doit se transporter sur les lieux, pour examiner le cadavre de l'enfant. 2°. Par le rapport des Médecins & Chirurgiens qui doivent constater l'état du corps de l'enfant, s'il est venu à terme & vivant; & s'il se peut, la cause de sa mort. 3°. Par la déposition des témoins, ou du moins par de fortes présomptions qui constatent que l'enfant en question est celui dont est accouchée la fille ou femme qu'on a accusée.

Un enfant est censé venu à terme, lorsqu'il a des ongles & des cheveux; ainsi il faut que les Chirurgiens fassent mention de ces circonstances, comme il a été jugé par plusieurs Arrêts, &

entr'autres

entr'autres par un du 26 Janvier 1677, rapporté au Traité des Rapports de M. Prevot, *pag.* 87.

39. La preuve de la groffeffe fe fait par ceux qui ont vu l'accufée avoir le ventre enflé, le vifage pâle, & le corps affoibli. Celle de l'accouchement fe fait par la diminution fubite du ventre de cette même perfonne, & par la vifite des Matrones, qui déclarent fi elle eft dans l'état d'une perfonne nouvellement accouchée, & même fi elle a du lait dans les mamelles, &c. (Voyez la Conftitution Caroline, *art.* 35 & 36.) La force, ou foibleffe de cette preuve, dépend de la prudence du Juge, qui l'eftime fui-vant les circonftances. (Farinacius, *qu.* 122, *n.* 153.)

40. Les difpofitions précédentes fe trouvent établies en partie par l'Arrêt de Réglement des Grands-Jours de Clermont du 10 Dé-cembre 1665, qui porte que dans les procès de femmes accufées d'avoir défait leur fruit, les Juges feront tenus de dreffer procès-verbal, & faire faire rapport en Chirurgie, de l'état du corps des enfants morts ; & par un autre Arrêt de la Cour du 16 Mars 1731, qui porte, que les Chirurgiens déclareront dans leur rapport de vi-fite, l'état du cadavre de l'enfant, s'il eft venu à terme, & vivant.

Un autre Arrêt de la Tournelle du 23 Avril 1717, rapporté au Journal des Audiences, enjoint aux Lieutenant de Police & Pro-cureur du Roi de Chaumont, de faire vifiter les femmes & filles qui feront accufées d'avoir défait leurs enfants, & même de faire exhumer lefdits enfants qui auront été inhumés, fi le cas y échet ; & iceux pareillement faire vifiter par Chirurgiens Jurés, qui fe-ront nommés d'office par le Juge, dont ils drefferont leur rap-port, qu'ils affirmeront véritable pardevant ledit Juge ; & feront joindre ledit rapport au procès.

41. Mais contre ces preuves, l'accufée peut juftifier fon innocence par des témoignages, des moyens, & des circonftances vala-bles. (Voyez la Conftitution Caroline, *art.* 131.)

Lorfque la femme, ou fille, que l'on foupçonne d'avoir homi-cidé fon enfant, fe trouve dans les circonftances portées par l'E-dit de Henri II, fans pouvoir juftifier fon innocence, & qu'il eft prouvé contr'elle qu'elle a caché fa groffeffe & fon accouchement, elle doit être condamnée à la peine de mort, quand il eft prouvé que l'enfant eft mort fans Baptême, quoiqu'il n'ait pas été tué ;

Tome IV. C

pourvû que le rapport des Médecins & Chirurgiens marque que l'enfant est venu à terme.

La forme de ces sortes de prononciations est conçue en ces termes : Nous avons déclaré N... atteinte & convaincue de recel de grossesse, & d'avoir homicidé l'enfant dont elle est accouchée le ...; pour réparation dequoi nous l'avons condamnée, &c

42. Mais dans l'usage, on ne prononce cette condamnation de mort que quand il y a un rapport en Chirurgie ; autrement on ne condamne point à la mort, mais à une peine moindre, comme au fouet, & au bannissement perpétuel.

Un Arrèt de la Cour du 19 Mars 1698, rendu sur l'appel du Juge de Sancerre, condamne une fille à être fustigée, la corde au col, & bannie du ressort du Parlement, pour avoir recelé sa grossesse & son accouchement.

Autre Arrèt du 12 Février 1731, sur l'appel du Lieutenant-Criminel de Riom, qui condamne une fille à être fustigée, la corde au col, & bannie à perpétuité, pour avoir recélé sa grossesse & son accouchement.

Quand il n'existe pas de corps de délit, la partie publique ne peut obliger la fille de déclarer ce qu'est devenu son fruit; & elle n'est pas obligée de révéler sa turpitude. Il peut se faire que l'enfant soit élevé par un pere qui ne veut pas être connu ; & ce n'est que dans le cas où le crime est constant, ou prouvé, qu'on peut faire le procès à la fille. L'Edit de Henri II, n'oblige pas à représenter l'enfant, ni à dire ce qu'il est devenu ; Raviot, sur la Coutume de Bourgogne, rapporte à ce sujet deux Arrèts du Parlement de Dijon, l'un du 2 Mai 1705, & l'autre de l'année 1715, qui condamnent des Juges & des Procureurs Fiscaux, en des dommages & intérêts, & les déclare bien pris à partie, pour des poursuites par eux faites indistinctement contre des filles pour prétendu recel d'enfant.

43. Les filles & les veuves qui deviennent grosses, peuvent faire leur déclaration aux Greffes des Bailliages criminels du lieu de leur domicile, ou aux Procureurs du Roi desdits Siéges. Les Lieutenants-criminels peuvent aussi recevoir ces déclarations. (Ainsi jugé par Arrèt du Parlement de Paris du 8 Février 1668, pour Chinon ; autre Arrèt du Conseil du 18 Mars 1690, pour Tours ;

autre du Parlement de Dijon du 22 Juin 1742, rendu entre le Lieutenant-civil & le Lieutenant-criminel d'Avalon.)

S'il y a plainte, c'eſt au Lieutenant-criminel à en connoître, à l'excluſion du Juge civil.

44. Afin que l'Edit de Henri II, ci-deſſus cité, ſoit connu de tout le monde, & qu'aucune perſonne n'en puiſſe prétendre cauſe d'i-gnorance, le Roi par une Déclaration du 25 Février 1708, veut que cet Edit ſoit publié de trois mois en trois mois, par tous les Curés, ou leurs Vicaires, aux Prônes des Egliſes Paroiſſiales ; & leur enjoint de faire cette publication, & d'envoyer un certificat ſigné d'eux aux Procureurs du Roi des Bailliages & Sénéchauſſées dans l'étendue deſquels leurs Paroiſſes ſont ſituées. Cette Déclaration ajoute qu'en cas de refus de la part deſdits Curés, ou Vicaires, ils pourront y être contraints par ſaiſie de leur temporel, à la requête des Procureurs-Généraux des Cours de Parlement, pourſuite & diligence de leurs Subſtituts, chacun dans leur reſſort.

45. Cette publication aux Prônes avoit déja été ordonnée auparavant par pluſieurs Arrêts précédents, & notamment par les Arrêts des 11 Juillet 1591, 19 Mars 1698, & 10 Juillet 1704. Celui du 16 Mars 1731, ajoute que lorſque les Juges jugeront ces cas, ils joindront un certificat ſigné d'eux, de la derniere publication.

Autre Arrêt du Parlement du 21 Mars 1712, rapporté au Journal des Audiences, contre le Juge de Sully.

Par un autre Arrêt du Parlement du 23 Avril 1717, il eſt enjoint au Lieutenant-criminel de la Fleche, de faire publier de trois mois en trois mois par les Curés, ou Vicaires, aux Prônes, l'Edit de Henri II, concernant les filles & femmes qui recelent leur groſſeſſe ; & cet Arrêt lui enjoint auſſi, lorſqu'il inſtruira les procès deſdites femmes accuſées d'avoir recelé leur groſſeſſe, d'y joindre un certificat ſigné de lui, concernant la derniere publication qui aura été faite de ladite Ordonnance. *Idem* par l'Arrêt du 16 Mars 1731, ci-deſſus cité.

46. Enfin par de nouveaux Arrêts de la Cour, il eſt enjoint non-ſeulement de tenir la main à ce que les Curés faſſent cette publication, & de juſtifier de leur diligence à cet égard, par le rapport des certificats des Curés ; mais encore de faire viſiter les femmes & filles accuſées d'avoir défait leurs enfants, même de faire exhumer les enfants s'il y échet, & les faire viſiter par des

Chirugiens Jurés qu'ils nommeront d'office, lefquels par le rapport qu'ils dreſſeront & affirmeront véritable devant ces Juges, déclareront ſi les enfants ſont venus à terme, & s'ils avoient des ongles & des cheveux. (Voyez ci-deſſus, *n.* 40.)

Touchant les viſites des filles & femmes accuſées d'avoir recélé leur groſſeſſe & accouchement, Voyez deux Arrêts du 6 Août 1675, & 19 Avril 1695, rapportés par M. Prevot, en ſon Traité des Rapports, *pag.* 85 & 144.

Le Juge doit, en cas d'enfantement recélé, repréſenter l'enfant à la perſonne accouchée, pour le lui faire reconnoître.

SECTION III.

De l'Avortement.

47. Le crime d'*avortement* ſe commet de trois manieres, 1°. en empêchant la conception ; 2°. en procurant la ſortie du fœtus déja animé ; 3°. en forçant l'accouchement avant le temps par des potions & des médicaments défendus.

1°. Suivant les Loix anciennes, les femmes, ou filles qui ſe faiſoient avorter par des potions, ou médicaments, ou de quelqu'autre maniere que ce fût, devoient être punies de mort, s'il étoit conſtaté que le fruit dont elles étoient groſſes, eût eu vie. (L. 8 *ſi mulierem*, D. *ad L. Cornel. de Sicariis* ; & L. 1, *in princ.* D. *eod. tit.* ; *gl. in L. divus*, §. *exilium*, D. *de extr. crim.* ; & Decianus *in Tractatu crimin.* lib. 9, cap. 8, n. 13, 14, & 15.) Mais ſi le fœtus n'étoit pas encore animé, elles étoient condamnées au banniſſement, ou à quelqu'autre peine extraordinaire, ſelon la qualité du fait & la condition des perſonnes. (L. 38 *ſi quis aliquid*, §. *qui abortionis* 5, D. *de pœnis* ; L. 4 *divus* D. *de extraordin. crimin.* ; L. *Cicero* 39, §. *fin.* D. *de pœnis* ; & L. 8 *ſi mulierem viſceribus*, D. *ad L. Cornel. de Sicariis.*)

48. Or pour régler le temps auquel le fœtus étoit animé, les Docteurs ont été partagés ; mais l'opinion la plus généralement reçue a été celle portée en la Gloſe ſur la Loi *divus*, au mot *exilium*, D. *de extraordin. crimin.* qui eſt de le réputer animé après quarante jours de conception. (Voyez à ce ſujet Henris, *liv.* 6, *qu.* 25, *tom.* 2.)

A Rome, les femmes, ou filles qui ſe faiſoient avorter par

haine, ou par averſion pour leur mari en ſuite d'un divorce, étoient ſeulement punies de banniſſement. (L. 39 *Cicero*, *in fine*, D. *de pœnis*. (Pluſieurs néaumoins entendent ſeulement cette Loi, du cas où le fœtus n'étoit pas encore animé. (Voyez *Farinacius*, *qu.* 122, *n.* 146.)

49. Mais lorſqu'elles commettoient ce crime, étant corrompues par argent, la Loi les condamnoit à mort. (*Edd. L. Cicero*, D. *de pœnis.*) En effet, Ciceron en ſon Oraiſon *pro Cluentio*, fait mention d'une femme Mileſienne qui fut punie du dernier ſupplice, pour avoir, après le décès de ſon mari, fait périr l'enfant dont elle étoit enceinte, moyennant une ſomme d'argent qui lui avoit été donnée par les héritiers que ſon mari avoit ſubſtitués à ce poſthume. Quelques Auteurs prétendent même que dans ce cas on ne diſtinguoit point ſi le fœtus dont la femme s'étoit fait avorter, étoit animé ou non. (*Farinacius*, *qu.* 122, *n.* 154.)

50. 2°. Suivant les mêmes Loix Romaines, ceux qui procuroient l'avortement à une femme, ou à une fille, par des potions, devoient être punis de mort, s'il étoit prouvé que le fruit, dont elle étoit enceinte, étoit animé. (L. 38, §. 5, D. *de pœnis*, *in fine*; L. *pen.* D. *ad Legem Pompeiam de parricidiis.*)

Mais s'il étoit conſtant que le fruit n'eût pas encore pris vie, la peine étoit le banniſſement, ou autre peine, à l'arbitrage du Juge. (L. *ſi quis aliquid*, §. *qui abortionis* 5, D. *de pœnis*; L. *Cicero* 39, §. *finali*, D. *eod. tit*; L. 4 *divus*, D. *de extraordin. crimin.*; L. 8, *ſi mulierem viſceribus*, D. *ad L. Cornel. de Sicariis.*)

En France, l'avortement procuré, ſoit avant que le fœtus ſoit animé, ou après, a toujours été régardé comme un crime horrible ; & la Religion Chrétienne tient pour homicide l'action par laquelle une femme, ou fille détruit le fruit dont elle eſt enceinte, ſoit qu'il ſoit vivant & animé, ou non. La peine de ce crime eſt la mort, ſuivant Theveneau ſur les Ordonnances, *liv.* 4, *chap.* 15, *n.* 1. Voyez auſſi la Coutume d'Anjou, *art.* 44 ; & celle du Maine, *art.* 51, qui regardent ce crime comme capital. C'eſt auſſi le ſentiment de Farinacius, *qu.* 122, *n.* 92.

51. Mais ſi l'accouchement, quoique forcé & anticipé par des potions, eſt ſuivi de la naiſſance de l'enfant, & que cet enfant vive ; alors la peine eſt moindre & arbitraire. (*Farinacius*, *ibih.* n. 97.)

A l'égard de celles qui prennent des breuvages pour s'empêcher de devenir groſſes, elles doivent être punies de peine arbitraire ;

mais comme il eſt bien difficile d'avoir des preuves de ce fait, il n'arrive preſque jamais qu'on ait des exemples de ces ſortes de punitions. (Voyez Farinacius, *qu.* 122, *n.* 98--99 & 109.)

Les complices du crime d'avortement, ainſi que ceux qui com-poſent ſciemment les breuvages, & qui les font prendre à deſſein de le procurer, ſont auſſi punis de la même peine que les filles & les femmes qui l'auroient exercé ſur elles-mêmes. (Farinacius, *qu.* 122, *n.* 92, 93, 98, 99 & 100.)

52. L'article 133 de la Conſtitution Caroline, porte, « que celui
» qui de propos délibéré, ou par malice, fera avorter une femme,
» d'un enfant ayant eu vie, par le moyen d'un breuvage, de même
» que celui qui aura procuré la ſtérilité à un homme, ou à une
» femme, pour les empêcher d'avoir des enfants, ſera condamné
» comme homicide ; ſçavoir, ſi c'eſt un homme, à être déca-
» pité ; & ſi c'eſt une femme, quoiqu'elle l'eût exercé contr'elle-
» même, elle ſera précipitée dans l'eau, ou ſubira une autre peine
» capitale ; mais ſi l'enfant n'avoit point encore eu la vie, les
» Juges prononceront ſeulement une peine arbitraire, ſuivant
» les circonſtances. »

Quant à celui qui frapperoit violemment une femme groſſe, & qui la feroit avorter, il faut diſtinguer s'il a deſſein, en la frappant, de procurer cet avortement, ou non. Dans le premier cas, il doit être puni de la peine de mort ; mais dans le ſecond cas, la peine doit ſeulement être arbitraire ; ſur-tout ſi celui qui a ainſi frappé n'avoit pas eu connoiſſance de la groſſeſſe de cette femme. (Farinacius, *qu.* 122, *n.* 149--153.) Ce qui a lieu, à plus forte raiſon, dans le cas où cet accident ſeroit arrivé en ſuite d'une rixe.

53. Si les meſures priſes, pour procurer l'avortement, n'ont pas été ſuivies d'effet ; que la groſſeſſe ait continué ; que l'enfant ſoit venu à terme nonobſtant les remedes, & qu'il ait ſurvécu pen-dant quelque temps, alors celui qui a donné ce breuvage, ou celle qui l'a pris, doivent être punis de peine arbitraire, ſuivant les circonſtances. (Julius-Clarus, *qu.* 68, *in addit.* n. 9.)

Les femmes & filles qui ſe font avorter, ainſi que leurs compli-ces, ne ſont point excuſées de la peine de mort, dans le cas même où elles ſe porteroient à cette extrémité par le motif de vouloir conſerver leur honneur. (Farinacius, *qu.* 122, *n.* 156.) Néan-moins ce motif peut quelquefois ſervir à faire diminuer la peine, dans de certaines circonſtances, comme ſi la fille qui s'eſt portée à cette extrémité, étoit très jeune, &c. (Farinac., *qu.* 122, *n.* 158; & *qu.* 97, *n.* 50.)

54. Il y a auſſi des cas où l'avortement devient excuſable ; *v. g.* s'il a été procuré par un excès de travail de la femme, ou fille groſſe, ſans aucune malice de ſa part; ou s'il a été occaſionné par un accident en jouant. (Farinacius, *qu.* 122, *n.* 157, & 160.)

En Droit, ce crime ne ſe preſcrivoit point, ſuivant la Loi 39, D. *de pœnis;* mais dans nos mœurs, il ſe preſcrit comme tous les autres crimes par le laps de vingt ans. (Voyez ci-deſſus, *n.* 31.)

Le crime des femmes qui font périr leur fruit, eſt un cas royal, (Voyez mon Traité *De l'Adminiſtration de la Juſtice*, &c. au titre *Des cas royaux*, part. 1, tit. 2, *n.* 134;) & ce qui a été dit au titre *De la compétence des Juges-Criminels*, ci-deſſus, *part.* 2, *tit.* 1, *n.* 137;) & il faut comprendre ſous ce crime celui des femmes & filles qui, ayant celé leur groſſeſſe & accouchement, ſont préſumées coupables de la mort de leurs enfants. (Voyez ce qui a été dit ci-deſſus au titre *De la compétence des Juges-Criminels*, ibid., *n.* 137.)

SECTION IV.

Du crime d'expoſition d'Enfants.

55. Le crime d'*expoſition d'enfant*, ſe commet lorſqu'un pere, ou une mere, après l'accouchement, expoſent, ou font expoſer leurs enfants pour ſe délivrer de la honte que cet accouchement pourroit leur cauſer; ou pour ne le pas nourrir, attendu leur pauvreté.

Ce crime eſt très grave par lui-même; & il ſemble que les meres qui abandonnent leurs enfants en des lieux où ils peuvent mourir, ou être dévorés par les bêtes, devroient être punies du même ſupplice que celles qui les font mourir, ſuivant la Loi 4, D. *de liber. agnoſc.*

La Loi derniere au Code *de infant. expoſitis*, veut que l'on puniſſe avec ſévérité une action auſſi barbare; & c'eſt auſſi la diſpoſition de la Novelle 153.

A Thebes, il y avoit une peine capitale contre ceux qui expoſoient leurs enfants dans un lieu écarté.

56. Suivant la Conſtitution Caroline, *art.* 132, une femme qui expoſe ſon enfant pour n'être point obligée de le garder & de le

nourrir, doit être punie d'une peine exemplaire, à l'arbitrage du Juge, suivant l'exigence des cas, si elle est pleinement convaincue du fait; mais s'il arrivoit que l'enfant vînt à mourir par cette exposition, elle doit être punie d'une peine capitale. (Voyez Elien. *lib.* 2, *cap. 7, variar. histor.*)

En France nous suivons, à-peu-près la même regle. On punit ordinairement ce crime du fouet & de la flétrissure, suivant les circonstances; & il y a des cas où il pourroit être puni de la peine de mort, suivant l'Edit de 1556; *v. g.* si l'enfant étoit exposé nud à un grand froid, ou sans qu'on lui eût fait la ligature du nombril; & qu'il vînt à mourir, ou à être dévoré de quelque bête. Mais si cette derniere sorte d'exposition n'étoit pas suivie de la mort de l'enfant, la peine seroit moindre.

57. Par Arrêt du 24 Octobre 1576, rapporté par Bouchel, en sa Bibliotheque du Droit François, au mot *Exposé*, une fille qui avoit eu un enfant d'un clerc, ou serviteur de la maison, & qui l'avoit mis, de nuit, à la porte de la maison d'un voisin, fut condamnée au fouet.

Autre Sentence, rendue au Bailliage-Criminel d'Orléans le 22 Septembre 1644, par laquelle la nommée Catherine Prieur, pour crime d'exposition d'enfant, âgé de six à sept jours seulement, devant la porte de l'Eglise de Sainte-Croix, fut condamnée à être fouettée, & appliquée au carcan pendant deux heures, avec un écriteau, & bannie à perpétuité du ressort du Bailliage d'Orléans.

On punit aussi les Sages-Femmes qui exposent les enfants nouvellement nés. (Arrêt du 26 Mai 1682, confirmatif d'une Sentence du Châtelet de Paris, qui condamne une Sage-Femme, pour avoir fait une pareille exposition, à être fustigée, avec écriteaux devant & derriere, portant ces mots, *Sage-Femme convaincue d'exposition d'enfant*, & à être bannie pour cinq ans.)

58. Autre Arrêt du 4 Janvier 1712, confirmatif d'une Sentence du Châtelet de Paris, qui condamne Marie-Agnès Picquet, Sage-Femme, en cinq ans de bannissement, & ordonne que son nom sera rayé du catalogue des Sages-Femmes, pour avoir exposé un enfant dont elle avoit accouché une fille, & avoir appliqué à son profit l'argent qui lui avoit été donné pour mettre l'enfant en nourrice.

Les Sages-Femmes sont d'autant plus coupables de tomber dans
de

de pareils crimes, du moins à Paris, que personne ne demande d'où vient, & à qui appartient l'enfant qu'on porte au Commissaire pour le faire conduire à l'Hôpital des Enfants-Trouvés.

59. Quand ce crime est joint à des circonstances qui le rendent plus grave, il est puni d'une peine plus sévere.

Arrêt du Parlement de Dijon du 22 Octobre 1737, qui déclare une fille, servante d'un Curé, convaincue d'être devenue grosse des œuvres dudit Curé, d'avoir célé sa grossesse, d'avoir exposé son enfant, & d'avoir imputé calomnieusement l'exposition de cet enfant à la Demoiselle *** ; pour raison de quoi cet Arrêt la bannit à perpétuité du ressort du Parlement de Dijon.

Le même Arrêt déclare le Curé convaincu de l'exposition de cet enfant, de l'imputation calomnieuse ci-dessus par un faux témoignage, & d'avoir engagé un autre Curé à altérer les registres de la Paroisse au sujet de cet enfant ; & pour réparation de ce, le bannit à perpétuité hors du Royaume.

60. Dans les villes & lieux où il n'y a point d'Hôpitaux pour les enfants trouvés, les Seigneurs Hauts-Justiciers sont tenus de se charger des enfants qui ne sont réclamés de personne, & de les faire nourrir & élever dans la Religion Catholique. (Réglements de Chenu, *tit.* 1, *chap.* 19 ; Carondas en ses Réponses, *liv.* 9, *rep.* 16 ; Bacquet, des Droits de Justice, *chap.* 33, *n.* 14 ; Bardet, *tom.* 1, *liv.* 1, *chap.* 83 ; & *liv.* 3, *chap.* 36 ; Papon, *liv.* 18, *tit.* 1, *n.* 45. Ainsi jugé par Arrêt de Réglement du 30 Juin 1667, rapporté au Journal des Audiences. Autre Arrêt de l'année 1695.) Mais si dans la suite ces enfants viennent à être réclamés, ou reconnus, & les peres & meres à être découverts, ceux-ci doivent être condamnés à restituer les nourritures, aliments & entretiens à ceux qui les ont fournis, suivant la Loi 1, Cod. *de infant. expositis* ; même par corps. (Ainsi jugé par Arrêt du 6 Août 1611, rapporté par Bruneau en son Traité des Matieres Criminelles, *part.* 2, *tit.* 22, *max.* 5.)

61. Pour qu'une fille, ou femme puisse être punie comme coupable d'avoir exposé, ou fait exposer son enfant, il faut prouver deux choses,

1°. Que l'enfant qui a été trouvé exposé, est celui dont cette fille, ou cette femme est accouchée.

2°. Qu'elle est l'auteur, ou la complice de l'exposition ; ou que c'est à sa sollicitation qu'elle a été faite.

Tome IV. D

L'action criminelle pour expofition de part, peut être intentée par la mere naturelle contre le pere naturel. (Ainfi jugé par Arrêt du 21 Janvier 1645 , rapporté par Boniface , *tom. 1 , part. 3 , liv. 1 , tit. 2 , chap. 4.*)

TITRE XL.

Du Péculat.

§. I.

Ce que c'eſt que le Péculat , & comment il ſe commet.

1. LE *Péculat* eſt un vol, ou une diffipation des deniers royaux , ou publics, qui ſe fait par les Receveurs , & autres Officiers qui en ont le maniement, ou à qui le dépôt en a été confié; ou par les Magiſtrats qui en ſont les ordonnateurs. (Voyez la Loi 1 , Cod. *de crimine peculatûs.*)

En Droit, le crime de péculat étoit plus étendu , & avoit lieu même contre les étrangers qui voloient les deniers publics. A l'égard du crime *de Reſiduis*, il s'entendoit de ceux qui avoient diffipé , ou qui étoient retentionnaires des deniers publics dont ils avoient eu l'admniſtration. (L. 2, D. *ad L. Jul. de reſiduis* ; L. 4, §. 4, *eodem.*)

2. Le crime de péculat ſe commet de pluſieurs manieres :

1°. En dérobant, ou divertiffant les deniers royaux, ou publics; ou en les appliquant à ſon profit. (Ordonnance de 1629, *art.* 390.)

2°. En jouant l'argent des recettes qui ont été confiées. (Ordonnance de 1629, *art.* 392.)

3°. En négociant ces deniers pour y profiter, ou en les donnant à rente, uſure, ou intérêt. (Lebret , Traité de la Souveraineté, *pag.* 101. Ordonnance de 1629, *n.* 393.)

4°. En billonnant & changeant les eſpeces reçues, ou en en achetant d'autres pour faire les paiements. (Ordonnance de 1629, *art.* 394.)

5°. En retenant les deniers royaux, & en ne les employant pas aussitôt à leur destination. (*Ibid.*, art. 396 & 399.)

6°. En retardant le paiement des deniers royaux reçus pour les employer à d'autres usages.

3. Ceux qui sont convaincus d'avoir donné, ou reçu quelques deniers, ou autres gratifications, pour n'être pas pressés par les comptables assignés par eux, ou pour ne les pas presser, sont aussi coupables du crime de péculat. (Ordonnance de 1629, *art.* 397.)

Ce crime se commet encore par une infinité de mauvais artifices que les Financiers ont inventés pour s'enrichir aux dépens du Roi, ou du public.

1°. Par omission de recette, même pour sommes médiocres dans les comptes qu'ils rendent des deniers de leurs maniements. (Ordonnance de 1629, *n.* 398.)

2°. En faisant des faux & doubles emplois dans leur dépense, quoique pour sommes légeres. (*Ibid.*, n. 398.)

3°. En fabriquant, ou faisant fabriquer de faux rolles, de fausses quittances, & autres actes; ou en les employant, & s'en servant. (Ordonnance de 1629, *art.* 395.)

4°. En employant dans leurs comptes des pertes fausses & supposées.

5°. En faisant reprises dans leurs comptes; comme deniers non reçus, de sommes qu'ils ont effectivement reçues, & dont ils n'ont point donné de quittances. (L. *hâc lege*, D. *ad Leg. Jul. pecul.*)

4. Les Financiers & autres qui ont la recette & maniement des deniers du Roi, ne peuvent même, à peine d'être réputés coupables du crime de pécul t, employer les deniers assignés pour une province, à autres dépenses qu'à celles qu'ils ont à faire dans la même province; à l'effet de quoi, ils doivent faire mention en la recette de leurs comptes, du lieu auquel ils ont reçu les effets y mentionnés. (Ordonnance de 1629, *art.* 399.)

Les usurpateurs des domaines du Roi, ou des chemins royaux, & ceux qui laissent dépérir les biens qui dépendent de ces domaines, sont aussi coupables du crime de péculat.

Il en est de même de ceux qui dans les baux à ferme, & dans les marchés qu'ils font au nom du Roi, comme pour édifices publics, ou pour les fournitures de munitions de guerre, en tirent du profit au détriment du public. (L. 10, D. *ad Leg. Jul. de pecul.* Lebret, Traité de la Souveraineté, *pag.* 101.)

5. Les Directeurs, ou Commis des Monnoies, qui commettent des malverfations, en mêlant, par exemple, dans l'or & dans l'argent pur, des métaux de moindre prix, ou en faifant tirer pour leur utilité particuliere, un plus grand nombre d'efpeces que celui qui leur eft marqué, tombent dans le crime de péculat.

Ceux qui retiennent pour eux un butin pris fur l'ennemi, doivent auffi être confidérés comme coupables du crime de péculat, fuivant la Loi pen., D. *ad L. Jul. pecul.*

Il en eft de même des Tréforiers qui appliquent à leur ufage une partie de l'argent deftiné aux gens de guerre, ou qui les payent en mauvais effets. (Farinacius, *qu.* 171, *n.* 43.)

Ceux qui volent & dérobent des chofes dépendantes des domaines du Roi, des monuments publics, mines, &c. font auffi coupables du même crime. (L. *Qui perforaverit*, D. *ad L. Jul. pecul.*; L. *facrilegii pœnam*, §. *fi quis ex metallis*, D. *eodem. tit.*)

Enfin, ceux qui prêtent leur nom, aide ou fecours à ceux qui commettent ces malverfations, font auffi regardés comme coupables de péculat. (L. 1, §. *is quoque*, Cod. *de crimine peculat.*; L. 1, D. *ad L. Jul. pecul.*)

§. II.

De la peine du Péculat.

6. Le péculat a toujours été regardé comme un crime des plus graves, & contre lequel les Loix ont févi avec plus de rigueur.

La peine établie par les Romains contre le péculat, fut d'abord la peine du quadruple. (L. 6, §. *ult.*, & L. *pen.*, D. *ad L. Jul. pecul.*; Sentent. Pauli, *lib.* 5, *tit.* 15; & L. 46, §. *fin.* D. *de jure fifci*;) mais depuis on trouva que cette peine étoit trop foible, & l'on établit la peine de la déportation; & contre les perfonnes viles, celle d'être condamnés aux mines. (L. 3, D. *ad L. Jul. de peculatu*; L. 38, D. *eod. tit.* §. 9, Inftit. *de publicis judiciis.*)

A l'égard des Magiftrats & Gouverneurs, qui pendant le temps de leur adminiftration, avoient détourné les deniers publics, ils étoient condamnés à une peine capitale, ainfi que ceux qui avoient favorifé ou recélé ces détournements, fuivant une Conftitution des Empereurs Honorius, & Théodofe. (Voyez la Loi 1,

Cod. *de crimine peculatûs;* c'eft-à-dire, à la peine de mort, ainfi qu'il eft dit en la Loi 5, Cod. Theodof. *tit.* 27, *leg.* 9.)

7. La punition de ce crime fut même regardée comme tellement importante au public, qu'on n'en donnoit jamais d'abolition, non plus que du crime de Leze-Majefté, ainfi qu'il eft porté en la Loi 3, Cod. *de abolitionibus.*

Quant à ceux qui étoient fimplement réliquataîres des deniers royaux ou publics, ils étoient feulement condamnés à la peine du tiers en fus des fommes dont ils étoient réliquataires, fuivant la Loi 4, §. 5, D. *ad L. Jul. pec.*

En France, la peine du péculat a auffi varié. Une Déclaration de François I du 8 Juin 1532, *art.* 6, porte que les Financiers, & autres perfonnes ayant le maniement des deniers royaux, qui les billonneront, ou ꞏmploieront à d'autres ufages que pour les affaires du Roi, qui les donneront à ufure, qui les convertiront en marchandifes, ou les appliqueront à leur profit, feront pendus & étranglés. Mais cette Déclaration n'a jamais été enregiftrée.

8. Une autre Déclaration du 14 Juin de la même année 1532, porte que les Financiers & Comptables, qui jouent l'argent de leur recette, feront punis par la privation de leur office, & par le fouet, banniffement, & confifcation de leurs biens.

L'article 1 de la Déclaration du 1 Mars 1545, établit la peine de la confifcation de corps & de biens contre quelque perfonne que ce foit, trouvée coupable du crime de péculat; & elle ajoute, que fi celui qui l'a commis eft noble, il fera en outre privé de nobleffe, & déclaré roturier, ainfi que fa poftérité. Cette Ordonnance prononce la même peine contre les Officiers qui s'abfenteront hors du Royaume, ou qui fe cacheront fans avoir payé le réliquat de leurs comptes; comme s'ils étoient coupables du crime de péculat. La même peine eft auffi établie par l'Ordonnance du mois de Janvier 1629, *art.* 390.

9. La peine de la confifcation de corps & de biens dont il eft parlé en cette Déclaration, eft celle des galeres à perpétuité, ou du banniffement perpétuel hors du Royaume. (Voyez le Factum de M. Peliffon touchant le crime de péculat.)

Il faut cependant obferver que l'article 398 de la même Ordonnance de 1629, paroît entendre les mots de confifcation de corps & de biens, de la peine de mort; mais cette Ordonnance, quant à cela, a été révoquée par une Déclaration du 26 No-

vembre 1633, regiſtrée au Parlement le 31 Juillet 1634, qui
révoque les articles concernant la peine du péculat portée en
ladite Ordonnance de 1629, & ordonne qu'il en ſera uſé à cet
égard, comme avant ladite Ordonnance, laquelle S. M. ne veut
avoir lieu pour ce regard ſeulement.

10.   La peine même des galeres perpétuelles, ou du banniſſement
à perpétuité hors du Royaume, ne ſe prononce gueres contre
les coupables du crime de péculat, s'il n'y a du faux, ou autre
crime capital mêlé avec le péculat. (Voyez Carondas, ſur cette
Déclaration de 1545, au Code de Henri, *liv.* 8, *tit.* 6.)

L'Edit du 7 Novembre 1559, *art.* 1, porte, que les Tréſoriers,
Receveurs & Comptables, qui auront billonné les deniers de
leur recette, ſeront punis de mort, ſans aucune eſpérance de
grace.

La Déclaration du 8 Juin 1665, *art.* 1, porte, que les Receveurs, & autres, qui auront retardé le paiement des deniers par
leur négligence, ou leur intelligence avec les redevables, ſeront
condamnés à la peine du quadruple. L'article 2 de cette même
Déclaration ajoute, que ſi leſdits Receveurs ont reçu les deniers,
& ne les ont pas payé dans le temps à eux limité, mais qu'ils
s'en ſoient aidé dans leurs affaires, ils ſeront outre la peine du
quadruple, punis corporellement ; & privés à perpétuité de leurs
Offices.

11.   Une autre Déclaration du Roi du 5 Mai 1690, veut que tous Commis aux Recettes générales & particulieres, Caiſſiers, & autres
ayant le maniement des deniers des Fermes du Roi, qui ſeront
convaincus de les avoir emportés, ſoient punis de mort, lorſque
le divertiſſement ſera de trois mille livres & au-deſſus ; & de telle
autre peine afflictive que les Juges jugeront à propos, lorſqu'il
ſera au-deſſous de trois mille livres. La même Déclaration fait
défenſes à toutes perſonnes de favoriſer leurs divertiſſemens &
retraites, à peine d'être reſponſables ſolidairement des deniers
emportés, & des dommages & intérêts des Fermiers du Roi.

Une autre Déclaration du 14 Juillet 1699, ordonne que les
peines portées par la Déclaration du 5 Mai 1690, contre les Commis aux Recettes, ſeront encourues par les Receveurs en titre,
qui tomberont dans le cas de cette Déclaration.

12.   La Déclaration du 3 Juin 1701, porte, que ceux qui auront
employé à leur uſage particulier, ou détourné les deniers de leurs

caiffes, feront punis de mort ; fans que les Juges puiffent modérer cette peine ; à peine d'interdiction, & de répondre en leur propre & privé nom, des dommages & intérêts des parties. *Idem* par la Déclaration du 21 Octobre 1715.

A l'égard des comptables qui retiennent feulement les deniers de leurs Recettes, fans les envoyer aux Recettes générales, la Déclaration du 8 Juin 1532, *art.* 8, portoit qu'ils feront condamnés en l'amende-honorable, confifcation de biens, & banniffement hors du Royaume ; mais l'article 5 de la Déclaration du 1 Mars 1545, veut qu'ils foient condamnés feulement en la peine du quadruple.

Ainfi la peine du péculat parmi nous eft différente, & eft plus ou moins févere, felon la bonne, ou mauvaife conduite que les Receveurs, & autres Comptables, ont eu dans l'adminiftration des affaires. Ces peines font le banniffement à perpétuité, les galeres, le pilori, l'amende-honorable, la prifon perpétuelle, & quelquefois la peine de mort. On joint auffi à la peine publique, des condamnations pécuniaires, comme la reftitution du quadruple, l'amende, ou l'aumône.

13. Lorfque les Receveurs, Comptables, & autres, qui ont le paiement des deniers royaux, ou leurs Commis, détournent frauduleufement ces deniers, ou les appliquent à leur profit, ils doivent être punis de mort, ainfi qu'on vient de l'obferver, fi les deniers qu'ils ont détournés montent à la fomme de trois mille livres, & au-deffus ; ce qui eft une fuite des difpofitions portées en l'article 143 de l'Ordonnance d'Orléans ; & en l'article 205 de celle de Blois ; & ce qui a depuis été confirmé par l'Ordonnance de 1609 ; par l'article 135 de l'Ordonnance du mois de Janvier 1629 ; & par l'article 12, du titre 11 de l'Ordonnance du Commerce de 1673. Cette difpofition doit auffi s'étendre aux Receveurs des deniers publics des Villes & Communautés, fuivant un Arrêt de la Cour des Aides du 6 Septembre 1686.

Il en eft de même des Receveurs, & autres Comptables, qui commettent le crime de faux en leur Recette, foit en faifant de faux acquits, ou en falfifiant des quittances de Finances, fuivant l'article 5 de la Déclaration du 8 Juin 1532.

14. En général on punit rigoureufement l'Officier qui eft atteint & convaincu de malverfation dans le maniement qu'il a des deniers Royaux ; & lorfqu'il les a employés au luxe, au jeu, ou à la débauche,

ou à acquitter propres dettes, on le condamne en l'amende-honorable, ou pilori, au banniffement, confifcation de biens, reftitution du quadruple, &c. fuivant le cas; (Voyez l'article 18 du titre 14 de l'Ordonnance des Fermes, du mois de Février 1687.) A l'égard de ceux qui jouent avec des Receveurs, & qui leur gagnent leur argent, ils doivent aux termes de l'Ordonnance du 14 Juin 1531, être condamnés à rendre l'argent, & en la peine du double ; mais cette derniere Ordonnance ne s'obferveroit pas aujourd'hui quant à la peine du double, s'il étoit prouvé, qu'on eut tenu en chambre, (comme on dit,) la perfonne chargée des deniers du Roi, qu'on lui eut gagné de groffes fommes, qu'il y eut eu une efpece de complot pour les gagner, & qu'il fut d'ailleurs de notoriété publique, que l'Officier qu'on a ainfi fait jouer, fut perfonnellement pauvre, & n'eut que des deniers Royaux ; auquel cas celui qui feroit ainfi coupable, devoit être condamné en une amende.

1 5. Quant à ceux qui prennent, ou reçoivent les deniers de la main des Comptables, fçachant qu'il font au Roi ; la Déclaration du 8 Juin 1532, *art.* 8, porte, qu'ils feront tenus de les rendre avec le quadruple.

C'eft en conféquence de cette regle, que les donations faites par les Officiers, Fermiers, Comptables, & Receveurs, qui fe trouvent redevables envers le Roi, & coupables de péculat, ou qui ont acheté des Offices & Charges, ou doté leurs enfants des deniers Royaux, peuvent être répétées fur eux pour le paiement des reftitutions, reliquats, & condamnations adjugées au Roi. (Ordonnance de Rouffillon du mois de Janvier 1563, *art.* 16 & 17 ; Ordonnance de 1629, *art.* 400.)

A l'égard des Receveurs, & autres Comptables, qui fe trouvent feulement hors d'état de payer les dettes de leur Recette, fans qu'on puiffe leur prouver aucune mauvaife conduite, on les condamne feulement en l'amende, ou au banniffement, & quelquefois au pilori, fuivant les circonftances.

16. Lorfque ce font d'autres que les Receveurs, & des perfonnes qui n'ont point le maniement des deniers Royaux, qui les ont détournés, ou diffipés, on les condamne au banniffement à perpétuité, ou autre peine moindre, fuivant le cas.

La récidive & la quantité de deniers diffipés, contribue auffi
à

à faire augmenter la peine à l'égard des Receveurs, ou autres Comptables. Ainsi un Receveur qui a dissipé une somme considérable d'argent provenant des deniers Royaux, ou qui est tombé plusieurs fois dans ce délit, doit être puni plus sévérement.

Les complices du délit de péculat, doivent être punis de la même peine que les principaux auteurs, suivant la Loi *sacrilegi pœnam*, §. *fin.* versic. *is autem*, D. *ad L. Jul. pecul.*; & la Loi 1, §. *is quoque*, Cod. *de crimine pecul.* Mais dans nos mœurs, ceux qui ont par eux-mêmes le maniement des deniers Royaux, & qui tombent dans le crime de péculat, sont punis plus sévérement que les simples complices, ainsi qu'on l'a observé.

17. Il y a eu en différents temps plusieurs recherches contre les Financiers coupables de péculat, en vertu de Commissions générales, & de Chambres de Justice; & entre autres sous les Roi Charles IX en 1566; & Henri III, en 1578 & 1584; mais ces Commissions furent révoquées en l'année 1585, & l'abolition fut accordée aux Financiers moyennant une certaine somme à laquelle ils furent taxés. Il y a eu aussi depuis plusieurs autres recherches en 1593, 1601, 1607, 1624, 1645, 1652, & 1661. Mais toutes ces Commissions ont peu duré, ou ont été révoquées, & les peines converties en peines pécuniaires, par deux Edits des mois de Juillet 1665, & Août 1669. Ce qui prouve bien que les Loix qui portent que pour ce crime il ne peut point y avoir d'abolition, sont mal observées parmi nous.

Il est vrai que par l'établissement d'une nouvelle Chambre de Justice faite en 1716, on y a prononcé quelques peines afflictives, comme du pilori, ou des galeres, amende-honorable, &c. ce qui s'étoit déja observé auparavant dans quelques cas; mais il ne paroît pas qu'on ait jamais prononcé la peine de mort; & cela a toujours dégénéré en des peines pécuniaires contre les coupables. (Voyez le Factum de M. Pelisson, touchant le péculat.)

Exemples de punition.

18. L'Histoire fournit quelques Jugements de mort rendus en France pour crime de péculat. En l'année 1315, Enguerrand de Marigny fut condamné à être pendu au gibet de Montfaucon, que lui-même avoit fait bâtir: mais outre le péculat, il fut accusé de sortilege, & d'avoir eu quelque dessein sur la vie du Roi. (Du-

Tome IV.   E haillan, & Dupleix, en la Vie de Louis X ; & Mézerai en l'année 1315.) Il y avoit contre lui, suivant Mézerai, quatre chefs d'accusations ; d'avoir altéré les monnoies , chargé le peuple d'impôts, volé plusieurs grandes sommes , & dégradé les Forêts du Roi.

Sous le Regne de Philippe le Long , Girard de la Guette, natif de Clermont-en-Auvergne, & de basse naissance , avoit eu le souverain maniement des Finances, & avoit été un grand fabricateur d'impôts. Il fut recherché sous le Roi Charles le Bel, & arrêté pour ses déprédations ; son procès lui fut fait, & il fut appliqué à la question, qu'on lui donna si rude, qu'il mourut au milieu des tourments : on ne laissa pas de traîner son corps par les rues , & de le pendre au gibet de Paris. (Mézerai, en l'année 1322.)

19. Pierre Remi, sieur de Montigny , qui avoit été Trésorier de France du vivant du Roi Charles le Bel, pour n'avoir pu payer le reliquat de son compte , & pour plusieurs malversations par lui commises en Guyenne , fut par Arrêt du Parlement de l'année 1328 , condamné à être pendu au gibet de Montfaucon , qu'il avoit fait rebâtir. Sa confiscation monta à douze cent mille livres. (Annales d'Aquitaine , *part.* 4 , *chap.* 2 ; Mézerai , sous Philippe VI.)

En l'année 1409 ; Jean de Montaigu qui s'étoit enrichi dans les Finances , & qui avoit abusé de ses richesses , en faisant des dépenses excessives, fut condamné à avoir la tête tranchée, & à avoir la question. (V. de Serres & Mézerai, sur l'année 1409.)

Sous le Regne de Charles VII , Jean de Xaintoings , Receveur-Général des Finances, fut arrêté prisonnier , (le 16 Octobre 1450,) & mis dans le Château de Tours , pour avoir dissipé & mal employé les deniers du Roi , qu'il fut convaincu d'avoir dérobé en sommes excessives, & avoir fait des ratures en quelques actes , pourquoi il fut réputé faussaire ; néanmoins il ne fut condamné qu'à tenir prison pendant un certain temps, avec confiscation de tous ses biens. Mais il en sortit quelque temps après, au moyen d'une somme de soixante mille écus qu'il paya au Roi. (Duhaillan , Monstrelet , Belleforêt & Mézerai , sous Charles VII.)

20. En la même année 1450, le Comte de Suffolk fut arrêté prisonnier à Londres ; son procès lui fut fait par le Parlement des trois Etats du Royaume d'Angleterre assemblés. Il fut condamné à être

pendu, pour avoir retenu les deniers du Roi lorsqu'on lui en avoit donné pour payer les Gens de Guerre, & n'en avoit payé à chaque fois que la moitié, & le Jugement fut exécuté. (Histoire de Charles VII, par Matthieu de Couci.)

Jacques Cœur, Tréforier de l'Epargne, qui avoit administré les Finances du Roi en l'an 1453, fut par Arrêt du 19 Mai, condamné à faire amende-honorable, & en une amende de cent mille écus, pour exactions, transport d'argent hors le Royaume, & billonnement de monnoie. (Chartier, Dupleix, Mézerai.)

Jacques de Beaune, fieur de Semblançai, pour larcins, fauffetés, abus, & mauvaises administrations des Finances du Roi, fut par Arrêt du 9 Août 1525, rendu par des Commiffaires des Parlements de Paris, Bordeaux & Toulouse, nommés par le Roi, condamné à être pendu au gibet de Montfaucon.

21. Deux ans après, (en 1527,) Jean de Poncher, qui avoit administré les Finances du Roi, fut condamné à être pendu, pour n'avoir pu justifier fon innocence, à caufe de la fouftraction qu'il avoit faite de fes papiers. (Dutillet, en fa Chronique, année 1527; Dupleix, Histoire de France, en 1528.)

En 1536, René Gentil, Italien, Préfident aux Enquêtes, accufé d'être fauffaire, & d'avoir dérobé les Finances du Roi, fut condamné à être pendu. (Chronique de Dutillet, en 1536, Dupleix.)

En la même année 1536, l'Amiral Chabot fut pourfuivi pour divertiffement de deniers Royaux; & par Arrêt donné contre lui à Melun, il fut deftitué de tous honneurs, condamné en l'amende, & relégué.

22. Quatre ans après, le Chancelier Poyet fut auffi entrepris pour péculat, & quoique les charges contre lui fuffent confidérables, néamoins il ne fut condamné qu'en une amende pécuniaire de cent mille livres, à être dégradé de fa charge, & au banniffement pour cinq ans. L'Arrêt rendu contre lui eft du 23 Avril 1545.

Le Maréchal de Biez, accufé de péculat, pour avoir diverti à fon profit une partie des deniers deftinés au paiement de fa Compagnie de Gendarmes, & de là garnifon de Fronfac, fut par Arrêt du Parlement de Toulouse, déclaré indigne de fes Charges, condamné en des reftitutions, fufpendu de fon Office de Maréchal de France pour cinq ans, & banni de la Cour.

François Allamant, Préfident en la Chambre des Comptes,

pour crime de péculat, fut privé de ses Etats, déclaré incapable
d'en posséder à l'avenir, & en soixante mille livres parisis d'a-
mende ; ce qui arriva en l'année 1565. (Opuscules de Loisel ,
pag. 182.)

Vincent Bohier, sieur de Beaumarchais, Tréforier de l'Epargne, fut condamné à mort par Arrêt de la Chambre de Justice
du 25 Janvier 1625, rendu par contumace, ses biens acquis &
confisqués au Roi ; mais il y avoit du faux dans son procès, avec
le crime de péculat.

23.   Voyez aussi à l'occasion du procès fait en 1661, à M. Fouquet,
Surintendant des Finances, le Factum de M. Pélisson.

Depuis l'établissement de la Chambre de Justice, fait en l'année
1716, il y a eu encore plusieurs Arrêts qui condamnent des particuliers aux galeres, au bannissement, en l'amende honorable,
ou au pilori, pour péculat, & malversations commises dans le re-
couvrement des deniers Royaux & publics des Villes & Communautés.

§. III.

Observations touchant le crime de péculat.

24.   1°. Le crime de péculat est un cas Royal. (Arrêt du 5 Juin 1559,
rendu pour Montdidier. Autre Arrêt du 1 Juin 1556, rendu pour
Sens. Voyez aussi ce qui a été dit ci-dessus, au titre *De la com-*
pétence des Juges en particulier, part. 2, tit. 1, n. 109.)

2°. Lorsque plusieurs font coupables de ce crime, ils font tous
tenus solidairement. (Déclaration du 5 Mai 1690 ; Farinacius,
quest. 171, *n.* 49.)

3°. Les Receveurs, & autres Comptables, font tenus civilement des faits de leurs Commi. & Préposés. (Lebret, Traité de
la Souveraineté, *liv.* 2, *chap.* 7, *pag.* 101.)

4°. L'action pour raison de ce crime, passe contre les héritiers
de celui qui en est coupable. (L. *fin.* D. *ad L. Juliam pecul.* Ordonnance de 1629, *n.* 399 & 400.)

5°. La preuve par témoins est recevable en fait de péculat,
quelque considérables que soient les sommes qui donnent lieu
à l'accusation. (Ordonnance de 1629, *art.* 400.)

25.   On admet aussi dans cette preuve les témoins de faits singuliers.
(Theveneau, sur les Ordonnances, *liv.* 4, *tit.* 6, *art.* 1, *note* 2.)

Et trois témoins de faits singuliers déposant de faits de même nature, quoique différents pour le regard des personnes, valent autant qu'un témoin entier. (*Ibid.* art. 400.)

Il faut même observer que les Financiers, Receveurs, & autres
Comptables des deniers Royaux, ou publics, qui se trouvent
reliquataires de sommes considérables, sans pouvoir vérifier la
cause de leur perte, & sans en avoir fait plainte ni poursuite en
Justice, sont présumés dès-là les avoir divertis & employés à leur
usage particulier. (Ordonnance de 1629, *art.* 391.)

6°. Le crime de péculat se prescrit par cinq ans, suivant quelques Auteurs, conformément à ce qui s'observoit en Droit. (L. 7,
D. *ad L. Jul. peculatus* ; Servin, en ses Plaidoyers, *part.* 4,
arrêt 35, *pag.* 168 ; Corbin, en ses Loix de France, sur l'article
15, *pag.* 49.) Mais selon d'autres, il ne se prescrit que par vingt.
(Voyez Chenu, *cent.* 1, *qu.* 38 ; Bardet, *liv.* 4, *chap.* 20.)

On étend même quelquefois jusqu'à 30 ans l'action pour ce
crime. (Edit du mois de Mars 1716, portant établissement d'une
Chambre de Justice.)

§. IV.

Collecteurs qui divertissent les deniers de la Taille, &c.

26. Les Collecteurs des Tailles, & autres impositions, qui emploient
à leur usage particulier, & qui négligent de porter à la Recette
des Tailles, les deniers de leur collecte, doivent être poursuivis
extraordinairement à la requête des Procureurs du Roi des Elec-
tions, & à la diligence des Receveurs des Tailles, & condamnés
au rétablissement des deniers par eux dissipés ; & faute par eux
de remettre au Receveur des Tailles les deniers qu'ils ont divertis, dans la quinzaine du jour que la vérification aura été
faite de ce qu'ils ont reçu des dénommés en leur rôle qu'ils
auront omis de remettre à la Recette des Tailles, ils doivent être
condamnés, sçavoir, au carcan & au fouet, lorsque le divertissement se trouvera être au-dessous de cent cinquante livres, dans
les Paroisses dont les impositions ne monteront qu'à cinq cents
livres ; & lorsque ce divertissement sera au-dessous de trois cents
livres, dans les autres Paroisses imposées à plus de cinq cents
livres ; & aux galeres pour trois ans, lorsque le divertissement se

trouvera être au-dessus de cent cinquante livres, dans lesdites
Paroisses dont les impositions ne monteront qu'à cinq cents livres ;
& lorsque ce divertissement sera au-dessus de trois cents livres,
dans les Paroisses imposées à plus de cinq cents livres ; sans que
ces peines puissent être réduites ni modérées. (Déclaration du 7
Février 1708.)

TITRE XLI.

Perturbateurs du repos public.

1. LES perturbateurs du repos public sont de plusieurs sortes:
   1°. Ceux qui occasionnent des troubles ou séditions, en attaquant les autres de fait, ou de paroles ; ou en leur faisant violence dans leurs maisons, ou ailleurs, sous prétexte de religion, ou sous quelqu'autre prétexte que ce soit.

   2°. Ceux qui par enrollement, ou signatures, provoquent & engagent les autres dans des partis, ou factions qui tendent à troubler le repos public.

   3°. Les Prédicateurs, qui dans leurs Sermons, usent de paroles scandaleuses, & qui tendent à émouvoir le peuple.

   4°. Ceux qui tendent à établir un schisme, ou dissention dans l'Etat, sous un prétexte de religion mal entendu ; & qui par un concert injuste, veulent se séparer de la communion de certaines personnes, soit en refusant de communiquer avec eux ; soit en leur refusant publiquement les Sacrements auxquels ils ont droit de prétendre ; ou des prieres publiques qui leur sont demandées pour eux ; ou la sépulture ecclésiastique.

2. 5°. Ceux qui composent, ou sement des écrits tendants à troubler la tranquillité de l'Etat, ou à corrompre les mœurs.

   6°. Les Seigneurs qui par violences & menaces, contraignent leurs sujets à leur payer des tailles, aides, ou autres droits qui ne leur sont point dus, ou qui les assujettissent à des corvées & autres exactions injustes ; ou qui les obligent de donner en mariage leurs filles, nieces, ou pupilles à leurs serviteurs, ou autres, contre la volonté desdits sujets ; ou qui par violence usurpent les

Communes des Bourgs & Villages, & les appliquent à leur profit, ou qui les vendent, engagent, ou donnent à cens. (Ordonnance d'Orléans, *art.* 106. Ordonnance de Blois, *art.* 280, 281 & 283. Ordonnance de 1629, *art.* 209.)

7°. Ceux qui escaladent les maisons de nuit en se servant d'échelles de cordes, ou autres.

8°. Ceux qui par malice rompent les digues & levées pour inonder les champs de leurs ennemis.

Peines.

3. Les perturbateurs du repos public, doivent en général être punis de mort, suivant la Loi *final.*, §. *final*, D. *de re militari*, ainsi que leurs complices. (Farinacius, *qu.* 20, *n.* 155-157 ; & c'est aussi la disposition des articles 1 & 2 de l'Edit du mois de Juillet 1561.)

Le même Edit de 1561, *art.* 1, prononce aussi la peine de mort contre les Prédicateurs séditieux ; mais la Déclarat. du 22 Septembre 1595, prononce seulement contr'eux la peine du bannissement à perpétuité, & celle d'avoir la langue percée. (Voyez ce qui est dit ci-après au titre *Des séditions & émotions populaires*, part. 4, tit. 47, n. 3.)

A l'égard des Ecclésiastiques, qui par un concert injuste, refusent publiquement la sépulture ecclésiastique, ou les Sacrements, & les prieres à ceux qui ont droit d'y participer, ils sont condamnés au bannissement à temps, ou à perpétuité. Il y a plusieurs exemples de pareilles condamnations depuis 1752. (Voyez ce qui a été dit à ce sujet au titre *Des Injures*, ci-dessus, part. 4, tit. 14, n. 57 ; & au titre *De l'abus des Prêtres & autres Ecclésiastiques dans leurs fonctions*, ibid. part. 4, tit. 1, n. 8.)

4. Ceux qui sont convaincus d'avoir composé & fait imprimer des ouvrages ou écrits tendants à troubler la tranquillité de l'Etat, doivent être condamnés comme perturbateurs du repos public, pour la premiere fois au bannissement à temps ; & en cas de récidive, au bannissement à perpétuité hors du Royaume. (Déclaration du 11 Mai 1728, *art.* 4.)

Et à l'égard de ceux qui les ont imprimés, & des Colporteurs qui les distribuent, ils doivent être condamnés pour la premiere fois au carcan, & même à plus grande peine, s'il y échet ; &

en cas de récidive, aux galeres pour cinq ans. (Même Déclaration, *art.* 2, 3, & 10.)

L'Ordonnance de Blois, *art.* 283, prononce contre les Gentil-
hommes, & autres nobles du Royaume, la peine d'être déclarés
ignobles & roturiers, & privés à jamais de tous droits sur ceux de
leurs sujets qu'ils auront vexés par des contributions de deniers,
ou grains, corvées, ou autres exactions indues.

5. L'article 281 prononce aussi la même peine contre les Seigneurs qui obligent leurs vassaux, ou sujets, de donner leurs
filles, ou pupilles en mariage à leurs serviteurs, ou domestiques.

L'article 280, porte que les Seigneurs & autres qui exigeront,
ou permettront de lever sur leurs sujets des Tailles, Aides, ou
autres droits indus, seront punis suivant la rigueur des Ordonnances. (Voyez ce qui a été dit à ce sujet au titre *Du crime de Leze-
Majesté*, ci-dessus, *part.* 4, *tit.* 28, *n.* 49.)

L'article 106 de l'Ordonnance d'Orléans, enjoint aux Juges
royaux de veiller à ce que les sujets du Roi ne soient point op-
primés par la puissance de leurs Seigneurs, auxquels il est défendu par le même article, de menacer & intimider leurs sujets
& redevables; & enjoint de se comporter avec modération envers eux. (*Idem* par l'Ordonnance de Blois, *art.* 283.)

L'article 192 de l'Ordonnance de Blois, veut que les Hauts-
Justiciers qui souffriront port d'armes, forces & violences être
faites en leurs terres, Seigneuries & Justices, & n'en feront poursuites, seront privés de leurs Justices; & les Officiers, en cas de
connivence, privés de leurs états.

6. Ceux qui escaladent de nuit les maisons des particuliers pour
y entrer, *sive amoris causâ*, ou pour quelqu'autre motif, doivent
être punis du dernier supplice. (Menochius, *cas.* 360, *n.* 95; Jul.
Clarus, *qu.* 68, *n.* 4.) Ce dernier ajoute cependant que cette
peine ne s'observe point; mais que la circonstance d'escalade sert
souvent à aggraver le délit pour lequel elle est pratiquée; & tel
est aussi le sentiment de Farinacius, *qu.* 20, *n.* 145.

Quant à ceux qui par malice rompent les digues & levées pour
inonder les campagnes de leurs ennemis, ils doivent être condamnés aux galeres, ou autre peine arbitraire, suivant les circonstances. (Damhouderius, *cap.* 105, *n.* 4.)

Et si ce crime alloit jusqu'à rompre les levées d'un fleuve, ou
de la mer, les coupables seroient punis de la peine du feu, suivant
la L. *unic.* Cod. *de Nili aggeribus non rumpendis.*　　　TITRE

TITRE XLII.

Du Crime de Poiſon.

1. ON entend par *poiſon*, toutes drogues, ou préparations chimi-ques capables de cauſer la mort; & l'on appelle *empoiſonneurs*, ceux qui ſe ſervent de ce moyen pour faire mourir d'autres per-ſonnes; mais il ne faut pas mettre au nombre des poiſons les phil-tres & breuvages compoſés pour inſpirer de l'amour.

L'empoiſonnement eſt une eſpece d'homicide plus criminel que celui qui ſe commet par le fer; parce qu'on peut ordinairement ſe garantir de celui-ci, au-lieu que l'autre renferme toujours une trahiſon, & eſt ſouvent commis par ceux dont on ſe défie le moins. (L. 1, Cod. *de maleſ. & mathemat.*; L. 1 & 3, D. *ad L. Cornel. de Sicariis & veneficis.*)

2. Ce crime ſe commet plus ordinairement par les femmes; parce que la foibleſſe de leur ſexe ne leur permettant pas de ſe venger à force ouverte & par la voie des armes, les engage à prendre une voie plus cachée, & à avoir recours au poiſon. (Voyez Julius-Clarus, *qu.* 68, *n.* 137; Imbert, *liv.* 3, *chap.* 22, *n.* 18.) Il y en a un exemple célebre, rapporté par Tite-Live, *décade* 1, *liv.* 8, *n.* 18. Cet Hiſtorien raconte que ſous le Conſulat de Marcus-Claudius-Marcellus, & de Caïus-Valerius, il ſe fit un grand nom-bre d'empoiſonnements dans la ville de Rome par les Dames Ro-maines; que la mort ſubite de pluſieurs perſonnes de toutes ſortes de qualités ayant cauſé de l'étonnement & de la crainte à toute la ville, la cauſe de ce mal public fut révélée par une eſclave qui en avertit le Magiſtrat, & qui lui découvrit que ce qu'on avoit cru juſqu'-là être une intempérie de l'air, n'étoit autre choſe qu'un effet de la malice des femmes Romaines, qui ſe ſervoient tous les jours de poiſons pour faire périr ceux dont elles ſe vou-loient défaire; & que ſi on vouloit la ſuivre, & lui promettre qu'il ne lui ſeroit rien fait, elle en feroit connoître la vérité. Sur cet avis, on fit ſuivre l'eſclave, & on ſurprit pluſieurs Dames qui compoſoient des poiſons, & quantité de drogues cachées,

que l'on apporta dans la place publique. On y fit auffi amener vingt Dames Romaines, chez lefquelles on les avoit trouvés. Il y en eut deux qui foutinrent que ces médicaments étoient des remedes pour la fanté ; mais parce que l'efclave qui les avoit accufées, foutenoit le contraire, on leur ordonna de boire les breuvages qu'elles avoient compofés ; ce qu'elles firent toutes, & moururent en même temps. Cela donna lieu de faire arrêter leurs complices, qui en découvrirent encore d'autres ; en forte qu'outre les vingt dont on vient de parler, on en punit encore jufqu'au nombre de foixarte-dix.

3.   Suivant les Loix Romaines, le crime de poifon étoit puni de mort. (L. *in princ.* D. *ad L. Cornel. de Sicariis* ; §. *ead. Lege,* Inftit. *de publ. judic.* Voyez auffi Julius-Clarus, *qu.* 68, *n.* 44 & Farinacius, *qu.* 122, *n.* 1.)

La Conftitution Caroline, *art.* 130, porte, que celui qui attentera à la vie d'un autre par le poifon, fera condamné à la roue, ainfi qu'un affaffin, fi c'eft un homme ; & que fi c'eft une femme, elle fera précipitée dans l'eau, ou punie d'une autre peine de mort, fuivant ce qui fe trouvera en ufage ; & de plus, que les coupables feront traînés fur la claie au lieu du fupplice, & avant l'exécution tenaillés avec des fers ardents plus ou moins, felon l'état des perfonnes, & la nature du délit.

4.   En France, la peine du poifon eft auffi la mort ; & le genre de fupplice eft plus ou moins févere, fuivant les circonftances ; quelquefois c'eft la peine du feu. Si c'eft un fils qui empoifonne fon pere, ou fa mere, il eft puni comme parricide ; & il en eft de même des peres & meres qui empoifonnent leurs enfants, & des femmes qui empoifonnent leurs maris.

L'article 4 de l'Edit du mois de Juillet 1682, rendu contre les empoifonneurs, porte, que la peine de mort aura lieu contre tous ceux qui feront convaincus de s'être fervi de vénéfices & de poifon, foit que la mort foit enfuivie, ou non.

Cette peine doit avoir lieu, à plus forte raifon, lorfque c'eft un fils qui veut empoifonner fon pere ; ou une femme qui veut empoifonner fon mari ; ou un ferviteur qui veut empoifonner fon maitre, ou fa maîtreffe.

L'article 5 du même Edit porte, que ceux qui feront convaincus d'avoir attenté à la vie de quelqu'un par vénéfice & poifon, en forte qu'il n'ait pas tenu à eux que ce crime n'ait été confommé, feront auffi punis de mort.

5. L'article 6 met au nombre des poifons, non-feulement ceux qui peuvent caufer une mort prompte & violente; mais auffi ceux qui, altérant peu-à-peu la fanté, caufent des maladies, foit que ces poifons foient fimples & naturels, ou compofés & faits de main d'Artiftes; & en conféquence défend à toutes fortes de perfonnes, à peine de la vie, même aux·Médecins, Apothicaires & Chirurgiens, à peine de punition corporelle, d'avoir & de garder de tels poifons fimples, ou préparés, qui retenant toujours leur qualité de venin, & n'entrant en aucune compofition ordinaire, ne peuvent fervir qu'à nuire, & font de leur nature pernicieux & mortels.

Non-feulement ceux qui empoifonnent, en mêlant du poifon dans les viandes, ou dans les breuvages, ou par quelques autres voies que ce foit, font coupables de ce crime; mais auffi ceux qui les compofent & apprêtent, ou les diftribuent pour empoifonner les autres; (Edit de Juillet 1682, *art.* 4;) & enfin tous ceux qui prêtent leur confeil, leur aide & leur miniftere pour commettre ce crime.

6. Il faut cependant obferver à l'égard de ceux qui préparent & apprêtent, ou diftribuent du poifon pour empoifonner quelqu'un, ou qui en achetent dans la même intention, qu'ils ne doivent être punis de la peine de mort, que lorfqu'ils réduifent leur deffein en acte, en faifant quelque chofe qui puiffe tendre à caufer la mort. (*Ita* Farinacius, *qu.* 122, *n.* 14--17; *&* 19--22, *&* 40;) & qu'à l'égard de ceux qui le vendent & diftribuent, fçachant l'ufage qu'on en doit faire, ils ne doivent être punis de la peine ordinaire du poifon, que lorfque le deffein de celui qui vouloit empoifonner, a été mis à exécution, & fuivi de mort. (*Ita* Menochius *de arbitrar. quæft.* cafu 359;) autrement ils doivent être punis d'une peine moindre.

Si celui qui a acheté, compofé, ou préparé du poifon pour empoifonner quelqu'un, n'avoit pas mis fon deffein à exécution, parce qu'il en auroit été empêché, il ne paroît pas même qu'alors il dût être puni de la peine de mort; mais feulement d'une autre peine grave, fuivant les circonftances & la qualité des perfonnes. (Farinacius, *qu.* 122, *n.* 40.)

7. A plus forte raifon, cela doit-il avoir lieu lorfque c'eft le re-

F ij

pentir qui l'a empêché d'exécuter le deffein qu'il avoit formé ; & dans ce fecond cas, la peine doit être encore moindre que dans le cas précédent. (Farinacius, *ibid.* n. 42.)

A l'égard de ceux qui empoifonnent l'eau d'un puits, ou d'une fontaine pour faire périr ceux qui font dans le cas d'en boire, ils doivent être punis comme homicides ; & cela ne doit fouffrir aucune difficulté, lorfque quelqu'un a bu de l'eau de ce puits, ou de cette fontaine qui lui a caufé la mort. (Farinacius, *qu.* 122, *n.* 12.) Mais s'il n'en étoit arrivé aucun accident, il paroît que les coupables ne doivent pas être punis de la peine de mort, mais feulement d'une autre peine arbitraire. (Farinacius, *ibid.* n. 13.)

8. Le même article 4 de l'Edit de 1682, ci-deffus cité, veut que tous ceux qui auront connoiffance qu'il aura été travaillé à faire du poifon, ou qu'il en aura été demandé, ou donné, foient tenus de dénoncer inceffamment ce qu'ils en fçauront, aux Procureurs Généraux, ou à leurs Subftituts ; & en cas d'abfence, au premier Officier public des lieux ; à peine d'être pourfuivis extraordinairement, & punis felon les circonftances & exigence des cas, comme fauteurs & complices defdits crimes ; & fans que les dénonciateurs foient fujets à aucune peine, ni même aux intérêts civils, lorfqu'ils auront déclaré & articulé des faits, ou des indices confidérables qui feront trouvés véritables & conformes à leur dénonciation, quoique dans la fuite les perfonnes comprifes dans lefdites dénonciations foient déchargées des accufations, dérogeant à cet effet à l'article 73 de l'Ordonnance d'Orléans ; fauf à punir les calomniateurs felon la rigueur de ladite Ordonnance.

9. On pourroit rapporter ici un grand nombre de condamnations pour raifon du crime de poifon. En voici feulement quelques-unes.

Par Arrêt du 15 Juillet 1585, rapporté par Imbert en fes Inftitutions Forenfes, *liv.* 3, *chap.* 22, *n.* 18, vers la fin, une jeune femme de Paris, nommée Marie Lejuge, fille d'un Marchand de la même ville, fut pendue & brûlée, pour avoir empoifonné fon mari, à caufe d'un foufflet qu'il lui avoit donné.

Par un autre Arrêt de la Cour du 24 Mars 1673, le nommé la Chauffée, valet du fieur d'Aubrai, Confeiller en la Cour, convaincu de l'avoir empoifonné, ainfi que M. d'Aubrai, Lieutenant-Civil, fon frere, fut condamné à la roue, & exécuté.

Par un autre Arrêt du 16 Juillet 1676, la Dame Marquise de Brinvilliers a été déclarée atteinte & convaincue d'avoir fait empoisonner M. Dreux d'Aubrai son pere, & les sieurs d'Aubrai, l'un Lieutenant-Civil, & l'autre Conseiller en la Cour, ses deux freres, & attenté à la vie de la défunte Thérese d'Aubrai sa sœur; & pour réparation, condamnée à faire amende-honorable, à avoir la tête tranchée en place de Greve, & son corps brûlé, & ses cendres jettées au vent, préalablement appliquée à la question ordinaire & extraordinaire, pour avoir révélation de ses complices; ses biens confisqués, sur iceux pris quatre mille livres d'amende envers le Roi, cinq cents livres pour faire prier Dieu pour le repos des ames de ses pere, freres & sœur, en la Chapelle de la Conciergerie du Palais; dix mille livres de réparation envers la Dame Mangot, veuve du sieur d'Aubrai, Lieutenant-Civil; & en tous les dépens. (Voyez cet Arrêt au Journal des Audiences, *tom.* 3.)

Autre Arrêt du 27 Février 1677, aussi rapporté au Journal des Audiences, par lequel Charlotte Boucher, veuve de Nicolas de Clersin, convaincue d'avoir présenté & fait prendre du poison, par deux fois, à son mari, &c., a été condamnée à avoir le poing droit coupé; & ensuite pendue, son corps mort brûlé, & ses cendres jettées au vent.

11. Autre Jugement rendu au Bailliage-Criminel d'Orléans le 12 Septembre 1602, par lequel une jeune femme, de la Paroisse de Vitri-aux-Loges, âgée de 14 ans & demi, convaincue d'avoir empoisonné son mari qui en étoit mort, a été condamnée à être pendue, & son corps mort, brûlé, & ses cendres jettées au vent. Elle avoit donné de l'arsenic à son mari dans du lait, séduite par le Curé du lieu. La servante du Curé convaincue d'avoir préparé l'arsenic, a été le samedi 26 Septembre de la même année, condamnée à être pendue, par Arrêt de la Cour, & exécutée en la place du Martroi d'Orléans le lundi 26 Octobre suivant. Le Curé convaincu d'inceste avec cette jeune femme sa Paroissienne, a été condamné à être brûlé vif; & l'Arrêt a été exécuté en tableau.

Autre Arrêt du 3 Mars 1732, par lequel la nommée Eugenie Picq, convaincue d'empoisonnement, a été condamnée à être brûlée, préalablement appliquée à la question ordinaire & extraordinaire, avec confiscation de ses biens.

12. Autre Arrêt du 15 Décembre 1732, qui condamne la nommée Marie le Teissier, à être brûlée vive, pour crime de poison.

Autre Arrêt du Parlement du 26 Novembre 1733, qui condamne Marie Veroneau, veuve, en l'amende-honorable, & à être brûlée vive, pour crime de poison.

Autre Arrêt du 7 Octobre 1734, qui condamne Pierre Guet en l'amende-honorable, & à être brûlé vif, pour crime de poison.

Autre Arrêt rendu au Parlement de Toulouse le 30 Juin 1753, contre le nommé Maneval, rapporté par Soulatges en son Traité des Crimes, *tom.* 1, *pag.* 218, qui le condamne en l'amende-honorable, & à être brûlé vif, pour crime de poison.

13. Afin de prévenir les inconvénients qui peuvent arriver de la vente des poisons & drogues dangereuses pour la santé, l'Edit du mois de Juillet 1682, renferme encore plusieurs autres dispositions à ce sujet.

L'article 7 porte, à l'égard de l'arsenic, du reagale, de l'orpiment, & du sublimé, que quoiqu'ils soient un poison dangereux, néanmoins comme ils entrent & sont employés en plusieurs compositions nécessaires, il est permis, mais seulement aux Marchands qui demeurent dans les villes, d'en vendre, & d'en livrer, pourvu que ce soit par eux-mêmes, aux Médecins, Apothicaires, Chirurgiens, Orfevres, Teinturiers, Maréchaux, & autres personnes publiques, qui par leur profession sont obligés de les employer ; lesquels néanmoins doivent écrire, en les prenant, sur un regiftre particulier, tenu à cet effet par lesdits Marchands, leurs noms, qualités & demeures, ensemble la quantité qu'ils auront prise desdits minéraux ; & si au nombre desdits artisants qui s'en servent, il s'en trouve qui ne sçachent écrire, lesdits Marchands écriront pour eux ; qu'à l'égard des personnes inconnues auxdits Marchands, comme peuvent être les Chirurgiens, & Maréchaux des bourgs & villages, ils apporteront des certificats en bonne forme, contenant leurs noms, demeures & professions, signés du Juge des lieux, ou d'un Notaire & deux témoins, ou du Curé & deux principaux habitants ; lesquels certificats & attestations demeureront chez lesdits Marchands pour leur décharge.

14. L'article 8 enjoint à tous ceux qui ont droit par leurs professions & métiers, de vendre, ou d'acheter desdits minéraux, de de les tenir en des lieux sûrs dont ils garderont eux-mêmes la clef: comme aussi leur enjoint d'écrire sur un registre particulier la qualité des remedes où ils auront employé lesdits minéraux, le nom de ceux pour qui ils auront été faits, & la quantité qu'ils auront employée; & d'arrêter à la fin de chaque année sur lesdits registres ce qui leur en restera; le tout à peine de mille livres d'amende, pour la premiere fois; & de plus grande, s'il y échet.

L'article 9 défend aux Médecins, Chirurgiens, Apothicaires, Epiciers, Droguistes, Orfevres, Teinturiers, Maréchaux, & tous autres, de distribuer desdits minéraux en substance, à quelque personne que ce puisse être, & sous quelque prétexte que ce soit, sur peine d'être punis corporellement; & qu'ils seront tenus de composer eux-mêmes, ou de faire composer en leur présence par leurs garçons, les remedes où il devra entrer nécessairement desdits minéraux, qu'ils donneront après cela à ceux qui leur en demanderont, pour s'en servir aux usages ordinaires.

15. Cet article doit s'expliquer par l'Arrêt de Réglement de la Cour du 27 Février 1677, rapporté au Journal des Audiences, *tom.* 3, qui porte que les Epiciers, Apothicaires, Chirurgiens, &c., ne pourront vendre les drogues ci-dessus, qu'à des personnes domiciliées & notoirement connues; sans qu'ils souffrent que leurs femmes, enfants, garçons, apprentifs, ou aucuns de leurs domestiques en puissent vendre, débiter, ou distribuer à qui que ce soit, sous quelque prétexte que ce puisse être; & que lesdits Apothicaires & Epiciers seront tenus de tenir fidele registre, qui sera paraphé par l'ancien Commissaire du quartier, des noms de ceux à qui ils auront vendu, ou donné lesdites drogues, la qualité, la quantité & le jour, & pour quel usage; laquelle déclaration ils feront signer par ceux à qui ils les auront données; & sans pareillement qu'ils en puissent vendre, ou donner à aucuns valets, serviteurs, ou domestiques, sinon sur certificats de leurs maîtres, signés d'eux, dont il sera fait mention sur leursdits registres, & lesquels ils garderont; le tout à peine de cinq cents livres d'amende, & de tenir leurs boutiques fermées pendant un an, ou autre plus grande peine, s'il y échet.

16. Un autre du 3 Mai 1732, enjoint aux Marchands, Apothicaires & Epiciers de la ville d'Auxerre, & autres à qui les Réglements permettent de tenir & de vendre de l'arsenic, & autres drogues dangereuses, de ne les vendre & débiter qu'à des chefs

de famille ; lefquels feront tenus, fur les peines portées par lefdits Réglements, d'avoir des regiftres où ils écriront par dates & par articles, & fur-le-champ, les noms, qualités & demeures defdits chefs de famille à qui ils vendront lefdits arfenic & drogues, & les feront figner fur le regiftre.

Autre Arrêt du 19 Juin 1744, qui enjoint à François Boival, Marchand-Epicier à Paris, de fe conformer à l'Edit du mois de Juillet 1682; en conféquence de ne vendre de l'arfenic, réagal, orpiment & fublimé qu'aux perfonnes qui par leur profeffion font obligées d'en employer, & avec les précautions prefcrites par ledit Edit ; & à cet effet d'avoir un regiftre particulier, fur lequel les perfonnes qui en prendront, écriront leurs noms, qualités & demeure, enfemble la quantité qu'ils auront prife defdits minéraux, fi elles le peuvent, finon ledit Boival écrira pour eux; & pour la contravention, condamne ledit Boival en mille livres d'amende, avec défenfes de récidiver.

17.   Autre Arrêt du 15 Décembre 1732, rendu en forme de Réglement, qui enjoint aux Médecins, Chirurgiens, Apothicaires & Epiciers de la ville du Mans, & à tous autres qui ont droit par leur profeffion d'acheter de l'arfenic & autres drogues dont on peut faire un mauvais ufage, de tenir lefdites drogues en lieux fûrs, dont ils garderont eux-mêmes la clef; fans que leurs femmes, enfants, garçons, apprentifs, ou aucuns de leurs domeftiques en puiffent vendre, débiter, ou diftribuer à qui que ce foit, fous quelque prétexte que ce puiffe être ; à peine de mille livres d'amende, pour la premiere fois, &c.

L'article 10 du même Edit de Juillet 1682, défend auffi à toutes perfonnes, autres qu'aux Médecins & Apothicaires, d'employer aucuns infectes vénimeux, comme ferpents, crapaux, viperes, & autres femblables, fous prétexte de s'en fervir à faire des médicaments, ou à faire des expériences, & fous quelque autre prétexte que ce puiffe être, s'ils n'en ont la permiffion expreffe & par écrit.

18.   Enfin, l'article 11 défend même à toutes perfonnes, excepté aux Médecins approuvés dans le lieu de leur réfidence, aux Profeffeurs de Chimie, & aux Apothicaires d'avoir des laboratoires, & d'y travailler, fous quelque prétexte que ce foit, fans avoir auparavant obtenu au Grand-Sceau des Lettres de permiffion qui aient été préfentées aux Officiers de Police des lieux ; & même

les

les Diſtilateurs doivent choiſir entr'eux, ceux qui feront la con-
feƈtion des eaux-fortes; leſquels néanmoins ne pourront y travailler qu'en vertu de Lettres de Sa Majeſté, & après en avoir fait
leurs déclarations; le tout à peine de punition exemplaire.

De la Procédure en Crime de Poiſon.

19. 1°. Pour conſtater le corps de délit, lorſqu'on prétend qu'une
perſonne a été empoiſonnée, il faut avoir recours aux Médecins;
& pour cela, il faut diſtinguer, ſi celui qui a pris le poiſon, eſt
encore vivant, ou s'il eſt mort. Lorſqu'il eſt encore vivant, les
marques ordinaires qu'il a été empoiſonné, ſont les étourdiſſe-
ments, maux de cœur, douleurs d'eſtomac, palpitations de cœur,
tremblement & ſyncopes; & lorſque le malade éprouve ces ſymp-
tômes auſſi-tôt après le breuvage qu'on lui a donné, c'eſt une
marque certaine d'un poiſon très dangereux, ſuivant le jugement de tous les Médecins.

Une autre preuve que le malade a été empoiſonné, c'eſt lorſqu'auſſi-tôt après la potion, ou nourriture par lui priſe, il vient à
tomber tout-à-coup dans un changement d'état entiérement différent du premier, & dans des accidents fâcheux, vomiſſements
violents, inflammation de goſier, &c.

20. Mais ſi le malade eſt mort, il faudra examiner ſon corps; & ſi
par le rapport des Médecins & Chirurgiens, il eſt conſtaté que
le corps étoit livide, couvert de taches, & exhalant une odeur
très mauvaiſe, ayant les ongles noirs, ne tenant preſque plus aux
doigts, la bouche écumante, &c.; & ſur-tout ſi par l'examen des
parties intérieures du corps, on trouve des marques de corroſion
dans l'éſophage, ou l'eſtomac, ou dans les inteſtins; des taches
noires dans les viſceres; du ſang congelé autour du cœur, ou
dans l'eſtomac, c'eſt un ſigne certain que le malade a été empoiſonné.

Cette preuve devient encore plus certaine, ſi on trouve encore ſur le lieu de la même drogue qu'on a fait prendre au malade,
& qu'on la donne à quelque chien, ou autre animal qui en meure
ſur-le-champ.

2°. Parmi les preuves qu'on peut employer contre l'accuſé, on
doit faire uſage des indices & préſomptions, comme dans tous les

autres crimes dont il eſt difficile d'avoir la preuve. Les principaux de ces indices ſont ,

21.   Lorſqu'on a vu l'accuſé acheter du poiſon , le préparer en cachete , ou en avoir dans ſa maiſon ; & que cette perſonne a eu quelque différend avec la perſonne qui a été empoiſonnée , ou qu'elle a eu lieu d'attendre de ſa mort quelque profit , ou avantage ; ſur-tout ſi cet accuſé eſt d'ailleurs de mauvaiſe conduite. Quand toutes ces circonſtances , ou la plus grande partie ſe trouvent réunies , cela forme une preuve conſidérable & ſuffiſante pour faire appliquer l'accuſé à la queſtion ; mais elles ne peuvent jamais ſuffire pour le faire condamner à mort ; à moins qu'elles ne ſe trouvent jointes à la dépoſition de quelque témoin qui ait vu donner le poiſon , ou le mettre dans les aliments , ou dans la boiſſon de celui qui a été empoiſonné. (Voyez Farinacius , *qu.* 122 , *n.* 53 & *ſuiv.* ; Conſtitution Caroline , *art.* 37.)

Il en eſt de même de celui qui nie en Juſtice avoir acheté du poiſon , & qui eſt enſuite convaincu de l'avoir acheté. (Conſtitution Caroline , *ibid.*

Lorſque les indices précedents ſe trouvent encore joints à d'autres indices généraux , comme à des menaces précedentes , aux variations au menſonge , & à la fuite de l'accuſé , cela fortifie encore la preuve.

Le crime de poiſon n'eſt point un cas royal. Voyez ce qui a été dit à ce ſujet dans mon Traité *De l'adminiſtration de la Juſtice* , &c. , au titre *Des cas royaux* , part. 1 , tit. 2 , n. 135 ; & ci-deſſus au titre *De la Compétence particuliere des Juges* , part. 2 , tit. 1 , n. 11.

Des Philtres, ou Breuvages pour inſpirer de l'amour, &c.

22.   Ceux qui donnent de ces ſortes de breuvages ſont puniſſables , lorſqu'il en arrive des accidents ; & même ils deviennent coupables d'homicide , & doivent être punis comme tels , ſi ces breuvages occaſionnent la mort de celui , ou de celle à qui ils ont été donnés. (Voyez la Loi 3 , §. 2 , D. *ad L. Cornel. de Sicariis* ; & la Loi 38 , §. 5 , D. *de pœnis* ; Menochius *de arbitrar. quæſt.* caſu 358 ; & Farinacius , *qu.* 122 , *n.* 112 & *ſuiv.* ;) ſur-tout lorſqu'aux breuvages on joint le maléfice. (*Ibid. n.* 115.)

Il en eſt de même de ceux qui donnent des breuvages pour

faire dormir, ou pour faire concevoir les femmes qui font ſtériles, &c. Dans tous ces cas, ſi les remedes donnés ſont ſuivis de
mort, celui qui les a donnés peut être puni comme homicide.
(Farinacius, *ibid.* qu. 122, n. 133 & 130.)

TITRE XLIII.

De la Poligamie.

1. LA *Poligamie* eſt le crime de ceux qui épouſent pluſieurs
femmes.

On appelle ordinairement *Bigames*, ceux ou celles qui ſe ſont
mariés deux fois ; mais la *Bigamie* dont il s'agit ici, eſt le crime
de celui ou de celle qui ſe trouve marié en même-temps à deux
perſonnes vivantes.

Ce crime eſt très grave, puiſqu'outre la profanation du Sacrement de Mariage, il eſt toujours joint à un adultere continuel ;
& il eſt également condamné par les Loix de l'Egliſe & de l'Etat.
C'eſt une eſpece de rapt d'autant plus d'angereux, qu'il eſt difficile de s'en défendre, ſur-tout ſi la fille eſt mineure, & ſans
parents.

Les Romains avoient laiſſé à l'arbitrage du Juge la punition
de ce crime. (L. *neminem*, Cod. *de inceſt. & inutil. nuptiis.*)

2. La Loi 18, Cod. *ad L. Jul. de adulter.* déclare infames les
bigames, & ne prononce point d'autres peines contre eux.

L'authentique *hodie*, Cod. *de repudiis*, veut que la femme dont
le mari eſt abſent, & qui ſe marie ſans avoir des nouvelles ſures
de ſa mort, ſoit punie comme adultere. La Novelle 117, *chap.* 11,
veut pareillement que dans ce cas, la femme & celui qui l'é-
pouſe, ſoient punis comme adulteres ; c'eſt-à-dire, de la mort,
ſuivant la Loi 30, Cod. *ad L. Jul. de adulteriis.* Mais cette peine a
été changée par l'authentique qui ſuit ce paragraphe ; & cette
authentique établit la peine à laquelle nous condamnons aujour-
d'hui les femmes adulteres.

En Allemagne les bigames ſont auſſi punis de la peine établie
contre l'adultere, ſuivant la Conſtitution de Charles V, *chap.* 121;

& cette peine est la peine de mort, suivant la même Constitution, *chap.* 120.

En Italie la peine est arbitraire, & elle se punit par les galeres, le bannissement, ou le carcan, suivant les circonstances. (Voyez Farinacius, *qu.* 140, *n.* 9-11.)

3. En France nous n'avons pas de Loi qui établisse aucune peine précise contre les bigames.

Quelquefois ce crime est puni de mort.

Arrêt du Parlement de Paris du 17 Avril 1565, qui condamne à la potence le nommé Chambon pour cause de bigamie. (Voyez Rebuffe, sur le Concordat, *tit. de pub. concubin. §. & cum.*)

Un autre Arrêt du Parlement de Bretagne du 23 Août 1567, condamne un Procureur du Présidial de Rennes, à être pendu, pour avoir épousé deux femmes vivantes. (Dufail, *liv.* 3, *chap.* 441.)

Autre Arrêt du 27 Août 1583, rapporté par Imbert, en ses Institutions Forenses, *liv.* 3, *chap.* 22, *n.* 19, par lequel un particulier fut condamné à être pendu, pour avoir épousé plusieurs femmes vivantes en même temps, & en deux mille livres envers la femme qu'il avoit abusée ; ce qui, ajoute cet Auteur, s'est souvent pratiqué. Autre Arrêt du 19 Novembre 1599, rendu au rapport de M. Briçonnet, qui condamne un bigame à mort.

4. Un autre du Parlement de Bourgogne du 28 Septembre 1618, rapporté par Bouvot, *tom.* 2, au mot *Adultere*, quest. 3, a condamné un homme à être pendu, pour avoir épousé deux femmes vivantes.

Autre du même Parlement du 10 Janvier 1619, rapporté par Bouvot, *ibid.* qui prononce la même peine contre un bigame.

Autre Arrêt du 12 Février 1626, par lequel Jacques Beloufeau, Baron de Saint-Angel, qui avoit épousé plusieurs femmes vivantes, fut condamné à être pendu à Paris. (Voyez le Mercure François, *tom.* 12, *pag.* 147 ; & Imbert, *liv.* 3, *chap.* 22, *pag.* 720.)

Autre Arrêt du Parlement de Paris du 9 Février 1640, rapporté par Henrys, *tom.* 1, *liv.* 4, *chap.* 6, *qu.* 987, qui condamne à mort un particulier qui avoit épousé deux femmes.

5. Mais aujourd'hui on ne punit plus ce crime de mort. (Voyez Leprêtre, *cent.* 2, *chap.* 96.) La peine ordinaire est de condamner les coupables à être exposés au carcan, ou au pilori, pen-

dant trois jours de marché, avec autant de quenouilles attachées aux bras des hommes qu'ils ont de femmes vivantes, & avec écritaux pour les femmes qui ont plufieurs maris. L'on y joint auffi ordinairement la peine des galeres, ou du banniffement à temps à l'égard des hommes ; & à l'égard des femmes celle de la réclufion dans un maifon de force, ou du banniffement.

Il paroît néanmoins que la peine de mort doit encore avoir lieu toutes les fois qu'un homme cachant fon premier mariage, époufe une mineure, pour la féduire & en abufer ; ce qui peut néanmoins dépendre des circonftances, & de la qualité des perfonnes.

6. La peine des bigames a lieu, à plus forte raifon, à l'égard des maris qui ont trois femmes vivantes, ou des femmes qui ont trois maris vivants ; & même il pourroit arriver que dans ce cas les coupables fuffent punis de la peine de mort, fur-tout s'il y avoit rapt de féduction, ou autres circonftances aggravantes.

Nous avons plufieurs exemples, même anciens, de la peine du carcan, ou pilori, des galeres, ou du banniffement prononcée contre les bigames.

Par Arrêt du Parlement de Paris du 28 Mars 1441, rapporté dans les notes, fur Imbert, *liv.* 3, *chap.* 22, *n.* 19, un particulier pour crime de bigamie, a été condamné à être banni pour cinq ans hors du Royaume, & à faire amende-honorable.

7. Autre Arrêt du 30 Mars 1573, rapporté par Imbert, *ibidem*, par lequel un poligame ayant plufieurs femmes vivantes, fut condamné au fouet, & au banniffement hors du Royaume, & fes biens confifqués.

Autre Arrêt du 23 Novembre 1606, rapporté par M. Leprêtre, *cent.* 2, *chap.* 96, par lequel un particulier & fa femme, qui étant mariés, s'étoient abfentés l'un & l'autre, & remariés chacun de leur côté, ont été condamnés au carcan, le mari ayant deux quenouilles aux deux côtés, & la femme deux chapeaux ; & ce Jugement fut ainfi modéré, dit M. Leprêtre, parce que les accufés étoient de la Religion Prétendue-Réformée.

Autre Arrêt du Parlement de Bretagne du 10 Juillet 1632, rapporté par Dufail, *liv.* 3, *chap.* 440, qui condamne un particulier aux galeres pour 10 ans, & à être banni à perpétuité, pour s'être remarié du vivant de fa premiere femme.

8. Autre du 25 Septembre 1671, qui condamne un bigame en l'amende-honorable, & au banniffement pour trois ans.

Autre du 28 Janvier 1691, rapporté par Duperral, en son Traité des Contrats de Mariage, qui condamne un particulier à la peine des bigames, pour s'être remarié, sans avoir des preuves légitimes de la mort de sa femme.

Autre du 12 Août 1694, qui condamne un bigame au pilori de la Halle, avec deux quenouilles à ses côtés ; & à être banni pour trois ans.

Autre du 24 Septembre 1711, rapporté au Journal des Audiences, qui condamne une femme bigame à faire amende-honorable nue en chemise avec deux chapaux de paille, & à être bannie pour cinq ans.

Autre Arrêt du 22 Janvier 1713, qui prononce la peine des bigames contre un particulier qui avoit épousé une seconde femme du vivant de la première.

Autre du 11 Septembre 1717, aussi rapporté au Journal des Audiences, qui condamne une femme bigame à faire amende-honorable nue en chemise avec deux chapeaux ; & au bannissement pour cinq ans.

9. Autre du 16 Mai 1627, qui condamne le nommé Morgue Delorme, bigame, au carcan, ayant deux quenouilles à ses côtés, avec deux écritaux devant & derriere portant ce mot, *Bigame*, & en neuf ans de galeres.

Autre Arrêt du 9 Décembre 1757, qui condamne le nommé Etienne Audot-Brenot en la même peine.

Outre les peines dont on vient de parler, les enfants qui proviennent ainsi du second mariage contracté du vivant du premier mari, ou de la premiere femme, sont bâtards, & ne peuvent hériter de leur pere & mere. Néanmoins si l'un des deux étoit dans la bonne foi, les enfants sont admis à sa succession. (Ainsi jugé par Arrêt du 21 Juin 1659, rapporté par Jovet, au mot *Enfants*, n. 45.)

10. La femme cesse d'être coupable de bigamie, lorsqu'elle se marie étant dans la bonne foi, & qu'elle a des raisons probables pour croire son premier mari mort ; *v. g.* lorsqu'il est absent depuis long-temps, qu'on n'en a aucunes nouvelles, & que le bruit public est que ce mari est mort, ou que cette mort est attestée par une personne non suspecte. (*Ita* Julius-Clarus, §. *fornicatio*, n. 31 ; & Farinacius, *qu.* 140, *n.* 34 & 35 ; Leprêtre, *cent.* 1, *chap.* 1, *n.* 9, 10 & 11.)

Un Arrêt du 14 Mai 1647, rapporté par Soefve, *tom.* 1, *cent.* 2, *chap.* 20, a jugé qu'une femme qui fur le bruit du décès de fon mari, s'étoit remariée après l'année de fon deuil, pouvoit répéter fes deniers dotaux, & fes conventions matrimoniales, fans être tenue de juftifier du décès de fon premier mari.

11. On trouve encore plufieurs autres Arrêts conformes à cette doctrine. M. Louet, *lettre* 1, §. 14, *n.* 16, en rapporte un du 11 Mars 1672. On en trouve un autre du 6 Juillet 1666 ; & un autre rendu en 1668, au rapport de M. Guillard, qui a jugé qu'une femme qui s'étoit remariée après fept ou huit ans d'abfence de fon mari, n'étoit pas coupable.

Autre Arrêt du 4 Avril 1670, rendu en la Tournelle, qui a déchargé la nommée Marie Delatour, de l'accufation contre elle intentée, comme coupable de bigamie, en conféquence d'un certificat par elle rapporté de la mort de fon mari dans les troupes, qui lui avoit été donné par le Capitaine de la Compagnie où il fervoit ; mais par un autre Arrêt du 15 Mars 1674, les enfants nés du fecond mariage, ont été déclarés bâtards.

12. Auffi-tôt que la femme qui s'eft ainfi remariée, a des nouvelles que fon mari abfent eft vivant, elle doit ceffer de vivre avec fon fecond mari, à peine d'être punie comme adultere ; & fi ce premier mari revient, elle doit retourner avec lui, & quitter le fecond mari.

L'action pour bigamie peut être pourfuivie, tant à la requête de la partie publique du lieu où le bigame demeure, que par la feconde femme, dont le mari en avoit époufé une premiere ; parce que c'eft cette feconde femme qui a reçu la principale injure. (Ainfi jugé par Arrêt du 18 Juin 1636, rapporté au Journal des Audiences.)

TITRE XLIV.

Du port d'Armes, & des Assemblées illicites.

SECTION PREMIERE.

Du port d'Armes.

I. **L**ES armes font de deux fortes ; *offensives* & *défensives*.

Les armes *offensives*, font en général toutes celles qui peuvent nuire aux hommes ; comme font les armes à feu, les épées, les poignards, les bâtons ferrés, les pierres, & autres de cette espece.

La Coutume de Saint-Sever, *tit.* 18, *art.* 11, appelle du nom d'*Arme*, les couteaux, épée, bifarme, vouge, lance, javeline, épieu, dard, & tout fer moulu & non moulu, barre, bâton, tifon, & toute autre chofe qui peut bleffer, ou tuer un homme.

Les armes *défensives* font celles que l'on porte pour fa défenfe ; comme font les cafques, les cuiraffes, les boucliers, *&c.*

Du port d'Armes en général.

2. L'Ordonnance de 1487, défend de porter aucunes arbalêtres, hallebardes, piques, vouges, épées, dagues, & autres bâtons invafifs ; finon aux Nobles & aux Officiers ; à peine de prifon, confifcation des armes, & de punition grieve.

La Déclaration du 9 Mai 1539, *art.* 1 & 4, défend à tous les fujets du Roi d'aller par les villes, cités, bois, bourgs & chemins du Royaume, armés de harnois fecrets, ou apparents, mafqués & non mafqués ; à peine de confifcation de corps & de biens ; & il eft permis à toutes perfonnes de courir fus, & de les tuer impunément s'ils réfiftent. L'article 2 défend de recevoir, loger, ni recéler telles perfonnes, à peine d'être punis, comme fauteurs & complices. Et l'article 3 veut que la moitié de la confifcation appartienne à ceux qui les dénonceront à Juftice.

Une

3. Une Déclaration du 5 Août 1560, défend à toutes perſonnes de porter dans Paris aucuns piſtolets, animes, chemiſes de maille, pourpoint d'écaille, ni autres armes offenſives, ou défenſives, s'ils ne ſont Gentilshommes & Gens de guerre ; leſquels pourront ſeulement porter épé s & dagues, ainſi que ceux qui ſont chargés des exécutions de Juſtice. (*Idem* par l'Edit du 20 Octobre 1561, *art.* 3.) La peine en ce cas eſt la priſon, & la confiſcation des armes, ſuivant l'Edit du mois d'Août 1570, *art.* 44 ; & l'Ordonnance du 16 Août 1570.)

Une autre Déclaration du 16 Août 1563, défend en général le port d'armes, à peine contre ceux qui les porteront d'être punis, comme perturbateurs du repos public. (*Idem* par la Déclaration du 4 Août 1564, *art.* 8.)

4. Celle du 4 Décembre 1679, défend à toutes perſonnes de porter dans les Provinces & Villes aucunes épées, piſtolets, & autres armes à feu, excepté aux Gentilshommes ; à peine de confiſcation, & d'être pourſuivis, ſuivant la rigueur des Ordonnances. (*Idem* par l'Ordonnance du 9 Septembre 1700.)

Une autre Ordonnance du 2 Juillet 1716, défend le port d'armes à ceux qui ont été congédiés des troupes, s'ils ne ſont Gentilshommes ; à peine de dix livres d'amende en cas de contravention pour la premiere fois ; de cinquante livres pour la ſeconde fois ; & le plus grande peine s'il y échet, & de confiſcation des armes.

Voilà pour ce qui regarde le port d'armes en général ; ſurquoi faut obſerver,

5. 1°. Que ces Ordonnances regardent les femmes comme les hommes ; & que même les femmes qui dans ce point contreviennent aux Ordonnances, doivent être punies plus ſévérement ; la foibleſſe de leur ſexe ne leur permettant pas de faire uſage des armes. (*Ita* Farinacius, *qu.* 108. *n.* 15.)

2°. Les armes défendues par les Ordonnances, ſont les armes à feu, les épées, dagues, poignards & bâtons ferrés, bales de plomb au bout d'une courroie, & autres ſemblables ; mais ſous ce nom, on ne doit point comprendre les ſimples bâtons, cannes & pierres. (*Ita* Julius-Clarus, *qu.* 81, *in ſtatuto* 6, n. 4 ; Farinacius, *qu.* 108, *n.* 88.) Au reſte, pour ſçavoir quelles ſont les armes prohibées en général, c'eſt aux Juges à le décider, ſuivant les circonstances & leur prudence. (Menochius, *de arbitrar. quæst. casu* 394, *n.* 17.)

6. 3°. On doit encore moins comprendre sous le nom d'armes prohibées, les armes que l'on porte pour sa défense, comme sont les cuirasses, les casques, les boucliers, &c. (Farinacius, *qu.* 108, *n.* 68, 69 & 73.) Si ce n'est dans le cas où des malfaiteurs en porteroient, pour éviter d'être arrêtés; & c'est en ce sens qu'il faut entendre l'article 3 de la Déclaration du 5 Août 1560, ci-dessus rapportée.

4°. Il y a des personnes qui ne font point comprises dans cette défense de porter des armes; sçavoir, les Gentilshommes, les Gens de Guerre, & les Huissiers, Archers & Sergents, dans leurs fonctions. Il en est de même des étrangers, forains, & voyageurs, à qui les Ordonnances permettent de porter certaines armes en voyage, même à leurs domestiques; ainsi qu'on le verra ci-après.

L'Ordonnance du 14 Juillet 1716, rapportée au Dictionnaire des Arrêts, au mot *Armes*, ne permet le port d'armes qu'aux Officiers étant actuellement au service. Voyez aussi l'article 11 du titre commun de l'Ordonnance des Fermes de 1687; l'Ordonnance du 9 Septembre 1700, rapportée au Supplément de la Maréchaussée; & les Déclarations du 18 Décembre 1660, & 4 Décembre 1679.

5°. Enfin, ceux qui ont une permission particuliere de porter des armes, cessent d'être sujets à la peine. Il n'y a que le Roi qui puisse donner cette permission.

Du port d'Armes à feu.

7. Il est défendu à toutes personnes d'aller couverts, & de porter arquebuses & pistolets; à peine de confiscation de corps & de biens. (Lettres-patentes du 28 Novembre 1549.)

L'Edit du 7 Décembre 1558, défend à toutes personnes de porter arquebuses, ni pistolets, à peine d'etre pendus & étranglés, à moins qu'ils ne soient Gens de Guerre.

La Déclaration du 23 Juillet 1559, *art.* 2, défend à toutes personnes, même aux Gentilshommes, & aux Gens de Guerre, de porter pistolets, ni arquebuses; à peine de confiscation desdites armes, de cinq cents écus d'amende, & des galeres à perpétuité.

en cas d'infolvabilité ; & en cas de récidive , d'être pendus & étranglés. *Idem* par la Déclaration du 17 Décembre 1550 ; par l'Ordonnance d'Orléans, *art.* 120 ; & par l'Edit du mois de Juillet 1561, *art.* 9. Les Lettres-patentes du 20 Octobre 1561, *art.* 3 , difent , à peine de la vie. La Déclaration du 20 Août 1559 , en excepte les Officiers des Maréchauffées, & les Gardes-Forêts.

8. Une autre Déclaration du 30 Avril 1565 , *art.* 1 , défend à toutes perfonnes de porter arquébufes & piftolets, à peine de confifcation de corps & de biens. *Idem* par la Déclaration du 12 Février 1566, *art.* 1. La Déclaration du 10 Septembre 1567 , dit, à peine de la vie.

Le Officiers & Gens de Guerre de la garde du Roi, *&c.* font exceptés de cette regle. (Lettres-patentes du 20 Octobre 1561 , *art.* 3 ; Edit du mois de Juillet 1561 , *art.* 9 ; même Déclaration du 30 Avril 1565 , *art.* 2.)

La Déclaration du 4 Août 1598 , défend à tous les fujets du Royaume, de porter arquébufes & piftolets par les champs ; à peine de confifcation des armes & chevaux, & de deux cents écus d'amende, & de prifon jufqu'au paiement, pour la premiere fois ; & en cas de récidive, de la vie, & de perte des biens. Permis feulement aux Seigneurs , Gentilshommes , & Hauts-Jufticiers, d'avoir des arquébufes dans leurs maifons pour chaffer. (*Ibid.*)

9. Une autre Déclaration du 14 Août 1603 , défend aux Nobles de porter arquébufes & piftolets, à peine de confifcation des armes , de quinze jours de prifon , & d'amende arbitraire ; & de la vie , en cas de récidive ; & pour tous autres , à peine de la vie.

Il eft permis feulement aux Nobles d'en porter pour la chaffe. (Déclaration du 3 Mars 1604.)

Une autre Déclaration du 12 Septembre 1609 , défend à toutes perfonnes , même aux nobles, de porter des piftolets de poche , à peine de la vie, & aux Marchands d'en vendre. *Idem* par la Déclaration du 22 Janvier 1655. Un Arrêt du Parlement de Grenoble du 21 Juin 1613 , rapporté par Baffet, *tom.* 2 , *liv.* 9 , *tit.* 6, *chap.* 5 , condamne un particulier à être pendu , pour avoir contrevenu à cette défenfe.

10. Celle du 24 Juillet 1617, défend à toutes perfonnes de porter des armes à feu, & fur-tout des piftolets de poche, fous la rigueur

des Ordonnances ; à la réserve des Gens de Guerre, fous les certificats de leurs Capitaines.

Elle permet auffi aux Huiffiers d'en porter en campagne. (Déclaration du 18 Juillet 1615.)

La Déclaration du 18 Novembre 1660, *art.* 1, défend à toutes
perfonnes allant de jour & de nuit dans Paris, de porter des armes à feu, à peine de confifcation des armes, de quatre-vingt
livres parifis d'amende, & de punition corporelle, s'il y échet.
Idem par la Déclaration du 4 Décembre 1679 ; par l'Ordonnance
du 9 Septembre 1700 ; & par la Déclaration du 25 Août 1737.
Cette derniere Déclaration dit à peine de confifcation des armes,
& de deux cents livres d'amende.

L'article 3 de cette Déclaration de 1660, permet aux étrangers & forains de porter des armes à feu & des épées en campagne ;
mais à la charge de les donner en garde à leurs hôtes.

11.   L'article 4 porte, que les Maîtres feront refponfables de leurs
domeftiques, fur le fait du port des armes.

L'article 14 interdit le port des armes à feu dans le Royaume,
à toutes perfonnes, autres que les Gentilshommes, Officiers du
Roi, Gardes, Archers & Sergents, exécutant les ordres de
Juftice.

Une autre Déclaration du 15 Mars 1661, défend à toutes perfonnes de porter des armes à feu, poignards & bayonnettes, dans
les villes & à la campagne ; à pene de confifcation de leurs armes,
de trois cents livres d'amende, & de peine corporelle, s'il y échet ;
& en cas de contravention, permis au Guet, & aux Officiers de
Juftice, de conftituer prifonniers les délinquants. Mais les Gentilshommes, Officiers, Archers, *&c.* font exceptés de cette
regle.

L'Ordonnance des Eaux & Forêts de 1669, titre *Des chaffes*,
art. 5, permet auffi en général aux fujets de la qualité requife par
les Ordonnances, de porter des piftolets, & autres armes prohibées.

Du port d'Épées, Bayonnettes, & Couteaux.

12.   Il eft défendu à toutes perfonnes, finon aux Gentilshommes,
de porter épées, ou dagues, dans les villes, bourgs & bourgades
du Royaume ; à peine de punition corporelle, & d'amende arbi-

traire. (Lettres-patentes du 20 Octobre 1561 , *n.* 3.) L'Edit du mois de Juillet 1561 , dit, à peine de cinquante écus d'or au soleil ; & en cas d'insolvabilité , de peine arbitraire.

Permis cependant tant aux maîtres qu'aux domestiques allant dans les champs , & passant par les grands chemins , forêts & bois , de porter des épees pour la défense de leurs personnes. (Edit du mois de Juillet 1561 , *art.* 10 ; Lettres-patentes du 20 Octobre 1561 , *art.* 3 ; autre Edit du 21 Octobre 1561 , *art.* 4.)

L'Edit du 20 Octobre 1561 , *art.* 3 , fait défenses à toutes personnes , autres que Gentilshommes , de porter des épées , ou dagues , dans la ville de Paris , à peine de la hart.

13. La Déclaration du 18 Novembre 1660 , *art.* 2 , défend aussi à autres qu'aux Gentilshommes, Officiers de Guerre, & Archers, de porter l'épée & aucunes armes dans Paris ; mais cet article dit simplement, à peine de punition. (*Idem* par l'Edit du mois de Décembre 1 66.)

Un Arrêt du Parlement du 13 Octobre 1691 , défend en général aux Ecoliers, & à tous autres qu'aux Gentilshommes , de porter l'épée, ni autres armes ; à peine de confiscation, & de cent livres d'amende , à laquelle ils seront contraignables par corps.

Outre ces Réglements , il y en a encore de particuliers pour les gens du commun, laquais , *&c.*

L'Arrêt du Parlement du 22 Décembre 1541 , *art.* 47 , défend à tous gens de labour, Vignerons & gens de campagne, de porter par leurs villages aucunes épées, poignards, armes, & autres armes offensives ; à peine de confiscation d'icelles, & de punition corporelle.

14. La Déclaration du 3 Février 1600, fait défenses à tous Ecoliers, Clercs , Pages , Laquais , Artisans , & gens de métier, allant par les villes & fauxbourgs , de porter épées , dagues , poignards, ni autres armes, ou bâtons, de jour & de nuit.

Celle du 25 Juin 1665, défend aux Pages & Laquais , de porter aucunes armes dans les bourgs & villes, à peine de la vie.

Un Arrêt du Parlement du 2 Septembre 1673 , défend aux Ecoliers de porter l'épée ; & ordonne que l'Arrêt sera lû de trois mois en trois mois dans les Pensions.

Une autre Déclaration du 23 Mars 1728 , fait défenses de porter sur soi, aucuns couteaux pointus, bayonnettes, pistolets, & autres armes offensives cachées & secretes, comme épées en bâtons, &c. à peine de cinq cents livres d'amende, & de six mois de prison. (*Idem* par la Déclaration du 7 Mars 1733, art. 1 ; & par celle du 25 Août 1737, art. 12.)

Les Laquais qui sont arrêtés portant des cannes, sont punis du carcan, avec un écriteau, la canne pendue à leur col. (Ainsi jugé par Arrêt du Parlement du 15 Octobre 1700.)

De l'action pour le port d'Armes.

15. Les Hauts Justiciers qui ne font pas poursuite du port d'armes dans l'étendue de leur ressort, doivent être privés de leurs Justices, qui seront unies & incorporées au Domaine du Roi ; & les Officiers en cas de connivence, ou de dissimulation, doivent être privés de leurs Offices, sans espérance d'y être jamais rétablis. (Ordonnance de Moulins, art. 27 & 30 ; Ordonnance de Blois, art. 192.)

La police pour le port d'armes est un cas royal, dont la connoissance appartient aux Baillis & Sénéchaux royaux, à l'exclusion de tous autres Juges, suivant l'article 11 du titre 1 de l'Ordonnance de 1670.

16. C'est pourquoi les Prévôts des Maréchaux n'en peuvent connoître, ni de la Police à ce sujet. (Ainsi jugé par Arrêt du Grand-Conseil du 30 Octobre 1699, en faveur du Lieutenant-Criminel d'Autun, contre le Prévôt des Maréchaux de ladite ville. Autre Arrêt du Grand-Conseil du 22 Septembre 1702, contre le même Prévôt d'Autun, rapporté au Dictionnaire des Arrêts, au mot *Maréchaussée*, n. 152. Autre Arrêt du Grand-Conseil du 25 Juin 1715, contre le Prévôt d'Autun, qui avoit fait enlever un fusil à un particulier de la ville.)

La coutume & l'usage, ainsi que la bonne foi, peuvent excuser de la peine établie contre le port d'armes ; du moins pour ne punir ceux qui y contreviennent que d'une amende arbitraire ; car il faut convenir que les Loix qui ont été établies à ce sujet, ne font pas fort exactement observées ; sur-tout lorsque ceux qui portent des armes prohibées, n'en font aucun mauvais usage.

17. On doit aussi observer que pour pouvoir punir quelqu'un pour port d'armes défendues par les Ordonnances, il faut qu'il soit pris sur le fait, c'est-à-dire, avec ces armes ; autrement il ne pourroit être banni sur une information faite à ce sujet, pour prouver qu'il

porte ordinairement des armes défendues par les Ordonnances. (*Ita* Julius-Clarus, *qu. 81, in statuto 6, n. 1.*)

La procédure qui doit se faire en pareil cas, est que les Commissaires, ou autres Officiers de Justice, qui sont chargés de veiller à l'exécution des Loix qui défendent aux particuliers de porter des armes offensives, lorsqu'ils trouvent quelqu'un portant ces armes, doivent en dresser leur procès-verbal, sur lequel on assigne, ou décrete les délinquants ; & s'il y a lieu de prononcer contre eux quelque peine afflictive, ou même infamante, il faut répéter ces Officiers & leurs Records en leur rapport, & ensuite les récoler & confronter s'il est besoin.

18. Un Jugement rendu en la Connétablie le 21 Juillet 1740, pour réprimer les abus qui se commettent le plus souvent, lorsque les Cavaliers de Maréchaussée enlevent des armes à ceux à qui il est défendu d'en porter, ainsi que dans l'exaction des amendes prononcées contre ceux trouvés en contravention au sujet du port d'armes, ordonne que lorsque les Officiers de Maréchaussée, ou les Cavaliers, en vertu d'ordres de leurs supérieurs, ou en faisant leurs chevauchées & tournées, auront trouvé & saisie des armes prohibées chez des particuliers, auxquels il est défendu d'en garder, ils seront tenus de dresser procès-verbal de saisie desdites armes, qu'ils feront signer par deux témoins, suivant l'Ordonnance, dont ils laisseront copie, & de déposer dans les vingt-quatre heures l'original dudit procès-verbal au Greffe de la Maréchaussée, s'il y en a, ou dans le lieu de leur résidence ; sinon de les envoyer dans trois jours au Greffe du Prévôt, ou du Lieutenant, dans le district de leur résidence, & de porter lesdites armes saisies chez le Maire, ou le Syndic du lieu de leursdites résidence, dont ils tireront un reçu, pour être ensuite lesdites armes transportées aux endroits portés par les Ordonnances ; & quant aux amendes, de dix livres pour la premiere fois, & de cinquante livres pour la seconde, portées par l'Ordonnance du 14 Juillet 1716 ; ils ne pourront y contraindre de leur propre autorité les contrevenants, mais seulement après que, sur le vu de leur dit procès-verbal, l'amende aura été déclarée encourue, par ledit Prévôt, ou son Lieutenant en ladite Maréchaussée, ou par tel autre Juge qu'il appartiendra ; & après que ladite amende aura été encourue, ils seront tenus, lors du paiement d'icelle, d'en dresser aussi procès-verbal, qui sera remis au Greffe, comme ci-

dessus ; & seront tenus de déposer lesdites amendes au Greffe de ladite Maréchaussée, pour être appliquées aux Hôpitaux, sans pouvoir les appliquer à leur profit ; sauf à eux à se pourvoir par devers Sa Majesté, pour, sur le provenu desdites amendes, être payés de leurs frais de course, & transport desdites armes. Fait défenses auxdits Cavaliers de Maréchaussée, de maltraiter les refusants de payer lesdites amendes jugées encourues, de les mettre en chartre privée, ni de les conduire dans des Auberges, ou Cabarets, & là d'y prendre aucune nourriture à leurs dépens, ou de faire aucune composition avec eux ; mais ils doivent exécuter lesdits Jugements de condamnation d'amende en la maniere prescrite par iceux, & du tout dresser procès-verbal, qui sera déposé en la maniere susdite.

19.   Enfin, une derniere observation à faire sur cette matiere, est que si quelque personne en blesse une autre avec des armes prohibées, il ne doit point être puni de deux peines ; sçavoir, pour raison du port d'armes, & pour celle de la blessure ; mais d'une seule peine, qui doit être la plus sévere de celles établies pour chacun de ces deux crimes. (*Ita* Farinacius, *qu.* 108, *n.* 166 & 167.)

SECTION II.

Des Assemblées illicites avec armes, ou sans armes.

20.   On doit comprendre sous le mot *Assemblées illicites*, toutes les assemblées qui sont faites de propos délibéré par plusieurs personnes, contre la disposition des Ordonnances, ou à mauvais dessein. Telles sont principalement celles qui se font contre la sûreté du Prince, ou contre la tranquillité de l'Etat, ou pour exciter une sédition. Ces assemblées peuvent se faire avec armes, ou sans armes. Celles qui se font avec armes, sont plus criminelles.

Bouteiller, en sa Somme rurale, dit que les Cours regardent comme assemblées illicites, celles qui sont composées de plus de trois personnes. *Ita etiam* Bartole, sur la Loi 1, Cod. *de probat.* ; & sur la Loi 2, D. *vi bonorum raptorum* ; & Balde, sur la Loi 2, Cod. *de seditionis* ; & sur la Loi 1, §. *fin.* D. *de justitia & jure.* D'autres estiment qu'elles doivent être composées de dix personnes ; (Voyez la Loi 4, §. 3, D. *de vi bonor. rapt.*) ; mais cela dépend des circonstances, & de la prudence des Juges. Il est dit dans le

Recueil

Recueil d'Arrêts de Bardet, *tom.* 1, *liv.* 3, *chap.* 58, *pag.* 398, qu'il a été jugé pour les Officiers d'Iſſoudun, qu'il ne faut que ſix perſonnes pour former une aſſemblée.

21.   Au reſte, dans ce nombre, les femmes y doivent être compriſes, ainſi que les hommes, ſuivant Farinacius, *queſt.* 113, *n.* 126.)

Lorſque ces aſſemblées ſe font contre le Prince, ou contre l'Etat, elles ſont regardées comme un crime de Leze-Majeſté, ſuivant la Loi 1, §. 1, D. *ad L. Jul. Maj.* Et c'eſt pour cela que les coupables ſont punis comme criminels de Leze-Majeſté, par la confiſcation de corps & biens, & quelquefois du ſupplice le plus rigoureux ; ainſi qu'il a été obſervé en parlant du crime de Leze-Majeſté, ci-deſſus, *part.* 4, *tit.* 28, *n.* 28. Dans le doute, elles ſont toujours préſumées faites contre la ſureté & le repos de l'Etat, ſi le contraire ne paroît. (*Ita* Farinac., *qu.* 113, *n.* 131.)

Peines des Aſſemblées illicites.

22.   Les Statuts d'Italie puniſſent de mort ceux qui s'aſſemblent en armes au nombre de dix. Au-deſſus de quatre, on les punit de la flétriſſure ; & au deſſous, ils en laiſſent la punition à l'arbitrage du Juge. (*Voyez* Farinacius, *qu.* 113, *n.* 140.)

L'Ordonnance de 1487, défend les aſſemblées illicites, *ſous de grieves peines* ; mais elle n'explique point quelles ſont ces peines.

L'Edit du mois de Juin 1559, défend les aſſemblées illicites, ſous prétexte de religion, ou autrement, à peine de mort, & les maiſons raſées.

Celui du mois de Juillet 1561, défend les conventicules & aſſemblées publiques avec armes & ſans armes, à peine de confiſcation de corps & de biens. (*Idem* par la Déclaration du 10 Septempre 1567. Voyez auſſi l'Ordonnance de 1629, *art.* 177 & 179.)

L'article 278 de l'Ordonnance de Blois, défend toutes aſſemblées illicites aux Gentilshommes, & autres ; à peine d'être punis comme criminels de Leze-Majeſté. (*Idem* par la Déclaration du 27 Mai 1610.)

23.   L'article 1 de la Déclaration du 14 Mai 1724, défend toutes aſſemblées de Religonnaires ; à peine des galeres perpétuelles

Tome IV.   I

contre les hommes ; & contre les femmes, d'être rasées & enfermées à perpétuité ; même à peine de mort contre ceux qui s'af-
sembleront en armes.

Au reste, les peines dont on vient de parler ne doivent avoir
lieu qu'à l'égard des assemblées illicites qui se font contre le Prince,
ou contre le repos & la tranquillité de l'Etat ; car si elles se font
pour une autre fin, ou qu'elles n'aient aucunes suites, elles doivent
être punies non de la peine ordinaire, mais d'une autre peine
moindre, suivant les circonstances. (Farinacius, *qu.* 113, *n.* 157
& seqq.)

Ceux qui s'entremettent pour faire, ou procurer des assemblées
illicites, contre la disposition des Ordonnances, doivent être
punis suivant toute la rigueur des Ordonnances, & même plus
sévérement que ceux qui ont formé ces assemblées ; & cette
peine doit avoir lieu dans le cas même où ces assemblées n'auroient eu aucune suite. (Farinacius, *qu.* 111, *n.* 127 & 140.)

24. On ne doit point regarder comme assemblées illicites, lorsque
plusieurs personnes sans chef s'assemblent l'une après l'autre dans
un même lieu, ou qu'ils s'y trouvent par hasard, & sans aucun
complot, ni dessein pémédité. (Farinacius, *qu.* 113, *n.* 143
& 144.)

De même, si l'assemblée ne se fait point dans le dessein de
faire aucun trouble ni dommage envers quelqu'un, elle ne doit
point être punie. (Farinacius, *qu.* 113, *n.* 141.)

A plus forte raison, cela doit avoir lieu, lorsque l'assemblée est
faite pour une juste défense. (Farinacius, *ibid.* n. 146 ;) ou lorsqu'il
s'agit d'arrêter des brigands, *&c.* (*Ibid.* n. 153.)

Les Seigneurs Hauts-Justiciers sont tenus de poursuivre les assemblées illicites tenues dans l'étendue de leurs Justices ; à peine
d'être privés de leurs Justices, qui doivent être unies & incorporées
au Domaine du Roi ; & les Officiers en cas de connivence, ou de
dissimulation, privés de leurs Offices, sans espérance d'y être jamais rétablis. (Ordonnance de Moulins, *art.* 27 & 30 ; Ordonnance de Blois, *art.* 192.)

TITRE XLV.

Rébellion à Justice.

ARTICLE PREMIER.

De la Rébellion à Justice en général.

1. LA *Rébellion à Justice*, se fait, ou de la part d'une personne décrétée, ou condamnée, ou de la part de personnes tierces, en empêchant l'exécution des Arrêts & Jugements sur les biens, ou sur les personnes.

Cette rébellion, quant aux biens, peut se faire de plusieurs manieres :

1°. En empêchant par violence l'établissement, ou l'administration des sequestres, ou la levée des fruits.

2°. En empêchant par violence l'établissement des Gardiens & Commissaires aux meubles & fruits saisis.

3°. En enlevant par violence des meubles, & revenus de biens saisis.

4°. En brisant les sceaux, ou déchirant les lettres de Justice qui renferment la condamnation.

2. Quant à la personne, la rébellion à Justice se fait,

1°. Lorsque l'accusé étant décrété, refuse de comparoître à Justice en se cachant.

2°. Lorsqu'étant condamné, ou décrété, il se tient fort dans des maisons, ou châteaux, ou qu'on refuse d'ouvrir la porte aux Juges, ou Commissaires exécuteurs du Jugement.

3°. Lorsqu'étant poursuivi pour être constitué prisonnier, on oppose la résistance par violence & voie de fait, pour s'empêcher d'être pris, ou pour recourre quelqu'un des mains de la Justice.

4°. Lorsqu'étant arrêté, on s'évade des mains de la Justice, ou de prison.

5°. Lorsqu'on brise par violence les murs des prisons où l'on est renfermé ; ou qu'à main armée, ou par conspiration, on fait violenceau Geolier pour s'échapper de ces prisons.

I ij

3. 6°. En recelant & cachant les personnes condamnées par Justice.

7°. Lorsqu'on enfreint son bannissement, ou qu'on se sauve des galeres.

C'est encore une rébellion à Justice que d'outrager, ou insulter les Juges, & autres Officiers de Justice dans leurs fonctions, ou à l'occasion de leurs fonctions.

Le crime de rébellion à Justice, a toujours été regardé comme une espece de crime de Leze-Majesté, suivant la Loi 1, D. *ad L. Jul. Maj.*; & *in extravag. qui sunt rebelles*; L. 1, D. *ad L. Jul. Majestatis.*

§. I.

Peines de la Rébellion à Justice.

4. 1°. Ceux qui par violence, ou voie de fait, empêchent directement, ou indirectement l'exécution des Arrêts, ou Jugements, doivent être poursuivis extraordinairement, & condamnés solidairement aux dommages & intérêts de la partie, & responsables des condamnations prononcées par les Arrêts & Jugements, & en deux cents livres d'amende, moitié envers le Roi, & moitié envers la partie, qui ne pourra être remise ni modérée; (Ordonnance de 1667, *tit.* 27, *n.* 7,) sans préjudice des autres peines afflictives, ou infamantes qui peuvent être prononcées dans ce cas, suivant les circonstances.

Un Arrêt du Parlement de Provence du 23 Juillet 1677, rapporté par Boniface, *tom.* 5, *liv.* 3, *tit.* 25, pour injures faites à un Huissier en haine de ses Exploits, a condamné un particulier à lui faire réparation, & demander pardon; & en mille livres de dommages & intérêts.

5. Autre Arrêt du Parlement de Paris du 1 Octobre 1714, qui condamne Nicolas Forest, soldat de Marine, au carcan, & à être banni pour trois ans, pour rébellion par lui commise envers Pierre Blanchard, Huissier-à-Verge au Châtelet de Paris, faisant les fonctions de sa charge.

Autre Arrêt du Parlement du 23 Octobre 1755, rendu toutes les Chambres assemblées, qui condamne le Gardien des Capucins de la Ville de Troyes, à être banni à perpétuité du Royaume, pour avoir arraché la groffe d'un Arrêt du Parlement des mains de l'Huiffier qui s'étoit tranfporté dans le Couvent pour le fignifier aux Religieux; & pour avoir donné ordre à un Frere Convers de fe faifir de cet Huiffier, & fait battre la tuile pour affembler les autres Capucins, en préfence defquels ledit Gardien arracha la groffe & la copie dudit Arrêt, en faifant des imprécations & des menaces. Le même Arrêt condamne en trois ans de banniffement le Vicaire du Général, & le Frere Convers qui s'étoit faifi de l'Huiffier.

6. 2°. Ceux qui font refus, ou réfiftance d'ouvrir leurs portes aux Juges & Commiffaires exécuteurs d'Arrêts, ou Jugements fouverains ; ou qui tiennent fortes leurs maifons & châteaux contre la Juftice & fes décrets, en n'obéiffant pas aux commandements qui leur font faits, doivent confifquer au profit du Roi, ou de ceux qu'il appartiendra, leurfdites maifons, châteaux & fiefs qui en dépendent, & demeurer à jamais privés de tout droit de Juftice qu'ils avoient, tant efdites maifons & châteaux, qu'en autres lieux du Royaume, qui demeureront réunies au Domaine de S. M., finon confifquées au Domaine du Roi, ou à qui il appartiendra; & ils doivent être de plus privés de tout droit en la chofe contentieufe, condamnés aux dommages & intérêts de leurs parties; & en outre à une peine corporelle, ou pécuniaire, fuivant l'exigence des cas. (Edit d'Amboife du mois de Janvier 1572, *art.* 2; Ordonnance de Blois, *art.* 191 ; Ordonnance de Moulins, *art.* 29.)

7. 3°. Ceux qui par violence empêchent l'établiffement, ou l'adminiftration des fequeftres, ou la levée des fruits, doivent être condamnés à perdre le droit qu'ils auroient pu prétendre fur les fruits par eux pris & enlevés, lefquels appartiendront à l'autre partie, & en trois cents livres d'amende ; fans préjudice des pourfuites extraordinaires des Procureurs du Roi, contre celui qui aura fait la violence ; & il eft enjoint auxdits Procureurs du Roi, ou Fifcaux, & à tous autres Officiers d'y tenir la main. (Ordonnance de 1667, *tit.* 19, art. 16.)

A l'égard de ceux qui par violence empêchent l'établiffement des Gardiens & Commiffaires aux meubles & fruits faifis, ou qui enlevent ces meubles, ou fruits, ils doivent être condamnés envers le faififfant, au double de la valeur des meubles & fruits faifis, & en cent livres d'amende, fans préjudice des pourfuites extraordinaires. (*Ibid.*, art. 17.)

8. L'article 5 de l'Edit d'Amboise du mois de Janvier 1572, porte qu'en cas d'empêchement de fait donné aux Commissaires aux fonds saisis par les propriétaires, ou possesseurs des lieux sur lesquels la saisie a été faite, lesdits lieux saisis soient confisqués au Domaine du Roi ; sur lesquels biens la partie civile, pour son dû, & les Commissaires pour leurs frais, & pour leurs dommages & intérêts, s'il y échet, seront préalablement payés ; & en outre les délinquants punis de peine corporelle, ou pécuniaire, ainsi que les Juges le jugeront nécessaire.

Quant aux Sentences de provision, & qui sont exécutoires nonobstant l'appel, suivant les Ordonnances, l'article 3 du même Edit de 1572, veut qu'en cas d'empêchement, ou résistance à ladite exécution, faite par le condamné, il soit tenu par corps à faire & souffrir mettre lesdites Sentences à exécution, & que toute audience lui soit déniée, jusqu'à ce qu'à ses propres frais il ait fait exécuter ladite Sentence, sans espérance de pouvoir les répéter, quand même en fin de procès il auroit gain de cause.

9. 4°. Ceux qui brisent les scellés, ou qui lacerent des Sentences, ou autres actes de Justice par lesquels ils sont condamnés, décrétés, ou saisis, &c. doivent être condamnés en une amende considérable ; & si c'est par dol & fraude, ils doivent être condamnés en la peine du faux. (Voyez Guy-Pape, *qu.* 233 & 579, *n.* 5.)

Raviot sur la Coutume de Bourgogne, *qu.* 250, *n.* 37, *tom.* 2, *pag.* 291, dit que le bris de scellé est présumé fait pour spolier la succession, si le contraire n'est prouvé, & qu'il a été ainsi jugé par Arrêt du Parlement de Dijon contre une veuve, quoiqu'il n'y eût aucune preuve qu'elle eût spolié, ou profité de la spoliation.

5°. Lorsque ceux qui étant décrétés refusent de comparoître à Justice, & restent en contumace, leurs biens doivent être saisis & annotés. (Ordonnance de 1670, *tit.* 17, *art.* 1 ;) & de plus cette contumace forme contre eux une présomption violente qu'ils sont complices du crime pour lequel ils sont décrétés. (Voyez ce qui a été dit à ce sujet au titre *Des Défauts & Contumaces*, part. 3, liv. 2, tit. 21, *n.* 2 ; & ce qui est dit ci-après, *n.* 36, en parlant *Du bris de prison.*

10. 6°. L'Edit du 17 Décembre 1559, veut que si les condamnés à mort, ou à des peines capitales, (soit par contumace ou autrement,) avec confiscation de biens, après les Arrêts & Jugements donnés contre eux, refusent d'obéir aux exécuteurs desdits Jugements, & tiennent fort en leurs maifons & châteaux contre les Miniftres de Juftice ; les Gouverneurs, Baillis & Sénéchaux, Prévôts des Maréchaux, & les Communes affemblent les gens des Ordonnances du Roi, & faffent fortir le canon, pour faire mettre à exécution lefdits Arrêts, Jugements & Sentences, & faffent faire telle ouverture defdites maifons & châteaux, que la force en demeure à Juftice. Veut en outre qu'en figne de la rébellion, outre la punition qui s'en fera, fuivant les Ordonnances, on faffe démolir, abattre & rafer les maifons & châteaux de tous ceux qui fe trouveront dans lefdites maifons & châteaux, avoir adhéré auxdits rébelles ; fans qu'ils puiffent être rébâtis dans la fuite qu'avec la permiffion du Roi.

ARTICLE II.

Récouffe de prifonniers & autres.

La recouffe fe peut faire de plufieurs manieres :

11. 1°. En délivrant par force & violence un prifonnier des mains de la Juftice.

2°. En procurant à un accufé décrété, ou condamné ; *v. g.* à un déferteur, à un galerien, à un condamné à mort ou à quelqu'autre peine capitale, le moyen de s'évader ; ou en empêchant qu'il ne foit pris.

La peine de ce crime, fuivant la plus grande partie des Auteurs qui ont traité des Matieres Criminelles, doit être capitale.

L'Ordonnance de 1670, *tit.* 16, *n.* 4, porte qu'il ne fera donné aucunes lettres d'abolition à ceux, qui, à prix d'argent, ou autrement, fe louent, ou s'engagent pour tuer, outrager, excéder, ou recourre des mains de la Juftice les prifonniers pour crimes, ni à ceux qui les auront loués, ou induits pour ce faire ; encore qu'il n'y ait eu que la feule machination, ou attentat, & que l'effet n'en foit enfuivi. *Idem* par l'Ordonnance de Blois, *n.* 195. Et c'eft auffi ce qui réfulte de l'article 1 du titre 22 de la même Ordonnance de 1670, qui porte que le procès pourra être fait au cadavre, ou à la mémoire de celui qui aura été tué en faifant rébellion à Juftice.

Mais comme cette regle eft trop générale, voici les regles particulieres qu'on doit obferver dans l'impofition de la peine.

12. 1°. Celui qui recourt des mains de la Justice un accusé condamné à mort, doit être aussi condamné en la peine de mort. (L. *cujusque dolo malo*, D. *ad L. Jul. Majest.; Julius Clarus, qu.* 68, *n.* 10; Farinacius, *qu.* 32, *n.* 2 *& seqq.*)

Par Arrêt du Parlement de Paris du 10 Octobre 1582, rapporté par Papon, *liv.* 23, *tit.* 3, *aux additions, n.* 1, un nommé Claude Thouard d'Etampes, ayant été condamné à être pendu pour avoir séduit la fille d'un Président de la Cour, dont il étoit Clerc & Domestique, & ayant été recous dans une émotion populaire, quelques jours après un nommé Duval, convaincu d'y avoir prêté la main, fut pendu en la Place de Greve, où il avoit aidé à faire ladite récousse.

En général on prétend que celui qui recourt, ou fait échapper un accusé, doit être condamné en la même peine que méritoit cet accusé. (*Ita* Damhouderius, *in practicâ criminali, cap.* 15, *n.* 30, suivant la Loi *ad commentarienseni* 4, Cod. *de custod. reorum.*)

13. 2°. Si le prisonnier recous n'étoit point encore convaincu, ou que le crime pour lequel il étoit arrêté fût léger, la punition doit être moindre, & à l'arbitrage du Juge. (Farinac., *qu.* 32, *n.* 64.) Cette peine est celle de la Loi *Julia de vi privatâ*, si la récousse se fait sans armes; & de la Loi *Julia de vi publicâ*, si cette récousse étoit faite à main armée, & avec violence publique. (Voyez ce qui a été dit au titre *De la violence privée* ou *publique*, ci-dessus, *part.* 4, *tit.* 19;) Mais dans ce cas, comme dans le précédent, celui qui sauve le coupable, doit, outre la peine ordinaire, être condamné aux dommages & intérêts envers la partie civile.

Par Arrêt du 23 Janvier 1549, rapporté par Papon, *liv.* 23, *tit.* 3, *n.* 1, un particulier convaincu d'avoir empêché un Huissier d'exécuter un décret de prise-de-corps, sans donner aucun coup, a été condamné à faire amende-honorable, en de grosses amendes envers le Roi, aux dommages & intérêts envers la partie civile, à représenter celui qu'on vouloit prendre, & à tenir prison jusqu'à ce; & ce fait, banni.

Autre Arrêt rendu en la Chambre des Vacations de l'année 1749, confirmatif d'une Sentence de la Connétablie, par lequel un particulier qui avoit battu un cavalier pour lui faire lâcher un homme qu'il avoit arrêté, a été condamné à être exposé au carcan pendant deux heures, un jour de marché public.

3°.

14. 3°. Ceux qui par violence retirent les déserteurs des mains des Archers qui les conduisent, doivent être punis de la peine de mort ; & les habitants des villes & lieux dans l'étendue & banlieue desquels cette violence a été commise, doivent être condamnés en deux cents livres d'amende ; au paiement de laquelle le Corps de la Communauté sera contraint solidairement, & qui sera applicable moitié aux Hôpitaux des villes & lieux, ou les plus prochains, & l'autre moitié à ceux des mains desquels lesdits déserteurs auront été retirés. (Ordonnance du 20 Août 1707.)

4°. C'est aussi un crime capital, & qui mérite le dernier supplice, que de forcer la chaîne des galeres, & de recourre ceux qui y étoient attachés. Il y a un Arrêt du Parlement du 3 Juin 1681, rendu en la Chambre de la Tournelle, qui a condamné trois particuliers accusés & convaincus de ce fait, à être roués vifs.

15. 5°. A l'égard des personnes arrêtées pour dettes civiles, ceux qui les recourent des mains de la Justice, doivent non-seulement être condamnés à payer la dette, mais encore à une peine arbitraire pour la violence & le trouble fait à Justice. (L. *quoties* 3, Cod. *de exact. tribut.*; Farinacius, *qu.* 32, *n.* 7, 8 & *seqq.*) Et il faut observer que celui qui a ainsi recous, n'est pas libéré de l'obligation de payer la dette, par la représentation qu'il feroit ensuite du prisonnier. (Farinacius, *ibid.* n. 14.)

Par Arrêt du Parlement de Grenoble de l'année 1461, rapporté par Papon, *liv.* 23, *tit.* 3, *n.* 1, un Gentilhomme a été condamné en l'amende de trente livres, & à payer la dette, pour avoir recous & fait échapper des mains des Sergents un Marchand de Lyon, arrêté pour dettes.

16. Il y a des cas où ceux qui ont sauvé des accusés, ou condamnés, des mains de la Justice, ne doivent pas être condamnés à la peine ordinaire. Ces cas sont,

1°. Lorsque celui qui étoit arrêté, ou condamné, l'étoit injustement. (L. *prohibitum* 5, Cod. *de jure fisci* ; L. 20 ; & L. *devotum* 5, Cod. *de metat. & e idimet.* ; Jul. Clarus, *qu.* 29, *n.* 4 ; Farinac., *qu.* 32, *n.* 33, 66 & *seqq.*;) Mais il faut dans ce cas que l'injustice soit notoire & évidente. (Farin., *ibid.qu.* 32, *n.* 78, & 118--120 ;) comme si des Archers vouloient arrêter quelqu'un sans décret, ni Ordonnance de Justice. (Farinacius, *ibid.* qu. 32, n. 31 & 32.) Dans ce cas, la résistance est permise non-seulement à celui qu'on

Tome IV. K

veut arrêter, mais à toutes autres personnes, pour le délivrer de l'injustice que l'on commet à son égard. (Farinacius, *ibid.* *qu.* 32, *n.* 33.)

17. Au reste, cette distinction n'a pas lieu dans les cas où les Archers peuvent arrêter sans ordonnance de Justice ; comme quand on est trouvé portant des armes défendues ; ou à l'égard de celui qui enfreint son ban ; ou quand il s'agit de vagabonds ; car alors comme les Archers peuvent arrêter d'eux-mêmes & sans décret du Juge, il n'est pas permis de leur résister. (Farinacius, *qu.* 32, *n.* 34–36.)

On peut aussi recourre des mains de la Justice, celui qui est arrêté, ou condamné injustement ; c'est-à-dire, sans avoir observé les formalités de Justice ; suivant Farinacius, *qu.* 30, *n.* 113 & 117 ; & *qu.* 32, *n.* 97 & *seq.*

Ou si le Juge dont le décret est émané, ou qui a donné ordre d'emprisonner, n'avoit aucune Jurisdiction. (Farinacius, *qu.* 32, *n.* 70 & 107.)

Ou quand les Archers excedent leur pouvoir. (Farinacius, *ibid.*, *qu.* 32, *n.* 101, 104, 106.)

Ou lorsqu'un Juge veut faire exécuter une Sentence dont l'effet est suspendu par l'appel. (Farinacius *qu.* 32, *n.* 108 & *seqq.*; Guy-Pape, *décis.* 579, *n.* 3.)

18. Ou quand le Juge a agi non comme Juge, mais comme simple particulier, & extrajudiciairement. (Farinacius, *ibid.* qu. 32, *n.* 116.)

Ou lorsque le Juge agit sans connoissance de cause ; car alors ce n'est point une justice qu'il exerce, mais une violence qu'il commet. (Farinac., *qu.* 32, *n.* 117.)

Un autre cas où il est permis de s'opposer à la capture d'une personne, est lorsque ceux qui arrêtent, n'ont aucun caractere pour le faire ; (Farinacius, *quæst.* 32, *n.* 73 & *suivans.*) ou quand les Archers ne portent point les marques de leur office. (Farinacius, *ibid.* quæst. 32, n. 37.) Et c'est pour cela que l'Edit d'Amboise du mois de Janvier 1572, *art.* 6, enjoint aux Sergents, à peine de privation de leur office, de porter sur l'épaule un écusson visible de trois fleurs de lis, avec la baguette en main ; afin que les sujets du Roi n'en prétendent cause d'ignorance. Voyez aussi l'article 89 de l'Ordonnance d'Orléans. Mais il n'est pas permis, dans ce cas, de tuer, ni même de blesfer les Archers, ou Sergents ; à moins que l'injuftice ne vînt de leur part. (Voyez la diftinction qu'on doit faire à ce fujet, ci-après, *n.* 29.)

Au refte, il faut obferver que dans tous les cas précédents, on ne doit empêcher par voie de fait une exécution injufte, que quand on ne peut l'empêcher que par cette voie de violence ; autrement on feroit puniffable. (Farinacius, *qu.* 32 , *n.* 121.)

19.   2°. L'affection qui naît de la parenté, peut auffi rendre la re-couffe excufable de la peine ordinaire ; comme fi un fils, par un mouvement de tendreffe, ufoit de violence pour fauver fon pere des mains de la Juftice ; ou une femme, pour fauver fon mari ; ou un frere, ou autre proche parent, pour fauver fon frere, &c.

Mornac fur la Loi 1 , §. 2 , D. *ne quis eum qui in jus vocatus eft eximat*, obferve que le Parlement de Paris pardonna à des enfants qui avoient tiré des mains des Archers, leur pere con-damné à mort. Cet Auteur obferve auffi fur la Loi 5 , D. *eod. tit.* que la peine de cette recouffe n'eft jamais que pécuniaire ; ce qu'il confirme par l'autorité de Guy-Pape, *qu.* 579 ; & par un Arrêt du Parlement de Paris du 7 Septembre 1607, qui con-damne feulement en une amende pécuniaire un particulier qui avoit tiré des mains de la Juftice fon coufin-germain prévenu de meurtre.

Julius-Clarus , *qu.* 29 , *n.* 5, rapporte un autre Jugement du 3 Juillet 1562, rendu par le Sénat de Milan, par lequel une femme qui avoit tiré des mains des Archers, fon mari qui avoit été con-damné à une peine capitale, fut feulement condamnée à un plus-amplement inforné.

20.   On trouve auffi dans Boniface, *tom.* 1, *liv.* 1, *tit.* 25 , *n.* 5, un Arrêt du Parlement de Provence du 21 Janvier 1645, qui a con-damné une mere feulement en trente livres d'amende, pour avoir tiré fon fils des mains de l'Officier qui le menoit prifonnier. Autre Arrêt du 22 Mai 1665, rapporté par le même, *tom.* 2, *pari.* 3, *liv.* 1 , *tit.* 4 , *chap.* 2, qui a déchargé la mere, la femme & la fille d'un accufé condamné par contumace, en une amende en-vers le Roi, lequel accufé elles avoient tiré des mains de l'Officier qui l'avoit arrêté pour l'emprifonner, & les condamne feulement en des dommages & intérêts envers la partie civile, & en l'amende envers le Roi.

Cette regle a lieu, à plus forte raifon, lorfque de proches pa-

K ij

rents, fans violence, & feulement par artifice, procurent l'éva-
fion de leurs parents. (Farinacius, *qu.* 30, *n.* 118. Voyez ci-
après, *n.* 51.)

Albert en fon Recueil des Arrêts, au mot *Indignité*, art. 1,
rapporte un Arrêt du 28 Janvier 1627, par lequel un mari qui
avoit fait évader des prifons fa femme & une autre parente, qui
alloient être condamnées pour meurtre, fut élargi à l'Audience
de la Tournelle, la Cour ayant réformé un appointement qui le
condamnoit en de groffes amendes.

21.   Mais il n'eft pas permis à des parents d'empoifonner, ou de
faire mourir, de quelque maniere que ce foit, leur proche parent prévenu d'un crime capital, pour le dérober à la pourfuite
de la Juftice, & pour fauver l'honneur de fa famille. On prétend cependant que la peine de mort ne doit point alors être in-
fligée, mais une autre peine moindre. (*Ita* Julius-Clarus, *in additionibus*, §. *homicidium*, *n.* 28; Farinacius, *qu.* 120, *n.* 134 &
135. Voyez ce qui a été dit à ce fujet, au titre *Du parricide*,
ci-deffus, *part.* 4, *tit.* 39, *n.* 30.)

3°. La recouffe qui n'eft que tentée, fans être fuivie d'exécution,
mérite auffi une peine moindre que fi elle avoit eu fon effet; (Farinacius, *qu.* 32, *n.* 84;) excepté à l'égard de ceux qui à prix
d'argent, ou autrement, fe louent pour recourre un prifonnier
des mains de la Juftice, & de ceux qui les ont engagé à le faire,
lefquels doivent être punis, encore qu'il n'y ait eu que la feule
machination, ou attentat; comme il a été obfervé ci-deffus,
n. 11.

Voyez ci-après, *n.* 27, ce que les Archers & Sergents doivent
faire pour conftater ces fortes de recouffes, ou rébellions.

ARTICLE III.

De la réfiftance & rébellion des accufés décrétés, ou condamnés.

22.   Il n'eft pas permis à un accufé prévenu d'un crime, & décrété
par autorité de Juftice, d'oppofer la réfiftance & les voies de fait
pour s'empêcher d'être pris. (Farinacius, *qu.* 32, *n.* 86; Julius-
Clarus, *qu.* 29, *n.* 2.)

L'article 19 de l'Ordonnance d'Orléans, enjoint à toutes perfonnes, de quelque'état & condition qu'elles foient, d'obéir aux

commandements qui leur feront faits par les Miniftres de la Juf-
ftice; & aux Juges de procéder extraordinairement contre les perfonnes qui feront rébelles & défobéiffantes, de maniere que la
force refte à Juftice. C'eft auffi la difpofition de l'Ordonnance
de Moulins, *art.* 31, qui porte, qu'auffi-tôt que les Huiffiers, ou
Sergents exploitant en leur reffort, auront touché de leurs verges
ceux auxquels ils ont charge de faire quelque exploit de Juftice,
ces derniers feront tenus d'y obéir fans réfiftance; à peine de dé-
chéance de leur droit, & d'être convaincus des cas à eux impofés, & autrement punis à l'arbitrage du Juge.

23. La peine qui fe prononce, dans ce cas, eft ordinairement une
peine arbitraire, fuivant les circonftances & la qualité du fait.
(*Farinacius, qu.* 32, *n.* 27-28 & 87.) Ainfi lorfque celui qu'on
veut arrêter, excite & appelle à fon fecours, ou lorfqu'il oppofe
la violence avec des armes, & qu'il bleffe & maltraite les Archers, ou Sergents qui l'arrêtent; dans ce cas, il peut être puni
de peine capitale; fur-tout s'il étoit prévenu d'un crime qui em-
portât cette peine. (*Farinacius, qu.* 32, *n.* 29, *in fine*; Bouchel
en fa Juftice Criminelle, *tom.* 10, *chap.* 2 & 3, en rapporte des
exemples.)

Lorfque des Sergents, & autres Officiers de Juftice font tués
dans ces fortes de réfiftances, & en faifant leurs fonctions, leurs
charges & offices font confervés à leurs veuves & héritiers, pour
en difpofer par eux. (Ordonnance de 1629, *art.* 167. Voyez auffi
Loifeau, Traité des Offices, *liv.* 1, *chap.* 12, *n.* 32-35.)

Mais fi l'accufé n'oppofoit qu'une violence privée fans aucunes
armes, au moyen de laquelle il fe fauvât des mains de la Juftice,
il doit être condamné à une peine plus légere, fuivant les circonftances du fait. (*Farinacius, ibid.* qu. 31, n. 24.)

24. De même, fi celui qu'on veut arrêter, appelle & excite le peuple à fon fecours, fans oppofer aucune violence publique, il doit
auffi être condamné à une peine arbitraire. (*Ibid.* n. 25.)

Dans ce cas de réfiftance de la part du prifonnier, les Archers,
& autres perfonnes qui veulent l'arrêter, peuvent appeller à leur
fecours les habitants des villes & villages; & ceux-ci font tenus
de leur prêter la main, fous peine d'amende arbitraire, & de plus
grande peine, s'il y échet. (Ordonnance de Moulins, *art.* 33.)

L'article 15 du titre 10 de l'Ordonnance de 1670, enjoint auffi
à tous Gouverneurs & Lieutenants-Généraux des Provinces &

Villes, Baillis & Sénéchaux, Maires & Echevins, de prêter main-forte à l'exécution des décrets, & de toutes les Ordonnances de Justice; même aux Prévôts des Maréchaux, Vice-Baillis, Vice-Sénéchaux, leurs Lieutenants & Archers; à peine de radiation de leurs gages, en cas de refus, dont il sera dressé procès-verbal par les juges, Huissiers, ou Sergents, pour être envoyés aux Procureurs-Généraux chacun dans leur ressort, pour y être pourvu par Sa Majesté.

25. Si la résistance de celui qu'on veut arrêter pour crime, étoit à force ouverte & avec armes, les Archers & Sergents peuvent le blesser; & même le tuer impunément. (Boerius, *décis.* 170, *n.* 6; Papon en ses Arrêts, *liv.* 6, *tit.* 7, *n.* 6; & *liv.* 22, *tit.* 5, *n.* 2, *in med.*; Constitution Caroline V, *chap.* 150, *n.* 3; Julius-Clarus, *qu.* 29, *n.* 1; Farinacius, *qu.* 32, *n.* 39; Arg. *Legis si servus*, Cod. *de his qui ad Eccles.*)

Et cette regle a lieu, même dans le cas où celui qu'on arrête prisonnier, seroit poursuivi seulement pour dettes civiles; car si ce débiteur vient à se défendre à main-armée, il est permis aux Archers de le tuer, ou le blesser. (Farinacius, *qu.* 32, *n.* 56.) C'est pourquoi par Arrêt du Grand-Conseil du 25 Novembre 1650, des Archers de Poitiers furent déclarés absous de la mort d'un nommé Theroneau tué en exécutant contre lui un décret, l'un d'eux ayant été blessé, & le défunt trouvé saisi en armes.

Il faut cependant que cette résistance, de la part de l'accusé, soit considérable, & que les Archers, ou Sergents se trouvent dans l'impuissance de prendre le coupable, autrement qu'en le blessant, ou le tuant; autrement ils seroient punissables, à raison de l'excès dont ils ont usé. (Farinacius, *qu.* 32, *n.* 41, 42, 48 & 56; Papon, *liv.* 6, *tit.* 7, *n.* 10; & *liv.* 22, *tit.* 5, *n.* 2, sur la fin.)

26. Il y a un cas où les Archers peuvent tuer le coupable, sans qu'il oppose aucune résistance; c'est lorsque ce criminel étant condamné à mort & conduit au supplice, il survient une troupe de gens armés pour le retirer des mains de la Justice. (*Ita* Farinacius, *qu.* 32, *n.* 38.)

Si des Archers vouloient arrêter quelqu'un injustement; *v. g.* sans autorité de Justice, (excepté dans le cas où il leur permis de le faire,) ou en excédant leur pouvoir, ils ne sont pas en droit de blesser, ni de tuer la personne qu'ils veulent arrêter; quand même cette personne opposeroit une résistance considérable ; & s'ils venoient alors, à la tuer, ou à la blesser, ils seroient punissables de la peine ordinaire. (L. *omnes* 33, §. *prætereâ nullus* 6, Cod. *de Episcop. & Cler.* ; Julius-Clarus, *qu.* 29, *n.* 1 ; Farinacius, *qu.* 32, *n.* 46—47 & 61.)

Au surplus, quoiqu'il soit permis aux Archers, & autres Ministres de Justice, de tuer impunément le criminel qui fait résistance, néanmoins ils doivent se comporter avec modération dans les exécutions qu'ils font, sur-tout quand ils prévoient que cela pourroit occasionner quelque émotion populaire. (Farinacius, *qu.* 32, *n.* 57 ; Julius-Clarus, *qu.* 29, *n.* 1.)

27. Il faut aussi observer que la résistance de la part du prisonnier, doit être prouvée, pour que les Archers & Sergents soient excusables d'avoir tué, ou blessé ; autrement ils ne seroient pas excusés. (Farinacius, *qu.* 32, *n.* 59—60.)

Pour constater cette résistance de la part l'accusé, ou même de la part d'autres personnes, & en général pour constater la rébellion, les Archers, Huissiers, ou Sergents doivent dresser leur procès-verbal. (Ordonnance de 1670, *tit.* 10, *art.* 14.)

Ce procès-verbal doit être recordé de témoins, (Edit d'Amboise du mois de Janvier 1572, *art.* 4,) & remis sur-le-champ entre les mains du Juge. (Ordonnance de 1670, *tit.* 10, *art.* 14.) Sur ce simple procès-verbal le Juge peut décréter les coupables d'ajournement personnel ; mais ils ne peuvent être décrétés de prise-de-corps, qu'après que ces Archers, ou Sergents & leurs records auront été répétés. (Même Ordonnance de 1670, *tit.* 10, *art.* 6 ; Edit d'Amboise, *art.* 4.)

Lorsqu'un accusé a été tué, en faisant rébellion à Justice à force ouverte, on fait le procès-verbal à son cadavre, ou à sa mémoire. (Ordonnance de 1670, *tit.* 22, *art.* 1.)

28. La connoissance de ces sortes de rébellions appartient ou au Juge du lieu du délit, ou à celui dont est émané le décret, ou mandement auquel la rébellion a été faite. (Ordonnance de 1670, *tit.* 1, *art.* 1 & 20. Voyez ce qui a été dit à ce sujet au titre *De la Compétence des Juges en matiere criminelle*, part. 2, liv. 1, n. 1 & suiv.

Il y a quelques cas où il est permis à celui qu'on veut emprisonner, de faire résistance ; & cela a lieu principalement lorsque celui qui veut arrêter, est sans caractere ; ou lorsqu'ayant caractere, il n'a point les marques de ſon miniſtere ; ou bien lorſqu'il eſt porteur d'un mandement , ou décret d'un Juge ſans caractere ; ou lorſqu'il a excédé ſon pouvoir ; ou qu'il n'a point obſervé les formes de Juſtice. (Julius-Clarus, *qu.* 29, *n.* 1 ; & Farinacius, *qu.* 32, *n.* 88 & *ſeqq.* Ainſi jugé par Arrêt du Parlement de Dijon du 30 Septembre 1610, rapporté par Bouvot, *tom.* 2, au mot *Sergent,* qu. 23.)

29. En effet, cette réſiſtance eſt plutôt une défenſe légitime, qu'une rébellion ; ſuivant la Loi 1 , §. *ſi quis ideò* 4, D. *ne vis fiat ei qui;* & L. 1 , §. *Ofilius*, D. *ne quis eum qui.* Ainſi il eſt permis alors à celui qu'on veut arrêter injuſtement, non-ſeulement de réſiſter, mais encore d'appeller ſes amis & ſes voiſins à ſon ſecours, pour l'aider à ſe défendre. (L. *prohibitum* 5 , Cod. *de jure fiſci* ; & la Loi *contrà* 5 Cod. *de executoribus.*)

Tel eſt auſſi le ſentiment de Covarruvias *variarum reſolut.* lib. 1 , cap. 2 , n. 10 , où il avance comme une maxime certaine, qu'on peut réſiſter à des jugements injuſtes & à des Juges iniques. (Voyez auſſi Julius-Clarus , §. *homicidium ſub verſic.* 29 *prætereà etiam* ; & Chaſſanée ſur la Coutume de Bourgogne , *pag.* 295, *tit.* 1 , §. 7 , *n.* 5 & *ſeqq.*)

On prétend même que dans ce cas il eſt permis à l'accuſé de bleſſer & de tuer ceux qui l'arrêtent ainſi injuſtement. (Boerius, *déciſ.* 170, *n.* 2. Voyez ci-deſſus, n. 16.) Mais je crois que cette regle ne doit avoir lieu , que quand le Sergent excede ſon pouvoir, ou lorſqu'il eſt ſans caractere ; autrement ſi la nullité , ou l'injuſtice vient de la part du Juge, celui qu'on veut arrêter, peut, à la vérité, réſiſter ; mais ſeulement dans le cas où il pourroit le faire ſans bleſſer ni tuer le Sergent.

30. Papon en ſes Arrêts , *liv.* 22, *tit.* 5, *n.* 2, rapporte encore un autre cas où un accuſé qu'on pourſuivoit, fut excuſé de la peine ordinaire. L'Arrêt du Parlement de Bordeaux , intervenu ſur la pourſuite de la rébellion de l'accuſé , le condamna ſeulement au fouet, quoiqu'il fût convaincu d'avoir tué le fils du Sergent qui vouloit l'arrêter ; la Cour jugea à propos de modérer la peine , parce qu'il étoit prouvé au procès que ce Sergent & ſon fils étoient accompagnés de ſon ennemi qui le pourſuivoit en même temps qu'eux.

ARTICLE

ARTICLE IV.

De la simple fuite, ou évasion du prisonnier, ou de celui qu'on veut arrêter prisonnier.

31. La simple fuite, ou évasion de la part d'un prisonnier, ou d'une personne qu'on veut arrêter, n'est jamais punie, ni même la résistance, lorsqu'elle est modique & sans armes, ni violence publique. En effet, il est naturel à une personne qu'on veut arrêter, ou qui l'est déja, de chercher à se sauver des mains de la Justice, pour éviter la peine qu'il mérite ; & à plus forte raison, s'il est innocent. (C'est la décision de saint Thomas en sa seconde Seconde, question 69, *n.* 4. Voyez le Procès-verbal de l'Ordonnance de 1670, *pag.* 210, sur l'article 25. *Ita etiam* Covarruvias *variar. resolut.* lib. 1, cap. 2, n. 10 & 11.

C'est pourquoi il n'est pas permis, dans ce cas, aux Archers & autres Ministres de Justice, de blesser & encore moins de tuer celui qui étant prêt d'être arrêté, prend la fuite, ou s'échappe, quand même il seroit d'ailleurs coupable ; & à plus forte raison, si c'est seulement pour dettes civiles qu'on veut l'arrêter. (Farinacius, *qu.* 32, *n.* 44 & 56.)

32. On prétend néanmoins que quand l'accusé est un homme coupable de grands crimes, & que son évasion peut être dangereuse à la République, il est permis alors aux Archers de tuer le coupable, s'ils ne peuvent autrement l'arrêter. (*Ita* Farinacius, *qu.* 32, *n.* 43, 45 & 48.)

Mais quoiqu'il soit permis à un accusé de s'évader pour se sauver des mains de la Justice, il n'en est pas de même de ceux qui favorisent son évasion, ou qui l'avertissent de se sauver ; surtout s'il s'agit d'un coupable qui soit prévenu d'un crime considérable ; le procès doit être fait alors à celui qui a ainsi favorisé l'évasion. (Ainsi jugé par Arrêt du 15 Janvier 1562, rapporté par Papon, *liv.* 23, *tit.* 4, aux additions, n. 1. (L'article 34 de l'Edit du mois d'Août 1536, *chap.* 2, défend à toutes personnes d'empêcher les Sergents & Ministres de la Justice dans leurs fonctions directement, ou indirectement, en donnant des avis au criminel de s'évader ; à peine de s'en prendre à eux, c'est-à-dire, de

33. les rendre responsables de l'évasion, tant pour l'intérêt civil de la

Tome IV. L

partie, que pour la peine méritée par le criminel. (*Ita etiam* Chaſſanée ſur la Coutume de Bourgogne, *rubr.* 1, §. 7, in verbo *Simple Recouſſe*, pag. 304. Voyez auſſi Farinacius, *qu.* 32, *n.* 21.)

33. Il y a néanmoins des cas où ceux qui procurent ainſi l'évaſion, ſont excuſables; *v. g.* s'il s'agit de faire ſauver un proche parent. Voyez ce qui a été dit à ce ſujet, ci-deſſus, *n.* 19 & ſuiv.

Si c'étoient les Archers, ou Sergents eux-mêmes, qui euſſent favoriſé l'évaſion du priſonnier, ils ſeroient punis plus ſévérement, à cauſe de la prévarication qu'ils commettent dans leurs fonctions. (Voyez Farinacius, *qu.* 32, *n.* 19 & 20; & ce qui a été dit à ce ſujet au titre *Des malverſations d'Officiers,* ci-deſſus, part. 4, tit. 31, *n.* 69, & ſuiv.)

34. Par Arrêt du Parlement de Paris du 23 Janvier 1549, rapporté par Papon, *liv.* 23, *tit.* 3, *n.* 3, un accuſé convaincu d'avoir empêché un Huiſſier de mettre un décret de la Cour à exécution, en faiſant ſauver celui que cet Huiſſier pourſuivoit, a été condamné à faire amende-honorable, en de groſſes amendes envers le Roi, aux dommages & intérêts de la partie civile, à tenir priſon juſqu'à ce que celui qui s'étoit évadé fût par lui repréſenté, & enſuite à être banni.

35. Si celui qu'on fait ſauver étoit ſeulement arrêté pour dettes; ceux qui ont contribué à ſon évaſion, doivent ſeulement être condamnés à payer la dette. (Farinacius, *queſt.* 32, *n.* 15. Arrêt du Parlement de Grenoble de la veille de Pâques-fleurie de l'année 1461, rapporté par Papon, *liv.* 23, *tit.* 3, *n.* 1, par lequel un Gentilhomme qui avoit favoriſé la fuite d'un débiteur, a été condamné de payer les ſommes pour leſquelles ce débiteur étoit pourſuivi, & aux intérêts & dépens.)

Cette regle a lieu, à plus forte raiſon, lorſque ce ſont les Huiſſiers, ou Sergents même qui procurent l'évaſion du débiteur; car alors ils ſont tenus de payer la dette en entier. (Farinacius, *qu.* 32, *n.* 17–18.)

A l'égard des procès-verbaux que doivent dreſſer les Huiſſiers dans le cas de ces ſortes d'évaſions procurées, il faut obſerver ce qui a été dit ci-deſſus, *n.* 27.

ARTICLE V.

Du Bris de Prison.

36. La peine du bris de prison chez les Romains, étoit la mort. (L. 1, D. *de effractoribus & expilator.*; L. 38, §. *ult.* D. *de pœnis*; L. 13, §. 5, *in fine*, D. *de re militari*; & L. 13, D. *de custodiâ reorum..*)

Ce qui avoit lieu, à plus forte raison, lorsque le bris de prison se faisoit avec conspiration & attroupement de plusieurs prisonniers. (*Eâd.* L. 1, D. *de effractor. & expilator.*; & L. 13, D. *de custodiâ reorum.*)

On observe encore aujourd'hui la même chose en Italie, suivant Julius-Clarus, *qu.* 21, *n.* 27, *in fine*; & Menochius *de arbitrar. judic. causis*, casu 301, *n.* 5; & cette peine se trouve établie par une Bulle du Pape Sixte V de l'année 1591. Damhouderius, en son Traité des Causes Criminelles, *chap.* 18, *n.* 1, dit aussi que la peine du bris de prison est la mort.

Mais Farinacius est d'un sentiment opposé; & après avoir longtemps discuté cette question en sa quest. 30, il prétend que la peine du bris de prison est arbitraire, soit que le prisonnier se soit sauvé, ou non; & qu'elle dépend de la qualité du fait & des circonstances; mais que si le prisonnier ne s'est pas sauvé, il doit être puni d'une peine moindre. (Farinacius, *qu.* 30, *n.* 23--34.)

37. En France, on prétend aussi que la peine du bris de prison est la mort. (*Ita* Boerius, *décif.* 215, *n.* 22, *sur la fin.*) Lebrun, en son Traité du Procès-Criminel, au mot *Récolement & Confrontation*, vers la fin, *pag.* 115, établit aussi la même maxime; & dit que celui qui brise les prisons, & commet force pour en sortir, est puni de mort.

Theveneau sur les Ordonnances du Royaume, *liv.* 4, *tit.* 24, *art.* 1, dit que le bris de prison est un crime de Leze-Majesté; mais que nos Ordonnances n'ont déterminé aucune peine pour ce crime.

L'Ordonnance de 1535, *art.* 15, porte que ceux qui auront fourni des ferrements aux prisonniers, par le moyen desquels ils rompent les prisons, seront punis de même peine qu'eux; mais elle n'établit point quelle est cette peine.

L'Ordonnance de 1670, *tit.* 17, *art.* 25, porte aussi seulement
que le procès sera fait à l'accusé pour bris de prison.

38.   Il est vrai qu'on trouve un Arrêt de Réglement du Parlement
de Paris du 4 Mars 1608, qui porte que les prisonniers qui feront
effraction aux portes & murailles des prisons, seront pendus ; mais
malgré cette derniere autorité, plusieurs Auteurs prétendent que la
peine du bris de prison en France, est purement arbitraire, &
qu'elle dépend des circonstances & de la qualité de l'évasion ;
c'est-à-dire, que celui qui brise les prisons par conspiration, &
avec violence faite aux Geolier & Guichetiers, est puni plus
sévérement que celui qui les brise en cachete, au moyen de ferrements qui lui ont été fournis.

        Papon en ses Arrêts, *liv.* 23, *tit.* 2, *n.* 1, fait une distinction
à cet égard, & dit qu'il faut considérer si le prisonnier étoit détenu justement, ou non ; que dans le premier de ces deux cas,
le bris de prison deveint plus considérable & digne de peine ;
mais que dans le second cas, où le prisonnier seroit détenu injustement, la peine de ce bris de prison doit être moindre. Il ajoute
ensuite que dans le premier cas, si l'accusé vient à être pris, on
doit lui faire son procès, tant sur le bris de prison, que sur le
délit dont il est prévenu.

39.   Dans le Procès-verbal de l'Ordonnance de 1670, *pag.* 210, sur
l'article 25 du titre 17, M. le Premier-Président dit qu'il y avoit
des Parlements, comme en Bretagne, où la simple évasion des
prisonniers étoit punie sévérement, quoique faite sans bris de prison ; & il ajoute que dans le Parlement de Paris, la simple évasion n'étoit pas punie, mais seulement le bris, & même d'une
peine fort légere.

        Il résulte de tout ce qui vient d'être dit, que la peine du bris
de prison parmi nous est arbitraire, & qu'elle doit se régler suivant les circonstances & la qualité du fait.

40.   Il faut cependant observer que quand un accusé brise ainsi les
prisons, outre la peine que ce bris mérite, cette fuite établit encore
contre lui un indice considérable, qui le fait présumer coupable
du crime pour lequel il étoit détenu prisonnier ; & qu'il doit être
condamné en la peine que mérite ce délit ; suivant la Loi 1, D. *de
effractor.* ; la Loi 13, D. *de custod. reor.* ; & la Loi 38, §. *pen.* D.
de pœnis. Tel est aussi l'opinion de Julius-Clarus, *qu.* 21, *n.* 25 ;
& de Farinacius, *qu.* 30, *n.* 40 & *seqq.* où ce dernier établit que

cette fuite, jointe aux autres indices, au moyen defquels l'accufé avoit été conftitué prifonnier, fuffit pour le faire préfumer coupable du crime qui avoit donné lieu à fa détention ; & qu'ainfi fi ce crime eft un crime capital qui mérite la mort, dans ce cas l'accufé doit être condamné à cette peine ; mais que fi ce crime méritoit une peine moindre, il doit auffi être condamné à cette peine moindre, fans préjudice de celle que l'accufé mérite pour raifon du bris de prifon.

41. Néanmoins cette regle n'a lieu qu'à l'égard des contumaxs ; car fi celui qui a ainfi brifé les prifons, vient à fe repréfenter en Juftice, ou à être repris prifonnier, alors la préfomption qu'il eft coupable du délit principal qui a donné lieu à fa détention, ceffe ; & il eft dans le même cas où il étoit auparavant, pour raifon du délit principal ; fauf à le punir pour raifon du bris de prifon, foit qu'il y ait preuve, ou non, contre lui, pour raifon du premier & principal délit. (Jul. Clar. *qu.* 21, *n.* 25 ; Boerius, *déc.* 215, *n.* 21,)

Lorfque l'accufé vient à brifer les prifons depuis fa condamnation définitive, on ne le punit pas de nouveau pour le bris de prifon, s'il vient à être repris, dans le cas du moins où la peine à laquelle il a été condamné eft plus confidérable que celle que mérite le bris de prifon. Ainfi jugé par Arrêt du Parlement de Rouen du 6 Juillet 1633, rapporté par Bafnage fur l'article 43 de la Coutume de Normandie, dont voici l'efpece. Un homme condamné à mort, avoit appellé, & par Arrêt la peine avoit été commuée en celle des galeres à perpétuité ; & il avoit été renvoyé dans les prifons du premier Juge pour l'exécution de fon jugement. Il les avoit rompues & brifé fes fers : depuis ayant été repris, on l'avoit de nouveau condamné à mort. Sur fon appel, quelques-uns des Juges difoient, qu'étant néceffaire d'augmenter la peine, elle ne pouvoit être moindre que la mort. Les autres, au contraire, eftimoient que le bris de prifon aidoit, à la vérité, à convaincre l'accufé de fon crime ; mais qu'ayant été condamné, c'étoit affez de le reftituer à la peine ; ce qui fut jugé par l'Arrêt qui vient d'être cité, qui le renvoya à fa condamnation aux galeres à perpétuité.

42. Lorfque le bris de prifon n'eft que tenté, fans être fuivi d'exécution, on ne le punit que légérement, eu égard néanmoins aux circonftances ; mais fi cette tentative fe trouvoit accompagnée de confpiration contre la vie du Geolier, ou d'un complot formé en-

tre les prisonniers, alors la peine seroit plus grave. (Voyez Julius-Clarus, *qu.* 21, *n.* 27.) Farinacius, *qu.* 30, *n.* 193 & 194, prétend que dans ce cas, celui d'entre les prisonniers qui vient à révéler le complot, avant qu'il ait été mis à exécution, cesse entiérement d'être punissable.

De même, celui qui brise les prisons pour se sauver, parce qu'il étoit maltraité du Geolier, est aussi excusable de la peine ordinaire. (Farinacius, *qu.* 30, *n.* 171 & *seqq.*) *v. g.* si c'étoit une femme, ou fille, à l'honneur de laquelle le Geolier eût attenté. (Farinacius, *ibid. qu.* 30, *n.* 190.)

43. On doit dire la même chose de celui qui brise les prisons pour se sauver, dans le cas d'un incendie, inondation, peste, ou autre danger semblable, si cette crainte étoit fondée. (Farinacius, *ibid.* qu. 30, *n.* 185–189.)

Le prisonnier qui après avoir brisé les prisons, revient de lui-même sur-le-champ, doit aussi être excusé de la peine. (Julius-

A l'égard de celui qui étant détenu dans les prisons pour dette civile, vient à les briser, & à se sauver, il est punissable comme tout autre criminel, pour raison de ce bris de prison. (Farinacius, *qu.* 30, *n.* 81.)

44. Lorsque le prisonnier étoit retenu injustement, il ne doit point être puni, s'il vient à briser les prisons. (Menochius, *de arbitrar. jud. casu* 301, *n.* 14 ; Farinacius, *qu.* 30, *n.* 120.) Et l'on prétend que dans ce cas, il est permis à celui qui est ainsi retenu injustement, de blesser, & même de tuer le Geolier pour se sauver, si cet accusé ne peut éviter autrement la mort ; & qu'il ne doit point être puni de la même peine ordinaire de l'homicide, mais d'une autre peine moindre. (Menochius, *de arbitrar. jud. casu* 301, *n.* 15 ; Covarruvias, *var. resolut. lib.* 1, *cap.* 2 ; *n.* 12 ; Boerius, *décis.* 215, *n.* 32 ; Farinacius, *qu.* 30, *n.* 129.) Mais il faut pour cela deux conditions, la première ; que l'injustice du Jugement, ou de la procédure, soit notoire ; comme si le Juge étoit sans caractere, ou avoit excédé son pouvoir, ou qu'il n'eût point observé les formes ordinaires de Justice. La seconde, que l'accusé soit dans un péril évident de mort, & qu'il ne puisse l'éviter autrement que par ce moyen. (Farinacius, *ibidem* qu. 30, *n.* 131, & *seqq.*)

La même regle doit avoir lieu lorsque le prisonnier a été arrêté sans aucune preuve, ou qu'il l'a été sans qu'il y eût aucun corps de délit, ou qu'il a été mis en chartre privée. (Farinac. *qu.* 30, *n.* 137--146.)

§. I.

Des Complices & Fauteurs de ceux qui brifent les Prifons.

45. Les fauteurs & complices de ceux qui brifent les prifons pour fe fauver, ou qui leur donnent du fecours à cet effet, doivent être punis de la même peine que les principaux auteurs de l'effraction. Et il en eft de même, à plus forte raifon, de ceux qui brifent les prifons par dehors, pour faire fauver un accufé. (Farinac. *qu.* 30, *n.* 92 *& feqq. ufque ad n.* 105 ; Boerius, *décif.* 215, *n.* 3 & 4.)

Le Cardinal de Sourdis, Archevêque de Bordeaux, qui avoit eu part au bris des prifons de la Conciergerie de cette Ville, d'où l'on avoit enlevé un prifonnnier, fut décrété de prife de corps en 1614, par Arrêt du Parlement de Bordeaux.

Il en eft de même de ceux qui fourniffent aux prifonniers des inftruments de fer, ou autres, pour faire ces fortes d'effractions. (Ordonnance de 1535, *chap.* 21, *art.* 15.)[1]

46. Si le prifonnier étoit détenu feulement pour dettes civiles, les complices de l'effraction faite pour le fauver, doivent, outre la peine du bris de prifon, être condamnés à payer la dette. (Farinacius, *qu.* 30, *n.* 107 & 112.) Et cela même dans le cas où le prifonnier viendroit à fe repréfenter, ou à être repris. (Farinacius, *ibid.* qu. 30, *n.* 111.)

Il y a néanmoins des cas où les complices de ces fortes d'effractions, font excufés de la peine ordinaire, comme dans le cas de proche parenté. (Voyez ce qui a été dit à ce fujet, ci-deffus, *n.* 19, qui doit recevoir ici fon application.)

Lorfque dans le cours d'une inftruction criminelle, un des accufés vient à brifer les prifons, il faut néceffairement inftruire le procès contre lui pour raifon de ce nouveau délit. Ainfi jugé par Arrêt du Parlement de Paris du 14 Août 1736, rapporté par Lacombe, en fon Traité des Matieres Criminelles, troifieme édition, *part.* 3, *chap.* 10, qui a déclaré nulle une procédure criminelle faite par le Juge de la ville d'Eu, pour n'avoir pas inftruit le crime de bris de prifon par information, comme les autres crimes. L'accufé s'étant évadé, avoit été repris, & le Juge s'étoit contenté de l'interroger fur le bris de prifon, fans faire une plus ample instruction sur ce crime. C'est une suite de la disposition portée en l'article 25 du titre 17 de l'Ordonnance de 1670.

L'accusé qui brise les prisons, & à qui l'on fait ensuite le procès par contumace pour raison de ce nouveau délit, doit être assigné au lieu où il avoit son domicile avant qu'il fût prisonnier, si cette contumace n'est instruite qu'après les trois mois depuis le bris de prison commis : mais si elle est instruite dans les trois mois, & que l'accusé ait eu sa résidence dans le lieu du crime commis, il faut l'assigner, & lui signifier le décret dans la maison où il avoit sa résidence ; & s'il n'avoit aucune résidence dans le lieu où le crime a été commis, il suffit de l'assigner à la porte de l'Auditoire. (Edit du mois de Décembre 1580, concernant les délais des procédures dans les défauts & contumaces.)

47.

Le bris de prison est un cas royal, lorsqu'il est fait à une prison royale. (Arrêt de Laval du 16 Mars 1553 ; Arrêt de Montpensier du 2 Mars 1574 ; Chopin, sur la Coutume d'Anjou, *liv.* 1, *chap.* 65, *n.* 1 ; Tronçon, sur Paris, *art.* 97.)

Les Prévôts des Maréchaux peuvent connoître du bris de prison contre les accusés auxquels ils font le procès, à moins que parmi ces accusés, il n'y en eût quelqu'un de noble, ou de privilégié. (Voyez ce qui a été dit au titre *De la compétence des Juges Criminels en particulier*, ci-dessus, *part.* 2, *tit.* 1, n. 221 ; & au titre *De la Compétence des Juges Criminels en général*, *ibid.* *tit.* 2, n. 281. La même regle a lieu à l'égard des Présidiaux.

S. I I.

De la simple évasion des Prisons.

La simple évasion des prisons ne se punit point. C'est ainsi que l'établit M. Lebret, en ses Décisions, *liv.* 6, *décis.* 3, *pag.* 636. Voyez aussi ce qui a été dit ci-dessus, *n.* 31 & suivants ; rien n'étant plus naturel à un accusé que de chercher à se sauver quand il en trouve l'occasion ; sur-tout lorsque cela se fait sans aucune violence de sa part.

Ainsi un prisonnier qui trouvant la porte des prisons ouverte, s'enfuit, pour pour se procurer la liberté, ne peut être poursuivi ni puni pour raison de cette fuite.

48.

Il en est de même de celui qui s'évade en passant par dessus le

mur

mur de la prison, ou en sortant par une fenêtre, d'où il se laisse glisser en bas, lorsqu'il fait cela sans aucune violence.

49. Le prisonnier même qui brise ses fers, & qui ensuite trouvant l'occasion de se sauver, s'enfuit des prisons, ne paroît pas devoir être puni pour avoir brisé ses fers ; parce que c'est la faute de ceux qui l'ont ainsi fait attacher, de n'avoir pas pris les précautions suffisantes pour l'empêcher de les rompre. Cependant Farinacius, *qu.* 30, *n.* 82, est d'un sentiment contraire, & assure que c'est le sentiment général des Auteurs.

Mais si l'évasion est faite en usant de violence à l'égard du Geolier, ou des Guichetiers, soit en menaçant de les tuer, ou en les forçant de donner les clefs, ou en les leur arrachant par force, ou par violence, alors elle devient punissable, & la peine en ce cas est arbitraire, & doit être proportionnée aux circonstances. Ainsi cette évasion doit être instruite par contumace, non-seulement contre le prisonnier évadé, mais encore contre ses complices.

50. Il faut aussi observer que quoique la simple évasion ne soit pas punie dans la personne du prisonnier qui s'enfuit, néanmoins ceux qui ont favorisé cette évasion, doivent être punis suivant les circonstances & la qualité du fait. (Voyez ce qui a été dit ci-dessus, n. 33, qui doit recevoir ici son application.)

Un Arrêt du Parlement du 27 Janvier 1721, a condamné aux galeres pour neuf ans un particulier nommé Pierre Sanson, pour avoir fait évader des prisons de Cusset plusieurs prisonniers.

Lorsque c'est le Geolier lui-même qui procure cette évasion, il est puni plus sévérement ; sur-tout si c'est pour de l'argent, à cause de la prévarication qu'il commet alors dans les fonctions de son Office. (Voyez ce qui a été dit là-dessus, au titre *Des malversations d'Officiers dans leurs fonctions*, ci-dessus, part. 4, tit. 31, n. 78. en parlant de celles que peuvent commettre les Geoliers.)

Dans le cas même d'une simple évasion du prisonnier, le Geolier est tenu de prouver qu'il n'y a pas de sa faute ; sinon il en est responsable. (Legrand, sur la Coutume de Troyes, *tit.* 7, *art.* 123, *n.* 7. Voyez aussi au titre *Des malversations d'Officiers*, ci-dessus, *part.* 4, *tit.* 31, *n.* 78.)

51. Dans le cas où le prisonnier qui s'est évadé étoit seulement retenu pour dettes civiles, celui qui a favorisé son évasion, en est quitte en payant la dette, & il n'est pas libéré de cette obliga-

tion, quand le débiteur viendroit à être repris pour le même fait. (Voyez ci-deſſus n. 46.)

Un Arrêt du Grand-Conſeil du 11 Mars 1596, rapporté par Berault, ſur la Coutume de Normandie, titre *De haro*, art. 56, a jugé qu'un Huiſſier qui avoit laiſſé échapper un priſonnier pour dette civile, confié à ſa garde, étoit tenu de payer la dette, faute de le repréſenter.

Il y a même des cas où ceux qui favoriſent & procurent l'évaſion d'un priſonnier, quoique détenu pour crimes, ceſſent d'être puniſſables ; *v. g.* quand une femme emploie l'adreſſe & l'artifice pour tirer ſon mari de priſon ; comme dans l'exemple rapporté par Automne, en ſa Conférence, ſur la Loi 2, au Digeſte *de receptatoribus.* Cet Auteur raconte que le fils de M. le Préſident Belcier, étant priſonnier au Château Trompette de Bordeaux, de l'Ordonnance de M. de Matignon, la femme de ce priſonnier, qui avoit coutume de le viſiter ſouvent, entra dans le Château (le 14 Décembre 1585,) & habilla ſon mari de ſes habillements de femme, au moyen de quoi le priſonnier s'étant préſenté à la porte, & les Gardes croyant que c'étoit ſa femme, le laiſſerent paſſer ; ce qui fit qu'il ſe ſauva, laiſſant ſa femme à ſa place, laquelle ne fut point jugée. Il rapporte au même endroit qu'en l'année 1602, le Capitaine Huguet, étant priſonnier à Bordeaux, ſa femme s'étant emparée de la porte de la priſon, fit évader ſon mari, & qu'ayant été arrêtée priſonniere, elle fut élargie par Arrêt rendu dans la même année. (Voyez auſſi un autre exemple, rapporté par Farinacius, *qu.* 30, *n.* 118.)

52. Boerius, *qu.* 215, *n.* 16 ; & après lui Papon, en ſes Arrêts, *liv.* 23, *tit.* 1, *n.* 2, rapportent un autre cas ſingulier d'une évaſion. Le Parlement de Paris ayant permis à un priſonnier qui étoit en la Conciergerie, de faire venir un Avocat, pour lui donner conſeil, l'Avocat après avoir entendu raconter ſon affaire, & l'ayant trouvé fort mauvaiſe, lui conſeilla de ſe ſauver, s'il trouvoit la porte ouverte, ce que le priſonnier fit, & ayant depuis été repris, il avoua en plein Parlement que s'il s'étoit évadé, c'avoit été de l'avis de l'Avocat qui lui avoit donné ce conſeil. L'Avocat étant mandé, avoua le fait, & n'en fut point reprimandé par la Cour, tant parce que c'étoit elle qui avoit donné cet Avocat pour conſeil à l'accuſé, que parce qu'il n'y avoit eu

aucune violence pour fortir, ce qui le rendoit, ou excufable, ou feulement digne d'une peine légere.

A l'égard de la peine qu'on doit infliger aux Geoliers qui laiffent échapper les prifonniers, Voyez ce que j'ai dit à ce fujet au titre *Malverfations d'Officiers*, en parlant des Geoliers, ci-deffus part. 4, tit. 31, n. 78.

ARTICLE VI.

Infraction de Ban, d'Exil, de Galeres, d'Arrêt, &c.

53. 1°. Les condamnés au banniffement, qui enfreignent leur ban prononcé par Jugement Prévôtal, ou Préfidial, doivent être condamnés aux galeres à temps, ou à perpétuité; & ceux qui enfreignent leur ban prononcé par Arrêt, doivent être punis, ainfi que les Cours le jugent à propos, eu égard à la qualité des crimes pour lefquels ils avoient été bannis. (Déclaration du 31 Mai 1682.)

Un Arrêt du Parlement de Grenoble du 14 Juillet 1617, condamne à mort un particulier banni à perpétuité, pour avoir enfreint fon ban. (*Louet*, *lettre* B, *chap.* 17, *n.* 5; *Baffet*, *tom.* 2, *liv.* 9, *tit.* 9, *chap.* 1.)

Les Juges moderent quelquefois la peine, en ordonnant au-lieu des galeres, que le temps du banniffement de celui qui a enfreint fon ban, ne commencera à courir que du jour de la feconde Sentence; ce qui dépend des circonftances & de la conduite tenue par le banni. On le Juge ainfi au Châtelet.

54. A l'égard des femmes qui enfreignent leur ban, elles doivent être condamnées à être renfermées à temps, ou à toujours, lorfqu'elles ont été bannies par Sentence Prévôtale, ou Préfidiale; la punition arbitraire pareillement réfervée aux Cours fouveraines, pour l'infraction du banniffement prononcé par leurs Arrêts. (Déclaration du 29 Avril 1687.)

La Déclaration du 16 Octobre 1696, rendue contre les femmes & filles condamnées au banniffement pour faux-faunage, veut qu'à l'avenir celles qui auront rompu leur ban, foient de plein droit emprifonnées dans les prifons de la Jurifdiction, où elles auront été condamnées; qu'elles y reftent pendant un an pour la premiere infraction, & deux années en cas de récidive de nouvelle infraction de ban, pour raison de faux-faunage ; fans que les Juges puiffent diminuer la peine.

55.   En lifant aux accufés le Jugement qui les condamne au banniffement, on doit leur faire en même-temps lecture de Déclarations précédentes. (Arrêt de Réglement du 12 Mars 1685.)

Tous les bannis, par quelques Juges & de quelques lieux que ce foit, font bannis en même-temps de la Prévôté & Vicomté de Paris , & de la fuite de la Cour, durant le temps de leur banniffement ; à peine d'être punis comme infracteurs de leur ban. (Déclaration du 27 Août 1701 , *art.* 8. *Idem* par les Déclarations des 8 Janvier 1719 ; 5 Juillet 1722 ; & 5 Février 1731 , *art.* 2.) Cette dernière ajoute que fi les bannis avoient, outre le banniffement fubi la peine du carcan, ou quelqu'autre peine corporelle, ou qu'ils euffent été condamnés deux fois au banniffement, ils ne pourront fe retirer à Paris, même après le temps de leur banniffement, fous les peines portées par les Déclarations du 31 Mai 1683 ; & 29 Avril 1687.

La procédure néceffaire pour inftruire le procès à un accufé qui enfreint font ban , font 1°. le procès-verbal de capture de l'accufé, dans le lieu où il a été banni. 2°. La répétition des Huiffiers , Sergents, *&c.* fur le procès-verbal de capture. 3°. L'interrogatoire de l'accufé. 4°. Le Réglement à l'extraordinaire. 5°. Le récolement & la confrontation des témoins, *&c.*

56.   2°. Ceux qui ont été relégués en quelqu'endroit du Royaume, & qui en fortent fans permiffion du Roi, doivent être condamnés en la peine de confifcation de corps & biens ; & fi leurs biens font fitués dans des Juftices de Seigneurs , ou dans des endroits où la confifcation n'a lieu, ils font condamnés en l'amende envers le Roi, qui ne peut être moindre que de la moitié de la valeur defdits biens. (Déclaration du 26 Décembre 1705 ; Edit du mois de Juillet de la même année.) Ce dernier Réglement porte, que lefdits relégués qui fe retireront en pays étranger, feront dès le moment réputés étrangers, & comme tels, privés de tous états , & bénéfices par eux poffédés dans le Royaume ; & les aliénations faites par eux un an avant leur retraite, déclarées nulles, comme faites en fraude de la confifcation, fi elles ne font pas faites par contrat de mariage, & le mariage éxécuté avant la retraite : à l'effet de quoi le procès leur fera fait, & ils feront déclarés avoir

encouru lefdites peines, & cependant leurs biens donnés à ferme; & s'ils reviennent, ils feront tenus d'entretenir les baux.

57.   3°. Ceux qui s'échappent des galeres par furprife, ou autrement, & qui reviennent dans le lieu où ils ont été condamnés, fans avoir achevé le temps de leur fervice aux galeres, doivent être condamnés à mort. Par Arrêt du Parlement de Dijon du 6 Février 1680, (rapporté au Code criminel de M. Serpillon, *pag.* 1527,) un particulier condamné aux galeres, qui étoit revenu avant fon temps expiré, fans Lettres du Roi, a été condamné à être pendu.

4°. Ceux à qui l'on a donné la ville pour prifon, & qui en fortent, doivent être punis comme pour bris de prifon. (Ainfi jugé par Arrêt du 7 Mars 1553, rapporté par Papon, *liv.* 23, *tit.* 2, *n.* 3, en la note.)

ARTICLE VII.

Des Receleurs de Criminels, bannis & autres.

58.   Voyez ce qui eft dit à cet égard, au titre *Du vol*, ci-après *part. 4, tit.* 57, n. 186.

ARTICLE VIII.

Des infultes faites aux Juges & autres Officiers de Juftice dans leurs fonctions.

59.   On peut faire infulte aux Magiftrats, Juges, & autres Officiers de Juftice dans leurs fonctions, de plufieurs manieres.

1°. En les outrageant & maltraitant.

2°. En proférant contre eux des injures.

3°. En refufant de leur obéir.

4°. En faifant & commettant des irrévérences en leur préfence, & lorfqu'ils fiégent dans leur tribunal.

Quant aux injures, excès & outrages faits aux Magiftrats, & autres Miniftres de Juftice dans leurs fonctions, Voyez ce qui a été dit à ce fujet au titre *Des injures*, ci-deffus, *part.* 4, *tit.* 24, n. 72.

Il faut feulement obferver que fi ces excès font commis dans le cas d'une légitime défenfe, ils deviennent excufables; comme fi un Officier de Juftice excédoit fon pouvoir, ou fi l'accufé étoit arrêté ou condamné injuftement. (Voyez ce qui a été dit à ce fujet , ci-deffus *n.* 28 & fuivants.)

60. Il faut auffi obferver que dans le cas où le Magiftrat eft infulté dans fes fonctions, il peut venger lui-même l'injure qui lui eft faite ; pourvû qu'il ne s'agiffe que d'impofer une peine légere ; comme d'amende, interdiction , &c. (Voyez ce qui a été dit ci-deffus , au titre *De la compétence des Juges en général* , part. 2 , tit. 2 , n. 115.)

Ceux qui infultent les Huiffiers à l'Audience dans leurs fonctions, doivent être punis très févérement. Soulatges, en fon Traité des Crimes, *tom.* 1 , *pag.* 208, cite un Arrêt rendu en 1618 au Parlement de Touloufe, contre le Laquais d'un Préfident à Mortier, qui pour avoir donné un coup de poing, & déchiré un peu la robe d'un Huiffier au fervice de la Cour, qui lui impofoit filence pendant le temps de l'Audience de la Grand'Chambre , fut arrêté , & fur la plainte faite fur-le-champ par l'Huiffier , fut tout de fuite décrété, interrogé, les témoins entendus contre lui récolés & confrontés ; & fur les conclufions du Procureur-Général , fut jugé fans déplacer, & condamné en l'amende-honorable , au fouet, & au banniffement à perpétuité ; ce qui fut exécuté le même jour. (Voyez auffi Lacombe , en fon Traité des Matieres Criminelles , *part.* 3 , *chap.* 1 , *pag.* 237 & 238, aux additions.)

Quant aux fimples irrévérences commifes à l'Audience , & à la maniere dont elles doivent être punies, Voyez ce qui a été dit au titre *De la Compétence des Juges en général*, ci - deffus , *part.* 4, *tit.* 2 , *n.* 116.)

ARTICLE IX.
De l'infraction de Sauve-Garde , ou Affurement.

61. *L'infraction de fauve-garde* eft auffi une efpece de rébellion à Juftice. On la confond quelquefois avec l'*affurement* ; néanmoins ce font deux chofes différentes, fuivant Bacquet, Traité des Droits de Juftice, *chap.* 7 , *n.* 32. On appelle *affurement* la protection, ou fauf-conduit, qui fe donne par les Seigneurs Hauts-Jufticiers à une perfonne, pour la garantir de la violence, pourfuite, ou contrainte de quelqu'un : & l'on entend par *fauve-garde*, les lettres de protections par lefquelles le Roi, ou fes Cours, ou autres Juges, accordent leur affiftance, ou protection contre les menaces, ou

oppreſſions des perſonnes puiſſantes. (Voyez la Coutume de Melun , *art.* 4 , qui fait cette diſtinction. Voyez auſſi la Coutume de
Sens , *art.* 170 & 175 ; & celle de Bar , *tit.* 2 , *art.* 38 & 40.)
D'autres Coutumes , comme celle de Langres , ne font aucune
diſtinction entre l'aſſurement & la ſauve-garde.

62. La peine de l'infraction d'aſſurement étoit anciennement la mort.
Pluſieurs Coutumes en ont des diſpoſitions ; (Loiſel en ſes Inſti-
tutions , *liv.* 6 , *tit.* 2 , *regle* 9 , Coutume de Sens , *art.* 170 ; Rue-
d'Indre , *chap.* 14 , *art.* 38 ; Auvergne , *chap.* 10 , *art.* 4.) mais
aujourd'hui la peine eſt arbitraire , & dépend des circonſtances
& de la qualité des perſonnes ; & il en eſt de même de l'infraction de ſauve-garde. L'article 30 de l'Ordonnance du 1 Juillet
1727 , concernant les crimes & délits Militaires , défend à toutes
perſonnes que ce puiſſe être , à peine de punition corporelle , ou
de la vie , ſuivant l'exigence du cas , d'attenter , ou d'entrepren-
dre rien contre les perſonnes , villes Bourgs , villages , châteaux ,
hameaux , ou autres lieux auxquels Sa Majeſté aura accordé ſauve-
garde.

L'infraction de ſauve-garde eſt un cas royal. (Voyez mon Traité
de l'Adminiſtration de la Juſtice au titre *Des Cas royaux*, tit. 2, n. 36.)

TITRE XLVI.

Du Sacrilege.

§. I.

1. SUIVANT l'ancien Droit Romain, *le Sacrilege* eſt le vol , ou
larcin des choſes ſacrées ; & c'eſt ainſi qu'il eſt conſidéré en
la Loi 4 , D. *ad legem Juliam peculatûs , & de ſacrilegiis.* Voyez
auſſi la Loi 9 , au même titre , tellement que celui qui déroboit ,
quoique dans un lieu ſacré , des choſes appartenantes à des particuliers , n'étoit point regardé comme coupable du ſacrilege ,
mais comme un ſimple voleur , ainſi qu'il eſt dit expreſſément en
la Loi 5 du même titre.

Quelques Juriſconſultes ont cependant prétendu qu'il falloit une feconde eondition, pour qu'un vol pût être regardé comme facrilege ; c'eft que la chofe dérobée, eût été prife dans un lieu facré ; & c'eft ainfi que le penfe Bartole, fur la Loi *divus*, D. ad *L. Jul. peculatûs.*

2. Mais les Empereurs Gratien & Valentinien ont donné beaucoup plus d'étendue au terme de facrilege, & ils ont compris fous ce crime, tout ce qui fe commet contre la Loi de Dieu, foit par ignorance, foit par mépris ; ainfi qu'il eft dit en la Loi 1, Cod. *de Crimine facrilegii.*

Suivant le Droit Canon, le *facrilege* fe commet en trois manieres,

1°. Lorfqu'on dérobe une chofe facrée dans un lieu facré.

2°. Quand on dérobe une chofe facrée dans un lieu qui n'eft pas facré. 3°. Lorfqu'on dérobe une chofe profane dans un lieu facré ; comme quand on vole un ironc dans une Eglife, ou qu'on en emporte les chandeliers, parements, croix, cierges, &c. (C. *fi quis contumax.* C. *quifquis* 17, *quæft.* 4.)

3. La plupart des Jurifconfultes ont adopté cette maniere de confidérer le facrilege. (Voyez Farinacius, *qu.* 175, *n.* 5.) Et il eft auffi confidéré fous trois rapports dans la Conftitution Caroline, *chap.* 171 ; mais le facrilege proprement dit, n'a lieu que quand on vole une chofe facrée dans un lieu facré. (Farinacius, *ibid.* quæft. 172, *n.* 5 ; Julius-Clarus, §. *facrilegium*, *n.* 1.)

Dans nos mœurs, & fuivant notre ufage, on entend par facrilege, toute profonation de chofes faintes, ou confacrées à Dieu, laquelle peut fe faire fans qu'il y ait aucun larcin.

On entend par chofes faintes, ou confacrées à Dieu,

1°. Les lieux faints ; *v. g.* les Eglifes, les Cimetieres, les Monafteres, &c.

2°. Les Sacrements, les Prieres, & les cérémonies de l'Eglife.

3°. Tout ce qui fert au culte divin ; *v. g.* les images, les croix, les ornements, les vafes facrés, les faintes huiles.

4°. Les perfonnes Eccléfiaftiques, ou Religieufes.

Ainfi 1°. les homicides, les vols, les impuretés, les violements de fépulchres, & autres crimes commis dans une Eglife, ou autre lieu faint, font des facrileges ; enforte que fi dans une Eglife, ou dans un Cimetiere, il fe commet quelque vol, impureté, ou homicide, ou même quelque batterie, jufqu'à effufion de fang, ces lieux font profanés, & l'on n'y peut plus faire au-

cunes

cunes fonctions Eccléfiastiques, jufqu'à ce qu'ils foient réconci-
liés par l'Evêque.

4.   Par la même raifon, ceux qui abattent, brûlent, ou détruifent
les temples, & autres lieux faints, commettent un facrilege; &
font punis de la peine due à ce crime, lorfqu'ils le font au mépris
de Dieu & de la Religion. (L. *facrilegii pœnam*, D. *ad L. Jul. peculat.*)

Les fimples irrévérences commifes dans les lieux faints & con-
facrés à Dieu, font des efpeces de facrileges; fur-tout quand elles
font confidérables; mais elles fe puniffent d'une peine moins févere, fuivant les circonftances. (Voyez *infra*, n. 24.)

Les Cimetieres font regardés comme des lieux faints, ainfi que
les Monafteres. (Farinacius, *qu.* 172, *n.* 51 & 52.) Et il en eft
de même des Chapelles & Eglifes particulieres.

5.   2°. La profanation des Sacrements, & des Myfteres de la Religion, eft un facrilege des plus exécrables. Tel eft le crime
de ceux qui emploient les chofes facrées à des ufages communs
& mauvais, en dérifion des Myfteres; ceux qui profanent la
fainte Euchariftie, ou qui en abufent en quelque maniere que
ce foit; ceux qui en mépris de la Religion, profanent les Fonts-
Baptifmaux; qui jettent par terre les faintes Hofties, ou qui les emploient à des ufages vils & profanes; ceux qui en dérifion de nos
facrés Myfteres, les contrefont dans leurs débauches; ceux qui
frappent, mutilent, abattent les images confacrées à Dieu, ou à
la Sainte Vierge, & aux Saints, en mépris de la Religion; & enfin
tous ceux qui commettent de femblables impiétés. Tous ces crimes
font des crimes de Leze-Majefté divine au premier chef; parce
qu'ils s'attaquent immédiatement à Dieu, & ne fe font à aucun
deffein que de l'offenfer. (Voyez ce qui a été dit au titre *Du crime
de Leze-Majefté divine*, ci-deffus, *part.* 4, *tit.* 27.)

6.   C'eft encore une efpece de facrilege que de fabriquer, ou fal-
fifier des Lettres de Prêtrife, & de célébrer en conféquence les
faints Myfteres, fans avoir le caractere néceffaire à cet effet.
(Voyez ce qui a été dit à ce fujet au titre *Du faux*, ci-deffus,
part. 4, *tit.* 15, *n.* 104.)

Les Prêtres, & autres perfonnes confacrées à Dieu, qui abufent de leurs fonctions, pour féduire une pénitente, ou pour
commettre quelqu'autre crime, doivent auffi être regardés comme
coupables de facrilege. (Voyez au titre *De l'incefte*, ci-deffus,
part. 4, *tit.* 23, *n.* 25.)

Tome IV.

                                                    N

3°. Ceux qui dérobent les chofes facrées, comme les Calices, Ciboires, Soleils, Reliques, & en général tout ce qui fert au culte de Dieu ; comme les images, les croix, les ornements, les faintes Huiles, les chandeliers, encenfoirs, cierges, &c. font auffi coupables de facrilege ; & il en eft de même de ceux qui volent les troncs dans les Eglifes.

7.   4°. Tout attentat commis fur les perfonnes confacrées à Dieu, ou conftituées dans les Ordres facrés, comme font les Prêtres, les Rois, les Religieufes, &c. eft auffi un facrilege ; *v. g.* fi l'on frappe, ou maltraite un Prêtre, finon à fon corps défendant ; & ce crime devient encore plus grand, fi le Prêtre étoit dans fes fonctions facerdotales ; *v. g.* dans le temps qu'il célebre le Service Divin, ou qu'il porte la fainte Euchariftie ; ou fi c'étoit un Eccléfiaftique élevé en dignité, comme un Evêque.

Le rapt d'une Religieufe, ou l'habitude charnelle avec elle, eft auffi mis au nombre des facrileges. (Farinacius, *qu.* 172, *n.* 4. Voyez ce qui a été dit à ce fujet au titre *Du crime de luxure & des conjonctions charnelles*, ci-deffus, *part.* 4, *tit.* 29, n. 23.)

§. II.

De la peine du Sacrilege.

8.   1°. La peine du facrilege, par l'Ancien Teftament, étoit celle du feu, & d'être lapidé. (Lévitiq. *chap.* 10, *n.* 16 ; Jofué, *chap.* 6 & 7 ; *Livre* 1, des Rois, *chap.* 5 & 6 ; & *liv.* 2, *chap.* 6 ; & Machab. 2, *chap.* 3.)

2°. Par les Loix Romaines, les coupables de ce crime étoient condamnés au fer, au feu, & aux bêtes farouches, fuivant les circonftances. (L. 1. L. *facrilegii pœnam* 6 ; L. *facrilegi* 9, D. *ad* L. *Jul. pecul.*)

En Allemagne, fuivant la Conftitution Caroline, ceux qui volent le Soleil, ou le faint Ciboire dans lequel font renfermées les faintes Hofties, doivent être brûlés vifs ; & ceux qui rompent, ou crochetent les Tabernacles pour voler, doivent être punis d'un genre de mort proportionné aux circonftances, & à la qualité du fait. (Conftitution Caroline, *cap.* 172.)

9.   Il en eft de même de ceux qui dérobent les autres vafes facrés,

comme calices, patenes, encensoirs, lampes, &c. dans un lieu consacré, ou non. (*Ibid.*)

Suivant la même Constitution, ceux qui brisent & forcent les troncs destinés aux aumônes, ou qui en dérobent l'argent par quelqu'autre artifice, doivent aussi être punis de mort, ou autre peine corporelle, suivant la qualité du fait. (*Ibid.* chap. 173.)

A l'égard de ceux qui volent dans une Eglise des choses consacrées au Service divin, peu considérables ; comme des cierges, nappes d'Autels, &c. & où les voleurs ne se seroient point servi ni d'escalade, ni d'effraction, ni d'aucun instrument dangereux & propre à la violence ; ou qui sans effraction voleroient des effets profanes que l'on auroit déposé dans une Eglise, ils doivent être punis suivant les circonstances & la qualité du fait ; mais plus sévèrement néanmoins que pour un vol simple. (*Ibid.* chap. 174.)

10. 3°. En France, la peine du sacrilege est arbitraire, & dépend de la qualité & des circonstances du crime, du lieu, du temps, & de la qualité de l'accusé. (*Ita* Papon, *liv.* 24, *tit.* 10, *n.* 3, suivant la Loi *sacrilegii pœnam*, D. *ad legem Jul.* penult. Voyez aussi Julius-Clarus, §. *sacrilegium*, n. 3 ; & Farinacius, *qu.* 172, *n.* 14 & 15.)

Lorsque le sacrilege est joint à la superstition & à l'impiété, il est toujours puni de mort. (Edit du mois de Juillet 1682, *art.* 3.)

4°. Dans le sacrilege au premier chef, qui attaque la Divinité, la Sainte Vierge, & les Saints ; *v. g.* à l'égard de ceux qui foulent aux pieds les saintes Hosties, ou qui les jettent à terre, ou en abusent, & qui les emploient à des usages vils & profanes, la peine est le feu, l'amende-honorable, & le poing coupé.

11. Il en est de même de ceux qui profanent les Fonts-Baptismaux ; ceux qui en dérision de nos Mysteres, s'en moquent & les contrefont dans leurs débauches, ils doivent être punis de peine capitale ; parce que ces crimes attaquent immédiatement la Divinité.

En l'année 1290, un Juif sacrilege de la rue des Billettes, fut condamné à être brûlé vif, pour avoir profané indignement la sainte Hostie, qui lui avoit été remise par une femme.

De même un jeune homme de Picardie, ayant dans l'Eglise de la Sainte-Chapelle de Paris, arraché l'Hostie qu'un Prêtre qui célébroit la Messe, avoit consacrée, fut pris, & condamné à avoir

N ij

le poing coupé, & à être brûlé vif. Cet Arrêt, qui est du mois d'Août 1503, est rapporté par Automne, en sa Conférence du Droit François avec le Droit Romain, sur la Loi *sacrilegi*, D. *ad L. Juliam peculatus*, pag. 471.

12. Par un autre Arrêt du Parlement de Bordeaux du 17 Mars 1527, rapporté par Papon, en ses Arrêts, *liv.* 24, *tit.* 10, *n.* 3, un accusé convaincu d'avoir dérobé la custode où étoit la sainte Hostie, & d'avoir mis la coupe sous ces pieds pour la rompre, fut condamné au dernier supplice.

Autre Arrêt du 10 Décembre 1586, rapporté par Imbert, en ses Institutions Forenses, *liv.* 3, *chap.* 22, aux notes, *n.* 5, par lequel un nommé Dufour, ayant la veille de saint Nicolas, arraché des mains d'un Cordelier, disant la Messe, l'Hostie qu'il tenoit, & l'avoir brisée, fut condamné à avoir le poing coupé, & ensuite à être pendu & brûlé vif.

En 1648, le nommé Jean Lecomte, Protestant, qui étoit Cocher chez Madame la Duchesse de Guise, fut condamné au dernier supplice, pour avoir volé la nuit du 12 au 13 Août le saint Ciboire, avec les Hosties consacrées, qu'il convint avoir mangées.

13. Quelques années après, plusieurs habitants de la ville d'Aymet, de la Religion Prétendue-Réformée, ont été condamnés à mort, pour avoir commis plusieurs impiétés & profanations en dérision de la sainte Messe, & des cérémonies de l'Eglise, par Arrêt du Parlement de Bordeaux du 7 Septembre 1660, rapporté en la Bibliotheque Canonique, *tom.* 1, *pag.* 1666, *col.* 2.

Un autre particulier, pour crime de sacrilege & impiété, fut brûlé en Place de Grève le premier Septembre de l'année 1662. Cette affaire fit grand bruit à Paris, à cause des circonstances.

En 1670, un autre particulier, pour avoir dans l'Eglise de Notre-Dame de Paris, tiré l'épée contre la sainte Hostie, & blessé le Prêtre à l'Autel, fut condamné par Arrêt du 5 Août, à faire amende-honorable, à avoir le poing coupé, & à être brûlé vif; il alla au supplice sans en être étonné. Il se disoit de la religion des Israélites.

14. A l'égard de ceux qui brisent, ou abattent les images de Dieu, de la sainte Vierge, & des Saints, en quelque lieu qu'elles soient posées, ils sont ordinairement punis de mort, s'il n'y a quelque circonstance qui les excuse, comme d'être pris de vin ; auquel cas ils sont toujours punis de peine capitale, excepté celle de mort. (Voyez Farinacius, *qu.* 20, *n.* 71.)

Mais fi un Hérétique, Religionnaire, ou autre, commettoit un pareil crime, ou qu'il foulât aux pieds quelque image, il feroit puni de mort. (Edit de pacification du mois de Janvier 1561, *art.* 1 ; Farinacius, *qu.* 20, *n.* 68 ; Déclaration du 27 Juillet 1557, *art.* 4.)

Les joueurs, qui dans la fureur d'avoir perdu leur argent, frappent, ou brifent les faintes images, doivent auffi, fuivant quelques Jurifconfultes, être punis de la même peine de mort ; mais d'autres prétendent que la peine en ce cas eft arbitraire, ainfi qu'à l'égard de ceux qui fouillent ces mêmes images. (Voyez Menochius, *de arbitrar. judic. caufis, cafu* 376.)

15. Par Arrêt du Parlement de Bordeaux, rapporté par Papon, en fes Arrêts, *liv.* 1, *tit.* 2, *n.* 2, le nommé François Defus, convaincu d'avoir donné deux ou trois coups de dague contre un Crucifix en papier, pour infulter Dieu, fut condamné à avoir le poing coupé, & à avoir la tête tranchée.

Par un autre Arrêt du 21 Janvier 1534, auffi du Parlement de Bordeaux, rapporté par Papon, *ibid.* n. 3, un ivrogne ayant donné un coup d'épée fur une image de Jefus-Chrift, & lui ayant emporté la moitié de la tête, fut condamné au fouet. Il fut excufé de la peine de mort, à caufe de fon ivreffe.

Par un autre Arrêt du Parlement de Paris du 22 Décembre 1548, un nommé Rochette convaincu d'avoir mis en pieces un Crucifix, & rompu les bras à deux ou trois images des Saints, en l'Eglife de faint Jullian-de-Pommiers-en-Forêt, fut condamné à être pendu & étranglé, & fon corps brûlé devant ladite Eglife. (Voyez Papon, *ibid.* n. 4.)

16. En l'année 1627, (le 23 Juillet,) un Allemand nommé Thomas Aldenfort, ayant rompu & caffé le crucifix de la croix qui eft fur le pont de la Saone, à Lyon, fut déclaré criminel de Leze-Majefté Divine, & condamné à être pendu & étranglé fur le pont de la Saone ; fon corps mort, brûlé & réduit en cendres ; ce qui fut exécuté le lendemain 24 Juillet de la même année. (Mercure François, *tom.* 13, *pag.* 796.)

5°. Ceux qui difent la Meffe fans être Prêtres, font punis de la peine du feu, ou de la mort, & quelquefois d'une fimple peine capitale, fuivant les circonftances.

6. Les Prêtres qui abufent de leurs fonctions pour féduire & abufer de leurs pénitentes, font auffi punis de mort, ou de peine ca-

pitale, fuivant les circonftances du crime, & la qualité des perfonnes. (Voyez ci-deffus au titre *De l'Incefte*, part. 4, tit. 23, n. 25.)

17. 7°. Les vols qui fe font dans les Eglifes, de chofes facrées, doivent auffi être punis de mort ; fur-tout s'il y a effraction. (L. *facrilegi capite*, D. *ad L. Jul. pecul.* L. *fi quis in hoc genus*, Cod. *de
Épifcopis & Clericis* ; Farinacius, *qu.* 172, *n.* 24 & 25.) Quelquefois cependant ils ne font punis que des galeres, ou du banniffement à perpétuité, fuivant les circonftances prifes ou de
l'âge, ou de la qualité de l'accufé, ou du peu de valeur de la chofe
dérobée : & ce qui fait que les Juges ne prononçent point la peine
du feu dans cette efpece de facrilege, c'eft que ceux qui font ces
fortes de vols, ne les font point dans le deffein d'infulter à Dieu,
mais feulement de dérober.

En général, tout vol fait dans une Eglife avec effraction, eft
puni de mort ; comme auffi tous les autres vols d'Eglife, s'ils font
confidérables ; & fi ce font des calices, patenes, foleils, ciboires,
il y a la peine du feu ; mais elle n'eft ufitée que quand il y a profanation des faintes Hofties.

Arrêt du 14 Août 1319, par lequel une femme fut condamnée
à être penduc, pour avoir volé un faint ciboire dans l'Eglife de
Saint-Benoît. (Imbert, *liv.* 3, *chap.* 22, *n.* 5.)

Autre Arrêt du 18 Octobre 1533, rapporté par Imbert, *ibid.
liv.* 3, *chap.* 22, *n.* 5, par lequel le nommé Charles de Saint-
Vincent, fut pendu & étranglé, pour avoir volé un ciboire dans
l'Eglife de Saint-Etienne d'Auxerre.

18. Par un autre Arrêt du 4 Mai 1714, rapporté par Bruneau, en
fon Traité des Matieres Criminelles, *liv.* 2, *tit* 30, un Prêtre,
pour vol de calices & ciboires, fut condamné à faire amende-
honorable, & enfuite à être brûlé ; ce qui fut exécuté le lendemain en la place de Grève.

Par un autre Arrêt du 8 Mai de la même année, rapporté auffi
par Bruneau, au même endroit, un Frere Religieux fut condamné
à faire amende-honorable, & à être brûlé, pour plufieurs vols
par lui faits de calices, ciboires, patenes, pavillons, cuilleres,
fourchettes & linges. Il avoit rompu les Tabernacles à Némours,
à Chelles, à Gien, Ouffou-fur-Loire, Bonni, *&c.*

19. Autre Arrêt du 12 Juin 1741, par lequel le nommé Bou-
vart, Prêtre du Diocèfe du Mans, convaincu du vol d'un
calice & d'une patene d'argent, après avoir célébré la Meffe en

l'Eglise du Saint-Esprit ; & d'avoir exposé en vente ledit calice
& ladite patene à des Juifs, a été condamné à faire amende-
honorable devant la principale porte de l'Eglise de Notre-Dame,
& audit lieu étant nue tête, en chemise, & à genoux, ayant la
corde au col, & tenant entre ses mains une torche ardente de
cire jaune du poids de deux livres, dire & déclarer à haute & intelligible voix, que méchamment, & comme mal-avisé, il a commis ledit vol du calice & de la patene mentionnés au procès,
dont il se repent, *&c.* ce fait pendu & étranglé, ensuite brûlé, &
les cendres jettées au vent. On observa qu'il ne fut pas condamné
à avoir la main droite coupée ; parce qu'étant Prêtre, le sacrilege ne consistoit pas à avoir touché les vases sacrés.

Une Sentence Prévôtale, rendue en la Maréchaussée de Melun, a condamné Marie Berthon en l'amende-honorable, & à être
pendue, & son corps jetté au feu, pour avoir recélé & acheté
sciemment des vases sacrés volés dans les Eglises.

20. Autre Sentence Prévôtale, rendue en la Maréchaussée de Melun, qui prononce la même peine contre Noël Bazin, pour avoir
recélé & acheté sciemment des vases sacrés volés dans les Eglises.

L'enfance n'excuse pas dans ce crime, suivant Boyer, en ses
décisions, *décis.* 254, *n.* 16, où il rapporte que deux enfants
ayant volé le Jeudi-Saint un calice avec sa patene, dans lequel
étoit la sainte Hostie, sur un Autel paré, dans le reposoir dressé
pour représenter Notre-Seigneur au tombeau, & fait ce vol en
allant à l'adoration ; on leur fit leur procès, & à cause de leur
jeune âge, ils furent seulement condamnés à être fouettés par deux
matinées de Samedi dans les carrefours de la Paroisse ; & les
Dimanches suivants, à assister nuds en chemise à une Messe haute
la corde au col, & demander à haute voix pardon à Dieu, lors de
l'élévation de la sainte Hostie, & à être bannis à perpétuité hors
le ressort de la Sénéchaussée de Bazas ; ce qui fut jugé par Arrêt
du 12 Mai 1528.

21. 8°. Les vols simples faits de jour dans les Eglises, de choses non
sacrées, & de peu de valeur, se punissent ordinairement de la
peine des galeres. (Voyez *omninò* ce qui est dit touchant les
vols d'Eglise, au titre *Du vol*, ci-après, *part.* 4, *tit.* 57, n. 88.)

9°. Lorsque le vol est fait d'une chose sacrée dans un lieu profane, (& ce cas arrive rarement,) la peine doit être aussi des ga-

leres , & du banniſſement à perpétuité , ſuivant les circonſtances & la qualité des perſonnes.

L'article premier de la Déclaration du 4 Mai 1724 , porte, » que ceux & celles qui ſe trouveront convaincus de vols & de » larcins faits dans les Egliſes, enſemble leurs complices & ſup- » pôts , ne pourront être punis de moindre peine que , ſçavoir, » les hommes, des galeres à temps , ou à perpétuité ; & les fem- » mes , d'être flétries d'une marque en forme de lettre V, & ren- » fermées à temps , ou pour leur vie dans une maiſon de force ; » le tout ſans préjudice de la mort, s'il y échet , ſuivant l'exigence » des cas. »

22. 10°. Les vols d'Egliſes, quoique ſimples, faits par des ſoldats , & autres gens de guerre, ſont punis de mort , ſuivant la Décla- ration du Roi du 27 Janvier 1651 , rapportée dans les Mémoires du Clergé , de l'édition de 1675, *tom.* 3, *part.* 4, *chap.* 7, *pag.* 131. (*Idem* par l'article 26 de l'Ordonnance du premier Juillet 1727, concernant les délits militaires. Voyez des exemples de punition de ce crime , au titre *Du vol*, ci-après, *part.* 4, *tit.* 17, n. 89.)

11°. A l'égard des homicides faits dans les Egliſes , ils ſont toujours punis de mort ; mais s'il n'y a que des bleſſures , la peine en eſt arbitraire , & dépend des circonſtances.

12°. Les attentats & inſultes commis contre les Prêtres, & au- tres perſonnes ſacrées, ſont punis de peine arbitraire, ſi la mort ne s'eſt point enſuivie ; & cette peine eſt plus ou moins grande, ſuivant les circonſtances de l'injure, & la qualité de la perſonne ; comme ſi on avoit battu, ou maltraité un Evêque. (Voyez Le- veſt, *arrêt* 201.) En général la peine doit être plus conſidérable pour les inſultes faites aux perſonnes conſacrées à Dieu, que ſi elles étoient faites à de ſimples particuliers.

13°. A l'égard de la peine de ceux qui corrompent, ou abu- ſent des Religieuſes , ou autres perſonnes conſacrées à Dieu , (Voyez ce qui a été dit au titre *Du crime de luxure*, ci-deſſus, *part.* 4, *tit.* 29, n. 23.)

§. III.

Obſervations ſur le Sacrilege.

23. 1°. Les peines légales établies contre le ſacrilege, doivent s'entendre, non du ſacrilege défini par le Droit Canon, mais du ſacrilege

facrilege tel qu'il eft défini par le Droit Civil. (*Ita* Julius-Clarus, §. *facrilegium*, n. 4; & Farinacius, *qu.* 172, *n.* 9.)

2°. La foibleffe de l'âge peut excufer ce crime, & faire diminuer la peine. (Farinacius, *qu.* 172, *n.* 47; Papon, *liv.* 24, *tit.* 10, *n.* 4, aux notes. Voyez auffi au titre *Du vol*, ci-après, *part.* 4, *tit.* 57, *n.* 209.)

3°. Les complices, participes, & adhérants font punis comme les principaux auteurs du crime dans le crime de facrilege. (Farinacius, *qu.* 172, *n.* 27.)

4°. Le facrilege avec effraction, eft un cas royal. (Ordonnance de 1667, *tit.* 1, *art.* 11;) & lorfque l'effraction eft extérieure, il eft cas prévôtal. (Déclaration du 5 Février 1731, *art.* 5.)

L'ufage même du Parlement, eft que le facrilege, du moins au premier chef, fe juge en la Grand'Chambre. Il y en a plufieurs exemples, & entr'autres un du premier au 4 Juin 1710, pour un vol de faint Ciboire ; & un autre du 14 Février 1701, rapporté par Bruneau en fon Traité des Matieres Criminelles, *part.* 2, *tit.* 30, *n.* 3.

5°. Une Déclaration du Roi du 2 Janvier 1685, rendue en exécution d'une autre du 21 Mars 1671, défend aux Juges de prononcer des condamnations d'aumônes pour employer en œuvres pies ; fi ce n'eft pour facrileges, & autres cas efquels il n'échet pas d'amende.

§. I V.

Des fimples irrévérences commifes dans les Eglifes.

24. Les fimples irrévérences commifes dans les Eglifes ; comme injures verbales ; fcandale en parlant ou caufant, poftures indécentes, *&c.*, font punies de peine arbitraire, fuivant les circonftances & la qualité des perfonnes ; quelquefois par une fimple amende, & d'autres fois par une réparation, ou même par peine afflictive.

L'article 39 de l'Ordonnance de Blois, défend à quelques perfonnes que ce foit, de fe promener dans les Eglifes durant la célébration du fervice divin ; & enjoint aux Huiffiers & Sergents de conftituer prifonniers ceux qui contreviendront à cette défenfe.

Une autre Ordonnance du mois de Février 1726, ordonne l'exécution des Ordonnances, Edits & Déclarations, rendues touchant les indécences qui se commettent dans les Eglises ; à peine de désobéissance, & sous les autres peines y contenues ; & enjoint à toutes personnes de se comporter avec décence & vénération ; & ordonne aux Lieutenants de Police d'y tenir la main.

A l'égard de la peine établie contre ceux qui troublent le Service divin, Voyez ce qui est dit au titre *Du trouble public au Service divin*, ci-après, *part.* 4, *tit.* 55.

Les Arrêts & Réglements défendent de tenir des foires ou marchés dans les cimetieres. Le motif de ces défenses est, afin que ces endroits qui sont consacrés, ou bénis, ne soient point profanés.

TITRE XLVII.

Séditions & Emotions populaires.

1. ON entend par *sédition*, toute révolte du peuple d'une Ville, Communauté, ou autre Corps, comme une armée, un régiment, *&c.*, contre les Magistrats, ou Commandants ; ou contre la personne même du Souverain ; ou contre l'Etat.

Toute conspiration, ou conjuration est une espece de sédition.

On appelle *émotion populaire*, toute rumeur du peuple qui tend à troubler le repos public & le bon ordre. L'émotion populaire qui se fait de propos délibéré pour exciter une sédition de la part de la populace, afin de causer du désordre dans une ville, bourg, ou village entre les habitants, est un crime capital.

Pour former une émotion populaire, quelques Auteurs prétendent qu'il faut au moins dix personnes.

Au reste, pour contribuer à former ces émotions, les armes ne sont pas nécessaires.

2. Le crime de sédition est un crime de Leze-Majesté, suivant la Loi 1, §. 1, D. *ad L. Jul. maj.* ; & c'est un cas royal, & même prévôtal, dont la connoissance appartient aux Baillis & Sénéchaux, à l'exclusion de tous autres Juges, suivant l'article 11 du titre premier de l'Ordonnance de 1670 ; mais dont les Présidiaux peuvent aussi connoître en dernier ressort, ainsi que les Prévôts

des Maréchaux, suivant l'article 12 du même titre premier de l'Ordonnance de 1670.

La peine du crime de sédition, est la mort. (Edit de Juillet 1561, *art.* 1.) Farinacius, *qu.* 113, *n.* 197, 199, 201 *& 202*, prétend cependant qu'on ne doit infliger cette peine, que quand la sédition se fait contre le Prince, ou contre l'Etat ; mais que quand la sédition ne cause aucun danger, ni dommage à la République, on ne doit condamner les séditieux qu'en la peine du fouet. Julius-Clarus, *qu.* 68, *n.* 36, prétend aussi que le crime de sédition doit être puni de mort ; mais seulement lorsque la sédition a été précédée de complot, & non lorsqu'elle a été occasionnée par un accident imprévu ; auquel cas il doit être puni d'une peine moindre.

3.   A l'égard des chefs de la sédition, & de ceux qui l'excitent par leurs discours, ou actions, ils doivent toujours être punis de mort, comme coupables de crime de Leze-Majesté. (L. 3, §. *qui seditionem*, D. *de re militari* ; L. *qui cœtu*, D. *ad L. Jul. de vi publicâ* ; Farinacius, *qu.* 113, *n.* 185 *& seqq.*)

Mais les autres séditieux doivent être punis d'une peine moindre. (Farinacius, *qu.* 113, *n.* 200 *& 203.*)

Les Prédicateurs séditieux, & dont les discours tendent à exciter les peuples à la sédition, doivent aussi être punis de mort. (Edit du mois de Juillet 1561, *art.* 2.) Mais les Lettres-patentes du 22 Septembre 1595, portent seulement qu'ils auront la langue percée, & seront bannis à perpétuité du Royaume.

Parmi les exemples de séditions punies, en voici quelques-uns des principaux.

4.   En l'année 1382, il y eut une sédition dans Paris, à cause des Aides qu'on vouloit remettre, laquelle fut commencée par un homme qui vendoit du cresson aux Halles. Les séditieux prirent dans l'Hôtel-de-Ville une grande quantité de maillets de plomb, &c. On arrêta plusieurs des coupables ; mais le peuple s'émut derechef, quand il sçut qu'on vouloit en faire punition ; & cependant on en prenoit souvent, & on les jettoit à la riviere, *&c.* (Voyez Juvenal des Ursins en l'Histoire de Charles VI, *pag.* 22.) Quelques mois après, le Roi étant à Paris, il y eut bien trois cents habitants pris ; & les principaux auteurs de la sédition eurent la tête tranchée aux Halles ; les chaînes furent ôtées & emportées hors la ville au bois de Vincennes, & les harnois pris ès

O ij

maiſons de ceux de Paris, & portés une partie au Louvre, & l'autre partie au Palais. (*Idem ibid.* pag. 42.) Mc Jean Deſmarets, Avocat du Roi au Parlement, eut la tête tranchée aux Halles. (*Ibid.* pag. 42.)

5. Touchant la ſédition arrivée à Bordeaux en 1548, & du châtiment qui en fut fait par le Connétable de Montmorenci, Voyez l'Hiſtoire des Cinq Rois en 1548, *pag.* 4. François Lavergne fut tiré à quatre chevaux ; (Hiſtoire de Thou, *lib.* 1, *pag.* 157.) Guillotin, l'un des chefs de la ſédition, fut brûlé vif, (*ibid. ibid.*) Galafre & Talemagne furent roués. (*Ibid.*)

Dans une émotion populaire qui ſe fit à Paris pendant le ſiege de la ville en 1590, le Chevalier d'Aumale y accourut, & en fit empriſonner quelques-uns, & pendre deux. (Hiſtoire des Cinq Rois, *pag.* 527.)

Il y eut une grande ſédition à Tours au mois d'Avril 1621. (Mercure François, *tom.* 7, *pag.* 291.) Voyez quel en fut le châtiment ; trois furent pendus & brûlés, (*pag.* 303.)

6. Sur l'avis de la mort du Duc de Mayenne, tué au ſiege de Montauban en l'année 1621, il y eut une grande émotion à Paris contre ceux de la Religion Prétendue-Réformée le Dimanche 26 Septembre de la même année ; ce qui occaſionna une batterie conſidérable, au retour de Charenton, ſur les trois ou quatre heures du ſoir, à la porte Saint-Antoine, entre le petit peuple de Paris, & ceux de la Religion Prétendue-Réformée : il y en eut pluſieurs de tués, ou de bleſſés à mort. La populace alla juſqu'à Charenton, où elle mit le feu au Temple. L'émotion ſe répandit le 27 du mois juſques dans le fauxbourg Saint-Marceau, où la populace commença à piller deux maiſons. Le Prévôt de l'Iſle y fut envoyé avec ſes Archers ; ils y prirent quatre hommes chargés de hardes qu'ils vouloient emporter : ils furent mis priſonniers ; & dès le lendemain par Arrêt de la Cour, furent punis ; ſçavoir, deux pendus, avec des écriteaux portant ces mots, *Séditieux* ; & les deux autres fouettés la corde au col, & bannis pour neuf ans. (Mercure François, *tom.* 7, *pag.* 851.)

7. Le ſamedi 7 Janvier 1640, le nommé Goſſé fut condamné à être roué vif à Rouen en la place du Grand-Marché ; & quatre autres furent condamnés à être pendus, pour ſédition, après avoir eu la queſtion ordinaire & extraordinaire.

Ces exemples de punition, dans le cas d'une ſédition, ſont

très néceſſaires ; car on a ſouvent obſervé que le châtiment d'un ſéditieux arrête le cours d'une ſédition. (Voyez *Mercure François,* *tom.* 7 , *pag.* 857.)

Ceux qui reçoivent, ou retirent en leurs maiſons les accuſés pourſuivis, ou condamnés pour ſédition, doivent être condamnés en une amende de mille écus ; & en cas d'inſolvabilité, au fouet, & au banniſſement. (Déclaration du 17 Janvier 1561 , *art.* 12.)

8. A l'égard des émotions populaires, quand elles ne ſe font point contre la perſonne du Souverain , ni contre ceux auxquels il a confié ſon autorité, mais ſimplement contre quelques particuliers ; comme dans le cas de bleds que la populace veut empêcher d'enlever , elles ne tombent point dans le cas de ſédition , & par conſéquent elles ne doivent point être punies de même ; mais la peine en eſt arbitraire , & dépend des circonſtances. Lorſqu'il y a vol & port d'armes, elles méritent une peine capitale, qui peut même quelquefois être la mort , ſuivant la nature du vol & de la violence ; & à plus forte raiſon, ſi cette violence eſt ſuivie de meurtre. S'il n'y a que port d'armes ſans vol , ou vol ſans port d'armes , la peine doit être moindre ; quelquefois des galeres , & d'autres fois du banniſſement, ou du carcan.

9. La connoiſſance des ſéditions & des émotions populaires, eſt miſe au nombre des cas royaux par l'article 11 du titre premier de l'Ordonnance de 1670, ainſi qu'on l'a obſervé ; & appartient conſéquemment aux Baillis & Sénéchaux Royaux , à l'excluſion de tous autres Juges.

Les Préſidiaux & Prévôts des Maréchaux connoiſſent auſſi de ce crime , ſuivant l'article 11 du même titre premier de l'Ordonnance de 1670 , & l'article 5 de la Déclaration du 5 Février 1731.

TITRE XLVIII.

De la Simonie & Confidence.

§. I.

1. LA *Simonie* confidérée comme un crime fujet aux peines temporelles, eft une convention illicite par laquelle on vend,
ou l'on achete quelque chofe de fpirituel, ou d'annexé au fpirituel.

Par le mot de vente*, ou achat, on entend non-feulement les
conventions à prix d'argent, mais encore toute acquifition non-
gratuite.

Les chofes fpirituelles font les Sacrements, les graces des ver-
tus, les dons de Dieu, les fonctions eccléfiaftiques, &c.

On entend par chofes annexées au fpirituel, celles qui n'étant
pas en elles-mêmes fpirituelles, ont néanmoins un rapport, ou
une liaifon avec les chofes fpirituelles, ou qui en font une fuite;
comme font les revenus eccléfiaftiques, les droits de patrona-
ge, &c.

2. Ainfi, la fimonie fe commet par ceux qui exigent, ou reçoivent de l'argent, ou autre récompenfe, non-feulement *pour la
collation des Ordres facrés, ou pour l'adminiftration des Sacrements, & autres graces fpirituelles;* mais encore *pour les nomi-
nations, préfentations, ou réfignations des bénéfices.*

En général, on eft fimoniaque, toutes les fois que pour une chofe
fpirituelle, on donne, ou reçoit de l'argent, ou quelque chofe
qui eft eftimable à prix d'argent; comme font les fervices, les follicitations, les prieres, le crédit, & tout ce qui peut fe vendre,
ou acheter, ou être apprécié; pourvu néanmoins que les prieres
& les follicitations foient employées dans la vue de procurer un
avantage temporel à celui à qui on veut procurer une chofe fpirituelle, ou un bénéfice; car fi ces prieres & follicitations ne
font employées qu'eu égard au mérite du fujet, & dans la vue
de procurer un bien à l'Eglife, il n'y a plus de fimonie.

3. C'eft pourquoi, comme il eft difficile de juger de l'intention

de ceux qui emploient les prieres & les follicitations pour procurer un bénéfice, ou quelque chofe de fpirituel, il eft très rare que l'on puniffe par des peines temporelles cette efpece de fimonie, lorfqu'elle n'eft pas conftatée d'ailleurs par d'autres voies; comme par de l'argent donné, ou convention équivalente.

Ceux qui demandent des bénéfices vacants, pour en tirer des récompenfes en penfions, & argent de ceux pour qui ils le demandent, font auffi coupables du crime de fimonie; ainfi que les patrons qui les accordent dans les mêmes vues.

4. La *confidence*, en matiere de bénéfice, a lieu quand on procure un bénéfice à quelqu'un, à condition qu'il le donnera à un parent, ou à un ami après un certain temps; ou lorfqu'on procure un bénéfice à un Eccléfiaftique, ou autre, à condition qu'il en gardera le titre, mais qu'il en donnera les fruits en tout, ou en partie, à une autre perfonne.

Perfonne n'eft exempt du crime de fimonie, lorfqu'on la met en ufage; & le Pape lui-même peut tomber dans ce vice, fuivant la doctrine de S. Thomas, *Seconde Seconde*, *Queftion* 100, art. 1.

Le crime de fimonie eft très grave, & quelques-uns le comparent au crime d'héréfie, fuivant le C. *quotiens Extrà de Simon.* C'eft pourquoi les Canons apoftoliques ont non-feulement dégradé les Prêtres, ou Diacres coupables de fimonie, mais ils les ont encore excommuniés & dénoncés comme hérétiques. (Voyez *Concil. Turon.* 2, art. *ult.*; *Calced.* art. 2, *Concil. Toled.* 6, art. 6.)

5. C'eft dans ce même efprit de haine contre les fimoniaques, que le Clergé, dans les Affemblées de 1579, 1586, 1680, & 19 Juin 1686, a ordonné que ceux qui feront pourvus de dignités & bénéfices, à la nomination du Roi, ou autre Patron laïque, & autres perfonnes, qui de droit font aftreints au ferment & profeffion de foi, feront tenus de faire ferment, avant leur réception, ès mains de ceux qui reçoivent cette profeffion, qu'ils n'en ont point été pourvus par fimonie, ni confidence, promeffes, conftitutions, penfions, ou partie de fruits; fi ce n'eft celle approuvée par le Pape; & qu'où la fimonie & la confidence feroient découvertes, il en fera informé à la requête des Promoteurs, & que les coupables feront dénoncés aux prochaines Affemblées, pour y être châtiés.

§. II.

Peines de la Simonie.

6.   1°. La peine de la fimonie portée par les faints Canons, eft l'excommunication, (fuivant les Conciles de Tours, *art.* 2, Canon *ult.*; de Tolede 6, *art.* 6, &c.) Le Clergé affemblé en 1579, 1680, & 15 Juin 1686, a regardé les fimoniaques comme excommuniés, & les a reconnus pour tels: & dans l'Affemblée de 1595, les Archevêques, Evêques, & autres Supérieurs eccléfiaftiques ont été exhortés de ne pas reconnoitre, & de ne point recevoir dans les Eglifes & Communautés, les perfonnes convaincues de ce crime; de faire procéder contre les coupables, & de les juger fuivant la rigueur des faints Canons; comme auffi de les faire dénoncer pour excommuniés aux Prônes des Eglifes, & d'en mettre, à cet effet, un article exprès dans le manuel des Curés.

7.   2°. Nos Ordonnances veulent auffi qu'il foit procédé exactement contre les fimoniaques. Saint Louis dans la Pragmatique de l'année 1368, *art.* 3, veut que le crime de fimonie foit banni de fon Royaume.

Suivant les Capitulaires de Charlemagne, *chap.* 19 *& chap.* 97, il eft défendu aux Evêques de faire aucunes Ordinations pour de l'argent; à peine contre l'Ordonnant & l'Ordonné d'être dépofés & excommuniés.

C'eft dans le même efprit que l'Ordonnance d'Orléans, *art.* 17, défend aux Prélats de donner à ferme le fpirituel de leurs bénéfices; & aux Juges Royaux d'y avoir aucun égard.

3°. Les Eccléfiaftiques qui font convaincus du crime de fimonie, ou de confidence, font punis non-feulement par la vacance du bénéfice obtenu par fimonie, ou tenu en confidence; mais encore des autres bénéfices dont l'Eccléfiaftique, ou Confidentiaire étoit pourvu. (Edit du mois de Septembre 1610, *art.* 1, avec l'enregiftrement de cet Edit. Voyez Héricourt, Loix eccléfiaftiques, *part.* 2, *chap.* 20, *n.* 26 *& 28*; Papon, *liv.* 2, *tit.* 8, *n.* 10; Carondas, Rep. *liv.* 7, *chap.* 190. Ainfi jugé par Arrêt du mois d'Août 1656, rapporté par Defmaifons, *lettre* D, *n.* 5; & par un autre du 30 Mai 1653, rapporté au Journal des Audiences. Voyez auffi Julius-Clarus, *qu.* 73, *n.* 6.)

La

8. . La fimonie, même commife par un tiers, pour procurer un bé-néfice à quelqu'un , fans que celui-ci y ait aucune part ; *v. g.* lorfque le pere du bénéficier a donné de l'argent au collateur, fans la participation de fon fils, fait vaquer de plein-droit le bénéfice obtenu par cette voie. (Ordonnance du mois de Janvier 1629 , *art.* 18. Et il a été ainfi jugé par Arrêt du Parlement de Grenoble du 10 Juillet 1623 ; & par un autre du Parlement de Paris du 19 Août 1678, rapportés l'un & l'autre par Louet, *lettre* B , *fomm.* 9, *n.* 15 & 17. Autre Arrêt du Parlement de Provence du 23 Mars 1629, rapporté par Louet , *ibid.* n. 18.) Mais elle ne prive point ce bénéficier des autres bénéfices dont il avoit auparavant été pourvu canoniquement , ni de ceux qu'il a pu obtenir depuis par des voies légitimes ; & même il ne feroit pas privé du bénéfice qu'on lui a procuré par fimonie, s'il prouvoit que c'eft quelqu'un de fes ennemis qui a donné de l'argent pour le faire priver de ce bénéfice. (Héricourt, Loix eccléfiaftiques , *part.* 2, *chap.* 20, *n.* 27.)

9. Il faut encore obferver que celui qui a obtenu un bénéfice par fimonie , provenant de fon fait, ou étant à fa connoiffance , ne peut s'aider de la poffeffion triennale, portée en la regle *de paci-ficis.* (Dumoulin fur la regle *de publicandis* , n. 30 ; Mainard , *liv.* 1 , *chap.* 58; Carondas, *liv.* 1 , *rep. chap.* 46; Imbert, *liv.* 3 , *chap.* 22, *n.* 1 ; Papon , *liv.* 8 , *tit.* 9 , *n.* 8.)

Outre la peine de la privation des bénéfices, les fimoniaques font encore condamnés en une aumône, ou amende, ou autre peine femblable , fuivant les cas.

A l'égard des Laïques qui font coupables, ou complices de ce crime, on les condamne en une amende arbitraire, ou autre peine, fuivant les circonftances ; l'Ordonnance de Blois, *art.* 21 n'éta-bliffant aucune peine déterminée à cet égard.

10. Un Arrêt du Parlement de Touloufe du 7 Janvier 1605, rap-porté par Laroche-Flavin en fes Arréts, *liv.* 6 , *tit.* 32, *n.* 1 , caffe, comme fimoniaque, un contrat paffé entre l'Evêque de Comin-ges & le fieur de Lanfac, auquel ledit fieur Evêque s'étoit obligé par ce contrat de payer dix mille livres de penfion, pour raifon de cet Evêché ; & condamne ledit Evêque à payer les arrérages de deux ans dus audit fieur de Lanfac, aux réparations de l'Eglife, & aux pauvres.

Autre Arrêt du Parlement de Paris du 15 Mai 1625 , rapporté

aux Mémoires du Clergé, de l'édition de 1675, *tom.* 2, *part.* 2, *tit.* 16, *art.* 14, *pag.* 447, portant entr'autres chofes, décret de prife-de-corps contre plufieurs particuliers, pour raifon de fimonie.

§. III.

Des Juges de la Simonie.

11. Suivant l'article 21 de l'Ordonnance de Blois, il eft enjoint aux Archevêques & Evêques de procéder févérement contre les Eccléfiaftiques qui feront coupables du crime de fimonie, fuivant les peines portées par les faints Canons ; & par le même article, il eft pareillement enjoint aux Baillis & Sénéchaux, de procéder contre les perfonnes laïques, coupables & participantes du même crime.

De cette difpofition, il femble réfulter que les Juges Royaux ne peuvent connoître du crime de fimonie, qu'entre perfonnes laïques : néanmoins ils en peuvent connoître entre perfonnes eccléfiaftiques, lorfque ce crime eft objecté pour défenfes, & que l'accufation en eft intentée incidemment dans une complainte en matiere bénéficiale. Ainfi jugé par Arrêt de la Tournelle du 14 Mars 1731, rendu entre M. le Cardinal de Gefvres, l'Abbé d'Aurillac, & l'Evêque de Saint-Flour, par lequel la Cour a confirmé une procédure extraordinaire faite par le Juge d'Aurillac, fur une fimonie commife entre deux particuliers, dont l'un étoit Prêtre, & les Confuls de la même ville, qui avoient reçu une fomme de huit cents livres pour conférer à ce Prêtre un bénéfice de leur collation, pour raifon de quoi le Juge avoit décrété les Confuls de prife-de-corps, & le Prêtre d'ajournement perfonnel, avant que le Promoteur eût revendiqué la caufe du Prêtre.

12. Les Juges, dans ce cas de fimonie incidente, peuvent punir celui qui en eft trouvé convaincu, par la privation de fon bénéfice, & par une condamnation d'amende, ou d'aumône, ou autre peine équivalente.

Les Juges Royaux peuvent même informer & décréter originairement contre les Eccléfiaftiques trouvés coupables de ce crime ; du moins quand cela eft connexe à une accufation intentée devant eux.

En l'année 1704, le fieur Louvart ayant réfigné fon bénéfice au fieur Lary, prit des Lettres de refcifion contre fon réfignant, qui par des voies illicites lui avoit extorqué fon bénéfice. Le Lieutenant-Criminel du Châtelet de Paris décréta la plainte d'un affigné pour être oui : le fieur Lary interjetta appel de la procédure extraordinaire ; pendant lequel temps le collateur pourvut un tiers du bénéfice : la caufe évoquée au Grand-Confeil, par Arrêt du 9 Septembre 1704, la procédure criminelle fut fuivie.

13. Au furplus, il faut obferver que les Juges laïques, en connoiffant incidemment de la fimonie contre un Eccléfiaftique, ne peuvent déclarer celui qui l'a commife, incapable de pofféder à l'avenir aucun bénéfice, ni déclarer vacants les autres bénéfices dont il a été pourvu canoniquement, autres que ceux pour lefquels la fimonie a été commife, & à l'occafion defquels la complainte a été intentée devant eux. (Ainfi jugé par deux Arrêts du Confeil des 14 Février 1727, & 20 Août 1731, rapportés par Lacombe en fa Jurifprudence canonique, au mot *Simonie, fect. 6, n. 2 & 3.*)

§. IV.

Autres obfervations fur la Simonie.

14. 1°. Suivant l'ancienne Jurifprudence, la preuve par témoins, en matiere de Simonie, étoit regardée comme fuffifante. (*Ita* Dumoulin, fur la regle *de publicandis*, n. 31 ; & Mornac, fur l'Authentique *quod ipro hac caufâ*, Cod. *de Epifcop. & Cleric.*, où il cite un Arrêt du Grand-Confeil du mois d'Août 1664, qui l'a ainfi jugé, fans qu'il y eût aucun commencement de preuve par écrit. Autres Arrêts des 25 Novembre 1625, & 22 Août 1626, rapportés par Louet fur Brodeau, *lettre B, fomm. 9, n. 2 & 3*, qui l'ont auffi jugé, tant pour la fimonie, que pour la confidence. Autre Arrêt du Parlement de Metz du 23 Février 1693, rapporté par Augeard en fes Arrêts, *tom. 2.*) L'Ordonnance de Blois, *art. 21*, permet aux Juges, tant eccléfiaftiques que royaux, de faire publier des Lettre-monitoires pour crime de fimonie.

On trouve néanmoins des Arrêts dans les pays de Droit écrit, qui ont rejetté, dans ce cas, la preuve reftimoniale. (Arrêt du Parlement de Provence du 29 Avril 1641, rapporté par Boniface, *tom. 1, liv. 8, tit. 27, chap. 20*, qui a refufé d'admettre la preuve par témoins , en matiere de confidence. Autre Arrêt du même Parlement du 19 Novembre 1646, rapporté par le même Boniface , *tom.* 1 , *part.* 1 , *liv.* 2 , *tit.* 27 , *chap.* 1 , *n.* 2 , qui a rejetté cette preuve en matiere de simonie.)

15. Suivant la nouvelle Jurisprudence , le Parlement de Paris , ainsi que le Grand-Conseil , n'admet point la preuve par témoins pour crime de simonie ; à moins qu'il n'y ait un commencement de preuves par écrit. (Ainsi jugé par un Arrêt du Parlement de Paris du 18 Mars 1679, rapporté au Journal du Palais. Autres Arrêts du Grand-Conseil des années 1666 & 1673, rapportés *ibidem* , qui ont jugé la même chose. Autre Arrêt du premier Février 1695 , rapporté par Duperrai en son Traité de l'Etat des Ecclésiastiques , *liv.* 1 , *chap.* 3 , sur la fin. Autre Arrêt du Parlement de Paris du 28 Avril 1725 , rendu sur les conclusions de M. d'Aguesseau, Avocat-Général , qui déclare y avoir abus dans la Sentence de l'Official de Lyon qui avoit permis à un particulier d'informer des faits de simonie ; Mais ces faits étoient si graves , que M. l'Avocat-Général fit ajouter dans l'Arrêt ; sauf au Promoteur de rendre plainte , & de faire informer.)

16. Je crois qu'on peut concilier ces deux Jurisprudences, en disant qu'on ne doit point admettre la preuve par témoins en matiere de simonie , sur la poursuite d'un dévolutaire , à moins qu'elle ne soit appuyée d'un commencement de preuves par écrit ; mais qu'elle doit être admise, lorsqu'elle est administrée sur la plainte du promoteur contre un Ecclésiastique , ou contre des Laïques ; & même contre des Ecclésiastiques , lorsque la plainte est rendue contr'eux devant les Juges Royaux, pour raison de simonie , ou de confidence.

2°. La simonie est mise au nombre des crimes graves, pour lesquels on peut obtenir Monitoires. (Ordonnance de Blois , *art.* 21 , ci-dessus cité.)

3°. En matiere de simonie , ou de confidence , les complices font foi les uns contre les autres ; & on y admet même les témoins infames. (Jul. Clarus , *in supplementis* , §. *simonia* , n. 21.)

17. 4°. On admet aussi dans ce crime la preuve fondée sur des présomptions & des conjectures. (Julius-Clarus , §. *simonia* , n. 12.) Ce qui doit néanmoins s'entendre dans le cas où ce crime se poursuit à la requête de la partie publique.

A l'égard des différentes conjectures, ou indices , qui peuvent faire préfumer la fimonie, Voyez Menochius, *de præfumpt.* lib. 5, *præfumpt.* 8 ; & Tiber. Decianus, *in tractatu criminum*, lib. 5, cap. 82. Les plus ordinaires de ces indices font, fi après la réfignation, le réfignant continue de recevoir les fruits du bénéfice ; fi ce réfignant fait tous les frais des provifions, & des autres expéditions de fon réfignataire ; fi celui qui a obtenu le bénéfice par un autre, ou qui s'y eft employé, s'ingere enfuite dans la difpofition des chofes qui concernent ce bénéfice ; & autres cas femblables.

18.　5°. Le réfignant ne peut être interrogé fur le fait de confidence contre fon réfignataire. (Ainfi jugé par Arrêt du 13 Février 1604, rapporté par Filleau, *part.* 4, *qu.* 176.) Ce qui doit s'entendre quand la pourfuite fe fait à la requête du dévolutaire, mais non quand elle fe fait par la partie publique.

6°. Les tranfactions & concordats en matiere bénéficiale, font fufpectes, fuivant Louet & Brodeau, *lettre* C, *fommaire* 40.

7°. Le crime de fimonie fe prefcrit par dix ans, fuivant de Lhommeau, en fes Maximes, *liv.* 3 *des Droits des parties, tit.* 6 ; enforte qu'après ce temps, le fait de fimonie n'eft plus recevable. (Ainfi jugé par Arrêt du 4 Mars 1574, rapporté par Papon, en fes Arrêts, *liv.* 3, *tit.* 12, aux additions, *n.* 1. *Ita etiam* Imbert, en fes Inftitutions Forenfes, *liv.* 3, *chap.* 22, *art.* 1, aux notes, *n.* 2. Autre Arrêt du 17 Juin 1581, rapporté par Tournet, en fes Arrêts, *art.* 39, *lettre* S. Autre Arrêt du Parlement de Grenoble du 13 Mars 1609, rapporté par Baffet, *tom.* 1, *liv.* 6, *tit.* 16, *chap.* 1.)

19.　Néanmoins on trouve un Arrêt du 15 Février 1665, rapporté au Journal des Audiences, qui a jugé que la cofidence & la fimonie font imprefcriptibles par quelque laps de temps que ce foit, & qu'un dévolutaire doit en ce cas être préféré au réfignataire.

8°. Enfin, la confidence en matiere bénéficiale ne peut être couverte par aucun confentement, ni confirmée par l'autorité des chofes jugées. (Voyez Brodeau-fur-Louet, *lettre* B, *fommaire.* 10) *n.* 1.)

Touchant les ufurparteurs de bénéfices, & le recel des cadavres des Bénéficiers, Voyez ce qui eft dit ci-après, au titre *Du vol*, part. 4, *tit.* 57, *n.* 74 ; & touchant le faux au fait des bénéfices, Voyez ce qui a été dit au titre *Du crime de faux*, ci-deffus, part. 4, *tit.* 15, *n.* 98.)

TITRE XLIX.

De la Sodomie, & des autres Crimes contre nature.

1. LE *péché contre nature*, se fait principalement en trois manieres,

1°. Lorsqu'on tombe dans le crime qu'on appelle de *Mollesse*, nom qui lui est donné par l'Apôtre, *Epist.* 1, *ad Corinth. cap.* 6, *n.* 10, & que les Latins appellent *Masturbatio.*

La seconde espece est la *Sodomie* qui se commet, lorsqu'un mâle *exercet venerem cum masculo*, *aut cum muliere, sed non in vase debito ;* ou enfin lorsqu'une femme *nubit cum aliâ fœminâ.*

La troisieme espece est lorsqu'un homme, ou une femme *exercet venerem cum animalibus brutis.*

§. I.

De la Sodomie.

2. La *Sodomie* est de toutes les impudicités la plus abominable, & qui de tout temps a été punie de la peine la plus sévere ; c'est ce crime qui a fait périr par le feu les villes de Sodome & de Gomorrhe. (Genes. *cap.* 19, *n.* 24.)

La peine de ce crime, suivant la Loi divine, au Chapitre 20 du Lévitique, *vers.* 13, étoit la mort contre les deux coupables.

Les Romains avoient pour ce crime une Loi particuliere appellée la Loi Scantinia, dont il est parlé dans Juvenal, *satire* 2, *vers.* 44. Voyez aussi Ciceron, *liv.* 8 de ses Epitres 12 & 14 ; & Philipp. 3, 5 ; Valere Maxime, *liv.* 6, *cap.* 1, *n.* 7 ; Suéton. *in Domitiano*, *cap.* 8 ; Ausone, *épigram.* 88 ; Plutarque, en la Vie de M. Marcellus, *n.* 1. La peine étoit de dix mille sesterces, *decem millium*, suivant Quintilien, *liv.* 4, *chap.* 2, Instit. *orator.* Mais les Empereurs Chrétiens établirent la peine de mort contre ce crime. (Voyez la Loi *cum vir nubit* 31, Cod. *ad L. Jul. de adult.*)

3. A Athenes, on puniſſoit auſſi ce crime de la mort. (Voyez Æſchil. *contra Timarchum.*)

La même peine a lieu en Italie. (Voyez Farinacius, *qu.* 148 , *n.* 5 , 6 & 7 , qui ajoute que même on brûle après la mort les corps de ceux qui ſont coupables de ce crime. *Ita etiam* Julius-Clarus, §. *ſodomia*, *n.* 4 ; & Menochius, *de arbitrar. jud. caſu* 286, *n.* 1.)

En Allemagne, ceux qui ſont coupables de ce crime, ſont brûlés vifs, ainſi que leurs complices, ſuivant la Conſtitution de Charles V, de l'année 1532, conforme en cela à la Novelle 77, *in princ.* ; & à la Novelle 141, l'une & l'autre de l'Empereur Juſtinien.

4. Suivant l'ancien Droit de France, on ſe contentoit de châtrer ceux qui étoient convaincus de ſodomie. (L. 8. , C. Viſig. *de inceſtis*, lib. 3, tit. 5.) Et c'eſt auſſi la peine dont il eſt parlé dans la Somme Rurale de Bouteiller, *liv.* 2, *tit.* 40, *pag.* 870. Suivant cet Auteur, celui qui eſt prouvé ſodomiſte, doit perdre les teſticules pour la premiere fois ; & pour la ſeconde fois, les parties naturelles ; & pour la troiſieme fois, être brûlé vif. Par les établiſſemens de S. Louis, de l'année 1270, *part.* 1, *chap.* 85, » ſi aucun » eſt ſoupçonné de bougrerie, la Juſtice le doit prendre, & en- » voyer à l'Evêque, & ſe il en étoit prouvé, l'on le doit ardoir. « (Voyez auſſi la Coutume de Bretagne, *art.* 633, qui porte qu'ils ſeront brûlés.)

Aujourd'hui la peine de ce crime eſt de condamner à être brûlés vifs, tous ceux qui ſont coupables de ce crime, *tam agentem quàm patientem.* & il y a pluſieurs exemples de comdamnations de cette eſpece. Quelquefois on condamne ſimplement les coupables à la mort, & enſuite à être brûlés ; ce qui dépend des circonſtances.

5. Par Arrêt du 13 Décembre 1519, confirmatif d'une Sentence du Bailli d'Amiens, le nommé Jean Moret, convaincu de ce crime, fut condamné à être brûlé vif. (Voyez Imbert, *liv.* 3, *chap.* 22, *n.* 21.)

Autre Arrêt de l'année 1557, rapporté par Chenu, en ſes notes ſur les Arrêts de Papon, *liv.* 24, *tit.* 10, *n.* 6, qui condamne au feu pour ce crime le Pronotaire de Montault.

Autre Arrêt du 1 Février 1584, rapporté par Papon, *liv.* 22, *tit.* 7, *n.* 1, aux additions, par lequel Nicolas Dadon de Nulli Saint-

Front, qui avoit été Recteur de l'Université de Paris, fut pour crime de sodomie, pendu & brûlé, avec son procès.

Autre du mois d'Avril 1584, rapporté par Chenu, en ses notes sur les Arrêts de Papon, *liv.* 24 ; *tit.* 10, *arrêt* 6, par lequel un Italien fut brûlé vif devant le Louvre, pour ce même crime.

6.   Autre Arrêt du 28 Novembre 1598, confirmatif d'une Sentence du Bailliage d'Issoudun, par lequel le nommé Ruffin Fortias, dit Desrozieres, convaincu du même crime, fut condamné à être pendu, & son corps mort brûlé ; ce qui fut exécuté le 22 Décembre suivant.

Par un autre Arrêt du 31 Mars 1677, un particulier âgé de soixante ans, coupable de ce crime, fut condamné à être brûlé au Marché-Neuf à Paris ; ce qui fut exécuté le même jour.

Autre Arrêt du 26 Août 1671, qui condamne Antoine Bouquet à être brûlé vif avec son procès, pour ce crime.

Autre Jugement, rendu au souverain par le Châtelet de Paris le 24 Mai 1726, qui condamne au feu le nommé Benjamin Deschauffours, pour le même crime, ce qui fut exécuté.

Autre Arrêt du 5 Juin 1750, en conséquence duquel les nommés Bruneau, Lenoir, & Jean Diot, coupables de ce crime, ont été brûlés en place de Grève, le Luudi 6 Juillet suivant.

7.   Les mineurs qui sont coupables de ce crime, ne sont pas punis moins sévèrement que les autres ; du moins s'ils sont au-dessus de l'âge de dix-huit ans. (*Ita* Julius-Clarus, *in supplem.* §. *sodomia* , n. 14) Il y en a une Loi en Italie pour quelques Provinces. (Voyez Julius Clarus, *ibid.*)

Les Ecclésiastiques qui sont coupables de ce crime, sont sujets, comme les autres, à la peine de mort. (Farinacius, *qu.* 148 , *n.* 28.) Il y en a une Bulle du Pape Pie V, pour l'Italie.

La peine du crime de sodomie a lieu non-seulement contre ceux *qui rem habent cum masculo*, mais encore à l'égard de ceux *qui accedunt ad mulierem præposterá venere.* (*L. cum vir nubit in fœminá. C. ad L. Jul. de adulter. Ita etiam* Farinacius, *qu.* 148 , *n.* 35 ; & Julius-Clarus, §. *sodomia*, *n.* 2, où il dit avoir vu plusieurs exemples de semblables condamnations.) Et cette peine a pareillement lieu à l'égard de ceux qui en usent ainsi à l'égard de leurs propres femmes (Farinac. *qu.* 148 , *n.* 37 ; Jul. Clarus, §. *sodomia*, *n.* 2 ; & Menochius, *de arbitrar. quæst. casu* 286, *n.* 41, *in addition.*) Mais la femme qui est ainsi connue par son

mari

mari, ne doit pas être punie de la peine de mort ; à moins qu'il ne soit prouvé qu'elle a donné à cette action un entier & libre consentement. (*Ita* Julius-Clarus, *in supplem.* §. *sodomia*, n. 16.)

Autres remarques particulieres sur le Crime de Sodomie.

8. 1°. Il est permis à celui à la pudeur duquel on veut attenter, de tuer impunément le coupable. (*Ita* Farinacius, *qu.* 148 & 149 ; & Julius-Clarus, *in supplem.* §. *sodomia*, n. 15, où il en rapporte des exemples.) Plutarque, dans la Vie de C. Marius, raconte aussi que C. Lucius, petit-fils de C. Marius, ayant été tué par un jeune homme nommé Trébonius, à la pudeur duquel Lucius avoit voulu attenter, & même après avoir voulu user de violence envers lui, C. Marius non-seulement loua cette action de Trébonius, mais encore le jugea digne de récompense. Ciceron loue aussi ce trait dans son Oraison *pro Milone.*

2°. Lorsqu'un mari est sujet à ce vice, la femme est en droit de se faire séparer de corps & biens d'avec son mari. (Julius-Clarus, §. *sodomia*, n. 9 ; Farinacius, *qu.* 143, *n.* 83 *& seqq.*)

9. 3°. Le seul attentat dans ce crime, est punissable de mort, à cause de son énormité, suivant quelques Auteurs. D'autres prétendent qu'il faut qu'il ait été consommé ; & qu'autrement il doit être puni d'une peine moindre. (Voyez Farinacius, *qu.* 148, *n.* 56—65 ;) ce qui peut dépendre des circonstances & de l'âge, ainsi que de la qualité des parties. C'est pourquoi on a coutume d'ordonner en ces cas une visite de la conformation des parties, sur-tout dans le crime de bestialité.

4°. La foiblesse de l'âge peut quelquefois rendre ce crime excusable dans celui qui s'est laissé corrompre, du moins pour lui faire éviter la peine de mort. (Voyez Farinacius, *qu.* 148, *n.* 76 & 77 ; & Julius-Clarus, *in supplem.* §. *sedomia*, n. 13.)

Et cette excuse doit avoir lieu, à plus forte raison, en faveur de celui contre lequel on a usé de violence, pour commettre le crime à son égard ; car il ne doit être puni en aucune maniere, pourvu néanmoins que cette violence soit prouvée. (Farinacius, *ibid.* qu. 79 & 80.)

10. 5°. Il n'est pas nécessaire pour la preuve de ce crime, d'avoir des témoins *de visu :* elle peut aussi se faire par des présomptions, & quelquefois par la déclaration de celui à la pudeur duquel on a attenté, jointe à d'autres circonstances ; & en général par les autres preuves & indices qui s'emploient pour les crimes. (Voyez Farinacius, *qu.* 148, *n.* 66--75.)

6°. Enfin, une derniere observation à faire dans cette espece de crime, c'est qu'il n'est pas nécessaire pour le pouvoir punir, que le corps du délit soit constaté par Experts ; mais seulement par des indices, ainsi qu'il se pratique à l'égard de tous les crimes dont le corps de délit est difficile à prouver, parce qu'ils ne laissent après eux aucune marque qui puisse les constater. (Voyez Farinacius, *qu.* 2, *n.* 24.)

§. II.

De Mulieribus se invicem corrumpentibus.

11. Le crime des femmes qui se corrompent l'une l'autre, est regardé comme une espece de sodomie, *si venerem inter se exerceant ad exemplum masculi & fœminæ* ; & il est digne du dernier supplice, suivant la Loi *fœdissimam, C. ad L. Jul. de adulter.* ; & tel est aussi le sentiment commun des Auteurs. (*Ita* Julius-Clarus, §. *fornicatio,* n. 29, où il rapporte plusieurs exemples de pareilles condamnations. *Ita etiam* Farinacius, *qu.* 148, *n.* 4.) Quelquefois cependant la peine est moindre, suivant les circonstances & la nature du crime. (Voyez Farinacius, *ibid.* n. 41 ; & Julius-Clarus, *ibid.* n. 29.)

Cette peine a pareillement lieu dans nos mœurs. (Voyez Papon en ses Arrêts, *liv.* 22, *tit.* 7, *n.* 3.)

§. III.

Bestialité.

12. Ce crime est le plus abominable de tous ceux que la luxure a enfantés.

Suivant les Loix divines, la peine est de faire mourir le coupable avec l'animal. (Exode, *chap.* 22, *n.* 19 ; & Lévit. *chap.* 20, *n.* 15 & 16.)

Dans nos mœurs, on condamne le coupable à être brûlé vif, & on brûle avec lui l'animal & le procès, afin qu'il ne reste aueun veſtige de cette abomination ; & ç'eſt auſſi ce qui s'obſerve, ſuivant le Droit commun. (Voyez Farinacius, *qu.* 148 , *n.* 46 ; & Damhouder, *cap.* 96 , *n.* 14.) Il y en a une diſpoſition dans le Canon *mulier* 4, *cauſ.* 15, *qu.* 1, (*a*)

13. Le ſeul attentat même eſt puni dans ce crime, quoique non conſommé. (*Ita* Farinacius, *qu.* 148 , *n.* 60 ; & Boerius, *déciſ.* 316, *n.* 3 & 4.)

Nous avons en France pluſieurs exemples de ces ſortes de condamnations.

On trouve dans notre Hiſtoire , *tom.* 3 , *Hiſt. Francorum*, pag. 202, qu'en l'année 846, un particulier fut brûlé vif pour un pareil crime , ainſi que la jument avec laquelle il avoit eu affaire.

Laroche - Flavin, en ſes Arrêts, *liv.* 3 , *lettre* P, *tit.* 2 , rapporte un autre exemple d'une femme qui fut brûlée avec un chien le 24 Août 1525, en exécution d'un Arrêt du Parlement de Toulouſe.

14. Autre Arrêt du Parlement de Bordeaux du 23 Novembre 1528, qui a condamné au feu un particulier, & a ordonné que l'animal ſeroit brûlé avec le coupable pour crime de beſtialité, quoique non accompli. (Voyez Automne, en ſa Conférence, *pag.* 459.)

Autre Arrêt du Parlement de Touloufe du 17 Septembre 1548, *contra aſinarium*, qui le condamne à être brûlé. (Papon, *liv.* 24 , *tit.* 10 , *n.* 6.)

Ranchinus, ſur la déciſion 238 de Guy-Pape, aux notes, rapporte auſſi que de ſon temps, en l'année 1565, il vit pour un pareil crime brûler un homme & une mule, à laquelle on coupa au-

---

(a) *Qui cum jumento & pecore coierit , morte moriatur ; pecus quoque occidite.* (Levit., cap. 20 , n. 15.)

Mulier quæ ſuccubuerit cuilibet jumento, ſimul interficietur cum eo : ſanguis corum ſit ſuper eos. (Ibid. n. 16.)

Ranchin, en ſes notes ſur la queſtion 238 de Guy-Pape, dit avoir vu pluſieurs fois de ces ſortes d'exécutions, & entr'autre une à Montpellier en l'année 1565, où il vit brûler un mulet avec un homme pour raiſon de ce crime. Airault , en ſon Inſtruction judiciaire, *liv.* 4 , *part.* 1 , *n.* 25 , *pag.* 606 , dit auſſi avoir vu un homme brûlé avec une âneſſe pour le même fait, par Sentence du Juge de Briolay, du 22 Décembre 1575. Voyez auſſi ſur cette matiere Hyppolit. de Marſiliis, *in L. unius* , §. *cogniturum* , D. *de quæſtion.* & *in Practicâ criminali*, §. *diligenter* ; & *in* L. 1 , *in princ.*, D. *de ſicariis.*

paravant les quatre jambes, parce qu'elle étoit extrêmement mauvaise.

15. Autre Arrêt du Parlement de Paris du 22 Décembre 1575, rapporté par Bouchel, en fa Bibliotheque, au mot *Bête*, qui condamne le nommé Legagneux, pour avoir eu copulation charnelle avec une ânesse, à être pendu, l'ânesse préalablement assommée par l'Exécuteur de la Haute-Justice en présence de l'accusé; leurs corps brûlés & mis en cendres, avec le procès.

Un autre Arrêt du Parlement de Paris du 15 Décembre 1601, rapporté par Papon, *liv.* 22, *tit.* 7, *n.* 2, aux additions, a condamné une femme convaincue de luxure abominable avec un chien, à être pendue; le chien pendu à la même potence, leurs corps & le procès jettés au feu.

Autre Arrêt du Parlement d'Aix du 4 Avril 1679, rapporté par Boniface, en ses Arrêts, *tom.* 5, *liv.* 4, *tit.* 24, *chap.* 1, qui condamne un particlier convaincu de bestialité avec une jument, à être pendu, & ensuite à être brûlé avec la jument.

Par un autre Arrêt du Parlement de Paris du 12 Octre 1741, une Sentence du Sénéchal de Poitiers qui avoit condamné un jeune homme à être brûlé vif pour un pareil crime commis avec une vache, & la vache à être tuée & enterrée, a été confirmée.

§. I V.

Coitus cum mortuâ.

16. Celui qui tombe dans ce crime, doit être puni d'une peine très-févere, fuivant Julius-Clarus, §. *fornicatio*, n. 29. Voyez aussi Boerius, *décif.* 316, *n.* 13.

§. V.

Molleffe (Mafturbatio.)

17. Quoiqu'il foit affez difficile d'avoir la preuve de ce crime; néanmoins s'il venoit à la connoiffance du Juge, il feroit puni du banniffement, ou autre peine extraordinaire. (*Ita* Damhouder. *in pract. crimin.* cap. 66, n. 6. Voyez auffi Farinacius, *qu.* 148, n. 39.)

À l'égard du crime des *incubes* & *fuccubes*, Voyez ce qui a été dit à ce fujet au titre *Du crime de magie*, ci-deffus, *part.* 4, *tit.* 30, n. 32.)

TITRE L.

Du Stellionat.

1. LE *Stellionat*, eſt un nom général que l'on donnoit dans le Droit Romain à toutes les tromperies, fraudes & impoſtures qui n'avoient point de nom propre.

Mais le *Stellionat*, proprement dit, eſt le crime de celui qui par dol cede, vend, ou engage une choſe qu'il avoit déja cédée, vendue, ou engagée à une autre perſonne, & qui diſſimule cet engagement.

Ainſi, celui qui pour trouver de l'argent avec plus de facilité, déclare à ceux à qui il emprunte, par les contrats qu'il paſſe avec eux, que les héritages qu'il affecte, & qu'il hypotheque au paiement de leur dû, ſont francs & quittes, en leur diſſimulant les hypotheques antérieures qu'il a contractées ſur ces héritages, eſt un ſtellionataire. (Voyez Mazuer, *tit.* 23, *n.* 39; & Brodeau, *lettre* S, *ch.* 18.)

2. Il en eſt de même, ſi dans un contrat de conſtitution, ou dans une obligation, l'emprunteur prenoit la qualité de Seigneur d'une terre qui ne lui appartenoit point, quand même il n'obligeroit point cette terre ſpécialement; ou s'il obligeoit à cet emprunt une terre dont il n'auroit que l'uſufruit, ou qui ſeroit ſaiſie réellement, & prête à être adjugée; car cet emprunteur commettroit par cette impoſture un ſtellionat, pour induire le créancier en erreur, en lui voulant perſuader qu'il a une terre & une ſeigneurie qu'il n'a point. (Ainſi jugé par Arrêt du 5 Février 1616; & par un autre Arrêt du 11 Février 1645, tous les deux rapportés par Brodeau ſur Louet, *lettre* S, *chap.* 18, *n.* 6 & 9.)

Celui qui vend comme franc & quitte de toutes charges & hypotheques, un héritage engagé à d'autres par des hypotheques, eſt auſſi coupable du crime de ſtellionat. (L. 3, §. 1, D. *ſtellionatus*; L. 1, Cod. *eodem titulo.*)

3. Le crime de ſtellionat a auſſi lieu à l'égard de celui qui vend, ou engage ce qui ne lui appartient point, ſoit meubles, ou immeubles. (L. 36, §. 1, D. *de pign. ad.*)

Et il en eſt de même de celui qui vend comme à lui appartenant, un bien qui eſt ſubſtitué, ſans déclarer cette ſubſtitution à
l'acquéreur. (Voyez Henrys, *tom.* 1, *liv.* 4, *chap.* 6, *qu.* 38 ; &
Brodeau-ſur-Louet, *lettre* S, *chap.* 18, *n.* 7.)

Celui qui vend une créance dont il a reçu le rembourſement,
eſt auſſi coupable du crime de ſtellionat, & peut être puni comme
ſtellionataire. (Farinacius, *qu.* 150, *n.* 223.)

Le débiteur d'une rente qui promet de faire obliger une caution dans un cetain temps, & qui n'y ſatisfait point, peut auſſi
être regardé en quelque ſorte comme ſtellionataire, & en cette
qualité être contraint à racheter la rente. (Brodeau ſur Louet,
lettre F, *chap.* 27, *n.* 3 ; & *lettre* S, *chap.* 18, *n.* 5, où il rapporte
un Arrêt du 22 Avril 1638.)

4. Enfin on commet un ſtellionat, lorſqu'on donne en gage une
choſe pour un autre, ſi elle vaut moins ; *v. g.* du cuivre doré
pour de l'or, *&c.* (L. 36, D. *de pign. act.* Ainſi jugé par Arrêt du
18 Juin 1639, rapporté par Boniface, *tom.* 2, *part.* 3 *tit.* 1, *liv.* 1,
chap. 11.)

Celui qui paſſe des actes ſimulés pour paroître riche, afin de
tromper les autres, peut auſſi être pourſuivi criminellement comme
ſtellionataire. (Arrêt du 8 Mai 1666, rapporté par Boniface,
tom. 2, *part.* 3, *liv.* 1, *tit.* 2, *chap.* 22.)

Peine du Stellionat.

5. Le ſtellionat eſt un véritable larcin ; parce que celui qui le
commet, vole & dérobe l'argent de celui qu'il trompe.

La peine de ce crime, chez les Romains, étoit arbitraire, ſuivant les Loix 2 & 3, D. *ſtellionatûs.* Voyez auſſi Farinacius, *qu.* 19,
n. 34--37.

Cette peine eſt auſſi arbitraire en France, & dépend de la gravité du dol, & des circonſtances du temps, de l'âge, & de la
qualité des perſonnes. La peine eſt l'amende, ou le banniſſement, & même le fouet, ſi le ſtellionat renferme un dol conſidérable. Quelquefois même on condamne les coupable à faire
amende-honorable. (Arrêt du Parlement de Bretagne du 5 Mars
1566, rapporté par Dufail, *liv.* 3, *chap.* 165.)

Celui qui vend une même choſe à deux perſonnes différentes,
doit être puni de la peine ordinaire du faux. (L. *qui duobus*, D.

ad *L. Corn. de falfis* ; Farinacius, *qu.* 150, *n.* 219 ; Julius-Clarus, **§.** *falfum.*) Néanmoins ces Auteurs ajoutent que le contraire s'obferve généralement dans l'ufage, & que la peine qui fe prononce dans ce cas eft moins févere que la peine ordinaire du faux. (Farinacius, *qu.* 150, *n.* 229.)

6.　La Coutume de Bretagne, *tit.* 25, *art.* 682, porte, que tous ceux qui auront vendu une même chofe à deux, feront punis comme larrons & fauffaires.

A l'égard de celui qui vend une chofe qui eft engagée par hypotheque à une autre perfonne, il eft fimplement puniffable de la peine du ftellionat. (*L.* 3, *D.* *ftellionatûs.*)

Et il en eft de même de celui qui oblige, ou engage une chofe qui eft déja engagée, ou hypothéquée au profit d'un autre. (*Farinac. qu.* 150, *n.* 224.) Mais la peine cefferoit d'avoir lieu, fi l'emprunteur avoit feulement hypothéqué fes héritages par une hypotheque générale, fans déclarer qu'ils étoient exempts de toutes dettes & hypotheques.

7.　Au refte, quoique dans tous ces cas la peine du faux ceffe d'avoir lieu, néanmoins il faut obferver que dans tous les contrats où celui qui vend, cede, ou engage une chofe comme franche, ou à lui appartenante, quoiqu'elle ne lui appartienne point, ou qu'elle foit déja engagée au profit d'une autre perfonne, il doit y avoir lieu à la peine ordinaire du faux. (Farinacius, *qu.* 150, *n.* 227.)

Aujourd'hui on ne pourfuit guere le ftellionat en France que par la voie civile ; néanmois il peut arriver des cas où il y auroit lieu d'infliger les peines dont on vient de parler ; fur-tout à l'égard du vendeur qui vend la même chofe à deux perfonnes, & qui en reçoit le prix. (Voyez Farinacius, *qu.* 150, *n.* 236.)

Outre la peine ordinaire du ftellionat, on condamne par corps celui qui en eft coupable, à réparer le mal qu'il a fait, en lui faifant payer les dommages & intérêts, & dépens de celui qu'il a trompé, ou en lui faifant reftituer les fommes qu'il a touchées.

8.　Ainfi lorfque par un contrat de conftitution, ou par une obligation, le débiteur déclare l'héritage qu'il oblige, franc & quitte de toutes dettes & hypotheques ; ou quand il oblige un bien qui ne lui appartient pas, on peut le contraindre par corps comme ftellionataire à racheter cette rente, à caufe de fon impofture, & de fa mauvaife foi ; quand même les biens de ce débiteur feroient d'ailleurs plus que fuffifants pour le paiement de la rente, ou obligation. (C'eſt la diſpoſition de l'article 149 de l'Ordonnance du mois de Janvier 1629. Tel eſt auſſi le ſentiment de Brodeau, *lettre* S, *chap.* 18, *n.* 5.; & il a été ainſi jugé par Arrêt du 24 Février 1542, rapporté par Papon, *liv.* 11, *tit.* 4, *n.* 14.)

Et c'eſt pour cela ſans doute, que quoique par l'Ordonnance de 1667, les contraintes par corps ſoient abrogées ; néanmoins par l'article 4 du titre 34 de la même Ordonnance, les ſtellionataires ſont exclus de cette grace.

9.   Les femmes même pour raiſon de ce crime, ſont ſujettes à la contrainte par corps, lorque le ſtellionat procede de leur fait, ſuivant l'article 8 du même titre 34 de l'Ordonnance de 1667.

Mais lorſque c'eſt une femme mariée qui contracte conjointement avec ſon mari ; dans ce cas, le ſtellionat ne peut lui être imputé. C'eſt ce qui ſe trouve réglé par un Edit du mois de Juillet 1680, par lequel il eſt ordonné » que les femmes & filles ne » pourront s'obliger, ni être contraintes par corps, ſi elles ne ſont » Marchandes publiques , ou pour cauſe de ſtellionat qu'elles » auront commis procédant de leur fait ; ſçavoir, lorſqu'elles ſont » libres & hors la puiſſance de leurs maris ; ou que lorſqu'elles » ſont mariées, elles ſe feront réſervées par leur contrat de ma- » riage l'adminiſtration de leurs biens, ou feront ſéparées d'avec » leurſdits maris ; ſans que les femmes qui ſeront obligées con- » jointement avec leurs maris , avec leſquels elles ſeront en com- » munauté de biens , puiſſent être perſonnellement réputées ſtel- » lionataires ; mais ſeront ſolidairement ſujettes au paiement des » dettes pour leſquelles elles ſe feront obligées avec leurſdits ma- » ris , par ſaiſie & vente de leurs biens , ou acquêts & conquêts ; » ſans néanmoins qu'elles puiſſent être contraintes par corps. «

10.   Les Eccléſiaſtiques ſtellionataires, ſont contraignables par corps comme les autres particuliers, & ne peuvent ſe ſervir du privilege porté par l'Ordonnance de Moulins. (Brodeau ſur Louet , *lettre* C, *chap.* 31 , *n.* 12.)

On ne peut même , pour raiſon de ce crime, être reçu au bénéfice de ceſſion, pour s'exempter de la contrainte par corps. (Coquille, *queſt.* 195 ; Tronçon ſur la Coutume de Paris, *art.* 111, au mot *Répi* ; Arrêt du 24 Avril 1598.)

Parmi les cauſes qui excuſent du crime de ſtellionat, voici les principales ?

La

La premiere, eſt lorſque celui qui a vendu, ou engagé, étoit dans la bonne foi, & que la vente, ou engagement n'étoit pas de ſon fait, & qu'il n'en avoit aucune connoiſſance.

La ſeconde, ſi le premier acheteur n'a rien payé de la choſe à lui vendue ; & que le ſecond acquéreur en ait payé le prix qui ſeul parfait la vente. (Farinacius, *qu.* 150, *n.* 230–231.)

11.   La troiſieme, ſi le vendeur, ou cédant, ne livre pas la choſe au ſecond vendeur. (Farinacius, *ibid.* n. 232.)

La quatrieme, ſi ce vendeur, ou cédant, déclare à l'acquéreur la vente, ou engagement qu'il a déja fait de la choſe à un premier acquéreur, ou créancier ; ou ſi l'acquéreur en avoit par lui-même connoiſſance. (Farinacius, *qu.* 150, *n.* 234.)

Le cinquiéme cas où la peine du ſtellionat ceſſe d'avoir lieu, c'eſt lorſqu'avant la conteſtation en cauſe, l'accuſé offre de dédommager ſon débiteur ; ce qui n'a pas lieu dans le vol. (L. 1, Cod. *de crim. ſtellionatus.*)

Le ſixiéme cas, eſt lorſque celui qui ſe plaint du ſtellionat, eſt lui-même complice de la fraude. (L. *ult.* Cod. *eodem tit.*)

On prétend auſſi que le repentir excuſe dans cette eſpece de crime, même après qu'il eſt conſommé. (Farinacius, *qu.* 150, *n.* 233.)

12.   Une femme mineure, ſéparée de biens d'avec ſon mari, qui s'eſt dite majeure, peut être reſtituée contre les actes par leſquels elle a commis un ſtellionat. (Ainſi jugé au rapport de M. Ferrand, par Arrêt de la Cour du 18 Février 1716, rendu entre la Dame Beignot & pluſieurs particuliers. Cet Arrêt ſe trouve imprimé.)

Il y a encore quelques autres excuſes, ſur leſquelles on peut voir Menochius, *de arbitrar. quæſtion. lib.* 2, *caſu* 581.

L'action pour crime de ſtellionat, ne ſe donne ordinairement que par celui qui a été trompé, lequel peut alors prendre la voie de la plainte. Il y a néanmoins des cas où cette action peut être intentée à la requête de la partie publique ; comme dans le cas de l'Arrêt du 8 Mai 1666, cité par Boniface, dont il a été parlé ci-deſſus, n. 4.

Cette action ſe preſcrit par vingt ans comme toutes les autres actions criminelles. (Voyez ce qui a été dit de la preſcription du crime de faux, au titre *Du faux*, ci-deſſus, *part.* 4, *tit.* 15, n. 125.)

TITRE LI.

Du Suicide, ou Homicide de soi-même.

§. I.

1. LE *Suicide*, ou l'homicide de soi-même, (*a*) se commet, ou par la crainte d'un supplice mérité, ou par dégoût de la vie, ou par impatience causée par une douleur qu'on ne peut supporter.

Il peut se commettre de plusieurs manieres, ou en se précipitant; ou en se jettant dans un puits, ou dans un fleuve ; ou en s'empoisonnant; ou en se perçant d'un coup d'épée; ou en se tuant d'un coup de pistolet; ou en se pendant, &c.

§. II.

De la Peine du Suicide.

2. La premiere regle qu'on peut établir en cette matiere, est qu'il n'est pas permis de se tuer soi-même, pour quelque cause que ce soit. Cette défense est établie non-seulement par les Loix Civiles & Canoniques, mais encore par la Loi naturelle ; parce que l'homme n'est pas maître de son corps. (Voyez Farinacius, *qu.* 128, *n.* 3 & suivants ; & Decianus, *in tractatu crimin.* lib. 9, cap. 1 , *n.* 8 & seqq.)

Cette espece d'homicide, est même une action de foiblesse & de lâcheté, suivant Aristote, *lib.* 3, *Ethicorum,* cap. 7 , *in fine.*) Les Stoïciens néanmoins, comme Séneque, étoient d'un avis contraire ; & Caton d'Eutique se tua pour n'avoir pas l'affront de tomber entre les mains de ses ennemis.

(*a*) Voyez dans les Œuvres de Duperrier, *édition de* 1759, *tom.* 3 , *pag.* 518 , une sçavante Dissertation en faveur de la mémoire de ceux qui se sont tués volontairement sans être accusés d'aucuns crimes.

· Suivant la difpofition des Loix Romaines, ceux qui fe tuoient eux-mêmes, foit par le fer, foit par le poifon, ou autrement, n'é. toient point punis en leurs cadavres, ni leurs biens confifqués; finon lorfqu'ils fe trouvoient accufés de quelque crime , & qu'ils avoient prévenu leur condamnation par une mort volontaire. (Voyez la Loi 3 , au Digefte, *de bonis eorum qui mortem fibi confciverunt ;* & les Loix 1 & 2, Cod. *eod. tit.*)

3. Mais la Jurifprudence Canonique que nous fuivons en ce Royaume, a changé cette difpofition du Droit civil, fuivant les Canons 10, 11 & 12, *cauf. fi non licet 23, qu. 5 ;* ces Canons regardent comme de vrais homicides ceux qui fe font mourir eux-même en quelque maniere & pour quelque caufe que ce foit, & défend de leur donner la fépulture chrétienne.

Les Capitulaires de Charlemagne, *liv. 6, chap.* 70 , & de Louis le Débonnaire , renferment auffi une difpofition prefque femblable. Suivant les établiffements de S. Louis, de l'année 1270, *chap.* 88 , la confifcation des meubles doit avoir lieu contre ceux qui fe font homicidés eux-mêmes. En voici les termes : » Se il adve- » noit que aucuns hons fe pendît , ou noyât, ou s'occît én aucune ma- » niere, li meubles feroient au Baron, & auffi ceux de la femme.«

L'article 586 de l'ancienne Coutume de Bretagne, & le 531 de la nouvelle , portent que fi aucun fe tue à fon efcient , il doit être pendu & traîné , comme meurtrier.

4. Aujourd'hui on condamne les cadavres de ceux qui fe font homicidés eux-mêmes , à être traînés fur une claie la face contre terre , & enfuite a être pendus par les pieds ; & on les prive de la fépulture.

Mais il faut obferver qu'on ne punit ainfi que ceux qui fe tuent de fang froid, & avec un ufage entier de la raifon , & par la crainte du fupplice. Ainfi on ne prononce aucune peine contre ceux qui fe tuent étant en démence, ou même fujets à des égarements d'efprit. (Ainfi jugé par Arrêt du 18 Mars 1550. Autre Arrêt du Parlement de Dijon du 13 Février 1567, rapporté par Bouvot, *tom.* 1, *part.* 1, au mot *Infenfé,* qu. 2. Voyez auffi Legrand, fur la Coutume de Troyes, *art.* 131, *gloff.* 1, *n.* 4 ; & ce qui a été dit au titre *Des exceptions & défenfes des accufés,* ci-deffus, *part.* 3, *liv.* 1, *tit.* 2, n. 53.)

5. Outre cette peine, les biens du condamné font confifqués au Roi, ou au profit des Seigneurs à qui la confifcation appartient.

R ij

(Voyez Carondas, *liv.* 9, *réponse* 51; Leprêtre, *cent.* 4, *chap.* 64; Bacquet, Traité *Des Droits de Justice*, chap. 7, n. 16 & suivants. L'hommeau, en ses Maximes, *liv.* 2, *chap.* 29; Robert, *rerum judicat.* cap. 12; Mainard, *liv.* 8, *chap.* 86; & Chopin, sur Anjou, *tit.* 3, *art.* 42.)

Quelques Auteurs font cependant au sujet de cette confiscation, une distinction entre ceux qui se tuent pour éviter la honte d'un supplice, & ceux que la perte de quelque procès, ou quelqu'autre chagrin violent, engage à se défaire eux-mêmes ; parce que ces sortes de chagrins ne permettent pas le plus souvent que l'on soit maître de soi-même, & dérangent entièrement l'esprit.

6. Telle est la disposition de la Coutume de Normandie, *chap.* 9, *art.* 149, qui porte, que les meubles de ceux qui se sont occis eux-mêmes, appartiennent au Roi, *&c.*; mais que néanmoins, si par force de maladie, pfrénésie, ou autre accident, ils étoient cause de leur mort, leurs meubles demeureront aux héritiers, aussi-bien que leurs immeubles.

C'est aussi le sentiment de Coquille, en ses questions, *qu.* 16; où il dit que si quelqu'un s'est fait mourir par ennui de vivre, ou impatience de douleur, on doit, pour l'exemple, ordonner que son corps sera pendu, ou jetté à la voirie ; mais que ses biens ne doivent point être confisqués.

7. Bretonnier, en ses observations sur Henris, *tom.* 2, *pag.* 903; (*édition de* 1708.) dit aussi qu'au Parlement de Toulouse, on suit la distinction portée par le Droit Romain, qui distinguoit ceux qui se tuoient dans la crainte du supplice dû à leur crime, d'avec ceux qui se donnoient la mort, par impatience, ou par ennui de la vie, ou par excès de fureur & de folie ; & il ajoute que la Loi punit les premiers, mais qu'elle excuse les autres. Les Arrêts du Parlement de Toulouse sont conformes à cette distinction. (Voyez Mainard, *liv.* 8, *chap.* 85; Laroche-Flavin, *liv.* 1, *tit.* 37, *art.* 1; Ferrerius, sur la question 76 de Guy-Pape; Carondas, en ses Réponses, *liv.* 7, *chap.* 115; Covarruvias, *lib.* 2, *variar. resolut.* cap. 1, *in fine.* Damhouderius, *cap.* 88; Despeisses, Traité des Crimes, *part.* 3; & il a été ainsi jugé par Arrêt du 24 Janvier 1582, rapporté par Faber, en son Commentaire, *de regulis juris.*)

8. Autre Arrêt du Parlement de Toulouse du 7 Décembre 1634,

rapporté par Dolive, en ses Questions, *liv.* 1 , *chap.* 40 , rendu au sujet de la nommée Agelle, qui s'étoit fait mourir par un chagrin violent : cet Arrêt a jugé que ses biens n'étoient pas sujets à confiscation.

Cette distinction pour raison de la confiscation des biens de ceux qui se sont homicidés, est faite par la Loi 1, au Code *de bonis eorum qui mortem sibi consciverunt*, où il est dit que *eorum bona fisco vindicantur qui conscientiâ delati admissi que criminis, metuque futuræ sententiæ, manus sibi intulerunt ; ea propter .... si nullo delato crimine, dolore aliquo corporis aut tædio vitæ, aut furore, vel insaniâ, aut aliquo casu suspendio vitam finisse constiterit, bona eorum tam ex testamento quam ab intestato ad successores pertinebunt.*

9. La Constitution de Charles V, de l'année 1551, renferme aussi une disposition entiérement conforme à la distinction dont on vient de parler. Cet article porte, que si une personne étant accusée en Justice de faits pour lesquels, en cas de conviction, elle seroit punie en ses corps & en ses biens, vient à se tuer elle-même, dans la crainte de subir le supplice qu'elle auroit mérité, ses héritiers seront privés de sa succession, qui doit être confisquée au profit des Seigneurs à qui la confiscation appartient ; mais que si cette personne n'a point agi par ce motif, & qu'elle se trouve seulement dans le cas d'avoir mérité une simple punition corporelle, ou qu'elle se soit portée à cette extrémité par l'effet d'une maladie de corps, de mélancolie, de foiblesse d'esprit, ou de quelqu'autre infirmité semblable, ses héritiers succéderont à ses biens, sans qu'on puisse alléguer aucun usage, ou coutume contraire.

10. Dans le doute, on présume toujours que celui qui s'est tué, l'a fait plutôt par folie, ou par chagrin, qu'en conséquence de quelque crime commis ; à moins qu'on ne prouve le contraire. (*Ita* Farinacius, *qu.* 128, *n.* 72 ; Julius-Clarus, *qu.* 68, *in additionibus*, *n.* 116 ; & Taisand, sur la Coutume de Bourgogne, *tit.* 2, *art.* 1, *n.* 17.)

Il faut aussi observer que, quand on voit qu'une personne s'est tuée par nécessité, indigence & pauvreté, on n'use pas contre elle avec rigueur de la peine portée contre ceux qui se font mourir, & qu'on ordonne seulement que son corps sera privé de sépulture en terre Sainte. (*Ita* Bacquet, en son Traité des Droits de Justice, *chap.* 7, *n.* 17, sur la fin. Voyez aussi Farinac. *qu.* 10, *n.* 80.)

11. Le Parlement de Paris suivoit autrefois la même distinction. (Voyez les Plaidoyers d'Anne Robert, *liv.* 1, *chap.* 12, où il rapporte un Arrêt du 13 Février 1588, qui a jugé que la confiscation n'avoit pas lieu en pareil cas. Voyez aussi le Plaidoyer 28 de M. Servin, *part.* 4, *pag.* 75, où il dit qu'on voit par les anciens Coutumiers de Tours & d'Orléans, que l'homicide de soi-même ne confisquoit sinon le corps, & non les biens ; d'autant que ce crime étoit ordinaire, y ayant plusieurs Marchands de bled qui se défaisoient, quand le grain venoit à bon marché. *Ita etiam* Lebret, en ses décisions, *liv.* 6, *décis.* 2, où il rapporte un Arrêt du mois de Mars 1606. Voyez encore Bacquet, Traité des Droits de Justice, *chap.* 7, *n.* 18 ; & le Dictionnaire des Arrêts, au mot *Homicide*, n. 57 & 58, où il est dit que dans l'homicide commis par impatience de douleur, on se contente de priver le cadavre de sépulture en terre Sainte.)

12. Mais aujourd'hui le Parlement ne reçoit que l'excuse de la fureur, ou de la maladie, que les parents du mort ne manquent pas d'alléguer, afin de sauver par ce moyen les biens du défunt, & l'honneur de la famille.

Outre les peines dont on vient de parler, il faut encore observer que les cadavres de ceux qui sont ainsi condamnés pour homicides d'eux-mêmes, doivent être privés de sépulture. (Farinacius, *qu.* 128, *n.* 16 & 17.)

Il y a même des exemples de suicides qui ont été déterrés dans des Églises pour les punir ; & c'est pour cela que l'article 12 de la Déclaration du 9 Avril 1736, défend d'enterrer ceux qui sont trouvés morts avec des signes de mort violente.

13. Il n'est pas nécessaire que le crime, dont on vient de parler, ait été consommé & suivi de mort, pour être punissable ; car celui qui attente à sa vie, mérite d'être puni de mort. (Voyez la Loi 30, *§. fin.*, D. *de pœnis* ; la Loi *omne delictum* 6, *§. qui se vulneravit*, *§. de re militari* ; & la L. *cùm autem* 23, *§. excipitur* 2, D. *de Ædil. edicto* ; Voyez aussi Farinacius, *qu.* 128, *n.* 34 & *suiv.*) Quelques-uns néanmoins prétendent que, dans ce cas, on ne doit point imposer la peine de mort, mais une autre peine moindre à l'arbi-

trage du Juge. (Farinacius, *qu.* 128, *n.* 37; Damhouder, *cap.* 88, *n.* 14; Carrerius *in* 3 *Tract. de homicid.*, §. *octavo quæro*, n. 9; Julius-Clarus, *qu.* 68, *n.* 37; & Menochius *de arbitrar. quæst.* casu 284, n. 23 & seqq.)

On pourroit rapporter ici un grand nombre d'exemples de personnes dont le cadavre, ou la mémoire ont été condamnés, & les biens confisqués, pour s'être défaits eux-mêmes. En voici quelques-uns.

14. Monstrelet en ses Chroniques, *tom.* 1, *chap.* 105, raconte qu'en l'année 1413, Pierre de la Riviere, frere du Comte de Dammartin, qui avoit été pris avec le Duc de Bar, en l'Hôtel du Duc d'Aquitaine, & mené prisonnier au Palais, s'étant donné, par désespoir, plusieurs coups d'un pot d'étain sur la tête, tant qu'il se la creva, & en mourut, fut mis sur une charrette, & conduit aux Halles, où il fut décapité.

Par Arrêt du Parlement de Toulouse du 5 Avril 1571, rapporté par Laroche-Flavin en ses Arrêts, *liv.* 2, *lettre* D, *tit.* 2, *art.* 1, un charretier s'étant pendu & étranglé dans la prison, pendant l'appel d'une Sentence rendue par le Viguier de Toulouse, qui le condamnoit à la question, il fut ordonné que son corps mort seroit mis en un carrefour hors la ville sur quatre pilliers auprès des fourches patibulaires, & ses biens confisqués, la tierce partie réservée à sa femme & à ses enfants; & l'exécution dudit Arrêt envoyée au Viguier.

15. Par un autre Arrêt du Parlement de Toulouse du 24 Janvier 1582, un particulier qui avoit été enterré, après s'être défait, fut condamné à être déterré, & mis sur un poteau en un carrefour. (Voyez Laroche-Flavin en ses Arrêts, *liv.* 1, *tit.* 37, *arrêt* 1, & Mainard en ses Questions, *liv.* 6, *chap.* 84 & 85.)

Au mois de Janvier 1584, deux soldats chargés de vols & d'assassinats commis en la personne d'un courier, furent découverts à Paris. Ils tinrent bon cinq ou six heures, & tuerent & blesserent plusieurs de ceux qui s'efforçoient de les prendre. Enfin voyant qu'ils ne pouvoient éviter d'être pris, & d'être punis d'une mort cruelle, ils se tuerent l'un l'autre. Leurs corps morts furent, par les Ministres de la Justice, portés au Châtelet, & traînés sur une claie, & pendus par les pieds à la voirie de Montfaucon. (Mémoires manuscrits du regne de Henri III, *pag.* 143.)

16. En l'année 1585, un Médecin qui étoit prisonnier en la Con-

ciergerie du Palais, ayant pris querelle avec un Capitaine, qui étoit aussi prisonnier, le tua d'un coup de couteau; pour quoi ayant été mis au cachot, il s'étrangla avec sa chemise. Son procès lui fut fait; & par Arrêt du 9 Janvier 1586, il fut ordonné que son corps seroit traîné sur une claie, & ensuite jetté à la voirie. (Voyez Guenois en ses notes sur Imbert, *liv. 3, chap.* 22, *n.*17.)

En la même année, un nommé Charles de Hangrave, qui s'étoit pendu & étranglé dans le collège de Boncour, fut condamné à être pendu à une potence la tête en bas, & ses biens confisqués, par Arrêt du 15 Avril 1586, rapporté *ibid.*

17. Autre Arrêt du 9 Février 1587, rapporté par Bacquet en ses Droits de Justice, *chap.* 7, *pag.* 17, rendu contre un prisonnier en la Conciergerie du Palais, qui, ayant appris qu'il avoit été condamné à être pendu, se coupa la gorge; pour quoi il fut dit que son corps seroit traîné de la Conciergerie à la voirie près de Montfaucon, ayant les pieds attachés au derriere d'une charrette, le visage contre terre, & pendu à une potence qui seroit dressée en ladite voirie.

Autre Jugement du 19 Mars 1590, rendu par le Bailli de Saint-Martin-des-Champs, & rapporté par Bacquet, *ibid.* n. 17, par lequel le corps mort d'une femme, qui s'étoit pendue & étranglée, fut traîné en la voirie qui est près & hors la porte Saint-Martin.

Autre Arrêt du 24 Avril 1608, par lequel le nommé Fava, Médecin, qui étoit prévenu de plusieurs crimes, s'étant empoisonné dans la prison, fut condamné à être traîné sur une claie, son corps mort pendu & jetté à la voirie, & ses biens confisqués. (Voyez le Mercure François, *tom.* 1, *pag.* 288.)

18. On trouve d'un autre côté plusieurs exemples d'homicides de soi-même, excusés pour de pareilles causes.

Par Arrêt de l'année 1390, un Prieur de Sainte-Croix de Paris s'étant pendu, fut rendu à ses parents & amis, pour être mis en terre-sainte; parce qu'il fut prouvé qu'il étoit en fureur, lorsqu'il avoit commis cette action. (Voyez Papon, *liv.* 22, *tit.* 10, *n.* 1.)

En l'année 1558, un fou qui avoit néanmoins de bons intervalles, s'étant pendu & étranglé, fut condamné à être pendu & attaché au gibet; ce qui fut exécuté, dont la veuve & héritiers se porterent appellants; & par Arrêt du 18 Mars de la même année, la Sentence fut infirmée, & permis à la veuve & héritiers de faire dépendre le corps, & de le faire enterrer en terre-sainte.

Autre

19. Autre Arrêt de l'année 1577, rapporté par Laroche-Flavin, *liv. 2, lettre* F, *tit. 12, arrêt 9*, rendu pour M. Desaignes, Conseiller-Clerc en la Grand'Chambre du Parlement de Paris, qui s'étoit noyé dans la Seine, après s'être échappé de ses gardes, qui juge que ceux qui se tuent étant en fievre-chaude, peuvent être enterrés en terre-sainte. Le Journal de Henri III dit que cet accident de M. Desaignes arriva le 29 Septembre 1578, & qu'il fut enterré solemnellement dans le chœur des Cordeliers de Paris.

Autre Arrêt du 24 Janvier 1582, ci-dessus cité, qui, en condamnant un particulier, qui s'étoit tué, à être mis sur un poteau en un carrefour, ordonne que ses biens appartiendront à ses enfants ; & cela conformément aux Loix Romaines, qui n'ordonnent la confiscation des biens, qu'à l'égard de ceux qui se tuent pour éviter un supplice honteux qu'ils ont mérité. (Voyez Laroche-Flavin en ses Arrêts, *liv.* 1, *tit.* 37 ; & Mainard en ses Questions, *liv. 6, chap. 84 & 85.*)

Autre Arrêt du 10 Mars 1587, rapporté par Taisand sur la Coutume de Bourgogne, *tit.* 2, *art.* 1, *n.* 17, rendu con.. le sieur d'Arcy, touchant le nommé Jean Viennot, habitant du village d'Arcy, qui se pendit, par l'ennui qu'il avoit de la vie, à cause de la cherté des vivres. Cet Arrêt jugea que ce n'étoit pas le cas de prononcer la confiscation des biens.

20. Un autre Arrêt du 29 Juillet 1587, rapporté par Taisand, *ibid.* a jugé la même chose contre le Seigneur de Solon, qui prétendoit la confiscation des biens du nommé Berthault, qui s'étoit noyé dans un étang près dudit lieu de Solon ; la Cour adjugea les biens dudit Berthault à ses enfants.

Autre Arrêt du 29 Novembre 1594, rapporté par Taisand, *ibid.* qui adjuge la succession du nommé Menot-de-Mirebel à ses héritiers légitimes, contre le Seigneur du lieu, qui la prétendoit à leur exclusion, sur ce que ledit Menot s'étoit tué d'un coup de couteau ; la Cour ayant reconnu par les preuves résultantes de l'information, que ce malheureux étoit sujet à des égarements d'esprit, qui l'avoient poussé à se défaire de lui-même.

Un autre Arrêt du Parlement de Toulouse du 20 Juillet 1600, rapporté par Laroche-Flavin en ses Arrêts, *liv. 6, tit.* 23, *art.* 3, a jugé que la confiscation de biens n'avoit pas lieu, à l'égard de celui qui s'est défait ; à moins qu'il ne fût accusé & prévenu de crime capital.

21. Autre Arrêt du 14 Décembre 1602, du Parlement de Dijon, rapporté par Taifand *ibid.* fur la Coutume de Bourgogne, *tit.* 2, *art.* 1, *n.* 17, par lequel les fieurs de Saint-Lazare, d'Autun, furent déboutés de la confifcation par eux prétendue des biens d'une femme qui s'étoit précipitée & noyée dans un étang. Le motif de l'Arrêt fut, qu'il ne paroiffoit pas qu'elle fe fût précipitée & noyée pour éviter la peine de quelque crime.

Un autre Arrêt du mois de Mars 1606, rapporté par Lebret en fes Décifions, *liv.* 6, *décif.* 2, juge que les biens de ceux qui étant convaincus de crime, fe défont eux-mêmes, pour éviter la honte du fupplice, font fujets à confifcation ; mais qu'il n'en eft pas de même, lorfque par quelque trouble d'efprit, ou par un chagrin violent, on fe donne la mort.

Autre Arrêt du Parlement de Touloufe du 7 Décembre 1634, qui juge la même chofe. Cet Arrêt eft auffi cité par Taifand fur la Coutume de Bourgogne, *tit.* 2, *art.* 2, *n.* 17.

22. Autre Arrêt du Parlement de Provence du 22 Mars 1642, rapporté par Boniface en fes Arrêts, *tom.* 2, *part.* 3, *liv.* 1, *tit.* 2, *chap.* 9, qui a jugé que la procédure criminelle faite contre celui qui fe tue volontairement, par le dégoût de la vie, eft nulle.

On trouve même plufieurs exemples de pareils délits, qui n'ont point été pourfuivis en Juftice. Les Mémoires manufcrits du regne d'Henri III, *pag.* 143, racontent que le 18 Avril 1584, au Rouffai, près d'Etampes, un Médecin, nommé Malmedy, homme illuftre dans fa profeffion, & excellent Philofophe, fe coupa la gorge, & fe précipita & tua, outré de chagrin & de défefpoir, à caufe des grandes dettes dont il étoit accablé ; & ne parlent point qu'il y ait eu contre lui aucune condamnation.

23. Aimar Ranconnet, Préfident aux Enquêtes du Parlement de Paris, prévenu d'avoir eu commerce charnel avec fa fille, fut mis à la Baftille ; & comme il prévoyoit un jugement de mort contre lui, il fe fit mourir. C'étoit un homme d'une profonde littérature. M. de Thou, *liv.* 23 *de fon Hiftoire en l'an* 1559, dit que *exquifito mortis genere obiit.* Sainte-Marthe en fon Eloge dit *periit fenex meliore fortunâ dignus ex impotenti dolore animi vincula & carcerem indignantis.* Les Hiftoriens ont tû le genre de fon crime & de fa mort, & la fuite, à caufe de fon grand mérite.

§. III.

Procédure en matiere de Suicide. (a)

24. 1°. Les Juges de Seigneurs peuvent connoître de ce crime ; car on ne peut le regarder comme un affaffinat prémédité, qui ne convient qu'à ceux qui tuent de guet à pens ; ni même comme commis avec force & violence publique, qui ne convient qu'à celle qui s'exerce envers autrui. (Voyez Bacquet, Traité des Droits de Juftice, *chap.* 7, *n.* 16.)

Il faut auffi remarquer que les Eccléfiaftiques fuicides ne peuvent être punis par les Officiaux. (Voyez ce qui a été dit au titre *De la compétence des Juges en général*, ci-deffus, *part.* 2, *tit.* 2, n. 69.)

25. 2°. Lorfqu'un homme eft trouvé précipité, noyé, tué, ou défait de quelqu'autre maniere, le Juge doit fe tranfporter fur le lieu, & dreffer procès-verbal de l'endroit où le défunt a été trouvé pendu & étranglé, ou autrement homicidé ; ainfi que de l'état du cadavre, fuivant la Déclaration du 5 Septembre 1712, avec toutes les marques & fignes qui conftatent l'homicide, à charge & décharge. Enfuite il doit faire vifiter ce cadavre par Médecins & Chirurgiens ; après quoi il doit informer, à la requête de la partie publique, des vie & mœurs du défunt, & de l'état où étoit fon efprit & fa raifon, quand l'accident lui eft arrivé ; s'il étoit furieux, ou malade, & de la caufe pour laquelle il s'eft défait ; afin d'acquérir par ce moyen la connoiffance du fait, ainfi qu'il eft dit par cette même Déclaration de 1712. Tous ces éclairciffemens font néceffaires avant de créer un curateur au défunt ; parce que s'il eft reconnu qu'il n'y a point de crime, & que le défunt s'eft tué par folie, il eft inutile de nommer un curateur, & de faire une plus ample procédure. Mais le jugement qui intervient en ce cas, doit être rendu en la Chambre du Confeil. C'eft un jugement diffinitif ; & il faut au moins trois Juges.

26. Cette enquête, ou information des vie & mœurs du défunt, eft

---

(a) Voyez au titre *De la maniere de faire le procès au cadavre, ou à la mémoire d'un défunt*, ci-deffus, *part.* 3, *liv.* 2, *tit.* 30.

indifpenfable; & elle eft fi néceffaire, qu'on ne peut s'informer des circonftances de l'action, que les témoins ne dépofent en même temps de ce qui eft venu à leur connoiffance, à l'égard de la folie.

Lorfqu'il paroît par les circonftances, que celui qui s'eft tué, l'a fait par folie, ou dérangement d'efprit, le Juge doit ordonner, avant faire droit, qu'il fera plus amplement informé des vie & mœurs & comportements de ce défunt, pour l'information faite & rapportée, & communiquée à la partie publique, être ordonné ce qu'il appartiendra. Si la démence eft prouvée, on ne doit prononcer aucune condamnation contre le cadavre ; au contraire, on doit mettre fur l'accufation hors de Cour, & ordonner que le cadavre fera enterré en terre-fainte. (Ainfi jugé par Arrêt du 18 Mars 1550. Autre Arrêt du Parlement de Dijon du 13 Février 1567, rapporté par Bouvot, *tom.* 1, *part.* 1, au mot *Infenfé*, qu. 2. Voyez auffi Mainard, *liv.* 4, *chap.* 52; & Dolive, qui en rapporte plufieurs Arrêts.)

27. Au défaut de témoins, on a recours aux indices & préfomptions, pour juger fi cette perfonne s'eft tuée elle-même. Les indices les plus ordinaires font, fi on trouve le défunt bleffé dans le corps, tenant un poignard, ou piftolet à la main; fi on le trouve appuyé fur fon épée la pointe en haut; fi on le trouve pendu à une corde dans fa chambre, les mains libres, avec une chaife à côté de lui; ou précipité dans fon puits; & autres cas femblables. (Voyez ce qui a été dit au titre *Du corps du délit*, &c., ci-deffus, *part.* 3, *liv.* 2, *tit.* 3, n. 21.)

28. Les indices & préfomptions contraires en faveur du défunt, font,

S'il étoit frénetique, ou hipocondriaque.

S'il avoit déja tenté auparavant de fe donner la mort, ou de fe précipiter.

S'il lui eft furvenu quelque accident, ou malheur capable de l'avoir jetté dans le défefpoir.

S'il étoit accablé de quelque mal violent, capable de lui rendre la vie ennuyeufe & infupportable.

A l'égard de ceux qui fe tuent par la crainte du fupplice, il faut, pour que ce motif foit préfumé, trois conditions.

La premiere, qu'il y ait une plainte, ou accufation intentée contr'eux. (L. 3, D. *de bonis eorum qui fibi.*)

La feconde, qu'on ne puiffe préfumer d'autre motif qui ait pu engager l'accusé à se donner la mort, que celui de la crainte du supplice. C'est pourquoi le pere qui, après avoir tué son fils, se donne aussi la mort, est présumé s'être tué plutôt par la douleur de la mort de son fils, que par la crainte du supplice. (Même Loi 3, §. *si quis autem tædio*, D. *de bonis eorum qui sibi.*)

Et la troisieme, que le crime pour lequel l'accusé étoit poursuivi, soit du nombre de ceux qui méritent peine de mort, ou autre peine capitale. (*Eâd.* L. 3, §. *ut autem divus pius cum seqq.*, D. *de bonis eorum qui sibi.*)

29. C'est au fisc qui veut faire condamner l'accusé & confisquer ses biens, à prouver que l'homicide est volontaire ; mais dans le doute & l'incertitude, on présume que celui qu'on trouve mort, a été tué par quelqu'un, & non qu'il s'est tué lui-même ; à moins qu'on ne prouve le contraire. (*Ita* Farinacius, *qu.* 128, *n.* 42, & 43.) Ainsi une femme trouvée morte dans une riviere, n'est pas présumée s'être noyée, mais y avoir été jettée. (Voyez Bouvot, *tom.* 2, au mot *Homicide*, qu. 1.) De même, celui qui est trouvé dans un puits, est présumé y avoir été jetté, & non s'y être jetté lui-même. (Farinacius, *qu.* 2, *n.* 29;) & il faut dire la même chose de celui qui est trouvé suspendu la corde au col, ou précipité du haut d'une tour, ou autre endroit élevé. (Farinacius, *ibid.*)

3°. On prétend que le crime de suicide se prescrit par cinq ans; & qu'après ce temps on ne peut faire le procès au cadavre, ou à la mémoire du défunt. (Ainsi jugé par Arrêt du Parlement de Dijon du 22 Août 1733, rapporté par Raviot, *qu.* 256, *n.* 33, *tom.* 2, *pag.* 333.)

TITRE LII.

Supposition de Part.

1. LE crime de *Supposition de Part* (a), est une espece de faux qui se commet de plusieurs manieres. Il a lieu, 1°. quand une femme, après avoir feint d'être grosse, fait paroître au temps de l'accouchement un enfant qu'elle dit provenir de son mari, pour frustrer les héritiers légitimes de son mari : 2°. quand une femme grosse substitue, après son accouchement, un enfant mâle, ou femelle, selon qu'elle le désire, à la place de celui dont elle est accouchée : 3°. quand des peres & meres, qui n'ont point d'enfants, en supposent un étranger, qu'ils disent être issu de leur mariage ; afin de frustrer des héritiers substitués ; ou par quelque autre motif : 4°. enfin ce crime se commet, lorsque des étrangers substituent à des peres & meres un enfant étranger, au lieu de leur enfant légitime.

Ce crime est très grave, puisqu'il trouble l'ordre des familles, en ôtant à une famille un héritier légitime, ou en y introduisant des héritiers étrangers : *Publicè enim interest partus non subjici, ut ordinum dignitas familiarumque salva sit.* (L. 1, S. 13, D. *de inspiciendo ventre.*)

2. La peine de ce crime est capitale, suivant la Loi, Cod. *de falsis* ; & cette peine est non celle de la mort, mais la peine ordinaire du faux, qui est celle de la déportation. (Farinacius, *qu.* 150, *n.* 242.)

En France, nous suivons aussi la même Loi, & de plus, la femme qui est convaincue de ce crime, perd en outre son douaire, & tous les avantages provenant de la libéralité de son mari. (Ainsi jugé par Arrêt du 5 Juin 1636. Voyez le trentieme Plaidoyer de M. Lemaître ; & le Journal des Audiences, *tom.* 1, *liv.* 3,

(a) Touchant les suppressions & suppositions de part, Voyez le sixieme Plaidoyer de M. d'Aguesseau dans le Recueil de ses Ouvrages imprimés en 1761, *tom.* 2, *pag.* 111.

chap. 29. Autre Arrêt du Parlement de Provence du 18 Juin 1672, rapporté par Boniface, *tom.* 5, *liv.* 3, *tit.* 32.)

Quelquefois on prononce la peine du fouet & du banniſſement. (Arrêt du Parlement de Bordeaux de l'année 1565, rapporté par Automne ſur la Loi *qui falſam*, §. *accuſatio ſuppoſui partûs*, au Digeſte *ad L. Cornel. de falſis*, pag. 465.)

Par Arrêt du Parlement de Paris du 11 Mars 1730, la nommée Barbe-Françoiſe Begard-des-Mollettes, veuve, âgée de trente ans, atteinte & convaincue de ſuppoſition de part, neuf mois après la mort du ſon mari, a été condamnée à faire amende-honorable tenant une torche à la main, avec écriteau, *&c.*, & au banniſſement à perpétuité du reſſort du Parlement, & des deux Provinces de Bourgogne; & de plus, à être privée de ſes repriſes & conventions matrimoniales. Cet Arrêt eſt rapporté au Code Louis XV. La Servante de cette Veuve, qui étoit complice, a été condamnée d'aſſiſter à l'amende-honorable de ſa Maîtreſſe, & bannie pour neuf ans.

3. Autre Arrêt rendu en la Tournelle le 17 Décembre 1757, par lequel la femme du ſieur Guion & ſa ſœur ont été condamnées en l'amende-honorable, ayant écriteaux, *&c.*, & à être bannies pour neuf ans, pour ſuppoſition de part.

On doit dans l'impoſition de la peine pour cette eſpece de crime, avoir ſur-tout égard aux circonſtances tirées de la qualité des perſonnes, & aux moyens qui ont été employés pour le commettre. Ces circonſtances ſont telles, qu'elles peuvent quelquefois donner lieu à une peine capitale. On en a un exemple dans l'affaire de la Dame Comteſſe de Saint-Geran. Par Arrêt rendu en cette affaire le 5 Juin 1666, la nommée Marie Bigorreau, femme Beaulieu, fut condamnée à être pendue, pour s'être prétendue fauſſement la mere de l'enfant dont la Dame de Saint-Geran étoit accouchée.

La même peine doit auſſi avoir lieu contre les Chirurgiens, Sages-femmes, & autres complices de ce crime, dans le cas où ils ſubſtituent des enfants étrangers à la place des véritables enfants.

De l'action pour ce crime.

4. L'action en ſuppoſition de part ne peut être intentée que par

les parents qui y ont intérêt, ſuivant la Loi 30, §. *de partu ſup-poſito*, D. *ad L. Cornel. de falſis.*

Mais lorſque le mari eſt vivant, cette action ne peut être intentée par les héritiers de la femme. (Arrêt du 18 Juin 1638, rapporté au Journal des Audiences, *tom.* 1, *liv.* 3, *chap.* 54; & par Bardet, *tom.* 2, *liv.* 7, *chap.* 31.)

La mort de la mere qui a ſuppoſé un enfant, n'éteint point cette action; & elle peut être pourſuivie contre les héritiers de la mere. (Farinacius, *qu.* 150, *n.* 244.)

Il n'eſt pas néceſſaire, pour intenter l'action, d'attendre la naiſ-fance de l'enfant qu'on veut ſuppoſer ; mais elle peut être pour-ſuivie, auſſi-tôt que la ſuppoſition de part vient à être découverte. (L. 1, Cod. *ad L. Cornel. de falſis.*)

5. Par Arrêt du 14 Février 1713, rapporté au Journal des Au-diences, il a été jugé, qu'on ne pouvoit accuſer une femme de ſuppoſition d'enfant, quand elle rapportoit un extrait-baptiſtaire en bonne forme, ſigné du pere ; & que la preuve du contraire n'étoit pas admiſſible.

Par le Droit Romain cette action ne ſe preſcrivoit point ; (L. 19, §. 1, D. *ad L. Cornel. de falſis. Ita etiam* Farinacius, *qu.* 150, *n.* 262;) mais dans nos mœurs, elle ſe preſcrit par vingt ans, comme tous les autres crimes; ainſi qu'il a été jugé par Arrêt du 28 Mars 1665, rapporté par Soefve, *tom.* 2, *cent.* 3, *chap.* 53. Voyez ce qui a été dit ailleurs, touchant la preſcription de faux, au titre *Du faux*, ci-deſſus, *part.* 4, *tit.* 15, *n.* 125.)

De la Preuve.

6. Le crime de ſuppoſition de part, étant ordinairement très dif-ficile à prouver, peut ſe prouver par des conjectures, & par des indices; du moins quant à l'action civile. (Farinacius, *qu.* 150, *n.* 245;) & même ces préſomptions ne ſont point détruites par la poſſeſſion où l'enfant ſeroit de ſon état. (Farinacius, *ibid.* n. 246.) Ces conjectures ſont,

1°. Si la femme étoit hors d'âge d'avoir des enfants.

2°. Si elle étoit auparavant ſtérile; & quoique cet indice ſoit foible, parce qu'on voit tous les jours des femmes qui étoient au-paravant ſtériles, avoir des enfants, néanmoins quand il eſt joint avec d'autres préſomptions, il contribue à la preuve.

3°,

3°. Si elle a voulu accoucher dans un endroit retiré & folitaire, & fans l'aide de Chirurgiens, ni de Sages-femmes.

4°. Si dans le temps de fa prétendue groffeffe, elle n'a jamais voulu confentir d'être vifitée, quoiqu'il fût important de le faire.

7. 5°. Si dans le temps de l'accouchement prétendu, un autre femme eft accouchée d'un enfant qui ait été remis entre les mains d'un ami, ou domeftique de celle qui eft accufée en fuppofition de part.

6°. Si la femme, après la mort de fon mari, a été long-temps fans déclarer fa groffeffe.

7°. On peut mettre auffi au nombre des indices d'un enfant fuppofé au mari, lorfqu'une femme accouche peu de temps après fon mariage. (Ainfi jugé par Arrêt du 16 Janvier 1644, rapporté par Boniface, *tom. 2, partie 3, tit. 7, chap. 6*, qui a décidé qu'une femme qui étoit accouchée cinq mois après fon mariage, pouvoit être pourfuivie par fon mari en fupofition de part.)

Tous ces indices peuvent fe prouver par des témoins.

La confeffion de la femme, même extrajudiciaire, eft une des plus fortes preuves qu'on puiffe employer dans le crime d'enfant fuppofé; car il n'eft pas vraifemblable que la mere voulût alors mentir contr'elle-même, & contre fon propre fils; fur-tout fi cette déclaration étoit faite à l'article de la mort pour la décharge de fa confcience.

8. La renommée, ou le bruit commun, forme auffi une préfomption; ce crime étant du nombre de ceux dont il eft difficile d'avoir la preuve. (Farinacius, *qu. 150, n. 257.*)

Mais tous ces indices ceffent d'avoir lieu, lorfque la femme n'avoit aucun intérêt dans la fuppofition d'enfant dont on l'accufe.

Ces indices font détruits, à plus forte raifon, lorfque la groffeffe de la femme eft prouvée par le rapport des Matrones, & par d'autres circonftances qui établiffent conftamment cette groffeffe.

A l'égard de la preuve de la prétendue groffeffe d'une femme, qui n'eft fondée que fur ce que fon ventre a paru plus gros qu'à l'ordinaire à ceux qui l'ont vu fe promener, ou qui fe font entretenus avec elle, elle eft très incertaine, y ayant plufieurs manieres d'imiter extérieurement ces fortes de groffeffes.

Il eft bon d'obferver que pendant la pourfuite de l'accufation en fuppofition de part, l'enfant que l'on prétend être fuppofé, doit prouver du moins d'une maniere vraifemblable fa naiffance légitime, pour pouvoir être mis en poſſeſſion des biens de ſon pere, à moins qu'il n'en fût déja en poſſeſſion ; auquel cas il doit y être maintenu par proviſion ; ſur quoi, & ſur les autres queſtions qui ont rapport à cette matiere, il faut voir Boſſius en ſon Traité *De cauſis criminal.* au titre *De partu ſuppoſito,* n. 4 & *ſeqq.* ; & n. 23 & *ſeqq.*, où il traite amplement ces queſtions.

TITRE LIII.

Suppreſſion de Part.

1. LA *ſuppreſſion de part* eſt le crime de celui ou de celle qui ôte la connoiſſance de l'exiſtence d'un enfant, ou de ſon état, ſoit pour ſe procurer une ſucceſſion, ou pour quelqu'autre motif.

Ce crime ſe punit plus ou moins ſévérement, ſuivant les circonſtances.

Lorſque cette ſuppreſſion ſe fait en mettant obſtacle à la naiſſance de l'enfant, ou en faiſant périr le fruit dont la femme ou fille eſt accouchée, il tombe dans le cas du *parricide,* ou de *l'avortement.* (Voyez ce qui a été dit touchant ces crimes au titre *Du Parricide,* ci-deſſus, *part.* 4, *tit.* 39, n. 14 & 47.)

Il faut obſerver, au ſujet du crime de ſuppreſſion de part, que lorſque les héritiers d'un plaignant, qui a rendu ſa plainte pour raiſon de ſuppreſſion de part, & réclamé un enfant, comme étant ſon fils naturel & légitime, ont des droits acquis par le décès de ce plaignant, ils peuvent intervenir à l'effet de détruire l'information faite dans l'inſtance criminelle pour raiſon de cette plainte en ſuppreſſion de part. (Ainſi jugé en 1666 le 5 du mois de Juin dans l'affaire de la Dame Comteſſe de Saint - Geran. Voyez les Cauſes Célebres, *tom.* 1, *pag.* 359, *édition de* 1739.)

TITRE LIV.

Du trouble de Jurifdiction.

1. ON entend par *trouble de Jurifdiction*, tout empêchement qui eft fait à l'exercice de la Jurifdiction d'un Juge; foit que cet empêchement fe faffe par voie de fait, foit qu'il fe faffe par menaces, fraudes, ou autres voies illégitimes.

Cet empêchement, ou trouble, peut fe faire de plufieurs manieres :

1°. En empêchant un Juge de rendre la juftice.

2°. En empêchant celui qui eft affigné, de comparoître devant fon Juge.

3°. En retirant un criminel des mains de la Juftice, ou en le dérobant à fes pourfuites.

4°. En empêchant quelqu'un par menaces de plaider, & de foutenir fes droits en Juftice.

5°. En empêchant un condamné de fe pourvoir par appel contre fa fentence de condamnation.

6°. En empêchant une perfonne de plaider devant fon Juge, & en l'obligeant d'aller devant un autre.

7°. En entreprenant fur la jurifdiction d'autrui.

8°. En maltraitant, ou injuriant les Officiers de Juftice, lorfqu'ils font dans leurs fonctions.

9°. En manquant de refpect au Juge féant en fon Tribunal.

10°. Enfin, c'eft auffi une efpece de trouble de Jurifdiction, lorfqu'on eft affigné devant fon Juge légitime, & qu'on refufe de le reconnoître, & de comparoître devant lui.

2. La peine de ce crime eft arbitraire, & dépend des circonftances du fait, & de la qualité des perfonnes. Ainfi, celui qui emploie à cet égard la violence & les voies de fait, eft plus puniffable que celui qui n'emploie que les menaces, ou l'artifice. Cette peine eft le banniffement, ou autre peine plus ou moins grave, outre les dommages & intérêts des parties. (Farinacius, *qu.* 114, *n.* 37 & 38.)

1°. Celui qui empêche un Juge de rendre la justice à quelqu'un, doit être puni très sévérement; sur-tout si c'est un supérieur qui abuse pour cela de son autorité, & qui emploie les menaces, & même les voies de fait pour intimider le Juge. (Voyez ce qui a été dit au titre *De la malversation des Officiers de Justice* ci-dessus, *part.* 4, *tit.* 31, n. 34 & suiv.)

2°. Celui qui empêche quelqu'un qui est assigné, ou décrété, de comparoître devant son Juge, & qui emploie pour cela les menaces & voies de fait, doit être condamné en une peine arbitraire proportionnée aux circonstances; & en outre aux dommages & intérêts des parties. (Farinacius, *qu.* 114, *n.* 45 & 51.)

3. 3°. A l'égard de ceux qui retirent des mains de la Justice les personnes condamnées, ou décrétées, Voyez ce que j'ai dit à ce sujet au titre *Rébellion à Justice*, en parlant des recousses, ci-dessus, *part.* 4, *tit.* 45, *n.* 11.

4°. Ceux qui par menaces, ou voie de fait empêchent une personne de plaider, & de soutenir ses droits en Justice, doivent aussi être punis de peine arbitraire, & condamnés en outre aux dommages & intérêts de la partie. Quelquefois même ils sont punis de peine capitale; comme dans le cas où des personnes puissantes & élevées en dignité employeroient à cet effet les menaces, ou leur crédit, & autres voies illégitimes. (Farinacius, *qu.* 114, *n.* 66.)

5°. Les Seigneurs qui empêchent leurs sujets d'user du bénéfice de l'appel, contre les Sentences rendues en leurs Justices, & de recourir aux Juges supérieurs, doivent aussi être punis très sévérement, & commettent un crime de Leze-Majesté. (Farinacius, *qu.* 113, *n.* 62-65.)

4. 6°. Celui qui oblige son adversaire de plaider devant un Juge incompétent, dans le dessein de le vexer, peut aussi être condamné, non-seulement aux dommages & intérêts envers sa partie adverse, mais encore à quelqu'autre peine, s'il avoit employé pour cela les menaces, ou voies de fait. (Farinacius, *qu.* 114, *n.* 130, 131.)

7°. Le Juge qui entreprend sur la jurisdiction d'autrui en faisant exécuter un jugement qui n'est pas de sa compétence, & en prêtant main-forte à ce sujet, peut être puni de la peine de la déportation, ou bannissement perpétuel hors du Royaume. (Farinacius, *qu.* 114, *n.* 47.)

8°. A l'égard de la peine que méritent ceux qui troublent les Juges & autres Officiers de Justice dans leurs fonctions, en les maltraitant, ou injuriant, Voyez ce que j'ai dit là-dessus au titre *Des Rébellions à Justice*, part. 4, tit. 45, n. 59; & au titre *Des Injures*, ibid. tit. 24, n. 72.

9°. Voyez aussi au même titre *Des Injures*, n. 86, comment se punissent les injures & irrévérences commises en présence des Juges, lorsqu'ils sont dans leur Tribunal.

5. 10. Quant à ceux qui étant assignés, ou décrétés, refusent de comparoître devant leur Juge, & de reconnoître sa jurisdiction, la peine est ordinairement d'être condamnés à perdre leur cause, si c'est en matiere civile, ou d'essuyer un décret plus sévere, si c'est en matiere criminelle; outre que cette contumace sert à augmenter la preuve contre eux, ainsi qu'on l'a observé au même titre *Des Rébellions à Justice*, n. 9; mais il ne paroît pas que cette contumace & ce refus de comparoître, mérite par elle-même aucune autre peine. (Voyez Farinacius, tit. *de delictis & pœnis*, qu. 18, n. 26 & seqq.)

Les complices & fauteurs du trouble de jurisdiction doivent être punis de la même peine que les principaux auteurs. (Farinacius, *qu.* 114, *n.* 63-66.)

Les Juges qui sont troublés dans leur jurisdiction, peuvent par eux-mêmes punir les auteurs de ce trouble, quand même ils ne seroient pas leurs justiciables; pourvu que le trouble leur soit fait dans l'étendue de leur jurisdiction. (Farinacius, *qu.* 114, *n.* 6 & seqq. *usque ad* 84.)

6. Lorsque le trouble de jurisdiction se fait de bonne foi, & sans vouloir donner atteinte aux droits de celui dont la jurisdiction est troublée, il cesse d'être punissable; comme si c'est par ignorance, ou pour une juste cause; *v. g.* dans le cas d'un danger imminent de peste, d'inondation, ou autre semblable péril; ou pour la conservation de son droit; ou quand la partie adverse n'en souffre aucun dommage; ou lorsque l'assignation est nulle; ou enfin lorsque celui qui a causé le trouble, vient à se repentir, & à rétablir les choses dans l'ordre. (Farinacius, *qu.* 114, *n.* 10 & seqq. *usque ad* 134.)

Pour constater le trouble de jurisdiction, & prononcer la peine contre les coupables, il faut des preuves constantes & manifestes. (Farinacius, *qu.* 114, *n.* 135, & 137.)

Mais lorfqu'il ne s'agit que de prononcer une peine légere, comme l'amende, il n'eft pas néceffaire d'avoir une preuve fi évidente. La déclaration, ou le fimple procès-verbal du Juge fuffifent le plus fouvent pour donner lieu à ces fortes de condamnations.

TITRE LV.

Trouble public fait au Service Divin.

1. ON entend par *trouble public fait au Service divin*, un trouble fait en public accompagné de fcandale & de tumulte, qui empêche ou trouble la célébration du Service divin. Ainfi, on ne doit point comprendre fous ces mots une fimple irrévérence commife pendant l'Office ; mais feulement lorfque cela va à intetrompre, ou faire abandonner le Service ; comme s'il arrivoit un meurtre dans une Eglife.

De même, le trouble qui feroit fait au Service divin dans la Chapelle du château d'un particulier, n'eft point un trouble public fait au Service divin.

Ces mots de *Service Divin*, comprennent non-feulement les Offices, mais auffi les Prônes & les Sermons.

2. Ce crime eft mis au nombre des cas royaux par l'article 11 du titre 1 de l'Ordonnance de 1670.

Les crimes commis dans les Eglifes, qui troublent le Service divin, font punis beaucoup plus févérement que les autres ; parce qu'outre que ce font des facrileges, ils vont encore à troubler l'ordre public dans la célébration des Divins Offices. La peine doit être proportionnée à la nature du crime, & aux circonftances. (Voyez ce qui a été dit au titre *Du Sacrilege*, ci-deffus, *part. 4, tit. 46, n. 17* & fuivants.)

TITRE LVI.

ARTICLE PREMIER.

Vagabonds, & Gens fans aveu.

1°. **L**es *Vagabonds & gens fans aveu*, font ceux qui n'ayant
ni profeffion, ni métier, ni domicile certain, ni bien
pour fubfifter, ne peuvent être avoués, ni faire certifier de leurs
bonnes vie & mœurs par perfonnes dignes de foi. (Déclaration
du 5 Février 1731 , *art.* 1 ; autre du 29 Août 1701 ,
art. 2.)

Les mendiants qui n'ont aucun domicile, font de ce nombre,
& font regardés comme vagabonds dans l'ufage.

Mais les habitants des Provinces éloignées, comme Normandie,
Auvergne, Limofin, Dauphiné, & autres, même des Pays étrangers, qui viennent pour faire la récolte des foins, ou des moif-
fons, ou pour travailler, ou faire commerce dans les villes, ou
autres lieux du Royaume, ne doivent point être regardés comme
vagabonds, même après la récolte ; & il eft défendu aux Prévôts des Maréchaux, & à leurs Officiers, & Archers, de les in-
quiéter fous ce prétexte ; fi ce n'eft qu'ils fuffent trouvés mendiants contre les défenfes portées par les Réglements. (Déclaration
du 18 Juillet 1724, *art.* 12.)

Il en eft de même des ferviteurs nouvellement fortis de condition.

2°. Les Ordonnances enjoignent aux vagabonds de fe retirer
dans le lieu de leur naiffance, à peine d'être punis, fuivant la
rigueur des Ordonnances établies contre ces fortes de perfonnes.
(Ordonnance du 18 Avril 1558, *art.* 1 ; autre du 4 Février 1567 ;
autre du 30 Mars 1635. Déclaration du 25 Juillet 1700.)

A l'égard de la peine établie par les Ordonnances, contre
les vagabonds & gens fans aveu, cette peine a varié.

Une Ordonnance de S. Louis, de l'année 1270, *chap.* 34, prononce contre eux la peine du banniffement. (Voyez le Code
Militaire, *tom.* 3, *tit.* 49, *pag.* 612 & *fuivantes.*)

3. Une autre Ordonnance du 4 Juillet 1639, porte, qu'ils seront condamnés aux galeres ; & une Déclaration du 12 Octobre 1686, dit qu'ils seront jugés prévôtalement, & condamnés en cinq ans de galeres.

La Déclaration du 28 Janvier 1687, porte, que les mendiants qui seront vagabonds & sans domicile, seront condamnés aux galeres à perpétuité ; & les femmes à être flétries, fustigées, & bannies.

Une autre Déclaration du 25 Juillet 1700, semble prononcer une autre peine. Elle enjoint à toutes personnes, tant hommes que femmes, âgées de quinze ans & au-dessus, valides, & capables de gagner leur vie par leur travail, soit qu'ils aient un métier, soit qu'ils n'en aient pas, de travailler aux ouvrages dont ils peuvent être capables, dans les lieux de leur naissance, ou dans ceux où ils sont demeurants depuis plusieurs années ; à peine d'être traités & punis comme des vagabonds ; & à tous mendiants, fainéants, vagabonds sans condition & sans emploi, de sortir des villes, & autres lieux où ils se trouveront ; & de se retirer dans les lieux de leur naissance.

4. Cette même Déclaration fait défenses auxdits mendiants, fainéants, vagabonds, & gens sans aveu, de s'attrouper en plus grand nombre que de quatre ; comme aussi de demeurer sur les grands chemins, & d'aller dans les Fermes de la campagne, sous prétexte d'y demander l'aumône ; à peine, à l'égard des hommes d'être fustigés pour la premiere fois ; & pour la seconde, à l'égard de ceux qui n'ont pas vingt ans, du fouet & du carcan : & ceux de l'âge de vingt ans, & au-dessus, d'être condamnés aux galeres pour cinq ans ; & à l'égard des femmes, d'être renfermées pour un mois dans les Hôpitaux ; & en cas de récidive, d'être fustigées & mises au carcan.

Néanmoins une autre Déclaration postérieure du 12 Mars 1719, suppose que la peine des galeres est celle qui doit être prononcée contre les vagabonds. Il est vrai que cette Déclaration ordonne aux Juges dans le cas où ils peuvent prononcer la peine des galeres contre les vagabonds, de les condamner aux Colonies, pour y travailler comme engagés, soit pour un temps, soit pour toujours ; mais cette disposition a depuis été révoquée par une autre Déclaration du 5 Juillet 1722, qui ordonne l'exécution des Déclarations des 25 Juillet 1700, & 27 Août 1701, contre les mendiants &

vagabonds, sans que les Juges puissent ordonner à l'avenir que ceux qui y contreviendront soient condamnés aux colonies.

5. Il résulte de cette derniere Déclaration, que ce qui doit fixer la Jurisprudence à l'égard des vagabonds, est la Déclaration du 25 Juillet 1700; & qu'ainsi la peine qui doit être prononcée contre les vagabonds, est celle portée par ladite Déclaration de 1700, qui porte, qu'ils seront condamnés pour la premiere fois à être fustigés; & pour la seconde fois, aux galeres pour cinq ans; & à l'égard de ceux qui n'ont pas vingt ans, au fouet & au carcan; & qu'à l'égard des femmes, elles seront condamnées pour la premiere fois, à être enfermées pour un mois dans les Hôpitaux; & en cas de récidive, à être fustigées & mises au carcan.

6. 3°. Les Ordonnances ont établi des peines particulieres contre les vagabonds & gens sans aveu de la Ville de Paris. Un Arrêt du Parlement du 5 Février 1535, leur enjoint de se retirer dans le lieu de leur naissance, à peine de la hart. L'Ordonnance du 30 Mars 1635, dit, à peine d'être mis à la chaîne, & envoyés aux galeres; & la même peine est portée par un Arrêt de Réglement du Parlement du 13 Décembre 1662.

La Déclaration du 27 Août 1701, *art.* 5 & 6, veut qu'ils soient condamnés pour la premiere fois à être bannis du ressort de la Prévôté de Paris; & pour la seconde fois, aux galeres pour trois ans; & s'ils ont déja été repris de Justice, ils doivent être pour la premiere fois, condamnés aux galeres pour trois ans.

7. 4°. Un Edit du mois de Décembre 1666, enjoint aux Officiers de Police de la ville de Paris, d'arrêter tous vagabonds & gens sans aveu, & de leur faire leur procès.

L'article 1 de la Déclaration du 5 Février 1731, enjoint aussi aux Prévôts des Maréchaux, d'arrêter lesdits vagabonds, encore qu'ils ne fussent prévenus d'aucun autre crime, ou délit, pour leur être leur procès fait & parfait, conformément aux Ordonnances. (*Idem* par l'article 2 de la Déclaration du 18 Juillet 1724.)

Une derniere Déclaration du 3 Août 1764, *art.* 3, porte, que les vagabonds & gens sans aveu, seront condamnés, encore qu'ils ne fussent prévenus d'aucun autre crime, ou délit; sçavoir, les hommes valides de seize ans & au-dessus, en trois ans de galeres; & ceux de soixante-dix ans & au-dessus, ainsi que les infirmes, les

Tome IV. V.

filles & les femmes, à être renfermés pendant trois ans dans l'Hôpital le plus prochain.

L'article 5 veut que dans les cas où lesdits particuliers seroient arrêtés de nouveau, & convaincus d'avoir repris le même genre de vie, ils soient condamnés ; sçavoir, les hommes valides au-dessous de soixante-dix ans, à neuf années de galeres, & en cas de récidive, aux galeres à perpétuité ; & les hommes de soixante-dix ans & au-dessus, ou infirmes, & les femmes & filles, à neuf années de réclusion dans l'Hôpital le plus prochain ; & en cas de récidive, à perpétuité.

8. 5°. Les Ordonnances défendent à tous Hôteliers, Cabaretiers, & autres personnes, de loger & retirer les vagabonds ; & leur enjoint de les dénoncer à Justice. (Ordonnance du 9 Mai 1539 ; Ordonnance d'Orléans, *art.* 101 ; autre Ordonnance du 4 Février 1567 ; Ordonnance de Blois, *art.* 360 ; autre du 30 Mars 1635.) Ces Ordonnances prononcent, les unes la confiscation de biens, d'autres les galeres, *&c.* contre ceux qui recéleront ces sortes de vagabonds, & ne les déféreront à Justice dans les vingt-quatre heures.

6°. Il semble que la preuve qu'un particulier est vagabond, est suffisamment établie par son aveu ; & c'est ce qui résulte de l'article 19 du titre 1 de l'Ordonnance de 1670 ; néanmois l'article 3 de la Déclaration du 27 Août 1701, rendue pour la ville de Paris, veut que le procès soit fait aux vagabonds sur les procès-verbaux des Huissiers, Sergents, Archers, & autres Ministres de la Justice, sur les conclusions du Procureur du Roi, par le Lieutenant-Général de Police en dernier ressort, avec les Officiers du Châtelet, au nombre de sept.

9. Dans les autres endroits du Royaume, c'est aux Juges ordinaires, ou aux Présidiaux, & Prévôts des Maréchaux par prévention, à en connoître ; & lorsque ce sont les Présidiaux ou Prévôts des Maréchaux, ils en connoissent en dernier ressort. (Déclaration du 5 Février 1731, *art.* 1, 7 & 9.)

A l'égard des vagabonds qui sont en même-temps mendiants, ils peuvent être jugés en dernier ressort, ou par les Lieutenants de Police, ou par les Prévôts des Maréchaux par concurrence, conjointement avec les Officiers des Présidiaux. (Voyez ce qui a été dit ci-après, *n.* 20, & *suiv.*)

Lorsque des particuliers sont arrêtés comme vagabonds, ou

pourfuivis comme tels, à la requête du Procureur du Roi, &c. & qu'ils prétendent avoir une profeffion & un domicile certain, on ordonne ordinairement avant de faire droit fur la plainte, ou même avant de juger leur compétence, qu'ils fe feront avouer & certifier de leurs bonnes vie & mœurs par gens dignes de foi.

ARTICLE II.

Mendiants.

10. Le crime de mendicité eft un des plus communs qu'il y ait en France ; & il feroit à fouhaiter qu'on pût trouver des moyens pour le profcrire. Il y a déja long-temps qu'on a tenté pour cela différents moyens, mais toujours fans fuccès.

1°. Les Ordonnances défendent de mendier dans les Eglifes, & enjoignent aux Juges de contraindre les mendiants valides à gagner leur vie, par prife & détention de leurs perfonnes en prifon au pain & à l'eau, & par toutes autres peines corporelles, ou civiles. (Ordonnances des 25 , 26 & 27 Mai 1413.)

Une autre Déclaration du 16 Janvier 1545, porte, qu'ils feront employés à des travaux publics. Ce qui depuis a pareillement été ordonné par deux autres Déclarations des 1 Août 1709 ; & 10 Mars 1720.

11. D'autres Réglements portent, qu'ils feront conduits dans des Hôpitaux, pour y être employés à des travaux. (Déclaration du 27 Août 1612 ; Ordonnance du 10 Octobre 1669 ; autre du 10 Mars 1720.) Un Arrêt du Confeil du 7 Novembre 1724, pourvoit même à la nourriture de ces mendiants.

2°. A l'égard de la peine établie contre les mendiants valides, l'Ordonnance du Roi Jean du 30 Janvier 1350, rendue pour la ville de Paris, porte, qu'ils feront, pour la première fois, mis en prifon ; pour la feconde, attachés au pilori ; & pour la troifieme fois, marqués d'un fer chaud au front, & bannis : défend aux Prédicateurs d'exhorter dans leurs fermons à faire l'aumône aux gens valides.

Une autre Ordonnance de l'année 1536, *art.* 5, défend aux pauvres valides de mendier en la ville de Paris, à peine du fouet.

Une autre Ordonnance du 9 Juillet 1547, rendue auffi pour la ville de Paris, défend à toutes perfonnes de l'un & de l'autre sexe, de demander l'aumône dans les rues, aux portes des Eglises ni autrement, en public ; à peine du fouet, & du bannissement contre les femmes, & des galeres contre les hommes.

12. Un Arrêt du Parlement du 9 Juin 1630, défend aux mendiants valides de la ville de Paris, de demander l'aumône ; à peine pour la premiere fois d'être fustigés ; pour la seconde, du fouet & du carcan ; & pour la troisieme des galeres.

Un Edit du mois d'Août 1661, porte, que les mendiants valides de Paris qui auront été pris trois fois, seront condamnés au fouet ; & que s'ils sont repris une quatrieme fois, ils seront condamnés, savoir, les hommes, en cinq ans de galeres, & les femmes & filles, à être rasées & bannies pour dix ans de la Prévôté de Paris.

Un Arrêt du Parlement du 13 Décembre 1661, enjoint à tous mendiants non natifs de la Ville & Prévôté de Paris, de vuider, & de se retirer dans le lieu de leur naissance ; à peine des galeres contre les valides ; du fouet & de la fleur de lis contre les estropiés ; & contre les femmes, d'être fustigées & rasées publiquement.

13. Cet Arrêt défend sur les mêmes peines, à ceux qui sont nés dans la Prévôté & Vicomté de Paris, de mendier par la ville & fauxbourgs ; leur enjoint de gagner leur vie, sinon de se retirer à l'Hôpital dans vingt-quatre heures ; après lequel temps, ils pourront être emprisonnés pour être conduits aux galeres, sans forme de procès ; & les estropiés fouettés & marqués de la fleur de lis.

La Déclaration du 16 Avril 1685, enjoint à tous mendiants valides, qui ne sont pas natifs de Paris, ou de douze lieues aux environs, qu'ils aient à en sortir dans les trois jours, & à se retirer dans leur pays, pour y travailler dans des atéliers établis à cet effet, ou ailleurs ; à peine d'être enfermés pendant un mois dans les maisons de Bicêtre & de la Salpêtriere, pour la premiere fois ; & pour la seconde fois, des galeres pour cinq ans à l'égard des hommes ; & du fouet & du carcan à l'égard des femmes âgées de quinze ans & au-dessus ; & du fouet & de plus longue détention dans lesdites maisons de Bicêtre & de la Salpêtriere, pour les garçons & filles au-dessous de quinze ans. (*Idem* par la Déclaration du 10 Février 1699.)

14. 3°. A l'égard des mendiants des autres villes, bourgs, & autres lieux du Royaume, une Déclaration du 28 Janvier 1687,

ordonne qu'ils feront arrêtés par les Baillis & Sénéchaux, ou leurs Lieutenants, & que leur procès foit par eux fait, fauf l'appel ; qu'aux femmes & filles, il fera pour la premiere fois fait défenfes de récidiver ; & qu'en cas de récidive, elles feront condamnées à être fuftigées, flétries & bannies du reffort de la Jurifdiction ; & à l'égard des hommes, qu'il leur foit fait pour la premiere fois pareilles défenfes de récidiver ; & en cas de récidive, qu'ils foient auffi condamnés à être fuftigés, flétris & bannis de la Jurifdiction ; & pour la troifieme fois, qu'ils foient condamnés par les Juges en dernier reffort, aux galeres à perpétuité.

15. La Déclaration du 18 Juillet 1724, *art.* 1, enjoint à tous mendiants, tant hommes que femmes, valides & capables de gagner leur vie par leur travail, de prendre un emploi pour fubfifter de leur travail, foit en fe mettant en condition pour fervir, ou en travaillant à la culture des terres, ou autres ouvrages, ou métiers dont ils peuvent être capables ; & ce, dans quinzaine du jour de la publication de ladite Déclaration : enjoint pareillement aux mendiants invalides, ou qui par leur grand âge font hors d'état de gagner leur vie par leur travail, même aux enfants, nourrices, & femmes groffes qui mendient, faute de moyen de fubfifter, de fe préfenter pendant ledit temps dans les Hôpitaux les plus prochains de leur demeure, où ils feront reçus gratuitement, & employés au profit des Hôpitaux à des ouvrages proportionnés à leurs âges & à leurs forces, pour fournir du moins en partie à leur entretien & à leur fubfiftance ; & à l'égard du furplus, dans les cas où les revenus des Hôpitaux ne feroient pas fuffifants, Sa Majefté promet de fournir les fecours néceffaires à cet effet.

16. L'article 2 de cette même Déclaration, pour ôter tout prétexte aux mendiants valides qui voudroient excufer leur fainéantife & leur mendicité, fur ce qu'ils n'ont pas pu trouver de travail pour gagner leur vie, permet à tous mendiants valides qui n'auront point trouvé d'ouvrage dans ledit délai de quinzaine, de s'engager aux Hôpitaux, qui, au moyen dudit engagement, feront tenus de leur fournir la fubfiftance & l'entretien. Cet article ajoute que ces engagés feront diftribués en compagnies de vingt homme chacune, fous le commandement d'un Sergent qui les conduira tous les jours à l'ouvrage, & fans la permiffion duquel ils ne pourront s'abfenter ; qu'ils feront employés aux ou-

vrages des ponts & chaussées, & autres travaux publics, & autres
sortes d'ouvrages qui seront jugés convenables ; que leurs journées seront payées entre les mains du Sergent, au profit de l'Hôpital, sur le pied qu'il aura été convenu avec les Directeurs, qui
leur donneront toutes les semaines une gratification sur le montant de leurs journées, qui sera au moins du sixiéme du profit ; &
même un peu plus forte, s'ils se sont bien acquittés de leur travail. Que si quelqu'un desdits engagés trouve dans la suite un emploi pour subsister, les Directeurs pourront en connoissance de
cause, lui accorder son congé ; qu'ils l'accorderont pareillement
à ceux qui voudront entrer dans les troupes du Roi ; & que
ceux qui quitteront les services desdits Hôpitaux sans congé, ou
pour aller servir ailleurs, ou pour reprendre leur premier état de
fainéantise & mendicité, pourront être poursuivis extraordinairement, & condamnés en cinq années de galeres.

17. L'article 3 veut en conséquence qu'après ledit délai de quinzaine expiré, les hommes & les femmes valides qui seront trouvés mendiants dans la ville de Paris, & autres villes & lieux du
Royaume, même les mendiants, ou mendiantes invalides, & enfants, soient arrêtés, & conduits dans les Hôpitaux-Généraux
les plus proches des lieux où ils auront été arrêtés, & dans lesquels les mendiants invalides seront nourris pendant leur vie ; &
les enfants, jusqu'à ce qu'ils aient atteint l'âge suffisant pour gagner leur vie par leur travail ; qu'à l'égard des femmes grosses,
& des nourrices, elles seront gardées pendant le temps qui sera
jugé convenable par les Directeurs des Hôpitaux ; quant aux
hommes & femmes valides, qu'ils seront renfermés & nourris au
pain & à l'eau pendant le temps qui sera jugé à propos par les
Directeurs & Administrateurs desdits Hôpitaux, qui ne pourra
être moindre que de deux mois ; & qu'au cas qu'ils soient arrêtés
une seconde fois mendiants, soit dans les mêmes lieux où ils auront été arrêtés, ou renfermés, soit en quelqu'autres lieux du
Royaume, les invalides seront retenus dans lesdits Hôpitaux pendant leur vie, pour y être nourris ; & les hommes & les femmes
valides, condamnés par les Officiers ci-après nommés, à être renfermés dans lesdits Hôpitaux pour le temps & espace de trois
mois au moins ; & en outre, marqués avant leur élargissement
d'une marque en forme de la lettre M, au bras ; & ce, dans l'intérieur de la maison de l'Hôpital, sans que cette marque emporte

infamie ; & qu'au cas que les uns & les autres soient arrêtés mendiants une troisieme fois, en quelque lieu que ce puisse être, les femmes valides seront condamnées par les Officiers ci-après nommés, à être renfermées dans les Hôpitaux-Généraux le temps qui sera jugé convenable, lequel ne pourra être moindre de cinq années, même à perpétuité, s'il y échet ; & les hommes valides aux galeres pour cinq années au moins ; & qu'à l'égard des hommes & femmes invalides, & hors d'état de travailler, ils seront retenus dans lesdits Hôpitaux ; pour être les hommes invalides nourris & alimentés pendant leur vie, & employés au profit de lHôpital aux ouvrages dont ils pourront être capables, eu égard à leur âge & à leurs infirmités.

18. L'article 4 permet auxdits mendiants qui voudront se retirer dans le lieu de leur naissance, ou domicile, de se présenter dans ledit temps de quinzaine à l'Hôpital-Général le plus prochain du lieu où ils sont actuellement, où il leur sera donné un congé, ou passeport, qui fera mention de leur nom, sur-nom, âge, naissance & domicile, de leur signalement, & des principaux lieux de leur route ; ensemble du lieu où ils voudront se retirer, dans lequel ils seront tenus de se rendre dans un délai qui ne pourra être plus long que celui qui est nécessaire pour faire le voyage, à raison de quatre lieues par jour, dont sera fait mention dans le congé, ou passeport, qu'ils seront tenus de faire viser par les Officiers municipaux de tous les lieux où ils passeront ; moyennant quoi & pendant ledit temps seulement, ils ne pourront ête inquiétés, ni arrêtés, pourvu qu'ils ne soient par trouvés attroupés en plus grand nombre que celui de quatre, non compris les enfants.

19. Pour connoître plus facilement ceux qui auront déja été arrêtés une premiere fois, ou contre lesquels il y auroit d'ailleurs des plaintes, ou autres faits qui méritent d'être approfondis, l'article 5 veut & ordonne qu'il soit établi en l'Hôpital-Général de Paris, un Bureau général de correspondance avec tous les autres Hôpitaux du Royaume, où l'on tiendra un registre exact de tous les mendiants qui seront arrêtés, contenant leurs noms, sur-noms, âges & pays, ainsi qu'il aura été par eux déclaré ; avec les autres circonstances principales qu'ou aura pu tirer de leurs interrogatoires, & les principaux signalements de leurs personnes ; & que tous les Hôpitaux des Provinces tiendront un pareil Registre des mendiants emmenés en leur maison, dont ils enverront une co-

pie toutes les semaines au Bureau général établi à Paris, sur lesquelles copies on formera au Bureau de Paris un registre général de tous les mendiants arrêtés dans toute l'étendue du Royaume, sur lequel on portera au nom de chaque mendiant les notes & observations résultantes de leurs interrogatoires, & ce qu'on aura pu découvrir à leur sujet dans les copies des registres des autres Hôpitaux ; qu'on y tiendra aussi un registre alphabétique du nom de tous lesdits mendiants ; qu'on fera imprimer à la fin de chaque semaine la copie de ce qui aura été porté pendant le cours de la semaine sur le registre général, & sur le registre alphabétique ; & qu'il en sera envoyé un imprimé à chacun des Hôpitaux du Royaume, ensemble à tous les Officiers de Police & de Maréchaussée ; au moyen de quoi chaque Hôpital ayant les renseignements nécessaires des mendiants arrêtés dans toute l'étendue du Royaume, on démêlera facilement ceux qui ayant été arrêtés pour une premiere fois, auront été mendier dans d'autres Provinces, dans l'espérance de n'y être pas reconnus ; ou ceux contre lesquels il y aura d'autres sujets qui méritent un châtiment plus sévere.

20. 4°. L'article 6 porte, que les mendiants qui seront arrêtés demandant l'aumône avec insolence ; ceux qui se diront faussement soldats ; qui sont porteurs de congés qui ne sont pas véritables ; ceux qui, lorsqu'ils auront été arrêtés & conduits à l'Hôpital, auront déguisé leurs noms & sur-noms, & le lieu de leur naissance ; ensemble ceux qui seront arrêtés contrefaisant les estropiés, ou qui feindroient des maladies qu'ils n'auroient pas ; ceux que se feroient attroupés au-dessus du nombre de quatre, non compris les enfants, soit dans les villes, soit dans les campagnes ; ou qui auroient été trouvés armés de fusils, pistolets, épées, bâtons ferrés, ou autres armes ; & ceux qui se trouveroient flétris d'une fleur de lis, ou de la lettre V, ou autre marque infamante, seront condamnés, quoiqu'arrêtés mendiants pour la premiere fois, sçavoir, les hommes valides, aux galeres au moins pour cinq années ; & à l'égard des femmes, ou des hommes invalides, au fouet dans l'intérieur de l'Hôpital, & à une détention à l'Hôpital-Général à temps, ou à perpétuité, suivant l'exigence des cas ; laissant au surplus à la prudence des Juges de prononcer plus grande peine, s'il y échet.

L'article 38 du titre *De la police & conservation des bois* de l'Ordonnance des Eaux & Forêts du mois d'Août 1669, porte aussi
que

que les vagabonds qui changent de nom pour n'être pas reconnus, seront condamnés aux galeres.

21. 5°. L'article 7 de la même Déclaration du 18 Juillet 1724,
porte, que le procès sera fait auxdits mendiants, en cas qu'il
échoie de prononcer la marque pour la premiere récidive, ou
en cas de la seconde récidive, ou de l'article précédent; sçavoir,
s'ils sont arrêtés dans les villes où il y a des Lieutenants-Généraux de Police établis, fauxbourgs & banlieues d'icelles, par lesdits Lieutenants-Généraux de Police; & qu'en cas d'absence, maladie, ou autre légitime empêchement, le procès leur sera fait &
parfait dans la ville de Paris, par l'un des Lieutenants-Particu-
liers au Châtelet; & dans les autres villes, par les Lieutenants-
Criminels, sur le procès-verbal de capture, & affirmation d'icelui, par voie d'information, ou sur la déposition de deux témoins,
extraits des regiftres des Hôpitaux, pour ceux qui auront été renfermés; enfemble sur les interrogatoires des accufés, récolement
& confrontation; & que les condamnations seront prononcées en
dernier reffort, & fans appel par lefdits Officiers affiftés des autres Officiers des Sieges Préfidiaux, Bailliages, ou Sénéchauffées
Royales du lieu de leur établiffement, au nombre de fept; & ce,
conformément aux Déclarations des 16 Avril 1685; 10 Février
1699; 25 Janvier 1700; & 27 Août 1701 : enjoint aux Lieutenants-Criminels de Robe-Courte, & Chevalier du Guet de la
ville de Paris, Prévôt de l'Ifle de France, & autres Officiers;
& généralement à tous Prévôts & Officiers de Maréchauffée, &
Archers, Commiffaires, Huiffiers, & autres Officiers de Police,
Officiers & Archers des Hôpitaux, de faire recherche & perquifition defdits mendiants & vagabonds; d'arrêter & faire arrêter
tous ceux de la qualité ci-deffus exprimée, tant dans les villes
que dans les campagnes, grands chemins, fermes, & autres lieux,
& de prêter main-forte auxdits Lieutenants-Généraux de Police,
& aux Archers des pauvres; enjoint auffi auxdits Archers & Huiffiers, d'exécuter ce qui leur sera ordonné pour l'exécution de la
préfente Déclaration.

22. L'article 8 porte, que le Lieutenant-Criminel de Robe-Courte
de Paris, enfemble les Prévôts des Maréchaux, & leurs Lieutenants, pourront auffi inftruire les procès des mendiants & vagabonds qu'ils auront arrêtés dans les villes & lieux où il y aura
des Lieutenants-Généraux de Police, faux-bourgs & banlieues d'i-

celles, & les juger aussi en dernier ressort, pourvu qu'ils aient décrété avant lesdits Lieutenants - Généraux de Police ; à la charge
de faire juger leur compétence, & de satisfaire aux autres formalités prescrites par les Ordonnances, & de se faire assister des
Officiers des Sieges Présidiaux, Bailliages, ou Sénéchaussées
Royales, au nombre de sept au moins ; & qu'en cas de contestation
pour raison de la compétence entre lesdits Lieutenants - Généraux
de Police d'une part, & le Lieutenant-Criminel de Robe-Courte
de la ville de Paris, ou les Prévôts des Maréchaux, ou leurs Lieutenants, d'autre, elles seront réglées par les Cours de Parlement:
sans que lesdits Officiers, ni lesdits accusés puissent se pourvoir
au Grand-Conseil, ni ailleurs, comme il est porté par la Déclaration du 27 Août 1701 ; & qu'à l'égard de ceux que lesdits Prévôts,
ou Lieutenants, ou Archers, arrêteront dans les villes où il n'y
auroit point de Lieutenants-Généraux de Police établis, ou dans
les campagnes, grands chemins, fermes, ou autres lieux, lesdits
Prévôts, ou Lieutenants, pourront instruire leur procès, & les
juger en dernier ressort, avec les Officiers du plus prochain Présidial, ou principal Siege Royal, en la maniere & avec les formalités accoutumées, suivant & conformément à ladite Déclaration du 25 Juillet 1700.

23.   L'article 9 porte, que dans les articles précédents, en ce qui
concerne la Jurisdiction des Lieutenant-Général de Police, &
Lieutenant-Criminel de Robe-Courte de Paris, ne sont compris
les mendiants & vagabonds de la qualité ci-dessus marquée, qui
seront arrêtés dans les cours, salles & galeries du Palais à Paris,
contre lesquels il sera procédé par le Lieutenant-Général au Bailliage dudit Palais, aussi en dernier ressort, & sans appel, en la
forme ci-dessus prescrite, & avec le nombre de sept Juges au
moins.

24.   6°. L'article 11 porte, qu'au cas que ceux qui seront arrêtés
comme contrevenants à la présente Déclaration, soient accusés
d'autres crimes qui ne soient point de la compétence des Lieutenants-Généraux de Police, & autres Officiers ci-dessus nommés, ils seront tenus d'en laisser la connoissance aux Juges qui
en doivent connoître, suivant les Ordonnances ; à la charge néanmoins par lesdits Juges, de prononcer contre les accusés qui auroient contrevenu à la présente Déclaration, les peines portées

par icelle, au cas qu'il n'échée pas de prononcer contre eux de plus grande peine.

25. 7°. L'article 10 fait défenses à toutes sortes de personnes, de troubler directement, ni indirectement, les Officiers ci-dessus, ni les Officiers & Archers des Hôpitaux-Généraux, lorsqu'ils arrêteront lesdits mendiants & vagabonds ; & en cas de rébellion, soit par eux, soit par autres qui leur donneroient, aide & protection, pour empêcher qu'on ne les arrête, cet article veut qu'il soit procédé contre les coupables, & que le procès leur soit fait & parfait suivant la rigueur des Ordonnances.

La Déclaration du Roi du 12 Septembre 1724, renouvelle ces défenses, & ordonne en l'article 2, que le procès sera fait & parfait par le Lieutenant-Général de Police de Paris, à ceux qui seront prévenus d'avoir insulté, ou troublé en quelque maniere que ce soit, lesdits Officiers & Archers, lorsqu'ils seront employés à observer les mendiants, ou à la conduite & capture d'iceux ; & ce, sur les procès-verbaux desdits Officiers & Archers, dans lesquels ils seront répétés par forme de déposition sur les interrogatoires des accusés, les récolements & confrontations desdits Officiers & Archers, & des témoins qui auront été entendus dans les informations. L'article 3 veut à cet effet, que les Brigadiers & Sous-Brigadiers des Archers commis à la capture des mendiants, soient tenus de faire dans le jour leur rapport en forme, du trouble qui leur aura été apporté dans l'exécution de leurs fonctions, sur un regiftre qui sera déposé au Greffe de la police du Châtelet, cotté & paraphé dans toutes ses pages par le Lieutenant-Général de Police.

Mais les Juges de Police ne connoiffent de ces rébellions, qu'à la charge de l'appel. (Même Déclaration.)

26. 8°. Les Ordonnances défendent non seulement de mendier, mais elles défendent aussi de donner l'aumône dans les rues, ni dans les Eglifes, ou aux portes desdites Eglifes, ou autres lieux. (Arrêt du Parlement du 27 Novembre 1659 ; Ordonnance du 17 Août 1712.)

ARTICLE III.

Bohemiens, ou Égyptiens.

27. Il est défendu aux gens appellés Bohémiens, ou Egyptiens ;

X ij

d'entrer dans le Royaume ; & il eft enjoint à ceux qui y font, d'en fortir, à peine des galeres, & de punition corporelle contre les hommes ; & contre les femmes & enfants, d'être rafés. (Edit du 24 Juin 1539 ; Ordonnance d'Orléans, *art.* 104.)

L'Edit du mois de Décembre 1666, touchant la police de Paris, porte, qu'ils feront arrêtés & conduits aux galeres, fans autre forme de procès ; & qu'à l'égard des femmes & filles qui les accompagnent & vaguent avec eux, elles feront fouettées, flétries, & bannies hors du Royaume ; & que ce qui fera ordonné à cet égard par les Officiers de police, fera exécuté en dernier reffort.

28. Une derniere Déclaration du 11 Juillet 1682, enjoint aux Baillis, Sénéchaux, leurs Lieutenants ; comme auffi aux Prévôts des Maréchaux, Vice-Baillis & Vice-Sénéchaux, d'arrêter, & faire arrêter, tous ceux qui s'appellent Bohêmes, ou Egyptiens, leurs femmes, enfants, & autres de leur bande ; de faire attacher les hommes à la chaîne des forçats, pour être conduits dans les galeres, & y fervir à perpétuité ; & à l'égard de leurs femmes & filles, ordonne aux Juges de les faire rafer la premiere fois qu'elles auront été trouvées menant la vie de Bohêmiennes, & de faire conduire dans les Hôpitaux les plus prochains des lieux, les enfants qui ne feront pas en état de fervir dans les galeres, pour y être nourris & élevés comme les autres enfants qui y font enfermés. Et en cas que lefdites femmes continuent de vaguer & de vivre en Bohêmiennes, de les faire fuftiger & bannir hors du Royaume ; le tout fans autre forme, ni figure de procès.

La même Déclaration, fait défenfes à tous Gentilshommes, Seigneurs Hauts-Jufticiers & de Fiefs, de donner retraite dans leurs châteaux & maifons auxdits Bohêmes, & à leurs femmes ; & en cas de contravention, veut que lefdits Gentilshommes, Seigneurs, & Hauts-Jufticiers, foient privés de leurs Juftices ; que leurs fiefs foient réunis au Domaine du Roi ; même qu'il foit procédé contr'eux extraordinairement, pour être punis d'une plus grande peine, fi le cas y échet, & fans que les Juges puiffent modérer ces peines.

ARTICLE IV.

Pelerins.

29. Il est défendu d'aller en pélerinage à Rome, suivant une ancienne Déclaration du 13 Février 1399.

L'Edit du mois d'Août 1671, porte, que ceux qui voudront aller en pélerinage à Saint-Jacques-en-Galice, Notre-Dame de Lorette, & autres lieux Saints hors du Royaume, seront tenus de se présenter devant leur Evêque Diocésain, pour être par lui examinés sur les motifs du voyage, & prendre de lui attestation par écrit, outre laquelle ils seront encore tenus de retirer d'autres certificats des Maires & Echevins des lieux de leur demeure, contenant leur nom, demeure, &c.; & aussi pareille attestation du Lieutenant-Général, & Procureur du Roi, ou Fiscal des lieux de leur demeure : & qu'où lesdits pélerins ne se trouveront pas munis desdites attestations & certificats, les Juges, Prévôts des Maréchaux, Syndics des Paroisses, &c. seront tenus de les arrêter & conduire en prison, & que par les Juges de Police, ils soient punis du carcan pour la premiere fois, nonobstant oppositions, ou appellations quelconques ; & en cas de récidive, du fouet par maniere de castigation ; & qu'en cas de contravention pour la troisieme fois, leur sera le procès fait & parfait, comme à des vagabonds, & gens sans aveu, par les Juges des lieux où ils auront été pris, en premiere instance, & par appel en la Cour ; & que la peine ne pourra être moindre pour les hommes que des galeres.

30. Une autre Déclaration du 7 Janvier 1686, veut qu'aucun des sujets du Royaume, ne puisse aller en pélerinage hors du Royaume, sans une permission expresse du Roi, signée par l'un des Secrétaires d'Etat, sur l'approbation de l'Evêque Diocésain ; à peine des galeres à perpétuité contre les hommes ; & contre les femmes, de telles peines afflictives que les Juges estimeront convenables : Enjoint à tous Juges, Prévôrs des Maréchaux, &c. des villes & bourgs des frontieres du Royaume, d'arrêter lesdits pélerins, & de les conduire en prison, pour leur être le procès fait & parfait comme à des vagabonds, par les Juges des lieux où ils auront été pris, en premiere instance, & par appel aux Cours de Parlement. (*Idem* par la Déclaration du 15 Novembre 1717 ; & par celle du 1 Août 1738.)

TITRE LVII.
Du. Vol.

ARTICLE PREMIER.
Du Vol en général.

1. ON entend par *Vol*, toute fouftraction & enlévement frauduleux du bien d'autrui, dans le deffein de fe l'approprier,
ou de s'en fervir, fans le confentement de celui à qui il appartient.

D'où l'on voit 1°. que le vol n'a lieu, à proprement parler,
qu'à l'égard des chofes mobiliaires, (§. 2, Inftit. *de ufucapionibus,
in fine* :) 2°. qu'il n'y a point de vol tant qu'il n'y a point d'enlévement de la chofe volée ; quand même on auroit écrit, ou confeillé de le faire. (L. 1, §. 1 ; L. *fi quis* 52, §. 19, D. *de
furtis* ;) ou qu'on feroit entré dans une maifon à deffein d'y voler.
(L. *vulgaris* 21, §. *qui furti* 7, D. *eodem tit.* ;) ou qu'on auroit
commencé à mettre la main fur la chofe qu'on veut voler, fans la
déplacer. (*Eadem*, L. *vulgaris*, §. *item fi* 8, D. *eodem tit.*)

2. Ce crime eft un de ceux qui troublent le plus la fociété ; &
ce n'eft pas fans raifon qu'il a toujours été puni, même chez les
Nations les plus barbares ; comme chez les Scithes, où ce crime
étoit puni très févérement. On fait auffi que chez les Athéniens il
étoit puni de mort, fuivant les Loix de Dracon ; & fi quelques
peuples, comme les Egyptiens & les Lacédémoniens ont eu des
maximes différentes touchant le vol fimple, c'étoit avec des mo-
difications telles qu'on n'en peut rien conclure contre les autres.
(Voyez Diodore de Sicile, *lib.* 1, *Bibliot.*, *cap.* 18 ; Xénophon,
lib. 1, de la République Lacédémonienne ; & Aulugelle, *lib.* 11,
chap. dernier.)

Le vol differe du *larcin*, en ce que le larcin, à proprement
parler, fe fait par furprife, ou induftrie, & en cachette ; comme
font ceux qu'on appelle *filoux*, ou *coupeurs de bourfes* ; au-lieu

que le vol fe fait par force, ou violence. Néanmoins dans l'ufage on confond affez le larcin avec le vol.

Les Romains divifoient le larcin, ou vol fimple, en *manifefte*, & *non manifefte*. Le larcin *manifefte* avoit lieu, lorfque le voleur étoit pris en flagrant délit, & faifi de la chofe volée fur le lieu même, ou avant de l'avoir porté en l'endroit où il la deftinoit. (L. 3, 4 & 5, D. *de furtis* ;) & l'on appelloit larcin *non manifefte*, lorfque le voleur n'étoit pas pris fur le fait. (L. 8, D. *eodem tit.* :) la peine étoit différente pour chacun de ces deux vols. Dans le premier cas, elle étoit du quadruple de la chofe dérobée ; & dans le fecond cas, elle étoit du double. (S. 5, Inftitut. *de obligation. quæ ex delicto nafcuntur.*)

3. Cette diftinction a été rejettée parmi nous & avec raifon, & l'on peut dire qu'en cela nos maximes font plus faines que celles du Droit Romain. En effet, qu'un voleur foit pris fur le fait, ou non, en quoi cela doit-il augmenter, ou diminuer fa peine ? Il n'en eft ni plus ni moins coupable dans l'un & l'autre cas : cette diftinction ne doit fervir qu'à établir une preuve plus facile, & une condamnation plus prompte. (*a*)

Parmi nous le vol fe divife en *vol fimple*, & en *vol grave*, ou *qualifié*. Le *larcin*, ou *vol fimple*, eft celui qui fe fait en cachette, & qui n'eft accompagné ni d'effraction ni de port d'armes, ni d'aucune circonftance particuliere qui l'aggrave. Le vol *qualifié* eft celui qui eft rendu plus grave par les circonftances qui l'accompagnent ; & ces circonftances font prifes du lieu, du temps, de la qualité des perfonnes, *&c.*

On appelle *larrons*, ceux qui volent publiquement avec violence, ou fur les grands chemins.

§. I.

Des différentes circonftances qui rendent le vol plus ou moins grave.

4. 1°. La qualité de celui qui fait le vol, contribue à le rendre plus grave : par exemple, fi le vol eft fait par un domeftique, ou par un foldat ; ou par un Officier de Juftice dans fes fonctions.

(*a*) Cependant la Conftitution Caroline, D. *cap.* 167 & 168, admet auffi cette diftinction, & établit une peine différente dans l'un & l'autre cas.

2°. Le lieu où se fait le vol; comme s'il est fait dans une Eglise,

Ou dans une maison royale,

Ou dans un auditoire,

Ou sur un grand chemin,

Ou dans un lieu public,

Ou dans un incendie, inondation, naufrage, &c.

3°. Le temps auquel le vol est fait, est aussi une des circonstances qui contribuent à le rendre plus considérable; *v. g.* s'il est fait pendant la nuit.

4°. La maniere dont il est fait; *v. g.* s'il est fait avec effraction,

Ou avec port d'armes & violence publique,

Ou en escaladant des fenêtres, &c.

5. 5°. La qualité de la chose volée, *v. g.*

Si l'on vole une chose sacrée,

Ou des chevaux, bœufs, ou autres animaux qui paissent dans les champs,

Ou du poisson dans les étangs,

Ou des choses laissées à l'abandon; comme charrues, &c.

Un vol d'enfant, ou autre personne libre, est aussi un vol considérable.

6°. La quantité des choses volées contribue aussi à rendre le vol plus ou moins grave. Plusieurs Coutumes en ont des dispositions. (Voyez ci-après, *n.* 11.)

7°. Enfin, le vol devient plus considérable, lorsqu'il donne lieu à une émotion publique. (Julius Clarus, §. *furtum in supplem.* n, 23.)

§. I I.

De la Peine du Vol en général.

6. Nous avons vu ci-dessus (*n.* 2.) que la peine du vol simple chez les Romains, étoit du quadruple du prix de la chose volée pour le vol manifeste; & du double seulement pour le vol non manifeste; mais lorsque la violence étoit jointe au vol, la peine étoit le bannissement, & la confiscation du tiers des biens, ou la déportation, suivant la nature de la violence. (Voyez ce qui a été dit au titre *De la force, ou violence publique,* ci-dessus, *part.* 4, *tit.* 19, *n.* 10

n. 10 & *fuiv.*) Quelquefois même le vol étoit puni du dernier fupplice, fuivant l'énormité des circonftances dont il étoit accompagné.
Nous en avons une preuve convaincante dans la Loi 15 au Digefte *de conditione caufâ datâ caufâ non fecutâ.* La Loi 28, §. 15,
D. *de pœnis;* & la Loiderniere au Digefte *de furtis,* y font formelles.

Anciennement on coupoit les oreilles aux fimples voleurs.
(Voyez Expilly, *Plaidoyer* 25, *n.* 29 & 30; & Bouchel en fa Bibliotheque, au mot *Oreilles.* (a) La Coutume de Lodunois, *ch.* 39,
art. 12, en a une difpofition. Voyez auffi ci-après, *n.* 86, à l'é-
gard des efclaves qui s'enfuient.)

7. Quelques-unes de nos Coutumes ont établi des peines pour le
vol fimple.

La Coutume du Duché de Bourgogne, *chap.* 1, *art.* 5, porte:
» Que fi quelqu'un commet fimple larcin qui n'excede 10 livres
» tournois, pour la premiere fois il fera puni à l'arbitrage du Juge,
» fans mort naturelle, ou mutilation de membre; & que s'il com-
» met plus grand larcin de 10 livres, pour la premiere fois il fera
» puni corporellement, felon l'exigence & qualité du cas, & à
» l'arbitrage du Juge; & que s'il commet autre larcin, il perdra
» la vie.

La Coutume de Nivernois, *chap.* 1, *art.* 8, renferme à-peu-
près la même difpofition. Elle porte: » Que fi aucun commet fim-
» ple larcin non excédant foixante fols, pour la premiere fois, il
» fera puni felon la difcrétion & arbitrage du Juge, jufqu'à muti-
» lation de membres exclufivement; & pour la feconde fois, juf-
» qu'à mutilation de membres inclufivement; & pour la troifieme
» fois, condamné à mort. . . . . & que fi le larcin eft qualifié,
» ou aggravé de quelque qualité, le délinquant fera puni, fuivant
» l'exigence du cas, de la peine ordonnée de droit.

8. La Coutume de Labour, *tit.* 19, *art.* 3, renferme en général
une difpofition beaucoup plus févere à l'égard du vol. Elle porte:
» Que celui qui dérobera Eglife, maifon, cabane, moulin, ou
» en chemin public, de nuit, ou de jour, doit être condamné à

_____

(a) Extrait de la dépenfe du compte de la Regale de l'Evêché d'Orléans
en l'an 1311: » *In prepofiturâ de Gergolio pro Enqueftâ factâ contra quemdam la-*
» *tronem de Bofco-Communi qui furatus erat unam culcitram cum pulvinari, que*
» *erat fratris fui, & fuit eidem auris amputata.*

» mort ; & elle porte en l'article 6 du même titre, que celui qui
» pour furt ou larcin a été pris, ou puni & fustigé, s'il retourne
» à dérober chose de valeur & est atteint, il doit être pendu. La
» Coutume de Sole, *tit.* 35, *art.* 3 *& 6*, contient une pareille
disposition.

Il y a une nouvelle Déclaration du Roi du 4 Mai 1724, qui
fixe les peines sur plusieurs especes de vols.

9.   1°. L'article 3 de cette Déclaration porte : » Que ceux ou celles
» qui n'ayant été repris de Justice, se trouveront convaincus de
» vol, autres que ceux commis dans les Eglises, ou vol domesti-
» que, ne pourront être condamnés à moindre peine que celle
» du fouet, & d'être flétris d'une marque en forme de lettre V ;
» sans préjudice de plus grande peine, s'il y échet, suivant l'exi-
» gence des cas. » On joint ordinairement à cette peine, celle du
bannissement à temps hors le ressort de la Jurisdiction.

Cette peine du vol simple a également lieu pour les vols simples, faits de nuit comme de jour, puisque la Déclaration ne fait
ici aucune distinction.

Il faut aussi observer que quand un voleur dérobe de suite plusieurs effets différents, même en différents endroits, cela n'est
toujours regardé que comme un premier vol. (Farinac., *qu.* 167,
n. 73-78. Voyez aussi Chassannée, *Rubr.* 1, *in* §. 5, *n.* 10.)

10.   Mais la quantité, ou prix considérable des effets volés, doit
entrer pour quelque considération dans la peine du vol. La Constitution de Charles V, de l'année 1532, *chap.* 157 *& 160*, établit
des peines différentes pour le vol simple, suivant le prix des effets
volés. Quelques-unes de nos Coutumes en ont aussi des dispositions. Voyez les Coutumes de Bourgogne & de Nivernois, aux
articles qu'on vient de citer, (ci-dessus, *n.* 7 ;) & la Coutume de
Bordeaux, *art.* 107.

L'article 628 de la Coutume de Bretagne, porte : » Que pour
» furt non qualifié ne sera imposé peine de mort, s'il n'excede
» ou monte à la somme de dix livres, auquel s'ensuivra peine de
» mort, sauf en tout l'arbitrage du Juge, selon la qualité & les
» circonstances du délit. »

11.   C'est pourquoi si les choses volées étoient d'un très grand prix,
on pourroit augmenter la peine ; ce qui est conforme à la disposition portée en la Loi *perspiciendum* 11, §. *furta* 1 ; & en la
Loi 16, §. 7, D. *de pœnis*. Voyez aussi Julius Clarus, §. *furtum*,

n. 9; & Farinacius, *qu.* 165, *n.* 18; & *qu.* 167, *n.* 45 & *seqq.*

Par Arrêt du Parlement rapporté au Journal des Audiences, *tom.* 3, deux étrangers ont été condamnés aux galeres pour simple vol, & exposition de diamans volés.

Par la même raison, lorsque le vol est si modique, qu'il n'est d'aucune considération, on doit diminuer la peine.

2°. La récidive du vol est punie plus sévérement que le premier vol. L'article 4 de la Déclaration du 4 Mai 1724, porte : » Que ceux & celles qui, après avoir été condamnés pour vol, » ou flétris de quelqu'autre crime que ce soit, se trouveront con- » vaincus de récidive en crime de vol, ne pourront être condam- » nés à moindre peine que, sçavoir, les hommes aux galeres à » temps, ou à perpétuité; & les femmes à être de nouveau flétries » d'un double W, si c'est pour récidive de vol; ou d'un simple V, » si la premiere flétrissure a été encourue pour autre crime, & » enfermées à temps, ou pour leur vie dans les maisons de force; » le tout sans préjudice de la peine de mort, s'il y échet, sui- » vant l'exigence des cas. »

L'article 6 de cette Déclaration, porte : » Que l'article 4 sera » exécuté, encore que les accusés eussent obtenu des lettres de » rappel de ban, ou de galeres; ou de commutation de peine » pour d'autres vols précédents, ou autres crimes. »

3°. Celui qui a commis trois différents vols, quoique simples, dont il est convaincu en Justice, doit être condamné à mort. (Constit. Car. V, *chap.* 162; Farinacius, *qu.* 167, *n.* 50. *Ita etiam* Chassanée, *in Consuet. Burg. rubr.* 1, §. 5, *n.* 3, *pag.* 164 *de l'édition de* 1587.)

Et cette regle doit avoir lieu, soit que l'accusé ait été puni, ou non, en Justice des deux premiers vols. (Constit. Car. V, *ibid.*, *cap.* 162; Farinac. *qu.* 167, *n.* 68 & 70.)

Néanmoins suivant Farinacius, il faut cinq conditions pour que cette regle puisse avoir lieu.

La premiere, que ces trois vols aient été commis en différents lieux, & en différents temps; & l'on ne regarde pas comme des temps différents les vols qui se commettent de suite pendant une même nuit. (Farinacius, *ibid.*, qu. 167, n. 71-75.)

La seconde condition est, qu'il faut que ces vols ne soient point prescrits, & qu'ils aient été dénoncés en Justice, & suivis de décret. (*Ibid.*, n. 62 & 63.)

La troisieme condition est, que la simple confession de l'accusé, qu'il a commis trois différents vols en différents jours, ou différentes nuits, n'est pas suffisante pour le faire condamner à mort, s'il n'y a d'ailleurs d'autres preuves. (Farinacius, *ibid.*, qu. 167, n. 76-78.)

13. Une quatrieme condition que cet Auteur exige, est que si chacun de ces vols est d'une chose modique, comme d'une poule, d'un couteau, & autres choses semblables, on ne peut, pour de pareils vols, infliger la peine de mort. (Farinacius, *ibid.*, n. 79 & 80.)

Une cinquieme condition, est que dans les endroits où il y a une loi précise qui porte la peine de mort contre ceux qui ont commis trois vols, cette regle n'a pas lieu à l'égard de celui qui auroit fait deux vols, & qui en auroit recélé un troisieme; parce que ces deux crimes sont de nature différente, quoiqu'ils tendent à une même fin, & qu'il faut s'en tenir exactement à la lettre, lorsqu'il s'agit d'infliger la peine de mort. (Farinacius, *qu.* 167, n. 82.)

Enfin, dans le nombre de ces vols, on ne doit comprendre que les vols proprement dits, & non ceux qu'on n'appelle de ce nom qu'improprement; comme quand le dépositaire convertit à d'autres usages la chose qui lui a été donnée en dépôt. (*Ibid.*, qu. 167, n. 84.)

ARTICLE II.

Diverses especes de Vols simples.

14. On doit mettre parmi les différentes especes de vols simples:
1°. Les vols de billets, quittances, obligations, livres, ou autres écritures, dont la soustraction peut causer un dommage à celui qui les possédoit, & être utile à celui qui les vole. (L. 27, §. 1 & 2, D. *de furtis*;) comme si le débiteur d'un billet venoit à dérober ce billet à son créancier; ou qu'un créancier vînt à enlever sa quittance à celui à qui il l'avoit donnée, & ainsi des autres.

Il en est de même de celui qui efface son billet, ou la quittance qu'il a mise au bas du billet de son créancier; car c'est aussi une espece de vol, suivant la Loi *qui tabulas* 27, §. *fin.*, D. *de furtis*.

2°. Celui qui trouve de l'argent, ou autres effets appartenants à une perfonne connue, & qui les retient pardevers lui, commet auffi un vol. (L. *falfus*, §. *qui alienum*, D. *de furtis.*)

La Coutume de Bretagne, *art.* 629, porte : Que fi aucun trouve argent ou autre chofe à autrui appartenant, & il entend, ou fçait qu'on la demande, & depuis la recele & la retient, il doit être puni comme larron.

Invention de Tréfor.

15. Expilly, en fon trente-feptieme Plaidoyer, avance auffi comme une maxime conftante, que celui qui recele au maitre un tréfor trouvé, eft un larron, & peut être pourfuivi extraordinairement *actione furti*.

Il faut cependant diftinguer avec Farinacius, *qu.* 168, *n.* 67 & *feqq.*, & dire que cela n'a pas lieu, quand on ne connoît pas la perfonne à qui appartient la chofe trouvée, & qu'elle a été trouvée dans une rue, ou autre lieu public; car fi elle a été trouvée dans la maifon de quelqu'un, elle eft cenfée lui appartenir. De même, quoique la chofe ait été trouvée dans une rue, ou autre lieu public, on ne doit point la retenir en cachette, & furtivement; car c'eft commettre une efpece de vol que d'en agir ainfi; mais on doit le dire publiquement, afin que celui à qui la chofe appartient, puiffe être connu, & qu'il puiffe réclamer ce qui lui appartient légitimement. (Voyez Bouvot, *tom.* 2, au mot *Larrons*, *qu.* 1, où il dit que dans ce cas, il faut faire proclamer la chofe.)

Du Stellionat.

16. 3°. Celui qui vend & livre la chofe d'autrui, fachant qu'elle eft à autrui, & qui en reçoit le prix, commet auffi un vol. (§. *furtivæ*, Inftit. *de ufucapionibus*, L. 6, Cod. *de furtis.*)

4°. Le *ftellionat* eft auffi une efpece de vol; ce qui arrive quand on vend une chofe à une perfonne qui ne nous appartient point, ou qui appartient en partie à une autre, ou dans laquelle une autre perfonne a un droit. (Voyez au titre *Du Stellionat*, ci-deffus, *part.* 4, *tit.* 50.)

Et il en eft de même de celui qui donne ou reçoit en gage la chofe d'autrui.(Julius Clarus, *in fupplem.*, §. *furtum*, n. 114.)

5°. Ceux qui vendent à faux poids, ou à fauſſes meſures, commettent auſſi une eſpece de vol, & doivent être punis comme voleurs. (Voyez ce qui eſt dit à ce ſujet au titre *Du Faux*, ci-deſſus, *part.* 4, *tit.* 15, *n.* 74.)

17.   6°. C'eſt auſſi une eſpece de vol de chercher à gagner l'argent d'un enfant, d'un valet, ou autre qu'on ſçait ne lui point appartenir. (Voyez Julius Clarus, §. *furtum in ſupplem.*, n. 120.)

7°. Le créancier qui redemande une ſeconde fois à ſon débiteur l'argent qu'il a reçu de lui pour ſa dette, ſachant que ce débiteur a perdu ſa quittance, commet auſſi un vol. (Farinacius, *in fragmentis criminalibus*, lettre C, n. 739.)

Mais ce créancier dans le doute, eſt préſumé être dans la bonne foi, en redemandant une ſeconde fois ce qui lui étoit dû, à moins que le débiteur ne juſtifie le contraire.

Je crois cependant que dans le cas où le créancier eſt en mauvaiſe foi, il ne doit pas être puni de la peine ordinaire du vol, mais d'une peine moindre.

18.   8°. Celui qui va recevoir la dette d'une autre perſonne, & de la part du créancier, ſe diſant avoir procuration de lui, ou être ſon commis, ou ſerviteur, avec deſſein de garder l'argent, commet auſſi un vol. (Farinacius, *qu.* 170, *n.* 1.)

Il en eſt de même s'il va recevoir la dette avec une procuration fauſſe & ſuppoſée. (*Ibid.*, n. 16.)

9°. Celui qui ſe dit fauſſement être créancier d'une perſonne, ſoit en ſuppoſant une dette imaginaire, ſoit en prenant le nom du vrai créancier, ou ſe diſant ſon héritier; & qui en cette qualité ſe fait payer une dette qui ne lui appartient point, commet auſſi un vol. (Farinacius, *qu.* 170, *n.* 36 & 11.)

10°. C'eſt encore une eſpece de vol, que d'aller, *v. g.* dans une maiſon, ou ferme de la part du propriétaire, ou Seigneur à qui elle appartient, comme étant envoyé par lui, & de s'y faire nourrir en cette qualité aux dépens du fermier pendant quelque-temps. Cependant il ne paroît pas qu'on doive alors infliger la peine du vol, mais une peine moindre, ou ſeulement même des dommages & intérêts.

19.   11°. Celui qui achete, *v. g.* un cheval, & qui l'emmene avant d'en avoir payé le prix, contre la promeſſe qu'il en avoit faite, commet auſſi une eſpece de vol; ſur-tout dans le cas où on ne ſeroit convenu de le lui livrer qu'en payant. (Julius Clarus, §. *furtum*, pag. 26, note (*q*).

Il en eſt de même d'un Maquignon, ou autre qui m'enleveroit mon cheval, & le vendroit malgré moi; quand même il le vendroit avec avantage & bénéfice pour moi. (Julius Clarus, *ibid.*)

12° Celui qui enleve le cheval d'un autre ſans ſon conſentement, & qui s'en ſert pour couvrir ſa jument, commet auſſi une eſpece de vol. (L. *ſi quis uxor*, §. *ſi aſinum*, D. *de furtis.*) Mais dans nos mœurs cette eſpece de vol ne ſeroit puni que par des dommages & intérêts.

13°. Celui qui fait paroître un créancier pour un autre dans un emprunt d'argent, & qui par ce moyen trompe le prêteur qui croyoit prêter à un créancier riche & ſolvable, commet auſſi une eſpece de vol. (Farinacius, *qu.* 168, *n.* 29.)

Il en eſt de même de celui qui, pour avoir de l'argent, préſenteroit une caution pour une autre, ſous un faux nom.

20. 14°. Enfin, pour être coupable de vol, il n'eſt pas néceſſaire que l'on connoiſſe la perſonne à qui la choſe a été volée; & il ſuffit que celui qui la prend, le faſſe dans le deſſein de ſe l'approprier, ſçachant d'ailleurs que la choſe ne lui appartient point. (*Ita* Farinacius, *qu.* 168, *n.* 31; L. *falſus* 43, §. *qui alienum* 4, D. *de furtis.*)

C'eſt encore une eſpece de vol que d'intercepter & d'ouvrir les lettres adreſſées à une autre perſonne, pour avoir ſes pratiques. (Arrêt du Parlement de Provence du 15 Mars 1623, rapporté au Supplément au Recueil de Boniface, *liv.* 9, *chap.* 3, *n.* 1,) qui condamne un Procureur en vingt livres d'amende, & l'interdit pour un mois, pour avoir ouvert un paquet adreſſé à un autre Procureur.

ARTICLE III.

Du Vol commis par Dépoſitaires, Gardiens, Mandataires, Voituriers & Receveurs.

§. I.

Du Vol de la choſe même.

21. Les Dépoſitaires, Gardiens, Meſſagers, Voituriers & Mandataires, qui retiennent injuſtement la choſe qui leur eſt donnée en garde, dépôt, ou gage; ou qui la vendent, ou en diſpoſent à

d'autres, commettent une espece de vol, & doivent être punis, du-moins d'une peine extraordinaire.

Ainsi, le créancier qui, après la dette payée, retient en ca-chete le gage qui est entre les mains, ou qui nie qu'il lui en ait été donné un, peut être poursuivi par action de vol. (L. 52, §. 7; & L. 1, D. *de furtis*; Farinacius, *qu.* 168, *n.* 5 & 8.)

22. Il en est de même du locataire, ou fermier qui, après son bail, fait refus de rendre la maison, ou ferme qu'il occupoit, & qui continue à en jouir & en percevoir les fruits. (L. *inficiando* 67, §. *fin.* D. *de furtis*; Farinacius, *qu.* 168, *n.* 10.)

Et aussi celui chez qui on a mis des bestiaux à chetel, à la charge de les nourrir & de donner le croît au propriétaire, ou maître de ces bestiaux; & qui vend, ou détourne en cachete ces bestiaux, ou leur croît.

23. Le Serviteur, ou Commis, qui étant chargé par son Maître de recevoir une dette, la retient frauduleusement, commet aussi un vol. (Julius-Clarus, *qu.* 5 *furtum*, qu. 168, *n.* 26.)

Et il en est de même de celui qui étant chargé d'une somme d'argent qui lui a été donnée pour aller payer un créancier, re-tient frauduleusement cette somme, & l'applique à son profit. (L. *si mandavero*, §. *si tibi centum*, D. *mandati*; Julius-Clarus, §. *furtum*, *in fine*, note 42; Farinacius, *qu.* 168, *n.* 117.)

Ceux qui jouent l'argent d'autrui, commettent aussi une espece de vol; mais qui doit être puni d'une peine moindre. (Farina-cius, *qu.* 109, *n.* 81–82.)

24. Il y a des vols simples qui ne peuvent être poursuivis extraor-dinairement. Tels sont,

1°. Le vol fait par un fils à son pere,
2°. Celui de la veuve sur les biens de son mari,
3°. Celui de l'héritier sur les biens de la succession,
4°. Le vol du créancier qui abuse du gage de son débiteur.
5°. Celui du dépositaire qui viole le dépôt,
6°. Du propriétaire qui veut frustrer le locataire, ou usufrui-tier, avant le temps convenu.

Toutes ces personnes ont une espece de droit dans la chose qu'ils prennent; ainsi on ne les regarde pas comme voleurs.

§. II.

§. II.

Du Vol d'usage.

25. Lorsqu'un dépositaire, gardien, mandataire, ou voiturier, se sert de la chose confiée à sa garde, pour d'autres usages que celui pour lequel elle lui a été confiée, il commet une espece de vol, suivant la disposition des Loix Romaines. (§. *furtum autem* 6, Instit. *de obligat. quæ ex delicto nascuntur*; L. *si pignore* 54, §. 1, D. *de furtis*; Farinacius, *qu.* 169, *n.* 1 & 9.)

Il en est de même du créancier qui se sert du gage qui lui a été donné, pour un autre usage que celui auquel il est destiné, contre la volonté & intention de son débiteur, ou autre à qui ce gage appartient. (L. *si pignore*, D. *de furtis*.)

On doit dire la même chose de celui qui ayant emprunté un cheval pour faire, *v. g.* une lieue, lui en feroit faire dix. (*a*) (§. *furtum autem fin.* Instit. *de obligationibus quæ ex delicto nascuntur*; L. *qui jumenta* 40, D. *de furtis*, ou qui prêteroit son cheval à un autre

Mais dans nos mœurs, si quelqu'un ayant loué un cheval pour aller en un jour dans un endroit désigné, lui faisoit faire le double du chemin, il seroit seulement tenu de payer des dommages & intérêts à celui à qui le cheval appartient. (Farinac. *qu.* 169., *n.* 7.)

26. Le Tailleur, le Foulon, la Blanchisseuse, ou autre ouvrier, à qui on a donné des habillements à raccommoder, ou à blanchir, & qui s'en sert, ou les prête à d'autres, commet aussi une espece de vol. (L. *Fullo, vel Sarcinator*, D. *de furtis*.)

Cependant la regle qu'on vient d'établir n'a pas lieu, lorsque celui qui se sert d'une chose pour un autre usage que celui auquel elle lui a été donnée, croit que le propriétaire de la chose le trouvera bon, ainsi qu'il est dit au §. 7, Institut. *de obligation. quæ ex delicto nascuntur*; car il n'y a jamais de vol, sans qu'il y ait une intention de voler; (*ibid.*) & il n'y a aucun dol de la part de

---

(*a*) Voyez sur cela un exemple remarquable dans Valere-Maxime, *liv.* 8, *chap.* 2, *n.* 4.

celui qui agit ainſi. (Voyez la Loi 46 , D. *de furtis.*)

27.   Suivant la Conſtitution Caroline , *chap.* 170, celui qui abuſe de la choſe dont l'uſage lui a été confié ; & de même , celui qui ſciemment & frauduleuſement diſpoſe du bien d'un autre dont la garde lui a été confiée , commet une action qui doit être punie ainſi qu'un vol.

Dans nos mœurs nous n'admettons point d'autre larcin que celui qui ſe fait de la choſe même pour ſe l'approprier. Le larcin d'u-ſage y eſt entiérement inconnu ; & celui qui s'eſt ſervi de la choſe prêtée, ou du dépôt, ou du gage contre l'intention de ce-lui de qui il l'avoit reçu, en eſt quitte, en lui payant ſes dom-mages & intérêts, en cas que la choſe ſoit diminuée, ou alté-rée par l'uſage qu'il en a fait. (*Ita* Automne ſur la Loi 40, D. *de furtis.*)

28.   La raiſon pour laquelle, en France , le larcin d'uſage n'eſt pas regardé comme un véritable vol, & ne ſe punit pas comme le larcin de poſſeſſion, qui eſt le vrai larcin ; c'eſt, comme le dit un Auteur illuſtre (M. Péliſſon en ſon Traité de la peine du pé-culat,) que comme la poſſeſſion eſt de fait, il s'enſuit que tout larcin de poſſeſſion conſiſte en voie de fait, qui eſt ce qu'il y a de plus dangereux dans les Etats, & de plus, défendu en France ; au-lieu que dans le larcin qui n'eſt que de ſimple uſage, il n'y a au-cune voie de fait. D'ailleurs la premiere eſpece de larcin provient toujours d'une mauvaiſe volonté, & d'une malignité préméditée pour être capable d'aller prendre le bien d'autrui juſqu'entre ſes mains ; au-lieu que dans l'autre eſpece de larcin, l'occaſion tente, ſurmonte & force ſouvent, pour ainſi dire, notre foibleſſe. Enfin, ſi la plupart des hommes gouvernent ſi mal leur propre bien, s'ils le prodiguent, le perdent & le diſſipent, il n'eſt pas étonnant qu'ils gouvernent & adminiſtrent mal celui des autres.

L'Ordonnance de 1667, *tit.* 33, *art.* 9, défend aux gardiens de ſe ſervir des choſes ſaiſies pour leur uſage particulier, & de les bailler à louage ; & veut, qu'en cas de contravention, ils ſoient privés de leurs frais de garde & de nourriture, & condamnés aux dommages & intérêts des parties, ſans établir d'autres peines.

Pour ſçavoir quand & comment un dépoſitaire, gardien, ou mandataire, ſont tenus de la perte des choſes confiées à leur gar-de, ou qui leur ont été données à titre de gage, ou de dépôt, Voyez *omninò* Farinacius, *qu.* 169, *n.* 12--44.

§. III.

Des Vols faits par gens d'affaires, comme Intendants, Receveurs, & autres Administrateurs qui sont à nos gages.

29. Les Intendants, Fermiers, Commis, Receveurs, & autres qui dissipent l'argent de leur maniement & recette, ou qui s'en servent pour leurs affaires particulieres, commettent, à la vérité, une espece de vol, parce que tout emploi des deniers d'autrui, contre l'intention du propriétaire, est un vol; & même on peut dire que c'est, en quelque sorte, un vol domestique, parce qu'il est fait par un serviteur à son maître. Cependant nous ne regardons point cette espece de vol comme un vol capital; & il est certain que le maître n'a, dans ce cas, contre son Intendant, Commis, ou Receveur, que l'action pour le poursuivre, & pour le faire contraindre par corps au paiement du reliquat; ce qui est encore une suite des principes établis ci-dessus, *n.* 28.

C'est en conséquence de cette maxime, que par Arrêt du premier Mars 1704, sur une procédure criminelle, poursuivie en premiere instance à la requête d'un Evêque contre son Aumônier, & contre laquelle l'Aumônier s'étoit pourvu par appel comme d'abus, en évoquant le principal, l'accusé a été déchargé de l'accusation contre lui intentée; sauf à l'accusateur à se pourvoir par action civile. (Voyez l'Auteur des Loix Criminelles, *tom.* 1, *chap.* 13, *pag.* 128.)

30. Mais comme ces sortes de délits emportent avec eux un abus de confiance, & de prévarications dans les fonctions, on les punit sévérement. Aussi trouve-t-on plusieurs Arrêts qui ont sévi contre ces sortes de personnes, & qui les ont même punies de peines afflictives, non-seulement pour avoir volé directement ceux au service desquels ils étoient, mais encore indirectement, par des actes & contrats frauduleux, surpris à la foiblesse, ou au peu d'expérience des personnes dont ils faisoient les affaires. Ainsi par Arrêt du 19 Avril 1708, le nommé Jean Lavor, pour avoir extorqué, pendant qu'il étoit Intendant d'une Grande-Maison, plusieurs rentes, contrats, actes, obligations & transports, a été condamné à une amende-honorable seche, & au bannissement pour neuf ans de la Ville, Prévôté & Vicomté

de Paris ; & par le même Arrêt , les actes & contrats faits au profit dudit Lavor, ont été déclarés nuls ; & lui, condamné en trois
mille livres de réparations civiles, & aux dépens du procès.

A l'égard du larcin d'ufage des deniers royaux, les Intendants,
Tréforiers , Receveurs, & autres Officiers & Commis de Sa Majefté , qui font coupables de ce crime, peuvent être pourfuivis
criminellement, & punis de peine capitale. (Voyez au titre *Du Pé-*
culat, ci-deffus, *part. 4, tit. 40, omninò.*)

§. IV.

Du Vol fait dans les Auberges, & Chambres garnies.

31. Les aubergiftes, cabaretiers, & ceux qui louent des chambres
garnies , répondent des vols faits en leur auberge, ou chambres
louées , envers les propriétaires des chofes volées ; (c'eft la difpofition de la Loi 1 , §. 4 ; & de la Loi 4, §. *ult.*, D. *nautæ caupo-*
nes , &c.) & il a été ainfi jugé par plufieurs Arrêts.(Voyez Mornac *ad L.* 1, D. *nautæ caupones,* &c. ; & *ad L.* 20, D. *commo-*
dati. Voyez auffi Louet fur l'article 175 de la Coutume de Paris ;
Leprêtre, *cent.* 1 , *chap.* 19 ; Mainard, *liv.* 8, *chap.* 32 ; & Carondas en fes Réponfes, *liv.* 10, *chap.* 70.)

Le même Carondas en fes Réponfes, *liv.* 6 , *chap.* 81 , rapporte un Arrêt du 14 Août 1582, rendu en faveur d'un voiturier , dans la charrette duquel avoient été volées plufieurs marchandifes qui étoient fur fa charrette dans la cour de l'hôtellerie , & dont l'aubergifte fut condamné de lui reftituer la valeur.
Voyez auffi Montholon, *arrêt* 15 ; & Leveft, *arrêts* 172 & 173.
Autre Arrêt du Parlement de Rouen du 14 Juin 1616, rapporté
par Bérault fur la Coutume de Normandie, *art.* 535, qui juge
la même chofe.

32. Autre Arrêt du Parlement de Tournai du 3 Mai 1695, rapporté par Pinault en fes Arrêts, *tom.* 1, *arrêt* 65, rendu contre
un cabaretier de la ville d'Ipres ; qui le condamne à rendre le
prix de deux piftolets volés dans fa maifon à un Officier qui s'é-
toit arrêté chez lui.

Cette regle eft fondée fur ce que le dépôt qui fe fait dans ces
fortes d'endroits, eft regardé comme un dépôt néceffaire ; & c'eft
pour cela que les aubergiftes font tenus, *etiam de leviffimâ culpâ.*
On préfume toujours qu'il y a de la faute de leur part ; à

moins qu'ils ne prouvent le contraire. (Farinacius *in Fragm. crimin.* litt. C, n. 22.)

33. Les aubergiftes, cabaretiers, &c. font tenus, dans tous ces cas, du fait de leurs domestiques. (L. 1, §. *ult.* D. *furti adv. naut. caup.*; L. 1, §. 3, D. *nautæ, caupones, ftabul;* §. 3, Instit. *de obligat. quæ quaf ex delicto nafcuntur.* Voyez auffi Boerius, *decif.* 56.) Et cela a lieu, même dans le cas où l'hôtellier auroit fait punir fon domeftique, pour raifon du vol, fuivant un Arrêt du Parlement de Bretagne du 19 Mars 1599, rapporté par Belordeau en fes Contreverfes, *lettre* H, *liv.* 8, *chap.* 35.

Mais ils ne font point tenus des vols faits en leur auberge, cabaret, ou chambres garnies, lorfqu'ils font faits par un paffant, ou voyageur qui loge dans le même endroit. (L. 1, §. *fin.* D. *furti adverfùs nautas, caupones & ftabul.*; L. 6, §. 2, D. *nautæ caup. ftabul.*;) à moins que les effets n'aient été donnés en garde, ou confiés à l'aubergifte. (Farinacius *in Fragm. crimin.* littera C, n. 34. Ainfi jugé par Arrêt du Parlement de Touloufe du 22 Janvier 1575, rapporté par Carondas, *liv.* 7, *chap.* 172; & par Mainard, *liv.* 8, *chap.* 82, qui, pour raifon d'un vol fait dans une hôtellerie par un de ceux qui y logeoient, a déchargé l'hôtellier des demandes & conclufions contre lui prifes. Autre Arrêt du Parlement de Provence du 3 Février 1687, rapporté par Boniface, *tom.* 5, *liv.* 5, *tit.* 11, *chap.* 1., par lequel il a été jugé qu'un hôtellier n'étoit pas refponfable du vol fait à fon hôte par un paffant; la chofe dérobée n'ayant pas été dépofée entre les mains de l'hôtellier. Autre Arrêt du Parlement de Bretagne du 17 Février 1601, rapporté par Belordeau en fes Contreverfes, *lettre* H, *liv.* 8, *chap.* 36. Autre Arrêt du Parlement de Paris du 15 Mars 1608, rapporté dans les notes fur M. Lepêtre, *cent.* 1, *chap.* 19, *n.* 4. Autre du 29 Novembre 1664, rapporté par Soefve, *tom.* 2, *cent.* 3, *chap.* 26. Voyez auffi Bouvot., *tom.* 1, *part.* 1, *queft.* 2.)

34. Il y a néanmoins des cas où l'aubergifte eft tenu même du vol qui feroit fait dans fon hôtellerie par un étranger; comme s'il auroit donné occafion à ce vol par fa négligence, ou autrement; ou qu'il en eût été lui-même participant. (Arrêt du 12 Décembre 1654, rapporté au tome premier du Journal des Audiences. Autre Arrêt du 22 Janvier 1675, rapporté au Journal du Palais, *tom.* 1, édition *in-folio.*)

Au furplus, les aubergiftes, &c. répondent des vols faits dans leurs auberges , *&c.* ; même dans le cas où le voleur feroit connu. (Arrêt du 14 Mars 1650 , rapporté par Soefve, *tom.* 1 , *centur.* 3 , *chap.* 27, qui a jugé qu'un hôtellier ne pouvoit se défendre de la restitution du vol fait à l'un de ses hôtes dans son hôtellerie, sous prétexte d'une déclaration faite à la question par celui qui avoit commis le vol.)

35. Les aubergistes & cabaretiers sont tenus des vols faits en leur auberge, ou cabaret ; même dans le cas où ils logeroient *gratis*, ou par amitié, celui à qui le vol feroit fait. (L. *licet gratis* 6 , D. *nautæ caup. stabul.*; Jul. Clarus, §. *furtum, in additionibus,* n. 135.)

Ils en sont aussi tenus dans le cas où ils ont remis à leurs hôtes la clef de la chambre où ils couchent, & où sont leurs effets ; ce qui est fondé sur ce que le plus souvent ces personnes ont des doubles clefs. (Julius-Clarus, §. *furtum in addition.* n. 134. Ainsi jugé par Arrêt du 12 Décembre 1654, ci-dessus cité, rapporté au premier tome du Journal des Audiences.)

36. Les aubergistes, *&c.*, sont tenus, du moins civilement, des vols faits en leur auberge, ou cabaret; même dans le cas où les choses volées ne leur ont point été données en garde. (L. 1 , §. *finali* , D. *nautæ caup. stab.* ;) pourvu seulement qu'ils aient sçu que ces choses ont été apportées en leur auberge ; & cette connoissance est toujours présumée de leur part, lorsqu'il est prouvé que celui qui a été volé, avoit ces effets en entrant dans l'auberge, ou cabaret.

A l'égard de l'argent qui auroit été volé à un hôte, il paroît que les hôtelliers ne sont responsables de ces sortes de vols, que lorsqu'on leur a confié cet argent, & qu'on l'a mis dans une chambre dont on leur a remis la clef. (Ainsi jugé par Arrêt du 27 Mai 1639, rapporté par Bardet, *tom.* 2 , *liv.* 8 , *chap.* 21 ;) ce qui doit être prouvé par l'hôte; autrement il ne seroit pas recevable dans son action ; ainsi qu'il a été jugé par un Arrêt du premier Avril 1697, rapporté par Leprêtre, *centur.* 1 , *chap.* 19, *n.* 13.

37. Les aubergistes répondent aussi de ce qui est dans les valises, coffres & paquets qu'on apporte dans leurs auberges, fermées à clef, lorsqu'ils ne les rendent point, ou qu'ils les rendent ouvertes à ceux qui les ont déposées chez eux ; & dans ce cas, on prend le serment de celui qui a été volé sur la quantité, la qualité & la valeur des effets volés. Tel est le sentiment général des Auteurs, suivant Farinacius *in Fragmentis criminalibus,* littera C, n. 43 &

47. Voyez auſſi Julius-Clarus, §. *furtum*, n. 27. Et il a été ainſi jugé par Arrêt du 21 Novembre 1562, rapporté par Carondas en ſes mémorables Obſervations du Droit François, au mot *Hôte*; mais le Juge ne doit déférer ce ſerment, que juſqu'à une certaine ſomme, ſuivant les circonſtances. (L. 18, D. *de dolo malo.* Voyez Leprêtre; avec les notes, *centur. 1, chap. 65.*)

Il n'eſt pas néceſſaire, pour cela, que l'hôte ait fait voir à l'aubergiſte en détail tous les effets qui étoient dans ſa valiſe, ou coffre. (Julius-Clarus, §. *furtum*, n. 27; Farinacius, *ibidem*, littera C, n. 45.)

38. Mais ſi l'aubergiſte rend à ſon hôte ſa valiſe fermée comme auparavant, il doit être exempt de toutes les pourſuites que cet hôte voudroit faire contre lui, pour raiſon de prétendu vol fait en cette valiſe, ou coffre. (Farinacius, *ibid. in Fragmentis criminalibus*, littera C, n. 48.)

Lorſque cette valiſe, ou coffre n'ont point été confiés à l'aubergiſte, on ne défere point à l'hôte le ſerment *in litem*, ſur la qualité, quantité & prix des effets qui y étoient renfermés, & que l'hôte prétend lui avoir été volés; à moins qu'il n'y eût d'ailleurs du dol, ou quelque faute groſſiere de la part de cet aubergiſte. (Farinacius, *ibid.* n. 49; Menochius *de arbitrar. quæſt.* caſu 203, n. 38; Bonifacius *in Tractatu de furtis*, §. 8, n. 23 & 26.)

Bien plus, quand même l'aubergiſte, ou cabaretier rendroit ouverte une valiſe, ou coffre qui lui a été remiſe bien fermée; néanmoins s'il peut prouver qu'il n'y a aucune faute de ſa part, on n'admet point contre lui le ſerment de la perſonne volée ſur la quantité & prix des effets. (Farinacius *in Fragment. crimin.* littera C, n. 51.)

39. Et il en eſt de même, dans le cas où la valiſe s'ouvriroit d'elle-même, ou très facilement. (Farinacius, *ibid.* n. 52.)

Il faut auſſi obſerver que l'aubergiſte, ou cabaretier, en rendant la valiſe ouverte, peut empêcher qu'on ne reçoive le ſerment de celui qui a été volé, en offrant de prouver que la valiſe a été ouverte en préſence de témoins, & qu'il n'y avoit rien dedans. (Farinacius *in Fragment. crimin.* littera C, n. 53.)

Mais quoiqu'on ne prenne point le ſerment de celui qui a été volé, ſur la quantité, & la valeur des effets qui étoient dans ſa valiſe, lorſqu'il ne l'a point donnée en garde à l'aubergiſte; néanmoins ſi cette valiſe, ou ce qui étoit dedans, vient à être volée dans l'auberge , & qu'il foit conftant que cette valife y ait été apportée , alors l'aubergifte répondra du vol jufqu'à une certaine fomme qui fera fixée par le Juge , & fur laquelle il prendra le ferment du volé, s'il n'y a d'ailleurs d'autre preuve par témoins, ou autrement, de la quantité & valeur des effets qui étoient dans cette valife.

40. En général, pour qu'un particulier puiffe être admis dans fon action en reftitution des chofes volées contre un aubergifte, ou cabaretier , il faut que ce particulier prouve , ou par écrit , ou par témoins , qu'il avoit ces chofes en entrant dans l'auberge ; & la preuve teftimoniale eft toujours admife dans ce cas. (Ordonnance de 1667 , *tit.* 20, *n.* 4. Voyez Leprêtre, *cent.* 1, *chap.* 19, fur la fin des Remarques ; & Louet, *lettre* D , *chap.* 33.)

Et fi l'hôte ne peut faire cette preuve , l'hôtellier n'eft point refponfable du vol. (Arrêt du premier Avril 1597, rapporté par Leprêtre, *centur.* 1 , *chap.* 19 , *n.* 12 & 13.)

Les aubergiftes , *&e.* ne font point refponfables des chofes volées , lorfque le vol eft arrivé par le fait du propriétaire. (Carondas en fes Réponfes, *liv.* 7, *réponfe* 172 ; Papon , *liv.* 23, *tit.* 6, *n.* 4, fur la fin.)

Ou lorfque la chofe a été perdue par cas fortuit. (L. 3 , §. 1, D. *nautæ, caupones ftabul.*)

Ou lorfque le vol a été fait par une force majeure ; *v. g.* avec effraction extérieure des portes &. fenêtres de l'auberge. (L. 3 , §. *idem erit dicendum,* D. *nautæ caup. ftab.* ; Farinacius , *in Fragm. crimin.* littera C , *n.* 35 ; Papon , *liv.* 23 , *tit.* 6 , *n.* 4 , vers la fin. Ainfi jugé par Arrêt du 22 Janvier 1675 , rapporté au Journal du Palais. Leprêtre, *cent.* 1 , *chap.* 19 , *n.* 6.)

41. Mais ce n'eft point une force majeure, ni un cas fortuit , lorfque les voleurs font entrés par une fenêtre de l'auberge, fi cette fenêtre a été laiffée ouverte par la négligence de l'hôte, ou de fes domeftiques. (Julius-Clarus , §. *furtum, in fupplem,* n. 136.)

Les aubergiftes ne répondent pas non plus des vols faits en leur auberge, ou cabaret, lorfqu'ils ont déclaré expreffément à leurs hôtes , qu'ils n'entendoient point fe charger, ni être garants des effets dépofés chez eux. (L. *finali,* §. *Item fi prædixerit,* D. *nautæ caup. ftab.* ; Farinacius *in Fragmentis crimin.* littera C, n. 42. Ainfi jugé par Arrêt du 27 Août 1677, rapporté au Journal des Audiences, *tom.* 3.)

Au

Au refte, dans le cas où les aubergiftes, cabaretiers, & autres, font refponfables des effets volés, ou détériorés dans leur auberge, ou cabaret, ils n'en font refponfables que civilement; à moins qu'ils n'aient été eux-mêmes complices du vol, ou du dommage.

42. On s'en rapporte ordinairement au ferment de l'hôte fur la quantité & la valeur des chofes qui lui ont été volées. (Julius-Clarus, §. *furtum*, n. 27. Ainfi jugé par Arrêt du 5 Juillet 1563, rapporté par Bouchel en fa Bibliotheque du Droit François, au mot *Hôtellier*. Autre Arrêt du 12 Décembre 1654, rapporté par Soefve, *tom.* 1, *cent.* 4, *chap.* 74. Autre du 2 Mars 1657, auffi rapporté par Soefve. Autre Arrêt du mois d'Août 1573. Voyez Carondas, *liv.* 6, *réponf.* 81; & en fes Pandectes, *liv.* 2, *chap.* 27.)

Dans tous ces cas les Juges, avant de rendre leur jugement, doivent avoir égard à la condition des perfonnes, & à la qualité, ou quantité des chofes dérobées; & ils doivent fe déterminer par ce qui paroît le plus vaifemblable. (Farinacius *in Fragm. crimin.* litt. C, n. 54; *ita etiam* Mornac fur la Loi 1, D. *nautæ caup. ftabul.*)

43. A l'égard de la procédure qui doit être tenue en pareil cas par celui qui a été volé, il doit, 1°. préfenter une requête au Juge du lieu pour conftater l'état des effets volés, & de l'effraction, s'il y en a une : 2°. il doit prouver, foit par écrit, foit par témoins, comme il avoit ces effets en arrivant dans l'auberge, au cas que l'Aubergifte en difconvienne : 3°. il doit prouver qu'avant de fortir de l'auberge, il s'eft plaint du vol qui lui a été fait : 4°. fur cette preuve le Juge doit condamner l'aubergifte à rendre le prix des effets, & prendre, pour cela, le ferment de celui qui a été volé; à moins que le Juge ne trouve à propos de reftreindre ce ferment jufqu'à une certaine fomme qu'il arbitrera fuivant les circonftances & la qualité des perfonnes. (Arrêt du 12 Décembre 1654, rapporté au Journal des Audiences.)

Du Vol fait par l'Aubergifte, ou par fes Domeftiques.

44. Lorfque les effets ont été volés par l'aubergifte lui-même, ou par quelqu'un de fes valets, ferviteurs, ou fervantes, de fon ordre, il peut être pourfuivi criminellement; & il doit être puni d'une peine grave, comme étant une efpece de vol domeftique.

(*Ita* Carondas en ſes mémorables Obſervations du Droit François, au mot *Hôte*, ſur la fin.)

§. V.

Du Vol fait dans les Bureaux des Carroſſes & Meſſageries, ou autres voitures publiques.

45. Les Meſſagers, Voituriers, Mariniers, & en général tous ceux qui conduiſent des paquets, marchandiſes, &c., ſont reſponſables des effets qui ſont dans leurs bureaux, carroſſes, bateaux, & autres voitures, envers les propriétaires; & ils doivent en rendre l'eſtimation, en cas de perte, ou vol, ou de détérioration deſdits effets, ſuivant la Loi 1, §. 2 & 3; & la Loi 3, D. *nautæ, caup. ſtab.* (Voyez Domat, Traité des Loix civiles, *part.* 1, *liv.* 1, *tit.* 15, *ſect.* 2.)

C'eſt auſſi la diſpoſition de l'Edit du mois de Novembre 1576, portant création d'offices de Meſſagers, qui porte, « que les Meſ-» ſagers ſeront reſponſables des papiers, argent & marchandiſes » qui leur auront été données; excepté cependant le vol deſdits » effets qui ſeroit fait en plein-jour ſur le grand-chemin, en le » vérifiant duement ». (Ainſi jugé par Arrêt du 9 Février 1599, rapporté par Carondas en ſes Réponſes, *liv.* 10, *rép.* 70, contre un maître de carroſſe de voiture, pour une valiſe reçue par le cocher. Autre Arrêt du 30 Mai 1656, rapporté par Soefve, *tom.* 2, *centur.* 1, *chap.* 29.)

Les Meſſagers, & autres Voituriers, ſont non-ſeulement reſponſables des effets qui leur ont été confiés; mais ils ſont auſſi obligés de les rendre dans le même état qu'ils les ont reçus. Ainſi, ſi un coffre, ballot, ou autre marchandiſe, ſe trouve fracturé en dehors par la négligence du maître de la voiture, ou de ſes Commis & prépoſés, il eſt tenu de payer le dommage; & il eſt tenu à cet égard *etiam de leviſſimâ culpâ.* (Farinacius *in Fragmentis criminalibus*, littera C, n. 27. Ainſi jugé par Arrêt du 20 Février 1637, rapporté par Bardet, *tom.* 1, *liv.* 6, *chap.* 3.)

46. Les maîtres des carroſſes, bateaux, & autres voitures, ſont même tenus à cet égard du fait de leurs Voituriers, Commis & prépoſés. (L. 1, §. 2, D. *de exercit. act.*; L. *ult.* D. *nautæ, caup.*

ftab. ; Domat en ſes Loix civiles , *part.* 1 , *liv.* 1 , *tit.* 16 , *ſect.* 2 , *n.* 2. Voyez auſſi ci-deſſus , *n.* 33 , ce qui a été dit à ce ſujet à l'égard des Hôteliers.)

Si le vol a été fait dans la voiture par un des voyageurs , ou par un paſſant , ils en répondroient pareillement ; parce qu'ils ſont tenus indiſtinctement de veiller à la garde des effets qui leur ont été confiés , & d'apporter , à cet égard , toute la diligence néceſſaire. Et quand même ils ne prendroient rien pour la voiture , & qu'ils ſe feroient chargés de la conduire gratuitement , & ſans aucun ſalaire , ils ne ſeroient pas moins reſponſables de la perte & détérioration de ces effets , ſuivant la Loi *licet gratis* 6 , D. *nautæ* , *caup. & ſtabul.*

Lorſque les effets perdus ou volés , n'ont point été mis en la garde des Meſſagers , ou Voituriers , ils ceſſent d'en être reſponſables.

47. Afin de conſtater les effets dont les Meſſagers & Maîtres des carroſſes , & autres voitures publiques ſont chargés , ils doivent avoir des regiſtres en bonne forme , ſur leſquels ils doivent écrire de jour à jour les marchandiſes , & autres effets dont ils ſont chargés , à meſure qu'ils leur ſont donnés & diſtribués , ſuivant l'Edit du mois de Novembre 1576.

Un Arrêt de réglement du 13 Décembre 1676 , rapporté au Journal des Audiences , *tom.* 3 , enjoint aux Meſſagers d'avoir une feuille qui contiendra exactement tout ce dont ils ſeront chargés ſur leur regiſtre , laquelle feuille ſera ſignée à la fin & paraphée au bas de chaque page par le Meſſager , ou ſon principal Facteur réſidant au lieu du départ de la voiture ; & qu'il ſera laiſſé dans ladite feuille une grande marge , afin que ceux qui viendront retirer leurs paquets & balots , puiſſent mettre à côté leur décharge & ſigner. Cet Arrêt ajoute , que les paquets & balots ne ſeront délivrés qu'à ceux qui ſeront porteurs des lettres d'avis ; que les Meſſagers , ou leurs Facteurs ſeront tenus de garder les feuilles de tous les envois , & les mettre en liaſſe , pour y avoir recours & les repréſenter , ſi beſoin eſt ; & que dans le cas où ceux qui chargeront les Meſſagers , d'argent , papiers , paquets ou ballots , voudroient prendre une plus grande précaution , ils pourront faire inſcrire ſur le regiſtre du Meſſager , que les choſes par eux envoyées , doivent être portées par le Meſſager , ou ſes Facteurs , dans les maiſons de ceux auxquels elles ſont adreſſées ; auquel cas leſdits Meſſagers ſeront obligés de faire tenir leſdites choſes à leur adreſſe par leurs Facteurs, ou autres perſonnes dont ils demeüre-ront reſponſables ; & que leſdits Meſſagers ne pourront refuſer de ſe charger de l'argent, des papiers, paquets, ou balots ſous la condition ci-deſſus, de les envòyer dans la maiſon de ceux auxquels ils ſont adreſſés.

48. Lorſque les livres des Meſſagers ne ſont point chargés des effets qu'on prétend avoir été perdus, ou volés, ils ceſſent d'en être reſponſables. Ainſi jugé par Arrêt du Conſeil de l'année 1696, au profit du ſieur Sanſoi, Maître des carroſſes d'Auvergne, & du nommé Satin, Aubergiſte du Dauphin à Eſſone. Cet Arrêt dé-boute le ſieur Viau-de-Lagarde, Procureur du Roi à Saint-Pierre-le-Moutier, de ſa demande de ſix mille livres, à lui priſes dans ſa valiſe la nuit, étant couché dans l'hôtellerie de Satin. On con-damna par corps le cocher à payer ; & on déchargea le maître des carroſſes de la garantie civile de ſon cocher, ſur ce que ſon regiſtre n'en étoit pas chargé.

Autre Arrêt du 31 Janvier 1693, rapporté au Journal des Au-diences, *tom.* 5, qui a jugé que les Meſſagers & Maîtres des coches ne ſont point reſponſables du fait de leurs cochers, pour tenir compte des paquets qui ſont remis entre les mains deſdits cochers pour en charger les magaſins ; ſauf à ſe pourvoir contre les cochers.

49. Un Arrêt du Conſeil du 26 Avril 1738, pour prévenir les con-teſtations qui s'élevoient à l'occaſion de la perte des paquets & ballots qui ſont confiés aux Caroſſes & Meſſageries, preſcrit la forme dans laquelle doit être faite la déclaration des effets con-tenus dans leſdits paquets & ballots.

Queſtion. Si celui qui a fait mettre ſa valiſe au Caroſſe, pré-tendoit qu'il y avoit de l'argent enfermé dans ſa valiſe, dont il n'auroit pas fait la Déclaration, & que cette valiſe vînt à être volée, le Meſſager répondroit-il alors de cet argent ?

50. On trouve un Arrêt du 5 Janvier 1627, rapporté au Journal des Audiences, *tom.* 1, qui, en pareil cas, a jugé en faveur du Meſſager ; mais cet Arrêt n'eſt pas ſans difficulté, & a peut être été rendu par quelque circonſtance particuliere ; car ſi cela étoit, il pourroit arriver tous les jours que des Meſſagers, ou Voituriers, détourneroient des paquets où ils auroient connoiſſance, ou ſoup-çonneroient qu'il y auroit de l'argent, dans la vue de ne rendre que le prix des hardes. Ainſi il paroît beaucoup plus ſûr

de s'en tenir à la regle établie ci-deſſus à l'égard des Auber-
giſtes & Cabaretiers, touchant les valiſes, ou coffres qui ont été
mis en dépôt chez eux, ou qui ſe trouvent perdus, ou volés.

Les Meſſagers ne ſont point reſponſables des vols qui ſont faits
en leurs Bureaux par effraction des portes, ou fenêtres ; parce
qu'alors il n'y a point de leur faute, & que c'eſt un malheur dont
le propriétaire de la choſe volée, n'auroit pu lui-même ſe
garantir, ſi elle avoit été en ſa poſſeſſion. (Ainſi jugé par Arrêt
du 15 Mars 1629, rapporté au Journal des Audiences, *tom.* 1.
Autre Arrêt du 14 Décembre 1715, rapporté auſſi au Journal des
Audiences, *tom.* 6.)

51. Il en eſt de même ſi le vol a été fait dans la route à main armée, par des voleurs de grand chemin. (Voyez ce qui a été dit
ci-deſſus, *n.* 40, touchant ces ſortes de vols faits dans les Auberges.

Au reſte, il faut, pour que cette garantie n'ait pas lieu dans ces
derniers cas, que le Meſſager ait été volé en marchant de jour,
& entre deux ſoleils, comme diſent les Réglements ; car s'il eſt
volé marchant de nuit, il en eſt reſponſable, ainſi qu'il réſulte
de la diſpoſition de l'Edit du mois de Novembre 1576, rapporté
ci-deſſus, *ibid.*, n. 40.

Il faut auſſi obſerver que les Meſſagers ſont reſponſables des
vols qui leur ſont faits, même entre deux ſoleils, lorſqu'ils ne
rapportent point une plainte faite devant le plus prochain Juge
des lieux, quoique ſubalterne, avec un procès-verbal de l'état
des marchandiſes qui reſtent. (Arrêt du 5 Juin 1659, rapporté
par Deſmaiſons, *lettre* M, *n.* 16.)

Enfin, une derniere obſervation à faire à ce ſujet ; c'eſt que
dans tous ces cas, les Maîtres des carroſſes & meſſageries, ainſi
que les Voituriers eux-mêmes, ne ſont tenus que civilement de
ces vols ; à moins qu'ils n'en ſoient d'ailleurs participants.

52. Les Voituriers qui n'ont point de regiſtres ſur leſquels ils écri-
vent les marchandiſes qu'ils ſont chargés de voiturer, comme
ſont la plupart des voituriers ordinaires, ſont auſſi reſponſables
comme les autres de la perte, vol, ou détérioration des marchandiſes qui leur ſont confiées ; mais alors la preuve contre eux ſe
fait, ou par les livres du Marchand qui leur a donné la facture,
ou par la lettre de voiture, ou par des témoins, qui ſont toujours
admis en pareil cas ; ou enfin par le ſerment de celui à qui appar-

tiennent les effets volés, que le Juge défere ordinairement jusqu'à une certaine somme, suivant les circonstances & la qualité des parties. (Voyez ce qui a été dit à ce sujet en parlant des Aubergistes, ci-dessus, *n.* 42.)

Cette somme, jusqu'à laquelle on défere le serment, est de cent cinquante livres pour les malles, suivant des Arrêts du Conseil du 3 Décembre 1687, 18 Mars 1715, 21 Mai 1746, & 26 Août audit an 1746, rapportés au Code Voiturin.

Du Vol fait par le Messager lui-même, ou par ses Commis & Voituriers.

53. Quand les effets ont été volés par le Messager lui-même, ou par quelqu'un de ses Commis, ou préposés, l'action peut être poursuivie criminellement contre l'auteur du vol & ses complices ; & ils doivent être punis, non de la peine du vol simple, mais d'une autre peine plus grave, comme des galeres à temps, ou autre, suivant les circonstances.

§. VI.

Des Voituriers qui volent, gâtent ou corrompent les marchandises & effets qui leur sont confiés.

54. Les Voituriers qui boivent, ou gâtent le vin qu'ils sont chargés de voiturer, sont ordinairement punis du fouet, ou du carcan.

Arrêt du 10 Février 1550, rapporté par Papon, *liv.* 23, *tit.* 9, par lequel des Charretiers qui avoient été chargés de voiturer du vin, ayant été convaincus d'avoir buveté ce vin, & de l'avoir ensuite rempli d'eau, furent condamnés au fouet, à faire amende-honorable, & à des dommages intérêts envers la partie civile.

Autre Arrêt du 20 Mai 1710.

Autre Arrêt rendu en la Tournelle le 14 Août 1715, confirmatif d'une Sentence rendue en la Police de Paris, par lequel le nommé Demouchi, charretier, a été condamné à être attaché au carcan à la place du Port Saint-Paul, avec un écriteau portant ces mots, *Charretier piqueteur de vin*, pour avoir piqueté le vin qu'il conduisoit dans les rues de Paris ; cet Arrêt lui fait défenses de récidiver, à peine de punition corporelle. Autre Arrêt du 13 Juillet 1731. Autre du 17 Juillet 1732, qui condamne un Charretier au carcan, pour avoir été surpris buvant du vin dont il avoit été chargé de faire la conduite.

Autre du 14 Janvier 1750, qui condamne un Voiturier au carcan, pour avoir piqueté & bu à des pieces de vin qu'il conduisoit d'Orléans à Paris.

Les Voituriers chargés de la conduite des sels destinés pour la fourniture des Gabelles, qui sont convaincus d'avoir volé du sel, doivent être condamnés à mort. (Edit du mois de Février 1696.)

§. VII.

Vol de chose commune, ou possédée en commun.

55. Celui qui dérobe une chose dont la propriété lui appartient en commun avec un autre, commet une espece de vol. (L. *rei communis* 45 ; L. *merito* 51, D. *pro socio* ; & L. *si socius* 45 ; D. *de furtis.*)

Et il en est de même de celui qui détourne, ou vend clandestinement une chose commune qui est en sa possession.

Ainsi le Fermier à moitié, qui détourne, ou vend en cachete les grains, & autres fruits recueillis dans l'héritage dont il est Fermier, peut être poursuivi comme un voleur.

Idem du Fermier à chetel qui vend, ou détourne les bestiaux dépendants de son chetel.

§. VIII.

Du Recel de Communauté & de Succession.

56. Le recel des biens d'une communauté, ou d'une succession, se fait par la soustraction, détournement, vol, ou enlevement, faits dans la maison d'un défunt après son décès, de partie de ses biens-meubles, argent, titres & effets, par la veuve, ou par quelqu'un des cohéritiers, & quelquefois aussi par des étrangers, soit de leur chef, soit par l'ordre de cette veuve, ou héritier, pour en profiter, au préjudice des héritiers légitimes.

Ce crime peut être poursuivi criminellement contre des étran-

gers, & ils peuvent alors être punis de la peine ordinaire du
vol, ou d'autres peines, suivant les circonstances ; mais à l'égard
de la veuve qui détourne les effets de la communauté, la procédure criminelle ne peut avoir lieu contre elle. (Bacquet, des
Droits de Justice , *chap.* 21, *n.* 64 ; Renusson, en son Traité de
la Communauté , *part.* 2, *chap.* 2 ; Louet, *lettre* C, *chap.* 36 ,
n. 3. Et il a été ainsi jugé par plusieurs Arrêts, & entr'autres par
un du 21 Février 1687, rapporté par Boniface, *tom.* 5, *liv.* 3 ,
tit. 8 , *chap.* 1. Autre Arrêt du 19 Avril 1698 , rapporté au Journal des Audiences, qui l'a ainsi jugé à légard d'une veuve.)

57.   Quelques Auteurs cependant distinguent là-dessus deux cas.
Le premier est, lorsque l'action est originairement dirigée contre
la veuve seule ; le second est, lorsque cette action est dirigée sans
désignation , & que la veuve se trouve seule chargée par les informations ; ou que, s'il y a d'autres accusés , ils n'ont fait qu'exécuter les ordres de la veuve. Dans le premier cas on déclare la
procédure criminelle nulle , sauf à se pourvoir par la voie civile ;
& il y en a un Arrêt de 1600, cité par M. Louet , & rendu à
son rapport. Mais dans le second cas, on peut se pourvoir par la
voie criminelle ; sinon que quand la veuve se plaint de la procédure,
qu'il ne se trouve pas des faits trop graves, & qu'il n'y a d'autres
complices que ceux qui ont eu ordre de la veuve, on convertit ces
informations en enquêtes. Cependant l'usage a changé depuis ce
temps-là, & dans tous les cas même où la veuve a été désignée
seule dans la plainte, on laisse subsister la procédure , & l'on a
jugé qu'on peut se pourvoir par la voie criminelle, sauf à convertir ensuite en enquête. En effet , il eût été d'une conséquence
dangereuse de vouloir qu'on se pourvût par la voie civile.
1°. Parce que pour la voie civile il faut des assignations & des délais, pendant lesquels les preuves peuvent dépérir. 2°. Parce qu'il
se peut faire que quoiqu'on n'ait accusé que la veuve, il se trouve
néanmoins d'autres coupables chargés par les informations qui
aient recélé pour leur compte ; auquel cas on procede criminellement contre eux & contre la veuve, puisqu'on ne peut diviser
un crime. 3°. Parce que les faits peuvent être si graves, même
contre la veuve, qu'on ordonne que la voie criminelle sera suivie. Mais lorsque la veuve se plaint , & qu'il ne se rencontre aucune de ces deux dernieres circonstances , on convertit les informations en enquêtes.

A

58. A l'égard des héritiers, on suit la même Jurisprudence. (Arrêt du 16 Février 1707, rapporté au Journal des Audiences, *tom. 6*, ci-deſſus cité.)

D'autres Auteurs ont voulu diſtinguer entre le cas où la veuve & les héritiers détournent avant d'avoir renoncé à la communauté, ou à la ſucceſſion, & celui où ils détournent après leur renonciation ; & ils ont prétendu que quand les détournements étoient faits après la renonciation, on pouvoit pourſuivre criminellement la veuve & les héritiers ; parce qu'alors n'ayant plus aucun droit dans les choſes détournées, c'étoit un véritable vol qui ſe faiſoit de leur part. (L. 71 , §. *ult.* D. *de acquir. vel omitt. hæred.* ; Lebrun, Traité des Succeſſions, *liv.* 3, *chap.* 8, §. 2, *n.* 60 ; Renuſſon, Traité de la Communauté, *part.* 2, *chap.* 2.) Mais on n'admet point aujourd'hui cette diſtinction, quelque juſte qu'elle paroiſſe.

59. Néanmoins on trouve au Journal des Audiences, *tom.* 6, un Arrêt du 7 Décembre 1715, rendu ſur les concluſions de M. Joly de Fleury Avocat-Général, qui a jugé qu'une veuve peut être pourſuivie extraordinairement, 1°. Lorſque le recélé par elle fait d'effets de la communauté, a été fait après ſa renonciation à la communauté ; parce qu'alors elle devient comme une étrangere par rapport à cette même communauté. 2°. Lorſque la déprédation par elle faite avant cette rénonciation, eſt conſidérable ; & que dans ce cas elle peut même être ſujette à une peine infamante.

On doit dire la même choſe des héritiers, quand ils ont recélé depuis la mort du défunt & après leur renonciation. (Arrêt du Parlement de Paris du 29 Avril 1689, rapporté par Ferrieres, au mot *Recélé.* Voyez auſſi Raviot, *qu.* 250, *tom.* 2, *pag.* 290, *n.* 29, où il rapporte deux autres Arrêts du Parlement de Dijon des 7 Juin 1687; & 19 Janvier 1692.)

60. L'uſage du Châtelet de Paris eſt de pourſuivre criminellement le conjoint, ou les héritiers qui ont recélé ; & cette procédure eſt autoriſée par la Jurisprudence des Arrêts, (Voyez l'Arrêt ci-deſſus du 19 Avril 1698 ; autre du 26 Octobre 1754, contre la Dame Lay Dagibercourt, qui déclare valable une pareille procédure.)

On préſente pour cela une Requête au Juge, par laquelle on demande permiſſion d'informer du recélé, & de publier Monitoires. On fait faire en conſéquence l'information ; on la fait décréter, & on fait fubir interrogatoire à la veuve, & aux autres accufés ; mais après que cette preuve eft faite, au lieu de pourfuivre par récolement & confrontation contre la veuve, ou héritiers, & communiquant le tout au Procureur du Roi, on convertit à leur égard les informations en enquêtes, &c. (*Ita* Dupleffis, fur la Coutume de Paris , *liv.* 2, *titre* De la Communauté, *chap.* 3, aux notes, *pag.* 439.)

61. Ce qui oblige de prendre la voie criminelle en matiere de fpoliation d'hérédité, ou de communauté, eft qu'on ne peut obtenir des Lettres Monitoires dans un procès civil, que fur des faits dont la preuve a été ordonnée ou contradictoirement, ou par défaut avec le défendeur ; au-lieu que le plaignant en matiere de fpoliation, ne voulant fouvent nommer perfonne dans fa plainte, obtient au criminel la permiffion de publier des Lettres Monitoires fans appeller perfonne : & même quand il auroit commencé à agir civilement au fujet d'un partage de fucceffion , ou autrement, il pourroit toujours donner incidemment fa plainte, & demander permiffion d'informer, & obtenir Monitoires ; ce qui forme une inftance criminelle, différente de la civile, fur laquelle il obtient un décret, &c.

62. A l'égard des étrangers, comme valets, ferviteurs, domeftiques, ou autres, qui ont détourné à leur profit, le procès continue de s'inftruire contr'eux extraordinairement ; parce qu'à leur égard ces détournements font regardés comme un véritable vol, ainfi qu'il a été jugé par l'Arrêt du 19 Avril 1698, cité ci-deffus. Il en feroit autrement, s'ils n'avoient agi que pour la veuve, ou héritiers.

La peine ordinaire du recélé contre la veuve, eft qu'elle eft privée du droit de renoncer à la communauté, & qu'elle eft obligée de payer tous les créanciers de cette communauté. De plus, elle eft privée de la moitié qu'elle auroit pu avoir en qualité de commune en la propriété des chofes par elles recélés, & de l'ufufruit de l'autre moitié, s'il y a un don mutuel entr'elle & fon défunt mari. (Inftitut. de Loifel, *liv.* 3, *tit.* 3, *n.* 10 ; Louet, *lettre* R, *chap.* 1, *n.* 2 ; & *chap.* 48, *n.* 7 ; Coquille, *qu.* 119. Arrêt du 15 Mai 1656, rapporté au Journal des Audiences, *tom.* 1, *liv.* 8, *chap.* 35 ; Lhôte, fur la Coutume de Montargis, *chap.* 8, *art.* 8, *pag.* 310 ; Leprêtre, *cent.* 1, *chap.* 4, *pag.* 12 ; Renuffon, Traité de la Communauté, *part.* 2, *chap.* 2, *n.* 38.)

63. La Coutume d'Orléans, *art.* 204, prouve auſſi que la veuve qui recele, ne peut plus renoncer à la communauté ; car par ce recélé, la choſe n'eſt plus entiere.

Quand la veuve a ſouſtrait après avoir renoncé à la communauté, cette ſouſtraction, ou recélé, ne la rend pas commune ; mais elle eſt ſimplement tenue à la reſtitution des choſes recélées, & juſqu'à concurrence de leur valeur.

Il n'en eſt pas de l'aſſocié, comme de la femme commune ; car s'il ſouſtrait frauduleuſement les effets de la ſociété, il commet un vol, & peut être pourſuivi criminellement, ſuivant la Loi *ſi ſocius* 45, D. *de furtis.*

Dans nos mœurs, l'aſſocié qui détourneroit, ne ſeroit pas puni de la peine ordinaire du vol, mais d'une autre peine arbitraire.

64. La peine contre un cohéritier qui détourne les effets de la ſucceſſion, eſt 1°. d'être déclaré héritier pur & ſimple, 2°. d'être privé du droit dans les choſes détournées. (Arrêt du 7 Septembre 1603, rapporté par Louet, *lettre* R, *n.* 48 ; Bacquet des Droits de Juſtice, *chap.* 21, *n.* 64 ; Louet, *lettre* H, *chap.* 24.)

L'héritier bénéficiaire qui a détourné les effets de la ſucceſſion, doit être réputé héritier pur & ſimple. (Voyez Louet, *lettre* H, *chap.* 24, ainſi jugé contre un mineur de vingt-quatre ans deux mois, par Arrêt du 21 Mai 1605, rapporté par Brodeau ; *contrà* Bacquet, Traité des Droits de Juſtice, *chap.* 21, *n.* 65.)

A l'égard des étrangers qui volent une ſucceſſion, ils ſont punis de la peine du fouet, du banniſſement, ou des galeres, & même de la mort, ſuivant les cas ; comme ſi le vol eſt fait par des domeſtiques.

65. On fait cependant là-deſſus une diſtinction entre les différents complices des recélés, ſoit d'une communauté, ſoit d'une ſucceſſion. Quoiqu'ils puiſſent toujours être pourſuivis criminellement, néanmoins on examine s'ils ont pris des effets à leur profit particulier, ou s'ils n'ont fait qu'exécuter les ordres de la veuve, du mari, ou de l'héritier. Dans le premier cas, ils doivent être pourſuivis par action de vol, & punis comme voleurs ; mais dans le ſecond cas, on prétend que l'action doit être civiliſée à leur égard avec celle de la femme, mari, ou héritier. (Renuſſon, Traité de la Communauté, *part.* 2, *chap.* 2, *n.* 21. Arrêt du 19 Avril 1698, au Journal des Audiences, *tom.* 5.)

Le recélé étant une eſpece de crime, l'action s'en preſcrit par vingt ans depuis la fucceffion ouverte & le recélé commis. (Arrêt du 20 Mai 1692 , au Journal des Audiences.)

Les parents peuvent être témoins en matiere de recélé & de fpoliation d'hérédité ; parce que ce font eux qui en ont ordinairement plus de connoiffance ; & il en eft de même des domeftiques. (Voyez le procés-verbal de l'Ordonnance de 1667 , fur l'article 9 du titre 22 , *pag.* 297.)

§. I X.

Du Vol de fa propre chofe.

66. C'eft encore une efpece de vol, de dérober même fa propre chofe, quand on l'a donnée en gage à un tiers ; comme fi quelqu'un avoit donné en gage de la vaiffelle d'argent, ou quelque autre chofe mobiliaire à fon créancier, & qu'enfuite il la reprit & dérobât à ce créancier. (L. 19 , §. 5 , D. *de furtis* ; L. 12 , §. 2 ; L. 19 , §. *pen.* ; L. 79 ; L. 87 , *eod. tit.* §. 10 , Inftit. *de obligation. quæ ex delicto nafcuntur.*) Dans ce cas, le créancier peut intenter l'action du vol contre fon débiteur , de même qu'il pourroit le faire contre tout autre. (§. 13 & 14 , *in fine* , Inftitut. *eodem tit.* ; L. 12 , §. 2 ; L. 19 , §. 5 , D. *de furtis.*)

On doit dire la même chofe dans nos mœurs. Un créancier peut rendre plainte , & faire informer comme d'un vol contre le débiteur qui lui a repris furtivement, & avec mauvaife intention, la chofe mife en gage ; & tel eft l'ufage conftant. (Ainfi jugé par Arrêt du 30 Octobre 1676 , rapporté par Boniface , *tom.* 5 , *liv.* 3 , *tit.* 5 , *chap.* 1.)

67. Le locataire, ou fermier qui détourne fes effets, commet auffi une efpece de vol ; car quoique ces effets foient en fa poffeffion, néanmoins comme ils font le gage du maître , ou propriétaire de la maifon ou ferme , il eft conftant que ce fermier ou locataire qui les détourne, ou les enleve en cachette, commet une efpece de vol.

Il en doit être de même du faifi qui détourne ou enleve fes effets mis fous la main de Juftice.

68. Le créancier qui prend fur la table, ou dans le coffre de fon débiteur , ce que celui-ci lui doit légitimement , & qui fe paie par fes mains, commet auffi une efpece de vol ; fur-tout s'il le prend en cachette & furtivement ; parce qu'il n'est pas permis de se faire justice par soi-même, & que les voies de fait font défendues. (L. 13, *extat*, D. *quod metûs caufa*, Arrêt du 20 Novembre 1655, rapporté par Boniface, *tom.* 2, *liv.* 1, *tit.* 2, *chap.* 12, qui a jugé que le débiteur pourroit en ce cas intenter l'action criminelle contre fon créancier.)

Néanmoins quand cela arrive, on ne punit pas de la peine ordinaire du vol. Par l'Arrêt qu'on vient de citer, le créancier fut condamné en trente livres d'amende, & aux dépens.

69. Il n'est pas même permis d'ufer de violence pour reprendre fon propre bien qui est en la poffeffion d'un autre, les voies de fait n'ayant point lieu en France ; & il faut alors fe pourvoir en Juftice. Cependant quand on ufe de violence pour reprendre une chofe qui est à foi, les Juges ne la confiderent pas ordinairement comme un crime ; & quoique celui à qui la violence a été faite, puiffe fe pourvoir par information, néanmoins les Juges fupérieurs, en prononçant fur l'appel de la procédure criminelle, évoquent ordinairement le principal, & y faifant droit, condamnent l'accufé à reftituer la chofe prife par force, fi elle est encore exiftante, ou fa valeur, & aux dommages & intérêts, pour raifon des pertes occafionnées par la violence.

Le créancier qui s'empare des effets de fon débiteur qui est en faillite, au préjudice des autres créanciers, peut auffi être pourfuivi extraordinairement. (Ainfi jugé par Arrêt du 16 Juillet 1706, rapporté au Journal des Audiences, *tom.* 6, *pag.* 648 *de la nouvelle édition.*)

§. X.

Du Vol de chofes immeubles.

70. Ceux qui par voies de fait ufurpent & s'emparent d'un héritage appartenant à autrui, commettent auffi une efpece de vol. Cependant comme le vol n'a lieu, à proprement parler, qu'à l'égard des chofes mobiliaires, on doit dire que c'est ici plutôt une invafion, ou voie de fait qu'un vol.

En Droit, celui qui ufurpoit l'héritage d'autrui, & qui s'en emparoit par violence & voie de fait, étoit tenu non-feulement de rendre la chofe ufurpée, mais encore fa valeur. (Gloff. *in* L, *fi quis in tantam*, verbo *earumdem rerum*, Cod. *unde vi*; & gloff. *in L*, *magna part.* 5, verficulo *fuper ultimo quæro.*)

Et cette regle avoit pareillement lieu dans le cas où celui qui poffedoit déja une partie de l'héritage, s'emparoit du furplus. (Farinacius, *qu.* 175, *n.* 169.)

71. Il n'étoit pas même permis de reprendre fon propre bien par voie de fait & de violence, lorfqu'il étoit en la poffeffion d'une autre perfonne; & celui qui s'en emparoit ainfi, étoit privé du droit de propriété dans la chofe ainfi reprife. (L. *extat*, D. *quod metûs caufa* , L. *fi quis in tantam* , Cod. *unde vi* , & *ibi gloffa*.)

Dans nos mœurs, celui qui ufurpe & s'empare par violence & voie de fait d'un héritage qui ne lui appartient point, doit être puni de peine corporelle, ou afflictive, & quelquefois d'une fimple amende avec dommages & intérêts, fuivant les circonftances & la nature de la violence. (Voyez ce qui a été dit à ce fujet au titre *De la Force publique, ou privée*, ci-deffus, *part.* 4, *tit.* 19, *n.* 11.)

A l'égard de celui qui s'empare par violence de l'héritage qui lui appartient, on ne lui inflige ordinairement aucune peine afflictive, ni infamante; mais on le condamne feulement à rétablir le poffeffeur expulfé en la poffeffion de l'héritage, avec défenfes de plus à l'avenir ufer de pareilles voies; à peine de punition exemplaire, *&c.* (Voyez ce qui eft dit au même endroit, *n.* 11.)

72. Quant au créancier qui s'empare de l'héritage fur lequel il a un droit d'hypotheque, on doit auffi fuivre la même regle. En Droit, le créancier qui s'emparoit ainfi de l'héritage qui lui étoit hypothéqué, perdoit le droit qu'il avoit en cette chofe. (Gloff. *in L, fi quis in tantam*, Cod. *unde vi.*)

Dans nos mœurs, celui qui ufurperoit un héritage où il auroit un droit d'hypotheque, feroit puni, non-feulement par des dommages & intérêts; mais il pourroit auffi quelquefois être puni de peine afflictive, fuivant les circonftances & la nature de la violence.

Touchant la queftion de fçavoir quand un créancier peut, en vertu d'une convention, fe mettre en poffeffion d'un héritage qui lui eft hypothéqué; & de même quand un héritier ou légataire, ou ufufruitier peuvent fe mettre en poffeffion des biens qui leur font échus par fucceffion, ou teftament, Voyez *omninò*, Farinacius, *qu.* 175, *n.* 175 & *fuivants*, jufqu'au *n.* 282; & depuis le *n.* 283, jufqu'au *n.* 355.

Le locataire, ou fermier, qui, à la fin de son bail, refuse de quitter la maison, ou ferme qu'il occupoit, & de la rendre au propriétaire, & qui continue d'en jouir, commet aussi une espece de vol, & peut être poursuivi comme usurpateur. (Farinacius, *qu.* 168, *n.* 10.)

§. XI.

Usurpateurs de Biens Royaux.

73. Ceux qui s'emparent de fonds, ou héritages appartenants au Roi, ou dépendants de son Domaine, sont punis plus sévérement que si ces fonds appartenoient à de simples particuliers.

Ainsi, dans le cas où ils le feroient par violence, ils seroient punis d'une peine capitale, comme criminels, en quelque sorte, de Leze-Majesté.

Mais si cette usurpation étoit faite sans violence, la peine seroit moindre, & dépendroit des circonstances.

Ceux qui s'emparent des choses publiques, qui appartiennent aujourd'hui au Roi ; comme isles, fleuves, chemins & places publiques, commettent aussi une espece de vol. (L. 1, D. *ne quid in loco publico* ; Farinac., *qu.* 168, *n.* 3 & 4.)

L'article 284 de l'Ordonnance de Blois, enjoint aux Procureurs du Roi de poursuivre les Seigneurs qui auront soustrait les titres de leurs sujets, pour s'emparer des communes dont ils jouissoient auparavant, ou qui les ont obligés de s'en accommoder avec eux.

§. XII.

Usurpateurs de Bénéfices, & de Biens d'Eglise.

74. Ceux qui par force, ou autrement, usurpent les maisons, terres, rentes, dîmes, & autres biens dépendants des bénéfices, doivent être punis par confiscation de corps & biens. (Déclaration du 19 Décembre 1571.)

Par une autre Déclaration du 16 Avril 1571, *art.* 17, il étoit dit seulement qu'il seroit procédé extraordinairement contre ces usurpateurs, & qu'ils seroient punis de peine rigoureuse.

L'Edit d'Amboise du mois de Janvier 1572, *art.* 7, prononce une punition exemplaire contre les usurpateurs de biens de bénéfices, qui ne font pas Seigneurs du lieu où les bénéfices font affis; & contre les Seigneurs, la confifcation de leurs Seigneuries.

L'Ordonnance de Blois, *art.* 47, prononce la peine de la confifcation de biens contre les ufurpateurs des biens dépendans des bénéfices; encore que par la Coutume des lieux, confifcation n'ait lieu; & ajoute qu'ils feront, en outre, punis extraordinairement. (*Idem* par l'article 30 de l'Edit de Melun du mois de Février 1580.)

75. A l'égard de ceux qui par force & violence fe mettent en poffeffion des bénéfices auxquels ils prétendent droit, ils font punis par la privation du droit qu'ils peuvent avoir auxdits bénéfices, (Ordonnance de Villers - Cotterets du mois d'Août 1539, *art.* 60.)

La même Ordonnance, *art.* 54, veut qu'auffitôt après le décès des Bénéficiers, leur décès foit publié par les domeftiques du décédé, qui feront tenus de venir le déclarer aux Eglifes où ils doivent être inhumés, & rapporter au vrai le temps du décès; à peine de punition corporelle, ou autre, à l'arbitrage du Juge.

L'article 55 de cette même Ordonnance, veut en tout cas, qu'avant de faire lefdites fépultures, il foit fait enquête & rapport au vrai, du temps du décès defdits Bénéficiers, pour en faire fur l'heure fidélement regiftre.

Et l'article 56 défend la garde des corps des Bénéficiers décédés avant ladite révélation; à peine de confifcation de corps & de biens contre les laïques qui en feront trouvés coupables; & contre les Eccléfiaftiques, de privation de tout droit qu'ils pourroient prétendre aux bénéfices ainfi vacants, & de groffe amende, à l'arbitrage de Juftice.

76. Une Déclaration du 9 Février 1657, enregiftrée au Grand-Confeil, ordonne l'exécution des trois articles précédents, & permet même aux Evêques, à leurs Vicaires-Généraux & Officiaux, de faire procéder à la recherche des corps morts des Bénéficiers dans les Eglifes & cimetieres, en préfence de témoins, fans que leurs procédures puiffent être conteftées par défaut de puiffance; & même de procéder à ladite recherche dans les maifons & lieux féculiers, étant affiftés d'un Juge Royal, qui leur prêtera main-forte en l'exécution. Cette Ordonnance veut auffi que les faits de garde & de récelement foient reçus par tous les Juges royaux en l'inftance fur la poffeffion des bénéfices; & ordonne qu'à la requifition

réquisition des Grands-Vicaires, ou Promoteurs des Archevêques, Evêques & autres Collateurs, le premier Juge Royal sur ce requis, soit tenu de se transporter avec eux, ou celui qu'ils commettront, en la maison où le bénéficier est demeurant, ou atteint de maladie, pour se faire représenter le malade, ou son corps, en cas qu'il soit décédé; de laquelle représentation, ou refus de le faire, le Juge dressera son procès-verbal, certifié de trois, ou quatre témoins; & en cas que les parents, ou domestiques refusent de représenter ledit bénéficier, ou son corps, les Collateurs pourront pourvoir à ses bénéfices ledit jour, comme étant dès-lors censés vacants, en cas qu'il décede de ladite maladie, sans s'arrêter à la publication du jour du décès que les intéressés pourroient faire depuis à leur volonté.

77. Par des Lettres-patentes du 12 Février 1661, la jurisdiction & connoissance de ces gardes & recelés a été attribuée au Grand-Conseil, à l'exclusion de tous autres Juges.

Depuis cette Déclaration, il y a eu plusieus Arrêts rendus au Grand-Conseil conformément à sa disposition.

Par Arrêt du Grand-Conseil du 23 Septembre 1670, plusieurs particuliers ont été condamnés au bannissement, comme complices de la garde d'un corps de bénéficier. (Voyez les Mémoires du Clergé, de l'édition de 1675, *tom.* 2, *part.* 2, *tit.* 17, *n.* 5, *pag.* 462.)

Autre Arrêt du Grand-Conseil du 30 Mars 1651, rapporté *ibidem*, pag. 460, qui ordonne de faire sonner pour les Bénéficiers immédiatement après leur décès; & qui enjoint, à cet effet, aux gardes, domestiques, & autres, d'avertir aussi-tôt que les Bénéficiers seront décédés.

Autre Arrêt du Grand-Conseil du 7 Janvier 1751, qui ordonne que les Arrêts rendus par le même Tribunal, en date des 20 Mars 1734, & Mars 1739, seront exécutés; ce faisant, enjoint aux domestiques de tous & chacuns Bénéficiers décédés, comme aussi aux parents, gardes-malades, & généralement à toutes personnes qui auront soigné lesdits Bénéficiers jusqu'à la mort, ou chez lesquels ils seront décédés, de se transporter, à l'instant dudit décès, à la Paroisse, ou Eglise du lieu où ils seront décédés, & d'avertir les préposés à la sonnerie des cloches, de faire sonner lesdites cloches à l'instant en la maniere accoutumée, sous peine de punition corporelle, &c.

Tome IV.

ARTICLE IV.

Des Vols qualifiés, & de leurs peines.

78. Le vol *qualifié* est celui qui est accompagné de quelque circonstance aggravante, prise du lieu, ou du temps, ou de la chose volée, ou de la maniere dont le vol est fait.

S. I.

Du Vol Domestique.

79. On appelle ordinairement *vol domestique*, celui qui se fait par un valet, serviteur, ou servante à son maître : mais sous le mot de domestiques, on peut comprendre plus généralement tous ceux qui composent la maison d'un pere-de-famille ; comme sont les officiers, valets & servantes, la femme, les enfants, & autres qui demeurent dans sa maison, & vivent à ses dépens.

L'abus fait par un Clerc de Notaire des effets qui lui sont confiés par le Notaire, est un vol domestique. (Ainsi jugé par Arrêt du Parlement de Paris du 16 Avril 1714.)

80. 1°. La Déclaration du 4 Mai 1724, *art.* 2, porte en général que le vol domestique sera puni de mort, conformément à la Jurisprudence observée auparavant dans le Royaume. (Voyez Papon, *tit.* 23, *art.* 6, *n.* 2;) ce qui doit s'entendre principalement du vol fait par un valet, ou par une servante à son maître (*a*). Cette peine a été établie parmi nous par un motif d'intérêt public, à cause de la nécessité où l'on est d'avoir confiance en ces sortes de personnes, & des inconvénients qui pourroient arriver, s'il n'y avoit pas des peines séveres établies contre cette espece de vol. Ainsi jugé par Arrêt du premier Février 1718, rapporté au Journal des

---

(*a*) Quelques Coutumes ont des dispositions particulieres à l'égard du vol domestique, mais auxquelles cette Déclaration a dérogé.

La Coutume de Bordeaux, *chap.* 10, *art.* 107, porte : » Que le domesti- » que qui vole à son maître chose excédante la somme de 50 livres Bourde- » lois, sera pendu ; & que s'il est de moindre valeur, il sera fouetté deux » fois par la Ville. »

Audiences, *tom.* 7, portant confirmation d'une Sentence de mort du Juge de Saint-Germain, contre la fervante d'un hôtellier qui avoit volé des cuillieres & des fourchettes d'argent à fon maître. Dans le Droit il n'y a aucune peine établie pour ce genre de vol; parce que les maîtres pouvoient fe faire juftice par eux-mêmes.

81. Pour faciliter la découverte des vols domeftiques, & empêcher qu'ils ne foient fréquens, il eft défendu à toutes perfonnes de retenir, ni de garder aucun coffre, ou caffette appartenant à un ferviteur, ou fervante, fans le fçu & la participation des Maîtres, fuivant qu'il a été réglé par un Arrêt du 13 Décembre 1553, rapporté par Laroche - Flavin en fes Arrêts, *tit.* 33, *art.* 1; parce que c'eft s'expofer, en quelque façon, à recéler les vols qu'ils feroient, ou les expofer à en faire, voyant qu'ils auroient la facilité de les cacher, & de les dépofer en lieu de fûreté.

Les Officiers d'une maifon, comme Intendants, Gouverneurs, Précepteurs, & autres qui demeurent dans la maifon de leur Maître & y font nourris, & qui le volent, doivent auffi fubir la peine de mort; ce qui réfulte du même article. Cette peine eft auffi établie au chapitre 30 du livre premier des Etabliffements de faint Louis de l'année 1270, qui porte, *que celui qui vole fon Seigneur, & eft à fon pain & vin, eft pendable.* (Voyez Damhouderius, *cap.* 110, *tit.* 27; *Lib.* 2 *feudor.*, §. 9; & *ibidem* Godefroi; Aulugelle, *liv.* 7, *chap.* 15; Ifidore, *lib.* 5; Origin. *chap.* 26; l'ancienne Coutume de Touraine; l'ancienne Coutume d'Anjou au titre *Des crimes*; & Brodeau fur l'article 44 de la Coutume du Maine.)

82. Les compagnons & apprentifs qui volent le maître chez qui ils demeurent, doivent auffi être regardés comme voleurs domeftiques, & doivent auffi être punis de mort. Et il en eft de même des jardiniers, vignerons, valets de labour, & autres qui volent leurs maîtres.

Quid d'un penfionnaire qui vole celui chez qui il eft en penfion, ou d'un locataire qui vole celui chez lequel il demeure ?

Bouteiller en fa Somme rurale, *liv.* 1, *tit.* 34, dit, que celui qui vole en l'hôtel où il héberge, eft pendable.

On peut auffi mettre au nombre des vols demeftiques celui qui fe feroit par un Religieux à fon Abbé, ou Prieur, fuivant Farinacus, *qu.* 174, *n.* 109.

Cc ij

Mais on ne doit pas regarder comme vol domeſtique, celui qui ſe feroit par un domeſtique, compagnon, ou penſionnaire, à un autre domeſtique, auſſi compagnon, ou penſionnaire, quoique demeurant dans une même maiſon.

83. *Queſtion.* Les ouvriers qui vont travailler dans les maiſons, comme Perruquiers, Menuiſiers, & autres, doivent-ils être punis comme voleurs domeſtiques, dans le cas où ils feroient un vol dans les maiſons où ils vont travailler ?

Un Arrêt du Parlement du premier Avril 1727, condamne au fouet la corde au col, & aux galeres, un garçon Chirurgien, pour avoir volé en pluſieurs maiſons de la vaiſſelle d'argent, boucles d'oreilles, diamants, & autres effets d'orfévrerie.

Il paroît que c'eſt la même regle à l'égard des maîtres à chanter, & autres qui vont enſeigner dans les maiſons.

84. Quoiqu'en général on doive punir de la peine de mort tout vol domeſtique, aux termes de la Déclaration qu'on vient de citer; néanmoins lorſque la choſe volée eſt ſi modique qu'elle n'eſt d'aucune conſidération, il ſemble qu'on peut diminuer la peine, ſuivant la regle établie ci-après, *n.* 207.

De même, le ſerviteur qui avertit ſur-le-champ ſon maître de ce qu'il a pris, doit être puni moins ſévérement.

On pourroit auſſi pour tous ces vols domeſtiques, faire une diſtinction qui paroît très équitable, entre le domeſtique qui trouve de l'argent ſur une table que ſon maître y a laiſſé par négligence, & celui qui trouve la clef de ſon maître & qui ouvre une armoire, ou le cabinet dans lequel ſon maître enferme ordinairement ſon argent. Il ſemble que dans le premier de ces deux cas, la peine peut être diminuée, & que la négligence du maître d'avoir laiſſé ſon argent à découvert, & d'avoir par-là donné une occaſion de tentation au domeſtique, rend la faute de ce domeſtique moins conſidérable; mais dans le ſecond cas, comme c'eſt un deſſein prémédité, il doit, ſans contredit, être puni de la peine de mort.

85. *Queſtion.* Un valet qui étant chargé par ſon maître d'aller porter, ou recevoir de l'argent, le garde pour lui, doit-il être regardé comme coupable de vol domeſtique ?

Un Arrêt du Parlement du 21 Août 1671, condamne à être admonété, en vingt livres d'aumône, & en des dommages & intérêts le nommé Luet, domeſtique, pour avoir abuſé des deniers de ſon maître à lui confiés, & les avoir perdus au jeu.

Il en doit être de même du Commis, ou Facteur ; & il faut obferver la même regle.

Le ferviteur qui emploie à fon ufage le linge, ou les habits de fon maître, ou qui les loue, ou les prête à d'autres perfonnes pour de l'argent, commet auffi une efpece de vol, mais qui doit être puni feulement d'une peine arbitraire,

86. A l'égard du valet qui vole le Receveur, ou l'Intendant de fon maître, demeurant en la maifon de ce maître, il ne paroît pas qu'il doive être regardé comme voleur domeftique de fon maître ; & je crois que, dans ce cas, la peine doit auffi être arbitraire, mais non celle de mort.

On peut mettre auffi au nombre des vols domeftiques, ceux des efclaves qui s'enfuient de la maifon de leurs maîtres, & qui par cette fuite les privent d'un bien qu'ils poffédoient dans la perfonne de ces efclaves.

L'article 38 de l'Edit du mois de Mars 1685, rendu touchant les efclaves de l'Amérique, porte, « que l'efclave fugitif qui aura » été en fuite pendant un mois, à compter du jour que fon maître » l'aura dénoncé en Juftice, aura les oreilles coupées, & fera » marqué d'une fleur de lis fur une épaule ; que s'il récidive un » autre mois, à compter pareillement du jour de la dénonciation, » il aura le jarret coupé, & fera marqué d'une fleur de lis fur l'au- » tre épaule ; & que la troifieme fois il fera puni de mort.

Et l'article 39, ajoute, « que les affranchis qui auront donné » retraite dans leurs maifons aux efclaves fugitifs, feront condam- » nés par corps envers leurs maîtres en l'amende de trois cents » livres de fucre par chaque jour de détention. »

87. 2°. Les vols faits par les enfants à leurs peres, ou par leurs femmes à leurs maris, ne fe puniffent ordinairement contre les enfants, ou contre les femmes, que par la reftitution des effets volés ; mais contre les fauteurs & complices, ils doivent être punis des peines ordinaires ; & même on peut regarder, en quelque façon, ces complices comme coupables de vol domeftique. (Voyez *infrà*, n. 212 & 215.)

3°. Les vols de femme à mari fe puniffent auffi dans certains cas ; fur-tout contre les complices. (Voyez ce qui a été dit au titre *De l'action qui naît des crimes*, ci-deffus, *part. 3, liv. 1, tit. 1, n. 77*, Voyez auffi *infrà*, n. 212.)

A l'égard des vols faits par les concubines à leurs amants, ils font punis de la peine ordinaire du vol. (Farinacius, *qu.* 174; *n.* 106.)

§. I I.

Des Vols d'Eglife.

88. Le vol d'Eglife eft mis au nombre des différentes efpeces de facrilege qu'on peut commettre. (Voyez ce qui a été dit au titre *Du Sacrilege*, ci-deffus, *part.* 4, *tit.* 46, *n.* 1.)

La peine en eft capitale, lors même qu'il eft commis fans aucune effraction; fuivant la Déclaration du 4 Mai 1724, *art.* 1. Cet article porte « que ceux & celles qui fe trouveront convaincus de » vols & de larcins faits dans les Églifes; enfemble leurs compli-» ces & fuppôts, ne pourront être punis de moindre peine que; » fçavoir, les hommes, des galeres à temps, ou à perpétuité; & » les femmes, d'être flétries d'une marque en forme d'une lettre V, » & enfermées à temps, ou pour leur vie dans une maifon-de-» force; le tout fans préjudice de la peine de mort, s'il y échet, » fuivant l'exigence des cas. »

89. Les vols d'Eglife, quoique fimples, faits par des foldats, & autres gens de guerre, font punis de mort, fuivant une Déclaration du Roi du 27 Janvier 1651, rapporté dans les Mémoires du Clergé, de l'ancienne édition, *tom.* 3, *part.* 4, *chap.* 7, *pag.* 231. *Idem* par l'Ordonnance du premier Juillet 1727, *art.* 26.

Si le vol d'Eglife eft accompagné d'effraction, il forme un cas royal; (Ordonnance de 1670, *tit.* 1, *art.* 11;) & fi l'effraction eft extérieure, ou faite avec port d'armes, & violence publique, il devient cas prévôtal. (Déclaration du 5 Février 1731, *art.* 5.) Dans l'un & l'autre cas, il doit être puni de mort.

Sous le mot d'Eglife, il ne paroît pas qu'on doive comprendre les Sacrifties, les Monafteres, les Chapelles particulieres, ni les Cimetieres, quoique ce foit des chofes faintes; parce que quand il s'agit de Loix pénales, elles doivent toujours s'interpréter favorablement.

90. Le vol même, quoique fimple, fait dans une Eglife, fe punit de mort lorfque le vol eft confidérable. Si ce font des Calices, Patènes, Soleils, Ciboires, & autres vafes facrés, on condamne, en outre, les voleurs à avoir le poing coupé, & à faire amende-honorable; & s'il y a profanation des vafes facrés, on les con-

damne à la peine du feu. (Voyez ce qui a été dit ci-deſſus au titre *Du Sacrilege*, part. 4, tit. 46, n. 9 & ſuiv.)

Au reſte, on ne doit pas mettre au nombre des choſes ſacrées, les croix, les lampes, chandeliers, encenſoirs, parements, chaſubles, & autres ornements d'Egliſe ; ni infliger à ceux, qui les dérobent, la même peine que pour le vol des vaſes ſacrés.

Il ne paroît pas non plus qu'on doive regarder comme vols d'Egliſe, ceux qui ſe font par des filoux, à des perſonnes qui prient Dieu dans l'Egliſe ; néanmoins la circonſtance du lieu les rend puniſſables d'une peine plus forte que celle du vol ſimple ordinaire.

§. III.

Vol dans les Maiſons Royales.

91. Suivant une Déclaration du Roi du 15 Janvier 1677, qui ordonne l'exécution d'une autre Déclaration de François I du premier Novembre 1530, les auteurs, coupables, & complices des vols & larcins qui ſont faits dans l'enclos de la maiſon où le Roi eſt logé, ou de celles qui ſervent aux offices & écuries de Sa Majeſté, doivent être punis de mort ; quand même ils n'auroient jamais été repris, ni punis pour ſemblables cas, & ſans avoir égard à la valeur & eſtimation de ce qu'ils pourroient avoir volé. *(a)*

Autre Déclaration du 7 Décembre 1682, (regiſtrée au Grand-Conſeil,) rendue en interprétation de la précédente, qui porte auſſi, que les auteurs, coupables & complices des vols & larcins qui feront faits à l'avenir dans les maiſons royales, cours & avantcours, cours des cuiſines, offices & écuries d'icelles, ou des autres maiſons où le Roi ſera logé, feront punis de mort, quoique pour ſemblables cas ils n'aient jamais été repris ni punis, & ſans avoir égard à la valeur & eſtimation de ce qu'ils pourront avoir volé.

Autre Déclaration du 11 Septembre 1706, (regiſtrée en Parlement,) ſemblable à la précédente.

92. La peine de mort portée par ces Déclarations, n'a cependant

---

(a) (*Nota.* Cette Déclaration de 1677 n'a point été enregiſtrée.)

lieu que quand les effets volés appartiennent au Roi, & aux maifons royales. Ainfi, fi le vol étoit fait dans la poche de quelqu'un
chez le Roi, ou dans l'étendue d'une maifon royale, il pourroit
n'être puni que de la peine des galeres.

A l'égard des vols faits dans les maifons des Princes, quoique
royales, il ne paroît pas qu'ils doivent être punis de la même
peine; fur-tout s'il n'y a point d'effraction.

§. IV.

Vols ès Hôtels des Monnoies.

93. Une autre Déclaration du 18 Avril 1724, porte auffi la peine
de mort contre ceux qui volent dans les Hôtels des Monnoies des
efpeces & matieres d'or & d'argent, billon & cuivre, foit qu'il
y ait effraction, ou non.

§. V.

Vols ès Auditoires.

94. Ceux qui volent dans les Auditoires & Chambres où fe rend
la Juftice, font ordinairement condamnés au fouet, ou aux galeres, fuivant l'exigence des cas. Lorfque le vol eft fait pendant
le temps de l'Audience, la peine eft plus févere; autrefois ils
étoient condamnés à mort.

Par Arrêt du 22 Janvier 1549, rapporté par Papon, *liv.* 23,
tit. 6, *n.* 1, un voleur qui avoit été pris fur le fait en la Grand'-
Chambre du Parlement de Paris, ayant tout avoué, fut condamné à être pendu, quoiqu'il n'y eût que foixante fols dans
la bourfe qu'il avoit volée.

Autre Arrêt du Parlement de Rouen du 10 Mai 1550, rapporté
par Jovet, au mot *Crime*, n. 23, qui condamne un jeune garçon
de dix-huit, ou vingt ans, à être pendu, pour avoir coupé une
bourfe dans la Grand'Chambre du Palais durant l'Audience.

95. Autre Arrêt du 18 Février 1578, par lequel un particulier convaincu d'avoir volé un mouchoir en la Grand'Chambre du Parlement, fut feulement condamné à être battu & fuftigé de verges
par

par les carrefours, la corde au col, & envoyé aux galeres pour cinq ans. (Papon, *ibid.* n. 1, aux additions.)

Autre Arrêt du 18 Avril 1578, rapporté par Laroche-Flavin, *liv.* 2, *lettre* L, *tit.* 2, *art.* 1, par lequel deux larrons surpris en la Chambre de la Tournelle, l'Audience tenante, dont l'un avoit tiré le mouchoir de la poche d'un homme, & l'avoit jetté par terre se voyant poursuivi, furent condamnés à faire amende-honorable, & ensuite à être pendus.

96. Autre Arrêt du 18 Mars 1581, rapporté par Laroche-Flavin, *liv.* 2, *lettre* L, *tit.* 2, *art.* 1, qui a condamné un voleur à être pendu, pour avoir volé une bourse en la Chambre des Requêtes.

Par un autre Arrêt du Parlement de Bordeaux de l'année 1582, rapporté par Papon, *ibid.* n. 2, aux additions, un jeune garçon de l'âge de dix-huit ans, surpris coupant une bourse dans la Grand-Chambre, fut sur-le-champ condamné à être pendu & exécuté.

Par un autre Arrêt du Parlement de Paris du 3 Mars 1588, un homme convaincu d'avoir volé une montre dans la Chambre dorée pendant une plaidoyerie, fut condamné à être pendu; ce qui fut exécuté le même jour en la cour du Palais. (Papon, *ibid.* n. 2, aux additions.)

Autre Arrêt du 18 Décembre 1656, rapporté par Laroche-Flavin, *ibid.* art. 1, qui a condamné un filou, pour avoir coupé pendant l'Audience les boutons d'argent du manteau d'un Gentilhomme, au fouet, & au bannissement pour dix ans.

97. Par un autre Arrêt du 8 Mars 1668, le nommé Pierre Mery a été atteint & convaincu d'avoir volé des boutons, l'Audience tenante; & pour réparation, condamné à faire amende-honorable, au fouet, à la flétrissure, & au bannissement pour neuf années. (Voyez les Loix Criminelles, *tom.* 2, *pag.* 203.)

Autre Jugement rendu en dernier ressort aux Requêtes de l'Hôtel en l'année 1685, rapporté par Bruneau, Traité des Matieres Criminelles, *tom.* 8, *n.* 32, *pag.* 72, qui condamne un jeune homme âgé de dix-sept ans, qui fut surpris coupant un nœud d'épée pendant l'Audience. Autre Arrêt du Parlement du 29 Août 1733, par lequel le nommé Nicolas Bonval, pour avoir volé un mouchoir dans l'Audience de la Grand'Chambre, a été condamné à faire amende-honorable nud en chemise, & en trois ans de galeres.

Quand ces sortes de vols arrivent pendant l'Audience, les Juges font le procès aux accufés fur-le-champ, & fans déplacer, fur la plainte de la partie publique ; & quand il y a preuve, on les condamne auffi fur-le-champ ; & le Jugement s'exécute auffi-tôt, s'il eft en dernier reffort.

§. V I.

Vols ès lieux & places publiques.

98. Ceux qui volent des mouchoirs, des cannes, des tabatieres ; des chapeaux, & autres chofes femblables, dans les affemblées publiques, comme aux fpectacles, aux promenades, &c., font punis plus févérement que pour les vols fimples.

Suivant les Loix Romaines, ceux qui voloient dans les bains publics, étoient punis plus févérement que les autres voleurs ; (Voyez la Loi 1, D. *de furibus balneariis.*) La peine étoit *opus publicum temporarium*, c'eft-à-dire la condamnation aux travaux publics à temps ; ce qui répond parmi nous à la peine des galeres à temps.

§. V I I.

Vol dans les Prifons.

99. Par Arrêt du 4 Janvier 1736, confirmatif d'une Sentence rendue au Châtelet de Paris le premier Décembre précédent, le nommé Jean Frontin, dit Duval, prifonnier au grand Châtelet, convaincu d'avoir volé une paire de boucles d'argent à un prifonnier de fa chambre, a été condamné à être attaché au carcan dans les prifons du grand Châtelet, avec écriteaux, &c., fouetté, marqué, & banni pour neuf ans.

§. V I I I.

Du Vol ès incendies, naufrages, inondations, &c.

100. Il arrive fouvent que quand le feu prend dans une maifon, ou qu'elle eft ruinée par une inondation, & que le propriétaire & les voifins font occupés à fauver leurs biens, il fe trouve des per-

fonnes qui, profitant de ce malheur, enlevent & dérobent une partie des effets qu'on tâche de fauver.

De même, lorfque dans un naufrage des effets, font jettés fur le bord de la mer par la tempête, on ne voit que trop fouvent des perfonnes qui enlevent ces effets, & les appliquent à leur profit, au-lieu de les rendre à ceux à qui ils appartiennent.

101. Ces efpeces de vols font très graves, & font punis de peines féveres.

Suivant Jacob. de Bellovifu, qui eft un de nos anciens Jurifconfultes François, en fa Pratique Criminelle au titre *De furibus & latronibus*, n. 41, ceux qui volent dans les naufrages, font punis par la confifcation de leurs biens.

Quant aux vols d'incendies, il font punis de la peine de mort, fuivant Damhouderius *in Prað. criminum*, cap. 114, où il établit que les vols de naufrages doivent auffi être punis de la même peine.

Il eft évident que la peine ne doit point être différente dans l'un & l'autre cas, fuivant Follerius en fa Pratique Criminelle, au titre *De rapioribus ex incendiis*, &c. ; & il paroît que dans l'un & l'autre cas ce doit être la peine de mort.

Un Arrêt du Parlement du 26 Octobre 1621, prononce la peine de mort contre tous ceux qui auront trouvé des effets appartenants aux incendiés, & qui ne les rapporteront point.

102. Aujourd'hui la peine eft arbitraire, & dépend des circonftances.

1°. Dans le cas d'un incendie, ou inondation, fi quelqu'un, fous prétexte d'aider à fauver des effets, les emporte chez lui & les vole, il eft conftant que ce vol eft très puniffable ; parce que celui qui vole ainfi des effets, fous prétexte de les fauver, abufe de la néceffité où fe trouve celui qui a le malheur d'être incendié, & agit contre la foi publique ; ainfi il doit être puni très févérement, même de peine de mort, fuivant les circonftances & la qualité du coupable.

A l'égard de celui qui vole des effets qu'on a jettés dans la rue pour les garantir du feu, il n'eft pas, à la vérité, fi coupable que le précédent ; mais néanmoins il eft plus coupable qu'un fimple voleur, qui ordinairement ne vole, que parce que celui qui s'eft ainfi laiffé voler, a été négligent & n'a pas pris les précautions néceffaires, & qu'il lui étoit aifé de prendre pour s'en garantir; ainſi il doit être puni d'une peine moins rigoureuſe que dans le cas précédent.

103. 2°. Dans le cas de naufrage, il faut diſtinguer ceux qui volent des effets que l'on a mis en dépôt ſur le rivage, pour les ſauver du naufrage, & ceux que la mer a jettés, & qui paroiſſent n'appartenir à perſonne. Dans le premier cas, il eſt conſtant que c'eſt un vol très grave, & qui mérite une peine des plus ſéveres; mais dans le ſecond cas, la peine doit être moindre.

L'Ordonnance de la Marine du mois d'Août 1681, *liv.* 4, *tit.* 9, *art.* 2, porte, » que ceux qui attenteront à la vie, ou aux biens » de ceux qui font naufrage, ſeront punis de mort. «

L'article 30 du même titre, » défend à tous Cavaliers, ou Sol- » dats, de courir aux naufrages, à peine de la vie. «

L'article 3 porte, » que les Seigneurs & Habitants des Paroiſſes » voiſines de la mer, auſſi-tôt après les naufrages & échouement » arrivés le long de leurs territoires, ſeront tenus d'en avertir les » Officiers de l'Amirauté, dans le détroit de laquelle les Paroiſſes » ſe trouveront aſſiſes; & qu'à cet effet ils commettront au com- » mencement de chacune année, une ou pluſieurs perſonnes pour » y veiller, à peine de répondre du pillage qui pourroit ar- » river. «

104. L'article 4 porte, » qu'ils ſeront en outre tenus en attendant » l'arrivée des Officiers, de travailler inceſſamment à ſauver les » effets provenants des naufrages & échouement, & d'en empê- » cher le pillage; à peine auſſi de répondre en leurs noms de » toutes pertes & dommages, dont ils ne pourront être déchargés » qu'en repréſentant les coupables, ou en les indiquant, & pro- » duiſant des témoins à Juſtice. «

L'article 5 » fait défenſes aux particuliers employés au ſauve- » ment, & à tous autres, de porter en leurs maiſons, ni ailleurs » qu'aux lieux à cet effet deſtinés ſur les dunes, greves, ou fa- » laiſes; & de recéler aucune portion des biens & marchandiſes » des vaiſſeaux échoués, ou naufragés; comme auſſi de rompre » les coffres, ouvrir les ballots, & couper les cordages, ou mâ- » tures; à peine de reſtitution du quadruple, & de punition cor- » porelle. «

105. Les articles 6 & 7 & ſuivants, juſqu'à l'article 18 compris, en- ſemble les articles 37, 38, 39, 40, 41 & 42, établiſſent ce qui doit s'obſerver pour le ſauvement, la garde & la vente des effets iauvés du naufrage , ou la délivrance defdits effets aux perfonnes à qui ils appartiennent.

»L'article 19 enjoint à tous ceux qui auront tiré du fond de la
» mer, ou trouvé fur les flots, des effets procédants de jet, bris ,
» ou naufrage , de les mettre en fureté, & vingt-quatre heures
» après au plutard, d'en faire leur déclaration aux Officiers de
» l'Amirauté, dans le détroit de laquelle ils auront abordé; à peine
» d'être punis comme recéleurs.

»L'article 20 enjoint auffi à ceux qui auront trouvé fur les greves
» & rivages de la mer, quelques effets échoués, ou jettés par le
» flot, de faire femblable déclaration dans pareil temps, foit que
» les effets foient du cru de la mer, ou qu'ils procédent de bois ,
» naufrages , & échouements. •

106. L'article 21 & les fuivants, jufques & compris l'article 31,
reglent la maniere dont les effets ainfi trouvés doivent être pro-
clamés.

» L'article 32 enjoint à ceux qui trouveront fur les greves des
„ corps noyés, de les mettre en lieu d'où le flot ne les puiffe em-
„ porter, & d'en donner avis aux Officiers de l'Amirauté, auxquels
„ ils feront rapport des chofes trouvées fur les cadavres; leur défend
„ de les dépouiller, ou enfouir dans des fables ; à peine de punition
„ corporelle.

L'article 33 & les fuivants, jufques & compris l'article 36,
regle ce qui doit être obfervé touchant la fépulture de ces cadavres, & la vente des effets trouvés fur eux.

107. „ L'article 44 porte, que les Seigneurs de fief voifins de la mer,
„ & tous autres, qui auront forcé les Pilotes, ou Locmans, de faire
„ échouer les navires aux côtes qui joignent leurs terres pour en
„ profiter, fous prétexte de droit de Varech, ou autres, tels qu'ils
„ puiffent être, feront punis de mort.

„ Et l'article 45 porte, que ceux qui allumeront la nuit des feux
„ trompeurs fur les greves de la mer, ou dans les lieux périlleux,
„ pour y attirer & faire perdre les navires, feront auffi punis de
„ mort, & leurs corps attachés à un mât planté aux lieux où ils au-
„ ront fait les feux.

§. IX.

Vols de grand chemin.

108. Les voleurs de grand chemin font ceux qui guettent & atten-
dent les paſſants fur les grands chemins pour les voler ; ce qu'on
appelloit autrefois *graſſatores*, feu *aggreſſores & inſidiatores viarum.*
Ce crime eſt un cas Prévôtal. (Ordonnance de 1670, *tit.* 1 ,
n. 12.)

 Suivant le Droit Romain, ces vols, quoique faits avec armes,
étoient punis feulement de la condamnation aux mines, ou de la
relégation ; mais ſi ces coupables étoient accoutumés à faire ces
fortes de vols, ils étoient punis de la mort. (L. *capitalium* 28 ,
§. 10, *graſſatores* , D. *de pœnis.* (a) Voyez auſſi la Loi 28, §. 15,
D. *eod. tit.* (b)

 La Conſtitution de l'Empereur Charles V, *chap.* 126, porte ,
que ces fortes de voleurs feront punis du dernier ſupplice.

109. En France , ce crime eſt puni de la roue, ſuivant un Edit de
Francois I, du mois de Janvier 1534, qui porte , » que ceux qui
» feront convaincus d'avoir par embûches & aggreſſions conſpi-
» rées & machinées, pillé & détrouſſé les allants & venants ès
» villes & villages & lieux du Royaume , pays , terres & feigneu-
» ries, en mettant embûches pour les guetter & épier aux en-
» trées & iſſues deſdites villes, & auſſi pour les détrouſſer &
» piller ; & auſſi ceux qui feront le femblable audedans deſdites
» villes, guettant & épiant de nuit les paſſants , allants & ve-
» nants par les rues d'icelles , feront condamnés à avoir les bras,
» jambes, cuiſſes & reins rompus, & à être attachés fur une roue
» le viſage tourné vers le Ciel, où ils demeureront vivants tant
» qu'il plaira à Dieu les laiſſer en vie. «

 (a) *Graſſatores qui prædæ cauſâ id faciunt, proximi latronibus habentur ; & ſi
cum ferro aggredi & ſpoliare inſtituerunt , capite puniuntur , utique ſi ſæpius atque
in itineribus admiſerunt ; cæteri in metallum damnantur , vel in inſulas delegantur.*
(L. 28 , §. 10, D. *de pœnis.*)

 (b) *Famoſos latrones in his locis ubi graſſati ſunt furcâ figendos compluribus
placuit.* (L. 28, §. 15 , D. *eodem tit.*)

110. Il eſt de la prudence des Juges de modérer ce ſupplice ſuivant les circonſtances. Il n'y a ordinairement que ceux qui ont tué, ou bleſſé, qu'on laiſſe expirer ſur la roue, à moins que ces ſortes de vols ne fuſſent très-fréquents. On peut auſſi ſuivant les circonſtances leur faire ſouffrir plus ou moins de coups vifs ; ce qui ſe fait par un *retentum* mis au bas du Jugement.

Il faut obſerver ſur l'Edit dont on vient de parler,

1°. Qu'il n'emploie le mot de nuit à l'égard des vols faits dans les rues des villes, que parce qu'il ne peut guere arriver que ces ſortes de vols ainſi faits par attaques & embuches, s'y faſſent de jour, à cauſe des allants & venants qui ſont ordinairement en grand nombre : mais ſur les grands chemins, ſoit que ces vols ſoient faits de jour, ou de nuit, la peine eſt toujours la même, l'Ordonnance ne faiſant à cet égard aucune diſtinction. S'il arrivoit même qu'un vol de cette nature fût fait de jour dans une ville, il faudroit auſſi le punir de la même peine.

111. 2°. Que pour qu'un vol ſoit fait de grand chemin, il faut qu'il ſoit fait par aggreſſion, ou attaque de guet-à-pens, ainſi qu'il eſt porté par cette Ordonnance ; car un ſimple vol qui ſeroit commis ; *v. g.* dans une voiture ſur le grand chemin par un de ceux qui ſeroient dans cette voiture ; ou bien un vol ſimple d'un particulier à l'égard d'un autre particulier avec lequel il voyageroit, ne doit pas être regardé comme un vol de grand chemin.

Cependant on a jugé au Grand-Conſeil par Arrêt du 10 Décembre 1709, qu'un vol de beſtiaux en pleine campagne, étoit un cas Prévôtal. (Voyez le Dictionnaire des Arrêts, au mot *Beſtiaux.*) Mais il faudroit voir les circonſtances de cet Arrêt.

§. X.

Vols avec effraction.

112. Les *vols avec effraction* peuvent être faits, 1°. ou dans les villes, bourgs & villages, ou à la campagne dans des fermes, & autres endroits retirés. 2°. Ils peuvent ſe faire de jour, ou de nuit. 3°. Ils peuvent être faits avec effraction des portes, des maiſons, toits & fenêtres extérieurs ; ou ſimplement en briſant des coffres & armoires ; ou en volant des choſes qui ſont attachées à fer & à clou.

1°. A l'égard des vols avec effraction faits dans les villes ; l'Edit de François I. du mois de Janvier 1534, ci-deffus cité. « veut que « ceux qui entreront audedans des maifons, icelles crocheteront, » & forceront, prendront, & emporteront les biens qu'ils trouve- » ront efdites maifons, feront punis du fupplice de la roue « ; mais il paroît par ce qui précede cette difpofition dans le même Edit, que cela ne s'entend que des vols faits avec effraction de nuit.

113. Cette Ordonnance même ne s'obferve point à l'égard des vols faits de nuit dans les maifons quoiqu'avec effraction extérieure, s'il n'y a affaffinat, ou excès, & mauvais traitemens com- mis avec port d'armes & violence publique.

Ainfi par Sentence donnée en la Maréchauffée d'Orléans le 11 Mars 1595, un Savetier fut condamné à être tenaillé, rompu, & mis fur une roue dans le Martroi d'Orléans, pour affaffinat commis en la maifon du fieur de Bourg-l'Abbé, Tréforier de France, de cinq de fes enfants, & pour vol fait dans ladite maifon.

On voit encore à Orléans dans la Paroiffe de Saint-Michel, au mur à droite en entrant, l'épitaphe de ces cinq enfants. L'hiftoire de cet affaffinat eft raconté par du Belley, en fon Livre des Evé- nements Singuliers, _in-_8°. au Chapitre intitulé _Cruauté domeftique_, liv. 3, pag. 19.

114. Par un autre Jugement rendu en la Maréchauffée d'Orléans en l'année 1643, le nommé Barberouffe fut rompu vif dans le Mar- troi d'Orléans, & mis fur une roue, pour avoir étranglé pendant la nuit la fervante du fieur Ifaac Turtin, dans la cuifine de la mai- fon de fon Maître ; pour être monté enfuite en la chambre dudit fieur Turtin âgé de foixante-feize ans & plus ; & l'avoir tué dans fon lit, & lui avoir volé quatorze ou quinze cents livres.

Hors ce cas d'affaffinat joint au vol, on fe contente ordinaire- ment de faire pendre ceux qui volent ainfi de nuit avec effrac- tion dans les maifons : ce qui eft conforme à la difpofition de la Coutume de Saint-Sever, _tit._ 11, _art._ 2, qui porte que le lar- ron nocturne trouvé de nuit dans une maifon le furt à la main, ou commencé d'y avoir volé par rupture & fracture, doit être pendu. (Ainfi jugé par Arrêt du Parlement du 14 Juin 1765, qui condamne le nommé Louis Villars, Maître Charpentier à Gre- noble, à être pendu, par plufieurs vols pour lui commis nuitam- ment

ment avec effraction en différents endroits dans la ville de Paris.)

115. 2°. On doit suivre la même regle à l'égard de ceux qui volent de nuit dans les fermes & maisons de campagne, après avoir rompu les portes, ou fenêtres. Ils doivent être condamnés à mort, comme ceux qui volent de nuit dans les villes ; & même condamnés au supplice de la roue, s'il y a d'ailleurs assassinat, ou excès commis avec port d'armes, ou attroupement & violence publique ; quand même ces assassinats, ou excès, se feroient de jour. C'est aussi ce qui s'observe constamment dans l'usage.

Au reste, dans ce cas d'excès, il est de la prudence des Juges de modérer la peine suivant les circonstances, & d'ordonner que les coupables en subissant le supplice de la roue, sentiront plus ou moins de coups vifs, ou même seront étranglés dès le premier coup, ainsi qu'il a été observé.

116. 3°. Non-seulement ceux qui crochetent les portes pour voler, sont sujets aux peines portées par cet Edit, mais aussi ceux qui leur prêtent aide & secours pour faire ces sortes de vols : (Voyez ci-après, n. 157 & suivants.) Ainsi que ceux qui leur prêtent des instruments pour le faire ; comme les Serruriers qui leur auroient donné, ou fourni de fausses clefs. Mais ces derniers ne doivent être punis que de la simple peine de mort, & non de la roue ; quand même les voleurs auroient d'ailleurs tué, ou excédé quelqu'un en faisant leur vol ; à moins qu'il ne fût prouvé que les Serruriers eussent aussi contribué à ces assassinats & excès. (Voyez ce qui a été dit au titre *Du faux*, ci-dessus, *part.* 4, *tit.* 15, *n.* 76.)

117. 4°. On prétend même que dans ces sortes de vols ainsi faits avec effraction, la seule tentative est punie de mort. Grimaudet, en son Traité des Causes qui excusent le dol, *n.* 58, dit avoir vu condamner à mort plusieurs voleurs qui avoient rompu des maisons pour voler, ce qu'ils avoient été empêché de faire : ce qui est aussi conforme à l'article 2 du titre 11 de la Coutume de Saint-Sever, ci-dessus citée.

5°. A l'égard des vols avec effraction faits de jour, je crois que la peine en est arbitraire, & dépend des circonstances ; & je ne vois pas que nous ayons en France aucune Loi qui la détermine.

Suivant le Droit Romain, les voleurs avec effraction étoient punis, sçavoir, ceux de nuit, de la peine du fouet, & de la con-

Tome IV. E e

damnation *in metallum*; & ceux de jour, de la peine du fouet, & de la condamnation *in opus perpetuum & temporarium*. (L. 2, D. *de effractoribus.*) La premiere de ces peines répondoit à celle des galeres à temps. (*a*)

118. Nos Loix, à la vérité, ont imposé des peines plus sèveres que chez les Romains pour les différentes especes de vol ; mais du moins il faut dans cette agmentation de peines, suivre une proportion à-peu-près semblable à celle qui s'observoit autrefois chez les Romains dans l'ordre des peines.

Ainsi la peine de la roue ayant été substituée en France à la simple peine de mort, qui avoit lieu chez les Romains pour les vols de grand chemin, ou faits avec effraction, port d'armes & violence publique, (*b*) il s'ensuit par la même raison que la peine de mort ne peut avoir lieu en France que contre ceux qui volent de nuit avec effraction dans les maisons ; & la peine des galeres à perpétuité contre ceux qui volent de jour avec effraction ; à moins qu'il n'y ait quelque autre circonstance qui exige une peine plus sévere ; puisque dans le premier de ces deux cas les Romains condamnoient à une peine qui équivaut à celle des galeres perpétuelles ; & dans le second cas, à une peine qui répond à nos galeres à temps.

119. Farinacius, en son Traité *De Furtis*, *quæst.* 166, *n.* 27, dit que quoique l'effraction, soit d'une porte, ou d'un coffre, rende le vol plus grave, néanmoins il ne doit point être puni de la peine de mort, mais d'une peine arbitraire, qui doit être à la vérité plus sévere à l'égard de ceux qui volent de nuit ; & que le Juge doit considérer en cela la qualité des personnes, & les autres circonstances qui peuvent même être telles que le Juge doive infliger la peine de mort.

(a) *Pœna metalli erat morti proxima & libertatem perpetuè adimebat.* (L. 12, D. *de jure fisci.*) *In opus verò publicum damnati etiam in perpetuum, libertatem non amittebant, sed civitatem tantùm, & jure gentium poterant vendere, emere, locare*, &c. (L. 15, & L. 17, §. 1, D. *de pœnis.*)

(b) *Hi qui œdes alienas aut villas expilaverint, effregerint, expugnaverint, si quidem in turbâ cum telo fecerint, capite puniuntur.* (L. 11, D. *ad L. Jul. de vi publicâ.*)

A l'égard des vols de grand chemin, Voyez la Loi 28, §. 10, D. *de pœnis*, citée ci-dessus, *n.* 108, *note* (b).

Antonius Matthæus, en son Commentaire sur le titre 47 *Du Digeste*, tit. 2, chap. 2, n. 1, avance aussi cette maxime que *rapinæ & effractionis pœna arbitrio judicis extra ordinem infligitur pro qualitate rei & personæ, vel levior vel gravior.*

Boerius, *qu.* 173, *n.* 1, suppose aussi comme une chose constante, que les vols avec effraction sans violence publique, ne doivent point être punis de mort.

120. Et c'est aussi le sentiment de Godefredus à Bavo, *in praxi & theoriâ criminali*, §. *furtum*, n. 5 & 6, où il dit que le vol fait avec effraction doit être puni de la peine des galeres ; & il ajoute que cela a été ainsi jugé au Parlement de Chambéri, par plusieurs Arrêts qu'il cite au même endroit.

La Constitution Caroline, *chap.* 159, établit aussi une peine arbitraire pour le vol avec effraction ; & les Commentateurs sur cette Ordonnance, disent que la peine de mort n'a lieu que quand l'effraction est accompagnée de violence publique. (Voyez Georg. Beyerus, *in hanc constit.* qu. 159, n. 22, pag. 203, édition de Leipsick de 1722.)

On n'a rapporté toutes ces autorités, que pour prouver que la peine du vol avec effraction en général, n'est pas la peine de mort, comme plusieurs personnes se l'imaginent, & qu'il n'y a là-dessus aucune Loi positive en France.

121. Cependant, comme les vols faits de nuit sont plus graves que ceux faits de jour ; (suivant la Loi 1, D. *de furib. baln.*) nous observons dans ce cas de condamner à la mort les coupables de vols avec effraction, du moins extérieure, faits pendant la nuit ; mais à l'égard des vols faits de jour, quoiqu'avec effraction ; comme nous n'avons là-dessus aucune Loi certaine & positive, on peut dire que la Loi est arbitraire, & dépend des circonstances particulieres, c'est-à-dire, de la qualité des personnes, du lieu, de la récidive, de la nature de l'effraction, & de la quantité des effets volés. Ainsi un vol fait de jour avec effraction, même extérieure, dans une ferme, ou maison de campagne, où le voleur n'aura pris que quelques effets de peu de valeur, peut être puni seulement des galeres à perpétuité ; ce qui doit avoir lieu, à plus forte raison, si l'effraction quoiqu'extérieure est légere ; comme si les voleurs ont seulement forcé une porte qui ne tenoit presque point, ou tiré un contrevent qui n'étoit presque attaché à rien. En effet, quelques Auteurs observent que pour que la

E e ij

peine de l'effraction puisse avoir lieu, il faut que l'effraction ait été véritable & violente ; ainsi un voleur qui sans employer beaucoup de force, auroit seulement enlevé un peu de terre, ou quelques pierres, pour passer par-dessus, ou à travers un méchant mur peu élevé & de nulle défense, ou qui auroit enlevé de la paille d'un toît, pour entrer dans une maison, ou cabane de paysan, ne doit point, suivant les Jurisconsultes, être condamné à la peine ordinaire du vol fait avec effraction ; sur-tout si c'est un premier vol, & que les choses volées soient de peu de valeur.

122. Cette regle doit avoir lieu, à plus forte raison, quand l'effraction est intérieure ; *v. g.* d'un coffre, ou d'une armoire trouvé dans une maison dont l'entrée étoit ouverte ; car cette espece d'effraction est moins grave que celle qui se fait aux portes, fenêtres & toits de maisons. Dans le premier de ces deux cas, le Maitre doit s'imputer en quelque sorte sa négligence de n'avoir pas fermé la porte de sa maison, pour se garantir du vol. (Voyez l'Auteur des Observations, sur l'article 159 de la Constitution de Charles V, imprimée à la Neuville en 1742, *in-4°.*)

La Coutume de Loudunois, *chap.* 39, *art.* 6, renferme à la vérité une disposition qui paroît contraire à la maxime qu'on vient d'établir. Cet article porte, » que crocheteurs, aussi larrons qui ont » fait bris, doivent être pendus & étranglés ; « mais c'est une disposition particuliere à cette Coutume, qui ne peut faire de Loi générale pour le Royaume.

Au reste, lorsqu'on ne sçait pas si le vol a été commis de jour, ou de nuit ; dans le doute, on doit présumer qu'il a été commis de jour. (Julius-Clarus, §. *adulterium in supplementis*, n. 11.)

§. X I.

Des Vols faits avec violence publique, ou privée.

123. Le *vol avec violence* est ce qu'on appelloit en Droit *rapina*, qui se commet publiquement, ou avec armes, ou sans armes.

Le vol fait avec violence privée, ou sans armes, *v. g.* quand on arrache l'épée, ou le chapeau d'une personne, est plus grave que le vol simple, qui se fait clandestinement, & sans aucune violence ; ainsi il doit être puni plus sévérement.

Lorfque la violence eft plus confidérable, la peine doit être encore plus forte ; comme fi on tient quelqu'un ferré par le corps, ou par les mains, pour le voler, à l'aide d'une autre perfonne, ou autrement. Voici encore un autre cas de vol avec violence privée que j'ai vu arriver. Deux particuliers fe promenant le foir à Orléans dans une place publique, l'un d'eux voloit par furprife le chapeau, ou la canne des paffants, & pendant que celui qui avoit été volé, couroit après le voleur pour avoir fa canne, ou fon chapeau, l'autre particulier voleur fe mettoit au devant de lui, & l'arrêtoit jufqu'à ce que le premier voleur eut eu le temps de fe fauver. Ces fortes de vols ainfi accompagnés de violence, doivent être punis plus févérement que les vols fimples. En Droit ils étoient punis de la rélégation & de la confifcation du tiers des biens : parmi nous ils doivent être punis de la peine des galeres à temps, plus ou moins long, & quelquefois des galeres à perpé-tuité, fuivant les circonftances & la nature des violences.

124. Celui qui oblige quelqu'un par force & menaces, de lui don-ner de l'argent, ou de lui foufcrire une obligation, tombe auffi dans le cas du vol avec violence, & doit être puni de la même peine ; cette peine doit être plus ou moins févere, fuivant la na-ture & le caractere de la violence.

Lorfque le vol eft fait avec armes, il eft puniffable de mort, fur-tout s'il eft fait pendant la nuit. (Chaffanée, fur la Coutume de Bourgogne, *rubr.* 1, §. 5, *n.* 8, *pag.* 164, édition de 1582.) Parce qu'alors ce vol tombe dans le cas de la violence publique. (Ainfi jugé par Arrêt du Parlement du 11 Octobre 1746, qui condamne à mort un Soldat aux Gardes, pour vol avec violence & menaces.)

Il en eft de même de ceux qui volent avec attroupement ; ce qui eft une autre forte de violence publique. (*Ita* Farinacius, *qu.* 167, *n.* 23. Voyez auffi Guy-Pape, *décif.* 422 ; & Boerius, *décif.* 213, au commencement.)

125. Les menaces de tuer une perfonne, fi elle ne donne de l'ar-gent, ou fi elle ne le porte dans un endroit indiqué, font auffi une efpece de vol fait avec violence, qui mérite une peine très févere. Il y a des exemples de particuliers qui ont été condam-nés à mort pour de pareilles menaces ; ce qui a lieu dans le cas où ces menaces font réitérées, & s'adreffent à un grand nombre

de perfonnes. (Voyez ce qui a été dit au titre *Des injures* ; ci-deſſus, *part.* 4, *tit.* 24, n. 39.)

Les plus atroces de tous les vols, font ceux qui ſe font avec effraction, port d'armes & violence publique ; & ils font toujours punis de mort, & même de la roue, lorſqu'ils ſe font ſur les grands chemins, ou dans les maiſons de ville, ou qu'il y a aſſaſſinat joint.

§. XII.

Vols de nuit avec échelles.

126. Ceux qui eſcaladent de nuit les fenêtres des maiſons pour entrer dans les chambres & y voler, quoique ſans effraction, méritent auſſi d'être punis d'une peine très ſevere, qui doit être au moins les galeres à temps, & quelquefois la mort. (Voyez la Conſtitution Caroline, *chap.* 159.)

§. XIII.

Vols avec des fauſſes clefs.

127. Les voleurs qui ſe ſervent de fauſſes clefs, de crochets, de roſſignols, ou autres inſtruments, pour ouvrir, crocheter des portes, coffres, ou armoires, encourent la peine de mort ; & les Serruriers qui leur fourniſſent ces fauſſes clefs, ſont punis de la même peine. (Voyez au titre *Du faux*, ci-deſſus, *part.* 4, *tit.* 15, n. 76.) Arrêt du Parlement du 4 Mai 1723, qui punit de mort un particulier pour vol de montres avec de fauſſes clefs, par le moyen deſquelles le particulier s'étoit introduit furtivement en la maiſon de Michel Macé, Horloger en la cour du Palais. Autre Arrêt du Parlement du 10 Janvier 1736, qui condamne à mort un garçon Serrurier, pour vol avec de fauſſes clefs.

§. XIV.

Vols de choſes ſacrées.

128. Voyez ce qui a été dit ſur ces ſortes de vols, en parlant des vols d'Egliſes, ci-deſſus, n. 89, & au titre *Du Sacrilege*, part. 4, tit. 46, n. 6,

§. XV.

Vols de Tombeaux, & Monuments.

129. Ceux qui volent les ornements des tombeaux dans les cimetieres, font punis plus févérement que pour un vol fimple ; la peine
doit être des galeres ; & fi c'eft dans l'Eglife, on les punit plus
févérement ; *v. g.* de la peine des galeres à perpétuité.

Il en eft de même de ceux qui volent les ornements des Sta-
tues, Arcs de triomphes, & autres monuments publics dans les
Eglifes. (Voyez ce qui a été dit à ce fujet au titre *Des injures ,*
ci-deffus, *part.* 4, *tit.* 24, n. 233.)

§. XVI.

Vol d'Enfant, ou crime de Plagiaire.

130. On appelle ordinairement *Plagiaires* , ceux qui volent les
enfants.

Celui qui retient de force en fa maifon, la femme, le fils, ou
la fille, ferviteur, ou fervante d'autrui, eft auffi un plagiaire.
(L. 5 & L. 6 , §. 2 , D. *ad L. Flaviam de plagiariis* ; L. 1 , *& per
totum codicem eodem titulo.*)

Par les Loix divines, la peine de mort étoit établie contre celui qui déroboit un homme pour le vendre. (Exod. *chap.* 21 ,
verf. 16.)

Suivant les Loix Romaines, le crime de plagiaire étoit puni de
la condamnation aux mines dans les perfonnes diftinguées, &
de la peine de mort dans les efclaves, & perfonnes de baffe condition. (L. *quoniam* ; & L. *fin.* Cod. *ad leg. Flaviam de plagiariis.*)

En France nous n'avons aucune Loi particuliere contre ce
crime ; mais les perfonnes qui en font convaincues, ont toujours
été condamnées, par les Arrêts de la Cour, aux galeres, & quelquefois à la mort ; fur-tout s'il eft joint à un autre crime, comme
le faux, l'adultere, *&c.*, ou s'il y a rapt & violence ; ou fi c'étoit une
perfonne vile qui volât un enfant de famille. (Voyez le Plaidoyer
de M. Fourcroi, en la caufe du Gueux de Vernon.) Un Arrêt
du Parlement de Paris du 3 Janvier 1756, a condamné Françoife

Chabanoue, convaincue d'avoir volé un enfant de fix mois, au carcan avec écriteau, à être fuftigée la corde au col, flétrie de deux fleurs de lis, & à être renfermée à perpétuité dans un Hôpital.

131. Le mendiants qui volent des enfants, & leur eftropient les membres pour exciter la compaffion, font punis de mort.

A l'égard de ceux qui dépouillent les enfants pour les voler, ils font punis d'une peine arbitraire.

Godefroi, en fon Hiftoire de Charles VII, *pag.* 137 & 347, raconte que le Samedi 18 Avril 1449, on pendit deux hommes & une femme qui furent convaincus d'avoir volé de petits enfants, & que ce fut là la première femme qui fut pendue à Paris dont on eût la mémoire.

Un Arrêt du Parlement du 17 Juin 1750, condamne Françoife-Magdeleine, femme de Guillaume Lefueur, brouettier, au fouet, avec un écriteau portant ces mots, *Dépouilleufe d'enfant*, pour avoir dépouillé un enfant de cinq à fix ans dans une allée.

132. Les Juifs qui dérobent les enfants des Chrétiens pour les faire mourir, doivent être condamnés au feu. (Ainfi jugé contre un Juif par Arrêt du Parlement de Metz du 16 Janvier 1670, rapporté par Bruneau, en fon Traité des Matieres Criminelles, *liv.* 2, *tit.* 29.)

Le même Godefroi, en fon Hiftoire de Charles VII, *pag.* 342, raconte qu'en l'année 1438, on trouva dans le pays de Vimeu une femme qui avoit tué plufieurs petits enfants qu'elle faifoit cuire, & mangeoit enfuite; & qu'elle fut condamnée à être brûlée dans la ville d'Abbeville.

Les Capitaines de galeres, Lieutenants, & autres, qui retiennent aux galeres les criminels qui en font rappellés par grace du Prince, ou après le temps de leur condamnation expirée, font en quelque forte coupables du crime de plagiaire, fuivant les Ordonnances; la peine eft que ces Officiers font privés de leurs états. (Ordonnance de Blois, *art.* 200.)

L'action pour crime de plagiaire, eft une action publique, qui peut être intentée à la requête de la partie publique. (Plaidoyer de M. Bignon, Avocat-Général en la caufe du Gueux de Vernon.)

§. XVII.

§. XVII.

Abigeat & Vol d'Animaux trouvés dans les champs, garennes, colombiers, & étangs, &c.

133. On appelle *Abigeat*, ie crime de ceux qui détournent & emmenent les troupeaux, foit de bœufs, vaches, moutons, cochons, chevaux, ânes, ou autres, des endroits où ils paiffent, pour fe les approprier. (L. 1, §. 1, D. *de abigeis.*)

La peine de ce genre de vol, fuivant les Loix Romaines, étoit à l'égard des perfon es diftinguées la relégation ; & à l'égard des autres, la condamnation *in opus temporarium,* & quelquefois même on les condamnoit à la mort. (L. 1, §. 3, D. *de abigeis.*)

Les recéleurs des troupeaux ainfi volés, étoient condamnés à la relégation pour dix ans. (L. 3, §. 3, D. *eodem tit.*)

Lorfque ce vol étoit fait avec armes, il étoit puni de la condamnation aux bêtes. (L. 1, §. 3, *in fine* ; & L. 2, verficul. *fea' quia plerumque,* & *ibi gloffa,* D. *de abigeis.*)

134. La peine de l'abigeat avoit lieu non-feulement à l'égard de ceux qui voloient des troupeaux dans les pâturages, mais auffi contre ceux qui les enlevoient des étables où ces troupeaux étoient enfermés. (L. *fin. in princ.* §. *eum quoque,* D. *de abigeis.*)

Dans nos mœurs, la peine de l'abigeat eft différente, fuivant les circonftances, la maniere dont il a été fait, & la valeur du vol ; *v. g.* s'il a été fait dans une étable, ou dans les bois & pâturages ; s'il a été fait avec violence & force publique, ou feulement par artifice.

L'article 627 de la Coutume de Bretagne, porte, que ceux qui volent des chevaux, bœufs, ou autres bêtes de fervice & labour, feront punis de mort.

Celle de Lodunois, *chap.* 39, *art.* 11, porte, que celui qui emble cheval, ou jument, doit être pendu ; & l'article 12 ajoute que celui qui emble bœuf, ou vache, mouton, ou brebis, ou autre bête au pied fourché, doit avoir l'oreille coupée ; & pour le fecond larcin, doit être pendu.

135. Bouteiller, en fa Somme rurale, *liv.* 22, *tit.* 34, dit auffi que celui qui emble cheval, ou jument de premier larcin, eft pendable ; mais ces peines ne font point obfervées. L'ufage ordinaire

Tome IV.

F f

'eſt de condamner aux galeres à temps ceux qui volent ainſi des animaux laiſſés dans les pâturages, & abandonnés à la foi publique ; & il paroît qu'il en doit être de même lorſque ces animaux ſont volés dans des étables.

Lorſqu'on trouve des animaux égarés, il faut les dénoncer à Juſtice ; autrement ſi on les retient, on commet un vol. (Voyez ci-deſſus, *n.* 15.)

136. Les voleurs de pigeons dans les colombiers d'autrui, ou ceux qui les tuent pour les manger, doivent auſſi être punis comme voleurs. (*Ita* Chaſſanæus *in conſuetud. Burg. Rubric.* 13, §. 9, *n.* 5. Voyez auſſi Damhouder. *chap.* 113 ; & Guy-Pape, *qu.* 218.) Et il en eſt de même de ceux qui volent les lapins dans les garennes. (Voyez le Traité de Police de Lamarre, *tom.* 2, *liv.* 5, *tit.* 23, *chap.* 4, *pag.* 1418 ; & ce qui eſt dit ci-après au titre *Des délits en général*, tit. 59, n. 10, 11 & 12.

Un Arrêt du Parlement de Dijon du 11 Avril 1579, fait défenſes de tuer, ni prendre pigeons, ſoit avec arquebuſes, ou autres armes ; à peine du fouet. (Voyez Bouvot, *tom.* 1, *part.* 3, au mot *Chaſſe* : ce qui a été dit au titre *Des injures*, ci-deſſus, *part.* 4, *tit.* 24, n. 64.)

137. Un autre Arrêt du Parlement du 29 Mars 1735, condamne Pierre-Romain Levert au carcan, avec ces mots *Voleur de poiſſon*, en trois ans de galeres, pour avoir volé du poiſſon dans des boutiques de poiſſon à Paris.

Ceux qui pêchent dans les étangs d'autrui, & en prennent le poiſſon, doivent auſſi être punis comme voleurs.

En général, ceux qui volent du poiſſon dans les étangs, ou des lapins dans les garennes, doivent être punis corporellement, (Coutume du Maine, *art.* 161.) s'ils ſont coutumiers de ce faire. La Coutume de Bordeaux, *art.* 112, porte, qu'ils ſeront condamnés, la premiere fois, en l'amende ; & en cas de récidive, au fouet.

L'Ordonnance du mois d'Août 1536, *chap.* 3, *art.* 7, porte, que les larrons de garennes & étangs, ſeront punis & corrigés comme les autres larrons, ſuivant la Coutume. (*Idem* par l'article 8 de l'Ordonnance du mois de Juillet 1607.)

§. XVIII.

Vol de Gibier dans les Garennes, & Forêts, &c.

138. Suivant l'Ordonnance des chaffes du mois d'Août 1669, au titre *Des chaffes*, on doit punir comme voleurs,

1°. Ceux qui ruinent & ouvrent les trous qui font dans ces garennes, où le gibier fe retire, (*art.* 10 de ce titre.)

2°. Ceux qui volent du gibier dans les garennes du Roi, des Hauts-Jufticiers, & autres, fuivant la Coutume de Nivernois, *tit.* 17, *art.* 16; & la Coutume d'Orléans, *art.* 167.

3°. A l'égard de ceux qui prennent dans les forêts du Roi, garennes, & buiffons, des aires, ou nids d'oifeaux, des œufs de cailles, perdrix, ou faifands, ils doivent être condamnés pour la premiere fois en cent livres d'amende ; au double pour la feconde fois ; & pour la troifieme, au fouet & au banniffement à fix lieues de la forêt, (Ordonnance de 1669, titre *Des Chaffes*, art. 8.)

139. C'eft aux Juges des Eaux & Forêts, & non aux Juges ordinaires, à connoître de la pêche, & des prifes de bêtes dans les forêts, & du larcin de poiffon dans les rivieres. (Même Ordonnance des forêts de 1669, *tit.* 1, *art.* 7.)

A l'égard du délit de ceux qui tirent fur des pigeons, il eft de la compétence des Juges ordinaires. (Voyez *Force ou violence publique*, ci-deffus, *part.* 4, *tit.* 19, n. 5.) Et il en eft de même du délit de ceux qui volent des lapins dans les garennes, & du poiffon, de nuit, dans les étangs des particuliers.

Les vols d'abeilles dans les ruches, fe puniffent comme les autres vols, de la peine du fouet, ou même des galeres, fi on confidere ces ruches comme des chofes expofées à la foi publique.

§. XIX.

Vols des chofes laiffées à la campagne, & abandonnées à la foi publique.

140. Ceux qui volent les effets délaiffés aux champs, comme charrues, inftruments de labour, harnois, doivent être punis comme voleurs, fuivant l'article 630 de la Coutume de Bretagne.

La Coutume de Loudun, *chap.* 39, *art.* 14, porte en général,
» que toutes chofes emblées aux champs, comme harnois, focs
» de charrues, drap à polir, linge qui feche, & autres chofes
» qui font aux champs hors la maifon, & font en la garde de
» Juftice, doivent être punis corporellement. «

La peine qu'on doit infliger dans ce cas, eft celle des galeres
à temps, à l'égard des charrues & autres inftruments de labour
qu'on laiffe dans les champs ; parce que les Laboureurs font dans
la néceffité de laiffer ces fortes d'effets à la foi publique : mais à
l'égard des toiles, draps & linges qu'on fait fécher, ou blanchir ;
il femble que le vol qui eft fait de ces fortes d'effets, tombe
dans le cas du vol fimple ; fi ce n'eft peut-être à l'égard des
toiles qu'on fait blanchir fur le pré, dont le vol peut être puni
de la peine des galeres.

§. XX.

Vol de Bois dans les Chantiers.

141. Ceux qui volent des bois dans les chantiers, doivent, fuivant
quelques Auteurs, être punis de la peine des galeres à temps,
comme pour les autres vols faits contre la foi publique.

Et il en eft de même, à plus forte raifon, de ceux qui volent des échalats dans les vignes, fur-tout quand les feps de
vignes y font attachés.

§. XXI.

Vols de Grains & Fruits.

142. Ceux qui dérobent des grains dans les champs, avant ou pendant la moiffon ; qui coupent les bleds d'autrui avant qu'ils foient
recueillis ; ou qui vendangent les vignes, ou autres fruits de leurs
voifins, ou d'autres perfonnes, doivent être pourfuivis, & punis
comme voleurs. (Conftit. Caroline, *cap.* 167.)

Arrêt du Parlement du 3 Décembre 1726, qui condamne Pierre
Bocquet aux galeres, pour vol de fruits de vignes.

Autre Arrêt de la Cour du 23 Janvier 1735, fur l'appel du
Prévôt d'Etampes, qui condamne plufieurs femmes à être fufti-

gées, ayant écriteaux devant & derriere avec ces mots *Voleuses de grains pendant la moisson, sous prétexte de glaner* ; à être marquées de la lettre V, & bannies à temps.

Un autre Arrêt du 24 Octobre 1731, rapporté au Code Louis XV, sur l'appel du Lieutenant-Criminel du Bailliage de Châtillon, condamne un particulier au carcan avec ces mots *Voleur de grains & avoines pendant la moisson*, & à être banni pour cinq ans ; & sa femme à assister à l'exécution.

143. L'Edit du mois de Novembre 1554, *art.* 12, veut que ceux qui glanent avant l'enlevement des dixmes & champarts, soient punis comme larrons.

Suivant les Arrêts du Parlement de Paris, on condamne au fouet & au bannissement, ou aux galeres à temps, ceux qui entrent dans les jardins pour y voler des fruits.

Arrêt du Parlement du 12 Décembre 1672, qui condamne au carcan un Jardinier, pour vol de champignons dans des marais.

Un autre Arrêt du Parlement du 27 Septembre 1730, rapporté au Code Louis XV, condamne aussi deux particuliers au carcan, & à être bannis pour cinq ans, pour vol de melons dans des marais.

Autre Arrêt du 22 Juin 1767, sur l'appel d'une Sentence rendue au Bailliage d'Orléans, qui condamne un particulier au carcan avec écriteau, au fouet & en trois ans de bannissement, pour vol d'asperges dans un clos.

144. Au reste, on doit avoir beaucoup d'égard à la qualité des personnes ; *v. g.* si ce vol étoit fait par des Ecoliers, ou des jeunes gens, pour se rejouir, &c. En ce cas, on diminue la peine, & quelquefois même on n'en prononce aucune, mais seulement des dommages & intérêts, s'il y a lieu.

Ceux qui cueillent quelques fruits en passant pour les manger, comme raisins, pommes, &c. en petite quantité, pour se rafraîchir, ou autrement, doivent seulement être punis civilement, suivant l'état de la personne, & l'usage des lieux. (Constit. Caroline, *chap.* 167. Voyez ci-dessus, *n.* 207.)

Néanmoins Bouvot, *tom.* 2, au mot *Larrons*, qu. 2, cite un Arrêt du 29 Octobre 1618, qui ordonne que le procès sera fait & parfait à des particuliers, pour être entrés dans un verger, & y avoir cueilli des fruits.

Autre Arrêt du 21 Novembre 1618, rapporté par le même

Bouvot, *Ibid.* qui a condamné un particulier, pour être entré dans un verger, & y avoir cueilli trois cents pommes, en l'amende envers le Roi, en cent fols d'intérêts civils, & aux dépens, avec défenfes de récidiver, à peine de punition exemplaire.

145. C'eft auffi un vol qualifié, fuivant plufieurs Auteurs, & en-tr'autres fuivant Coquille, en fes Inftitutions au Droit François, titre *Des fervitudes*, pag 67, que de faire paître fon bétail à garde faite, dans les terres enfemencés, ou dans les prés d'autrui. (Voyez Raviot, *qu.* 215, *n.* 7, *tom.* 2, *pag.* 122 ; & il a été ainfi jugé par Arrêt du Parlement de Dijon du 26 Avril 1678, rap-porté par Taifand, fur la Coutume de Bourgogne, *tit.* 1, *art.* 6, *pag.* 40.)

§. XXII.

Voleurs d'Arbres.

146. Celui qui dérobe des bois abattus, doit être puni de la peine ordinaire du vol. (Conftit. Carol. V, *chap.* 168.)

Il en doit être de même, lorfqu'on coupe, ou abat des bois dans le bien d'autrui, pour les emporter, & en profiter.

Quelques Auteurs prétendent même que la peine qui doit s'in-fliger en ce cas, eft celle des galeres pour trois ans, ou du fouet, comme celle des autres vols faits contre la foi publique.

Suivant les Loix Romaines, ceux qui coupent furtivement des arbres, font punis comme voleurs. (L. 2 & L. 8, §. *arborum furtim cæfarum.* Voyez ce qui a été dit au titre *Des injures*, ci-deffus, *part.* 4, *tit.* 24, *n.* 58.)

§. XXIII.

Enlévement & tranfplantation de bornes.

147. Celui qui arrache les bornes qui féparent fon héritage de celui de fon voifin, dans le deffein de s'aggrandir, commet auffi une efpece de vol. (Voyez ce qui a été dit plus particuliérement au titre *Enlévement & tranfplantation de bornes*, ci-deffus, *part.* 4, *tit.* 14.)

§. XXIV.

Vol de pavés des grands chemins.

148. Une Ordonnance du Roi du 4 Août 1731, défend à tous particuliers d'enlever aucuns pavés, outils & materiaux, des rues & chemins publics ; à peine du carcan, avec écriteaux portant ces mots *Voleurs de pavés, ou de*, &c. ; & ordonne qu'en cas de récidive, ils feront condamnés aux galeres ; défend à tous particuliers de recevoir, ou acheter aucuns desdits pavés, &c. ; à peine de mille livres d'amende.

§. XXV.

Vols sur les Ports.

149. Les voleurs de cordages, férailles, & ustenciles de vaisseaux étant dans les ports, doivent être flétris d'un fer chaud portant la figure d'une ancre, & bannis à perpétuité du lieu où ils ont commis le délit. (Ordonnance de la Marine de 1681, *liv.* 4, *tit.* 1, *art.* 16, qui ajoute que s'il arrive perte de bâtiment, ou mort d'homme, pour avoir coupé, ou volé des cables, les voleurs feront punis du dernier supplice.)

L'article 17 fait défenses à toutes personnes d'acheter des matelots & compagnons de bateau, des cordages, férailles, & autres ustenciles de navires ; à peine de punition corporelle.

§. XXVI.

Du Vol au jeu.

450. Un Arrêt du Parlement du 20 Juin 1765, rendu sur un appel du Bailliage criminel d'Orléans, condamne les nommés Pierre Bontemps, Claude Girard, dit Lyonnois, & François Neveu, au carcan pendant trois jours consécutifs, & à être flétris, & en trois ans de galeres, pour avoir filouté de l'argent au jeu.

§. XXVII.

Vols par Meûniers & Boulangers.

151. C'eſt encore un vol qualifié, lorſque des Meûniers & Boulangers mettent des matieres étrangeres dans les farines deſtinées à la nourriture. (Jugement du 9 Septembre 1727, rendu contre un Meûnier, qui le condamne au carcan & aux galeres à temps, pour avoir mêlé de la craie battue dans les farines deſtinées pour la conſommation des Troupes du Roi.)

ARTICLE V.

Autres Vols qualifiés.

§. I.

Des Vols commis par des Soldats.

152. 1°. Les Soldats qui volent les meubles, ou uſtenciles des maiſons où ils ſont logés, ſoit en route, ſoit en garniſon, doivent être punis de mort. (Ordonnance du 1 Juillet 1727, touchant les délits Militaires, *art.* 24.)

2°. Ceux qui volent, ou pillent les Vivandiers, ou Marchands venants dans les villes, ou dans les camps, & qui prennent par force & ſans paiement, ſoit pain, vin, viande, bierre, brandevin, ou autres denrées & marchandiſes, tant dans les marchés des villes & dans les boutiques, que dans les camps, ou en route, doivent auſſi être punis de mort. (*Ibid.* art. 22.)

3°. Les Soldats qui volent des pieces d'artillerie, doivent auſſi être punis de mort. (Ordonnance du Roi du 18 Septembre 1723, rapportée au Recueil des Réglements enregiſtrés au Conſeil Souverain d'Alſace, *pag.* 715.)

4°. Le Soldat, Cavalier, ou Dragon, qui dérobe les armes de ſon camarade, ou autre ſoldat, en quelque lieu que ce ſoit, doit être condamné à être pendu. Et celui qui dérobe dans les chambres des caſernes, leur linge, habit, ou équipage, ainſi que le prêt, ou pain de ceux de ſa chambre, doit être condamné à mort,

ou

ou aux galeres perpétuelles, suivant les circonstances du cas. (*Ibid.* art. 27.) Voyez aussi ce qui est dit ci-après, au titre *Des délits en général*, n. 32.

§. II.

Pirates.

153. Les *Pirates* sont ceux qui font des courses sur mer, & qui arrêtent les vaisseaux passants, pour les voler & piller, sans commission ni autorité du Prince. Ce sont des especes de voleurs de grand chemin, qui doivent être punis de la peine de mort, sans aucune rémission. (Farinacius, *quest.* 167, *n.* 25.)

Suivant l'article 3 du titre 9 du livre 3 de l'Ordonnance de la Marine du mois d'Août 1681, il est défendu à tous les sujets du Roi de prendre aucunes commissions d'aucuns Princes, ou Etats étrangers, pour armer des vaisseaux de guerre, & courir la mer sous leurs bannieres; à peine d'être traités comme pirates.

L'article 5 du même titre, porte que tout vaisseau combattant sous un autre pavillon que celui de l'Etat dont il a commission de deux différents Princes ou Etats, est de bonne prise; & que s'il est armé en guerre, les Capitaines & Officiers doivent être punis comme pirates.

Voyez une Déclaration du 6 Juillet 1358, touchant les pirates & corsaires : & aussi des Lettres-patentes des 19 Juillet & 13 Novembre 1599, touchant les déprédations de mer. (Ces Déclarations sont citées par Blanchard.)

L'Edit du mois de Juillet 1691, porte, que les corsaires ennemis qui entreront dans les rivieres du Royaume, & y seront pris, seront condamnés aux galeres perpétuelles, tant les Capitaines, que les équipages, soit qu'ils aient commission, ou non.

§. III.

Du Crime de Péculat.

154. Voyez ce qui a été dit au titre *Du péculat*, ci-dessus, *part.* 4, *tit.* 40.

§. IV.

Des Banqueroutiers.

§. 55. Voyez ce qui a été dit au titre *Des banqueroutes* , ci-deffus ; part. 4, tit. 5.

ARTICLE VI.

Autres Peines contre les Voleurs.

1°. Outre la peine ordinaire du vol dont on vient de parler, qui regarde l'intérêt public ; la partie civile peut demander la reftitution de la chofe volée, ou de fa valeur, avec dépens, dommages & intérêts ; ce qui lui eft toujours adjugé par forme d'intérêt civil, ou par forme de réparation civile ; les Juges, peuvent fuivant la prudence, arbitrer plus ou moins ces dommages & intérêts.

Lorfque la chofe volée eft entre les mains d'un tiers, qui l'a achetée du voleur, quoique de bonne foi, on peut la réclamer, fans être obligé de lui en rendre le prix. (Ainfi jugé par Arrêt du 27 Mai 1618, rapporté par Bardet, *tom.* 1, *liv.* 1, *chap.* 15 ; & par un autre du 29 Novembre 1630, aussi rapporté par Bardet, *tom.* 1, *liv.* 3, *chap.* 130 ;) ce qui eft conforme à la difpofition du Droit, fuivant la Loi 2, D. *de furtis & fervo corrupto* ; L. 23, C. *de rei vindicat.* ; & L. 27, *de captiv.* ; voyez Julius-Clarus, §. *furtum*, n. 26.

Il en feroit autrement fi la chofe avoit été vendue en marché, ou place publique. (Voyez Bardet, *ibid.* ; & Coquille fur la Coutume de Nivernois, *chap.* 21, *art.* 16.)

2°. Il y a plufieurs cas où il eft permis aux particuliers de tuer les voleurs de nuit, & même ceux de jour. (Voyez ce qui a été dit au titre *De l'homicide*, ci-deffus, *part.* 4, *tit.* 21, n. 48 & fuiv.)

3°. Il faut obferver que les Nobles & Gentilshommes qui font convaincus de vols qui méritent peine de mort, font condamnés à être pendus, de même que les roturiers, & qu'ils ne font point alors condamnés à la peine des Nobles, qui eft d'avoir la tête tranchée. (Coquille fur la Coutume de Nivernois, *tit.* 1, *art.* 8. Voyez aussi ce qui a été dit là-deffus au titre *Des Sentences, Jugements & Arrêts*, ci-deffus, *part.* 3, *liv.* 2, *tit.* 24, n. 254.

ARTICLE VII.

Des Complices de Vols.

156. On peut être complice d'un vol, en plufieurs manieres, (Voyez Conftit. Carol. *chap.* 40.)

1°. En donnant ordre de faire le vol.

2° En confeillant, ou perfuadant de le faire ; ou en faifant le complot de voler avec autres.

3°. En coopérant au vol, foit en conduifant les voleurs au lieu du vol; ou en les aidant; ou en faifant le guet ; ou en leur fourniffant les inftruments néceffaires pour y réuffir.

4°. En participant aux effets volés , & les partageant avec les voleurs, ou en s'accommodant avec eux à ce fujet.

5°. En recélant les effets volés, ou en les achetant à bon marché , fçachant qu'ils ont été volés.

6°. En recélant les voleurs & leur donnant retraite.

Je vais examiner tous ces différents cas.

§. I.

Des Complices & participants des Vols.

157. 1°. Celui qui donne ordre , ou mandement à quelqu'un de faire un vol, eft tenu du vol, fi ce vol s'eft enfuivi. (L. *fi quis fervo*, Cod. *de furtis* ; Farinacius , *qu.* 168 , *n.* 32.)

Il en eft de même de celui qui engage ,, ou confeille de faire un vol, ou qui donne pour cela les enfeignements néceffaires ; il doit auffi être puni comme voleur : (Farinacius , *qu.* 168 , *n.* 35 ;) pourvu néanmoins que le vol s'en foit enfuivi ; autrement il n'en feroit pas tenu, fuivant la Loi *fi quis uxori* , §. *neque verbo*, D. *de furtis*.

Mais dans nos mœurs, celui qui n'auroit fait que confeiller le vol, fans prêter aucun fecours au voleur , & fans participer au vol en aucune maniere, feroit puni, non de la peine ordinaire du vol, mais d'une peine moindre ; *v. g.* du blâme, ou autre peine, felon que le vol feroit plus ou moins confidérable.

G g ij

2°. Tous ceux qui prêtent fecours & aide aux voleurs pour faire le vol, font auffi punis comme les voleurs même. (L. *qui opem*, D. *de furtis.*)

158. Il en eft de même de ceux qui fourniffent fciemment des chevaux, armes, bâtons, argent, échelles, ferrements, & autres chofes propres à l'exécution du vol. (L. *fi pignore* 54, §. *ferramenta* 4, D. *de furtis.*)

Et de ceux qui brifent les murs & les portes, ou qui mettent des échelles aux fenêtres pour donner lieu à un autre de dérober. (§. 11, Inftit. *de obligat. quæ ex delicto nafcuntur.*)

Et auffi de celui qui fait tomber à terre l'argent de quelqu'un pour donner lieu aux autres de le prendre ; ou qui fe mettroit au-devant d'une perfonne pour faciliter le larcin qu'un autre voudroit lui faire de quelque chofe ; ou qui feroit prendre la fuite à des animaux & les effaroucheroit, afin de les faire voler par un autre. (§. 11, Inftit. *de obligat. quæ ex delicto nafcuntur* ; L. *in furti* 50, §. 3 ; & L. *fequenti*, D. *de furtis* ; L. *fi quis uxori* 52, §. *fi quis demùm* 13, *eodem titulo.*)

159. Il en eft de même de ceux qui prêtent du fecours au voleur, après le vol commis, en lui aidant à porter chez lui les effets volés ; ils doivent être punis comme voleurs. (L. *fi quis* 35 ; & *ibi* Gloff. & *Doctores*, D. *de furtis.*)

3°. Ceux qui participent au vol fciemment, en partageant les effets volés, doivent auffi être punis comme voleurs. (Farinarius, *qu.* 168, *n.* 45.)

4°. Mais pour examiner plus particuliérement cette queftion, qui peut fouffrir beaucoup de difficulté dans nos mœurs ; fçavoir, fi les complices, & ceux qui participent au vol, foit en prêtant du fecours aux voleurs, foit en partageant avec eux les effets volés, doivent être punis comme les voleurs même ; il eft à propos d'examiner les différentes autorités qu'on peut apporter dans l'examen de cette queftion, afin de fçavoir à quoi s'en tenir.

160. Suivant Damhouderius, *in Practicâ criminali*, cap. 116, n. 3, *omnes qui furibus folatium, fubfidium, confilium, (modò tamen fit tale confilium, ut fine eo furtum factum non fuiffet,) aut juvatorium famulatum præbent, aut furti fuere participes, aut furtiva bona in domum receperint, aut ex iis cum furibus commeffati fint, fcientes eos effe fures, & bona ea illata aliis furto effe ablata, tales inquam omnes fimili pœnâ cum variis furibus plectendi funt, argum. Legis* 1, D. *de receptatoribus.*

Farinacius , *qu.* 168, *n.* 37, prétend auffi que celui qui con-feille de faire un vol qualifié , *v. g.* un vol avec violence , ou qui aide à le faire, eft puni de la même peine que le voleur même. Il cite la Loi *vendidero* , §. *cum raptor & ibi Gloff.* D. *de furtis.*

Par les Capitulaires de Charlemagne, *liv.* 7, *chap.* 340, *non tantùm qui furtum fecerit, fed etiam is cujus opere, aut confilio fur-tum factum fuerit, furti actione tenebitur.*

161. Les établiffements de faint Louis de l'année 1270, *liv.* 1, *ch.* 32, portent : « Que femmes qui font avec meurtriers & avec larrons,
» & les confentent, fi font à ardoir, & fe aucuns, ou aucunes,
» leur faifoit compagnie qui les confentiffent, & ne emblaffent
» rien, fi leur feroit-on autre tant de peine comme fi eux l'euf-
» fent emblé. Et fi les meurtriers qui tuent les gens, apportent
» aucune chofe qui foit à eux que auront tués , & ils l'apportent
» chez aucune ame, foit hons, ou femme, & ils fçachent bien
» que eux font larrons, ou meurtriers, & ils les reçoivent, ils
» font pendables, comme li meurtriers font, felon Droit écrit
» en Code *de facr. Ecclef.* ; en la Loi qui commence *jubemus* ,
» & en Décrétales *de officio delegati* ; L. *quia quæfitum.* Car li
» confenteurs fi font auffi-bien punis comme li maufeteurs. »

162. Bouteiller en fa Somme rurale, *tit.* 35, *pag.* 254, s'exprime en ces termes.

Item » Veulent tous les Droits civils, que quiconque eft con-
» fentant, participant & foutenant larcin, foit homme ou femme,
» qu'il foit puni criminellement fans déport; c'eft-à-fçavoir, pour
» le grand larcin, de peine capitale; & pour le petit larcin, de
» peine non capitale. »

La Coutume de Lodunois, *chap.* 39 , *art.* 13, porte , que ceux qui aident ainfi les voleurs, foit par leurs confeils, ou en leur procurant du fecours, doivent être punis moins féverément que les voleurs; à moins qu'ils n'aient aidé les voleurs dans le temps même du vol. (*Ita* Vinnius fur le §. 11, Inftitut. *de obligat. quæ ex delicto nafcuntur,* où il dit , que tel eft le fentiment des Interpretes.)

163. La Conftitution de Charles V , *chap.* 177, veut : Que ceux qui aident, avec connoiffance de caufe, un criminel pour com-mettre un crime, foit avant le délit, foit dans le temps du délit ; foit après le délit, de quelque maniere que ce foit , foient punis fuivant l'exigence des cas, à l'arbitrage du Juge; mais elle ajoute,

que c'eſt avec fondement que les Criminaliſtes ſoutiennent que ceux qui portent leur ſecours dans l'inſtant qui touche le crime, doivent être punis de la même peine que celui qui le commet.

On donne de l'aſſiſtance & du ſecours à un voleur, en lui fourniſſant les outils & autres moyens pour commettre le vol, avant que l'action ſe commette.

164. On donne du ſecours, ou de l'aſſiſtance à un voleur, dans l'action même du vol ; *v. g.* lorſqu'on tient l'échelle dans un vol, ou que d'une autre maniere on aide au voleur à monter pardeſſus un mur, ou à forcer une porte. Ceux qui prêtent de pareils ſecours, méritent la même peine que l'auteur & le principal agent du vol.

Enfin, on donne aſſiſtance à un voleur après l'action, ſoit en le protégeant, ou en le cachant chez ſoi, ou en empêchant qu'il ne ſoit arrêté, ou en recevant, cachant, ou vendant les choſes qu'on ſçait avoir été volées. Ces ſortes de ſecours doivent être examinés par le Juge, avec une attention particuliere, pour ſçavoir s'ils ne renferment pas une connivence & une complicité avec le criminel ; ce qu'on pourra découvrir par le profit qui en ſera revenu à la perſonne qui aura ainſi reçu, caché, ou vendu les choſes volées ; auquel cas ce ſeroit un véritable recéleur coupable du crime, ainſi que le voleur même. Il en ſeroit autrement, ſi cette aſſiſtance, après l'action commiſe, n'avoit été donnée que pour ſauver le criminel des mains de la Juſtice ; auquel cas il n'y auroit lieu qu'à une peine arbitraire.

165. Sur cette queſtion en général, de ſçavoir ſi ceux qui participent à un vol, ſoit en faiſant le guet pendant le temps du vol, ſoit en partageant les effets volés, ou en prêtant leur ſecours de quelqu'autre maniere, doivent être punis comme les voleurs mêmes, il faut faire une diſtinction qui paroît fort juſte ; qui eſt de conſidérer ſi celui qui participe au vol, y a donné lieu immédiatement, ou non. Dans le cas où il eſt la cauſe immédiate du vol, il doit être puni de la même peine que le voleur ; mais s'il n'en eſt pas la cauſe immédiate, il doit être puni d'une peine moindre. Bien plus, dans le cas où le vol, par ſa nature, mérite une peine plus conſidérable ; comme quand il eſt aggravé par les circonſtances d'effraction, violence publique, & autres qui peuvent l'accompagner, celui qui y a participé, doit être puni de la même peine, ſi dans le temps du délit commis, il a eu con-

noiſſance des circonſtances aggravantes. Ce ſentiment qui , au rapport de Julius-Clarus, *qu.* 90, *n.* 1 , eſt celui de la plus grande partie des Auteurs , eſt très judicieux; parce qu'il eſt évident que dans la regle générale , le principal Auteur du délit eſt plus coupable que celui qui ne fait que prêter ſon ſecours non immédiat; & par conſéquent ce dernier doit être puni d'une moindre peine.

166. Julius-Clarus au même endroit, pour la réſolution entiere de cette queſtion, après avoir dit qu'il y a trois manieres dont on peut prêter ſecours à un voleur; ſçavoir, 1°. avant le vol; 2°. au temps même du vol; 3°. après le vol commis, fait cette diſtinction.

Ou le délit a été commis en vertu d'un complot, ou d'une délibération précédente faite du conſentement , ou à la connoiſſance de celui qui a participé au vol ; dans ce cas, il établit que ce dernier doit être puni de la même peine que le voleur même, ſoit qu'il lui ait porté ſecours avant , ou après le vol , ou dans l'inſtant même; car quoiqu'il n'ait point été préſent au corps même du délit, il eſt cenſé néanmoins y avoir été préſent par ſon conſentement & ſa volonté, ſur-tout ſi le ſecours avoit toujours été deſtiné dès le commencement; comme, par exemple, s'il lui avoit promis de le cacher, ou de lui donner un cheval pour prendre la fuite, auſſi-tôt après le vol fait. (*Ita* Julius-Clarus, *ibid.* qu. 63, n. 1 , *ſub finem.*)

167. Ou bien le vol n'a point été précédé d'aucun complot, ou délibération; & alors il faut examiner ſi celui qui a prêté ſon ſecours au vol , en eſt la cauſe immédiate; & dans ce cas il doit être puni de la même peine ; & tel eſt le ſentiment général de tous les Criminaliſtes, ſuivant le même Julius-Clarus. Mais s'il n'a pas donné lieu immédiatement au délit, il doit être puni d'une peine moindre, ſur-tout s'il n'a prêté ſon ſecours qu'après le vol commis; parce qu'en effet celui qui prête ainſi ſon ſecours après le vol commis , ne prête point, à proprement parler, ſon ſecours pour le délit même; & par conſéquent il doit être puni d'une peine moindre.

Enfin, s'il eſt incertain qu'il y ait eu un traité, ou complot précédent, dont ait été participant celui qui a prêté ſon ſecours au vol , on peut condamner l'accuſé à la queſtion (ſi le délit eſt capital); & s'il n'avoue rien , on le condamnera à une peine moindre que celle du principal auteur du vol, pour raiſon du ſecours par lui prêté au voleur; parce qu'il y a un grand ſoupçon contre celui

qui a participé à un vol après le délit commis, qu'il en a eu connoiſſance auparavant. (Voyez Julius-Clarus, *ibid.* qu. 90, n. 1
& 2.)

168. Mais il ſe préſente ici une queſtion importante, qui eſt de ſçavoir ſi quand il ſe trouve dans le vol, (& il en eſt de même de
tout autre crime en général,) une qualité, ou circonſtance qui
le rend plus grave ; comme dans le vol domeſtique, dans celui
fait avec effraction, ou violence publique, dans le parricide, &
autres crimes ſemblables, les complices doivent être punis de la
même peine que les auteurs immédiats du crime?

Farinacius ſur cette queſtion, (au titre *De Conſultoribus*, &c.,
qu. 131, *n.* 44,) dit, que quoiqu'en général ceux qui prêtent
leur aide dans un délit, ſoient punis de la même peine que les délinquants, cela n'a pas lieu cependant lorſqu'il ſe trouve dans ce
délit quelque qualité, ou circonſtance qui le rende plus grave,
& qui exige une plus grande peine ; & qu'alors les premiers ne
ſont pas punis pour raiſon de cette qualité, ou circonſtance. Il
rapporte un grand nombre d'autorités pour établir cette opinion ;
mais je crois qu'il faut faire, à cet égard, la même diſtinction que
celle faite ci-deſſus, *n.* 165, 166 & 167.

§. I I.

Des Recéleurs.

169. Les *recéleurs* ſont ceux qui reçoivent & cachent chez eux les
voleurs, ou les choſes volées.

Suivant Julius-Clarus, *qu.* 90, *n.* 9, les recéleurs de voleurs,
ou d'effets volés, doivent être punis de la même peine que les
voleurs même, ſuivant la Loi *eos*, Cod. *de furtis.*

En effet, ces ſortes de recéleurs ſont pires, en quelque ſorte,
que les voleurs mêmes ; parce qu'ils les entretiennent dans leurs
vols, en les recevant chez eux, & en les protégeant & leur donnant un aſyle ; ainſi ils ne doivent pas moins être punis que les
voleurs même. (Damhouderius, *chap.* 116, *n.* 1.)

Mais il faut, pour que cette peine ait lieu, que ceux qui recelent ainſi, le faſſent, 1°. en connoiſſance de cauſe ; 2°. qu'ils
le faſſent librement & ſans contrainte ; autrement ils ne ſeroient
pas ſujets à la peine de *recéleurs.*

§. III,

§. I I I.

Des Recéleurs des chofes volées.

170. 1°. Suivant le Droit Romain, le voleur & celui qui recele les chofes volées, dans le cas d'un incendie, doivent être punis de la même peine ; parce que ces fortes de recéleurs ne font pas moins coupables que les voleurs même. (L. 3, §. 3, D. *de incendio, ruinâ, naufragio.*)

De même, ceux qui recéloient fciemment les effets volés par un efclave, étoient auffi tenus de la peine ordinaire établie pour ces fortes de vols, fuivant la Loi 15, Cod. *de fervo corrupto.* (a)

2°. Suivant Julius-Clarus, *qu.* 90, *n.* 9, les recéleurs de chofes volées font tenus de la même peine que les voleurs même.

171. Tel eft auffi le fentiment de Balde fur la Loi 11 *data opera,* Cod. *de his qui accufare non poffunt,* où il cite un Arrêt de l'an 1330, qui a condamné à mort une femme, pour avoir caché & recélé des effets qu'elle fçavoit avoir été volés, quoiqu'elle n'eût fait que ce feul recel.

Telle eft auffi l'opinion de Boffius, en fa Pratique Criminelle, titre *De rapinâ,* n. 19; & celle de Farinacius, *qu.* 168, *n.* 56-58, où il dit que celui qui recele & cache fciemment un voleur & les effets par lui volés, doit être puni de la même peine que lui. Il ajoute enfuite que c'eft le fentiment commun des Jurifconfultes, quoique quelques-uns d'eux aient penfé que les recéleurs devoient être punis moins féverement que les voleurs.

172. Cet Auteur en fa Queftion 133, *n.* 75 & fuivants, après avoir agité la queftion de fçavoir fi les recéleurs de vols, ainfi que les recéleurs de voleurs, doivent être punis de la même peine que les voleurs, ou d'une peine moindre ; & après avoir rapporté un grand nombre d'autorités en faveur de l'une & l'autre de ces opinions, conclut, en établiffant cette regle générale, & qui concilie les différents fentiments d'Auteurs; c'eft que celui qui

---

(a) *Enim verò crimen non diffimile eft rapere,* & *ei qui rapuit, raptam rem fcientem delictum fervare ;* comme il eft dit en la Loi 9, Cod. *ad J. Juliam de vi publicâ.*

Tome IV. H h

reçoit tout enfemble & les voleurs & les chofes volées, doit être puni de la même peine que les voleurs même ; & il cite plufieurs autorités pour la défenfe de cette opinion.

173. 3°. Suivant les Capitulaires de Charlemagne, *liv.* 6, *chap.* 160 ; & *liv.* 7, *chap.* 429 : *Non folùm ille qui furtum fecerit ; fed etiam & quicumque confcius fuerit, vel furto ablata fciens fufceperit, in numero furantium habeatur, & fimili pœnæ fubjaceat.*

L'article des établiffement de faint Louis, ci-deffus cité, *n.* 161, porte, que ceux qui recelent des effets volés, fçachant que ceux qui les leur apportent, font larrons, font pendables comme eux.

174. Chaffanée fur la Coutume de Bourgogne, au titre *Si aucun commet larcin*, rubr. 1, §. 5, n. 10, après avoir agité amplement la queftion de fçavoir fi les recéleurs doivent être punis de la même peine que les voleurs, dit, que pour lui il a toujours penfé que les recéleurs de chofes volées ne doivent pas être punis de la même peine que les voleurs, mais d'une peine moindre ; & que quoiqu'on trouve plufieurs Loix qui portent que ceux qui cachent & recelent des effets volés, font tenus de la même peine du vol, il ne s'enfuit pas cependant, fuivant lui, qu'ils doivent être punis de la même peine que les voleurs ; mais d'une peine plus douce ; & que le mot *pariter*, qui fe trouve dans ces Loix, ne fignifie pas que les recéleurs doivent être punis de la même peine que les voleurs ; mais feulement qu'ils doivent l'un & l'autre être punis. Il confirme ce fentiment par le texte de la Loi derniere, au Digefte *de abigeis*, où il eft dit que celui qui recele en fa maifon un voleur de troupeau, eft condamné feulement à dix ans d'exil ; & cependant que le voleur qni a commis cette efpece de crime, eft puniffable de mort ; & il ajoute que tel eft auffi le fentiment d'Hyppolite *de Marfiliis in confil.* 53, *in* 5 *col.* n. 26 ; & *in confil.* 47 *in* 3 *col.* n. 7 & 8, *in primo vol.* où il répond au long à tous les textes de Droit qu'on apporte pour prouver le contraire ; d'où Chaffanée conclut qu'il ne voit point établi en Droit que les recéleurs de chofes volées, doivent être punis de la peine de mort, comme les larrons, ou voleurs qualifiés ; & que cette maxime eft vraie principalement lorfque les recéleurs ne tirent aucun profit de ces fortes de recels. Voyez auffi Taifand fur la même Coutume de Bourgogne, *tit.* 1, *art.* 5 ; *n.* 9.

Theveneau fur les Ordonnances, *liv.* 4, *tit.* 14, *art.* 1, *n.* 11

& 2, dit que plufieurs Docteurs ont penfé que ceux qui reçoivent les larrons avec la chofe dérobée, doivent être punis comme les larrons, & que tel eft le fentiment de Bartole fur la Loi *furtum*, Cod. *de furtis*, que Theveneau adopte. La raifon que cet Auteur en donne, eft que celui qui reçoit le voleur avec les chofes volées, femble favorifer & prêter fon affiftance au vol; parce que le voleur, en trafportant les chofes volées, femble continuer toujours fon vol.

175. Lange en fon Traité des Crimes, *pag. 42*, de l'édition de 1699, dit que ceux qui recelent les chofes volées, femblent être moins coupables que les voleurs, d'autant que tel qui achete chez lui, n'auroit pas la hardieffe de voler. Il ajoute que néanmoins on égale fouvent l'un & l'autre pour la peine, lorfqu'on connoît que le receleur a induit l'autre à voler, ou qu'il a recélé fciemment une chofe furtive, ou qu'il fait profeffion d'acheter des chofes volées.

Un Arrêt du Parlement du 31 Mars 1732, condamne à mort la nommée Barbe Goffet, accufée & convaincue d'avoir recélé de l'argent & autres effets volés par Jacques Falconet, & autres, *&c.*

Autre Arrêt du 4 Juillet 1765, confirmatif d'une Sentence rendue au Châtelet de Paris, qui condamne Anne Cholat, fille cuifiniere, à être pendue, pour avoir recélé fciemment des effets volés avec effraction.

176. Lorfque celui qui recele chez lui les chofes volées, le fait fans aucun lucre, ni profit, il doit être puni d'une peine moindre que l'auteur du vol. (*Ita* Chaffanée fur la Coutume de Bourgogne, *rubr. 1, §. 5, n. 12*; & Hypolite *de Marfil. confil. 53, n. 36 vol. 1.* Voyez auffi Farinacius, *qu. 133, n. 101.*)

Il en eft de même, à plus forte raifon, fi celui qui a recélé, ignoroit que les effets euffent été volés, ou qu'il les retînt chez lui de bonne foi. (Farinacius, *qu. 168, n. 59*; & *qu. 133, n. 99 & 100.*)

Ou fi on l'a contraint par violence à recevoir chez lui les effets provenants du vol. (Carrerius *in Pract. crim. pag. 256, col. 2, n. 29*, édition de 1600, *Francofurti, in-4°.*; Menochius *de arbitr. jud. caufis*, cafu *348, n. 16.*)

Les proches parents, comme pere, mere, femme, freres & fœurs qui reçoivent en leurs maifons des effets volés, ne doivent pas non plus être punis auffi févérement que les receleurs ordi-

naires , s'ils ne font d'ailleurs participants du vol. (Farinacius ;
qu. 168 , *n.* 60 ; Damhouder. , *chap.* 116 , *n.* 4.)

§. IV.

Des Femmes & Concubines des Voleurs , & autres criminels.

177.   A l'égard des femmes des voleurs , & autres criminels , qui ont
connoiſſance de leurs crimes , & qui demeurent avec eux , on ne
les punit point ; quand même elles auroient connoiſſance des crimes commis par leurs maris , & qu'elles ſçauroient que les effets
par eux apportés en leurs maiſons , ſeroient des effets volés ; ſi
d'ailleurs il n'eſt pas prouvé qu'elles aient participé au crime ;
ſoit en ſe ſervant des effets volés pour leur uſage , ou en les vendant , &c.

Mais les concubines des voleurs qui demeurent avec eux , ne
peuvent être excuſées par le même motif ; & cette ſimple connoiſſance des crimes commis par ceux qui les entretiennent , ſuffit pour les rendre coupables , & pour les faire punir , non , à la
vérité , de la même peine que les principaux auteurs du crime , à
moins qu'elles n'y aient participé par elles-mêmes , mais d'une autre peine moindre , & proportionnée aux circonſtances , & à la
qualité des perſonnes.

§. V.

De ceux qui achetent des effets volés.

178.   Suivant Julius-Clarus, §. *furtum* , *in ſupplem.* n. 117 & 118 ;
ceux qui achetent des effets qu'ils ſçavent avoir été volés ; ſur-
tout s'ils les achetent de jeunes gens , ou enfants de famille , doivent être punis , non de la peine ordinaire du vol ; mais d'une
peine moindre.

Farinacius , *qu.* 177 , *n.* 16 , prétend que ces ſortes d'acheteurs
d'effets volés , doivent être punis de la peine du vol , ſuivant la
Gloſe ſur la Loi *ſi quis uxori* , §. *ſed & rem* , D. *de furtis* ; & il cite
pluſieurs autorités pour appuyer ce ſentiment.

Néanmoins il ajoute enſuite , *ibid.* , n. 17 , qu'il peut y avoir
plus de raiſons pour ſoutenir que celui qui achete ſciemment des

choſes dérobées, ne doit point être puni de la peine ordinaire du vol, mais d'une peine moindre. •

179. Suivant Damhouderius, *in praÄ. crim.*, *cap. 117*, ceux qui achetent à vil prix, ou beaucoup au-deſſous de leur valeur, des effets volés, doivent être punis de-la même peine que les voleurs, lorſqu'ils ſçavent que ces effets ont été volés ; ſur-tout ſi ces acheteurs ſont dans l'habitude de faire cette ſorte de métier.

Couchot, en ſon Praticien Univerſel, *tom. 6*, *pag. 83*, dit que celui qui achete la choſe dérobée, eſt puni comme le larron, s'il a ſçu le vol.

Lebrun, en ſon Traité du Procès-Criminel, *liv. 1*, §. 4, *pag. 26*, cite un exemple d'un recéleur qui fut pendu en l'année 1598, pour avoir acheté un effet volé.

180. Non-ſeulement ceux qui achetent des effets dérobés, mais auſſi ceux qui les reçoivent en préſent, ſont tenus de la peine du vol, de même que ceux qui les reçoivent en gage. (*Farinac.*, *qu.* 177, n. 18 & 19.)

Mais il faut dans tous ces cas, pour être ſujet à la peine, avoir connoiſſance que les effets ont été volés. (*Farinacius*, *ibid.*, n. 20.)

Dans le doute, on eſt cenſé avoir acheté ou reçu de bonne foi, & ignorer que les choſes données, ou vendues aient été volées. (*Farinacius*, *ibid.*, n. 21 ;) à moins que par les circonſtances on ne ſoit préſumé avoir cette connoiſſance ; comme ſi la choſe eſt vendue beaucoup au-deſſous de ſa valeur ; ou ſi celui qui la vend, la vend en cachette ; ou ſi ce ſont des effets qui ne pouvoient convenir en aucune maniere à l'acheteur. (*Farinacius*, *ibid.*, qu. 177, n. 24, 26.)

181. Lorſqu'on trouve des effets volés dans la maiſon d'une perſonne qui eſt dans l'habitude d'acheter des choſes volées, ou qui eſt d'une mauvaiſe réputation, ou qui a déja été repris de Juſtice, on doit préſumer que ces effets ont été par elle achetés de mauvaiſe foi, & avec connoiſſance que ces effets avoient été volés. (*Ita* Damhouderius, *cap.* 117, *n. 5.*)

On n'excuſe que les gens ſimples qui achetent d'un paſſant, ſans prévoir les conſéquences, & on les condamne ſeulement à une amende, pour la premiere fois.

A l'égard de la queſtion de ſçavoir ſi celui qui achete de bonne foi des effets volés, eſt tenu de les reſtituer, ſans qu'on lui en rende le prix, Voyez ci-deſſus, n. 155.

182. Pour prévenir & réprimer la liberté exceſſive des ventes, qui ſont une des principales cauſes des vols domeſtiques, de ceux faits par les enfants de famille, & de tous les autres vols en général, il y a des Réglements particuliers qui défendent à tous marchands & artiſans, d'acheter aucunes choſes, ſi ce n'eſt de perſonnes connues, ou ayant caution de connoiſſance ; à peine de répondre des choſes volées en leurs propres & privés noms, & d'être punis comme recéleurs, ſuivant des Ordonnances de Police des 15 Janvier 1369 ; 13 Février 1385 ; 25 Novembre 1396 ; & 12 Avril 1548.

183. Les Orfevres, Merciers & Frippiers, ſont obligés par leurs Statuts, & par les Arrêts & Réglements, de tenir des regiſtres exacts & fidels de toutes les choſes qui leur ſont vendues, & des noms & demeures de ceux qui les ont expoſées en vente. Il eſt auſſi enjoint aux Teinturiers de tenir un ſemblable regiſtre des étoffes qu'on leur apporte, tant pour éviter le déguiſement, que pour prévenir les mépriſes qui pourroient arriver lorſque l'on vient chercher ces étoffes, après qu'elles ont paſſé à la teinture. Il y a eu auſſi des Réglements pour prévenir les vols de plomb & d'étain ; mais quelques précautions que l'on ait priſes, ces vols ont toujours continué, & tout ce que l'on peut faire dans les grandes villes, eſt de les rendre moins fréquents par une bonne police.

184. Il y a à ce ſujet une Ordonnance de Police, rendue à Paris le 18 Juin 1698, dont il eſt important de ne pas ignorer les diſpoſitions ; En voici les termes :

» Nous, faiſant droit ſur la remontrance du Procureur du Roi ;
» Ordonnons que les Statuts, Ordonnances & Réglements, con-
» cernant le commerce & la ſureté publique, ſeront exécutés
» ſelon leur forme & teneur ; & en conſéquence, faiſons défenſes
» à tous Marchands & Artiſans de cette ville & fauxbourgs,
» même à ceux qui demeurent dans l'étendue des lieux privilé-
» giés, d'acheter aucunes hardes, meubles, linges, livres, bijoux,
» plomb, vaiſſelle, & autres choſes, des enfants de famille, ou
» des domeſtiques, ſans un conſentement exprés, ou par écrit de
» leurs peres, meres, ou tuteurs, ou de leurs maîtres & maîtreſſes :
» leur faiſons ſemblables défenſes d'en acheter d'aucune perſonne
» dont le nom & la demeure ne leur ſoient connus, ou qui ne

» leur donne caution ou répondant de connoiſſance, d'une qua-
» lité non ſuſpecte ; le tout à peine de quatre cents livres d'a-
» mende, & de répondre en leurs propres & privés noms des
» choſes volées ; même en cas de récidive, d'être punis comme
» recéleurs. «

185. » Défendons ſous les mêmes peines, à toutes perſonnes ſans
» qualité, de s'entremettre dans les ventes & reventes. Enjoi-
» gnons aux marchands Merciers, & aux Orfevres, aux Frip-
» piers, Tapiſſiers, Fourbiſſeurs, Potiers d'étain, Plombiers, Chau-
» dronniers, Vendeurs de vieux fers, & à tous Marchands &
» Artiſans, qui achetent, vendent, ou revendent des vieux meu-
» bles, ou de vielles hardes, de vieux livres, de la vaiſſelle, des
» armes, des tableaux, des bijoux, & toutes autres choſes de
» ſemblable qualité, ou qui achetent ces mêmes choſes neuves
» d'autres perſonnes que des artiſans qui les fabriquent, ou des
» marchands qui en font commerce, d'en tenir bon & fidel re-
» giſtre, & d'y exprimer en détail chaque choſe vendue, tro-
» quée, ou échangée, les noms, qualités, & demeures des per-
» ſonnes qui les auront expoſées en vente, & les jours qu'elles
» leur auront été apportées. Enjoignonts aux Teinturiers de tenir de
» pareils regiſtres des vieilles hardes, ou étoffes qui leur ſeront
» données à teindre, leſquels regiſtres ils feront tenus de repré-
» ſenter aux Commiſſaires des quartiers, & aux Maîtres, Gardes,
» ou Jurés de leurs Corps & Communautés, toutes les fois qu'ils
» en feront requis. Comme auſſi faiſons défenſes à toutes perſonnes
» autres que les maîtres Plombiers d'acheter, fondre, & mettre
» en culots aucuns plombs ; à tous Marchands, & à tous autres
» que les Plombiers, d'en vendre en tables, culots, morceaux,
» ou autrement, ſi ce n'eſt en navettes fabriquées dans les Pays-
» étrangers, & marqués de la marque des Bureaux des Fermes
» du Roi ; à tous Vitriers, Bimblotiers, Balanciers, Potiers de
» terre, Chaudronniers, Fondeurs, & tous autres, d'en acheter
» en morceaux ailleurs que chez les maîtres Plombiers ; & à
» toutes perſonnes, & autres que les maîtres Potiers d'étain, d'a-
» cheter de l'étain en morceaux, d'en acheter en vaiſſelle, ou
» autrement, ſi ce n'eſt dans les boutiques de ceux qui ont droit
» d'en vendre, ou aux ventes publiques faites par autorité de
» Juſtice ; & d'en fondre, ou faire fondre, ſous quelque pré-
» texte que ce ſoit ; le tout à peine contre chacun des contre-

» venants , de quatre cents livres d'amende ; & de puni-
» tion corporelle en cas de récidive. Défendons à toutes per-
» sonnes de porter par les rues , ou par les maisons, des creu-
» sets , moules , ni autres outils, pour y fondre & dissoudre l'ar-
» gent, l'étain , le plomb, ou aucun autre métal ; à peine de sem-
» blable amende , & du carcan. «

§. VI.

Des Recéleurs de Voleurs.

186. Les recéleurs de voleurs sont ceux qui gardent & cachent les
voleurs en leurs maisons , en conséquence d'un complot, ou
convention faite avec eux. (L. 1 , Cod. *de his qui latrones vel
aliis criminibus reos occultaverint.*)

La Loi 1 , au Digeste , *de receptator.* , dit que » *pessimum est
» genus receptatorum sine quibus latere diu nemo potest; & præci-
» pitur ut perinde puniantur ac latrones.* Elle ajoute ensuite que
» *in pari casu habendi sunt qui cùm apprehendere latrones possint,
pecuniâ acceptâ vel subreptorum parte dimiserunt.* «

La même Loi 1 , Cod. *de his qui latrones vel aliis crimin. reos
occult.* porte que » *eos qui secum alieni criminis reos ocultando
» eum , eamve sociarunt, par ipsos & reos pœna expectet , & latro-
» nes quisque sciens susceperit & eos offerre judicibus supersoderit ,
» supplicio corporali aut dispendio facultatum , pro qualitate personæ
» judiciis æstimatione , plectetur.* «

187. Suivant Bartole, *in L.* 1, D. *de receptatoribus ,* ceux qui recelent les voleurs & leurs vols, doivent être punis comme voleurs ;
à l'égard de ceux qui reçoivent seulement les voleurs , & non les
choses volées, ils sont punissables, mais non de mort ; & c'est
c'est ainsi que le pensent les interprètes ; ce qui est conforme à
la Glose sur cette Loi.

Menochius , *in tractatu de arbit. jud. causis , casu* 348 , *in princ.*
dit que les recéleurs de voleurs doivent être punis de peine arbitraire. *Ita etiam* Carrerius , *in pract. crimin.* §. *homicidium* , n. 33.

188. Suivant Farinacius, *qu.* 133 , *n.* 96, ceux qui recelent chez
eux les voleurs après le vol commis, ne sont punissables de la
peine ordinaire du vol, que lorsqu'ils recelent aussi les effets volés.
(Voyez ce qui a été dit ci-dessus, *n.* 172.) La raison qu'il en donne ,

c'est

c'eſt que celui qui recele le voleur avec la choſe volée, participe en quelque ſorte au vol ; ce qui n'a pas lieu, lorſqu'on ne recele ſimplement que le voleur.

Hyppolite de Marſiliis, *Conſil.* 48, *col.* 2, & *Conſil.* 30, dit que tout receleur de voleur doit être pendu, s'il ſçait que celui qu'il loge chez lui, uſe de larcin & brigandage.

Selon Damhouderius, *in Proct. crimin. cap.* 134. »*Qui crimino-* » *ſum recipit, & omnis ejuſdem receptatoris ſodalitas de crimine* » *conſcia punienda eſt propter receptionem aut ſilentium, aut per-* » *miſſionem, non ſecus ac ipſe criminoſus de aliquo crimine diffama-* » *tus & delator. Sine enim receptatoribus malefici diu latere non poſ-* » *ſent. Quare cauſa ſunt cur iſti malefici diu regnant, & mala multa* » *diu perpetrant, nec ad juſtitiam perveniunt.* «

189.   Suivant les Capitulaires de Charlemagne, *liv.* 7, *chap.* 344, » *Receptatores aggreſſorum itemque latronum, eâdem pœna offi-* » *ciuntur qua ipſi latrones ; ſublatis enim ſuſceptoribus graſſan-* » *tium cupido conquieſcit.* «

Et par les Capitulaires du Roi Dagobert, *in lege Ripuariorum,* cap. 78, » *ſi quis furem in domo receperit vel ei hoſpitium ſeu vic-* » *tum præſtiterit, dum res alienas furatus fuerit, ipſe ſimilis furi* » *culpabilis judicetur.* «

Guenois, en ſes notes ſur Imbert, *liv.* 23, *chap.* 22, *n.* 9, dit auſſi qu'il n'eſt pas permis de recevoir, ni de recéler les voleurs, aſſaſſins, ni autres accuſés pouſuivis en Juſtice, ſçachant qu'ils ſont larrons ; à peine d'être punis de la même peine que les coupables.

Carondas, en ſes Notes, ſur la Somme rurale de Bouteiller, *tit.* 35, *note* C, *pag.* 248, dit à ce ſujet, qu'il avoit ſouvent vu pendre à Paris des recéleurs de larrons, comme les larrons mêmes.

190.   Theveneau, ſur les Ordonnances, *liv.* 4, *tit.* 4, *art.* 1 & 2, après avoir dit qu'il y a eu grande diſpute entre les Docteurs, touchant la peine de ceux qui reçoivent les larrons ; & après avoir rapporté le ſentiment de quelques Auteurs ſur cette queſtion, conclut en diſant que la peine de celui qui reçoit le larron, & non la choſe dérobée, eſt arbitraire, & qu'elle n'eſt pas la même que contre le larron ; c'eſt-à-dire, qu'il n'y échet pas la peine de mort, comme à l'égard du larron ; parce qu'il a pu être recelé & retiré, non pour participer au larcin, mais pour le ſauver ; ce qui étant fait par une compaſſion déplacée, ou par quelque

autre confidération, mérite bien quelque punition, mais non la mort ; & il ajoute que tel eſt le ſentiment des Juriſconſultes, ſur la Loi 1 , D. *de receptatoribus.*

Suivant la Coutume de Lodunois, *chap.* 39 , *art.* 13 , ceux qui recelent larrons, meurtriers, forçeurs de femmes , embraſeurs de maiſons , & qui participent à leur méfait, encourent ſemblable peine que les malfaiteurs principaux.

L'Ordonnance de Moulins, *art.* 26 , & celle de Blois, *art.* 193 , défendent à tous les ſujets du Roi de recevoir, ni recéler aucuns accuſés & décrétés, ſur peine de ſemblables peines que mérite-roient les accuſés.

Voyez encore les autres Ordonnances rendues touchant ces ſortes de recéleurs, ci-après , *n.* 193.

191.   Ceux qui donnent retraite aux voleurs ouvertement , & qui ne les retirent point furtivement , comme *v. g.* font les Auber-giſtes qui les logent & les nourriſſent, ne paroiſſent pas ſujets à la peine des recéleurs ; & ils ſont préſumés alors les retirer de bonne foi, à moins que le contraire ne paroiſſe par les circonſ-tances. (*Ita* Farinacius, *qu.* 133 , *n.* 100 ; & *qu.* 68 , *n.* 60 ; & Menochius , *de arbitr. jud. caſu* 348 , *n.* 17.)

Mais ſi l'Aubergiſte ſçait que celui qui loge eſt un voleur, il doit le mettre hors de ſa maiſon ; autrement il ſeroit puniſſable comme receleur & complice.

192.   Il faut obſerver en général , que pour être coupable de recel de larrons, il faut que celui qui les retire chez lui , les connoiſſe pour tels ; autrement il ceſſe d'être puniſſable ; & tel eſt le ſenti-ment de tous les Auteurs en général. (Farinacius , *qu.* 168 , *n.* 59 ; & *qu.* 133 , *n.* 99, 103 & ſuivants.) Et cette ignorance eſt toujours préſumée , à moins qu'il ne paroiſſe du contraire. (Farinacius, *ibid., qu.* 133 , *n.* 111.)

Il y a quatre cas où celui qui retire chez lui un voleur eſt préſumé le connoître pour tel. 1°. Lorſque le voleur eſt notoire-ment connu pour tel. 2°. Lorſque celui qui le recele, a connoiſ-ſance de ſes vols. 3°. Lorſqu'il eſt porteur d'effets ſuſpects. 4°. Lorſqu'il a déja été condamné, ou repris de Juſtice.

Il faut cependant obſerver que cette ſcience préſumée , & non prouvée , n'eſt pas ſuffiſante pour impoſer au receleur la peine ordinaire du vol, mais ſeulement une peine plus douce. (Me-nochius, *de arbitr. caſu* 348 , *n.* 15 ; Farinacius, *qu.* 133 , *n.* 136.)

De même, celui qui retire chez lui des voleurs, & qui les loge, parce qu'il y est contraint par violence, cesse d'être coupable. (Menochius, *de arbitrar. jud. casu* 348, *n.* 16.)

Les proches parents qui retirent chez eux les voleurs, sont aussi excusables, si d'ailleurs ils ne sont participants de leurs vols ; parce qu'alors ils sont présumés leur donner retraite, pour les garantir & mettre à couvert des poursuites de la Justice ; ainsi ils doivent être punis moins sévérement que les autres receleurs. (L. 2, D. *de receptatoribus* ; Menochius, *ibid. de arbitrar. judic. causis, casu* 348, *n.* 12 & 13 ; Farinacius, *qu.* 30, *n.* 99 & 100 ; & *qu.* 168, *n.* 60 ; Damhouderius, *in Pract. crimin.* cap. 134, *n.* 5. Voyez aussi la Loi Salique, *tit.* 17, *cap.* 2 ; *tit.* 57, *cap.* 5 ; & *tit.* 59, *cap.* 1.) Car c'est une maxime constante, que les Loix relâchent de leur sévérité, quand elles sont offensées par un motif de charité inspiré par la nature.

§. VII.

Des Recéleurs d'accusés, ou de criminels décrétés ou condamnés.

193. L'Ordonnance du mois d'Août 1536, rendue pour la Bretagne, *chap.* 2, *art.* 34, défend à toutes personnes, sur peine de punition & d'amende exemplaire & corporelle, de receler les délinquants ; mais leur enjoint de les révéler à Justice, même ceux contre lesquels il y a décret de prise-de-corps. Cette Ordonnance défend pareillement à toutes personnes de leur donner monition, ou avertissement de s'évader, à peine de s'en prendre à eux. (Voyez la Loi 1 & 2, Cod. *de his qui latrones vel al. crim. reos occult.*)

L'article 30 porte, que si ce sont des Seigneurs de Justice qui retiennent & recelent ainsi les délinquants, ils seront privés de leurs Justices, & punis de telles amendes qu'il appartiendra.

La Déclaration du 9 Mai 1539, défend à tous les sujets du Royaume, de loger aucuns étrangers inconnus & sans aveu, bannis & chassés du Royaume, & autres sur lesquels il pourroit y avoir aucune suspicion de malfaits ; leur enjoint aussi-tôt qu'il s'en présentera quelqu'un à eux pour les loger, de les déclarer aux Gouverneurs, Lieutenants-Généraux, ou autres Officiers des lieux ; à peine de confiscation de corps & biens, contre ceux qui les auront logés & recélés, & qui n'auront fait leur déclaration.

194. L'article 37 de l'Edit du mois de Décembre 1540, défend à toutes personnes de retirer avec eux, aucuns bannis & décrétés de prise-de-corps ; & leur enjoint au contraire de les déférer à Justice, à peine d'en répondre en leurs personnes & biens, & des dommages & intérêts des parties.

Une autre Déclaration du 17 Décembre 1559, veut que quand aucuns sujets du Royaume auront été condamnés, soit par défaut, ou contumace, ou autrement, à la mort, ou autre grande peine corporelle, ou bannis du Royaume avec confiscation de biens, les autres sujets dudit Royaume, soit leurs parents, ou amis, ou autres, ne les puissent recueillir, recevoir, ni cacher en leurs maisons ; mais qu'ils seront tenus dans le cas où lesdits criminels se retireroient pardevers eux, de les déférer à Justice ; autrement & à défaut de ce faire, elle veut qu'ils soient tenus pour coupables & consentants desdits crimes, dont les autres auroient été accusés, & punis comme leurs complices, de la même peine qu'eux.

195. La Déclaration du 17 Janvier 1561, *art.* 12, défend à toutes personnes de recevoir, ni retirer en leurs maisons aucun accusé poursuivi, ou condamné pour sédition, à peine de mille écus d'amende appliquable aux pauvres ; & où il ne seroit solvable, sur peine du fouet & bannissement

L'Ordonnance de Moulins, *art.* 26, défend à tous les sujets du Royaume, de recevoir, ni recéler aucuns accusés & appellés à ban, pour crime, ou délit, sur peine de semblable punition que mériteroient lesdits accusés.

L'Ordonnance de Blois, *art.* 193, renferme aussi une pareille disposition.

196. L'Ordonnance du mois de Janvier 1629, défend à tous Seigneurs, Gentilshommes, Officiers, & autres, de quelque qualité & condition qu'ils soient, de retirer en leurs maisons, & de donner aucun aide, ni secours aux criminels & coupables, ni d'empêcher les Décrets, Jugements & Arrêts de contumace qui seront rendus contre eux ; sur peine d'être tenus en leur propre & privé nom des amendes & réparations jugées à l'encontre des coupables, & d'en demeurer pour toujours cautions & responsables, tant envers les receveurs des amendes, qu'envers les parties civiles, tout ainsi que s'ils avoient promis représenter lesdits coupables à Justice, & s'en fussent chargés envers les parties civiles ; & en outre, de privation des charges & offices ; dont les Juges royaux ne pourront difpenfer ; à peine de nullité de leurs Jugements.

197. On voit par-là que les Ordonnances qui contiennent des difpo-fitions féparées contre les receleurs de chaque efpece de crimi-nels, fe réuniffent prefque toutes à prononcer contre le receleur la même peine que celle qui doit avoir lieu contre le coupable recélé. L'article 7 de la Déclaration du 18 Décembre 1660, ren-due pour le port d'armes, applique nommément cette difpofition, à tous ceux qui recelent dans leurs châteaux, hôtels, ou maifons, les accufés prévenus de crimes.

La Coutume d'Aujou, *art.* 148, porte, que ceux qui recueil-leront bannis en leurs maifons, ès lieux du banniffement, ou au-trement les fupporteront, doivent être punis. L'article 149, veut qu'à cet effet les noms des bannis foient infcrits en un tableau ès Auditoires & prifons d'Angers, Saumur & Beaugé, à ce qu'aucun y ait recours, quand befoin fera.

198. La punition des receleurs d'hérétiques, eft femblable à celle des hérétiques, fuivant la Déclaration du 29 Juin 1534. Farina-cius dit qu'ils doivent être punis du banniffement perpétuel, & quelquefois de peines moindres, fuivant les circonftances. (Fa-rinacius, *qu.* 182, *n.* 53 & 54.)

Les proches parents qui cachent & recelent en leurs maifons leur parent décrété, ou condamné, ne font pas fi puniffables que les étrangers, fuivant la Loi 2, D. *de receptator.*, L. 13, D. *de offic. præfidis.*) Voyez auffi ce qui a été dit ci-deffus, *n.* 192.)

ARTICLE VIII.

Confidérations néceffaires aux Juges pour bien juger en matiere de Vol.

199 1°. La premiere regle qu'on peut établir en matiere de vol, c'eft que l'on ne commet point un larcin, fans avoir deffein de le faire. (§. 7, Inftit. *de obligation. quæ ex delicto nafcuntur ;* L. 37, D. *de ufurpat.*) *nam maleficia ex propofito delinquentis æfti-mantur ;* (L. 53, D. *de furtis.*)

2°. Une autre regle, c'eft que l'envie feule de commettre un vol, fans être fuivie d'effet, ne rend pas coupable de vol. (Jul. Clarus, §. *furtum,* n. 2, *in fuppl.* ; L. *vulgaris,* §. *qui furti* ; L. 1, §. *fola cogitatio,* D. *de furtis* ; Farinacius, *qu.* 174, *n.* 2 & 3.)

La préparation même au vol n'eft pas punie, à moins qu'elle

ne foit fuivie de quelque acte extérieur. (Farinacius, *ibid.* n. 4
& 5.)

Mais à l'égard des larrons & voleurs de grands chemins, ils
font punis, encore même que le vol n'ait eu fon effet, lorfqu'ils
fe font mis en devoir de le faire ; comme s'ils avoient brifé une
porte, ou une armoire, ou commencé à dépouiller un paffant,
& qu'enfuite ils euffent été empêchés de confommer leur vol. (Farinacius, *ibid.* qu. 174, n. 6.) Quelques-uns cependant prétendent que la peine doit être moindre, quand le vol n'a pas été confommé. (Farinacius, *qu.* 174, *n.* 7.)

200   3°. La principale chofe à laquelle les Juges doivent faire attention dans la punition du vol, eft de confidérer les circonftances
qui l'accompagnent, & qui le rendent plus ou moins grave ; car
fuivant les différentes circonftances, ils doivent impofer une peine
plus au moins févere. Ils doivent auffi examiner fi celui qui eft
convaincu de vol, a déja été repris de Juftice, & s'il eft convaincu de plufieurs vols faits fucceffivement, & autres circonftances
dont il a été parlé ci-devant, *n.* 4 & fuivants ; & fi plufieurs de
ces circonftances font réunies enfemble, alors les Juges doivent
impofer une peine plus févere, afin qu'elle foit proportionnée au
crime.

Mais il faut obferver à l'occafion de ce qui a été dit fur les
vols de conféquence, qui quelquefois font punis de mort, ou
qui du moins par la valeur confidérable des chofes volées, exigent une punition plus févere ; que pour eftimer cette valeur,
on doit la confidérer en elle-même, & non par ce qui en revient à
chacun des voleurs, quand même cette valeur partagée en plufieurs
voleurs, formeroit une fomme modique pour chacun d'eux. (Jul.
Clarus, §. *furtum*, n. 38, *in fupplem.*)

201   4°. La peine ordinaire du vol a lieu non-feulement contre
ceux qui volent pour eux-mêmes, mais auffi contre ceux qui
volent pour le compte des autres. (Farinacius, *qu.* 168, *n.* 21.)

Et il en eft de même de ceux qui voleroient dans le deffein de
faire un bon ufage des chofes volées, comme de les employer à
quelque utilité publique, ou à d'autres bonnes œuvres. (Farinac.
ibid. n. 22.)

5°. Un vol fait dans un bordel, ou autre mauvais lieu, ne rend
pas excufable celui qui le fait ; quand même ce vol feroit commis
par une fille débauchée du nombre de celles qui feroient dans ce

lieu. (Farinacius, *qu.* 168, *n.* 81.) Je crois cependant que ces
fortes de vols doivent être punis d'une peine plus douce que de
la peine ordinaire du vol, & que ceux qui font ainfi volés, doivent s'imputer de s'être trouvés dans ces fortes d'endroits.

Mais fi le vol étoit fait à une fille publique par un étranger,
il doit être puni de la peine ordinaire.

Un vol fait dans un lieu public, où l'on joue fans permiffion,
à l'un de ceux qui fréquentent ces fortes de lieux, ne paroît pas
auffi devoir être puni de la peine ordinaire du vol. (Farinacius,
qu. 168, *n.* 84.)

202. 6°. Celui qui déroberoit à un voleur une chofe que celui-ci
auroit dérobée à un autre perfonne, n'en eft pas moins pour cela
coupable de vol, & peut être pourfuivi criminellement par la
partie publique, quoique le voleur à qui la chofe a été dérobée,
ne foit pas lui-même en droit d'en demander la reftitution. (*Ita*
Farinacius, *qu.* 168, *n.* 94. Voyez La loi 155, *§. fin.*, D. *de regulis juris.*)

7°. Celui qui vole une chofe dont le maître, ou propiétaire eft
inconnu, n'eft pas pour cela innocent du vol, & il doit être puni
également ; car il fuffit pour que cette peine ait lieu, que celui
qui fait le vol, fçache qu'elle appartient à quelqu'un, quoiqu'il
ne connoiffe pas cette perfonne. (Farinacius, *qu.* 168, *n.* 31.)

203. 8°. Quand une perfonne dérobe une chofe qui lui eft due, elle
n'eft pas pour cela exempte de la peine du vol, & elle peut être
pourfuivie criminellement pour raifon de ce larcin ; à moins que
par les circonftances particulieres, il ne parût que le débiteur
n'eût put fe faire rendre Juftice ; ce qui pourroit fervir à diminuer
la peine. (Voyez Farinacius, *qu.* 174, *n.* 20, 21 ; Covarruvias,
libr. 1, *refolut. cap.* 2, *n.* 15, *verfic. quarto eodem ;* & Jul. Clarus,
§. furtum, *n.* 20.)

Il n'eft pas même permis de reprendre fa propre chofe, du
moins par violence. (Voyez ce qui a été dit ci-deffus, *n.* 68.)
Par les Loix Romaines, celui qui reprenoit ainfi fon bien, étoit
privé de la chofe. (*§. Ita tamen* Inftit. *de vi bonorum raptorum.*)

204. A l'égard de celui qui prend une chofe, croyant qu'elle lui appartient, la peine n'eft pas celle du vol, s'il eft prouvé qu'il étoit
dans la bonne foi. (*eod. §. Ita tamen* Inftit. *de vi bonorum raptorum.*)
Et il doit feulement être puni par amende, & par des dommages
& intérêts.)

Mais fi celui à qui une chofe a été volée, reprenoit au voleur ce qui lui a été dérobé, il cefferoit d'être puniffable, & ne pourroit être pourfuivi pour cette action. (L. *qui vas, in princ. & ib. Doctores*, D. *de furtis.*)

9°. Si une perfonne faifoit un vol dans la maifon de fon ami, & qu'après avoir été découvert, il dife qu'il l'a fait en badinant, cette excufe pourroit être admife, ou rejettée, fuivant les circonftances. (Voyez la Glofe fur la Loi *fi non convitii*, Cod. *de injuriis.*)

10°. Celui qui a volé une chofe, & qui la rend enfuite par repentir, ou autrement, n'eft pas moins coupable du vol ; à moins qu'il ne la rende fur-le-champ ; au quel cas il doit être puni d'une peine moindre. (Farinacius, *qu.* 168, *n.* 23--25 ; & *qu.* 124, *n.* 174.)

ARTICLE IX.

Des circonftances qui rendent le Vol excufable.

205. 1°. Si celui qui a volé une chofe, l'a fait du confentement de celui à qui elle appartient, il ceffe d'être coupable de vol ; & pour fçavoir fi ce confentement eft vrai, ou non, il faut confidérer la qualité des perfonnes, & les circonftances du vol ; car il y a des cas où quand même celui qui auroit été volé, déclareroit que cela a été fait de fon confentement, néanmoins cette déclaration n'empêcheroit pas que le voleur ne pût être pourfuivi criminellement à la requête de la partie publique. (Voyez Vinnius fur le §. 7, Inftitut. *de obligat. quæ ex delicto nafc.* Voyez auffi fur cette queftion *omninò* Farinacius, *qu.* 174, *n.* 137-157.)

206. 2°. La néceffité excufe auffi le vol, comme fi quelqu'un étant preffé par la faim dans un temps de famine, dérobe du pain, ou autres nourritures néceffaires & de peu de valeur pour l'appaifer ; (*Ita* Mazuer, au titre *Des peines*, n. 1 ; Conftit. Carol. chap. 166 ; Farinacius, *qu.* 168, *n.* 68--69 ; Jul. Clarus, §. *furtum*, n. 24 ; & Chaffan. *in Confuetud. Burgund.* fol. 187 19 & 188, n. 15.) ce qui eft auffi conforme au divines Ecrit.... (Proverb. *cap.* 6, ℣. 30.)

Il en eft de même de celui, qui preffé par la rigueur du froid, dérobe quelques morceaux de bois pour faire du feu & fe chauffer. (Conftit. Carol. *ibid.* chap. 166.)

Tiraqueau

Tiraqueau fur cette queſtion, titre *De pœnis temperandis*, dit que dans ces cas de néceſſité, la peine doit être diminuée, ſelon les circonſtances; ſur-tout ſi l'on n'avoit pris que des choſes que la nature ſemble avoir laiſſé à l'uſage de tous les hommes.

207.   3°. La modicité & le peu de valeur des choſes volées, excuſe auſſi de la peine ordinaire du vol. (Farinacius, *qu.* 174, *n.* 70 ; Julius Clarus, §. *furtum*, *in ſupplem.*, n. 96. Voyez auſſi ce qui a été dit ci-deſſus, *n.* 11.)

Un Arrêt du 15 Janvier 1605, rapporté par Bouvot, au mot *Larcin*, tom. 2, qu. 6, a déclaré abuſive une procédure criminelle pour un ceriſier rompu, & quelques noix priſes, avec défenſes de faire des procès criminels pour choſes légeres, à peine de tous dépens, dommages & intérêts des parties

Par un autre Arrêt du 16 Juin 1674, rapporté par Boniface, *tom.* 5, *liv.* 3, *tit.* 8, *chap.* 3, une procédure criminelle pour larcin fait d'un chien, a auſſi été déclarée nulle.

208.   Il faut ſeulement excepter de cette regle les vagabonds, Bohémiens, & autres coureurs de cette profeſſion, qui pour ces ſortes de vols, *v. g.* pour vols de poules, doivent être punis comme voleurs. (Farinacius, *qu.* 168, *n.* 30.)

Par le Droit Romain, l'action criminelle n'étoit donnée qu'au larcin de beſtiaux, *gregatim abactis*, (ſuivant les Loix au Digeſte *de abigeis* & *de furtis* ;) ou contre celui qui prenoit un cheval, ou autre animal. (L. 3, D. *de abigeis.*) Un Arrêt du 15 Février 1670, rapporté par Boniface, *tom.* 5, *liv.* 3, *tit.* 1, *chap.* 8, a déclaré légitime une procédure criminelle pour le larcin d'une brebis. L'Auteur obſerve que ce ſentiment eſt celui de Cujas.

A l'égard d'un larcin de fleurs & dégât d'un jardin, il ne paroît pas qu'on puiſſe prendre la voie criminelle pour vol, mais ſeulement comme pour injures, ou ſe pourvoir civilement pour ſes dommages & intérêts. Ainſi jugé au Parlement de Toulouſe par Arrêt du 12 Juin 1634, contre des particuliers qui avoient emporté pendant la nuit, par-deſſus les murailles d'un jardin, cinq cents pieds de tulippes : ils furent condamnés ſimplement en l'amende. L'accuſateur avoit conclu à ce que la procédure extraordinaire fût continuée. (Voyez le ſecond Plaidoyer de Jean Boné.)

209.   4°. La foibleſſe de l'âge excuſe auſſi du vol, comme elle excuſe en général de tous les crimes ; à moins que le coupable ne ſoit

capax doli & proximus pubertatis. (L. 7, Cod. *de pœnis* ; Farinacius, *qu.* 174, *n.* 85 ; Conſtit. Carol. *chap.* 164.)

De même, ſi quelquefois la foibleſſe de l'âge n'empêche pas qu'on ne puniſſe les impuberes pour des vols conſidérables & qualifiés, elle doit ſervir du moins à faire modérer les peines. (L. 34, §. 1, *in fin.* D. *de minor.* ; L. 16, §. *de pœnis.* Voyez auſſi ce qui a été dit ailleurs au titre *Des Sentences & Jugemens*, ci-deſſus, part. 3, *liv.* 2, *tit.* 25, n. 220.)

210. Dans notre uſage, tous les jours on décrete de priſe-de-corps contre des enfants âgés de 11 à 12 ans, pour raiſon du vol dont ils ſont accuſés, & on leur fait leur procès par récolement & confrontation ; mais la condamnation dépend des circonſtances du fait. Ordinairement on les condamne à avoir le fouet ſous la Cuſtode, ou à être renfermés pendant un certain temps dans un Hôpital, ou dans une maiſon religieuſe, ſuivant que l'enfant eſt, ou n'eſt pas, de condition diſtinguée ; quelquefois même on les condamne à être expoſés à une potence, pendus ſous les aiſſelles. On en a vu un exemple en 1727, à l'égard du frere de Cartouche, fameux voleur.

Mais une action de vol contre un enfant de huit à neuf ans, ne ſeroit pas recevable en Juſtice.

Dans le cas où le vol eſt fait par pluſieurs perſonnes attroupées enſemble, il faut toujours arrêter les impuberes, & les retenir en priſon, à cauſe des complices.

ARTICLE X.

De l'action qui naît du Vol ; par qui, contre qui, & dans quel cas elle peut être intentée.

211. 1°. Pour vol, on peut intenter non-ſeulement l'action civile, mais encore l'action criminelle. (L. *ult.* D. *de furtis* ; L. *ult.* D. *de privatis delictis* ; Farinacius, *qu.* 165, *n.* 24--26.)

2°. Cette action appartient à tous ceux qui ont intérêt de l'exercer ; c'eſt-à-dire, non-ſeulement au propriétaire de la choſe volée, mais auſſi à tous ceux qui ont intérêt que la choſe ſoit conſervée comme ſont gardiens, & ceux à qui elle a été prêtée, ou donnée en gage. (§. 13--16, Inſtitut. *de obligat. quæ ex delicto naſcuntur.* Voyez auſſi Farinacius, *queſt.* 165, *n.* 27--28.)

A l'égard du simple dépositaire, il ne paroît pas qu'il puisse intenter cette action. (§. 17, Inftit. *eadem tit.*) Voyez ce qui a été dit ci-deſſus, *n.* 31 *& ſuiv.*)

212. 3°. La partie publique peut auſſi intenter l'action criminelle, même pour vol ſimple, & elle y eſt même obligée, ſuivant l'article 19 du titre 25 de l'Ordonnance de 1670.

4°. L'action du vol peut être intentée, non-ſeulement contre le voleur, mais encore contre ſes héritiers, tant pour la reſtitution de la choſe volée, que pour raiſon des dommages & intérêts provenants du vol. (Farinacius, *qu.* 10, *n.* 56 ; Imbert, en ſon Enchiridion, au mot *Confeſſion des accuſés.* Voyez ce qui a été dit ailleurs au titre *De l'action qui naît des crimes*, ci-deſſus, *part.* 3, *liv.* 1, *tit.* 1, n. 88 & ſuiv.)

5°. Quand il s'agit de vol fait par un enfant à ſon pere, le pere doit ſe pourvoir à fin civile, pour avoir la reſtitution de ce qui lui a été volé, & il ne pourroit en ce cas le pourſuivre criminellement. (§. 12, Inſtit. *de obligat. quæ ex delicto naſcuntur ;* & L. 16 & 17, D. *de furtis.* Ainſi jugé par Arrêt du Parlement de Dijon du 19 Mars 1635. Voyez Taiſand, ſur la Coutume de Bourgogne, *tit.* 1, *art.* 5, *note* 6 ; & ce qui a été dit au titre *De l'action qui naît des crimes*, ci-deſſus, *part.* 3, *liv.* 1, *tit.* 1, n. 76 ; & au titre *Des injures*, ci-deſſus, *part.* 4, *tit.* 24, n. 170.)

213. Néanmoins une telle plainte ſeroit recevable, & l'information faite en conſéquence, pourroit être décrétée de priſe-de-corps, & le procès fait au fils ; il pourroit même alors être condamné à la reſtitution du vol avec dépens, dommages & intérêts. Mais pour faire recevoir cette plainte, le pere doit la rendre non-ſeulement contre ſon fils, mais auſſi contre quelques complices, ſoit contre ceux qu'il penſe l'avoir aidé à faire le vol, ſoit contre ceux chez leſquels ce fils l'a porté, & tâcher de les y impliquer. (Voyez §. 12, Inſtit. *de obligation. quæ ex delicto naſc.*)

Raviot, *queſt.* 250, *n.* 23, *tom.* 2, *pag.* 289, rappore un Arrêt de la Tournelle du Parlement de Dijon du 29 Décembre 1687, par lequel deux enfants qui avoient volé leur pere de nuit, & avec effraction, furent condamnés avec leurs complices à être bannis pour neuf ans hors du Royaume : le procès étoit pourſuivi par le pere & la mere.

214. Un Arrêt du Parlement de Paris du mois de Juillet 1760, condamne le nommé * * Emailleur, & ſa femme, au fouet & au ban-

niffement, pour avoir engagé la fille ∗∗, leur apprentiffe, âgée de dix ans, à voler fa mere.

On ne voit guere dans l'ufage des plaintes rendues par les fils contre leurs peres pour vol ; néanmoins une telle plainte pourroit auffi être admife , fuivant les circonftances.

6°. Les plaintes des domeftiques contre leurs Maîtres pour raifon de vol, font rarement admifes ; néanmoins fi un domeftique forti de chez fon Maître, rendoit plainte contre lui, une telle plainte pourroit, fuivant les circonftances, être admife.

215. 7°. A l'égard du vol fait par une femme à fon mari, il eft inoui qu'un mari accufe fa femme de vol ; parce que l'honneur & la dignité du lien conjugal ne permettent pas que le mari accufe fa femme de larcin, dont la condamnation eft infamante. Si cependant il y avoit des complices impliqués dans une telle plainte, on ne pourroit refufer d'informer & de décréter, tant contre la femme, que contre les complices. (Voyez ce qui a été dit au titre *De l'action qui naît des crimes*, ci-deffus, *part.* 3 , *liv.* 1, *tit.* 1, *n.* 77.)

Bruneau, en fon Traité des Matieres Criminelles , *pag.* 69 , dit qu'un mari peut faire informer contre fa femme, pour enlevement de meubles ; mais que l'information eft toujours convertie en enquête, & qu'elle ne fubfifte que contre fes complices.

Il faut cependant obferver que la partie publique peut pourfuivre criminellement les vols faits par les enfants à leurs peres, ou par les femmes à leurs maris, du moins lorfque le vol eft confidérable & qualifié ; comme fi le vol étoit fait avec effraction, &c. Voyez Farinacius, *qu.* 174, *n.* 112, qui femble être d'avis que le Juge peut dans ce cas informer d'office ; mais voyez ce qui a été dit au titre *De l'action qui naît des crimes*, part. 3, liv. 1, tit. 1, n. 77.

216. 8°. L'action de vol eft folidaire contre tous ceux qui font complices du vol, & ils font tous tenus folidairement à la réparation civile. (L. 1 , Cod. *de conditione furtivâ* ; Farinacius , *qu.* 167, *n.* 94.)

ARTICLE XI.

Des Preuves en matiere de Vol.

§. I.

Des Preuves pour conſtater le corps de délit.

217. Le corps de délit en matiere de vol ſe conſtate, ou par la dépoſition des témoins qui déclarent qu'ils ont été volés ; ou qu'on a volé dans l'endroit tels & tels effets ; ou par d'autres preuves ſemblables.

Mais pour cela, il faut diſtinguer entre les vols dont il reſte des veſtiges, comme dans les vols avec effraction, & ceux qui ne laiſſent après eux aucune trace. Dans le premier cas, il faut néceſſairement que le Juge ſe tranſporte ſur les lieux, & dreſſe procès-verbal de l'effraction, au cas qu'elle ſubſiſte encore ; & ſi cette effraction a été rétablie, de maniere qu'il n'en reſte aucun veſtige, il faudra la conſtater par des témoins qui auront connoiſſance de cette effraction.

218. Lorſqu'il s'agit de vols dont il ne reſte aucuns veſtiges, la plainte, ou la dénonciation de la partie volée ſuffit pour informer ; & même des conjectures ſont pour cela ſuffiſantes, telles que ſont la bonne réputation du plaignant ; la déclaration faite par lui qu'il a été volé ; le bruit public ; la fuite d'un domeſtique ſoupçonné de ce vol, ſur-tout ſi ce valet avoit un mauvais renom, ou avoit été repris de Juſtice ; des échelles attachées à la fenêtre où le vol a été commis ; ſi l'on a entendu du bruit pendant la nuit aux environs de ce lieu ; ſi l'on a trouvé près de la maiſon une partie des effets volés, &c. & autres cas ſemblables. Lorſque ces indices ſont conſtants au procés, le Juge peut informer, pour connoître l'auteur du vol. (Farinacius, *qu.* 176, *n.* 1-15.)

A l'égard de la quantité & de la valeur des choſes volées, on s'en rapporte pour cela au ſerment de la perſonne qui a été volée, du moins lorſqu'il eſt impoſſible de faire cette preuve autrement. Mais quoique ce ſerment ſoit ſuffiſant pour fixer la réparation civile, néanmoins il ne peut ſuffire pour établir la nature de la peine, qui dépend de la gravité du vol. (Farinacius, *qu.* 176, *n.* 19 & suivants, & 73.)

219. Au reste, le Juge dans ces cas doit déférer le serment jusqu'à une certaine somme, qu'il arbitrera auparavant, suivant les circonstances prises de la qualité des personnes, & du lieu où le vol a été commis. (Farinacius, *ibid.* n. 43.) Il faut aussi, pour pouvoir déférer ce serment, que le corps de délit soit pleinement prouvé. (*Ibid.* n. 45.) De plus, cette preuve peut être détruite par une preuve contraire. (Farinacius, *n.* 48.)

Lorsqu'il s'agit d'un vol commis dans les rues, ou sur un grand chemin, on ne peut avoir des preuves, ni des indices de ce vol contre quelqu'un, sans avoir en même temps la preuve du vol ; mais on prouvera, *v. g.* que celui qui a été volé, a été vu peu de temps auparavant sortant de la ville avec une certaine quantité d'argent, & qu'ensuite on l'a vu revenir pleurant & se plaignant d'avoir été volé ; ou bien qu'on l'a vu sortir avec un manteau & une épée, & qu'on l'a vu ensuite revenir sans l'un ni l'autre ; ou bien qu'on l'a vu revenir blessé ; ou qu'on l'a vu lié & attaché à un arbre dans l'endroit où le vol a été commis ; & ainsi des autres indices, suivant la nature du délit. Ces indices prouvés suffiront pour constater en général le corps du délit.

§. I I.

Des indices contre l'accusé en matière de Vol.

220. Les différentes indices qu'il peut y avoir contre un accusé en matière de vol, sont,

1°. Si l'accusé est d'une mauvaise réputation ; *v. g.* si c'est un vagabond & un coureur, & qui soit sujet à se déguiser, pour n'être pas connu ; s'il est lié avec des voleurs, ou autres gens notés ; ou s'il a déjà été repris de Justice. (Farinacius, *qu.* 176, *n.* 50-52, 76 & 94 ; Constitut. Carol. *chap.* 39.)

2°. Si l'on trouve chez lui des outils & instruments propres à voler, comme rossignols, fausses clefs, &c. (Farinacius, *ibid.* n. 84 ; Constitut. Carol. *chap.* 43, §. 1.)

3°. Si on l'a vu roder autour de la maison où le vol a été commis, sur-tout en se cachant, ou pendant un temps suspect. (Farinacius , *qu.* 176 , *n.* 62, 63 ; Conftit. Carol. *chap.* 43, §. 1.)

4°. S'il a été trouvé à l'endroit où le vol a été fait , fur-tout , s'il y a été trouvé avec des inftruments propres à faire ce vol. (Farinacius , *ibid.* n. 68 ; Conftit. Carol. *chap.* 43, §. 1.)

221. 5°. Si on l'a vu fortir de la maifon du volé avec un paquet fur fes épaules , ou ayant quelque chofe fous fon bras , ou fon manteau. (Farinacius , *qu.* 176 , *n.* 64--66.)

6°. Si l'on a trouvé dans l'endroit du vol, le manteau de l'accufé , fon chapeau, fa canne , fon épée , ou quelqu'autre effet à lui appartenant, qu'il y a laiffé. (Farinacius , *ibid.* n. 74.)

7°. Si l'on a diftingué la forme du pied de l'accufé dans le chemin par où il a paffé ; mais cet indice eft léger. (Farinacius , *qu.* 176 , *n.* 77.)

8°. La fuite de l'accufé forme auffi un indice qu'il eft l'auteur du vol ; fur-tout fi c'eft un domeftique qui s'enfuit de la maifon de fon maître, & qui difparoît auffi-tôt après le vol commis. (Farinacius , *ibid.* n. 69 & *fuiv.*)

222. 9°. Si l'accufé , qui auparavant étoit pauvre , eft devenu tout-à-coup à fon aife , & faifant beaucoup de dépenfe qu'il étoit auparavant dans l'impuiffance de faire , fans pouvoir rendre aucune bonne raifon de ce changement. (Farinacius , *qu.* 176 , *n.* 8 ; Conftit. Carol. *chap.* 43, §. 2.)

10°. Si l'accufé pouvant empêcher le vol , ne s'y eft point oppofé , cela forme auffi contre lui un indice de complicité. (Farinacius , *qu.* 176 , *n.* 87.)

11°. Il en eft de même de celui qui tranfige pour raifon du vol, ou qui s'oblige de reftituer la chofe volée ; car c'eft une efpece d'aveu de la part de celui qui tranfige ainfi, qu'il a commis le vol, ou du moins qu'il y a participé. (Farinacius, *qu.* 176 , *n.* 88.)

223. 12°. Mais de tous les indices qu'il peut y avoir contre un accufé , un des plus violents eft lorfqu'il eft trouvé faifi des effets volés , fur-tout peu de temps après le vol commis , fans pouvoir dire d'où il les a eus , ou lorfqu'il en rend un mauvais compte, en difant, *v. g.* qu'il les a achetés d'un paffant, ou d'une perfonne inconnue. (Farinacius , *qu.* 177 , *n.* 1 & *fuiv.* jufqu'au n. 15 ; Conftit. Carol. *cap.* 38 & 43.)

Cet indice même, dans le cas d'un vol qualifié, peut être fuffifant pour la queftion, (Conftit. Carol. *chap.* 38 & 43 ;) fur-tout lorfqu'il eft joint d'ailleurs à quelques autres indices , ou adminicules ; *v. g.* à la mauvaife réputation de l'accufé. (Farinacius *,* *qu.* 177, *n.* 5.)

Cependant cet indice , joint même avec d'autres adminicules, ne peut fuffire pour condamner l'accufé à la peine ordinaire du vol , mais en une peine moindre ; *v. g.* en la peine du banniffement, s'il s'agit d'un vol fimple ; & ainfi des autres à proportion. (Farinacius, *ibid.* n. 15.)

13°. Un autre indice de vol contre un accufé, eft lorfqu'il avoit les clefs de l'endroit où le vol a été fait, & qu'il n'y paroit aucune effraction.

14°. Ou lorfqu'un vol a été fait avec une échelle, & qu'il eft prouvé que cette échelle appartient à l'accufé.

ARTICLE XII.

De la Procédure dans les crimes de Vol,

224. La première regle qu'on doit obferver à cet égard, eft qu'une perfonne à qui il a été fait un vol, peut, pour raifon du même vol , procéder à fins civiles contre celui qui en eft l'auteur, & dans ce cas, la demande doit être donnée devant le Juge ordinaire du domicile du défendeur ; ou agir extraordinairement par plainte & information, auquel cas il faut que l'action fe pourfuive devant le Juge du lieu du délit.

Lorfqu'on procede par voie civile, on peut bien obtenir la reftitution de la chofe volée avec dépens, dommages & intérêts ; mais on ne peut rien obtenir davantage. La partie publique peut feulement intervenir pour rendre plainte , & demander que la procédure criminelle foit continuée.

225. La partie civile même, lorfqu'elle procede par voie de plainte & information , ne peut obtenir que la reftitution de la chofe volée, ou une condamnation à une certaine fomme pour intérêts civils, ou pour réparation civile ; il n'y a que la partie publique qui puiffe conclure à la peine, —

Mais foit que la partie publique conclue , ou ne conclue pas à la peine, la demande faite par la partie civile pour fes dommages & intérêts, & la demande faite par la partie publique pour

la

la punition du crime, se poursuivent par une même instruction, & se jugent par un seul & même jugement.

Au reste, tout vol poursuivi criminellement doit être instruit par la voie extraordinaire. (Arrêt du 12 Août 1715, qui fait défenses au Prévôt de Saint-Cloud de plus admettre l'instruction ordinaire en matiere de vol. Le Juge avoit admis une partie à poursuivre civilement, & à faire preuve par enquête du vol d'une tasse d'argent ; & sur l'appel, le Bailli de l'Archevêché de Paris avoit cassé la procédure faite à ce sujet par le Prévôt de Saint-Cloud. Autre Arrêt du 14 Mai 1717, rapporté au Journal des Audiences, *tom.* 7, qui fait défenses au Lieutenant-Criminel de Paris de rendre aucun jugement diffinitif contre les accusés de vol, que préalablement il n'ait instruit le procès par récolement & confrontation.)

226. On peut aussi, dans notre usage, intenter, pour raison d'un vol, l'action en revendication.

Ainsi, un voleur ayant été pris par la Justice, saisi du vol, soit de tout, ou de partie, celui à qui le vol a été fait, peut saisir entre les mains de la Justice par un exploit de saisie faite au Greffier, les choses qui ont été volées, & qui sont déposées au Greffe ; & ensuite présenter requête à fin de restitution des choses volées.

Il en est de même lorsqu'un particulier a en sa possession la chose volée ; car on peut la saisir entre ses mains, & donner la requête à fin de revendication.

Lorsqu'il y a lieu de soupçonner que les effets volés sont dans la maison de l'accusé, ou même dans une maison tierce, le Juge qui instruit le procès, pour raison du vol, peut permettre de faire perquisition de ces effets dans cette maison, ou plutôt il doit s'y transporter lui-même & en dresser procès-verbal. Mais il ne doit point user de cette voie, ni aller faire perquisition en la maison d'un tiers ; à moins qu'il n'y ait des indices au procès, comme les effets volés sont dans cette maison, afin de ne pas faire préjudice à la réputation de cette personne. (Farinacius, *qu.* 165, *n.* 31.) De plus, on doit observer qu'il n'est jamais permis de faire cette perquisition sans l'autorité du Juge. (Papon en ses Arrêts, *liv.* 23, *tit.* 6, *n.* 3 ; Coutume d'Orléans, *art.* 455.)

Le Juge ne doit pas donner permission de faire cette perquisition par un simple Huissier en présence de la partie. (Arrêt du 13 Juillet 1714, rapporté au Journal des Audiences, *tom.* 7, rendu

contre le Juge de Timerais, qui déclare nulle une pareille permiffion ; & lui enjoint d'être plus circonfpect dans les fonctions
de fa charge.)

227.   Dans notre ufage, on ne peut faire, en général, perquifition
de la chofe volée qu'en la maifon du voleur, & en celle de fes
complices ; & il feroit contre la liberté publique de la faire en
d'autres maifons, quand même le voleur auroit déclaré y avoir
porté les chofes volées ; ainfi on pourroit prendre à partie un Juge
qui auroit fait cette perquifition chez un tiers.

Par Arrêt de Réglement du 9 Juillet 1712, rendu en la Tournelle, il eft défendu aux Commiffaires du Châtelet de Paris d'aller
dans les maifons, fans en être requis, ou fans être porteurs d'une
ordonnance du Juge qui le permette.

Ordinairement on affigne, pour dépofer comme témoin, celui
chez qui le voleur déclare avoir porté la chofe volée : Si cependant il s'agiffoit d'un vol fait chez le Roi, ou dans une Eglife,
on pourroit, dans ce cas, fuivant les circonftances, & après la
déclaration faite par le voleur qu'il a apporté la chofe volée chez
une certaine perfonne, ordonner la perquifition en la maifon de
cette perfonne ; & il en feroit de même pour un vol fait en toute
autre maifon, s'il y avoit preuve, ou commencement de preuve
que la chofe volée a été portée en cet endroit. (Voyez l'article
455 de la Coutume d'Orléans.)

228.   Mais comme cela dépend des circonftances, il n'eft guere poffible de donner là-deffus aucune regle certaine ; c'eft aux Juges
à arbitrer par leur prudence s'ils doivent, ou ne doivent pas permettre cette perquifition. (Voyez ce qui a été dit à ce fujet
au titre *Des Procès-verbaux de tranfports de Juges*, &c. ci-deffus
part. 3, liv. 2, tit. 5, n. 12.)

Les Juges, en condamnant le voleur à la peine du vol, doivent
toujours ordonner la reftitution des chofes volées, aux perfonnes
à qui elles appartiennent, fuivant les preuves portées au procès.
(*Ita* Chaffanée fur la Coutume de Bourgogne, *rub.* 1, §. 5, *n.* 2,
pag. 163 ; Imbert, *liv.* 3, *chap.* 1, *n.* 10.) Mais il eft mieux,
que les parties à qui ces effets appartiennent, préfentent requête
aux Juges à cet effet. Cette reftitution fe prononce ordinairement par le même Jugement qui condamne les accufés.

Si celui à qui les effets ont été volés, avoit négligé de former cette demandé avant le jugement diffinitif des accusés, il pourroit le faire, après le jugement, par une requête présentée au Juge, sur laquelle il ne peut se dispenser de faire droit.

TITRE LVIII.

De l'Usure.

§. I.

1. **L**'USURE est un gain, ou profit illicite qu'on tire de l'argent, en vertu d'une convention précédente.

Elle se commet directement dans le prêt d'argent, ou indirectement dans les autres contrats, sous quelque dénomination que ce soit, toutes les fois qu'on se procure un gain illégitime. (a)

Il n'est pas même nécessaire, pour qu'il y ait usure, que le profit qu'on retire soit en argent. Ainsi, celui qui prête de l'argent à un autre, à condition que l'emprunteur lui vendra, ou louera une chose à meilleur marché qu'elle ne vaut, commet une espece d'usure.

Il y a une usure, appellée *compensatoire*, qui est permise par les Loix; parce qu'elle ne s'exige pas par le créancier en vertu d'une convention, mais parce qu'elle lui est adjugée par les Loix, ou d'office par le Juge, par forme de récompense, & pour le dédommager de la perte qu'il souffre, quand le débiteur est en demeure de payer. On appelle aussi cette espece d'usure, *intérêt légitime*.

2. Ainsi, il ne faut pas confondre l'usure avec l'intérêt. L'usure véritable & proprement dite, est celle qui s'exige par le créancier, en vertu d'une convention qu'il a faite avec le débiteur, en lui prêtant son argent, ou en faisant avec lui quelqu'autre contrat; & c'est pour cela qu'on appelle cette usure, *usure conventionnelle*.

(a) Voyez *omnino* sur cette matiere le Traité des Contrats de Bienfaisances de M. Pothier, Conseiller au Présidial d'Orléans, imprimé à Paris en 1766 en 2 tomes in-12, au titre *De l'Usure*, tom. 1, part. 2, pag. 170.

Ll ij

Mais à l'égard de l'intérêt, ou de l'ufure compenfatoire, c'eft la récompenfe du dommage que l'on a fouffert, ou du profit qu'on a manqué de faire par le retardement du débiteur ; ce qu'on appelle ordinairement, *damnum emergens*, & *lucrum ceffans*.

. Ainfi, quand le Juge condamne le débiteur d'une fomme, au paiement des intérêts, à compter du jour de la demande du créancier, ces intérêts font légitimes ; parce que c'eft un dédommagement du tort que fouffre ce créancier, par le retard du paiement de la fomme qui lui eft due.

§. II.

Cas d'intérêts conventionnels légitimes.

3. Il y a plufieurs cas où il eft permis de ftipuler des intérêts, en vertu d'une convention ; ces cas font ,

1°. Lorfqu'il y a *damnum emergens*, *aut lucrum ceffans* de la part de celui qui prête ; dans ce cas , il lui eft permis, du moins dans le for intérieur, de prêter à intérêt. Tel eft le cas d'un Marchand, qui étant prêt de faire un voyage pour acheter des marchandifes fur lefquelles il doit vraifemblablement faire un profit confidérable, eft prié par un de fes amis de lui prêter de l'argent qu'il devoit employer à l'achat de ces marchandifes ; alors comme ce Marchand eft privé d'un profit qu'il devoit retirer, il femble qu'il peut ftipuler un intérêt pour le prêt qu'il fait à fon ami ; fur-tout s'il ne fait ce prêt que pour obliger cet ami, & qu'il aimât mieux, fans cela, placer fon argent à l'achat des marchandifes en queftion.

De même, un Banquier qui eft obligé d'emprunter à intérêt, en vertu d'un ordre qu'il a reçu de fon correfpondant, eft en droit de répéter de ce correfpondant les intérêts qu'il a payés pour lui ; quand même l'emprunt auroit été fait au nom de ce Banquier ; parce que ce dernier ne reçoit cette fomme, que par forme de dédommagement des intérêts qu'il a été obligé de payer pour rendre fervice à fon correfpondant.

4. 2°. Lorfque celui à qui on a prêté une fomme d'argent, offre de lui-même, & volontairement un intérêt, ou autre récompenfe, à celui qui lui a fait ce prêt, ce dernier peut légitimement recevoir cet argent ; & il eft évident qu'en cela il n'y a aucune ufure.

3°. L'intérêt qui fe perçoit dans les Monts-de-piété qui font établis en plusieurs villes, sur-tout en Italie, pour la subsistance des pauvres, est aussi un intérêt légitime. Il y en a plusieurs Constitutions des Papes. (Chassanée *in Consuet. Burgund.* rubr. IV, §. 32, n. 38. Voyez à ce sujet l'Ordonnance de Louis XIII, du mois de Février 1626, *art.* 30, dans Joly, *pag.* 1946.)

4°. Lorsque les sujets d'un Souverain, ou d'une République, sont contraints de lui prêter de l'argent, il leur est permis d'en percevoir l'intérêt, quand même la somme principale leur seroit remboursée après un certain temps ; ce qui est fondé sur ce qu'alors il n'y a aucune convention, & que le prêt est fait en vertu d'une contrainte. (Chassanée, *ibid.* n. 27, 28.)

5. 5°. Les Marchands fréquentants les foires de Lyon, peuvent aussi faire des promesses avec stipulation d'intérêts, pourvu que ce soit pour cause de marchandises. (Edit du mois de Juillet 1601 ; autre du mois de Décembre 1665 ;) ce qui est conforme à un ancien Edit du 6 Août 1349, *art.* 19, qui le permet pour les foires de Champagne & de Brie, auxquelles celles de Lyon ont succédé.

6. 6°. Il est aussi permis de recevoir l'intérêt d'une somme d'argent prêtée, lorsque cette somme est aliénée, pourvu que les trois conditions suivantes concourent; la premiere, que le principal ne soit point exigible ; la seconde, que le débiteur ait toujours la faculté de racheter ; & la troisieme, que l'intérêt n'excede pas le taux, ou fur du Prince.

Ce taux est aujourd'hui de cinq pour cent par chacune année, par l'Edit du mois de Février 1770, qui fixe le fur des rentes au denier vingt. Anciennement ce fur étoit fixé à 4 s. pour livre, ou 20 sols pour cent par chaque année, suivant l'Ordonnance de saint Louis de l'année 1254. Depuis, ces intérêts furent réduits à 15 pour cent par l'Ordonnance du mois de Juillet 1312 : ensuite au denier 10 jusqu'en 1567 : puis, au denier 16 par l'Edit du mois de Juillet 1601 : au denier 18, par l'Edit du mois de Mars 1634: au denier 20, par l'Edit du mois de Décembre 1665 : au denier 25, par l'Edit du mois de Juin 1766 ; & enfin remis au denier vingt par l'Edit du mois de Février 1770.

7. Il y a une chose importante à observer au sujet de ces sortes de constitutions de rentes ; c'est que si le prêteur avoit exigé des gages de l'emprunteur, & qu'il eût été stipulé entr'eux que ces

gages demeureroient entre les mains du créancier jusqu'au rachat de la rente, le débiteur pourroit faire annuller cette clause, & retirer ses meubles, en donnant caution; parce qu'il ne seroit pas juste qu'il payât des intérêts, & qu'il fût privé de l'usage de ses meubles.

7°. On peut encore, en plusieurs cas, stipuler l'intérêt par une transaction sans aucune demande judiciaire, l'intérêt faisant alors partie de la convention.

8°. Il faut, pour qu'un contrat de constitution soit valable, que la valeur en ait été payée en deniers comptants; à peine de nullité, suivant un Edit de Henri II. (Voyez Carondas en ses Réponses, *liv.* 10, *chap.* 21, où il rapporte plusieurs Arrêts qui l'ont ainsi jugé.)

8. 9°. Enfin, on doit observer qu'il n'est pas permis de stipuler des intérêts d'intérêts, ni aux Juges de condamner en Justice à les payer, même dans le cas où l'intérêt est légitime. (Leprêtre, *ventur.* 2, *chap.* 26; Louet, *lettre* R, *chap.* 55; Bouvot, *tom.* 1, *part.* 3, au mot *Intérêts*, qu. 2; Ordonnance du Commerce du mois de Mars 1673, *tit.* 6, *art.* 23;) si ce n'est à l'égard des tuteurs lorsqu'ils négligent de placer les sommes d'argent appartenantes à leurs mineurs, quoique provenantes d'intérêts.

Mais lorsqu'il est dû des arrérages des rentes foncieres seigneuriales, loyers de fermes, ou de maisons, arrérages de douaires, ou de rentes créées pour aliments, ces arrérages peuvent être légitimement placés en rentes constituées, ou produire des intérêts, après une demande en Justice suivie de condamnation. (Ainsi jugé par Arrêt du Parlement de Rouen du 17 Mars 1645, rapporté par Basnage sur la Coutume de Normandie, *art.* 530. Voyez Lacombe en son Recueil de Jurisprudence civile, au mot *Intérêts*, n. 6, édition de 1753.)

9. 10°. On ne peut, pour argent, stipuler une rente en grains; & les rentes constituées en bled, ou autres grains pour argent, de quelque temps & à quelque prix que ce soit, peuvent toujours se réduire à prix d'argent, à raison du denier courant. (Edit de Charles IX du 19 Novembre 1565;) ce qui a été depuis jugé par un grand nombre d'Arrêts. (Voyez Papon, *liv.* 12, *tit.* 7, *n.* 21, 22; & Bouchel en sa Bibliotheque, au mot *Rente*, &c.)

11°. On peut constituer une rente pour le prix de marchandises; pourvu que cela se fasse de bonne foi & sans fraude, & par défaut de paiement du prix de la marchandife; de la même maniere que fi la demande eft formée en Juftice pour être payé du prix de cette marchandife, les intérêts en font dûs du jour de la demande. (*Ita* Carondas en fes Réponfes, *liv.* 11, *rép.* 25; Dolive, *liv.* 4, *chap.* 20; Papon en fes Arrêts, *liv.* 12, *tit.* 7, *n.* 8, aux notes. Voyez auffi Louet, *lettre* I, *chap.* 8, *n.* 2; Leprêtre, *cent.* 4, *chap.* 11; Mornac, L. 25, Cod. *de ufuris*; & Bouvot, *tom.* 1, au mot *Ufures*, qu. 2.)

§. III.

Des cas d'Ufure illicite.

10. 1°. Le premier cas, & le plus ordinaire d'ufure illicite, eft lorfqu'on prête de l'argent pour un certain temps, & que l'emprunteur s'oblige de payer un intérêt proportionné au temps pour lequel on le lui prête; ou lorfqu'on prête à quelqu'un une fomme moindre que celle portée par fa reconnoiffance, ou fon billet, & cela à raifon du temps que l'emprunteur jouit de cette fomme, en joignant l'intérêt au principal. Ces fortes de promeffes, ou billets font ufuraires, & font défendus, même entre Marchands, quand même ce feroit fous prétexte de commerce; à peine contre ceux qui les font paffer à leur profit, d'être pourfuivis comme ufuriers. (Ordonnance de Blois, *art.* 202; Ordonnance du Commerce de 1673, *tit.* 6, *art.* 1.)

11. Il n'eft pas même permis à un tuteur de ftipuler des intérêts par obligation, pour deniers pupillaires, fans aliénation du principal. (Ainfi jugé par Arrêt de la Cour du 7 Mai 1714, rendu en forme de Réglement, fur les conclufions de M. Chauvelin, Avocat-Général. Autre Arrêt de la Cour du 7 Septembre 1726, qui fait défenfes aux Officiers de la Prévôté d'Orléans de faire aucuns baux à intérêt, où la faculté de rachat foit interdite aux adjudicataires pendant le temps que les baux auront cours, où le rembourfement ftipulé exigible foit à l'expiration de ces baux, ou autrement.)

Si dans le prêt à intérêt, on ftipule un intérêt plus fort que celui porté par l'Ordonnance, alors l'ufure devient plus confidérable, & mérite par conféquent une plus grande peine.

C'eft une efpece d'ufure lorfqu'on prête de l'argent à un particulier, à condition que pendant ce temps-là il vous prêtera, ou donnera des meubles en gage, dont le prêteur pourra se servir pendant tout ce temps-là.

12. Mais lorsqu'on prête de l'argent, à condition que l'emprunteur rendra tel service au prêteur, ce n'est point proprement une usure; & cette convention est licite. (*Ita* Chassanée *in Consuet. Burgund.* rub. IV, §. 23, n, 38, 31.)

Il n'est pas permis, en prêtant, de stipuler, faute de paiement, une peine qui réponde aux intérêts; parce que ce seroit éluder la Loi par des voies indirectes. Néanmoins quand cette peine n'a point été stipulée par aucune convention, mais par legs, ou donation; (comme si le testateur, ou donateur avoit chargé par son testament, ou par la donation, son légataire, ou donataire de payer une pension, & que le testateur, ou donateur eût voulu que, faute de paiement dans les termes par lui ordonnés & prescrits, le légataire, ou donataire payeroit une certaine somme,) les Arrêts ont approuvé cette peine; parce que chacun est maître d'apposer à sa libéralité telle condition qu'il lui plaît.

13. 2°. Le second cas d'usure illicite, est lorsqu'on vend une chose pour une certaine somme, pour laquelle l'acheteur subit son billet, à condition que cet acheteur la revendra, au bout d'un certain temps, au vendeur pour une somme moindre; *v. g.* si Pierre vend comptant un cheval à Paul pour une somme de cent écus, à condition que Paul le lui revendra au bout d'un mois pour la somme de quatre-vingt-dix écus seulement. C'est ce qu'on appelle *prêt à perte de finance*, qui a lieu toutes les fois qu'on vend à crédit une marchandise à beaucoup plus haut prix qu'elle ne vaut, & que par une personne interposée, on la fait racheter à deniers comptants, le tiers, ou le quart moins; ce qui le plus souvent se fait au profit du premier vendeur. Ce gain est des plus illégitimes; & a toujours été regardé comme une usure très condamnable,

3°. La troisieme espece d'usure, a lieu lorsqu'on prête une somme d'argent à quelqu'un sous sa promesse, à condition de la lui rendre dans un certain temps; & qu'au lieu de lui payer la somme en entier, on ne lui en paie qu'une partie, & que pour le surplus, on lui donne des marchandises estimées au-dessus de leur valeur, ou des billets dont il est difficile de se procurer le paiement.

14. 4°. Une autre espece d'usure, c'est lorsqu'on prête du bled, du vin

vin , de l'huile , & autres chofes femblables, qui fe confomment par l'ufage, fous la condition de recevoir, après un certain temps, plus qu'on ne prête.

En général, l'ufure fe commet dans l'échange, & dans la vente des blés & grains, quand on convertit le prix de l'argent en obligation pour vente de grains; ou en prêtant du bled pour un certain temps, & en le vendant, à caufe de cela, beaucoup plus cher que fon prix; ou en s'en confervant le retour & paiement en efpeces de mêmes grains, dans un temps, où ils peuvent valoir davantage; ou en achetant du bled en verd à vil prix; ce qui eft défendu par les Ordonnances; ou en fe réfervant de prendre les grains dans un temps plus éloigné que celui où on les achete ; ou enfin en tirant du profit du prêt du bled; fur-tout quand ces manœuvres fe pratiquent à l'égard des Laboureurs, ou autres pauvres gens de la campagne.

15. 5°. Une autre efpece d'ufure encore très condamnable, c'eft lorfqu'on achete, ou prend à gage une chofe pour un prix qui eft au-deffous de fa valeur, fous la condition de pouvoir la retirer après un certain temps, en y ajoutant la claufe, que fi l'emprunteur, ou le vendeur ne la retire pas pendant ce temps, elle appartiendra en entier au vendeur, ou prêteur.

C'eft pour empêcher cette efpece d'ufure, que les Ordonnances défendent de faire aucun prêt fur gages; à moins qu'il n'y en ait un acte par Notaire, qui contiendra & la fomme prêtée, & les gages délivrés; à peine de reftitution des gages, à quoi le prêteur pourra être contraint par corps, & fans qu'il puiffe prétendre aucun privilege fur ces mêmes gages. (Ordonnance du Commerce de 1673, *tit. 6 , art. 8.*)

16. Mais lorfqu'on a prêté de bonne foi par billet, ou par obligation, ou même verbalement, une fomme fans aucun intérêt, & que pour fureté de la dette, on a pris du débiteur des gages qui ne rapportent aucun fruit; qu'on n'a point ftipulé qu'après un certain temps ces gages demeureront & appartiendront au créancier, faute de paiement; & que ces gages ne font pas d'une valeur beaucoup au-deffus de la fomme prêtée, il ne paroît pas qu'il y ait rien d'illicite dans cette convention; en obfervant cependant que fi après le temps prefcrit, ou après un temps confidérable foumis à l'arbitrage du Juge, (au cas qu'il n'y ait point de temps prefcrit pour rendre l'argent prêté,) ce créancier eft obligé de

Tome IV. M m

vendre le gage pour être payé de sa dette, il tiendra compte du surplus du prix de la vente à son débiteur.

17.   6°. C'est encore une usure de vendre une chose à terme, à condition que si elle vient augmenter de valeur, l'acheteur tiendra compte au vendeur de cette augmentation de prix, sans être tenu en aucune maniere de la diminution, dans le cas où le prix de cette chose viendroit à diminuer.

7°. C'est une grande question de sçavoir s'il est permis de vendre à terme une marchandise plus cher qu'au comptant, en n'augmentant du moins la valeur qu'à proportion du temps pour lequel le paiement est différé; & si cette convention n'est point usuraire. Chassanée sur la Coutume de Bourgogne, *rubr.* 4, §. 23, *n.* 46, prétend que ce n'est point une usure; & c'est aussi le sentiment de M. Nicole en son Traité, *si c'est usure que de vendre plus cher à crédit*, au sixieme tome de ses Essais de morale. On peut aussi voir sur cette question Covarruvias, *Variar. resolut.* lib. 2, cap. 3, n. 9; & Scaccia *de Commercio*, §. 1, *qu.* 7, *part.* 1, *n.* 4.

18.   8°. C'est une espece d'usure de vendre une chose beaucoup plus cher qu'elle ne vaut; sur-tout si l'acheteur est dans l'obligation d'acheter cette chose, & qu'il n'en paie pas la valeur comptant, ou lorsqu'on abuse de sa bonne foi. Cette espece d'usure est un vrai monopole. (Voyez ce qui a été dit à ce sujet au titre *Des Monopoles*, ci-dessus, *part.* 4, *tit.* 36.)

9°. Souvent on déguise les prêts à usure sous le nom de contrats de vente d'héritage, avec faculté de réméré; ou bien en abandonnant au prêteur la jouissance des fruits d'un héritage pendant un certain nombre d'années, après lequel temps il est stipulé que la dette sera exigible; c'est ce qu'on appelle *Antichrese.* La fraude est assez difficile à découvrir dans ces sortes de contrats; mais elle se distingue par les circonstances; *v. g.* si le revenu de l'héritage excede l'intérêt de la somme donnée, pour laquelle l'héritage a été aliéné sous cette faculté de réméré, ou s'il excede le prix des fruits vendus pour un certain nombre d'années.

19.   La Jurisprudence a fort varié sur ces sortes de contrats de vente de fruits, qu'on appelle *Contrats pignoratifs.* Quelquefois on les convertit en contrats de constitution, en obligeant le créancier de rendre compte des fruits par lui perçus, dont on lui laisse la jouissance jusqu'à concurrence des arrérages que le principal peut produire, suivant l'Ordonnance.

La préfomption d'ufure dans ces fortes de contrats, eft encore beaucoup plus-forte, lorfqu'il y a rélocation de la part du vendeur ; c'eft-à-dire, lorfque l'acheteur fait bail de fruits au vendeur, jufqu'au temps du réméré ; fur-tout fi le prix des fruits qui doivent fe payer au vendeur, eft plus confidérable que l'intérêt de l'argent. (Ainfi jugé par Arrêt dn 14 Juillet 1573 , rapporté par Chopin, en fon Traité *De privilegiis rufticorum*, part. 1 , tit. 6.)

10°. A l'égard des contrats de chetel de beftiaux, pour fçavoir s'ils font toujours légitimes, & dans quel cas ils peuvent être ufuraires, Voyez *ominò* Chaffanée, *in Confuetud. Burgund. rub.* 4, §. 23 , *n.* 54 *& feqq.* ; Coquille, fur l'article 15 du titre 21 de la Coutume de Nevers ; & M. Pothier, en fon Traité des Chetels, *fect.* 1 , *art.* 2.)

11°. Il y a encore plufieurs autres efpeces d'ufures qu'on peut voir dans les Auteurs qui ont traité de cette matiere.

§. IV.

Peines de l'Ufure.

20. L'ufure a toujours été regardée comme un crime très grave, & défendu également par les Loix divines & humaines : car l'équité naturelle ne permet pas qu'on s'enrichiffe aux dépens d'autrui ; ce qui arrive le plus fouvent dans l'ufure. (*Ita* Jul. Clarus, §. *ufura*, n. 3 & 6 ; & Covarruvias, *variar. refolut.* lib. 3 , cap. 1 , n. 5.)

L'ufure eft clairement défendue par les Loix divines. (Exode, *chap.* 22. ℣. 25 ; Lévitique, *chap.* 25 , *n.* 36 ; Deutéronome, *chap.* 23 , *n.* 19 & 20 ; Pfalm. 14 , ℣. 5 ; Ezéchiel, *chap.* 18, ℣. 8 ; Luc. *chap.* 6 , ℣. 35.) Et elle a toujours été en horreur chez la plus grande partie des Nations de la terre. (Voyez Denys d'Halicarnaffe , *lib.* 5, *antiq. rom.* ; Aulugelle, *lib.* 16, *cap.* 12, *noct. attic.* ; Tit. Liv. *lib.* 2 *decad.* 4 ; Seneque, *liv.* 7, *de beneficiis*, *cap.* 10 ; Sigonius, *de antiquit. jur. rom.* lib. 2 , chap. 11 ; Cornel. Tacit. *liv.* 6 , de fes Annales, *chap.* 4 ; Jules-Céfar, *liv.* 3, *de bello civili* ; & Ariftote , *liv.* 1 , Politic., *chap.* 1.)

21. C'eft pourquoi dans tous les temps les Rois & Princes Chrétiens ont réprouvé l'ufure & l'ont défendue dans leurs Etats, fous des peines très-féveres. En effet, c'eft une efpece de larcin, par

le moyen duquel on exige du prochain ce qu'il ne doit pas légitimement.

Par l'ancien Droit Romain, il étoit permis de ftipuler l'intérêt de fon argent, en le prêtant à raifon de douze pour cent par an ; mais quand le créancier ftipuloit des intérêts plus forts que ce dernier, l'excédant lui étoit retranché ; & fi cet intérêt excédant avoit été payé, il étoit imputé fur le principal. De plus, celui que exigeoit un intérêt plus fort que de douze pour cent par an, étoit infame, fuivant la Loi 20, *improbum*, au Code *ex quibus caufis infamia irrogatur.*

22. Juftinien, par la Loi 26, au Code *de ufuris*, fixe ces intérêts à huit pour cent pour les Négociants ; à quatre pour cent pour les perfonnes illuftres ; & à fix pour cent pour toutes les autres perfonnes.

Mais depuis, par la difpofition du Droit Canonique, toute forte d'ufure a abfolument été défendue, & les Ordonnances de nos Rois ont fuivi la difpofition des Canons.

L'Ordonnance du mois de Juillet 1312, défend les ufures à toutes fortes de perfonnes indiftinctement.

Sous Charles IV, le procès ayant été fait à Gerard-de-la-Guette, on fit enfuite une recherche exacte des ufuriers, & on les renvoya en leur pays, (c'étoient des Lombards & des Italiens,) auffi gueux qu'ils étoient venus. Mézerai dit que c'eft la plus grande punition qu'on puiffe faire à ces coquins-là.

23. L'article 141 de l'Ordonnance d'Orléans, défend à tous Marchands, & autres, de quelque qualité qu'ils foient, de faire aucun prêt de marchandife à perte de finance, à peine contre ceux qui en uferont en quelque forte que ce foit, de punition corporelle, & de confifcation de biens, fans que les Juges puiffent modérer la peine.

Un Arrêt de Réglement du 1 Août 1665, défend à tous Marchands & autres, de prêter à ufure, directement, ou indirectement ; à peine de confifcation de corps & de biens.

L'Ordonnance de Blois, *art.* 202, fait défenfes d'exercer aucune ufure & prêt à perte de finance, ou de prêter deniers à intérêts, par foi, ou par autres, encore que ce fût fous prétexte de commerce ; à peine pour la première fois d'amende-honorable, banniffement & condamnation de groffe amende ; & en cas de récidive, à peine de confifcation de corps & biens. Elle établit la même peine contre les courtiers & entremetteurs de ces fortes de trafics ; à moins qu'ils ne viniffent d'eux-mêmes à révélation.

24. Suivant la Jurifprudence actuelle du Royaume, la peine de l'ufure eft arbitraire, & dépend des circonftances. Lorfqu'on ftipule l'intérêt d'un argent prêté en vertu d'une promeffe, ou obligation, fi l'intérêt eft au fur, ou denier fixé par l'Ordonnance, on fe contente de déclarer cette ftipulation nulle & ufuraire ; & fi en vertu de cette promeffe, les intérêts avoient été payés, ils feroient imputés fur le principal. Lorfque l'ufure eft peu confidérable, on ne prononce qu'une amende, admonition, ou aumône, & quelquefois le blâme : mais fi ces intérêts étoient exceffifs, & que celui qui les auroit exigés, eût coutume de prêter à ufure, ou qu'il y eût de ces gains illicites qui fe pratiquent, par le moyen du prêt à perte de finance, ou autre contrat femblable, alors les coupables doivent être punis comme ufuriers, fuivant la rigueur des Ordonnances ; c'eft-à-dire, de l'amende-honorable & du banniffement, & de groffes amendes, & quelquefois des galeres ; & en cas de récidive, de la peine de confifcation de corps & de biens.

25. Par ces mots de *confifcation de corps & biens*, il faut entendre le banniffement à perpétuité hors du Royaume, ou les galeres perpétuelles. (Voyez ce qui a été dit à ce fujet, au titre *Des peines*, ci-deffus, *part. 1, tit. 3, n. 31.*)

Les Clercs, ou Eccléfiaftiques ufuriers, font fujets comme les autres aux peines de l'ufure, outre les peines canoniques prononcées contre eux. (Voyez Covarruvias, *variar. refolut.* lib. 3, cap. 3, n. 3 & feqq. ; & Farinacius, *in fragmentis criminalibus*, littera C, n. 113-126.)

Les Juifs ufuriers peuvent être pourfuivis pour crime d'ufure, comme les autres fujets du Roi. L'Ordonnance de faint Louis de l'année 1254, leur défend expreffément d'exercer aucunes ufures : *Ita etiam* Farinacius, *in fragmentis criminalibus*, *littera* I, n. 667 & feqq.

26. Les complices & entremetteurs des contrats ufuraires, doivent auffi être punis comme les ufuriers, plus ou moins féverement, fuivant la qualité de l'ufure.

Un Arrêt de la Cour du 15 Mars 1672, condamne un particulier qui avoit exercé notoirement l'ufure, à faire amende-honorable, & à être banni pour cinq ans de la Prévôté & Vicomté de Paris, & en douze cents livres d'amende. Le même Arrêt décharge les débiteurs de la moitié du contenu aux obligations qu'ils avoient paffées à fon profit, & des intérêts de cette moitié.

Par un autre Arrêt du Parlement de Paris du 2 Juin 1699, rapporté au Journal des Audiences, Magdeleine Tarrigeon, ufuriere publique, a été condamnée à faire amende-honorable en la Grand'Chambre, au banniffement pour cinq ans du reffort de la Prévôté de Paris, & à rendre par corps le prix des effets, nippes, meubles & hardes réclamés par plufieurs particuliers qui les avoient mis en gage chez elle, fous de gros intérêts ufuraires; pourquoi il eft dit que ces particuliers feront crus à leur affirmation quant à la qualité des effets, fous la déduction néanmoins des fommes à eux prêtées fur lefdits gages.

27. Autre Arrêt du Parlement du 10 Janvier 1736, rapporté au Code Louis XV, qui condamne François Chevaucheur, ufurier public, en l'amende-honorable au Parc civil, ayant écriteaux, & au banniffement pour neuf ans.

Autre Arrêt du Parlement du 29 Juillet 1745, qui condamne Paul Colomb, Marchand-Mercier, en neuf ans de banniffement, & en cent livres d'amende, pour ufure; & qui ordonne l'exécution des Ordonnances, Arrêts & Réglements touchant ce crime, & notamment de l'Arrêt du 20 Mars 1624; ce faifant, fait défenfes à toutes perfonnes, de quelque état, qualité & condition qu'elles foient, de prêter argent aux enfants de famille, étant fous la puiffance de pere, ou de mere, tuteur ou curateur, fans l'avis & participation defdits peres, meres, tuteurs, ou curateurs; & à tous Marchands, de leur prêter directement, ou indirectement, marchandifes à perte de finance, bagues, bijoux, ou joyaux, fous promeffe en blanc, par contrat fimulé, ou autrement, à peine de nullité de leurs prêts ou promeffes, & confifcation de leurs marchandifes, & de punition corporelle.

Autre Arrêt du 28 Juillet 1752, qui condamne Abraham Lequint, convaincu du crime d'ufure, à faire amende-honorable au Parc civil, ayant écriteaux devant & derriere portant ces mots, *Ufurier public*, la corde au col, &c. & au banniffement pour neuf ans.

Observations sur l'Usure.

28. Les Juges, en prononçant des condamnations pour le crime d'usure, doivent se conformer à la disposition de l'Ordonnance de 1415, qui porte, que les Juges en condamnant un usurier, auront égard, 1°. à sa richesse; 2°. s'il y a long-temps qu'il fait le métier d'usurier; 3°. s'il a prêté à grosses usures.

Il y a des circonstances qui peuvent contribuer à faire diminuer la peine de ce crime ; *v. g.* si l'usure n'a point été consommée, ou si celui qui a fait ce trafic autrefois, a changé de conduite, & a renoncé à ce métier. (Voyez Julius-Clarus, *§. usura, in additionibus Baiardi, n. 32.*)

29. Un honnête homme peut tomber dans le cas d'usure, & n'être pas pour cela usurier. (Ainsi jugé par Arrêt du Parlement de Dijon du 23 Août 1729. Cet Arrêt en déclarant un contrat usuraire, condamne le débiteur qui avoit reproché au créancier qu'il étoit usurier, à lui faire réparation d'honneur.)

Au reste, il faut observer que les peines établies contre les usuriers, ne regardent que ceux qui vendent, ou prêtent à usure, & nullement ceux qui empruntent à usure. (Voyez Boerius, *décis.* 48, *n.* 5.)

Les Ordonnances enjoignent aux Juges de procéder avec soin à la recherche des usuriers, & de punir tous ceux qui se trouveront coupables de ce crime : il y a de temps en temps des commissions établies à cette fin. (Voyez les Ordonnances de 1402 & de 1415 ; l'Ordonnance du mois de Juin 1510, *art.* 64 ; la Déclaration du 20 Janvier 1567 ; & les Lettres-patentes du 12 Avril 1596.)

30. Les mêmes Ordonnances enjoignent à tous ceux qui auront pris des deniers à grosses usures, & au-dessus du taux de l'Ordonnance, de venir à révélation, ainsi qu'aux personnes qui auroient employé leur médiation pour ces sortes de contrats ; & en général à tous ceux qui en auroient connoissance, même aux Notaires, Commissaires, Enquêteurs, Huissiers, &c. (Voyez aussi l'Arrêt de Réglement du 17 Décembre 1597.) Ces mêmes Ordonnances portent que les dénonciateurs auront le tiers, & d'autres le quart de l'amende. (Ordonnance du mois de Juin 1510,

art. 66 ; Ordonnance de 1535, *chap.* 19 , *art.* 12 ; Déclaration du 6 Octobre 1576 ; Ordonnance de Blois, *art.* 202.)

Enfin, il eft défendu aux Notaires de recevoir aucuns contrats ufuraires, à peine de privation de leur état, & d'amende arbitraire. (Ordonnance de 1510, *art.* 65 ; Ordonnance de 1539 , *chap.* 19 , *art.* 12.)

31. Pour prévenir & empêcher les ufures, les Ordonnances défendent de comprendre dans les billets , l'intérêt avec le principal. L'article 5 du titre 6 de l'Ordonnance du Commerce du mois de Mars 1673 , en a une difpofition expreffe à l'égard des Négociants , Marchands, & autres, dans les lettres , ou billets de change, & autres actes qu'ils font.

L'article 2 du même titre , porte, qu'ils ne pourront prendre l'intérêt d'intérêt, fous quelque prétexte que ce foit ; c'eft-à-dire, dans le cas même où l'intérêt eft légitime, ainfi qu'il a été obfervé ci-deffus , (*n.* 8.)

L'article 8 porte, qu'aucun prêt ne fera fait fous gages, qu'il n'y en ait un acte par Notaire, dont il y aura minute, & qui contienne la fomme prêtée, & les gages qui auront été délivrés, à peine de, *&c.*

L'article 9 ajoute, que les gages feront énoncés dans une facture, ou inventaire, dont fera fait mention dans l'obligation , qui contiendra la qualité, poids & mefure des marchandifes, & autres effets donnés en gage.

Lorfqu'un contrat eft ufuraire, il n'eft pas befoin de Lettres de refcifion pour l'annuller , parce qu'il eft nul de plein droit. (Voyez Coquille, fur la Coutume de Nivernois, *tit.* 21, *art.* 15 , *pag.* 227, *in fine.*)

§. V.

De l'action en crime d'Ufure.

32. 1°. La connoiffance du crime d'ufure eft fans contredit un délit privilégié, dont la punition appartient aux Juges Laïcs, privativement aux Juges d'Eglife. Les Juges Laïcs en connoiffent auffi contre les Eccléfiaftiques , du moins pour raifon du délit privilégié. (Voyez Bouteiller , en fa Somme rurale , *liv.* 2, *tit.* 1 , *pag.* 654 ; & Carondas, *ibid.* pag. 661 ; Dumoulin, en fon Traité des Ufures, *qu.* 10, *n.* 154. Ainfi jugé par Arrêt du Parlement de Provence

Provence du 5 Mai 1670, rapporté par Boniface, *tom.* 3, *liv.* 1, *tit.* 2, *chap.* 1, contre un Prêtre qui demandoit son renvoi devant le Juge d'Eglise.)

33. On prétendoit anciennement que ce crime étoit de la compétence des Juges d'Eglise, ainsi que le crime d'héréfie ; mais il y a une diftinction à faire à cet égard entre la queftion de droit, & la queftion de fait. Quand il s'agit de décider fi un contrat eft ufuraire, ou fi une doctrine eft hérétique, ce qui eft une queftion de Droit, c'eft à la vérité aux Juges d'Eglife à régler cette queftion ; mais à l'égard de la queftion de fait, c'eft-à-dire de l'application du cas particulier à la regle générale, & de la punition des ufuriers, cette connoiffance appartient entiérement aux Juges Laïcs. (*Ita* Julius-Clarus, §. *ufura*, n. 8.)

L'ufure eft même un cas royal, dont la connoiffance eft réfervée aux Juges Royaux. (Voyez ce qui a été dit ci-deffus, au titre *De la compétence des Juges*, part. 2, tit. 1, n. 153.)

34. 2°. Le crime d'ufure ne fe prefcrit point. (Chenu, *queftion* 140 ; Louet, *lettre* A, *chap.* 14, *n.* 4; & *lettre* T, §. 6, *n.* 4; Imbert, *liv.* 3, *chap.* 22, *n.* 27 ; Domat, *tom.* 1, *liv.* 1, *tit.* 5 & 6. Ainfi jugé par Arrêt du 13 Décembre 1610, rapporté par Brodeau fur Louet, *lettre* T, *chap.* 6, *n.* 6. Autre Arrêt du 26 Avril 1625, au Journal des Audiences. Autres Arrêts du Parlement des 7 Juillet 1707, & 23 Juillet 1713.)

L'ufure ne fe couvre pas non plus par une tranfaction, ni par une condamnation volontairement confentie. (Arrêt du Parlement de Provence du 14 Mars 1647, rapporté par Boniface, *tom.* 1, *liv.* 8, *tit.* 2, *chap.* 8 ;) du moins pour l'ufure à venir, & pour aftreindre le débiteur à payer un intérêt illicite. (Louet, *lettre* T, *chap.* 6, *n.* 5.) Mais la tranfaction vaut, fi elle eft faite pour raifon d'une ufure paffée pour éteindre la recherche d'un intérêt payé en vertu d'un contrat ufuraire. (Louet, *ibid.* lettre T, chap. 6, n. 6.)

C'eft pourquoi on trouve des Arrêts qui ont jugé que la preuve par témoins n'eft pas admife, pour prouver que depuis une obligation, le débiteur a payé tous les ans les intérêts de la fomme portée par cette obligation. (Ainfi jugé par Arrêt du 5 Décembre 1602, rapporté par Peléus en fes Actions Forenfes, *liv.* 4, *chap.* 3 ; & par un autre Arrêt du 31 Mars 1648, rapporté par Soefve, *tom.* 1, *cent.* 2, *chap.* 78.) Ce qui doit s'entendre des intérêts

Tome IV. N n

payés au fur de l'Ordonnance ; car s'il s'agiſſoit d'intérêts exceſ-
ſifs , ce ſeroit alors une uſure criminelle, dont la preuve ſeroit
admiſe par la voie de la plainte & information.

35. 　　3°. Lorſque les Juges, en jugeant des procès civils, voient qu'un
particulier eſt chargé du crime d'uſure , ſi l'uſure n'eſt pas grave,
& qu'il ne s'agiſſe que d'intérêts pris au taux de l'Ordonnance ,
ils en pronocnent incidemment & ſur-le-champ la reſtitution, &
quelquefois même ils condamnent en l'amende celui qui les a
perçus ; mais ſi l'uſure eſt grave , & capable d'intéreſſer le mi-
niſtere public, ils ordonnent qu'il en ſera informé à la requête du
Procureur du Roi.

§. VI.

De la Preuve en crime d'Uſure.

36. 　1°. La premiere regle qu'on peut établir touchant le crime d'u-
ſure eſt, que comme la preuve de ce crime eſt difficile, on n'e-
xige pas des preuves auſſi fortes que dans la plupart des autres
crimes ; ainſi on y admet non-ſeulement la preuve teſtimoniale,
mais encore celle qui eſt fondée ſur des préſomptions.

　2°. Dans la pourſuite de ce crime, on admet la preuve par
témoins, même contre ce qui eſt porté par les contrats, promeſſes
& obligations, contre la diſpoſition de l'article 54 de l'Ordonnance de Moulins ; & de l'article 2 du titre 20 de l'Ordonnance
de 1667.

　3°. Les témoins qui ont payé l'intérêt, ou l'uſure, ſont ouis dans
leur propre cauſe ; & même ce ſont les plus forts témoins qu'on
puiſſe entendre ſur cette matiere ; ſur-tout quand ils n'ont aucun
avantage, ou intérêt à eſpérer de leurs dépoſitions. (Bald. *in
Legem dictantibus*, Cod. *de teſtament*. ; Bartol. *in L. omnes populi,*
D. *de juſtitia & jure* ; Decianus, *conſil*. 342, *n*. 4 ; Mornac, *ad
titulum* C. *ne quis in ſuâ cauſâ judicet*.)

37. 　4°. Quoique ſuivant la regle générale, les témoins ſinguliers
de chaque fait , ne ſoient point admis dans la preuve des crimes,
néanmoins il en eſt autrement dans le crime d'uſure. Lorſqu'il y a
pluſieurs témoignages de différentes perſonnes qui dépoſent de
divers actes qui ſont de leur fait particulier, toutes ces dépoſitions
jointes enſemble, quoique de faits différents, peuvent établir une
preuve ſuffiſante contre celui qui eſt accuſé d'uſure ; ſur-tout

lorfque ces témoins déclarent qu'ils ne veulent rien répéter de ce qu'ils ont payé, & qu'il y a d'ailleurs d'autres circonftances jointes au témoignage des ces particuliers, comme celle de la renommée publique, &c. (*Ita* Bouchel, au mot *Ufures* ; Covarruvias, *var. refolut.* lib. 3, cap. 3, n. 9 ; & Gautier, en fes Plaidoyers, *Plaidoyer* 16, *pag.* 318.)

38. Quant au nombre de témoins finguliers requis pour faire la preuve, les Auteurs varient fur ce point.

Dans l'Etat Eccléfiaftique il en faut quatre ; & dans le Royaume de Naples, trois fuffifent, fi la renommée publique y eft jointe. (Voyez Julius-Clarus, §. *ufura, in additionibus*, n. 24 & 25.)

En France il en faut vingt, fuivant Mornac, *ad tit.* C. *ne quis in fuâ causâ judicet* ; où il ajoute que tel eft l'ufage du Parlement : mais l'ufage conftant en cette matiere eft, que les temoignages finguliers font foi, lorfqu'il y a au moins dix témoins qui dépofent, quoique de faits différents.

5°. Les préfomptions & conjectures font admifes dans la preuve de crime. (Julius-Clarus, §. *ufura, in fupplementis*, n. 22.)

39. Il y a trois marques principales par lefquelles on préfume qu'un contrat eft ufuraire dans une vente. La premiere eft la modicité du prix, s'il s'agit de marchandifes vendues ; la feconde eft la faculté de rachat ; la troifieme eft fi l'acheteur a coutume d'acheter ainfi avec ufure.

Dans le prêt d'argent, un indice des plus ordinaires d'ufure eft, lorfqu'un billet eft compofé d'une fomme qui renferme évidemment l'intérêt joint au principal ; comme fi un billet étoit d'une fomme de cinquante mille livres payable après l'année.

On peut encore ajouter aux autres préfomptions qu'un homme eft ufurier, les indices fuivants ; *v. g.* fi plufieurs perfonnes fe font plaintes de lui ; fa maniere de vivre ; s'il a fait fortune en peu de temps, fans aucun commerce d'affaires ; & autres femblables.

Au refte, dans le doute, l'ufure ne fe préfume point ; de même que dans le doute, on ne doit point préfumer qu'un homme eft ufurier, s'il n'y a d'ailleurs quelques circonftances qui l'établiffent.

40. 6°. Quoiqu'on ne foit point obligé dans la regle générale de produire des actes contre foi-même, fuivant cette maxime de Droit, que *nemo tenctur edere contra fe* ; néanmoins on peut obliger ceux qui font prévenus du crime d'ufure, d'exhiber leurs livres de compte, pour en tirer des preuves, ou des inductions contre

eux ; & cela a été établi en haine des ufuriers. (Ainfi jugé par Arrêt du Parlement de Touloufe du 18 Août 1629, rapporté par Dolive, en fes Queftions de Droit, *liv. 4, chap.* 19.)

7°. Enfin, en matiere d'ufure, quand les preuves manquent, la voie du ferment eft ouverte à celui qui fe plaint contre quelqu'un de l'intérêt exceffif que le créancier a exigé de lui : de maniere qu'il eft en droit de contraindre ce créancier, ou à jurer de fon fait, quoiqu'il puiffe tourner à fon déshonneur ; ou à fouffrir que le débiteur le convainque par fon ferment. (Ainfi jugé par le même Arrêt du 18 Août 1629.)

TITRE LIX.

Des Délits en général.

ARTICLE PREMIER.

Des Délits principaux au fait des Bois.

I.

Dans les Ventes & Adjudications des Bois du Roi.

1. 1°. **L**ES Marchands qui par des voies indirectes, & des encheres fur les bois du Roi, forment quelque monopole, ou complot, de ne point enchérir les uns fur les autres, doivent être condamnés en une amende qui ne peut être moindre de mille livres ; & bannis des forêts, outre la confifcation des ventes. (Ordonnance des forêts du mois d'Août 1669, titre *De l'affiete, baillivage, martelage, & vente de bois*, art. 23.)

2°. Les adjudicataires qui prennent d'autres bois que ceux compris dans leurs ventes, doivent être punis comme s'ils les avoient volés. (*Ibid.* art. 48.)

2. 3°. L'article 26 de la même Ordonnance, au titre *De la police & confervation des Eaux & Forêts*, défend aux ouvriers adjudicataires des bois du Roi, ou à ceux des particuliers joignants

aux bois du Roi, d'en donner pour falaire à leurs ouvriers, à peine de répondre de tous les délits qui fe commettront jufqu'au récolement des ventes ; & défend aux ouvriers d'emporter en fortant de leurs atéliers aucuns bois, de quelque nature que ce foit ; à peine de cinquante livres d'amende pour la premiere fois, & de punition en cas de récidive.

4°. L'article 11 du même titre, défend d'arracher aucuns plants de chênes, charmes, ou autres bois ; à peine de cinq cents livres d'amende, & de punition exemplaire.

5°. Ceux qui font trouvés la nuit dans les forêts, hors les routes & grands chemins, avec ferpes, haches, fcies, ou coignées, doivent être mis en prifon, quand même ils feroient ufagers, & condamnés pour la premiere fois en cinq livres d'amende ; pour la feconde, en vingt livres ; & pour la troifieme, bannis de la forêt. (*Ibid.* art. 34.)

3. 6°. L'article 22 du même titre *De la police & confervation des bois*, défend de charmer, ou brûler les arbres, ou d'en enlever l'écorce ; à peine de punition corporelle.

7°. Tous les ufagers, & autres, ayant droit de panage & de pâturage, ne peuvent mener dans les bois, ni même dans les bruyeres, les bêtes à laine ; à peine de confifcation, & de trois livres d'amende par bête ; & les Bergers, ou Gardes, doivent être condamnés la premiere fois en dix livres d'amende ; & la feconde, à être fouettés & bannis de reffort de la Maîtrife. (Ordonnance des forêts de 1669, titre *Des droits de pâturages & de panages*, art. 13.) Cet article ajoute, que les Maîtres demeureront civilement refponfables des condamnations rendues contre les Bergers.

4. 8°. L'article 32 du titre *De la police & confervation des forêts & rivieres*, défend à toutes perfonnes de porter & allumer du feu, en quelque faifon que ce foit, dans les forêts du Roi, landes & bruyeres, & dans celles des Communautés & particuliers ; à peine de punition corporelle, & d'amende arbitraire, outre les dommages & intérêts dont les Communautés, & autres, qui auront choifi les Gardes, demeureront civilement refponfables.

La Déclaration du Roi du 13 Novembre 1714, en expliquant cet article, porte, que les pâtres, & tous autres, qui feront convaincus d'avoir porté du feu, ou d'en avoir allumé dans les forêts du Roi, landes & bruyeres, & dans celles des Communautés & particuliers, ou d'avoir fait du feu plus près d'un quart de lieue defdits bois, landes & bruyeres, feront punis pour la premiere fois de la peine du fouet, & de celle des galeres en cas de récidive. Cette Déclaration ajoute, que ceux qui de deſſein prémédité, auront mis le feu dans les landes & bruyeres, & dans les autres lieux des bois & forêts, feront punis de mort.

5.   9°. L'article 17 du titre *De la Police & conſervation des bois* de la même Ordonnance de 1669, défend à tous vagabonds de bâtir des maiſons ſur perche, à plus de deux lieues des forêts ; à peine de punition corporelle.

    10°. Les articles 35, 36 & 37 du même titre, enjoignent à tout inutile & vagabond, de ſe retirer à deux lieux des forêts ; à peine d'être mis au carcan pendant trois jours de marché conſécutifs, & d'un mois de priſon ; & que ceux qui leur donnent retraite, feront condamnés en trois cents livres d'amende, & déclarés reſponſables de toutes les amendes prononcées contre les inutiles.

    L'article 38 du même titre, porte, que ſi les inutiles ont changé de nom pour n'être pas reconnus, ils feront condamnés aux galeres, s'ils ſont en état de ſervir ; ſinon en d'autres peines exemplaires & arbitraires.

6.   L'article 6 du titre *Des Routes & Chemins royaux ès forêts & marche-pieds des rivieres*, défend d'arracher, ou lacérer les inſcriptions qui ſont dans les forêts ſur les poteaux, pour indiquer les chemins ; à peine de trois cents livres d'amende, & de punition exemplaire.

    Voyez encore pour les autres délits qui peuvent ſe commettre au fait des bois, l'Ordonnance des forêts de 1669,

    Au titre *De la Police & conſervation des forêts, eaux & rivieres,* articles 6, 12, 18, 19, 20, 21, 23, 27, 28, 29, 30 & 31.

    Au titre *De l'aſſiete, baillivage, martelage & vente de bois,* art. 49.

    Au titre *Des Ventes & Adjudications de panages, glandées & paiſſons,* art. 4.

    Et au titre *Des droits de pâturage & de panage,* articles 6, 8, 10 & 11.

ARTICLE II.

Des Délits concernant la Chasse.

7. 1°. Il est défendu à toutes personnes, excepté à celles auxquelles les Edits & Ordonnances le permettent, de porter des armes à feu brisées par la crosse, ou par le canon, & des cannes, ou bâtons creusés ; à peine de confiscation, & de cent livres d'amende pour la premiere fois, & de punition corporelle pour la seconde fois ; & les ouvriers qui en fabriquent, doivent être punis corporellement dès la premiere fois. (Ordonnance des Eaux & Forêts de 1669, titre *Des chasses*, art. 3.)

2°. Tous ceux qui tendent des lacs, tirasses, tonnelles, traîneaux, bricoles de corde & de fil d'archal, pieces de pans-de-rets, colliers, hailliers de fil, ou de soie, soit dans les terres du Roi, soit dans les terres des particuliers, doivent être punis pour la premiere fois du fouet, avec amende de trente livres ; & pour la seconde fois, fouettés, marqués & bannis pour cinq ans hors l'étendue de la Maîtrise. (Même Ordonnance, *ibid.* art. 12.)

3°. Il est défendu sous peine de cent livres d'amende, & de punition corporelle, s'il y échet, de chasser à feu, ou d'entrer de nuit avec armes à feu dans les bois du Roi, ou des particuliers, excepté aux Gardes & Segents en habit de livrée, auxquels il est permis de porter des pistolets, tant de jour que de nuit. (*Ibid.* art. 4, 6 & 7.)

8. 4°. La chasse aux cerfs, biches, faons, sangliers & chevreuils, est défendue à toutes personnes, même au Seigneurs & aux Gentilshommes, dans leurs propres forêts, lorsqu'elles sont éloignées d'une distance moindre que de trois lieues des plaisirs du Roi, &c. (*Ibid.* art. 14. Voyez aussi l'Ordonnance du mois de Juin 1601, art. 12 *& suivant*, jusques & compris l'article 19.)

5°. Ceux qui troublent les Officiers des chasses dans leurs fonctions, ou qui leur font violence, pour se maintenir dans un droit de chasse par eux prétendu, doivent être condamnés pour la premiere fois en trois mille livres d'amende, & pour la seconde fois, privés de tous droits de chasse, sauf de plus grandes peines, si la violence étoit qualifiée. (Ordonnance des forêts de 1669, titre *Des chasses*, art. 29 & 30.)

9. 　6°. Les articles 8 & 9 de la même Ordonnance, défendent de prendre les oiſeaux, les œufs de cailles, de perdrix & de faiſants; à peine de cent livres d'amende pour la premiere fois; de deux cents livres pour la ſeconde fois; & du banniſſement à ſix lieues du lieu du délit pendant cinq ans pour la troiſieme fois.

　7°. Tous Gentilshommes & Seigneurs, peuvent chaſſer noblement ſur leurs terres à force de chiens & d'oiſeaux; pourvu qu'ils ſoient à une lieue des plaiſirs du Roi. (Ordonnance de 1669, *ibid.* art. 14.)

　8°. Il eſt défendu à tous Marchands, Bourgeois, Artiſans, Payſans & Roturiers n'ayant pas fief, de chaſſer quelque part que ce ſoit; à peine de cent livres d'amende pour la premiere fois; de deux cents livres pour la ſeconde; & pour la troiſieme, d'être mis au carcan, & bannis du reſſort de la Maîtriſe. (*Ibid.* art 28.) Un Arrêt du Parlement du 20 Octobre 1702, rapporté au Journal des Audiences, condamne un particulier, pour avoir chaſſé ſur les terres d'un Seigneur, en cent livres d'amende, trois cents livres de réparation civile, & en tous les dépens du procès.

　(Voyez encore les articles 5, 9, 10, 11, 12, 13, 15, 16, 17, 18, 19, 20, 21, 22, 23, 24, 25, 26, 27 & 30 du titre *Des chaſſes*, de la même Ordonnance de 1669.)

10. 　9°. Il eſt défendu à toutes perſonnes, de quelque état & condition qu'elles ſoient, de tirer de l'arquebuſe ſur les pigeons, à peine de vingt livres pariſis d'amende. (Ordonnance du mois de Juillet 1607, *art.* 12.)

　Mais outre cette peine applicable au fiſc, celui qui a tiré ſur les pigeons, doit encore être condamné aux dommages & intérêts envers la partie plaignante pour raiſon du vol, ou injure qui lui eſt faite; car on ne peut douter que c'eſt une eſpece de vol que de tirer ſur des pigeons; parce que ces animaux ſont en propriété, ayant ce qu'on appelle *conſuetudinem revertendi*, ſuivant la Loi *Pomponius* 8, §. *Pomponius ait*, D. *familiæ erciſcundæ*, où il eſt dit que, *ſi quis eos apprehenderit, furti competit actio.* (Ainſi jugé par pluſieurs Sentences & Arrêts.) Chaſſanée, ſur la Coutume de Bourgogne, *rubric* 13, §. 9, *n.* 5, dit auſſi que ceux qui tuent les pigeons d'autrui pour les manger, ou qui les volent dans les colombiers, doivent être punis comme voleurs.

11. 　Des Lettres-patentes de l'année 1448, prononcent une peine corporelle pour ce crime. (Voyez Guy-Pape, *queſt.* 218; & Chorier,

Chorier, en fa Jurifprudence fur cet Auteur, *pag.* 139.)

Un Arrêt du Parlement de Dijon du 11 Avril 1579, rapporté par Bouvot, *tom.* 1, *part.* 3, au mot *Chaffe*, fait défenfes de tuer, ni de prendre des pigeons, foit avec arquebufes, ou autres armes ; à peine du fouet.

Un autre Arrêt du Parlement de Provence du 28 Juin 1658, rapporté par Boniface, *tom.* 2, *part.* 3, *liv.* 1, *tit.* 9, *chap.* 2, & rendu en forme de Réglement, fait défenfes de tirer avec arquebufe fur les pigeons domeftiques & de colombier, à peine de punition exemplaire, quant aux perfonnes de baffe condition ; & quant aux autres, de trois cents livres d'amende.

12. 10°. L'article 3 de l'Ordonnance de Philippe-le-Long de l'année 1310, confirmé par l'article 21 de l'Ordonnance du mois de Juin 1601, porte, que les larrons de lapins dans les garennes, tant du Roi, que des Seigneurs Hauts-Jufticiers, feront emprifonnés, & punis très-févérement, felon leur méfait.

La peine pour cette forte de chaffe aux lapins contre les coupables, eft de vingt livres d'amende pour la premiere fois, & au défaut, un mois de prifon au pain & à l'eau ; la feconde fois, d'être battus de verges fous la Cuftode, jufqu'à effufion de fang ; & la troifieme fois, battus de verges autour des forêts, buiffons & garennes où ils auront délinqué, & bannis à quinze lieues defdites forêts, buiffons & garennes. (Ordonnance du mois de Mars 1515, *art.* 9.)

Mais il paroît que cette peine eft aujourd'hui de cent livres d'amende pour la premiere fois ; de deux cents livres pour la feconde ; & pour la troifieme fois, du carcan & du banniffement pour trois ans du reffort de la Maîtrife. (Ordonnance des forêts de 1669, au titre *De la chaffe,* art. 28.)

13. 11°. L'action pour raifon de la chaffe peut être pourfuivie par action civile, ou par action criminelle. (Ainfi jugé par Arrêt du Parlement de Provence du 14 Mai 1661, rapporté par Boniface, *tom.* 2, *part.* 3, *liv.* 1, *tit.* 9, *chap.* 3.)

12°. Les Hauts-Jufticiers connoiffent de toutes caufes, inftances & procès mus fur le fait de la chaffe & de la pêche, ou à l'occafion de ces chofes dans l'étendue de leurs Juftices. (Voyez au titre *De la compétence des Juges criminels en particulier,* ci-deffus, part. 2, *tit.* 1, n. 20.)

Tome IV.   O o

ARTICLE III.

Des Délits concernant la Pêche.

14. 1°. Les feuls maîtres Pêcheurs reçus dans les Maîtrifes, ont le droit de pêcher dans les fleuves & rivieres navigables ; à peine contre tous autres ; fçavoir, pour la premiere fois, de cinquante livres d'amende, & de confifcation des inftruments ; & pour la feconde fois, de cent livres, avec confifcation, & même permis aux Juges de prononcer une peine plus févere. (Ordonnance des Forêts de 1669, titre *De la pêche*, art. 1.)

2°. Il eft défendu à tous particuliers, autres que les adjudica-taires des pêcheries appartenantes aux Communautés, de pêcher, même à la ligne & au panier ; à peine de trente livres d'amende, & d'un mois de prifon, pour la premiere fois ; & de cent livres d'amende, avec banniffement de la Paroiffe, en cas de récidive. (Ordonnance de 1669, *ibid.* titre *Des bois, prés, pécheries*, &c. *de Communautés d'habitants*, art. 17 & 18.)

15. 3°. Il eft défendu de pêcher les Dimanches & Fêtes ; à peine de quarante livres d'amende, & d'interdiction de la pêche pour un an. (Ordonnance de 1669, titre *De la pêche*, art. 4.)

4°. Défenfes pareillement de pêcher, en quelques jours & fai-fons que ce foit, à autres heures, que depuis le lever du foleil, jufqu'à fon coucher ; finon, aux arches des ponts, aux moulins & aux gards. (*ibid.* art. 5.)

5°. L'article 6 du même titre, porte, que les pêcheurs ne pour-ront pêcher au temps de fraie ; fçavoir, aux rivieres où la truite abonde, depuis le premier Février jufqu'à la mi-Mars ; & aux au-tres, depuis le premier Avril jufqu'au premier Juin ; à peine, pour la premiere fois, de vingt livres d'amende, & d'un mois de prifon ; & du double de l'amende & de deux mois de prifon, pour la feconde fois ; & pour la troifieme, du fouet, du carcan & du banniffement du reffort de la Maîtrife pendant cinq ans.

16. 6°. L'article 8 défend pendant ledit temps de fraie, de mettre bires, ou naffes d'ozier au bout des dideaux ; à peine de vingt livres d'amende & de confifcation du harnois, pour la premiere fois ; & de privation de la pêche pendant un an, pour la feconde fois.

7°. Il n'eſt pas permis de bouiller ſous les chevrins, racines, ſaules, oziers, terriers, arches, & autres lieux; de mettre lignes avec amorces vives; de porter dans les bateaux chaînes & clairons; d'aller à la fare; de pêcher dans les noues avec les filets, & d'y bouiller pour y prendre le poiſſon & le fraie qui a pu y être arrêté par le débordement des rivieres; à peine de cinquante livres d'amende & de banniſſement des rivieres pour trois ans; & de trois cents livres d'amende contre les Officiers des Maîtriſes qui auroient donné la permiſſion. (*Ibid.* art. 11.)

17.   8°. Défenſes d'employer les filets prohibés par les anciennes Ordonnances ſur le fait de la pêche; & en outre, ceux appellés giles, tramail, furet, épervier, chaſſon & ſabre; comme auſſi d'aller en barandage, & de mettre des hacs en riviere; le tout à peine de cent livres d'amende, pour la premiere fois; & de punition corporelle, pour la ſeconde; & les filets défendus ſeront brûlés. (*Ibidem*, art. 10 & 25.)

9°. L'article 15 défend à tous mariniers, contre-maîtres, & compagnons de riviere, conduiſant leurs bateaux, naſſelles, &c., d'avoir aucuns engins à pêcher, ſoit de ceux permis, ou défendus; à peine de cent livres d'amende, & de confiſcation des engins.

10°. L'article 14 défend de jetter dans les rivieres aucune chaux, noix-vomique, coque-de-levant, mommie, ou autres drogues & appas; à peine de punition corporelle, laiſſée à l'arbitrage du Juge.

18.   11°. Les larrons, ou voleurs d'étangs doivent être empriſonnés, & punis très ſévérement. (Ordonnance de 1318, *art.* 3.) L'Ordonnance du mois d'Août 1536, *chap.* 3, *art.* 7, porte, qu'ils ſeront punis comme les autres larrons. *Idem* par l'article 8 de l'Ordonnance du mois de Juillet 1607.

12°. On doit punir comme voleurs tous ceux qui vont ſur les mares, étangs & foſſés glacés, pour en rompre la glace & y faire des trous; & auſſi ceux qui qui y portent flambeaux, brandons & feux. (Ordonnance des Forêts de 1669, titre *De la pêche*, art. 18.)

19.   13°. Les Hauts-Juſticiers connoiſſent, dans l'étendue de leurs Juſtices, de toutes cauſes, inſtances & procès mûs ſur le fait de la pêche, ou à ſon occaſion. (Voyez au titre *De la compétence des Juges-Criminels*, ci-deſſus, *part.* 2, *tit.* 1, n. 20.)

Voyez encore les articles 7, 9, 19, 20, 21, 22, 23, 24 & 26 du même titre *De la pêche* de l'Ordonnance de Eaux & Forêts de 1669.

ARTICLE IV.

Des Délits au fait de l'Imprimerie.

20. 1°. L'article 9 de l'Edit du 27 Juin 1551, défend aux Imprimeurs d'imprimer aucuns livres, sinon en leurs noms & en leurs boutiques, ou ouvroirs; à peine de confiscation de corps & biens, & d'être déclarés faussaires.

2°. Une Déclaration du 10 Septembre 1563, défend d'imprimer aucuns livres, lettres, harangues, ni autres écrits, soit en vers, ou en prose, sans en avoir obtenu la permission du Roi, scellée du grand sceau de la Chancellerie; & à tous Libraires d'en imprimer aucuns sans ladite permission, à peine d'être pendus & étranglés.

21. L'article 78 de l'Ordonnance de Moulins, fait pareillement défenses à toutes personnes, d'imprimer, ou faire imprimer aucuns livres, ou traités, sans permission & privilege du Roi; & enjoint à l'Imprimeur d'y mettre son nom, & le lieu de sa demeure, ensemble ledit congé & privilege; & ce, à peine de confiscation de biens & de punition corporelle.

La Déclaration du 16 Avril 1571, *art.* 10, défend aussi l'impression de tous nouveaux livres, sans permission du Roi, du grand sceau, à laquelle sera attachée la certification de ceux qui auront vu & visité le livre; & elle ajoute qu'il ne sera permis d'imprimer aucun livre, sans nommer l'Auteur & l'Imprimeur, au commencement & à la premiere page du livre.

L'Edit du mois de Janvier 1626, porte la peine de mort contre tous ceux qui auront fait imprimer aucuns livres, lettres, harangues, ou autres écrits, soit en vers, ou en prose, traitant de la foi, des mœurs, ou de quelqu'autre chose que ce soit, qu'ils n'aient été vus & examinés, & qu'il n'ait été accordé un privilege, ou permission du grand Sceau pour les imprimer; & veut que tous Imprimeurs, ou Libraires qui auront entrepris d'imprimer, vendre, ou débiter aucuns livres, ou compositions nouvelles, sans permission expédiée en la forme susdite, (de laquelle, ensemble du nom de l'Auteur, il fera fait mention au commencement & à la fin de chaque livre, (foient pendus & étranglés.

22. Voyez auffi l'Edit du mois d'Août 1686, *art.* 66, qui porte, qu'aucun Libraire, ou Imprimeur ne pourra imprimer, ou faire in.primer aucuns livres, fans Lettres-patentes fignées & fcellées du grand Sceau; & que ces Lettres ne pourront être demandées, ou expédiées, qu'après qu'il aura été remis à M. le Chancelier une copie manuferite du livre, pour l'impreffion duquel elles feront demandées, & qu'il fera fait mention defdites Lettres au commencement, ou à la fin defdits livres. Cet article ajoute que ces livres ne pourront être imprimés qu'au lieu de la réfidence des Libraires, ou Imprimeurs qui les auront obtenues; quand même ils auroient cédé & tranfporté leur privilege; & qu'en cas de contravention, lefdits livres imprimés hors le lieu de la réfidence de ceux qui auront obtenu lefdites Lettres, ils pourront être imprimés, vendus & débités par tous les autres Libraires; comme s'il n'y avoit aucun privilege accordé.

23. La Déclaration du 2 Octobre 1701, *tit.* 1, défend auffi d'imprimer aucun livre, fans permiffion fcellée du grand Sceau.

L'article 2 porte, qu'à l'égard des livrets, dont l'impreffion n'excede pas la valeur de deux feuilles en caractere dit *Cicero*, ils pourront être imprimés fur une fimple permiffion des Juges de Police des lieux, & après une approbation de perfonnes capables & choifies par lefdits Juges pour l'examen defdits livrets.

Une autre Déclaration du 12 Mai 1717, fait défenfes à tous Imprimeurs, Libraires, Colporteurs, & à tous autres de quelque état & condition qu'ils foient, d'imprimer, vendre, débiter, ni diftribuer aucuns livres, livrets, libelles, feuilles volantes, ou autres ouvrages, qu'en vertu de privileges généraux, ou particuliers obtenus du Roi, ou de permiffions des Officiers de Police, dans le cas où il leur eft permis d'en accorder; à peine contre les Libraires, ou Imprimeurs, d'interdiction pour un temps, ou de privation de leur maîtrife pour toujours; & tant contre eux, que contre les Colporteurs & Diftributeurs, & autres, de confifcation des exemplaires, mille livres d'amende pour chaque contravention; & d'être appliqués au carcan; même d'être condamnés à de plus grandes peines, fuivant l'exigence du cas.

24. Voyez encore le Réglement général du Confeil, touchant la

Librairie, du 28 Février 1723, *art.* 101--112, pour tout ce qui doit être obſervé au ſujet de ces ſortes de permiſſions; ainſi que pour les gravures des livres, feuilles & eſtampes.

La déclaration du 10 Mai 1728, renferme là-deſſus des diſpoſitions beaucoup plus étendues.

L'article premier de cette déclaration, veut que les Ordonnances, Déclarations & Réglemens rendus ſur le fait de l'Imprimerie, & notamment les Ordonnances & Edit du Roi Henri II, des années 1547 & 1551; l'Ordonnance de Charles IX de 1563; celle de Moulins de 1566; les Lettres-patentes en forme de Déclaration données en 1571; la Déclaration donnée ſur leſdites Lettres-patentes en 1572; l'Edit du mois d'Août 1686; les Lettres-patentes du mois d'Octobre 1701; & la Déclaration du 12 Mai 1717, ſoient exécutées ſelon leur forme & teneur dans tous les points auxquels il n'eſt pas dérogé par les préſentes; & défend à tous Imprimeurs, Libraires, Colporteurs, & autres d'y contrevenir, ſous les peines qui y ſont contenues.

25. L'article 2 veut, que tous Imprimeurs qui ſeront convaincus d'avoir imprimé, ſous quelqe titre que ce puiſſe être, des Mémoires, Lettres, Relations nouvelles, *&c.*, des Ouvrages, ou Ecrits non revêtus de privilege, ni de permiſſion, ſur des diſputes nées, ou à naître en matiere de Religion, & notamment ceux qui ſeroient contraires aux Bulles reçues dans le Royaume, au reſpect dû au Pape, aux Evêques, & à l'autorité du Roi, ſoient condamnés, pour la premiere fois, au carcan, même à plus grande peine, s'il y échet; ſans que ladite peine du carcan puiſſe être modérée, ſous quelque prétexte que ce ſoit; & en cas de récidive, ordonne que les Imprimeurs ſeront, en outre, condamnés aux galeres pour cinq ans; laquelle peine ne pourra pareillement être remiſe, ni modérée.

L'article 3 porte, que la diſpoſition du précédent article aura lieu pareillement à l'égard des Imprimeurs qui ſeront convaincus d'avoir imprimé des ouvrages, ou écrits tendans à troubler la tranquillité de l'Etat, ou à corrompre les mœurs des ſujets du Roi; & qui par cette raiſon n'auroient pu être revêtus de privilege, ni de permiſſion.

26. L'article 4 veut, que ceux qui ſeront convaincus d'avoir compoſé, & fait imprimer des ouvrages, ou écrits de la qualité marquée dans les deux articles précédens, ſoient condamnés comme

perturbateurs du repos public, pour la premiere fois, au banniſſement à temps hors du reſſort du Parlement où ils ſeront jugés ; & en cas de récidive, au banniſſement à perpétuité hors du Royaume.

L'article 5 veut, qu'à l'égard des autres ouvrages, ou écrits, qui n'étant de la qualité & ſur les matieres ci-deſſus marquées, auront été imprimés ſans privilege, ni permiſſion, il dépende de la religion & prudence des Juges royaux, par rapport auxdits ouvrages ſeulement, de prononcer contre les Imprimeurs & Auteurs, telles peines qu'ils jugeront convenables, ſuivant l'exigence des cas ; leur enjoint néanmoins de tenir fortement la main, à ce que tous ceux qui auront eu part à la compoſition, impreſſion & diſtribution de tous libelles, de quelque nature qu'ils puiſſent être, ſoient punis ſuivant la rigueur des Ordonnances.

27. L'article 6 déclare ſujets aux peines portées par les articles 2, 3 & 5 de la préſente Déclaration, dans les différents cas qui y ſont énoncés, tous Imprimeurs qui ſe trouveront ſaiſis de formes compoſées pour imprimer des ouvrages non revêtus de privilege ni de permiſſion ; & ce encore qu'il n'y eût aucune épreuve, ni feuille tirée.

3°. L'article 9 enjoint à tous Imprimeurs de marquer au bas de leurs ouvrages le nom de la ville dans laquelle ils les auront imprimés, & la date de l'année où l'impreſſion en aura été faite ; à peine de cinq cent livres d'amende pour chaque contravention ; leur fait défenſes de ſuppoſer le nom d'une autre ville, ni aucunes dates fauſſes ; à peine d'être pourſuivis extraordinairement, & punis comme fauſſaires ; ce qui eſt conforme à une ancienne Déclaration du 10 Septembre 1572, *art.* 10.

28. L'article 10 porte, que toutes les peines portées par les articles ci-deſſus contre les Imprimeurs, auront également lieu, ſuivant les différents cas, contre les Protes, Correcteurs, Compoſiteurs, enſemble contre les Diſtributeurs & Colporteurs de libelles, dans ce qui peut les regarder.

Et afin que tous les Protes, Correcteurs, ou Compoſiteurs des Imprimeries ne puiſſent excuſer leurs contraventions, ſous prétexte qu'ils ont préſumé que l'Imprimeur, pour lequel ils travaillent, avoit obtenu un privilege, ou une permiſſion ; & qu'on ne peut leur imputer leur ignorance ſur un fait dont ils ne ſont pas chargés, l'article 11 porte qu'à l'avenir, ſur la copie du livre, ou ouvrage qu'il s'agira d'imprimer, les Imprimeurs seront tenus de transcrire en entier le privilege, ou la permission par eux obtenue, & de signer la copie qu'ils en auront écritte sur celle dudit livre, ou ouvrage. Ce même article défend auxdits Protes, Correcteurs, ou Colporteurs de livres, de travailler à l'impression d'aucun livre, ou ouvrage, sur la copie duquel ledit privilege, ou permission n'auront pas été transcrits, ni signés par l'Imprimeur ; & en cas de contravention, veut qu'ils soient sujets aux mêmes peines que lesdits Imprimeurs, conformément à l'article précédent.

Une Déclaration du 16 Avril 1757, prononce encore des peines plus séveres.

29. L'article 2 de cette Déclaration porte, que tous ceux qui auront imprimé des écrits tendants à attaquer la Religion, à émouvoir les esprits, à donner atteinte à l'autorité Royale, & à troubler l'ordre & la tranquillité de l'Etat ; ensemble les Libraires, Colporteurs, & autres personnes qui les répandront dans le public, seront punis de mort.

L'article 3 ajoute, qu'à l'egard des autres écrits, de quelque nature qu'ils soient, qui ne sont pas de la qualité ci-dessus, faute d'avoir observé les formalités prescrites par les Ordonnances, les Auteurs, Imprimeurs, Libraires, Colporteurs, & autres personnes qui les auront répandus dans le public, seront condamnés aux galeres à perpétuité, ou à temps, suivant l'exigence des cas.

30. 4°. Un Edit du mois d'Août 1717, défend à tous Graveurs & Imprimeurs, Libraires, & autres, de graver, imprimer, vendre & débiter des formules, ou cartouches pareils à ceux que Sa Majesté a fait graver pour les congés militaires ; à peine des galeres perpétuelles ; & veut que les Lieutenants-Criminels des Bailliages, ou Sénéchauffées des lieux où lesdits formules, ou cartouches auront été gravés, ou imprimés, & ceux des lieux où ils auront été mis en vente, en connoissent concurremment & par prévention en faveur de celui qui aura informé le premier.

5°. La Déclaration du 16 Avril 1571, *art.* 10, défend à tous Marchands, Libraires & Imprimeurs du Royaume, de faire imprimer aucuns livres hors du Royaume ; à peine de confiscation des livres imprimés, & d'amende arbitraire.

31. 6°. Une autre Déclaration du 11 Décembre 1547, fait défenses d'imprimer, ou faire imprimer, vendre, ou débiter aucun livre

concernant

concernant la Religion, qu'ils n'aient auparavant été examinés par des Docteurs en Théologie ; à peine de confiscation de corps & biens.

7°. Les Compagnons & Apprentifs au fait de l'Imprimerie, ne peuvent faire aucuns monopoles , ni affemblées en plus grand nombre que cinq, ni porter aucunes armes ; à peine d'être emprifonnés, bannis & punis , & autres amendes arbitraires. (Déclaration du 28 Décembre 1541, *art.* 1 & 2 ; Edit du mois de Mai 1571 , pour la ville de Lyon, *art.* 1 & 2.)

ARTICLE V.

Délits Militaires.

32. Les *délits militaires*, font ceux qui font commis par les gens de guerre dans les camps & armées , ou à l'occafion des fonctions militaires.

1°. Les gens de guerre qui n'obfervent pas les ordres & commandements qui leur ont été donnés par leurs Généraux , ou Supérieurs, doivent être punis de mort ; quand même ils auroient fait, en défobéiffant, quelque action utile & avantageufe. (L. 3, §. *in bello*, D. *de re militari* ; L. *omne delictum* 6 , §. *contumacia* 2, D. *eodem titulo.*)

L'imprudence & la témérité de la part des Officiers de guerre, fe punit auffi très févérement, à caufe des pertes & des accidents funeftes qu'elle produit ; & les anciens ufoient en cela d'une extrême rigueur ; car fi quelqu'un avoit donné bataille contre l'avis des Capitaines, il étoit dégradé honteufement de fa charge ; ainfi qu'il arriva à Appius Pulcher , qui avoit attaqué l'armée navale des Cartaginois, contre la délibération du Sénat, où les Romains reçurent une perte confidérable ; & à Servilius Cepio, & Quintus-Cecilius , pour avoir mal-à-propos, & contre le fentiment de leurs Capitaines, donné la bataille contre les Cimbres.

33. L'article premier de l'Ordonnance du premier Juillet 1727, touchant les crimes & délits militaires, porte, que tous foldats, cavaliers & dragons font tenus, fous peine de la vie, d'obéir aux Officiers des Régiments & Compagnies dont ils feront, en tout ce qui leur fera par eux ordonné pour le Service de Sa Majefté,

Tome IV. P p

foit dans les armées, foit en route, dans les quartiers, ou dans les garnifons.

L'article 2 veut, qu'ils foient tenus, fous la même peine de la vie, d'obéir à tous Officiers des autres Compagnies, ou Régiments qui feront dans leur quartier, ou dans leur garnifon ; l'intention de Sa Majefté étant, que vingt-quatre heures après l'arrivée d'un Officier dans lefdits quartiers, ou garnifons, il foit réputé connu des cavaliers, dragons & foldats qui s'y trouveront.

L'article 3 ordonne auxdits Officiers de tenir la main, à ce que les foldats, cavaliers & dragons obéiffent aux Maréchaux-des-logis & Sergents de leurs Compagnies & Régiments, avec lefquels ils feront en garnifon ; voulant Sa Majefté que ceux qui leur défobéiront en chofes concernant fon Service, foient punis corporellement, ou de mort, fuivant la nature & la circonftance de leur défobéiffance.

34. 2°. L'article 4 porte, que tous cavaliers, dragons & foldats qui mettront l'épée à la main contre des Officiers, foit de leur Régiment, ou des autres troupes de leur quartier, ou garnifon ; qui les frapperont, de quelque maniere que ce puiffe être ; ou qui les menaceront, foit en portant la main à la garde de l'épée, ou en faifant quelque mouvement pour mettre leur fufil en joue, quand même ils auroient été frappés, ou maltraités par lefdits Officiers, auront le poing coupé, & feront enfuite pendus & étranglés.

Les foldats même qui, voyant maltraiter leur Capitaine, ne prennent point fa défenfe, lorfqu'ils le peuvent faire, doivent être punis de mort, fuivant la Loi 3, §. *finali*, D. *de re militari*; & la L. *omne delictum*, §. 7 & 8, D. *de pœnis*.

L'article 5 de la même Ordonnance du premier Juillet 1727, porte, que le cavalier, dragon, ou foldat qui frappera un Maréchal-des-logis, ou un Sergent, tant de fon Régiment, que des autres troupes du quartier, ou de la garnifon, étant de garde, ou de Service actuel avec lui, fera puni de mort; & que hors le cas de Service actuel, celui qui frappera un Sergent, ou un Maréchal-des-logis, foit de fon Régiment, ou de la même garnifon, ou qui mettra contre lui l'épée à la main, fera condamné aux galeres perpétuelles.

35. L'article 6 porte, que celui qui frappera un Caporal, ou Brigadier avec lequel il fera de garde, de détachement, ou autre service actuel, soit que ledit Brigadier, ou Caporal soit du même Régiment, ou d'une autre troupe du quartier, ou de la garnison, sera pareillement condamné aux galeres perpétuelles.

3°. Tout soldat qui de jour, ou de nuit, après avoir été posé en sentinelle quitte son poste, sans avoir été relevé par un Sergent, Caporal, ou Anspessade, doit être puni de mort. (Même Ordonnance du premier Juillet 1727, *art. 7.*)

L'article 8 de la même Ordonnance, porte, que les cavaliers, ou dragons qui quitteront le lieu où ils ont été mis en vedette, ordonnance, ou autre faction, sans avoir été relevés par leurs Officiers, seront condamnés à la même peine.

L'article 9 porte, que tout soldat, ou cavalier étant en sentinelle, ou faction, qui sera endormi pendant la nuit, sera pareillement puni de mort.

36. L'article 10 veut, que quand la garde de nuit aura été posée dans une Place de guerre, celui qui tirera des armes à feu, ou qui fera du bruit, ou autre chose capable de causer quelque alarme dans une Place de guerre, sera mis sur le cheval-de-bois chaque jour pendant un mois, à l'heure de la garde montante.

L'article 11 porte, que celui qui s'enivrera le jour qu'il sera de garde, sera condamné à la même peine.

L'article 16 veut, que celui qui insultera & attaquera un soldat, cavalier, ou dragon étant en sentinelle, ordonnance, ou faction, soit l'épée à la main, le fusil en joue, ou à coups de bâton, ou de pierres, soit passé par les armes.

4°. Tout soldat qui, sans permission de son Commandant, sortira d'une Place assiégée, ou s'écartera au-delà des limites d'un camp, pour quelque prétexte que ce puisse être, doit être pendu & étranglé. (Même Déclaration de 1727, *art. 31.*)

37. L'article 32 veut aussi, que tout soldat, cavalier, ou dragon qui sortira d'un camp retranché, ville de guerre, ou fort, ou qui y rentrera par quelque détour, ou autrement que par les portes & chemins ordinaires, soit pendu & étranglé.

5°. Le cavalier, soldat, ou dragon qui étant dans le camp, ou dans la garnison, ne suivra pas son drapeau, ou son étendart dans une alarme, champ de bataille, ou autre affaire, doit être, comme serteur, passé par les armes. (Même Ordonnance, *art. 33.*)

L'article 34 porte, que chacun secourra & défendra les drapeaux & étendarts de son Régiment, soit de jour, ou de nuit; &

s'y rendra au premier avis fans les quitter, jufqu'à ce qu'ils foient portés & mis en fureté, fous peine de punition corporelle, ou de mort, fuivant l'exigence des cas.

38. L'article 35 veut, que tous cavaliers, dragons, ou foldats en faction, comme aufli les Brigadiers commandant la garde des étendarts, qui laifferont fauver les prifonniers qui leur foient confignés, & à la garde defquels ils auront été établis, feront condamnés à fervir comme forçats fur les galeres pendant trois ans ; enjoignant Sa Majefté aux Officiers de garde de veiller & tenir la main à l'exécution du préfent article ; à peine d'en être refponfables en leur propre & privé nom.

6°. Les foldats qui prennent la fuite dans un combat, doivent être punis de peine capitale. (L. *omne delictum* 6 , §. *qui in acie* 3 , D. *de re militari.*)

Et il en eft de même de ceux qui font affez lâches pour feindre d'être malades, afin de ne pas fe trouver au combat ; ils doivent être punis de mort, fuivant la même Loi *omne delictum*, §. 5 , D. *de re militari.*

Cette regle a lieu, à plus forte raifon, à l'égard de ceux qui fe rendent aux ennemis. (L. 2 , §. *fin.*, D. *de re militari* ; L. 3 *in princ.* D. *ad Legem Juliam majeft.*)

39. 7°. Ceux qui revelent aux ennemis les fecrets de l'armée, font aufli puniffables du dernier fupplice, comme criminels de Leze-Majefté. (L. 1 , §. 1 , D. *ad L. Jul. majeftatis.*)

L'article 12 de l'Ordonnance du premier Juillet 1727 , porte, que quiconque donnera, ou fera connoître l'ordre à l'ennemi, ou à aucun autre qu'à ceux à qui il doit être donné, fera pendu & étranglé.

Il en eft de même, à plus forte raifon, de ceux qui , de propos délibéré, précipitent leurs troupes dans les embuches de l'ennemi. (L. 4 , D. *ad L. Jul. majeftatis.*)

40. 8°. Ceux qui font quelque entreprife contre le Service du Roi, & la fureté des Villes, Places & Pays de fa domination ; contre les Gouverneurs, Commandants defdites Places, ou contre leurs Officiers ; comme aufli ceux qui y auront confenti, ou qui en ayant eu connoiffance, n'en auront pas averti leurs Capitaines, ou Meftres-de-Camp, doivent être rompus vifs. (Même Ordonnance de 1727, *art.* 1.)

L'article 29 défend à toute perfonne de quelque condition,

grade, ou caractere-que ce foit, fous peine de la vie, d'avoir cor-
refpondance, en temps de guerre, avec l'ennemi, par aucune voie
que ce puiffe être, fans la permiffion du Général, fi c'eft à l'armée; ou du Commandant de la Province, ou de la Place, fi c'eft
dans les quartiers, ou dans les garnifons.

41.   9°. Tous cavaliers, ou dragons qui exciteront quelque fédition,
révolte, ou mutinerie, ou qui feront aucune affemblée illicite,
pour quelque caufe que ce foit, doivent être pendus. (Ordonnance
de 1727, *art.* 17;) ce qui eft conforme à la Loi 3, §. *qui feditio-
nem,* D. *de re militari.*

L'article 18 de la même Ordonnance porte, que ceux qui fe
trouveront en de pareilles affemblées, ou qui auront appellé, excité,
ou exhorté quelqu'un à s'y trouver, fubiront la même peine.

L'article 19 veut, que ceux qui auront dit quelques paroles ten-
dantes à fédition, mutinerie, ou rébellion, ou qui les auront en-
tendues, fans en avertir fur-le-champ leurs Capitaines, ou Officiers fupérieurs, foient punis de peine corporelle, ou de mort,
fuivant l'exigence des cas.

L'article 20 porte, que celui qui étant engagé dans quelque
querelle, combat, ou autre occafion, appellera ceux de fa Nation, de fon Régiment, ou de fa Compagnie à fon fecours, ou
formera quelque attroupement, fera paffé par les armes.

42.   10°. Tout foldat, cavalier, ou dragon, qui met l'épée à la
main dans un Camp, ou dans une Place de guerre, étant aggref-
feur, doit être condamné aux galeres perpétuelles; veut Sa Majefté
que dans le cas où deux foldats, cavaliers, ou dragons mettroient
l'épée à la main l'un contre l'autre volontairement, & fans que
l'un des deux y eût été forcé pour la défenfe de fa vie, ils fubif-
fent tous les deux la peine des galeres perpétuelles. (Même Ordonnance du premier Juillet 1727, *art.* 13.)

43.   11°. L'article 22 de la même Ordonnance, défend fous peine de
la vie à tous Soldats, Cavaliers & Dragons, de voler, ou piller
les Vivandiers, ou Marchands, venants dans les villes, ou dans
les camps; & de prendre par force & fans paiement, foit pain,
vin, viande, bierre, brandevin, & autres denrées & marchandifes, tant dans les marchés des villes & dans les boutiques, que
dans les camps, ou en route.

L'article 23 leur défend pareillement, à peine d'être paffé par
les verges, d'aller hors du camp, ou de la garnifon, au-devant de

ceux qui y apportent des vivres, pour en acheter, quand même ce seroit de gré à gré, & sans violence.

44. 12°. Tout Cavalier, ou Soldat qui aura été offensé par un autre, soit de parole, ou de fait, doit s'adresser à l'Officier, commandant dans la place, ou dans le quartier ; lequel après avoir oui les raisons des parties, fera faire à l'offensé telle réparation qu'il jugera convenable, & imposera à l'offenseur tel châtiment que le cas lui paroîtra mériter. (Même Ordonnance du 1 Juillet 1727, art. 14.)

L'article 15 porte, que quand des Soldats, Cavaliers, ou Dragons, auront l'épée à la main pour se battre, & qu'un de leurs Officiers, ou autre de la garnison survenant, leur criera de se séparer, ils seront tenus de lui obéir sur-le-champ, sans pouvoir pousser un seul coup, à peine d'être passés par les armes.

L'article 15 porte, que tout Soldat, Cavalier, ou Dragon, qui de guet-à-pens, méchamment & avec avantage, en blessera, ou tuera un autre, sera pendu & étranglé.

Suivant les Loix Romaines, le Soldat qui blessoit un autre Soldat d'un coup d'épée, étoit puni de mort ; & s'il le blessoit d'un coup de pierre, il étoit chassé de l'armée. (*L. omne delictum* 6, *§. si quis commilitonem* 6, *D. de re militari.*)

45. 13°. Celui qui dérobe les armes de son camarade, ou autre Soldat, en quelque lieu que ce soit, doit être pendu & étranglé ; & celui qui dérobe dans les chambres des casernes leur linge, habit, ou équipage, ainsi que le prêt, ou pain de ceux de sa chambrée, doit être condamné à mort, ou aux galeres perpétuelles, suivant les circonstances du cas. (Même Ordonnance du 1 Juillet, art. 27.)

Suivant les Loix Romaines, le Soldat qui déroboit les armes à son camarade, étoit chassé de la milice. (*L. 3, §. qui aliena arma* 14, *D. de re militari.*)

14°. L'article 24 de l'Ordonnance du 1 Juillet 1727, défend à tous Soldats, sous peine de la vie, de voler les meubles & ustensiles des maisons où ils seront logés, soit en route, ou en garnison.

15°. L'article 26 porte, que quiconque aura pillé, volé, ou dérobé, en temps de Paix, ou pendant la Guerre, soit dans le Royaume, ou en Pays ennemi, calices, ciboires, ou autres biens d'Eglise, sera pendu & étranglé ; & que si par les circonstances du vol, il se trouvoit y avoir profanation des choses sacrées, il sera condamné au feu.

46. 16°. Il eſt défendu à tous Soldats, Cavaliers & Dragons, d'aller, ni envoyer couper, abattre & dégrader aucun bois dans les forêts, bois, buiſſons & domaines de Sa Majeſté, ni dans ceux des particuliers ; de chaſſer, ni pêcher dans les terres des Seigneurs ; comme auſſi de tirer ſur les pigeons, poules, poulets, & autres animaux domeſtiques ; & d'endommager les moulins, rivieres & étangs ; le tout à peine de punition corporelle. (Même Ordonnance du 1 Juillet 1727, *art.* 42.)

17°. Le Soldat qui vend ſa poudre, ou ſon plomb, doit être mis pendant quinze jours ſur le cheval-de-bois à l'heure de la garde, s'il eſt en garniſon ; & ſi c'eſt dans un camp, il doit être mis au piquet pendant le même temps. (Même Ordonnance de 1727, *art.* 28.)

Suivant les Loix Romaines, le Soldat qui perdoit ſa cuiraſſe, ſon bouclier, ſon caſque, ou ſon épée, ou qui le vendoit, étoit puni de la peine des déſerteurs. (L. 3, S. *miles qui* 13 , D. *de re militari.*)

47. 18°. Il eſt fait défenſes à tous Cavaliers, Dragons & Soldats, de jurer & blaſphemer le ſaint Nom de Dieu, de la ſainte Vierge, ni des Saints, conformément à l'Ordonnance du 20 Mai 1686, ſur peine à ceux qui tomberont dans ce crime, d'avoir la langue percée d'un fer chaud : Veut Sa Majeſté que les Officiers de la Troupe dont ils ſeront, ſoient tenus, ſi-tôt qu'ils en auront connoiſſance, de les remettre au Prévôt étant à la ſuite d'icelle, ou au Major du Régiment, pour leur faire ſubir cette peine. (Même Ordonnance du 1 Juillet 1727, *art.* 36.)

19°. Tout Soldat, Cavalier, ou Dragon, qui trichera, ou pipera au jeu, doit être puni corporellement : & S. M. veut, que ſi dans les camps, ou dans les places, il s'établiſſoit des jeux de haſard, & capables d'engendrer querelle, les Commandants, ou Gouverneurs faſſent rompre les tables, machines & uſtenſiles ſervant auxdits jeux, & qu'ils faſſent mettre en priſon ceux qui tiendront leſdits jeux. (*Ibid.* art. 43.)

48. 20°. Tout Officier qui oſera inſulter un Commiſſaire-des-Guerres dans ſes fonctions, doit être ſur-le-champ envoyé en priſon par le Commandant du Corps dont ſera ledit Officier, ou par ordre du Commandant de la place où l'inſulte a été commiſe ; leſquels en informeront ſur-le-champ le Secrétaire d'Etat de la Guerre, pour, ſur le compte qui en ſera rendu à Sa Majeſté, être ledit Officier puni, ainſi qu'il ſera par elle ordonné, ſuivant les circonſtances du cas. (*Ibid.* art. 37.)

A l'égard des Cavaliers, Dragons & Soldats, qui ſont aſſez téméraires pour attenter à la perſonne deſdits Commiſſaires, ſoit en les frappant, ou en ſe mettant en poſture de les frapper, Sa Majeſté veut qu'ils ſoient jugés par le Conſeil-de-Guerre, & condamnés à être pendus & étranglés. (*Ibid.* art. 38.)

49. 21°. Le dommage que les Troupes font dans le lieu où elles logent, & ſur leur marche, doit être payé par les Officiers des mêmes Troupes, ſur les plaintes qui leur en ſeront faites, & ſur les preuves qui leur en ſeront fournies ; & ſi les habitants qui auront porté ces plaintes, ne conviennent pas avec le Officiers ſur la ſomme à laquelle le dommage pourra monter, les Maire & Echevins du lieu doivent s'entremettre pour les faire contenter de ce qui ſera juſte. (Ordonnance du 18 Avril 1718, *art.* 41.)

Si les Officiers refuſoient de ſatisfaire ceux qui leur auroient porté de juſtes plaintes, en ce cas, les plaignants doivent faire dreſſer procès-verbal de la perte qu'ils auront faite, ou de la perte qu'ils auront ſoufferte, pardevant les Juges des lieux, duquel procès-verbal il en doit être envoyé une expédition au Secrétaire d'Etat de la Guerre, & l'autre à l'Itendant, lequel enverra ſon avis au Secrétaire d'Etat ſur le contenu au procès-verbal, pour être ordonné ce qu'il conviendra. (*Ibid.* art. 42.)

Les Capitaines, & en leur abſence leurs Lieutenants, ſont tenus de repréſenter à Juſtice, ceux de leurs Gendarmes, ou Soldats dont on leur fera plainte ; autrement ils ſont reſponſables civilement des torts, excès & outrages faits par ceux de leurs Compagnies qui ne comparoîtront point. (Ordonnance d'Orléans, *art.* 115 ; Ordonnance de Blois, *art.* 299.)

50. A l'égard des Soldats, qui dans la marche paſſent dans des villages qui en ſont à portée, & y font du déſordre, ils doivent être mis au Conſeil de Guerre, & jugés ſuivant le déſordre, ou la violence, qu'ils auront commis. (Ordonnance du 8 Avril 1718, *art.* 65.)

Si des Soldats, Cavaliers, ou Dragons, s'écartent du pays pour piller & ſe faire loger dans les villages, par force, ou autrement, les habitants doivent en avertir la Maréchauſſée ; & ſi leſdits Soldats ſe mettoient en défenſe contre le Prévôt & ſes Archers, ils
doivent

doivent être condamnés à être pendus, en quelque nombre qu'ils soient. (Même Ordonnance du 8 Avril 1718, *art.* 57.)

Et quand les Prévôts des Maréchaux auront arrêté quelque Soldat faisant du désordre, ou écarté de sa Troupe, ils le conduiront à ladite Troupe, pour que justice en soit faite ; & si la Troupe est éloignée de leur département, & qu'ils ne puissent pas la joindre, ils le remettront dans les prisons royales les plus prochaines, en donneront avis à l'Intendant, & lui enverront l'information qu'ils auront faite, dont ils adresseront le double au Secrétaire d'Etat de la Guerre. (*Ibid.* art. 58.)

51. **22°.** Les Officiers qui abandonnent leurs Soldats au luxe & à la débauche, qui énerve leur courage, & les rend moins habiles pour résister aux efforts de leurs ennemis, doivent être punis très sévérement, comme criminels de Leze-Majesté. (Voyez les Loix 1, 2 & 3, D. *ad. L. Jul. Majestatis.*)

23°. L'article 44 de l'Ordonnance du 1 Juillet 1727, défend à tous Officiers, Cavaliers, Dragons, & Soldats, d'avoir & entretenir à leur suite aucune fille débauchée ; à peine auxdits Officiers d'être cassés ; auxdits Soldats, Cavaliers, & Dragons, de trois mois de prison, & auxdites filles d'avoir le fouet, & d'être chassées des armées, ou des places.

24°. A l'égard de la peine établie contre les déserteurs, il faut distinguer entre ceux qui désertent en passant chez les ennemis, que l'on appelle *Transfuges*, & ceux qui désertent dans le Royaume en quittant leur Régiment. Les premiers doivent être condamnés à être pendus, suivant l'article 53 de l'Ordonnance du 24 Juillet 1534, & l'Ordonnance du 2 Juillet 1716 ; & les autres doivent avoir la tête cassée, suivant la Déclaration du 8 Août 1635 ; & une autre du 18 Décembre de la même année. (Voyez ce qui a été dit à ce sujet, au titre *Du crime de Leze-Majesté humaine,* ci-dessus, *part.* 4, *tit.* 28, n. 42 & suivants.)

52. **25°.** Quant à la peine des Soldats qui font la contrebande, Voyez ce qui a été dit à ce sujet au titre *Des Contrebandiers,* ci-dessus, *part.* 4, *tit.* 12, n. 4 & 26.

26°. Les Officiers, Majors, Commissaires, & autres, qui retiennent la paie des Soldats, ou qui divertissent les deniers ordonnés pour les vivres de l'armée, doivent être punis de peines très sévères ; car il n'y a point de crime qui cause plus de désordre dans une armée, & qui provoque davantage les Soldats à la révolte, & à la désobéissance contre leur Chef.

Tome IV. Q q

27°. Enfin les Officiers d'armée, qui déguisant le nombre de leurs Soldats, & feignant en avoir plus qu'ils en ont, reçoivent des soldes pour des Soldats qu'ils n'ont point, doivent être punis très sévérement, suivant la Loi *finale.* §. *si autem* 11, Cod. *de officio præf.i Prætor.*

Des Juges des Délits Militaires.

53. Les crimes commis de Soldat à Soldat, ou à l'occasion du service Militaire, dans les camps, garnisons, & autres lieux de résidence des Troupes, dans lesquels il n'y a aucun habitant intéressé, sont de la compétence des Officiers Militaires, suivant l'article 43 de l'Ordonnance du 26 Juillet 1665.

Il faut cependant excepter de cette regle,

1°. Le crime de duel, qui est de la compétence des Juges Royaux, ou des Prévôts des Maréchaux, à la charge de l'appel; les Ordonnances rendues touchant les duels leur attribuant la cause de ces sortes de délits. (Voyez l'Edit du mois d'Août 1679, *art.* 19.)

2°. Les crimes qui sont du nombre des cas royaux, dont la connoissance appartient aux Baillis & Sénéchaux, suivant l'article 43 du titre 1 de l'Ordonnance de 1667, qui leur attribue la connoissance des cas royaux, à l'exclusion de tous autres Juges.

54. 3°. Les cas Prévôtaux, même de Soldat à Soldat, qui sont de la compétence des Prévôts des Maréchaux, ou Présidiaux; l'article 12 du titre 1 de l'Ordonnance criminelle de 1670, & les articles 5 & 7 du 5 Février 1731, ne faisant aucune distinction des personnes. (Ainsi jugé par Arrêt du Conseil du 15 Septembre 1702, rendu entre le Prévôt des Maréchaux de Saumur, & les Officiers du Présidial d'Angers, rapporté au Code Militaire, *tom.* 2, *tit.* 9, *pag.* 132.)

Il faut même observer à l'égard des crimes simples commis de Soldat à Soldat, que si un Soldat avoit été emprisonné par ordonnance des Juges des lieux, les Officiers de Guerre ne peuvent les retirer, ou faire retirer des prisons, sous prétexte qu'ils doivent connoître de ces crimes; mais ils doivent en faire la requisition aux Juges de l'autorité desquels ils ont été emprisonnés; & en cas de refus de leur remettre lesdits Soldats, ils doivent se pourvoir pardevers Sa Majesté. (Ordonnance du 25 Juillet 1665, *art.* 43.)

55. A l'égard des crimes qui se commettent dans les garnisons, par les Gens de Guerre, de quelque nation qu'ils soient, auxquels les habitants des lieux, ou autres sujets de Sa Majesté ont intérêt, ils sont de la compétence des Juges ordinaires. (Ordonnance du 4 Novembre 1651 ; autre Ordonnance du 25 Juillet 1665, *art.* 43.)

Enfin, les crimes commis par les Soldats dans leur marche, lieux d'étapes & d'assemblée, & dans les lieux de séjour pendant leur marche, sont de la compétence des Prévôts des Maréchaux, suivant l'article 12 du titre 1 de l'Ordonnance de 1670.

L'article 39 de l'Ordonnance du 1 Juillet 1727, défend très expressément aux Cavaliers, Dragons & Soldats, de frapper & insulter les Maires, Echevins, Consuls, Juges, & autres Magistrats des lieux où ils seront en garnison, ou par lesquels ils passeront lorsqu'ils seront en route : Voulant Sa Majesté que sur la réquisition desdits Magistrats, lesdits accusés soient mis en prison, pour être jugés par les Prévôts des Maréchaux, ou par les Juges des lieux, suivant la nature & les circonstances du délit.

56. L'article 40 ajoute, que dans le cas où lesdits Magistrats, ou Officiers municipaux, auroient été frappés, ou insultés par des Officiers des Troupes de Sa Majesté, lesdits Magistrats, &c. en adresseront leurs plaintes & procès-verbaux au Secrétaire d'Etat de la Guerre, pour, sur le compte qui en sera par lui rendu à Sa Majesté, y être par elle pourvû, selon & ainsi qu'il appartiendra.

L'article 41 porte, que quand les Prévôts, Archers, ou autres préposés par les Juges ordinaires, arrêteront prisonniers des Soldats, ou autres accusés, aucun Cavalier, Dragon, ni Soldat, ne pourra s'y opposer, les leur ôter de force, ni se mettre en devoir de les leur ôter ; à peine de la vie.

Quant à ce qui concerne les peines touchant la discipline des Troupes, & la punition des différents excès, pillages, & autres crimes qu'ils peuvent commettre, Voyez *omninò* les Ordonnances des mois de Novembre 1439, 25 Septembre 1523, & 26 Mai 1537.

De la Procédure des Conseils de Guerre.

57. Touchant la procédure qui doit s'observer par les Conseils de Guerre qui se tiennent dans les places, Voyez *omninò*, l'Ordon-

nance Militaire du 25 Juin 1750, *art.* 609 & fuivants, jufques &
compris le 657.

A l'égard de la procédure qui doit s'obferver dans les Confeils
de Guerre qui fe tiennent à l'armée, elle eft prefcrite par l'Ordonnance du 17 Février 1753, concernant le fervice de l'infan-
terie en campagne, *art.* 529 & fuivants, jufques & compris l'article 561. Cette dernière procédure differe en peu de chofe de
celle qui fe tient dans les places.

Voyez auffi, touchant la procédure qui s'obferve par les Juges
ordinaires, en jugeant des Soldats, & s'il faut y appeller le Major, ou Prévôt des bandes, ce qui a été dit à ce fujet au titre
De la compétence des Juges Criminels en particulier, part. 2, tit. 1,
n. 630; & au titre *De l'inftruction criminelle en général*, ci-deffus,
part. 3, *liv.* 3, *tit.* 2, n. 61.

ARTICLE VI.

Des Délits de Marine.

58. Les délits qui concernent la marine, peuvent être commis,
1°. Par le Maître, Capitaine, ou Patron du vaiffeau. 2°. Par
l'Aumônier. 3°. Par l'Ecrivain. 4°. Par le Pilote, ou Lama-
neur. 5°. Par les Matelots. 6°. Par ceux qui levent dans le Royaume
des Matelots pour des armements étrangers. 7°. A l'occafion des
prifes. 8°. Dans les cas de naufrage. 9°. Par ceux qui levent des
droits dans les ports. 10°. Touchant les rades. 11°. Touchant la
coupe du varech. 12°. A l'occafion des parcs & pêcheries.
13°. Les vols fur les ports.

I.

Du Capitaine, Maître, ou Patron.

59. 1°. Le Maître, Capitaine, ou Patron, qui livre le vaiffeau aux
ennemis, ou qui le fait malicieufement échouer, ou périr, doit
être puni de mort. (Ordonnance de la Marine du mois d'Août
1681, *liv.* 2, *tit.* 1, *art.* 36.)

2°. Le Maître qui fait fauffe route, qui commet larcin, en fouffre
dans fon bord, ou qui donne frauduleufement lieu à l'altération,
ou confifcation des marchandifes, ou du vaiffeau, doit être puni
corporellement. (*Ibid.* art. 35.)

3°. Le Maître qui prend fans néceſſité de l'argent fur le corps, avituaillement, ou équipement du vaiſſeau; qui vend des marchandiſes; engage des apparaux, ou employe dans ſes mémoires des avaries & dépenſes ſuppoſées, doit être tenu de payer en ſon nom, déclaré indigne de la maîtriſe, & banni du port de ſa demeure ordinaire. (*Ibid.* art. 20.)

4°. Les Maîtres frétés pour un voyage, ſont tenus de l'achever, à peine des dommages & intérêts des Propriétaires & Marchands, & d'être procédé extraordinairement contre eux, s'il y échet. (*Ibid.* art. 21.)

60. 5°. Il leur eſt défendu, à peine de punition exemplaire, d'entrer ſans néceſſité dans aucun havre étranger; & en cas qu'ils y fuſſent pouſſés par la tempête, ou chaſſés par les Pirates, ils ſeront tenus d'en partir, & de faire rade au premier temps propre. (*Ibid.* art. 24.)

6°. Les Maîtres & Capitaines ne peuvent abandonner leur bâtiment pendant le voyage, pour quelque danger que ce ſoit, ſans l'avis des principaux Officiers & Matelots; & dans ce cas, ils ſont tenus de ſauver avec eux l'argent, & ce qu'ils pourront des marchandiſes les plus précieuſes de leur chargement; à peine d'en répondre en leur nom, & de punition corporelle. (*Ibid.* art. 26.)

7°. Il leur eſt défendu de revendre les vituailles de leur vaiſſeau, ou de les divertir, ou recéler; à peine de puniton corporelle. Ils peuvent néanmoins, par l'avis & délibération des Officiers du bord, en vendre aux navires qu'il trouveront en pleine mer, dans une néceſſité preſſante de vivres, pourvu qu'il leur en reſte ſuffiſamment pour leur voyage, & à la charge d'en tenir compte aux Propriétaires. (*Ibid.* art. 32 & 33.)

I L.

De l'Aumonier.

61. L'article 2 du titre 4 de la même Ordonnance, défend ſous peine de la vie, à tous Propriétaires, Marchands paſſagers, Mariniers, & autres, de quelque Religion qu'ils ſoient, qui ſe trouveront dans les vaiſſeaux, d'apporter aucun trouble à l'exercice

de la Religion Catholique ; & leur enjoint de porter respect &
révé ance à l'Aumônier ; à peine de punition exemplaire.

I I I.

De l'Écrivain.

62. Le regiftre de l'Ecrivain fait foi en Juftice ; défenfes à lui, fous
peine de la vie, d'y écrire aucune chofe contraire à la vérité.
(Ordonnance de la Marine, *ibid.* tit. 3, art. 6.)

I V.

Du Pilote.

63. Le Pilote , qui par ignorance, ou par négligence, aura fait
périr un bâtiment, doit être condamné en cent livres d'amende,
& privé pour toujours de l'exercice du pilotage , fans préjudice
des dommages & intérêts des parties ; & s'il l'a fait par malice,
il doit être puni de mort. (*Ibid.* tit. 4, art 7.)

V.

Des Matelots.

64. 1°. Le Matelot qui quitte le Maître fans congé par écrit, avant
le voyage commencé, peut être pris & arrêté, en quelque lieu
qu'il foit trouvé, & contraint par corps de rendre ce qu'il aura
reçu, & de fervir autant de temps qu'il s'y étoit obligé, fans
loyer, ni récompenfe ; & s'il quitte après le voyage commencé,
il doit être puni corporellement. (*Ibid.* tit. 7, art. 3.)

2°. Depuis que le vaiffeau a été chargé, les Matelots ne peuvent quitter le bord, fans le congé du Maître ; à peine de cent
fols d'amende , même de punition corporelle, en cas de récidive.
(*Ibid.* art. 5.)

65. 3°. Défenfes à tous Mariniers & Matelots , de prendre du pain,
ou autres vituailles, & de tirer aucun breuvage, fans la permiffion du Maître, ou du dépenfier prépofé pour la diftribution des
vivres ; à peine de perte d'un mois de leurs loyers, & de plus
grande punition s'il y échet. (*Ibid.* art. 6.)

4°. Le Matelot, ou autre, qui aura fait couler les breuvages, perdre le pain, fait faire eau au navire, excité fédition pour rompre le voyage, ou frappé le Maître les armes à la main, fera puni de mort. (*Ibid.* art. 7.)

5°. Le Matelot qui dormira étant en garde, ou faifant le quart, fera mis aux fers pendant quinzaine ; & celui de l'équipage qui le trouvera endormi, fans en donner avis au Maître, fera condamné en cent fols d'amende. (*Ibid.* art. 8.)

6°. Le Marinier qui abandonne le Maître, & la défenfe du vaiffeau, dans le combat, doit être puni corporellement. (*Ibid.* art. 9.)

7°. Il eft défendu à toutes perfonnes de lever, dans l'étendue du Royaume, aucuns Matelots pour les armements étrangers ; & aux fujets du Roi de s'y engager fans permiffion ; à peine de punition exemplaire. (*Ibid.* art 10.)

V I.

Des Armements fous Bannieres étrangeres.

66. Défenfes à tous fujets du Roi de prendre commiffion d'aucuns Rois, ou Etats étrangers, pour armer des vaiffeaux en Guerre, & courir la mer fous leur banniere, fi ce n'eft par permiffion du Roi ; à peine d'être traités comme pirates. (Ordonnance de la Marine, *liv.* 3, *tit.* 9, *art.* 3.)

V I I.

Des Prifes.

67. 1°. Il eft défendu à tous Capitaines de vaiffeaux armés en Guerre, d'arrêter ceux des fujets, amis, ou alliés de Sa Majefté, qui auront amené leurs voiles, & repréfenté leur charte-partie, ou police de chargement, & d'y prendre, ou fouffrir être pris aucune chofe ; à peine de la vie. Défenfes font faites auffi à tous Capitaines, Officiers, & équipages de vaiffeaux preneurs, de fouftraire les chartes - parties, connoiffements, ou factures des vaiffeaux pris ; à peine de punition corporelle. (Même Ordonnance, *liv.* 3, *tit.* 9, *art.* 13 & 6.)

2°. L'article 18 du même titre, fait défenses, à peine de la vie ; à tous Chefs, Soldats & Matelots, de couler à fond les vaisseaux pris, & de descendre les prisonniers en des isles, ou côtes éloignées, pour céler la prise.

3°. Défenses de faire aucune ouverture des coffres, ballots, sacs, pipes, barriques, tonneaux & armoires; de transporter, ni vendre aucune marchandise de la prise ; & à toutes personnes d'en acheter, ou recéler jusqu'à ce que la prise ait été jugée, ou qu'il ait été ordonné par Justice ; à peine de restitution du quadruple, & de punition corporelle. (*Ibid.* art. 20.)

4°. Défenses aussi aux Officiers de l'Amirauté de se rendre adjudicataires, directement, ou indirectement des vaisseaux, marchandises, & autres effets provenants des prises ; à peine de confiscation, de quinze livres d'amende, & d'interdiction de leur charge. (*Ibid.* art. 34.)

V I I I.

Des Naufrages.

68.   1°. Ceux qui attentent à la vie, ou aux biens des personnes qui font naufrage, doivent être punis de mort. (Ordonnance de la Marine, *liv.* 4, *tit.* 9, *art.* 2.)

2°. Défenses à tous Cavaliers, ou Soldats, de courir aux naufrages ; à peine de la vie. (*Ibid.* art. 30.)

3°. Les Seigneurs voisins de la mer, ou autres, qui sous prétexte de droit de varech, ou autrement, forcent les Lamaneurs de faire échouer les navires à leurs côtes, doivent être punis de mort. (*Ibid.* art. 30.)

4°. La même peine de mort a lieu contre ceux qui allument la nuit des feux trompeurs sur les grèves de la mer, & dans les lieux périlleux, pour y attirer & faire périr les navires. (*Ibid.* art. 45.)

5°. Ceux qui trouvent sur les grèves des corps noyés, doivent les mettre dans un lieu où le flot ne puisse pas les emporter, & en donner avis aux Officiers de l'Amirauté. Défenses de les dépouiller, ou enfoncer dans les sables ; à peine de punition corporelle. (*Ibid.* art. 32.)

6°. Ceux qui trouveront au fond de la mer, ou sur les flots,

des

des effets provenant de jet, bris ou naufrage, doivent les mettre en sureté, & les déclarer dans vingt-quatre heures à l'Amirauté ; à peine d'être punis comme recéleurs, ainsi que ceux qui trouvent sur les grèves, ou rivages, des effets échoués, ou jettés par le flot, quand même ils proviendroient du crû de la mer. (*Ibid.* art. 19 & 20.)

7°. Il est défendu à ceux qu'on emploie au sauvement, & à tous autres, de transporter chez eux, ou recéler les effets des vaisseaux échoués ; d'en ouvrir les ballots, & couper les cordages, ou mâtures ; à peine de punition corporelle, & de restitution du quadruple. (*Ibid.* art. 5.)

I X.

Des levées de droits dans les Ports.

69. Il est défendu, à peine de concussion, de lever aucuns droits dans les ports, qu'ils ne soient écrits sur une pancarte affichée & approuvée des Officiers de l'Amirauté. (Ordonnance de la Marine, *liv.* 4, *tom.* 1, *art.* 19.)

X.

Des Rades.

70. Les rades doivent être libres aux vaisseaux des sujets & alliés du Roi ; & il est défendu, à peine de punition exemplaire, de leur apporter aucun empêchement. (Même Ordonnance, *liv.* 4, *tit.* 8, *art.* 1.)

X I.

De la coupe du Varech.

71. Défenses aux Seigneurs de s'approprier les roches où croît le varech, d'empêcher les vaisseaux de l'enlever, quand la coupe en est ouverte, ou de prendre quelque droit pour permettre de l'enlever ; le tout à peine de concussion. (Même Ordonnance, *liv.* 4, *tit.* 10, *art.* 4.)

XII.

Des Parcs & Pêcheries.

72. 1°. Les pieux des guideaux ne peuvent être dans le lieu du passage des vaisseaux, mais à deux cents brasses près ; sinon ils doivent être arrachés ; & si le même pêcheur en remet aux endroits d'où ils ont été arrachés, il doit être condamné au fouet. (Ordonnance de la Marine, *liv.* 5 , *tit.* 3 , *art.* 13 & 14.)

2°. Défenses à tous Gouverneurs, Officiers, ou Soldats, d'exiger des pêcheurs, argent, ou poisson, pour leur permettre de pêcher ; à peine contre les Officiers de perte de leurs emplois, & contre les Soldats, de punition corporelle. (*Ibid.* art 10.)

3°. Les pêcheurs qui montrent des feux sans nécessité, doivent être punis corporellement. (*Ibid.* tit. 5 , art. 7.)

4°. Il est défendu aux maîtres des navires faisant la pêche des molues au ban de Terre-neuve, ou baye du Canada, de faire voile la nuit ; à peine du dommage, en cas qu'ils abordent quelque vaisseau, de cent cinquante livres d'amende, & même de punition corporelle, s'il arrive perte d'hommes dans l'abordage. (Même Ordonnance, *liv.* 5 , *tit.* 6 , *art.* 13.)

XIII.

Des Vols sur les Ports.

73. 1°. Celui qui vole les cordages , ferrailles, ou ustensiles de vaisseaux étant dans le port, doit être marqué d'un fer chaud en forme d'un ancre , & banni à perpétuité : & si à l'occasion de son vol, il arrive mort d'homme, ou perte de bâtiment, il doit être puni de mort. (Même Ordonnance, *liv.* 4, *tit.* 1, *art.* 16.)

2°. Il est défendu, à peine de punition corporelle , d'acheter des matelots & compagnons de bateau, des cordages, ferrailles , & autres ustensiles de navires. (*Ibid.* art. 17.)

3°. Il est aussi défendu, sous la même peine, de faire, ou vendre des étoupes de vieux cordages de vaisseaux, sans la permission des maîtres, ou des propriétaires. (*Ibid.* art. 18.)

ARTICLE VII.

Des Délits concernant les Esclaves des Colonies.

74. 1°. L'esclave qui frappe son Maître, sa Maîtresse, le mari de sa Maîtresse, ou leurs enfants, avec contusion, ou effusion de sang, ou au visage, doit être puni de mort. (Edit du mois d'Août 1683, *art.* 33; Autre du mois de Mars 1724, *art.* 27.)

2°. A l'égard des excès & voies de fait commis par les esclaves contre les personnes libres, ils doivent être punis très sévérement, même de mort. s'il y échet. (Edit du mois d'Août 1683, *art.* 34; Autre du mois de Mars 1724, *art.* 28.)

3°. Les vols qualifiés, même ceux de chevaux, cavales, mulets, bœufs, ou vaches, qui sont faits par les esclaves, ou par les affranchis, doivent être punis de peine afflictive, même de mort, si le cas le requiert. (Edit de 1683, *art.* 35; Edit de 1724, *art.* 29.)

4°. Les vols de moutons, chevres, cochons, volailles, grains, fourrages, pois, feves, ou autres légumes & denrées, faits par les esclaves, doivent être punis selon la qualité du vol, par les Juges, qui peuvent les condamner, s'il y échet, d'être battus de verges par l'Exécuteur de la Haute-Justice, & marqués d'une fleur de lis. (Edit du mois d'Août 1683, *art.* 36; Autre du mois de Mars 1724, *art.* 30.)

75. 5°. Les Maîtres, en cas de vol, ou autre dommage causé par les esclaves, outre la peine corporelle des esclaves, sont tenus de réparer le tort en leur nom, s'ils n'aiment mieux abandonner l'esclave à celui auquel le tort a été fait; ce qu'ils seront tenus d'opter dans les trois jours de celui de la condamnation; autrement ils en seront déchus. (Edit de 1683, *art.* 37; Autre de 1724, *art.* 31.)

6°. L'esclave fugitif qui aura été en fuite pendant un mois, à compter du jour que son Maître l'aura dénoncé à Justice, doit avoir les oreilles coupées, & être marqué d'une fleur de lis sur une épaule; & s'il récidive un autre mois, à compter pareillement du jour de la dénonciation, il doit avoir le jarret coupé, & être marqué d'une fleur de lis sur l'autre épaule; & la troisieme fois, puni de mort. (Edit de 1683, *art.* 34; Autre de 1724, *art.* 32.)

R r ij

76. 7°. Les affranchis, ou negres libres, qui donnent retraite dans leurs maisons aux esclaves fugitifs, doivent être condamnés par corps envers le Maître en une amende de trente livres par chacun jour de retention ; & les autres personnes libres, qui leur auront donné pareille retraite, en dix livres d'amende aussi par chacun jour de retention. Et faute par lesdits negres affranchis, ou libres, de pouvoir payer l'amende, ils doivent être réduits à la condition des esclaves vendus ; & si le prix de la vente passe l'amende, le surplus doit être délivré à l'Hôpital. (Edit de 1683, *art.* 39 ; Edit de 1724, *art.* 34.)

8°. L'esclave condamné à mort sur la dénonciation de son Maître non complice du crime, doit être estimé, avant l'exécution, par deux des principaux habitants, qui seront nommés d'office par le Juge ; & le prix de l'estimation en doit être payé ; pour à quoi satisfaire, il doit être imposé par le Conseil-Supérieur de la Louisiane, sur chaque tête de negre, la somme portée par l'estimation ; laquelle sera réglée sur chacun desdits negres, & lévée par ceux qui seront commis à cet effet. (Edit du mois d'Août 1683, *art.* 40 ; Autre du mois de Mars 1724, *art.* 36.)

77. 9°. Les esclaves peuvent être poursuivis criminellement, sans qu'il soit besoin de rendre leurs Maîtres parties ; si ce n'est en cas de complicité. (Edit de 1683, *art.* 22 ; Autre de 1724, *art.* 26.)

10°. Les esclaves qui auront encouru les peines du fouet, de la fleur de lis, & des oreilles coupées, doivent être Jugés en dernier ressort par les Juges ordinaires, & exécutés, sans qu'il soit nécessaire que les jugements soient confirmés par le Conseil-Supérieur ; si ce n'est pour cause portant condamnation de mort, ou du jarret coupé. (Edit du mois de Mars 1683, *art.* 33.)

Défenses à tous Officiers de Justice, tant du Conseil-Supérieur, qu'autres, de prendre aucune taxe dans les procès-criminels contre les esclaves ; à peine de concussion. (Même Edit de 1724, *art.* 37.)

78. 11°. L'article 42 du même Edit du mois d'Août 1683, permet aux Maîtres, lorsqu'ils croiront que leurs esclaves l'auront mérité, de les faire enchaîner, & de les faire battre de verges, ou de cordes ; mais il leur défend de leur donner la torture, ni de leur faire aucune mutilation de membre ; à peine de confiscation des esclaves, & d'être procédé extraordinairement contre lesdits Maîtres. (*Idem* par l'article 38 de l'Edit du mois de Mars 1724.)

Ces mêmes Edits enjoignent aux Officiers de Justice, de procéder extraordinairement contre les Maîtres & les Commandeurs qui auront tué leurs esclaves, étant sous leur puissance, ou direction ; ou qui leur auront mutilé les membres ; & de punir le meurtre, selon l'atrocité des circonstances ; & en cas qu'il y ait lieu à l'absolution, les Juges peuvent renvoyer de l'accusation, tant les Maîtres, que les Commandeurs, sans qu'ils aient besoin d'obtenir pour cela aucunes Lettres de grace. (Edit du mois d'Août 1683, *art.* 43 ; Autre du mois de Mars 1684, *art.* 42.)

ARTICLE VIII.

Des Délits au fait des Aides.

79. (Voyez au titre *Des Contrebandiers*, ci-dessus, *part.* 4, *tit.* 12 ; n. 4 & 5.)

ARTICLE IX.

Des Délits au fait des Finances par Comptables.

(Voyez au titre *Du Péculat*, ci-dessus, *part.* 4, *tit.* 40, & au titre *Des malversations d'Officiers*, ibid., *part.* 4, *tit.* 31, n. 87 & suivants.)

ARTICLE X.

Des Délits au fait des Tailles.

(Voyez au titre *Du Péculat*, ci-dessus, *part.* 4, *tit.* 40, n. 26.)

ARTICLE XI.

Des Délits au fait du Papier & Parchemin timbrés.

(Voyez au titre *Du Faux*, ci-dessus, *part.* 4, *tit.* 15, n. 93.)

ARTICLE XII.

Des Délits au fait du Contrôle.

(Voyez au titre *Du Faux*, ibid., *tit.* 15, n. 24.)

ARTICLE XIII.

Des Délits au fait des Postes.

80. Les Courtiers, Commis, Facteurs, Distributeurs, ou autres Employés dans l'aport, ou dans la distribution des lettres, ou paquets envoyés par la poste, qui sont convaincus de prévarications, ou de larcin commis par eux, ou par d'autres, en interceptant, ou décachetant frauduleusement des lettres, ou paquets, pour prendre les billets, lettres de change, lettres d'avis, quittances, ou autres effets renfermés dans lesdites lettres, ou paquets, & recevoir eux-mêmes en argent, ou en marchandise, la valeur desdits effets actifs, ou la faire recevoir par d'autres que par ceux à qui ils appartiennent; ou supprimer lesdits billets, lettres de change, lettres d'avis, quittances, ou autres effets, doivent être condamnés à la peine de mort. (Déclaration du Roi du 25 Septembre 1742.)

Arrêt du Parlement de Dijon du mois d'Août 1726, qui condamne la Directrice de la Poste de Beaune à être pendue, pour avoir décacheté plusieurs lettres, & y avoir pris des billets de banque.

Autre Jugement de Police du 3 Mai 1741, qui condamne Louis Leprince, Commis au Bureau de la Poste de Paris, à mort, préalablement appliqué à la question, pour avoir commis plusieurs vols, en ouvrant des paquets, venant de différentes Provinces du Royaume. Néanmoins cette peine fut commuée en une amende-honorable, avec écriteaux, dans la cour de la grande Poste à Paris, & en la peine des galeres à perpétuité.

A l'égard de ceux qui auront seulement intercepté, ou soustrait, ouvert, ou décacheté lesdits paquets, & retenu, ou détourné les effets qui y étoient renfermés, sans être cependant convaincus d'en avoir abusé pour eux, ou pour d'autres, suivant ce qui vient d'être dit, ils doivent être condamnés en la peine des galeres à temps ou à perpétuité, ou à celle du bannissement, ou du blâme, selon la différence des cas & des circonstances. (Même Déclaration du 25 Septembre 1742.)

La connoissance de ces sortes de délits n'étant attribuée à aucuns Juges particuliers, appartient aux Juges ordinaires. (Voyez l'enregistrement de cette même Déclaration, qui est fait au Parlement, & ordonné qu'elle sera envoyée aux Bailliages & Sénéchaussées du reffort.)

ARTICLE XIV.

Des Délits commis par gens de guerre.

81. (Voyez aux *Délits militaires*, ci-deffus, *n.* 32 & *fuivans.* Voyez auffi au titre *Du Vol*, ci-deffus, *part.* 4, *tit.* 57, *n.* 152; & ci-après, *n.* 82.)

Par le Réglement de guerre de Poitiers du 4 Novembre 1651, il eft défendu aux gens de guerre de tirer fur les pigeons; à peine de punition corporelle.

ARTICLE XV.

Des Délits commis par gens mafqués, ou déguifés.

82. Il eft défendu à toutes perfonnes, fans exception, à peine de confifcation de corps & de biens, d'aller mafquées, ou déguifées & armées, par les villes & campagnes. (Ordonnance du 9 Mai 1539, *art.* 1.)

Défenfes, fous les mêmes peines, de les recevoir, ou loger; enjoint au contraire, de les déclarer à Juftice; à peine d'être punis comme fauteurs & complices. (*Ibid.* art. 2.)

Permis de courir fus, par autorité de Juftice, à toute perfonne mafquée, ayant commis vol, meurtre, ou affaffinat. (Ordonnance de Blois, *art.* 198.)

Les foldats des Gardes-Françoifes, ne peuvent aller de nuit, ou de jour, dans la ville & fauxbourgs de Paris, dans leurs quartiers, ou hors leurs quartiers, dans les lieux publics, ou dans les maifons particulieres, avec d'autres habits que ceux du Régiment, ayant épées, ou armes prohibées; à peine d'être condamnés aux galeres à temps, ou à toujours; quand même ils n'auroient point être trouvés commettant du défordre. (Déclaration du Roi du 22 Juillet 1692.)

Permis néanmoins à ceux des foldats aux Gardes qui travaillent, de prendre les habits de leur métier & profeffion; pourvu que pendant tout le temps qu'ils l'auront, ils ne portent ni épée, ni autre arme défendue. (*Ibidem.*)

Arrêt du 16 Janvier 1711, rapporté au Journal des Audiences, rendu en la Tournelle, qui condamne le nommé Pierre Majonnet, dit la Perle, soldat aux Gardes, en trois ans de galeres, pour avoir été trouvé l'épée au côté en habit travesti.

ARTICLE XVI.

Des Délits commis par gens repris de Justice.

83.   1°. Ceux & celles qui, après avoir été condamnés pour vol, ou flétris pour quelqu'autre crime que ce soit, seront convaincus de récidive en crime de vol, ne peuvent être condamnés à moindre peine que ; sçavoir, les hommes, aux galeres à temps, ou à perpétuité ; & les femmes, à être de nouveau flétries d'un double W, si c'est pour récidive de vol ; ou d'un simple V, si la premiere flétrissure a été encourue pour autre crime, & enfermées à temps, ou pour leur vie, dans des maisons-de-force ; le tout sans préjudice de la peine de mort, s'il y échet, suivant l'éxigence des cas. (Déclaration du 4 Mars 1724, *art.* 4.)

2°. Ceux qui ont déja été condamnés aux galeres à temps, ou à perpétuité, pour quelques crimes que ce soit, & qui commettent de nouveau quelque crime emportant peine afflictive, doivent être punis de mort ; quand même ils auroient obtenu des Lettres de rappel, ou de commutation de peine. (Déclaration du 4 Mars 1724, *art.* 5 & 6.)

84.   3°. Une Déclaration du Roi du 8 Janvier 1719, confirmée par une autre du 5 Juillet 1722, défend à ceux & celles qui ont été condamnés aux galeres, ou au bannissement, par quelques Juges, & en quelques lieux que ce puisse être, de se retirer en aucun cas, ni en aucun temps, même après le temps de leur condamnation expiré, dans la ville, fauxbourgs & banlieue de Paris, ni à la suite de la Cour du Roi ; ce qui n'a lieu cependant par rapport aux bannis, dont le temps de leur condamnation est expiré, qu'au cas qu'ils aient été aussi condamnés au carcan, ou à d'autres peines corporelles ; ou qu'ils eussent subi deux fois la condamnation du bannissement, ou quelqu'autre condamnation, faute d'avoir subi leur ban ; le tout sous les peines
nes

nes portées par les Déclarations des 31 Mai 1682, & 29 Avril 1687 ; c'est-à-dire, à peine contre les hommes, des galeres à temps, ou à perpétuité ; & contre les femmes, d'être enfermées dans les Hôpitaux-généraux les plus prochains, à temps, ou à perpétuité ; le tout ainsi que les Juges le jugeront à propos.

TITRE LX.

Des Quasi-Délits.

1. ON entend par *quasi-délit*, le dommage que l'on cause à quelqu'un, sans avoir dessein de lui en faire ; en quoi le quasi-délit differe du délit, qui est toujours accompagné de dol, & d'un mauvais dessein.

On distingue plusieurs especes différentes de quasi-délits.

1°. Si une personne par imprudence, & sans aucune mauvaise volonté, jette quelque chose par une fenêtre, qui vienne à tomber sur un passant, & à le tuer, ou blesser ; alors on ne peut pas dire que ce soit un délit commis par celui qui a jetté cette chose, cela s'étant fait par accident & sans aucune mauvaise volonté ; mais c'est un quasi-délit, à cause de l'imprudence de celui par le fait duquel ce malheur est arrivé.

2. La peine qui se prononce dans ce cas, est que celui qui habite la maison d'où la chose a été jettée, est condamné aux dommages & intérêts de la personne blessée, ou de ses héritiers ; & de plus, en l'amende ; sauf son recours contre celui qui a fait le mal. (Voyez ce qui a été dit à ce sujet au titre *Des injures,* ci-dessus, *part. 4, tit. 24, n. 46.*)

Si le défendeur soutient que ce n'est point de sa maison que la chose a été jettée, le Juge doit admettre les parties à faire enquêtes respectives.

2°. Lorsqu'un voiturier, garçon de bateau, ou cocher, vient à blesser quelqu'un avec son bateau, sa voiture, ou ses chevaux, le maître de ce bateau, ou de cette voiture, ou de ces chevaux, est tenu du fait de son domestique ; & l'on peut donner l'action

Tome IV. S ſ

en dommages & intérêts contre lui ; sauf son recours contre ce domestique ; parce qu'il est, en quelque forte en faute, d'avoir confié le soin de sa voiture, de son bateau, ou de ses chevaux, à un domestique ignorant, ou étourdi.

3. On peut aussi agir criminellement contre le voiturier, ou domestique qui a causé le mal ; lequel doit être puni, selon la qualité du fait & les circonstances. (Voyez ce qui a été dit là-dessus, au titre *Des injures*, part. 4, tit. 24, n. 48.)

3°. L'Aubergiste, ou Messager, dans la maison ou voiture duquel il se fait un vol, ou par la négligence duquel des effets se trouvent perdus, répond aussi des dommages & intérêts envers celui à qui appartient la chose perdue, ou volée. (Voyez ce qui a été dit à ce sujet, au titre *Du vol*, part. 4, tit. 57, n. 31 & suiv.)

4°. Le maître d'un cheval, ou autre animal vicieux, qui vient à blesser quelqu'un dans un chemin, *&c.*, est aussi tenu des dommages & intérêts envers le blessé ; parce que c'est la faute du maître de cet animal, de n'avoir pas pris les mesures nécessaires pour empêcher qu'il ne pût nuire à personne ; & c'est un quasi-délit de sa part. (Voyez ce qui a été dit à ce sujet, au titre *Des injures*, ci-dessus, part. 4, tit. 24, n. 49.)

4. 5°. Le Juge qui fait son propre fait d'une cause, ou d'un procès pendant au Siege dont il est Juge, commet aussi une espece de quasi-délit, qui, à la vérité, ne donne pas contre lui lieu à la prise à partie, mais à la récusation ; ou s'il s'agit d'un Juge de Cour souveraine, à faire évoquer l'affaire de ce Tribunal en une autre Cour, ou Jurisdiction. (Voyez l'Ordonnance des évocations du mois d'Août 1737, tit. 1, art. 68 & suiv.)

Il faut observer à ce sujet, qu'aucun Officier de Cour souveraine, ne peut être réputé avoir fait son fait propre d'une cause, ou d'un procès qui y est pendant, s'il n'a sollicité le Juges de la Compagnie en personne, consulté & fourni aux frais de cette cause, ou de ce procès. (Même Ordonnance, tit. 1, art. 68.)

Mais l'impéritie du Juge, quoiqu'elle puisse être considérée comme une espece de quasi-délit, ne donne jamais lieu, dans nos mœurs, à prétendre des dommages & intérêts contre le Juge qui a mal jugé, à la différence de qui s'observoit en Droit. (Voyez *stut.* titre *De obligationibus quæ ex delicto nascuntur.*)

SOMMAIRE

OU

ABREGÉ

DE LA PROCEDURE CRIMINELLE

EN PARTICULIER.

1. **A**VANT d'entrer en matiere, il eſt néceſſaire de ſçavoir ce qu'on entend par *Cauſes criminelles ;* c'eſt-à-dire, celles qui ſe pourſuivent criminellement, ou, ce qui eſt la même choſe, qui donnent lieu à la procédure criminelle.

Cette diſtinction des cauſes criminelles, & de celles qui ne le ſont point, eſt très-importante. 1°. Parce que c'eſt cette diſtinction qui établit la compétence du Juge. 2°. Parce que la maniere de procéder dans les affaires criminelles, eſt différente de celle qui eſt en uſage dans les affaires civiles.

Il eſt néceſſaire pour cela d'obſerver, que dans les crimes & délits qui peuvent ſe commettre, il y en a de deux ſortes, les uns qui offenſent ſeulement la Juſtice & l'ordre public, ſans bleſ-ſer, ni offenſer aucune perſonne en particulier ; comme ſont les crimes d'héréſie, de ſimonie, &c. ; & les autres qui offenſent non-ſeulement la Juſtice, mais encore qui cauſent du dommage, ou préjudice à quelqu'un, comme ſont l'homicide, l'incendie, le vol, &c.

La premiere de ces deux eſpeces de crimes donne lieu à une ſeule action, qui eſt l'action publique, laquelle ſe pourſuit, ou d'office par le Juge ; ou à la requête des parties publiques, qui ſont les Procureurs-Généraux, ou Procureurs du Roi, dans les

Cours & Juſtices Royales, & les Procureurs Fiſcaux dans les Juſtices des Seigneurs.

2. A l'égard de la ſeconde eſpece de crimes, elle donne lieu à deux actions ; l'une qui a pour objet la vengeance publique, ou la punition du crime ; & l'autre qui conſidere la réparation du dommage en faveur de la partie offenſée. Ainſi les cauſes de cette ſeconde eſpece peuvent être dites *criminelles*, étant conſidérées ſous le premier de ces rapports ; & *civiles*, étant conſidérées ſous le ſecond ; & c'eſt en ce ſens que quelques Auteurs les appellent *cauſes mixtes*. Mais parce qu'on doit conſidérer les cauſes du côté qui eſt le plus important, on ne peut douter que celles-ci ne ſoient de vraies cauſes criminelles ; parce que l'intérêt de la partie privée n'en eſt que l'acceſſoire ; ce qui eſt fondé ſur ce que l'intérêt public doit être préféré à celui des particuliers.

Lorſqu'il ne s'agit que de l'intérêt particulier des parties privées ; *v. g.* de la reſtitution d'effets volés, ou de quelque réparation civile, ou de paiement de dommages & intérêts, on dit que l'affaire eſt purement civile, encore même qu'il s'agiſſe d'un délit.

3. Il y a des cauſes qui peuvent être pourſuivies criminellement contre les uns, & civilement contre les autres, quoique pour raiſon d'un ſeul & même fait : comme dans le cas de détournement d'effets d'une ſucceſſion, ou de recel de communauté. (Voyez ce qui a été dit à ce ſujet, au titre *De la maniere d'exercer l'action criminelle en général*, part. 3, liv. 3, tit. 1, n. 141 ; & ce qui a été dit ci-après, n. 69.

Quant à la queſtion de ſçavoir ſi l'action civile & l'action criminelle peuvent concourir enſemble dans une même perſonne offenſée ; & ſi après avoir intenté l'une de ces actions, l'offenſé peut enſuiter intenter l'autre, Voyez ce qui a été dit au titre *De la maniere d'exercer l'action criminelle en général*, ci-deſſus, *part. 3, liv. 3, tit. 1, n. 21 & 25.*

Je diviſe cette cinquieme partie, qui concerne la procédure criminelle en particulier, en cinq Chapitres.

Le I. qui renferme la procédure qui ſe fait avant le réglement à l'extraordinaire, ou lorſque dans la procédure criminelle, il n'intervient point de réglement à l'extraordinaire.

Le II. comprend ce qui ſe fait depuis le réglement à l'extraordinaire.

Le III. traite des Jugements, & de ce qui en dépend.

Dans le IV. Chapitre j'examine les différentes manieres dont on peut se pourvoir contre les Sentences, Jugements, & Arrêts.

Le V. traite de quelque procédures criminelles en particulier.

On peut observer en général, que tout ce qui a rapport à la procédure criminelle, se réduit, 1°. A la plainte. 2°. A l'information. 3°. Aux exceptions & défenses de l'accusé. 4°. Au Jugement, & à la peine prononcée contre l'accusé. 5°. A la maniere dont on peut se pourvoir contre le Jugement.

CHAPITRE PREMIER.

De la Procédure qui se fait avant le Réglement à l'extraordinaire.

4 **T**OUT l'objet de la procédure criminelle se réduit à constater le délit, & à découvrir l'auteur du crime, pour lui infliger la peine qu'il mérite ; ainsi, de quelque maniere que se fasse la procédure, on doit toujours avoir ces deux points en vue, & faire attention que tout ce qui se fait dans le cours de l'instruction, doit nécessairement s'y rapporter.

On peut procéder de trois manieres dans les affaires criminelles ; la premiere, par voie de plainte, ou d'accusation ; la seconde, par la voie de dénonciation ; & la troisieme, en flagrant délit. Mais ces trois différentes manieres de procéder se réduisent à deux. 1°. Aux informations qui se font d'office par le Juge. 2°. A celles qui se font sur la requête, ou plainte d'une partie, soit publique, soit privée.

L'information d'office est celle qui se fait par le Juge, indépendamment d'aucune plainte ; elle n'a guere lieu que dans le cas de flagrant délit.

L'information sur plainte se fait, ou sur la plainte de la partie privée, ou sur l'accusation de la partie publique. Cette derniere est ordinairement précédée de dénonciation ; mais elle se fait aussi quelquefois sans dénonciation.

5. Il est bon d'observer touchant ces différentes manieres de procéder. 1°. Que quand une cause criminelle est mêlée avec une
cause civile, il faut avant tout décider la cause qui est criminelle.
(Voyez ci-dessus, au titre *De la maniere d'exercer l'action crimi-*
nelle en général, part. 3, liv. 3, tit 1, n. 76.) 2°. Que l'information faite d'office par le Juge, ou sur la plainte de la partie offensée, peut concourir avec la plainte, ou accusation qui peut être
rendue ensuite par la partie publique, ou par une partie privée,
pour raison de ce même crime. (Voyez *ibid.* n. 23.)

Bien plus, l'information faite d'office, ou sur la plainte ou
accusation de la partie publique, cesse d'avoir lieu, lorsqu'il survient une partie civile ; parce qu'alors toute procédure doit se
faire au nom, & sur la poursuite de cette partie ; ainsi qu'il résulte de l'article 8 du titre 3 de l'Ordonnance de 1670.

ARTICLE PREMIER.

De la maniere de constater le corps de délit.

6. La premiere formalité que le Juge doit observer dans l'instruction d'une affaire criminelle, est de constater l'existence du crime,
ou corps de délit ; car si le crime n'est constant, il est inutile
de chercher à en découvrir l'auteur : toute la procédure que feroit le Juge, seroit inutile & vicieuse sans cette précaution.
(Voyez ce qui a été dit au titre *Des informations en général*, ci-
dessus, *part.* 3, *liv.* 2, *tit.* 1, *n.* 6.)

Bien plus, quand même l'accusé avoueroit le crime, le Juge
ne pourroit néanmoins le condamner sur cet aveu ; à moins que
le corps de délit ne fût prouvé d'ailleurs par témoins, ou autrement que par la confession de l'accusé.

Le corps de délit se constate ordinairement par Experts, ou
par le transport & examen du Juge.

Il y a cependant des corps de délits dont l'existence ne peut
être établie que par la voie de l'information par témoins ; comme
quand il s'agit d'un crime qui se commet par la simple volonté,
sans aucun fait extérieur ; tel qu'est le crime d'hérésie ; ou même
lorsqu'il s'agit d'un crime qui étant manifesté par un fait extérieur, ne laisse aucunes traces après lui, comme l'adultere, le
stupre, le vol sans effraction, les injures verbales, &c. (Voyez ce qui

a été dit ci-deſſus, au titre *Du corps de délit, & de la maniere de le conſtater*, part. 3, liv. 2, tit. 3, n. 5 & ſuiv.) Dans ces ſortes de crimes, auſſi-tôt après la plainte, & ſans examen, le Juge doit informer contre l'auteur du crime ; & après avoir entendu contre lui les témoins néceſſaires, le faire empriſonner, ou décréter ; autrement, & ſi cela n'avoit lieu, une infinité de crimes demeureroient impunis.

7. Mais lorſque le délit eſt de nature à laiſſer des traces qui en conſtatent l'exiſtence ; comme un corps mort dans le cas d'un homicide ; une maiſon brûlée ; un vol fait avec effraction, &c. ; dans tous ces cas, auſſi-tôt après la plainte, ou la dénonciation, le Juge doit ſe tranſporter ſur le lieu, pour examiner le cadavre, ou les lieux incendiés, ou l'effraction. (Voyez ce qui a été dit à ce ſujet au titre *Des informations d'office*, part. 3, liv. 2, tit. 2, n. 8 & ſuivants.)

Au reſte, il faut obſerver que le corps de délit doit être pleinement conſtaté, quand il s'agit de condamner un accuſé à la queſtion, ou de le juger diffinitivement ; au-lieu que pour informer contre celui qui eſt accuſé du crime, la ſeule plainte, ou dénonciation ſuffit.

Il faut auſſi obſerver qu'il y a quelquefois des cas où l'on peut s'aſſurer de la perſonne de l'accuſé, & de le faire empriſonner avant que le corps de délit ſoit conſtaté ; ce qui a lieu principalement quand on craint que l'accuſé ne prenne la fuite.

8. Les Juges dans leurs procès-verbaux de tranſport, doivent faire mention de l'état au quel ils trouveront les perſonnes bleſſées, ou le corps mort ; enſemble du lieu où le délit a été commis, & de tout ce qui peut ſervir pour la décharge, ou conviction de l'accuſé. (Ordonnance de 1670, *tit. 4, art. 1.*)

Ainſi lorſque le Juge a connoiſſance que quelqu'un a été tué, il doit ſe tranſporter ſur le lieu pour viſiter le cadavre ; faire la deſcription de ſes bleſſures, & le faire reconnoître, ſi cela ſe peut, par des témoins qui l'aient connu vivant. Mais ſi perſonne ne le reconnoît, il faudra le déſigner par ſes habits, & autres ſignes ; *v. g.* par ſa taille, ſon âge à-peu-près, &c. ; & ſur-tout faire une deſcription exacte de ſes bleſſures, & conſtater de cette maniere le corps de délit. Il n'eſt pas néceſſaire pour cela de ſçavoir le nom de celui qui a été tué, non plus que pour pouvoir condamner le coupable.

. En faifant la defcription des bleffures, il faudra en marquer toutes les qualités, leur grandeur, en quel droit du corps elles fe trouvent, avec quel genre d'armes elles ont été faites ; fi c'eft par un inftrument tranchant, ou contondant, &c. ; & fi ce font des Médecins, ou Chirurgiens, qui font cette defcription dans leur rapport, il faudra qu'ils déclarent fi ces bleffures font mortelles, ou non ; car toutes ces chofes font fouvent d'une grande importante pour connoître le coupable ; *v. g.* par l'efpece d'armes, dont il eft prouvé qu'il étoit porteur dans ce temp-là.

9. Il en eft de même de l'incendie & des autres délits dont il refte des veftiges ; *v. g.* pour conftater le lieu de l'incendie, & les reftes de l'embrafement ; dans le vol avec effraction, pour conftater la fracture faite à une muraille, à une porte, ou à un coffre, ou armoire ; dans le viol, pour faire examiner par des Chirurgiens, ou des Matrônes, les parties naturelles de la perfonne violée ; car lorfque ces Chirurgiens, ou Matrônes, déclarent que le viol eft conftant, cela fuffit pour conftater le corps du délit, & pour pouvoir informer contre le coupable.

Mais fi l'on ne peut trouver le cadavre de celui qui a été tué ; *v. g.* parce qu'il a été confumé par le feu, ou jetté dans la mer, il faudra conftater le corps de délit par le bruit public, & par témoins ; & fi le cadavre a été enterré, le Juge doit le faire exhumer.

Lorfqu'on trouve un corps mort fans aucunes bleffures, il n'eft pas préfumé avoir été tué, mais être mort de fa mort naturelle.

Si le cadavre eft trouvé au fond d'un puits, ou précipité du haut d'une tour, ou pendu à une corde, ou bleffé & mort, on ne préfume point qu'il s'eft tué lui-même ; mais alors on doit prouver le corps de délit par des indices & des conjectures.

10. Dans le cas où il eft incertain fi le mort s'eft lui-même jetté dans le puits, ou précipité, ou pendu ; ou fi d'autre perfonnes font les auteurs de ce délit ; ou fi cela eft arrivé par accident ; ou autres cas femblables, le Juge doit s'informer exactement de la maniere dont la chofe s'eft faite, non pour conftater un délit, mais feulement pour conftater la vérité du fait, & pour connoître enfuite fi ce fait eft un délit, ou non ; il doit même employer pour cela, s'il eft néceffaire, le jugement des Médecins, & autres Experts. Lorfque par les informations, il eft conftant que ce n'eft point un délit, il n'ira pas plus loin, & ceffera fa procédure. Si

au

au contraire il réfulte quelque indice de crime, il fuivra fa procédure ; & par ce moyen on ne pourra lui rien imputer.

Voyez au furplus tout ce qui a été dit touchant ces procès-
verbaux, au titre *Des informations d'office*, part. 3, liv. 2, tit. 2,
n. 8 & fuivants.

Les procès-verbaux de tranfport des Juges doivent avoir lieu,
non-feulement dans le cas d'incendie, ou d'une perfonne homi-
cidée, mais encore dans le cas d'un vol avec effraction, ou lorfque
quelqu'un a été excédé de coups, & que le crime eft de nature à
être pourfuivi à la requête de la partie publique ; ce qui réfulte
évidemment de la difpofition de l'article 1 du titre 4 de l'Ordonnance qu'on vient de citer.

11. Lorfqu'il s'agit de blefsures, le Juge dans ce tranfport doit faire
prêter ferment au blefsé, avant de recevoir fa déclaration, au
cas qu'il le puifse faire.

Il faut auffi obferver que dans les cas d'homicide & de bleffures dangereufes, le Juge qui fait l'inftruction, doit ordonner, ou
d'office, ou fur la requête de la partie publique, que le cadavre,
ou la perfonne blefsée fera vifitée par Médecins & Chirurgiens,
pour conftater la caufe de la mort, ou l'état des blefsures ; fur-
tout quand le délit eft de nature à être pourfuivi d'office, & qu'il
exige un rapport de Médecins & Chirurgiens ; ce qui fe trouve
même établi par une Déclaration du 5 Septembre 1712, à l'occafion des cadavres trouvés dans Paris, & aux environs, de perfonnes, que l'on foupçonne n'être pas mortes de leur mort naturelle.

Les parties offenfées peuvent auffi requérir ce rapport, & les
blefsés demander à fe faire vifiter. (Voyez l'article 1 du titre 5
de l'Ordonnance de 1670.)

Quant aux autres manieres de conftater le corps de délit, Voyez
ce qui a été dit au titre *Du corps de délit, & de la maniere de conftater*, part 3, liv. 2, tit. 3, n. 6 & fuivants.

Après que le cadavre a été vifité, le Juge doit le faire transférer à la morgue, ou dans quelque endroit de la prifon.

ARTICLE II.

Des informations qui se font d'office par le Juge.

12. Le délit étant conftaté, le Juge doit procéder aux informations néceffaires pour en découvrir l'auteur ; ce qui peut fe faire de deux manieres ; car lorfque l'auteur du délit eft inconnu, l'information doit être faite feulement en général contre l'auteur du crime ; mais fi le coupable eft connu, l'information doit être faite fpécialement & nommément contre lui.

Pour faire cette information, le Juge doit entendre les témoins qui ont été préfents lorfque le crime a été commis, ou qui ont connoiffance d'autres faits tellement liés avec le crime même, qu'ils peuvent fervir à découvrir le coupable.

Le Juge qui fait l'inftruction, doit ufer pour cela d'une grande diligence, afin de ne pas donner lieu au criminel, par une lenteur déplacée, de prendre la fuite, ou de corrompre les témoins.

Il n'eft pas néceffaire que les témoins foient affignés, lorfqu'ils font entendus d'office par le Juge, dans le cas de flagrant délit. (Ordonnance de 1670, *tit.* 6, *art.* 4.)

13. Le Juge ne doit jamais informer d'office contre quelqu'un en particulier, à moins qu'il n'y ait auparavant quelque chofe qui donne lieu à cette information d'office ; comme la diffamation du coupable, la plainte d'une partie, ou une dénonciation. Mais lorfque le corps de délit eft conftaté, le juge peut informer en général contre celui qui en eft l'auteur ; & lorfqu'il vient à être connu, l'information, de générale qu'elle étoit, devient fpéciale ou particuliere contre l'auteur du crime.

Quoique la voix, ou la clameur publique, par laquelle une telle perfonne eft regardée comme l'auteur du crime, doive tenir lieu d'accufation au Juge, ainfi que le penfent quelques Auteurs, néanmoins on obferve le contraire dans l'ufage ; & puifque le Juge par fon procès-verbal, doit non-feulement conftater le corps de délit, mais encore informer de ce qui occafionne cette clameur publique, il eft vrai de dire que tout procès criminel doit être précédé de plainte, ou de dénonciation.

14. Ainfi, lorfque les témoins dépofent que le bruit public eft qu'un tel eft l'auteur du crime, & qu'ils l'ont entendu dire à un grand

nombre de perfonnes, ils doivent nommer ces perfonnes ; autrement leur dépofition n'eft pas d'un grand poids. Il faut auffi que
ces témoins foient des perfonnes dignes de foi, & non ma-lfamées ;
fi ce n'eft qu'il s'agît d'un délit commis dans un lieu où il feroit
difficile d'avoir des preuves autrement que par ces fortes de perfonnes; *v. g.* s'il s'agiffoit d'un crime commis dans un lieu public ;
auquel cas on peut alors entendre en dépofition des femmes de
mauvaife vie, *&c.*

Touchant les dénonciations, Voyez ce qui a été dit au titre
Des plaintes, accufations & dénonciations, ci-deffus, *part.* 3, *liv.* 2,
tit. 4, *n.* 27 & *fuivants.*

Si le coupable eft furpris en flagrant délit, c'eft encore un
moyen fuffifant pour donner lieu au Juge d'informer d'office.
(Voyez ce qui a été dit au titre *Des informations d'office*, part. 3,
liv. 2, tit. 2, n. 10.)

ARTICLE III.

Des Plaintes, Accufations & Dénonciations.

35. La plainte, ou accufation qui fe fait à la requête de la partie
publique, eft la voie la plus ordinaire qui donne lieu au Juge
d'informer ; foit en général, fi cette plainte eft donnée en général contre les auteurs du crime ; foit fpécialement & en particulier,
fi cette plainte eft donnée contre telle, ou telle perfonne.

Et il en eft de même des plaintes qui fe donnent à la requête
des parties privées.

Lorfqu'il y a des plaintes réciproques de la part du plaignant
& de l'offenfé, chacune de ces plaintes s'inftruit féparément, fi
elles fe pourfuivent à la requête des parties civiles ; mais fi l'une
de ces plaintes fe pourfuit à la requête de la partie publique,
foit partie principale, ou jointe, alors on inftruit cette derniere
plainte préférablement à l'autre ; fauf à faire droit dans la fuite, s'il
y a lieu, fur celle qui fe pourfuit feulement à la requête de la
partie privée. (Voyez ce qui a été dit à ce fujet, au titre *De la
maniere d'exercer l'action criminelle en général*, ci-deffus, *part.* 3,
liv. 3, *tit.* 1, *n.* 75 & *fuiv.*)

Le Juge ne doit en aucun cas rejetter la plainte qui lui eft présentée. (Voyez au titre *Des plaintes*, ci-deſſus, *part.* 3, *liv.* 2, *tit.* 4, *n.* 9.)

16. A l'égard des perſonnes qui ſont recevables, ou non, à préſenter plainte, & de celles contre leſquelles on peut l'intenter, Voyez ce qui a été dit au titre *De la maniere d'exercer l'action crimi-nelle en général*, part. 3, liv. 3, n. 95 & ſuivants ; & *n.* 104 & *ſuivants.*)

Enfin, il faut obſerver qu'il y a des cas où dans le cours d'une inſtance civile ; *v. g.* pour injures, ou autre délit, la partie pu-blique peut intervenir, ſi l'affaire eſt de nature à exiger ſon mi-niſtere ; comme il arrive, lorſqu'à l'occaſion d'une affaire civile, le Juge vient à découvrir quelque malverſation d'Huiſſier, Procu-reur, Notaire, ou autre Officier public ; ou bien un faux dans un écrit, ou billet; ou contre un faux témoin; ou quelqu'autre délit. Dans tous ces cas le Juge peut ordonner d'office qu'il en ſera infor-mé ; & après que le corps de délit a été conſtaté, il doit informer contre celui qui en eſt l'auteur, & cela ſans acune plainte pré-cédente ; ce qui a lieu dans toutes les fois qu'il pourroit d'ailleurs procéder d'office, pour raiſon de ce même crime.

Quant à la queſtion de ſçavoir ſi les témoins qui ont été en-tendus en ce cas, au civil, peuvent faire ſoi pour le criminel, Voyez ce qui a été dit à ce ſujet au titre *De la converſion des procès ci-vils en procès criminels*, part. 3, liv. 2, tit. 17, n. 4, ou 5.

ARTICLE IV.

Des Procès-verbaux de tranſports du Juge en la maiſon de l'accuſé, & du ſcellé ſur ſes effets; de la perquiſition des choſes volées, ou d'accuſés en la maiſon d'autrui ; du rapport d'effets appartenants à l'accuſé, &c.

17. Lorſque le Juge ſoupçonne qu'il peut y avoir en la maiſon de l'accuſé des effets ſervant à conviction, il doit s'y tranſporter pour y faire perquiſition de ces effets ; ce qui ſe fait, ou d'of-fice, ou ſur la requête de la partie publique, ou même ſur celle du plaignant.

Pour faire cette perquiſition, il faut que le Juge ſe tranſporte en la maiſon de l'accuſé avec le Greffier ; & même pour faire une procédure exacte, il doit y faire conduire l'accusé, s'il étoit emprisonné, pour faire avec lui la visite & perquisition de ces effets ; & si cet accusé est absent, cette visite doit être faite avec la partie publique.

Lorsque l'accusé est présent, le Juge doit l'interroger sur les papiers, & autres effets suspects, & faire mention de ses réponses dans son procès-verbal

Si la description, ou inventaire de ces effets ne pouvoit se faire, sans y employer un temps considérable, le Juge doit les mettre sous le scellé, & les laisser à la garde de quelqu'un ; après quoi, il pourra procéder à loisir, avec l'accusé, à la confection de cet inventaire, dont il lui remettra une copie.

18. Lorsque les effets de l'accusé, qui peuvent servir de conviction, ou de preuve contre lui, sont en petit nombre, le Juge doit les faire transporter au Greffe, après avoir pris la précaution, si ce sont des papiers, de les parapher, & faire parapher par l'accusé ; & si ce sont d'autres meubles, ou effets, d'y apposer son sceau, ou cachet, & de les faire aussi cacheter par l'accusé de son cachet ; ou bien de les faire mettre dans des paniers, coffres, ou ballots, sur lesquels le Juge apposera le scellé cacheté de son sceau & de celui de l'accusé, pour être dans la suite ouverts en présence de cet accusé, après avoir reconnu son cachet. Le Juge doit faire mention du tout dans son procès-verbal, ainsi que du refus de l'accusé, dans le cas où il refuseroit de parapher, ou d'apposer son cachet.

Si parmi les effets trouvés en la maison, ou possession de l'accusé, il s'en trouve qui peuvent dépérir, ou être consommés en frais, le Juge doit en faire faire la vente publique, après s'être informé exactement si ce ne sont point des effets volés ; & après les avoir fait auparavant proclamer par un, ou plusieurs jours de marché. Si ces effets sont reclamés, ou s'il y a lieu de craindre qu'ils n'aient été volés, le Juge ne doit les rendre, ou les adjuger, que sous la caution par le propriétaire, ou adjudicataire de ces meubles, ou effets, de les représenter à Justice, s'il est ainsi ordonné, pour servir à l'instruction du procès. A l'égard du prix provenant de la vente, il doit être remis entre les mains du Greffier, qui s'en chargera comme dépositaire de Justice.

19. Il arrive aussi quelquefois dans l'instruction d'une affaire criminelle, que le Juge se transporte en la maison d'un tiers pour y faire

perquifition ; ce qui peut avoir lieu en deux cas. 1°. Lorfquil s'a-
git d'arrêter un particulier qui eft caché dans une maifon autre
que la fienne. 2°. Quand on veut chercher dans une maifon des
effets volés qui y ont été recelés, ou mis en dépôt.

Mais il faut obferver que cette efpece de perqufition ne doit
avoir lieu, que dans les crimes graves, & qui intéreffent le miniftere public ; ou fur la requête des parties privées, en conféquence d'une information qui donne quelque preuve, ou indice
violent contre celui dans la maifon duquel on veut faire la perquifition ; ou dans le cas de flagrant délit.

20.   Il peut arriver auffi que des particuliers rapportent d'eux-
mêmes au Juge des effets qu'ils ont entre les mains, appartenants
à un accufé, ou qui leur ont été par lui remis ; alors le Juge doit
auffi dreffer procès-verbal du rapport de ces effets, & de l'ouverture d'iceux, fi ce font des paquets, coffres, ou ballots, en préfence de celui qui les rapporte, après ferment de lui pris ; & ordonner enfuite que ces effets feront dépofés au Greffe, pour
fervir, s'il y a lieu, de pieces de conviction dans l'inftruction du
procès.

Et il en eft de même des lettres qui pourroient être écrites
par l'accufé, ou qui lui feroient adreffées. Si l'accufé eft prévenu
d'un crime qui intéreffe le miniftere public, il eft de la prudence
du Juge de faire ouvrir ces lettres, & d'en dreffer procès-verbal ;
& fi elles forment quelque charge contre l'accufé, le Juge doit en
ordonner le dépôt au Greffe, préalablement paraphées par lui
& par l'accufé, & faire figner auffi le procès-verbal au Geolier,
ou autre, qui a fait le rapport defdites lettres.

ARTICLE V.

Des informations de Témoins.

21.   L'information pour découvrir l'auteur du crime, fe fait ordinairement par témoins, & quelquefois par comparaifon d'écritures ;
mais ces informations font inutiles, lorfqu'on a une preuve fuffifante par les interrogatoires de l'accufé. (Voyez l'article 5 du
titre 25 de l'Ordonnance de 1670.)

Les témoins doivent être adminiftrés par les Procureurs du Roi,
ou des Seigneurs, & auffi par les parties civiles. (Ordonnance
de 1670, *tit.* 6, *art.* 1.)

A l'égard des perfonnes dont le témoignage doit être rejetté, ou du moins doit être regardé comme fufpect, Voyez ce qui a été dit au titre *Des preuves*, ci-deffus, *part.* 3, *liv.* 1, *tit.* 3, *n.* 104 *& fuivants.*

Les dépofitions doivent être rédigées à charge & à décharge. (Ordonnance de 1670, *tit.* 6, *art.* 10.) Le Juge peut même, en entendant des témoins en dépofition fur un fait, faire écrire ce qu'ils dépofent touchant d'autres délits commis par l'accufé, lorfque ces délits font graves, & peuvent intéreffer le miniftere public; quand même il n'y auroit point de plainte rendue pour raifon de ces autres crimes. Il peut enfuite faire rendre plainte pour raifon de ces mêmes délits par la partie publique; & informer & décréter; & alors ces dépofitions peuvent être employées comme dénonciations pour raifon de ces autres crimes.

Lorfque des témoins demeurent hors l'étendue de la Jurifdiction du Juge qui inftruit, il peut, s'il le juge à propos, les faire affigner pour comparoître devant lui; mais s'ils font bien éloignés, il peut adreffer une commiffion au Juge des lieux pour les entendre. (Voyez ce qui a été dit à ce fujet, au titre *De l'inftruction criminelle*, part. 3, liv. 3, tit. 2, n. 102.)

ARTICLE VI.

Des Preuves.

22. Les preuves qu'on peut employer pour découvrir l'auteur du crime, font de trois fortes, 1°. la confeffion de l'accufé; 2°. la dépofition des témoins; 3°. la preuve littérale. (Voyez tout ce qui a été dit fur ces trois genres de preuves, ainfi que fur les indices, au titre *Des preuves*, part. 3, liv. 1, tit. 3.)

La premiere regle que le Juge doit obferver en cette matiere, & qu'on doit regarder comme une des plus importantes & des plus générales, eft que quand on fait une procédure criminelle contre un accufé, le Juge doit mettre en ufage toutes les preuves qu'il peut acquérir contre cet accufé; ainfi il ne doit pas s'en tenir à la fimple confeffion, lorfqu'il peut avoir d'ailleurs d'autres preuves, ou indices contre lui. Et de même, quoiqu'il y ait des témoins qui prouvent contre l'accufé, il eft néanmoins à propos de ne pas négliger les indices qu'on peut avoir contre lui; fur-tout lorfque ces indices font graves, & ont une liaison prochaine avec le fait principal ; parce que ces indices, quoique non suffifants par eux-mêmes, peuvent fervir néanmoins le plus fouvent à fortifier la dépofition des principaux témoins.

23. La feconde regle que le Juge doit obferver, eft qu'il doit faire entendre pour témoins, 1°. tous ceux qui ont une connoiffance du délit, ou du fait principal, avant tous les autres ; 2°. ceux qui font préfumés en avoir connoiffance, comme les voifins & les domeftiques, dans le cas d'un homicide; tous ceux qui étoient dans l'endroit, ou proche l'endroit où le crime a été commis ; & ainfi des autres, &c. Le Juge doit, alors, ufer d'une grande diligence; parce que fouvent ceux qui ont commis le crime, ou d'autres perfonnes en leur nom, tranfigent fecrétement avec les offenfés, & produifent d'autres témoins, qui par leurs dépofitions empêchent qu'on ne puiffe avoir la preuve du crime; c'eft pourquoi il eft bon, lorfque cela arrive, que le Juge fonde les témoins, pour fçavoir d'eux ce qui les a engagés à faire ces fortes de dépofitions.

Dans le cas d'un fecours prêté pour commettre le crime, il faut commencer par informer contre le principal auteur du crime, avant d'informer contre les complices ; & il en eft de même dans les crimes commis par la voie du mandat, il faut commencer à informer contre l'auteur du mandat, avant d'informer contre les mandataires.

Les informations fe font contre l'accufé, foit qu'il foit préfent, ou abfent. Il en eft de même, dans le cas où l'auteur du crime feroit inconnu : mais le Juge doit avoir alors attention de faire défigner par les témoins l'âge, la taille & l'habillement de l'accufé, au cas qu'ils aient connoiffance de ces chofes ; ainfi que les autres fignes qui peuvent fervir à le faire connoître.

ARTICLE VII.

Des Monitoires.

24. Lorfqu'il ne fe trouve pas de témoins fuffifants pour découvrir l'auteur du crime, on emploie affez fouvent la voie des Lettresmonitoires. (Voyez ce qui a été dit à ce fujet, au titre *Des monitoires,* ci-deffus, *part. 3, liv. 2, tit. 8, n. 1. & fuiv.*)

ARTICLE

ARTICLE VIII.

Des Reconnoiffances d'Écritures.

Quelquefois la preuve du crime dépend d'actes écrits, ou fignés de la main de l'accufé, qu'il refufe de reconnoître. Dans ce cas, il faut procéder à la reconnoiffance de ces actes ; ce qui fe fait par le fecours des Maîtres-écrivains, qui examinent les actes en queftion, & les comparent avec d'autres écritures authentiques, ou reconnues par l'accufé; & déclarent enfuite fi la piece conteftée eft écrite, ou non, de fa main. (Voyez ce qui a été dit au titre *Des reconnoiffances d'écritures*, ci-deffus, *part.* 3, *liv.* 2, *tit.* 9.)

ARTICLE IX.

Des Compulfoires.

25. Il peut auffi arriver quelquefois que la partie publique, ou privée, ait befoin, pour acquérir des preuves contre un accufé, d'un acte qui n'eft point en leur poffeffion ; mais en celle d'un Officier public, qui par fon état eft obligé de tenir l'acte fecret; alors cette partie peut fe faire délivrer copie de l'acte, en s'adreffant pour cela au Juge, & en obtenant de lui une permiffion pour le compulfer.

Il faut obferver à ce fujet que l'accufé n'eft pas obligé de produire les actes qui peuvent être contre lui, fuivant cette maxime, que, *nemo tenetur edere contrà fe.* (Arrêt du Parlement de Touloufe du 12 Février 1672, rapporté au Journal du Palais. Voyez auffi Julius-Clarus, *qu.* 27, *n.* 2; & Menochius *de arbitr. jud.* quæft. lib. 1, cafu 499, pag. 871.)

ARTICLE X.

Des Informations par addition.

26. On peut, dans le cours d'une inftruction, informer par addition contre l'accufé, foit pour raifon du même crime, foit pour raifon d'un nouveau crime. Dans le premier de ces deux cas, il

Tome IV.   V v

ne faut pas de nouvelle plainte ; mais s'il y a un nouveau délit, il faut nécessairement une plainte nouvelle.

Et il en est de même, si dans le cours de l'instruction on vient à découvrir un nouveau complice ; car alors il faut une nouvelle plainte contre ce nouveau complice ; à moins que la premiere plainte n'ait été donnée en général contre tous les auteurs & complices du crime.

Si la plainte a été rendue en général contre un accusé, pour raison de plusieurs délits par lui commis, sans les spécifier tous en détail, lorsqu'on vient à découvrir un nouveau délit, dont il n'est pas fait mention spécialement dans la plainte, il faut aussi, dans ce cas, donner une nouvelle plainte.

Si la plainte est rendue contre un accusé, pour raison de blessures, & que cet accusé vienne à mourir de ses blessures, il faut aussi alors une nouvelle plainte, & une nouvelle information, à cause de cette mort, qui fait que le crime devient un homicide.

(Voyez au surplus ce qui a été dit ci-dessus, au titre *Des informations en général*, part. 3, liv. 2, tit. 1, n. 16 ; & au titre *De la maniere d'exercer l'action criminelle en général*, ibid. part. 3, liv. 3, tit. 2, n. 179.)

ARTICLE XI.

Des Décrets en général.

27. L'information étant faite, s'il ne se trouve aucune preuve, ni aucuns indices contre l'accusé, le Juge ne doit pas aller plus loin, & il est inutile qu'il continue sa procédure. C'est pourquoi, quand le procès se poursuit à la requête d'une partie civile seulement, ou qu'il n'y a pas lieu au décret, il doit en ce cas renvoyer les parties à l'Audience : mais si le procès se poursuit à la requête de la partie publique, ou que cette partie publique soit jointe, alors le procès doit lui être communiqué ; & après les conclusions par lui données, l'accusé doit être renvoyé absous, ou il faut mettre hors de Cour sur l'accusation.

Si l y a un commencement de preuve contre l'accusé, on l'oblige de comparoître en Justice, soit pour se justifier, soit pour acquérir contre lui de nouvelles preuves ; & pour cela le Juge doit considérer attentivement qu'elle est la nature de cette preuve ; &

fi l'affaire eft de nature à mériter un décret de prife-de-corps, ou un décret d'ajournement perfonnel, ou feulement un décret d'affigné pour être oui.

28. Pour pouvoir prononcer un décret de prife-de-corps, le Juge doit examiner,

1°. Si le délit dont il s'agit, mérite, ou non, une peine corporelle, ou affliftive;

2°. Si les indices qui réfultent de l'information, font fuffifants pour donner lieu à un décret de prife-de-corps, le Juge doit prononcer ce décret; & fi le crime eft moindre, il décrétera l'accufé d'ajournement perfonnel feulement, ou d'affigné pour être oui; le tout fuivant la qualité des preuves & des perfonnes. Tous ces différents décrets doivent être rendus fur les conclufions de la partie publique; ainfi qu'il eft porté par l'article premier du titre 10 de l'Ordonnance de 1670.

C'eft pourquoi le Juge doit confidérer, avant tout, qu'elle eft la qualité de l'accufé; car il faut procéder autrement contre une perfonne d'un rang diftingué, ou d'une fortune élevée, qui n'eft pas préfumée vouloir prendre la fuite, que contre une perfonne vile & pauvre. Outre cela il faut procéder différemment dans les délits occultes, que dans les délits publics. Ainfi il faut de moindres indices, quand il s'agit de prononcer un décret de prife-decorps dans un délit caché, que dans un délit public. C'eft à la fageffe du Juge à examiner ces circonftances, & plufieurs autres femblables; & l'on ne peut donner là-deffus aucune regle certaine.

29. 3°. Quant aux preuves néceffaires pour décréter, foit de prife-de-corps, foit d'ajournement perfonnel, ou d'affigné pour être oui, Voyez ce qui a été dit à ce fujet, au titre *Des décrets*, ci-deffus, *part.* 3, *liv.* 2, *tit.* 10, *n.* 94 & *fuiv.*

4°. Les informations doivent être décrétées dans les vingt-quatre heures. (Voyez au titre *De la maniere d'exercer l'aftion criminelle en général*, part. 3, liv. 3, tit. 1, n. 149 & fuiv.

5°. Il faut un nouveau décret, quand il furvient un nouveau délit contre l'accufé; mais s'il eft prifonnier, cela eft inutile; & il n'eft pas même néceffaire de le recommander pour ce nouveau crime. (Voyez au titre *Des décrets*, part. 3, liv. 2, tit. 10, n. 15.)

6°. Non-feulement on peut décréter les accufés, mais auffi les témoins peuvent l'être, lorfque dans le cours de l'inftruction on

voit qu'ils se contredifent, ou qu'ils dépofent faux. (Ordonnance
de 1670, *tit. 15, art. 11.*)

ARTICLE XII.

Des Captures & Emprifonnements.

30. Quelquefois le Juge commence par faire arrêter & conftituer
prifonnier celui qui eft prévenu d'être l'auteur du crime, fans qu'il
y ait aucune information préalable contre lui, mais feulement des
preuves très légeres ; ce qui arrive lorfqu'il s'agit d'un crime atroce, & qu'on appréhende que le coupable ne prenne la fuite ; en
confidérant néanmoins en cela la qualité & la condition de l'accufé.

De même, quand il s'agit d'un meurtre, ou d'un vol qualifié,
le Juge fait ordinairement arrêter & mettre en prifon tous les ferviteurs & domeftiques de la maifon. (Voyez la Loi 1, D. *ad
Senatus-Confult. Syllanianum* ; & ce qui a été dit au titre *De l'homicide*, ci-deffus, *part.* 4, *tit. 21, n. 172.*)

Le Juge doit auffi être fort circonfpect à l'égard des perfonnes
élevées en dignité, ainfi qu'à l'égard des femmes d'honnête condition ; & avoir attention, fi ces perfonnes font décrétées de prife-
de-corps, de ne les pas faire conduire en prifon d'une maniere infamante. Il peut même quelquefois les retenir, ou faire refter
chez elles, ou ailleurs, en les mettant en la garde de quelqu'un,
afin qu'elles ne s'en aillent point.

Au refte, il faut obferver qu'en France il n'y a point d'afyles,
ni de retraites privilégiées pour les criminels, & qu'on peut les
arrêter par-tout où on les trouve ; même dans les Eglifes & maifons royales. (Voyez ce qui eft dit à ce fujet au titre *Des Décrets,
Captures & Emprifonnemens*, ci-deffus, *part.* 3, *liv.* 2, *tit.* 10,
n. 72.)

Lorfque l'accufé qu'on veut arrêter prifonnier, ne fe trouve point
chez lui, & difparoît ; ou qu'étant ajourné, il refufe de comparoître en Juftice ; alors on faifit & annote fes biens, & on inftruit
contre lui la contumace ; comme il fera dit ci-après, *n.* 6.)

ARTICLE XIII.

Des Rébellions à Justice, & recousse des accusés.

31. Il arrive quelquefois que les criminels qu'on veut arrêter, font résistance & se défendent à force-ouverte, & en employant la voie des armes. Dans ce cas, ceux qui les arrêtent, peuvent quelquefois tirer sur eux, & même les blesser, s'ils ne peuvent les arrêter autrement. (Voyez ce qui a été dit ci-dessus, au titre *Des rébellions à Justice,* part. 4, tit. 45, n. 25.) Mais ils ne doivent prendre ce parti, que dans le cas d'une nécessité indispensable; car s'il paroissoit, par les circonstances, qu'ils eussent pu arrêter les coupables, sans les tuer, ou blesser, ils seroient punis très séverement.

A l'égard de ceux qui par la voie de recousse, enlevent les prisonniers des mains de la Justice, ils sont aussi punis d'une peine très sévere. (Voyez au titre *Des rébellions à Justice,* ibid. n. 11.)

Dans tous ces cas, les Huissiers, Sergents, & autres Officiers chargés de l'exécution des décrets, auxquels on a fait rébellion, excès, ou violence, doivent en dresser leur procès-verbal, qu'ils remettront au Juge pour y être pourvu. (Ordonnance de 1670, tit. 10, art. 14.)

Ceux qui recelent les accusés, & qui leur donnent retraite pour les dérober aux poursuites de la Justice, peuvent aussi être poursuivis, comme étant en quelque sorte leurs complices. (Voyez au titre *Du Vol,* ci-dessus, part. 4, tit. 57, n. 186 & 193.)

ARTICLE XIV.

Des Evasions, & bris de Prison; & des asyles.

32. Quelquefois le prisonnier se sauve des prisons, soit en les brisant, soit en s'évadant par la négligence du Geolier, ou autrement : il peut arriver aussi qu'après s'être évadé, il vienne ensuite à se représenter. (Voyez ce qui doit s'observer dans tous ces cas, & la procédure que le Juge doit tenir, au titre *De la rébellion à Justice,* ci-dessus, part. 4, tit. 45, n. 31, 36 & 48; Voyez aussi les articles 24 & 26 du titre 17 de l'Ordonnance de 1670.)

ARTICLE XV.

Des Effets du Prisonnier.

33. Quand on arrête un prisonnier, il doit être fait inventaire de tous ses effets, & il faut remettre au Greffe les hardes, meubles, & autres effets qui peuvent servir à la conviction, ou preuve du crime. (Ordonnance de 1670, *tit.* 13, *art.* 7.)

ARTICLE XVI.

Des Prisons, Ecroues, & recommandations.

(Voyez *omninò,* titre *Des Prisons,* ci-dessus, *part.* 3, *liv.* 2, *tit.* 12, *n.* 1 & *suivants.*)

ARTICLE XVII.

Des Décrets d'ajournement personnel, & d'assigné pour être oui.

Lorsqu'il n'y a pas lieu d'arrêter l'accusé, ni de prononcer contre lui un décret de prise-de-corps, le Juge doit, ainsi qu'il a été observé, le décréter d'ajournement personnel, ou d'assigné pour être oui, afin de pouvoir l'interroger & l'entendre en ses défenses; autrement cet accusé ne pourroit être condamné légitimement. (Voyez au titre *Des Décrets,* ci-dessus, *part.* 3, *liv.* 2, *tit.* 10, *n.* 11.)

L'accusé cité par le Juge, doit sur l'assignation qui lui est donnée, comparoître dans les délais portés par l'Ordonnance; & il n'est pas nécessaire pour cela qu'il se présente au Greffe des présentations; parce que la formalité des présentations en matiere criminelle a été abrogée, ainsi qu'il a été observé au titre *De la maniere d'exercer l'action criminelle en général,* part. 3, liv. 3, tit. 1, n. 196.

ARTICLE XVIII.

Des Exoines, & Sauf-Conduits.

34. Souvent l'accusé cité en Justice est dans l'impuissance de se repréfenter ; *v. g.* lorfqu'il eft abfent d'une abfence néceffaire, ou qu'il eft malade, & qu'il ne peut fe mettre en voyage fans péril de fa vie : il faut alors qu'il propofe fes exoines ; & fi elles fe trouvent légitimes, le Juge doit lui donner un délai raifonnable pour fe repréfenter. Il faut obferver fur ces exoines ce qui eft marqué par l'Ordonnance de 1670, *tit.* 11, *art.* 1, *& fuiv.* ; & ce qui a été dit ci-deffus au titre *Des Exoines*, part. 3, liv. 2, tit. 14.

Il arrive auffi quelquefois que l'accufé ne peut, fur le décret rendu contre lui, comparoître en Juftice, fans courir rifque d'être arrêté prifonnier ; *v. g.* quand il y a contre lui une Sentence de condamnation par corps. Dans ce cas, il a befoin d'un fauf-con-duit, qui doit lui être accordé par le Juge, pour pouvoir compa-roître à Juftice, fans craindre d'être arrêté par fes créanciers. (Voyez ce qui a été dit à ce fujet au titre *Des Décrets*, part. 3, liv. 2, tit. 10, n. 85.)

ARTICLE XIX.

De la compétence des accufés qui doivent être jugés en dernier reffort par les Préfidiaux, ou par les Prévôts des Maréchaux.

35. Lorfqu'il s'agit d'un cas prévôtal, dont les Préfidiaux, ou Pré-vôts des Maréchaux connoiffent en dernier reffort, il faut avant de paffer au Réglement à l'extraordinaire, & au Jugement du fond, commencer par faire juger la compétence de l'accufé ; c'eft-à-dire, faire juger fi le crime & l'accufé font de nature à être ju-gés en dernier reffort, ou feulement à la charge de l'appel. (Voyez *omninò* au titre *De la compétence des accufés qui doivent être jugés en dernier reffort*, ci-deffus, part. 3, liv. 2, tit. 15.)

ARTICLE XX.

Des Sentences de Provifion.

36. Les Sentences de provifion ont ordinairement lieu en faveur des parties offenfées dans le cas de groffeffe, ou de bleffures, lorfqu'il y a lieu de les prononcer en conféquence d'une preuve réfultante de l'exiftence du corps de délit, & fur la requête de

l'offensé. S'il y a plusieurs personnes offensées, elles peuvent demander chacune une provision.

Ces provisions peuvent être demandées en tout état de cause, pourvu qu'il y ait eu auparavant un décret prononcé contre l'accusé, & à lui signifié; mais il est inutile pour cela de prendre des conclusions de la partie publique.

Il faut aussi observer que pour pouvoir adjuger une provision en faveur de l'offensé, il n'est pas nécessaire qu'il y ait contre l'accusé une preuve complette, qui constate que c'est lui qui est l'auteur du délit; & qu'il suffit pour cela qu'il y ait un commencement de preuves. Cette maxime est générale dans tous les cas qui requièrent célérité.

ARTICLE XXI.

Des Interrogatoires des accusés.

37. Lorsque l'accusé est arrêté prisonnier, ou cité en Justice, il faut l'interroger pour sçavoir s'il a commis le crime dont il est accusé, & pour tirer de lui la vérité; ce qui est d'autant plus juste, que dans cet interrogatoire, il peut proposer des défenses & exceptions légitimes sur l'accusation intentée contre lui.

Les prisonniers pour crime doivent être interrogés dans les vingt-quatre heures après leur emprisonnement; à peine de tous dépens, dommages & intérêts contre le Juge, &c. (Ordonnance de 1670, *tit.* 14, *art.* 1.)

Et il en est de même lorsque l'accusé comparoît sur un décret d'ajournement personnel, ou d'assigné pour être oui contre lui prononcé: il doit être interrogé aussitôt après sa comparution, à moins qu'il ne décline la Jurisdiction du Juge devant lequel il est cité.

La comparution de l'accusé doit être en personne, & non par Procureur. (Ordonnance de 1670, *tit.* 14, *art.* 7.) Même dans le cas où il viendroit à décliner la Jurisdiction du Juge devant lequel il est cité.

38. L'interrogatoire est tellement nécessaire, que même dans les procès où l'on passe au récolement & à la confrontation, si l'accusé n'avoit point été interrogé avant le réglement à l'extraordinaire, la procédure seroit absolument nulle.

Si

Si l'accusé reconnoît être l'auteur du crime, & que ce crime soit capital, on ne laisse pas d'achever les preuves ; car il ne seroit pas juste de condamner un innocent sur sa simple déclaration, quand on peut d'ailleurs avoir d'autres preuves. (Voyez ci-dessus, *n.* 27.)

Toutes les fois qu'il survient de nouvelles charges contre l'accusé , il doit être interrogé de nouveau sur ces charges ; & à cet effet , le Juge qui fait l'instruction, peut réitérer l'interrogatoire autant de fois qu'il le juge à propos, & qu'il est nécessaire pour le bien de la Justice. (Ordonnance de 1670, *art.* 14 & 15.) C'est pourquoi si l'accusé n'est pas prisonnier, il doit être assigné, ou décrété de nouveau , ainsi qu'il a été dit ci-dessus, *n.* 22.)

39. Il arrive quelquefois que dans une même affaire quelques-uns sont poursuivis criminellement, & les autres civilement ; comme dans le cas de recel des effets de la communauté, pour raison de quoi la femme ne peut être poursuivie que civilement, quoique ses complices puissent l'être criminellement ; alors la femme ne peut être interrogée sur les pieces secretes du procès, mais seulement sur les faits & articles qui lui sont signifiés par la partie qui poursuit le recel.

Lorsque l'accusé arrêté prisonnier est une personne vile & soupçonnée d'avoir été repris de Justice, le Juge doit le faire visiter par Chirurgiens, pour voir s'il a sur son corps quelque flétrissure , ou marque de Justice ; car s'il est convaincu d'avoir déja été repris de Justice, on peut le juger plus sévérement, pourvu que ce fait soit constaté, ou par la confession de l'accusé , ou par le Jugement qui l'a condamné à quoi la visite peut conduire, en interrogeant là-dessus l'accusé.

Si l'accusé interrogé convient de tout, on ne laisse pas d'achever la recherche des preuves qui peuvent résulter des dépositions des témoins, s'il y en a, ainsi que je viens de l'observer. Quelquefois cependant le Juge peut & doit condamner l'accusé sur sa simple confession, & sans qu'il soit nécessaire de passer à plus ample instruction , ni de faire entendre des témoins , suivant l'article 5 du titre 25 de l'Ordonnance de 1670, ci-dessus cité. Mais si l'accusé dénie, il faut nécessairement achever l'instruction.

ARTICLE XXII.

Des Exceptions & défenses des accusés.

40. S'il est juste d'employer tous les moyens par lesquels on peut faire la preuve du crime contre un accusé ; il est juste aussi de lui accorder ses moyens de défenses. L'accusé en peut proposer de plusieurs sortes. Car,

1°. Il peut avoir des raisons pour attaquer la compétence du Juge, & décliner sa Jurisdiction.

2°. Il peut avoir des causes de récusation contre le Juge.

3°. Il peut aussi le prendre à partie, & appeller de lui, comme de déni de Justice.

4°. Ou faire évoquer le procès pour raison de la parenté du Juge.

5°. Il peut aussi proposer ses moyens de défenses au fond, en attaquant le procès de nullité.

6°. Ou en faisant voir que l'action criminelle intentée contre lui, est prescrite.

7°. En établissant la négative de ce qui est prouvé contre lui au procès, au moyen de les faits justificatifs dont il peut faire la preuve.

8°. En reprochant les témoins, ou attaquant de faux leurs dépositions, & autres actes du procès.

9°. En recusant les Experts.

10°. En justifiant que sa confession n'a pas été libre, mais extorquée.

11°. En faisant voir que l'action pour laquelle il est poursuivi criminellement, est une action légitime & permise par les Loix.

12°. En prouvant qu'il a déja été jugé définitivement pour raison du même crime.

13°. Ou qu'il a transigé avec la partie offensée.

14°. Ou qu'il a obtenu des Lettres de grace du Prince.

Toutes ces exceptions & défenses peuvent être proposées par l'accusé, non-seulement lors de ses interrogatoires, mais encore à la confrontation qui lui est faite des témoins ; & aussi par des requêtes particulieres qu'il peut présenter à cet effet. (Voyez ci-dessus, au titre *Des exceptions & défenses des accusés*, part. 3, liv. 1, tit. 2, n. 19 & suivants.)

ARTICLE XXIII.

Des Déclinatoires, & de l'incompétence du Juge.

41. (Voyez au titre *Des exceptions & défenses des accusés*, ci-dessus, part. 3, *liv. 1, tit. 2, n. 30 & suivants.*)

Dans le cas où l'accusé décline la Jurisdiction du Juge, il faut avant tout prononcer sur ce déclinatoire, qui doit être jugé, non par le Juge qui fait l'instruction, mais par le Tribunal entier du lieu où s'instruit le procès. Pour proposer ce déclinatoire, il faut que l'accusé qui est décrété, & qui n'a pas encore subi interrogatoire, le demande en personne ; & il ne suffiroit pas de le demander par Procureur.

Cette exception, quant à la jurisdiction du Juge, peut être fondée sur trois causes ; ou sur ce que l'accusé n'est pas justiciable de la jurisdiction du Juge devant lequel il est poursuivi criminellement ; ou sur ce que le crime n'a pas été commis dans l'étendue du ressort de ce Juge ; ou sur ce que le crime n'est pas de sa compétence. (Voyez ce qui a été dit à ce sujet, & de la procédure qui doit se tenir en pareil cas, au titre *De la compétence des Juges en général*, part. 2, tit. 2, n. 296 & suivants.)

ARTICLE XXIV.

Des Revendications.

42. (Voyez aussi au titre *De la compétence des Juges en général*, part. 2, tit. 2, *n. 316.*)

ARTICLE XXV.

Des renvois d'Office.

(Voyez *ibid.* au titre *De la compétence des Juges en général*, n. 343.)

Xx ij

ARTICLE XXVI.

Des récusations des Juges, Procureurs du Roi & Fiscaux, & Greffiers en criminel.

(Voyez ce qui a été dit à ce sujet au titre *De la compétence des Juges en général*, part. 2, tit. 2, n. 367.)

Pour pouvoir recuser un Juge, il faut que l'accusé soit en état. (Voyez *ibid.* n. 371, & au titre *De la maniere d'exercer l'action criminelle en général*, part. 3, liv. 3, tit. 1, n. 124.)

ARTICLE XXVII.

Des prises à partie, & Appels de déni de Justice.

43. (Voyez au titre *De la compétence des Juges en général*, ci-dessus, part. 2, tit. 2, n. 373.)

ARTICLE XXVIII.

Des Evocations pour parentés.

(Voyez ce qui a été dit ci-dessus, *ibidem* part. 2, tit. 2, n. 362 & suivants.)

Il faut dans ce cas que l'accusé soit en état. (Voyez *ibid.* n. 364.)

ARTICLE XXIX.

De la nullité de la Procédure.

(Voyez *omninò* ce qui a été dit à ce sujet au titre *Des exceptions, ou défenses des accusés*, part. 3, liv. 1, tit. 2, n. 33 & suiv.)

ARTICLE XXX.

De la prescription du crime.

(Voyez au titre *De l'action qui naît des crimes*, part., 3 liv. 1, tit. 1, n. 45.)

ARTICLE XXXI.

Des faits justificatifs.

44. Quelquefois l'accusé peut opposer pour exception, que le crime, pour raison duquel il est poursuivi, n'a point été commis; ce qu'il peut prouver, 1°. par l'évidence du fait; *v. g.* si celui qu'on prétend avoir été tué, vient à se représenter; ou si la maison qu'on prétend avoir été incendiée, est encore entiere, *&c.*; 2°. si le corps de celui qu'on prétend avoir été tué à coups d'épées, est sans aucune blessure. (Voyez au titre *Des exceptions & défenses des accusés*, ci-dessus, *part.* 3, *liv.* 1, *tit.* 2, *n.* 6 & *suiv.*)

De même, l'accusé peut prouver son innocence par l'impossibilité où il a été de commettre le crime; comme dans le cas de l'*alibi*. (Voyez *ibid.* n. 52.)

L'accusé peut aussi tirer sa justification de la confession même de l'offensé; (Voyez *ibid.* n. 51;) car la déclaration du blessé, par laquelle il décharge celui qu'on regarde comme l'auteur de l'homicide, détruit tous les indices qu'il peut y avoir contre l'accusé: ce qui cependant ne doit avoir lieu que quand la chose est douteuse; car si le contraire étoit prouvé évidemment, ou par des indices violents & indubitables, dans ce cas on ne devroit point avoir égard à la déclaration de l'offensé. En effet, on voit souvent que les offensés, soit à cause de la promesse qu'ils ont faite au coupable, soit à cause qu'ils y ont été engagés par des amis, font des déclarations contraires à la vérité; ainsi cela dépend beaucoup de l'arbitrage du Juge, qui, eu égard à la qualité du fait & aux circonstances, estime s'il doit avoir égard, ou non, à la déclaration de l'offensé.

ARTICLE XXXII.

Des reproches de Témoins.

45. Les reproches que l'accusé peut proposer, soit contre la personne des témoins, soit contre la nature de leurs dépositions, peuvent aussi être mis au nombre de ses exceptions & défenses. (Voyez ce qui a été dit au titre *Des reproches de témoins*, ci-dessus, *part.* 3, *liv.* 2, *tit.* 19, *ominino.*)

ARTICLE XXXIII.

De l'inscription de faux par l'accusé contre des actes produits au procès.

(Voyez au titre *De la procédure touchant le faux principal, & incident*, ci-dessus, part. 3, liv. 2, tit. 26.)

ARTICLE XXXIV.

Des récusations d'Experts.

46. Les causes de récusations d'Experts ont lieu dans tous les cas où l'on peut reprocher des témoins, ou récuser des Juges. (Voyez ce qui a été dit au titre *Du corps de délit, & de la maniere de le constater*, part. 3, liv. 2, tit. 3.)

ARTICLE XXXV.

Des exceptions de l'accusé contre sa propre confession.

(Voyez ci-dessus, au titre *Des exceptions & défenses de l'accusé*, part. 3, liv. 1, tit. 2, n. 58.)

L'accusé, contre sa propre confession, peut opposer,

1°. Que cette confession a été par lui faite devant un Juge incompétent.

2°. Qu'elle n'a pas été libre, & qu'on la lui a extorquée, soit par violence, soit en lui promettant qu'il ne lui seroit rien fait.

3°. Que c'est par erreur qu'il l'a faite.

4°. Qu'il a avoué avec des circonstances qui excusent le crime; & qu'on ne peut séparer de sa confession.

ARTICLE XXXVI.

De l'exception par laquelle l'accusé oppose que ce qu'on regarde comme un crime, a pu être fait par lui légitimement.

(Voyez ce qui a été dit à ce sujet au titre *Des exceptions & défenses des accusés*, ibid. part. 3, liv. 2, tit. 2, n. 50.)

ARTICLE XXXVII.

De l'exception non bis in idem.

47. (Voyez au titre *D'exercer l'action criminelle en général*, part. 3, liv. 3, tit. 1, n. 25 & fuiv.)

ARTICLE XXXVIII.

De l'exception par laquelle l'accusé oppose qu'il a transigé avec l'offensé.

Quoique ces fortes de tranfactions n'empêchent pas que la partie publique ne puiffe pourfuivre la vengeance du crime; & même que les Procureurs du Roi, ou fifcaux foient obligés de faire cette pourfuite, malgré les tranfactions faites par les accufés avec les parties offenfées; néanmoins elles peuvent fervir à diminuer la peine due au crime; parce que le plus fouvent quand le coupable a tranfigé avec la partie civile, les preuves font beaucoup plus difficiles à acquérir; ainfi que l'obferve Julius-Clarus, *qu.* 58, *n.* 1.

(Voyez, au furplus, ce qui a été dit au titre *De l'action qui naît des crimes*, part. 3, liv. 1, tit. 1, n. 106.)

ARTICLE XXXIX.

Des Lettres de grace.

48. Lorfque l'accufé n'eft pas entierement innocent, & qu'il fe trouve coupable, ou complice d'un crime, qui, de fa nature, mérite une peine capitale, mais qui par les circonftances devient excufable; comme fi cet accufé étoit auteur, ou complice d'un homicide involontaire, ou commis dans le cas d'une défenfe légitime; alors comme ce délit a été commis par une efpece de néceffité, l'accufé peut empêcher qu'on en pourfuive la vengeance contre lui, en obtenant des Lettres de grace ou rémiffion, du Souverain, qui lui remettent la peine due à fon crime; ce qu'il obtient aifément dans ces cas, en fatisfaifant la partie civile.

Si le crime n'eft pas graciable par lui-même, le Prince peut néanmoins en empêcher la pourfuite, en accordant à l'accufé des Lettres d'abolition.

(Voyez, au furplus, tout ce qui a été dit au titre *Des Lettres de grace*, ci-deffus, *part.* 3, *liv.* 2, *tit.* 20.)

ARTICLE XL.

De la communication du Procès à la partie publique, & de fes conclufions.

49. (Voyez *omninò* au titre *Des interrogatoires*, ci-deffus, *part.* 3, *liv.* 2, *tit.* 13.)

Les interrogatoires étant faits, doivent être communiqués à la partie publique, pour y donner fes conclufions, qui doivent être données dans les trois jours.

L'accufé qui a fubi interrogatoire, peut prendre droit par les charges; (Voyez ci-après, *n.* 55; fans qu'il foit néceffaire de paffer au réglement à l'extraordinaire : mais cela n'a lieu que quand il s'agit d'un crime qui ne mérite point de peine afflictive. (Ordonnance de 1670, *tit.* 14, *art.* 19. Voyez auffi au titre *Du réglement à l'extraordinaire*, part. 3, liv. 2, tit. 17, *n.* 16.)

La partie publique peut auffi prendre droit par l'interrogatoire de l'accufé, fans qu'il foit befoin de paffer au réglement à l'extraordinaire; même dans le cas où il échet de prononcer une peine afflictive. (Voyez au même titre, *n.* 18,)

ARTICLE XLI.

Des Elargiffements provifonnels & renvois en état d'ajournement perfonnel, ou d'affigné pour être oui.

50. Les accufés non décrétés originairement de prife-de-corps, doivent être élargis après leur premier interrogatoire; (Ordonnance de 1670, *tit.* 10, *art.* 21,) & renvoyez à leur décret originaire, foit d'ajournement perfonnel, ou d'affigné pour être oui; à moins qu'il ne furvienne contr'eux de nouvelles charges : fur quoi il faut obferver qu'il n'eft pas néceffaire que cet élargiffement foit prononcé fur les conclufions de la partie publique, & qu'il peut être prononcé par le Juge d'inftruction feul.

.il y a aussi des cas où un accusé, quoique décrété originairement de prise-de-corps, ou d'ajournement personnel, peut demander à être élargi par provision, à sa caution juratoire, ou en donnant caution de se représenter quand il sera assigné, jusqu'au jugement diffinitif du procès. L'un de ces cas est, lorsque dans un procès où il y a plusieurs accusés dont l'instruction peut être longue, il ne se trouve aucunes preuves par l'information contre celui qui demande son élargissement provisionnel, ou à être renvoyé en état d'assigné pour être oui. Mais cet élargissement ne peut être prononcé que de l'avis de tout le Siege, & sur les conclusions de la partie publique. (Voyez au titre *Des Sentences & Jugements,* ci-dessus, *part. 3, liv. 2, tit. 25, n. 105 & suiv.*

51. Dans tous ces cas d'élargissement de l'accusé, il ne doit point être prononcé, qu'à la charge par lui de se représenter à toutes assignations qui lui seront données au domicile qu'il est tenu d'élire à cet effet; pour quoi on le renvoie en état d'ajournement personnel, ou d'assigné pour être oui, suivant les circonstances & la nature du délit, & aussi suivant la qualité de l'accusé. (Voyez *ibid.* au titre *Des Sentences & Jugements,* n. 114.)

Mais si le crime est public, & qu'il y ait quelques présomptions contre l'accusé, il faut nécessairement le laisser en prison pendant tout le cours de l'instruction du procès.

ARTICLE XLII.

De la Procédure de Petit-Criminel, quand il n'y a point de partie publique principale, ou jointe; ou quand il n'y a pas lieu de passer au réglement à l'extraordinaire.

52. Dans les procès qui ne sont pas de grand criminel, il faut instruire comme dans les procès civils. La péremption d'instance y a lieu, ainsi que la désertion d'appel. *Idem* dans les procès criminels reçus en procès ordinaire. (Voyez Louet, *lettre* P, *n.* 27.) Voici les principales regles de cette instruction.

1°. Les parties y côtent Procureur; sçavoir, le plaignant, par la plainte, ou par le premier acte qui suit le renvoi à l'Audience. Et l'accusé, lors de son interrogatoire; sinon on lui signifie à son domicile les actes qui doivent lui être signifiés.

2°. Le plaignant doit signifier ses conclusions à l'accusé, &

Tome IV.

l'affigner pour en venir à l'Audience criminelle au premier jour plaidoyable ; & il faut obferver qu'il n'y a pour cela aucune préfentation. (Voyez au titre *De la maniere d'exercer l'action criminelle en général*, ci-deffus, *part. 3 , liv. 3 , tit. 1 , n. 196.*)

3°. Les informations & les autres pieces du procès ne fe communiquent ni à l'accufé , ni au plaignant ; mais feulement les interrogatoires.

53. 4°. Affez fouvent les accufés donnent une plainte de leur côté contre les plaignants ; alors il fe fait une double procédure, qui ordinairement fe regle par un feul & même jugement.

5°. On peut, dans le cours d'une procédure criminelle, former des demandes incidentes, foit de la part du plaignant, foit de la part de l'accufé ; & dans ce cas, elles fe reglent comme au civil.

6°. Rien n'empêche auffi qu'on ne puiffe intervenir dans un procès criminel, comme dans un procès civil ; & alors on doit fuivre les mêmes regles que pour les procès civils.

7°. En matiere de petit-criminel, les procès font divifibles ; & les plaintes données contre plufieurs particuliers, peuvent être fuivies contre les uns, & abandonnées contre les autres ; foit en caufe principale, foit en caufe d'appel. (Ainfi jugé par Arrêt du Parlement de Dijon du premier Décembre 1723 , rapporté au Code criminel de M. Serpillon, *pag.* 1568.)

ARTICLE XLIII.
De l'Audience des Procès-Criminels.

54. 1°. Dans les procès criminels qui fe portent à l'Audience, les Avocats des parties ne font le plus fouvent qu'expofer le fait, & & donnent leurs conclufions.

2°. Un des Avocats du Roi, ou autre Miniftre public y fait la lecture des charges & informations, & autres pieces fecretes du procès ; & enfuite il conclut verbalement.

3°. Si l'accufé, ou défendeur a quelques reproches à propofer contre les témoins, ou contre les experts, il doit le faire fur-le-champ ; & s'il y a quelque preuve à faire à cet égard, le juge doit lui accorder un délai néceffaire.

4°. Voyez pour les appointements & rôles de la Tournelle criminelle, le Recueil des Réglements de Juftice, *in-12°.*, *tom.* 1, *pag.* 197, *lig.* 7.

ARTICLE XLIV.

Des Jugements diffinitifs de condamnation, ou d'abfolution dans les Procès-Criminels qui fe jugent à l'ordinaire.

55. 1°. Dans les procès criminels qui ne font pas de nature à mériter une peine afflictive, l'accufé peut prendre droit par les charges, après avoir fubi interrogatoire; (Ordonnance de 1670, *tit.* 14, *art.* 19;) c'eft-à-dire, qu'il peut s'en rapporter à la dépofition des témoins, & confentir que fans autre inftruction, ni juftification de fa part, il foit paffé au jugement du procès. (Voyez ci-deffus, *n.* 49.)

2°. Quand il y a une preuve fuffifante contre l'accufé, il doit être condamné à la peine que mérite le délit dont il eft convaincu.

Mais il faut obferver que le ferment décifoire déféré par le plaignant à l'accufé, ne peut jamais avoir lieu en matiere criminelle, au défaut des autres preuves.

Lorfque le procès n'eft pas de nature à être pourfuivi extraordinairement, la peine qui peut être prononcée contre l'accufé, confifte ordinairement en des dommages & intérêts, proportionnés à la nature de l'offenfe; & quelquefois à une réparation d'honneur. On peut même, dans certains cas, condamner l'accufé à être admonêté, & en une aumône, fans être obligé de paffer au récolement & à la confrontation; mais on ne peut prononcer une plus grande peine, fans paffer au réglement à l'extraordinaire.

Il faut cependant obferver que cette peine de l'admonition & de l'aumône, ne peut être prononcée fur la requête de la partie civile, mais feulement fur la requête de la partie publique, ou d'office par le Juge.

56. 3°. S'il n'y a aucune preuve contre l'accufé, on doit lui donner congé de la plainte, avec dommages & intérêts, & condamner, en outre, le plaignant aux dépens; ce qui doit avoir lieu en général pour chaque plainte, même dans le cas où l'une & l'autre des parties ont donné leurs plaintes refpectives; car il faut juger pour chacune de ces plaintes refpectives, ce qui feroit jugé pour chaque plainte en particulier, fi elle étoit feule.

S'il n'y a qu'une preuve légere , il faut mettre les parties hors de Cour , dépens compensés.

4°. Il n'est pas permis aux Juges de prendre des épices pour le jugement des procès criminels qui ne sont point instruits par voie de récolement & de confrontation , soit que ces procès se jugent à la Chambre, ou à l'Audience ; & on ne doit point appointer ces sortes de procès : on peut seulement ordonner qu'ils seront jugés sur le délibéré , ou sur les pieces vues sur le Bureau. (Voyez au titre *De la compétence des Juges criminels en particulier* , ci-dessus, *part.* 2, *tit.* 1, *n.* 655.)

5°. Au surplus, on peut dans ces sortes de procès prononcer des interlocutoires, des jonctions & disjonctions, & autres incidents, de même qu'en matiere civile.

6°. Les jugements des procès criminels ordinaires, peuvent être rendus par défaut en matiere criminelle, de même qu'en matiere civile ; mais on ne reçoit point d'opposition à ces sortes de jugements en matiere criminelle ; du moins tel est l'usage du Châtelet d'Orléans.

ARTICLE XLV.

Des Appels de Jugements rendus en Petit-Criminel , & qui n'ont pas été instruits par récolement & confrontation.

57. 1°. Lorsqu'il y a appel d'un Jugement dans lequel la partie publique étoit partie principale, ou jointe ; c'est-à-dire, lorsqu'il s'agit d'un crime qui mérite peine afflictive , cet appel doit se porter nuement en la Cour. (Ordonnance de 1670, *tit.* 26, *art.* 1.) Ce qui a lieu, soit qu'il s'agisse de l'appel d'un Jugement préparatoire , ou interlocutoire ; soit qu'il s'agisse d'un Jugement difinitif. (*Ibid.*)

A l'égard des autres crimes & délits qui ne méritent point de peine afflictive , l'appel peut s'en porter aux Cours, ou aux Bailliages & Sénéchaussées, au choix & option des accusés. (*Ibid. art.* 1.)

Mais dans ce dernier cas, si l'appel étoit interjetté à la requête du plaignant, il doit nécessairement être porté au Bailliage & Sénéchaussée où ressortissent les appellations des Sentences rendues par les Juges du lieu où le délit a été commis ; ce qui réfulte de la difpofition du même article 1.

2°. Si l'appel eft interjetté à la requête de la partie publique, « c'eft la Tournelle-Criminelle de la Cour où l'appel eft porté, qui en doit connoître ; & il en eft de même, fi l'appel eft fimplement interjetté par le plaignant, ou par la partie civile, foit qu'il s'agiffe d'un Jugement interlocutoire, ou diffinitif ; mais s'il arrive dans le fecond cas que le procès foit diftribué, il fe diftribue alors comme procès civil. (Ordonnance de 1670, *tit.* 26, *art.* 12.)

58. 3°. Les appels de permiffions d'informer des décrets, & de toute autre inftruction, doivent fe porter à l'Audience des Cours & Juges. (*Ibid.* art. 2.) Mais ces appels ne peuvent empêcher l'exécution des décrets, l'inftruction & le jugement. (*Ibid.* art. 3.)

4°. Les Cours, (& il en eft de même, à plus forte raifon, des autres Juges d'appel,) ne peuvent donner aucunes défenfes, ou furféances, de continuer l'inftruction des procès criminels, fans avoir vu les charges & informations, & fans conclufions de la partie publique, dont il doit être fait mention dans le Jugement ; fi ce n'eft qu'il s'agit d'un ajournement perfonnel feulement. (*Ibid.* art. 4.)

5°. Il eft auffi défendu aux Cours, (& autres Juges d'appel,) d'évoquer les procès criminels pendants pardevant les Juges des lieux, à moins que fur le vû des charges, ces Juges ne voient que la matiere eft légere, & ne mérite pas une plus ample inf- truction ; auquel cas ils peuvent les évoquer, à la charge de les juger fur-le-champ à l'Audience, & de faire mention des charges & informations par le jugement ; le tout à peine de nul- lité. (Ordonnance de 1670, *ibid.* tit. 26, art. 5.)

CHAPITRE II.

De la Procédure qui se tient dans les Procès-Criminels qui s'instruisent par Récolement & Confrontation.

59. **L**ES procès qui s'instruisent par récolement & confrontation, sont ceux où il échet de prononcer une peine afflictive, ou infamante, & dans lesquels les Procureurs du Roi, ou Fiscaux, sont partie principale, ou jointe.

Il faut cependant observer que quelquefois on peut juger les procès de grand-criminel, sans qu'il soit nécessaire de passer au récolement & à la confrontation, & sans même qu'il y ait d'information, si d'ailleurs il y a preuve suffisante par les interrogatoires & par pieces authentiques, ou reconnues par l'accusé, & par les autres présomptions & circonstances du procès. (Ordonnance de 1670, *tit.* 25, *art.* 5.)

Mais s'il y a une information dans ces procès, il est nécessaire de récoler & confronter les témoins, quand même il y auroit d'ailleurs une preuve suffisante par la confession de l'accusé, & par les autres circonstances du procès. (Voyez ci-dessus, *n.* 22.)

ARTICLE PREMIER.

Du Réglement à l'extraordinaire.

60. 1°. Lorsque l'accusation ne mérite pas d'être instruite, les Juges peuvent juger l'affaire en l'état où elle se trouve, sans qu'il soit besoin de passer au réglement à l'extraordinaire, c'est-à-dire, au récolement & à la confrontation des témoins ; & s'il n'y a aucune preuve contre l'accusé, ou qu'il n'y ait pas lieu à l'action criminelle, il faudra, ou le renvoyer absous, ou convertir le procès criminel en procès civil, ou ordinaire.

Mais si l'accusation est grave, & que l'affaire soit de nature à être jugée par la voie du réglement à l'extraordinaire, les Juges doivent ordonner que les témoins entendus en déposition, & ceux qui pourront être entendus par la suite, seront récolés, & si besoin est, confrontés à l'accusé ; car il peut se faire que les témoins, ou se retractent, ou changent quelque chose à leurs dépositions ; ce qui peut aller, ou à la décharge, ou à la conviction de l'accusé : or le bien de la Justice demande, sur-tout dans les grands crimes, que l'on prenne toutes les précautions nécessaires pour découvrir la vérité.

61. 2°. C'est sur la requête de la partie publique, que se doit prononcer le récolement à l'extraordinaire, à moins qu'il ne soit prononcé d'office par le Juge.

Néanmoins il y a des cas où l'accusé peut aussi demander le récolement & la confrontation, même dans les procès qui ne méritent pas une procédure extraordinaire. (Voyez ce qui a été dit au titre *Du réglement à l'extraordinaire*, ci-dessus, *part.* 3 , *liv.* 2, *tit.* 17 , *n.* 5.)

3°. Lorsqu'après le réglement à l'extraordinaire, il survient de nouvelles charges contre l'accusé, pour raison d'un crime qui mérite peine afflictive, & qui n'étoit pas compris dans l'information, il faut nécessairement un nouveau réglement à l'extraordinaire, pour raison de ce nouveau délit.

ARTICLE II.

Des Récolements.

(Voyez ce qui a été dit ci-dessus, au titre *Des récolements*, part. 3 , liv. 2, tit. 18 , n. 8 & suivants.)

ARTICLE III.

Des Confrontations.

62. 1°. Les témoins qui font charge contre l'accusé, doivent nécessairement lui être confrontés, pour pouvoir former une preuve contre lui : (Ordonnance de 1670, *tit.* 15 , *art.* 8.) Car la confrontation est la voie la plus naturelle à l'accusé pour se défendre, & pour justifier son innocence. (Voyez l'article 22 du même titre.)

2°. Les témoins qui depuis leur récolement, c'est-à-dire, à la confrontation, retractent leurs dépofitions, ou qui les changent dans des circonftances effentielles, doivent être pourfuivis, & punis comme faux témoins. (Ordonnance de 1670, *tit.* 15, *art.* 11.)

3°. Il eft défendu en général aux Juges d'avoir égard aux déclarations faites par les témoins depuis l'information, & elles doivent être rejettées du procès. (*Ibid.* art. 21.)

(Voyez au furplus ce qui a été dit au titre *Des récolements & confrontations*, ci-deffus, *part.* 3, *liv.* 2, *tit.* 18, *n.* 26 & *fuivants*.)

ARTICLE IV.

Des reproches de Témoins.

(Voyez au titre *Des reproches de témoins*, ci-deffus, *part.* 3, *liv.* 2, *tit.* 19.)

ARTICLE V.

Des Lettres de grace.

(Voyez au titre *Des Lettres de grace*, ibid. *part.* 3, *liv.* 2, *tit.* 20.)

ARTICLE VI.

Des Contumaces.

63. Quand l'accufé ne comparoît pas fur le décret qui eft décerné contre lui, fans apporter d'excufes valables de fon défaut de comparution, on inftruit contre lui la contumace ; ce qui fe fait par une procédure particuliere, dont voici les principales regles :

1°. Si dans un même procès il y a plufieurs accufés, & que les uns foient préfents, & les autres contumaxs, on ne peut juger le procès contre ceux qui font préfents, à moins que la contumace des abfents n'ait été entierement inftruite.

2°. Si l'accufé eft décrété de prife-de-corps, & qu'il foit abfent, il doit être fait perquifition de fa perfonne, & fes biens doivent être faifis & annotés, fans qu'il foit befoin d'obtenir pour cela un Jugement. (Ordonnance de 1670, *tit.* 17, *art.* 1.) Néanmoins l'omiffion de cette faifie & annotation, n'emporte point une nullité dans la procédure ; elle peut feulement donner lieu à une

une injonction contre le Procureur du Roi, ou Fiscal, qui a omis, ou négligé cette formalité.

64. 3°. En vertu du décret de prise-de-corps, on fait perquisition de l'accusé ; & si on ne le trouve point, on ordonne qu'il sera assigné à quinzaine, & ensuite à huitaine.

4°. Si l'accusé qui n'est décrété que d'assigné pour être oui, refuse, ou néglige de comparoître sur l'assignation qui lui est donnée, le Juge, sur la requête de la partie poursuivante, doit convertir le décret d'assigné pour être oui, en décret d'ajournement personnel. (Ordonnance de 1670, *tit.* 10, *art.* 3.)

L'acte de comparution de l'accusé se fait au Greffe, & doit porter élection de domicile, & constitution de Procureur ; & s'il ne comparoît pas sur le décret d'ajournement personnel dans les délais marqués à cet effet par l'Exploit d'ajournement, il faut le décréter de prise-de-corps. (*Ibid.* art. 4.)

5°. On ordonne ensuite sur les conclusions de la partie publique, que les témoins seront récolés en leurs dépositions, & que le récolement vaudra confrontation.

65. 6°. Si le contumax se représente, ou est arrêté prisonnier avant le Jugement, & dans le cours de l'instruction, même après le récolement des témoins & le Jugement qui ordonne que le récolement vaudra confrontation à l'égard de l'accusé ; alors la contumace est mise au néant, & il doit être procédé à son interrogatoire, & ensuite à la confrontation des témoins, en payant par lui les frais de la contumace. (Articles 18, 19 & 20 du titre 17 de l'Ordonnance de 1670.)

7°. Si le témoin qui a été récolé est décédé, ou mort civilement pendant la contumace, sa déposition doit subsister ; & il en doit être fait confrontation littérale à l'accusé dans les formes prescrites pour la confrontation des témoins ; & dans ce cas, les Juges ne doivent avoir aucun égard aux reproches, à moins qu'ils ne soient justifiés par écrit. (Ordonnance de 1670, *tit.* 17, *art.* 22.)

Et il en est de même à l'égard des témoins qui ne peuvent être confrontés, à cause d'une longue absence ; d'une condamnation aux galeres, ou bannissement à temps, ou de quelque autre empêchement légitime pendant le temps de la confrontation. (*Ibid.* art. 23.)

ARTICLE VII.

Des Procédures qui peuvent se faire par les accusés, & par la partie civile, avant & après l'instruction complette.

66. Ces procédures renferment tout ce qui est nécessaire. 1°. Pour l'instruction du procès. 2°. Pour la défense & justification de l'accusé, ce qui comprend toutes les différentes exceptions dont il a été parlé ci-dessus. 3°. Pour prouver l'action du plaignant, & des autres parties qui sont au procès.

Toutes ces procédures se font par des Requêtes, auxquelles les parties civiles peuvent joindre leurs pieces justificatives qui doivent être communiquées à l'accusé ; autrement elles doivent être rejettées ; & l'accusé peut de son côté y répondre par Requête qui doit être signifiée, avec copie, ainsi que des pieces qui y seront attachées ; sans néanmoins qu'à faute d'en donner par l'accusé, ou par la partie, le jugement puisse être retardé ; ce qui a pareillement lieu sur l'appel, qui doit être jugé sur ce qui aura été produit devant les Juges des lieux. (Ordonnance de 1670, tit. 23, art. 3.) Les articles 1 & 2 du même titre abrogent toute autre procédure en matiere criminelle.

67. Les Requêtes présentées par les accusés pour établir leur justification & moyens de défenses, se joignent au fond du procès, pour y être fait droit en jugeant.

Mais s'il s'agit de faire quelque preuve, ou instruction de la part de l'accusé, ou des autres parties, le Juge doit y prononcer sur-le-champ, s'il y a lieu ; à la réserve de la preuve des faits justificatifs de l'accusé, qui ne doit être admise qu'après la visite & examen du procès. (Voyez l'article 1 du titre 28 de l'Ordonnance de 1670.)

Au surplus, il ne paroît pas que l'accusé, après le récolement & la confrontation, puisse demander communication du procès, soit pour connoître les Experts qui ont constaté le corps de délit, afin de pouvoir les recuser, s'il y a lieu ; soit pour voir s'il y a des nullités dans la procédure.

ARTICLE VIII.

Des demandes incidentes.

68. Les parties peuvent quelquefois former dans le cours des procès des demandes incidentes contre l'accufé, ou l'accufé contre elles. (Voyez ce qui a été dit à ce fujet, au titre *De la maniere d'exercer l'action criminelle en général*, ci-deffus, *part.* 3, *liv.* 3, *tit.* 1, *n.* 187 *& fuivants.*)

Mais il eft défendu de former incidemment aux procédures extraordinaires des demandes contre des perfonnes non accufées. (Arrêt du Parlement du 27 Août 1708, qui le défend aux Procureurs.)

ARTICLE IX.

Des Interventions.

Ces interventions ont lieu de la part de ceux qui peuvent avoir intérêt dans le procès criminel qui fe pourfuit ; *v. g.* fi c'eft une perfonne offenfée qui ne s'étoit point d'abord portée partie avec les autres plaignants, ou une perfonne à qui il a été volé des effets du nombre de ceux qui ont été trouvés en la poffeffion de l'accufé, & qui en demande la recréance, *&c.* (Voyez au titre *De la maniere d'exercer l'action criminelle en général*, ci-deffus, *part.* 3, *liv.* 3, *tit.* 1, *n.* 187.)

ARTICLE X.

Des Jugements & Procès-verbaux de torture.

(Voyez au titre *De la queftion, ou torture*, ci-deffus, *part.* 3, *liv.* 2, *tit.* 22, omninò.)

ARTICLE XI.

De la converfion des Procès civils en Procès criminels ; & de la reception des Procès criminels en Procès ordinaires.

69. Il y a des procès criminels dont les uns finiffent & changent de nature avant la confrontation, & d'autres après la confrontation. Ceux qui changent de nature après la confrontation, se terminent par de simples conclusions civiles, suivant l'article 3 du titre 23 de l'Ordonnance de 1670, & ainsi qu'il a été dit ci-dessus, *chap.* 2, *art.* 7, *pag.* 7.

A l'égard des procès criminels qui changent de nature avant la confrontation, ce sont ceux auxquels les parties sont reçues en procès ordinaire ; ce qui arrive lorsque le Juge reconnoît par la lecture de l'information & de l'interrogatoire de l'accusé, qu'il n'est chargé d'aucun crime ; & que le différend n'aboutit qu'à un intérêt civil ; comme s'il n'y a aucunes preuves contre l'accusé, ou qu'il n'y ait rien de criminel dans l'action, ou qu'elle soit excusable.

1°. Lorsqu'il paroît avant la confrontation des témoins que l'affaire n'est pas de nature à être poursuivie criminellement, les Juges doivent recevoir les parties en procès ordinaire ; (Ordonnance de 1670, *tit.* 20, *art.* 3 ;) c'est-à-dire, la civiliser. (Voyez ce qui a été dit au titre *De la conversion des procès*, &c. ci-dessus, *part.* 3, *liv.* 2, *tit.* 23, *n.* 7.) Et alors ils doivent ordonner que les informations seront converties en enquêtes, & permettre à l'accusé d'en faire de sa part dans les formes prescrites pour les enquêtes. (*Ibid.* n. 7.)

70. Mais si l'affaire est de nature à être instruite criminellement, il faut nécessairement passer au réglement à l'extraordinaire.

Dans une affaire qui peut être regardée comme criminelle à l'égard de quelques parties, & non à l'égard des autres ; comme dans le cas où un pere est poursuivi civilement pour raison du délit de son fils, ou le maître pour celui de son domestique ; ou quand il s'agit de détournements d'effets d'une succession, ou d'une communauté de biens, qui peuvent être poursuivis criminellement à l'égard des étranges, & non à l'égard des héritiers ou de la veuve commune en biens ; on peut instruire & juger criminellement à l'égard des uns, & civilement à l'égard des autres ; & alors ne faut-il qu'un seul & même jugement, qui est celui rendu au criminel. (Voyez au titre *De la conversion des procès*, *part.* 3, *liv.* 2, *tit.* 23, *n.* 10 ; & ce qui a été dit ci-dessus, *n.* 3.)

71. On ne doit pas interroger ceux qui ne sont poursuivis que civilement, sur les pieces secretes du procès, mais seulement sur les

faits & articles fignifiés par la partie pourfuivante, qui les concernent en particulier. (Voyez ci - deffus, *n. 37*), & juger le
tout par un feul & même jugement.

2°. Quoique les parties aient été reçues en procès ordinaire,
néanmoins les Juges peuvent ordonner que la voie extraordinaire
fera reprife, fi la matiere y eft difpofée. (Ordonnance de 1670,
tit. 20, *art.* 5.)

3°. Les Juges peuvent aufïi ordonner qu'un procès commencé
par la voie civile, fera pourfuivi extraordinairement, s'ils connoiffent qu'il y a lieu à quelque peine corporelle. (*Ibid.* art. 1.)

Et à cet effet, en inftruifant les procès ordinaires, ils peuvent,
s'il y échet, décerner décret de prife-de-corps, ou d'ajournement
perfonnel, fuivant la qualité de la preuve, & ordonner l'inftruction à l'extraordinaire. (*Ibid.* art 2.)

72. Les témoins qui ont été entendus dans ce cas, peuvent fervir
au criminel, & il fuffit de les récoler, fans qu'il foit néceffaire
de les répéter auparavant.

4°. Il arrive le plus fouvent que des affaires, quoique commen-
cées par la voie criminelle, ne paroiffent pas dans la fuite être
de nature à être pourfuivies extraordinairement ; comme dans le
cas d'injures, ou d'excès & voies de fait, qui n'ont rien de grave.
Alors, fans aller plus loin, on doit les juger tout d'un coup en
l'état qu'elles font, fur le renvoi qui en eft fait à l'Audience; ce
qui a même lieu lorfqu'il y a des plaintes réciproques qui ne
méritent pas une inftruction criminelle.

Mais fi parmi ces plaintes, il s'en trouve une de nature à être
pourfuivie criminellement, on fuit l'inftruction criminelle à l'é-
gard de celle-ci, & l'on furfeoit au jugement de l'autre, jufqu'au
jugement diffinitif de celle qui eft criminelle.

ARTICLE XII.

Des conclufions diffinitives des Procureurs du Roi, ou Fifcaux.

Quand le procès eft inftruit, il faut le communiquer au Procureur du Roi, ou Fifcal, qui doit donner fes conclufions diffinitives; après quoi on paffe au jugement du procès, lors duquel
on doit interroger de nouveau l'accufé, s'il n'eft contumax.
(Voyez ce qui a été dit au titre *Des Conclufions diffinitives des
Procureurs du Roi, ou Fifcaux*, ci-deffus, *part.* 3, *liv.* 2, *tit.* 24.)

CHAPITRE III.

Des Jugements en général.

73. LORSQUE toute l'inſtruction du procès eſt faite, tant de la part de la partie publique, ou civile, que de la part de l'accuſé, les Juges doivent rendre leur Sentence, ou Jugement.

Les Jugements peuvent être de pluſieurs ſortes; & l'on peut d'abord les diſtinguer, 1°. En Jugements préparatoires, ou interlocutoires; comme ſont les Jugements de compétence; les Arrêts, ou Sentences rendus ſur la récuſation des Juges; les Jugements, ou Sentences qui condamnent à la queſtion préparatoire; les Jugements portant qu'il en ſera plus amplement informé, &c. 2°. En Jugements diffinitifs; comme ſont ceux qui prononcent diffinitivement ſur la condamnation, ou abſolution de l'accuſé.

74. On peut auſſi diſtinguer les jugements en jugements contradictoires, & en jugements rendus par défaut, ou contumace.

Les principaux jugements qui ſe rendent en matiere criminelle, ſont,

Les jugements de compétence.

Ceux rendus ſur déclinatoires.

Les Jugements rendus ſur récuſation de Juges.

Ceux rendus ſur évocation de parentés.

Les Sentences de proviſion.

Celles rendues ſur des interventions, ou demandes incidentes.

Les jugements qui ordonnent l'évocation du principal.

Les Jugements de converſion de procès civil en criminel, & ceux de réception en procès ordinaire,

Les réglements à l'extraordinaire.

Les jugements qui admettent à la preuve des faits juſtificatifs.

Ceux qui entérinent les Lettres de grace.

Et autres.

Tous ces jugements peuvent être rendus ou contradictoirement, ou par défaut.

ARTICLE PREMIER.

De la visite & examen des Procès-criminels.

75. 1°. Aprés que le procès a été rapporté à la Chambre par celui qui étoit chargé de ce soin, on fait la lecture de toutes les pieces du procès ; & à cet effet, le Rapporteur, ou Président distribue les pieces aux Juges sont présents à la visite du procès , ou à un certain nombre d'entr'eux ; & après cette lecture, on fait subir le dernier interrogatoire aux accusés ; & l'on opine.

2°. Si en faisant la lecture des pieces, on trouve quelque nullité dans la procédure, on commence par prononcer la nullité des actes où l'on n'a pas observé les formalités de l'Ordonnance. Et si ces formalités influent sur la preuve , on ordonne qu'elles seront recommencées aux dépens de celui qui les a faites.

3°. Ensuite on examine si l'accusation est suffisamment prouvée. Et s'il y a une preuve suffisante, il faut voir si elle est détruite par les exceptions & défenses de l'accusé qui sont établies & prouvées au procès ; ou bien on admet l'accusé à la preuve de ses faits justificatifs. (Constit. Carol. V , *chap.* 57.)

76. 4°. S'il a des reproches contre quelques témoins , & que les reproches soient jugés valables , (ce qui se juge sur-le-champ,) on ne lit point leurs dépositions.

5°. Si les reproches ne sont pas suffisamment prouvés, & qu'ils soient importants & admissibles , on ordonne qu'il en sera fait preuve ; & l'on remet à un autre jour le jugement du fond.

Il faut néanmoins observer que quand il y a d'ailleurs au procès une preuve suffisante , il est inutile de passer à la preuve de ces reproches, & qu'on peut, tout-d'un-coup, juger le procès au fond.

6°. S'il y a quelque déposition, récolement, ou confrontation qui paroisse obscure , ou ambigue, les Juges peuvent ordonner d'office que le témoin, ou accusé sera entendu de nouveau pour expliquer sa déposition, ou déclaration ; ce qui peut aussi s'ordonner sur la requisition de la partie publique. (*Ita* Julius-Clarus, *qu.* 61 , *n.* 5.)

ARTICLE II.

Des Interrogatoires des Accusés à la Chambre, lors du Jugement diffinitif.

77. 1°. S'il y a plusieurs accusés, il paroît nécessaire de les interroger tous, avant de passer au jugement de quelques-uns d'entre eux ; quand même la preuve seroit complette à l'égard de ceux qu'on veut juger ; parce qu'il peut arriver que quelques-uns de ces accusés donnent des éclaircissements utiles pour le jugement du procès, & qu'ils s'accusent les uns les autres.

Cela doit même avoir lieu, dans le cas où le Procureur du Roi n'auroit donné des conclusions que contre quelques-uns des accusés, & non contre les autres. Tout ce qu'il y a, c'est que dans ce cas, on ne peut interroger sur la sellette ceux contre lesquels il n'y a point de conclusions, à cause de l'article 21 du titre 14 de l'Ordonnance ; mais seulement derriere le Barreau.

Néanmoins si quelqu'un des accusés étoit malade, sur-tout d'une maladie qui paroisse devoir durer long-temps, & qu'il fût important de juger le procès à l'égard des autres accusés, cette maladie ne doit pas empêcher qu'il ne soit passé au jugement de ces autres accusés.

2°. Si quelqu'un des accusés en accuse un autre, lors de son interrogatoire à la Chambre, il faut distinguer si celui qui est ainsi accusé, est du nombre de ceux auxquels on fait le procès ; ou si c'est un étranger. Si c'est un des complices, on peut récoler sur-le-champ à la Chambre cet accusé dans son interrogatoire, & le confronter à celui qu'on accuse ; du moins s'il est prisonnier. Mais si c'est un étranger, & que la déposition de l'accusé paroisse avoir quelque fondement, soit par la maniere dont il s'explique, soit par la qualité de la personne accusée, ou par d'autres circonstances, il faudra surseoir au jugement de l'accusé qui a accusé l'autre.

ARTICLE III.

Des considérations nécessaires aux Juges lors du Jugement diffinitif.

78. 1°. La premiere attention des Juges, avant de rendre leur jugement,

gement, eft d'examiner fi la preuve du corps de délit, & celle du crime font conftantes. Ils doivent pour cela apporter toutes les confidérations néceffaires, foit dans l'examen des procès-verbaux, ou rapports d'Experts qui conftatent le délit; fur-tout quand ces procès-verbaux different dans des circonftances effentielles, ou qu'ils fe détruifent; foit dans la dépofition des témoins qui different, ou fe contrarient, ou qui fe font retractés; foit dans les interrogatoires de l'accufé, fuivant qu'ils font uniformes, ou qu'ils varient & fe contredifent; foit enfin dans l'examen des différents indices, ou préfomptions du procès, tant de ceux qui établiffent la conviction de l'accufé, que de ceux qui vont à fa décharge.

2°. Ils doivent apporter tous leurs foins & toute leur attention dans la maniere d'eftimer ces preuves, tant pour le corps de délit, que pour la conviction de l'accufé.

3°. Ils doivent auffi examiner, avec beaucoup d'attention, tout ce qui peut aller à la décharge de l'accufé, & qui peut diminuer la peine due à fon crime ; *v. g.* la foibleffe de l'âge, l'erreur, la contrainte, la qualité diftinguée de l'accufé, & autres circonftances, dont il a été parlé au titre *Des exceptions & défenfes des accufés*, ci-deffus, *part.* 3, *liv.* 1, *tit.* 2, *n.* 30 & *fuiv.*; & au titre *Des Sentences & Jugements*, *part.* 3, *liv.* 2, *tit.* 25, *n.* 195.

4°. Ils doivent même avoir d'autant plus d'attention, de prudence & de circonfpection dans leurs opinions, qu'il y a un plus grand nombre d'accufés à juger.

79. 5°. Quand il y a un grand nombre d'accufés à juger, quoique convaincus, on peut, & même il eft mieux, de les juger à différents jours, pour la facilité de l'exécution; fur tout s'ils doivent être condamnés à mort, préalablement appliqués à la queftion.

Lorfque cela arrive, il faut commencer par juger les plus coupables, & qui doivent être condamnés à mort, & à la queftion préalable, afin de tâcher d'acquérir à la queftion des preuves contre les autres accufés qui ne fe trouveroient pas fuffifamment convaincus.

6°. Les Juges, en opinant, doivent perfifter trois fois dans leur opinion; Tel eft du moins l'ufage du Préfidial d'Orléans. J'y ai même vu obferver pendant un grand nombre d'années, que quand on avoit une fois opiné, on ne pouvoit plus changer fon avis pour en embraffer un plus févere.

7°. Dans les jugements où le Procureur du Roi, ou Fiscal est joint à la partie civile, le jugement doit être conçu en ces termes. Entre M......, demandeur & complaignant, le Procureur du Roi joint..... contre N....., accusé & défendeur..... Nous avons déclaré ledit N....., atteint & convaincu, &c., condamnons, en outre, ledit N..... en..... livres de dommages & intérêts & aux dépens envers ledit M......

ARTICLE IV.

Des Jugements diffinitifs.

80. 1°. Pour se conduire avec prudence dans le jugement des procès criminels, les Juges doivent examiner, avec attention, tant les preuves qui peuvent être contre l'accusé, que ses défenses & exceptions, & peser le tout dans une balance égale. S'il résulte de tout cela une preuve entière, ou conviction contre l'accusé, ils doivent le condamner. Si la preuve est considérable, sans être néanmoins complette, & qu'il s'agisse d'un crime qui mérite peine de mort, ils condamneront l'accusé à la question. Mais s'il n'y a qu'une demi-preuve, ils doivent prononcer un plus-amplement informé, & cependant que l'accusé gardera prison, ou qu'il aura issue des prisons, suivant que cette semi-preuve est plus ou moins forte. Enfin, s'il n'y a aucune preuve contre l'accusé, ils doivent le renvoyer absous.

81. Si l'accusé est renvoyé absous, on a coutume d'ordonner que son écroue sera rayé & biffé. (Voyez au titre *Des Sentences, Jugements & Arrêts*, ci-dessus, *part.* 3, *liv.* 2, *tit.* 25, *n.* 83 & 150.)

2°. L'accusé peut demander à connoître son dénonciateur ; & si la dénonciation, ou l'accusation est téméraire & dénuée de tout fondement, il pourra obtenir des dommages & intérêts contre ce dénonciateur, ou ce plaignant. (Voyez au titre *Des accusations calomnieuses*, part. 4, tit. 2, n. 13 & 20.)

3°. La partie civile, s'il y en a une, doit aussi, dans ce cas d'absolution, être condamnée aux dépens envers l'accusé.

4°. L'accusé absous doit être élargi dans le jour ; (Voyez au titre *Des Sentences, Jugements & Arrêts*, ci-dessus, *part.* 3, *liv.* 2, *tit.* 25, *n.* 101.)

ARTICLE V.

Des Jugements de plus amplement informé.

82. 1°. Lorsqu'on ordonne qu'il en sera plus amplement informé contre un accusé, & qu'il aura issue des prisons, à la charge de se représenter, il doit faire ses soumissions au Greffe, & élire domicile dans le lieu où le procès a été instruit, pour lui pouvoir donner à ce domicile les assignations nécessaires, à l'effet de se représenter.

2°. Quelquefois même on oblige l'accusé de donner caution de se représenter. Au surplus, il faut observer que les assignations qui peuvent être données à l'accusé pour se représenter, ne doivent avoir lieu que dans le cas où il survient contre lui de nouvelles charges, ou quand il s'agit de le juger diffinitivement, après un plus-ample informé.

3°. Lorsque le temps du plus-amplement informé est écoulé, l'accusé peut présenter requête pour être renvoyé de la plainte; & alors s'il n'est survenu contre lui aucunes preuves nouvelles pendant le temps du plus-amplement informé, les Juges doivent le renvoyer de la plainte, ou du moins mettre à cet égard les parties hors de Cour.

Dans ce cas du plus-amplement informé, pendant lequel il n'est survenu aucunes preuves nouvelles, & où l'on prononce le renvoi de la plainte, le Juge doit condamner la partie civile aux dépens; mais s'il met hors de Cour, il peut les compenser.

83. L'accusé peut demander des dommages & intérêts contre le plaignant, ou contre le dénonciateur, lorsqu'il est renvoyé de la plainte; ce qui peut néanmoins souffrir quelque exception, suivant les circonstances. (Voyez ce qui a été dit au titre *Des accusations calomnieuses*, ci-dessus, *part. 4, tit. 2, n. 8 & 13.*)

4°. Tout accusé, jaloux de sa réputation, doit suivre l'accusation sur le plus-amplement informé, si cette accusation est injuste. C'est ainsi que le conseille Ayrault en son Instruction judiciaire, *liv. 2, part. 4, n. 83, pag. 356.*

5°. Comme le plus-amplement informé est en faveur de l'accusateur, ou plaignant, lorsqu'il survient de nouvelles preuves contre l'accufé, il n'eft pas néceffaire d'attendre que le délai de plus-informé foit échu ; & la partie plaignante peut anticiper ce délai , & faire juger diffinitivement le procès.

6°. Après le plus-amplement informé échu, avant de juger l'accufé diffinitivement , il faut de nouvelles conclufions de la partie publique contre lui, & lui faire fubir un interrogatoire ; même dans le cas où il n'eft furvenu aucunes charges nouvelles contre lui. (Argument, tiré de la Déclaration du Roi du 13 Avril 1703.)

84.   7°. Lorfqu'on a ordonné un plus-amplement informé , & que cependant l'accufé tiendra prifon, il peut arriver que ce plus-amplement informé n'ait été ordonné, que pour avoir une preuve plus confidérable, afin de pouvoir le condamner pour raifon d'un crime grave, quoiqu'il y eût d'ailleurs des preuves fuffifantes pour raifon d'autres crimes, & même pour le crime grave, *pro modo probationum* : ainfi, quand même il ne furviendroit aucune preuve nouvelle pendant le temps du plus-amplement informé, cela n'empêche pas qu'après le délai échu, on ne puiffe le condamner, fuivant les preuves qui étoient au procès lors du jugement qui a ordonné le plus-amplement informé.

8°. Dans les procès qui fe pourfuivent à la requête des Procureurs du Roi , ou Fifcaux feuls, fans partie civile, on eft affez dans l'ufage, lorfqu'il n'y a pas une preuve fuffifante contre l'accufé , après avoir épuifé contre lui toutes les reffources de l'inftruction, de prononcer à fon égard un plus-amplement informé *ufquequo*, ou indéfini. L'effet de ce plus-amplement eft, que l'accufé refte toujours *in reatu*, & que s'il furvient contre lui de nouvelles preuves, rien n'empêche qu'on ne puiffe le juger diffinitivement, & même le condamner à une peine capitale, s'il y échet.

ARTICLE VI.

Des Jugements de condamnation à la queftion.

85.   Lorfqu'on ne peut avoir une preuve complette contre un accufé, & qu'il s'agit d'un crime qui eft conftant, & qui mérite peine de mort, on peut ordonner, avant de faire droit, que cet accufé fera appliqué à la queftion, pour fçavoir de lui la vérité ; ce qui s'ordonne auffi quelquefois à l'égard des accufés condamnés à mort, pour avoir révélation de leurs complices. (Ordonnance de 1670, tit. 19, art. 1.)

La queſtion conſidérée ſous différents rapports, peut être diſtinguée, 1°, en *queſtion ordinaire*, & en *queſtion extraordinaire*, qui ne different entr'elles, que parce que celle-ci eſt plus rigoureuſe que la queſtion ordinaire : 2°. en *queſtion préparatoire*, & en *queſtion préalable* : 3°. en *queſtion ſans réſerve de preuves*, & en *queſtion avec réſerve de preuves*.

1°. S'il y a preuve conſidérable contre l'accuſé pour un crime qui mérite peine de mort, & qui ſoit conſtant, les Juges peuvent ordonner, avant faire droit, qu'il ſera appliqué à la queſtion. (Ordonnance de 1670, *tit.* 19, *art.* 1.) C'eſt ce qu'on appelle *queſtion préparatoire.*

2°. L'accuſé qui avoue à la queſtion, peut être condamné à la peine de mort ; mais s'il n'avoue rien, & que la queſtion ait été prononcée, *avec réſerve de preuves*, il peut être condamné à toutes autres peines, excepté celles de la mort, ſi ce n'eſt qu'il ſoit ſurvenu contre lui de nouvelles preuves avant le jugement diffinitif. (Ordonnance de 1670, *tit.* 19, *art.* 2.)

86. Si la queſtion prononcée contre l'accuſé eſt *ſans réſerve de preuves*, & qu'il n'avoue rien à la queſtion, il doit être renvoyé de la plainte, ou du moins il faut mettre ſur l'accuſation les parties hors de Cour ; parce qu'alors il eſt cenſé avoir purgé les indices qui étoient contre lui. Mais il faut avant le Jugement diffinitif, que l'accuſé ſoit interrogé de nouveau à la Chambre.

3°. Quand il y a appel du Jugement de condamnation à la queſtion, il faut transférer l'accuſé en la Juriſdiction où ſe doit juger l'appel ; & ſi le Jugement eſt confirmé, l'uſage eſt de ne pas renvoyer ſon exécution au premier Juge, & que le Juge d'appel faſſe lui-même exécuter le Jugement ; du moins quand le premier Juge ne demeure pas ſur le lieu.

4°. La *queſtion préalable* eſt celle qui s'ordonne contre un accuſé condamné à mort, pour avoir révélation de ſes complices. (Ordonnance de 1670, *tit.* 19, *art.* 4.)

Rien n'empêche qu'un accuſé qui a été condamné à la queſtion préparatoire, & enſuite à mort, à cauſe des preuves nouvellement ſurvenues contre lui, ne puiſſe encore être condamné à la queſtion préalable, pour avoir révélation de ſes complices.

ARTICLE VII.

Des Jugements de condamnation.

87. Si l'accufé avoue qu'il a commis le crime, & que le corps de délit foit conftant, il doit être condamné en la peine que mérite fon crime.

Il en eft de même fi l'accufé eft convaincu du crime par la dépofition de deux, ou plufieurs témoins; quand même il dénieroit d'ailleurs l'avoir commis.

Il y a des crimes pour lefquels l'accufé doit être condamné à la peine de mort; d'autres qui méritent une peine capitale, ou corporelle, ou afflictive, comme les galeres & le banniffement à perpétuité, ou à temps, le fouet, la flétriffure, &c.; d'autres qui ne doivent être punis que d'une peine infamante, v. g. du blâme & de l'amende; & d'autres enfin qui ne font punis que de peines pécuniaires. (Voyez tout ce qui a été dit à ce fujet au titre *Des crimes*, ci-deffus, *part.* 1, *tit.* 1, *n.* 16 & *fuivants*, où j'ai marqué les différentes peines que les Juges doivent infliger pour chaque efpece de crime. Voyez auffi ce qui a été dit au titre *Des peines en général*, part. 1, tit. 3, n. 10 & fuivants.)

Les Juges doivent non-feulement condamner les accufés en la peine que mérite le crime, mais auffi aux dommages & intérêts, & aux dépens envers les parties civiles, quand il y en a.

ARTICLE VIII.

Des confidérations néceffaires aux Juges dans l'impofition des peines.

88. 1°, La premiere chofe que les Juges doivent confidérer dans l'impofition des peines, eft qu'on ne doit jamais condamner un accufé à une peine corporelle, à moins qu'il n'y ait de la malice, ou du dol dans le délit par lui commis; & il ne fuffit pas qu'il foit coupable de la faute qu'on appelle en Droit *lata culpa*, même dans les délits qui ne méritent pas la peine de mort. (Voyez Julius-Clarus, *queſt.* 84, *n.* 1.)

2°. Une autre attention néceffaire au Juge, eft de prononcer une peine qui foit dans une jufte proportion avec le crime; car c'eſt en cela principalement que conſiſte l'équité & la prudence des Juges ; c'eſt-là cette balance qui eſt comme l'ame de la Juſtice, & qui en fait le principal attribut.

3°. Quand l'accuſé eſt coupable de pluſieurs crimes, il faut diſtinguer ſi tous ces crimes tendent, ou non, à la même fin. Lorſque ces crimes tendent tous à une même fin, il faut les punir de la peine due pour raiſon du plus grand de tous ces crimes, quand même ils auroient été commis par intervalles ; mais ſi ces crimes ont un objet différent, & qu'ils aient été commis par intervalles, ils doivent tous être punis de la peine due à chaque crime en particulier.

89. 4°. Si pluſieurs accuſés ſont coupables du même crime, ils doivent tous être punis de la même peine, & ils ſont auſſi tenus ſolidairement des dommages & intérêts envers la partie civile.

5°. Parmi les différentes peines que le Juge peut prononcer, il y en a de légales, c'eſt-à-dire, qui ſont prononcées par les Loix & Ordonnances du Royaume ; & d'autres qui dépendent de l'arbitrage du Juge. (Voyez ce qui a été dit là-deſſus au titre *Des Sentences, Jugements & Arrêts*, part. 3, liv. 2, tit. 25, n. 165 & ſuivants.)

6°. Les Juges dans l'impoſition des peines légales, ou établies par la Loi, doivent ſuivre l'uſage établi dans le lieu où le délit a été commis, & non l'uſage obſervé dans le lieu du domicile de l'accuſé.

7°. Les Juges peuvent augmenter la peine, ſuivant que le crime eſt plus atroce, & ſuivant les autres circonſtances qui peuvent le rendre plus grave, comme dans le cas de récidive, &c. ; & au-contraire, ils doivent diminuer la peine dans des circonſtances qui peuvent contribuer à diminuer la gravité du crime ; *v. g.* ſi le délit eſt exempt de dol, ſi l'accuſé eſt mineur, ou proche de l'âge de puberté, &c. (Voyez au même titre *Des Sentences, Jugements & Arrêts*, part. 3, liv. 2, tit. 25, n. 184, & ſuivants.)

90. 8°. On ne doit punir pour raiſon d'un crime, que celui qui en eſt coupable. Ainſi le maître ne peut être puni pour raiſon du délit commis par quelqu'un de ſes ſerviteurs à ſon inſçu, & lorſqu'il n'a pas été en ſon pouvoir de l'empêcher ; mais ſi le ſerviteur a délinqué à l'occaſion de ſon Maître, & à ſa connoiſſance, avant qu'il ait été commis, il eſt cenſé avoir commis le délit du conſentement de ſon Maître.

Pareillement le père ne doit point être puni pour raison du délit commis par son fils. Ainsi si le fils a été condamné pour quelque crime, le pere n'est pas obligé de payer la somme à laquelle son fils a été condamné, même sur la légitime qui doit lui revenir après la mort de son pere.

Néanmoins tout ce que le fils fait à l'occasion de son pere, & à sa connoissance, est censé fait du consentement du pere ; *v g.* si cela se fait en la présence du pere, & qu'il ne s'y oppose point.

Au surplus, il faut observer que quand quelque Loi, Ordonnance, ou Statut, porte, que les Maîtres seront tenus pour raison du délit de leurs domestiques, cela ne doit s'entendre qu'en ce sens, qu'ils en répondent civilement, & non criminellement.

ARTICLE IX.

Des complices, participes, fauteurs & adhérants des crimes.

91. (Voyez *omninò*, au titre *Des différentes manieres dont on peut participer aux crimes*, ci-dessus, *part.* 1, *tit.* 2.)

Les Juges en prononçant quelque condamnation contre des accusés, doivent examiner sur toutes choses non-seulement quel est le titre du crime commis, mais encore quelle est la qualité, du crime dont les délinquants sont prévenus ; car il arrive assez souvent que dans un même crime, il se rencontre plusieurs accusés qui doivent être punis de différentes peines. Or cette différence peut venir, ou de ce que l'un a commis le crime lui-même, ou de ce qu'il en a été complice, ou participant ; ou de ce qu'il a été du complot pour le commettre ; ou de ce qu'il a conseillé, ou donné ordre de le commettre ; ou de ce qu'il y a prêté son secours ; ou de ce qu'il y a été présent ; ou enfin de ce qu'il l'a ensuite approuvé & ratifié. De plus, celui qui a seulement tenté de commettre un crime, est puni différemment de celui qui l'a consommé : Je vais examiner ici tous ces différents cas.

1°. Celui qui sçait qu'un crime doit être commis, & qui ne le révele point, ne doit point être puni ; excepté dans le crime de Leze-Majesté.

2°. Celui qui peut empêcher qu'un crime ne soit commis, & qui ne l'empêche point, n'est pas tenu d'aller au devant du crime,

&

& de dénoncer le coupable ; à moins qu'il ne s'agisse aussi du crime de Leze-Majesté. (Voyez au titre *Des différentes manieres dont on peut participer aux crimes*, ci-dessus, *part.* 1, *tit.* 2, *n.* 37 & *suivans.*)

92. 3°. Si quelqu'un sçachant qu'un crime doit être commis, y a donné son consentement, il faut distinguer ; ou c'est un simple consentement, & alors il n'est point puni, à moins qu'il ne s'agisse d'un crime atroce, *v. g.* d'un crime de Leze-Majesté, ou de parricide : ou bien c'est un consentement donné par voie d'autorité & de défense ; & alors celui qui le donne, doit être puni plus sévérement que celui qui a commis le délit : *v. g.* si c'étoit un Evêque qui eût consenti qu'un Prédicateur prêchât dans son Diocèse un fausse Doctrine ; ou un Gouverneur qui ne poursuivroit point la punition de ceux qui voleroient ou tueroient les passants dans l'étendue de son territoire ; ce qui cependant n'a lieu que quand il s'agit de crimes considérables ; car dans les autres crimes moindres, il ne seroit pas puni d'une peine plus févere, mais de la même peine. (Voyez *ibid.* n. 37 & suivants.)

4°. Mais à l'égard de la question, si celui qui ratifie le crime déja commis, doit être puni pour raison de cette ratification ; il faut observer que pour que la ratification du crime puisse donner lieu à la peine dans ces sortes de délits, il faut 1°. que le crime ait été commis au nom de celui qui le ratifie. 2°. Que celui qui ratifie le crime commis en son nom, le ratifie comme ayant été commis en son nom. Dans le doute, lorsque quelqu'un ratifie un délit, il est censé le ratifier, comme ayant été commis en son nom ; ainsi c'est à lui à prouver qu'il n'a pas été commis en son nom, ni de son ordre. (*Ita* Julius-Clarus, *omninò*, quest. 87, n. 5 ; quoique Farinacius, *qu.* 135, *n.* 93, pense le contraire.)

93. 5°. Pour sçavoir si celui qui a conseillé à quelqu'un de commettre un crime, doit être puni de la même peine que celui qui l'a commis, il faut distinguer : ou celui qui a commis le crime ne l'auroit point commis sans ce conseil ; & alors celui qui l'a donné, doit être puni de la même peine que le principal délinquant : ou bien il l'auroit commis indépendamment de ce conseil ; & alors celui qui l'a donné, ne doit point être puni de la même peine, mais d'une peine plus légere : (*Ita* Julius-Clarus, *quæst.* 88.) & il en est de même de celui qui exhorte à commettre un crime ; car il faut alors suivre la même regle. (Julius-Clarus,

Tome IV. B b b

ibid. Voyez auſſi ce qui a été dit au titre *Des différentes manieres dont on peut participer aux crimes,* ci-deſſus, *part.* 1, *tit.* 2, *n.* 30 & *ſuiv.*)

6°. Celui qui donne ordre de commettre un crime, doit être puni de la même peine que celui qui l'a commis ; ce qui a lieu principalement dans les grands crimes. Ainſi celui qui donne ordre de commettre un homicide, eſt coupable de l'homicide ; & il en eſt tenu *propter mandatum,* mais non *ex mandato :* c'eſt pour cela qu'il ſuffit dans l'information, de conſtater le lieu & le temps de l'homicide, & qu'il n'eſt pas néceſſaire de conſtater le lieu & le temps où le mandat a été donné. (Voyez auſſi ce qui a été dit au même titre *Des différentes manieres dont on peut participer aux crimes,* n. 13 & ſuivants.)

Celui qui donne ordre de bleſſer quelqu'un, ou de lui donner un ſoufflet, ou des coups de bâton, ne doit point être puni de la peine de mort, ſi l'offenſé vient à mourir des coups qu'il a reçus ; parce que le mandataire pouvoit frapper, & ne pas tuer. Ainſi il doit être puni ſeulement pour raiſon de ſon mandat ; c'eſt-à-dire, d'une peine moindre que la peine ordinaire due au crime commis ; ſur-tout s'il a recommandé expreſſément qu'on ne tuât pas l'offenſé.

94.   7°. Pour ſçavoir ſi celui qui a donné du ſecours, ou prêté la main pour commettre un crime, doit être puni de la même peine que celui qui l'a commis, il faut obſerver qu'on peut prêter du ſecours à quelqu'un, de trois manieres ; ou avant que le délit ſoit commis ; ou dans le temps même du délit ; ou après qu'il a été commis ; & de plus, pour la réſolution de cette queſtion, il faut encore diſtinguer trois cas :

Le premier cas eſt, ſi le crime a été commis en vertu d'un complot précédent, ou d'une délibération à laquelle celui qui a prêté ſon ſecours, a donné ſon conſentement, & dont il a eu du moins connoiſſance. Dans ce cas, celui qui a prêté ainſi ſon ſecours, doit être puni de la même peine que le principal auteur du crime ; & cela en quelque temps qu'il ait prêté ſon ſecours, ſoit avant le crime, ſoit avant le temps même du crime, ſoit après qu'il a été commis ; car quoiqu'il n'ait point été préſent au délit, néanmoins il eſt cenſé y être intervenu ; ſur-tout ſi ce ſecours avoit été deſtiné & promis dès le commencement ; *v. g.* s'il avoit promis ſciemment, & en connoiſſance de cauſe à celui qui avoit deſſein de tuer une perſonne, de lui prêter un cheval, pour se sauver, & prendre la fuite après le meurtre commis.

95. Le second cas a lieu quand il n'y a point eu de traité, ni de complot précédent. Alors si celui qui a prêté son secours, a été la cause immédiate du délit, il doit être puni de la même peine que celui qui l'a commis ; mais s'il n'a point été la cause de ce délit, il doit être puni d'une peine moindre, sur-tout s'il n'a prêté secours qu'après le délit commis. En effet, à parler exactement, celui qui ne donne son secours qu'après que le délit a été commis, ne doit point être regardé comme ayant donné un vrai secours à celui qui a commis le crime.

Le troisiéme cas, est celui où il est incertain s'il y a un complot, ou traité précédent, du moins par rapport à celui qui a prêté son secours. Alors s'il s'agit d'un crime qui mérite peine de mort, celui qui a donné ce secours, doit être condamné à la question, touchant le complot & la connoissance qu'il peut avoir du délit ; & s'il n'avoue rien, il doit néanmois être puni d'une peine extraordinaire, pour raison du secours qu'il a prêté ; car lorsque quelqu'un prête du secours à celui qui commet un crime, même après qu'il a été commis, c'est un indice violent contre lui qu'il a été complice & participant du crime avant qu'il eût été commis ; comme il arrive à l'égard de celui qui après un vol d'argent, aide au voleur à le cacher

96. Au reste, pour qu'on puisse procéder contre quelqu'un, pour avoir prêté son secours à une personne, à raison de quelque crime, il est nécessaire avant tout, de constater que cette personne a commis le crime en question.

Quant à la question de sçavoir si celui qui a été présent à un crime, sur-tout avec des armes, & tout proche de l'endroit même où le crime a été commis, est censé avoir prêté son secours pour commettre le crime, cela dépend des circonstances. (Voyez ce qui a été dit au titre *Des différentes manieres dont on peut participer aux crimes*, ci-dessus, part. 1, tit. 2, n. 8 & *suivants.*)

Enfin, il faut observer que ceux qui récelent dans leurs maisons les voleurs, sont punis de la même peine que les voleurs mêmes. (Voyez *omninò* Julius-Clarus, qu. 96, & ce qui a été dit ci-dessus, au titre *Du vol*, part. 4, tit. 57, n. 186 & 193.)

8°. On ne doit point être puni pour avoir eu la pensée de commettre un crime ; à moins que le dessein n'ait été suivi de complot. (Julius-Clarus, *quest.* 91 ; Voyez auſſi au titre *Des Sentences, Jugements & Arrêts*, ci-deſſus, part. 3, liv. 2, tit. 25, n. 270.)

9°. L'attentat pour commettre un crime, ne doit point être puni, à parler généralement; à moins que cet attentat ne ſoit ſuivi d'effet. Ainſi celui qui met une échelle de nuit à la maiſon d'une femme pour la violer, doit etre puni d'une moindre peine, que celle établie pour le viol ; & il en eſt de même de celui qui prendroit des libertés avec une fille, dans le deſſein de lui faire violence, & qui n'iroit pas plus loin.

97. Mais cette maxime, que l'attentat ne doit point être puni, s'il n'eſt ſuivi d'effet, ne reçoit point ſon application dans les délits atroces ; car dans ces ſortes de crimes, l'attentat eſt puni de la même peine que le crime même ; quand bien même cet attentat ne ſeroit point ſuivi d'effet ; *v. g.* dans celui qui veut aſſaſſiner, ou empoiſonner quelqu'un. Il paroît cependant que même dans les grands crimes, le ſimple attentat, quoique ſuivi de meſures prochaines pour commettre le crime, doit être puni d'une peine moindre, lorſque l'effet ne s'eſt point enſuivi ; à moins que le contraire ne ſoit établi par la Loi, comme il eſt établi pour l'aſſaſſinat prémédité, par l'article 195 de l'Ordonnance de Blois. Au reſte, pour que l'attentat dans cette eſpece même, ſoit puni de la même peine que l'aſſaſſinat, il eſt néceſſaire que cet attentat ſoit ſuivi de meſures prochaines & immédiates pour commettre le crime ; comme il arrive à l'égard d'un voleur, qui voulant tuer un paſſant, auroit tiré ſur lui un coup de fuſil, & l'auroit manqué. (Voyez Julius-Clarus, *quæst.* 92.)

ARTICLE X.

De la réclamation & reſtitution des effets volés.

98. 1°. Lorſque des effets volés ſont réclamés par ceux à qui ils appartiennent, & qu'il y a preuve du vol contre l'accuſé, le Juge doit en ordonner la reſtitution : & à cet effet les parties qui réclament, peuvent intervenir pour demander cette reſtitution, ſans qu'il ſoit néceſſaire, pour cela, de ſe porter partie civile, ni de payer les frais du procès criminel.

2°. S'il eſt prouvé au procès que les effets ont été volés à une telle perfonne, les Juges doivent ordonner d'office que ces effets feront rendus à cette perfonne, fans qu'il foit même néceffaire qu'elle préfente requête à cet effet; & cela s'obferve ainfi tous les jours. (Voyez Imbert, *liv.* 3, *chap.* 1, *n.* 10; Julius-Clarus, *in fupplementis*, qu. 3, n. 7; Chaffanée, *in Confuet. Burgund.* pag. 163, n. 2.)

3°. Lorfque des parties réclament des effets volés, le Juge s'en rapporte le plus fouvent à leur ferment, (tant pour la qualité, que pour la quantité des effets volés,) qui leur eft déféré, jufqu'à une certaine fomme, qui eft ordinairement limitée par le Juge.

99. Si c'eft de l'argent qui a été volé à la partie qui le réclame, comme alors cette partie ne peut faire reconnoître le vol qui lui a été fait, le Juge doit avoir égard à fa déclaration; ce qui néanmoins dépend des circonftances; *v. g.* fi l'accufé eft trouvé faifi d'une affez grande quantité d'argent qui foit réclamée par une perfonne, & qu'il ne s'en préfente point d'autre qui le réclame; dans ce cas, les Juges doivent être faciles à accorder cet argent à celui qui le réclame; fur-tout s'il paroît par les preuves qui font au procès, qu'il a été fait un vol d'argent à cette perfonne.

4°. Il arrive quelquefois que le Juge ordonne que les effets réclamés feront rendus à celui qui les réclame, dans le cas même où l'accufé eft en contumace; mais il ne doit le faire qu'à la charge de les repréfenter dans les cinq ans, & en donnant caution à cet effet, s'il eft ainfi ordonné par le Juge.

A l'égard des meubles non réclamés, ils doivent être rendus après le jugement de condamnation; au cas qu'il emporte confifcation; & le prix en provenant, doit être payé au Receveur des amendes, dont il doit être tenu regiftre.

5°. Lorfqu'un voleur a été condamné à reftituer des effets volés, ou à en payer la valeur, il doit tenir prifon, jufqu'à ce qu'il ait fait cette reftitution.

6°. Au furplus, il faut obferver que ces reftitutions d'effets, ou de chofes volées, doivent être prononcées par le même jugement qui condamne l'accufé à la peine que mérite fon crime.

ARTICLE XI.

Des suites ou effets des Jugements de condamnation à des peines capitales, ou infamantes.

100. L'effet des jugements qui condamnent à la mort naturelle, ou aux galeres perpétuelles, ou au banniffement à perpétuité, font la confifcation des biens, & la mort civile. Toutes les autres peines corporelles, afflictives & infamantes; comme les galeres & le banniffement à temps, le fouet, la flétriffure, & même le blâme emportent feulement infamie. (Voyez ce qui a été dit à ce fujet au titre *Des peines*, ci-deffus, *part.* 1, *tit.* 3, *n.* 135, 215 & *fuiv.*)

ARTICLE XII.

De l'exécution des Jugements, 1°. fur la perfonne : 2°. fur les biens des condamnés.

1°. Lorfque les jugements ont été prononcés, il faut procéder fur-le-champ à leur exécution, s'ils font de nature à n'être pas fufpendus par la voie de l'appel ; comme font les jugements de contumace, & toutes les Sentences & Jugements rendus en dernier reffort.

101. Les jugements de contumace s'exécutent par effigie, ou font écrits dans un tableau ; & quelquefois fe fignifient fimplement. (Ordonnance de 1670, *tit.* 17, *art.* 16.) A l'égard des jugements en dernier reffort, ils doivent être exécutés le même jour qu'ils ont été rendus. (Voyez l'article 21 du titre 25 de l'Ordonnance de 1670.)

Mais quand il y a appel du Jugement, ou que la connoiffance en eft dévolue de droit au Juge fupérieur, il faut furfeoir à l'exécution de la peine ; excepté quand elle n'eft que pécuniaire, & qu'il ne s'agit que d'une certaine fomme, fuivant l'article 6 du titre 25 de l'Ordonnance de 1670; auquel cas elle s'exécute par provifion.

2°. Il arrive quelquefois que ceux qui font condamnés à faire amende-honorable, refufent d'exécuter le jugement prononcé contre eux ; dans ce cas, ils peuvent être condamnés à une plus grande peine par les mêmes Juges. (Voyez au titre *Des Sentences, Jugements & Arrêts*, ci-deffus, part. 3, liv. 2, tit. 25, n. 46 & fuiv.)

Sur quoi il faut obferver que fi le jugement de condamnation avoit été rendu préfidialement, ou prévôtalement, & en dernier reffort, le jugement qui condamne l'accufé à une plus grande peine, pour raifon de fon refus, doit auffi être rendu en dernier reffort.

102. Mais fi le jugement d'amende-honorable étoit prononcé par un premier Juge, en vertu d'un Arrêt, il faudroit alors que ce Juge en dreffât procès-verbal, & envoyât ce procès-verbal au Procureur-Général. (Voyez au titre *Des Sentences*, &c. *ibid.* n. 49.)

3°. On ne doit point donner le Sacrement de l'Euchariftie aux accufés condamnés à mort ; mais feulement le Sacrement de Confeffion, & tel eft l'ufage conftant du Royaume. (Ordonnance de 1670, *tit.* 25, *art.* 34.)

4°. Les jugements de condamnation fur la perfonne du condamné, doivent être exécutés le même jour qu'ils ont été prononcés. (Même Ordonnance de 1670, *tit.* 25, *art.* 21.)

Il y a néanmoins des cas où l'on doit différer l'exécution des condamnations fur la perfonne des condamnés ; *v. g.* fi c'eft une fille, ou femme condamnée, qui fe trouve enceinte. (Voyez ce qui a été dit au titre *Des Sentences, Jugements & Arrêts*, part. 3, liv. 2, tit. 25, n. 53.)

103. L'exécution fur la perfonne du condamné, doit auffi être différée, lorfque ce condamné vient à accufer quelqu'un comme complice du crime pour lequel il a été jugé, jufqu'à ce que le Juge ait fait là-deffus l'information néceffaire. (*Ita Julius-Clarus*, *qu.* 97.)

De même, fi depuis le jugement de condamnation, l'innocence du condamné vient à être manifeftée ; *v. g.* fi celui qu'on prétendoit avoir été tué par l'accufé, venoit à paroître ; dans ce cas, il faut furfeoir à l'exécution du jugement. Les Juges ne peuvent cependant abfoudre d'eux-mêmes le condamné, fans obtenir auparavant Lettres de revifion du Prince. (Voyez ci-deffus au titre *Des Sentences & Jugements*, *ibid.* n. 63.)

Quid, fi le condamné devenoit fou, ou infenfé depuis que la Sentence lui a été prononcée ? Julius-Clarus prétend que, dans ce cas, le jugement ne doit point être exécuté, quant à ce qui regarde la perfonne du condamné. (Voyez Julius-Clarus, *qu.* 60, *n.* 80.)

Mais si la corde à laquelle étoit attaché un condamné à la potence, venoit à se rompre dans le temps de l'exécution, cela ne doit pas empêcher que le jugement ne soit exécuté ; & il faudroit y attacher de nouveau le condamné ; parce que cette condamnation doit être exécutée jusqu'à ce que mort s'ensuive, contre l'opinion ordinaire du peuple. (Voyez ci-dessus, au titre *Des Sentences & Jugements*, part. 3, liv. 2, n. 64.)

5°. L'exécution doit être faite dans la place publique du lieu où le délit a été commis, ou dans le lieu ordinaire de l'exécution ; à moins que le contraire ne soit porté par le jugement de condamnation. (*Ibid.* n. 69.)

6°. S'il n'y avoit point d'Exécuteur sur le lieu, il faudroit en faire venir un de quelque ville voisine ; & si l'on n'en pouvoit trouver aucun, il faudroit faire faire cette exécution par quelque personne vile, ou condamnée par Justice. (Voyez ce qui a été dit à ce sujet au titre *Des Sentences, Jugements & Arrêts*, ibidem, n. 75.)

7°. Ceux qui sont condamnés au feu, comme les herétiques, les sodomites, &c., sont ordinairement étranglés avant que d'être brûlés.

Dans le crime de bestialité, on a coutume de condamner au feu, avec le coupable, l'animal avec lequel le condamné a commis le crime ; & de plus, dans ce crime, ainsi que dans celui de sodomie, on ordonne le plus souvent que le procès sera jetté au feu. (Voyez au titre *Du crime de sodomie*, &c., ci-dessus, part. 4, tit. 49, n. 12.)

8°. Les cadavres des condamnés à mort ne doivent point être ensevelis ; mais on doit les exposer sur le grand-chemin.

Quelquefois néanmoins on les délivre aux Chirurgiens pour faire des anatomies ; ce qui ne doit être fait cependant que par la permission des Juges.

Quant à l'exécution sur les biens du condamné, Voyez ce qui a été dit au titre *Des Sentences, Jugements & Arrêts*, ci-dessus, part. 3, liv. 2, tit. 25, n. 56.)

ARTICLE

ARTICLE XIII.

Des Jugements de contumace.

105. (Voyez *omninò* au titre *Des défauts & contumaces*, ci-dessus, *part.* 3, *liv.* 2, *tit.* 21.)

1°. Les condamnations de mort naturelle contre les contumaxs, doivent être exécutées par effigie ; & celles de galeres, amende-honorable, bannissement perpétuel, flétrissure & fouet, en un tableau, sans aucune effigie. Les autres condamnations par contumace doivent seulement être signifiées au domicile, ou résidence du condamné, si aucune il a ; sinon à la porte de l'Auditoire. (Ordonnance de 1670, *tit.* 17, *art.* 16.)

2°. Lorsque le condamné par contumace vient à se représenter, tous les défauts, & les contumaces sont mis au néant. (Voyez *omninò* ce qui est dit à ce sujet au titre *Des défauts & contumaces*, part. 3, liv. 2, tit. 21, n. 60 & suiv.)

Et si le procès jugé par contumace contre l'accusé qui se représente, a été jugé en même temps contre d'autres accusés complices du même crime, & non condamnés à mort, on ne recommence la procédure & le jugement que contre le contumax seul ; & ce qui a été fait à l'égard des autres accusés, doit subsister en son entier. Néanmoins lorsque dans les interrogatoires & confrontation des accusés qui se représentent, il y a des faits contre les accusés présents qui ont été jugés, il faut rédiger ces faits, si ces accusés présents n'ont point été jugés diffinitivement, ou s'il y a appel du jugement diffinitif.

106. Dans cette espece où l'on suppose qu'il y a plusieurs accusés, dont les uns ont été jugés présents, & les autres par contumace, s'il y a appel du jugement diffinitif, & que le contumax se représente pendant l'appel, le Parlement peut juger le fond, sans que le contumax qui se représente ait été jugé par le premier Juge ; ou bien il peut lui-même, sur l'appel, instruire le procès contre le contumax qui se représente, & le juger avec les autres accusés. (Voyez ce qui a été dit à ce sujet au titre *Des défauts & contumaces*, ci-dessus, *part.* 3 , *liv.* 2, *tit.* 21, *n.* 65 & *suiv.*)

CHAPITRE IV.

Des différentes manieres de se pourvoir contre les Jugements.

SECTION PREMIERE.

De la maniere dont on peut se pourvoir contre les Jugements en général.

107. Il y a plusieurs manieres dont on peut se pourvoir en général contre les jugements rendus en matiere criminelle ; sçavoir, 1°. par opposition ; 2°. par appel ; 3°. par la révision ; 4°. par la cassation ; 5°. par les Lettres d'abolition, &c.

ARTICLE PREMIER.

Des Oppositions.

(Voyez au titre *Des oppositions* , ci-dessus, *part.* 3 , *liv.* 2, *tit.* 35.)

ARTICLE II.

Des Appellations.

108. 1°. L'appel est la voie naturelle pour se pourvoir contre les jugements qui n'ont pas été rendus en dernier ressort. (Voyez au titre *Des appellations*, ci-dessus, *part.* 3 , *liv.* 2 , *tit.* 37.)

2°. Cet appel peut être interjetté, non-seulement par l'accusé, mais encore par la partie publique, & aussi par la partie civile.

3°. On peut appeller non-seulement des Sentences diffinitives, mais encore des Sentences préparatoires & interlocutoires ; & même des décrets & permissions d'informer.

4°. Il y a des cas où l'appel a lieu de plein droit ; ce qui arrive lorsque la Sentence rendue par le premier Juge, porte condamnation de peine corporelle, de galeres, de bannissement à perpétuité, ou d'amende-honorable ; dans ce cas, soit qu'il y en ait appel , ou non, l'accufe & fon procès, doivent être envoyés enfemble en la Cour qui connoît des appellations de ce premier Juge. (Ordonnance de 1670, *tit.* 25, *art.* 6.)

Sur quoi il faut obferver que s'il y a plufieurs accufés du même crime, ils doivent tous être envoyés en la Cour du Juge d'appel, encore qu'il n'y ait qu'un accufé qui ait été jugé ; & il en eft de même , fi l'un avoit été condamné , & l'autre abfous. (*Ibid.* art. 7 & 8.)

5°. A l'égard des autres Sentences diffinitives , il eft libre à l'acufé , ainfi qu'à la partie publique & civile, d'appeller, ou non.

109. Mais lorfque l'accufé , ou la partie publique, ou la partie civile, ont confenti à l'exécutiou de la Sentence, dans les cas où l'appel n'a pas lieu de plein droit, il ne leur eft plus permis d'appeller. Cependant à l'égard de la partie publique , rien n'empêche que M. le Procureur-Général ne puiffe appeller, même dans le cas où le Procureur du Roi, ou Fifcal , du lieu où la Sentence a été rendue, auroit confenti l'exécutiou de la Sentence.

6°. L'effet de l'appel par rapport aux Jugements diffinitifs , eft de fufpendre & d'arrêter l'éxécution de ces Jugements ; excepté dans le cas de l'article 6 du titre 25 de l'Ordonnance de 1670, dont on vient de parler.

A l'égard des décrets & de tous Jugements d'inftruction , l'appel ne fufpend point l'exécution, & les Juges peuvent dans tous ces cas paffer au jugement diffinitif. (Ordonnance de 1670, *tit.* 25, *art.* 2 ; & *tit.* 26, *art.* 3.) Il n'y a alors d'autre voie que d'obtenir des défenfes du Juge fupérieur, lefquelles ne peuvent fe donner qu'en certains cas. (Voyez l'article 9 du titre 7 ; l'article 8 du titre 12 ; & l'article 4 du titre 26 de la même Ordonnance.)

110. 7°. Les appels des procès réglés par récolement & confrontation, ainfi que ceux des Sentences rendues fur accufations pour crimes qui méritent peine affliétive, fe portent nuement aux Cours de Parlement. (Ordonnance de 1670, *tit.* 26, *art.* 1.)

8°. Lorfque les Procureurs du Roi des lieux, ou ceux des Juftices feigneuriales font appellants, les accufés, s'ils font prifonniers , & leurs procès, doivent être envoyés en la Cour de Parlement ; & s'ils ont été élargis depuis la prononciation de la Sentence, & avant l'appel, ils font tenus de fe mettre en état lors du jugement du procès en la Cour, ainſi qu'il ſera par elle ordonné. (*Ibid.* art. 13.)

9°. Les condamnés qui doivent être transférés en la Cour, doivent l'être inceſſamment.

10°. Les Procureurs Fiſcaux, ainſi que les parties civiles, à la pourſuite deſquelles il eſt ſurvenu des Sentences de condamnation contre des accuſés, ſont tenus, en cas d'appel, d'élire domicile, & de cotter Procureur en la Cour lors de la prononciation de la Sentence. (Arrêt du Parlement du 4 Février 1675.)

11°. Les accuſés ſur l'appel doivent être interrogés ſur la ſellette, ou derriere le Barreau, lors du jugement du procès en la Cour. (Ordonnance de 1670, *tit.* 26, *art.* 15.)

12°. Si l'Arrêt rendu ſur l'appel d'une Sentence, porte condamnation de peine afflictive, les condamnés doivent être *renvoyés* ſur les lieux ſous bonne & ſure garde, aux frais de ceux qui en ſont tenus, pour y être exécutés ; à moins que pour des conſidérations particulieres, il n'en ſoit autrement ordonné par les Cours. (*Ibid.* art. 16.)

ARTICLE III.

Des incidents ſur l'Appel.

III. 1°. Il n'eſt pas permis de former incidemment à des appels de procédures extraordinaires, aucunes demandes, ni ſouffrir qu'il en ſoit formé aucunes, pour voir déclarer les Arrêts communs, ou autrement, contre des parties qui ne ſont point accuſées, comme n'étant point compris dans les décrets ; non plus que contre des accuſés qui ne ſont point appellants, quoique compris dans les mêmes procédures faites devant les premiers Juges, deſquelles d'autres accuſés auroient interjetté appel ; ni d'y introduire eſdits cas aucunes appellations de Sentences rendues en matiere civile, contre des parties qui ne ſont compriſes, ni dénommées comme accuſées dans leſdites procédures extraordinaires ; à peine de nullité des procédures faites de part & d'autre ſur leſdites demandes & appellations en matiere civile, & des dommages & intérêts des parties. (Voyez ce qui a été dit à ce ſujet au titre *Des appellations,* ci-deſſus, *part.* 3, *liv.* 2, *tit.* 37, *n.* 77.)

2°. Quand il y a appel d'une Sentence criminelle, on peut informer devant le Juge à *quo*, contre un complice nouvellement jugé, quoique l'affaire soit au Parlement; mais ce premier Juge ne peut la juger, & il doit renvoyer pour le fond devant le Juge d'appel.

ARTICLE IV.

Comment on peut se pourvoir contre les Jugements de contumace.

112. On peut se pourvoir contre les Jugements de contumace en se représentant, soit devant le premier Juge, soit devant le Juge d'appel; auquel cas le Jugement de contumace est mis au néant. (Ordonnance de 1670, *tit.* 17, *art.* 26.) Mais il faut pour cela que l'accusé se mette en état. (*Ibid.* tit. 25, art. 4.)

SECTION II.

De la manière de se pourvoir contre les Jugements criminels rendus en dernier ressort.

Si le Jugement est rendu en dernier ressort, on peut encore en empêcher l'effet, en obtenant des Lettres d'abolition, qui éteignent la peine due au crime; ou en obtenant des Lettres de rappel de ban, ou de commutation de peine, qui font cesser la peine, ou la changent en une moindre. (Voyez l'article 1 du titre 16 de l'Ordonnance de 1670.)

Il y a même des cas où il n'est pas nécessaire de recourir à l'autorité du Souverain, & où l'on peut se pourvoir par requête civile contre un jugement rendu en dernier ressort en matiere criminelle; ce qui se fait pardevant les mêmes Juges qui ont rendu le Jugement.

On se pourvoit aussi devant les mêmes Juges, quand il s'agit de purger la mémoire d'un défunt condamné par contumace, & mort dans les cinq ans, & même après les cinq ans, que l'on prétend avoir été condamné injustement. (Même Ordonnance de 1670, *tit.* 27.)

Enfin, au défaut de tous ces moyens, on peut obtenir du Roi des Lettres de révision de procès, ou en cassation d'Arrêt. (Voyez l'Ordonnance de 1670, *tit.* 16, *art.* 8; & le nouveau Réglement du Conseil du 28 Juin 1738, *part.* 1, *tit.* 4 & *tit.* 7.)

ARTICLE PREMIER.
Des Requêtes civiles.

113. (Voyez *omninò*, au titre *Des Requêtes civiles en matiere criminelle*, ci-deſſus, *part.* 3, *liv.* 2, *tit.* 40.)

ARTICLE II.
Des Lettres de réviſion de Procès.

(Voyez au titre *Des Lettres de reviſion de procès*, ci-deſſus, *part.* 3, *liv.* 2, *tit.* 39.)

ARTICLE III.
Des Procédures à l'effet de purger la mémoire d'un défunt.

(Voyez au titre *Des procédures à l'effet de purger la mémoire d'un défunt*, ci-deſſus, *part.* 3, *liv.* 2, *tit.* 42.)

ARTICLE IV.
Des demandes en caſſation d'Arrêts, ou de Jugemens en dernier reſſort.

(Voyez au titre *Des demandes en caſſation d'Arrêts, ou de Jugemens en dernier reſſort*, ci-deſſus, *part.* 3, *liv.* 2, *tit.* 38.)

ARTICLE V.
Des demandes en caſſation de Jugemens de compétence.

114. (Voyez au titre *De la compétence des accuſés*, ci-deſſus, *part.* 3, *liv.* 2, *tit.* 15, *n.* 33 & *ſuivants.*)

ARTICLE VI.
Des Lettres d'Abolition.

(Voyez au titre *Des Lettres de grace*, ci-deſſus, *part.* 3, *liv.* 2, *tit.* 20, *n.* 70 & *ſuivants.*)

ARTICLE VII.

Des Lettres de Réhabilitation.

(Voyez au titre *Des Lettres de grace*, ci-deſſus, *part.* 3, *liv.* 2, *tit.* 20, *n.* 90.)

ARTICLE VIII.

Des Lettres de rappel de Ban, ou des Galeres.

115. (Voyez au titre *Des Lettres de grace*, ibid. *n.* 83.)

ARTICLE IX.

Des Lettres de commutation de peine.

(Voyez au titre *Des Lettres de grace*, ibid. *n.* 86.)

ARTICLE X.

De la Procédure ſur les faits juſtificatifs.

(Voyez le titre 28 de l'Ordonnance de 1670, & ce qui a été dit au titre *Des exceptions & défenſes des accuſés*, part. 3, liv. 1, tit. 2, n. 52 & ſuivants.)

On n'admet point le plaignant à la preuve contraire dans cette eſpece d'enquête.

CHAPITRE V.

Des Procédures particulieres à l'égard de certaines perſonnes, & pour certains crimes.

116. LFs procédures dont on vient de parler, s'emploient dans l'inſtruction de tous les crimes en général ; mais outre ces regles, il y en a encore quelques-unes particulieres à l'égard de certaines perſonnes, de certains crimes, & de certains Juges.

SECTION PREMIERE.

Des Procédures particulieres à certaines perſonnes.

ARTICLE PREMIER.

De la maniere de faire le Procès conjoint aux Eccléſiaſtiques.

(Voyez au titre *De la compétence particuliere des Juges en cri-minel* , ci-deſſus, *part.* 2, *tit.* 1 , *n.* 446 *& ſuivants.*)

ARTICLE II.

De la maniere de faire le Procès à des Communautés.

(Voyez au titre *De la maniere de faire le procès à des Com-munautés* , part. 3, liv. 2 , tit. 29.)

ARTICLE III.

De la maniere de faire le Procès à des Sourds & Muets, ou qui refuſent de répondre.

117. (Voyez au titre *De la maniere de faire le procès à des ſourds & muets qui refuſent de répondre* , ci-deſſus, *part.* 3 , *liv.* 2, *tit.* 27.)

ARTICLE IV.

De la maniere de faire le Procès à des Etrangers.

(Voyez au titre *De la maniere de faire le procès à des étrangers* , ci-deſſus, *part.* 3 , *liv.* 2, *tit.* 28.)

ARTICLE V.

De la maniere de faire le Procès à des cadavres , ou à la mémoire.

118. (Voyez au titre *De la maniere de faire le procès au cadavre, ou à la mémoire d'un défunt* , ci-deſſus, *part.* 3, *liv.* 2 , *tit.* 30.)

ARTICLE

ARTICLE VI.

De la maniere de faire le Procès à des filles débauchées.

(Voyez au titre *De la maniere de faire le procès aux filles,* ou femmes débauchées , ci-deſſus, *part.* 3 , *liv.* 2 , *tit.* 3.)

ARTICLE VII.

De la maniere de faire le Procès à des Enfants pour ſimple correction.

(Voyez au titre *De la maniere de faire le procès à des enfants pour ſimple correction* , ci-deſſus , *part.* 3, *liv.* 2 , *tit.* 32.)

SECTION II.

Des Procédures particulieres pour certains crimes.

ARTICLE VIII.

De la maniere de faire le Procès pour Crime de Faux.

119. (Voyez au titre *De la maniere de faire le procès pour crime de faux* , ci-deſſus, *part.* 3 , *liv.* 2, *tit.* 16.)

ARTICLE IX.

De la maniere de faire le Procès pour crimes commis , les Juges ſéant en leur Siege , ou contre les Juges en faiſant leurs fonctions.

(Voyez ce qui a été dit ci-deſſus , au titre *De la compétence des Juges en général* , part. 2, tit. 2 , n. 127 & 122.)

SECTION III.

Des Procédures particulieres à de certains Juges.

ARTICLE X.

*De la Procédure particuliere aux Prévôts des Maréchaux
& Juges Préfidiaux.*

120.   (Voyez au titre *De la compétence particuliere des Juges en criminel*, ci-deffus, *part.* 2, *tit.* 1, *n.* 231 *& fuivans.*)

ARTICLE XI.

De la Procédure pour Délits Militaires.

(Voyez *ibid.* au titre *De la compétence particuliere des Juges*, ci-deffus, *part.* 2, *tit.* 1, *n.* 630.)

ARTICLE XII.

De la Procédure des Juges-Commiffions.

(Voyez *ibid.* au titre *De la compétence particuliere des Juges* ci-deffus , *n.* 646.)

ARTICLE XIII.

De la Procédure des Gouverneurs & Intendants.

(Voyez auffi au titre *De la compétence particuliere des Juges* , ibid. *n.* 646.)

CHAPITRE VI.

*Des Frais des Procédures criminelles, & de tout ce qui a
rapport à cette matiere.*

(VOYEZ *omninò* ci-deffus, au titre *Des frais & dépens en matiere criminelle* , part. 3, liv. 2, tit. 43.)

MODELES

OU

FORMULES

DE PROCEDURES CRIMINELLES.

TITRE PREMIER.

Des Plaintes, Accusations & Dénonciations.

S. I.

Des Informations d'Office.

Procès-verbal de l'état d'un corps mort ; & Information d'office faite par le Juge.

I. AUJOURD'HUI...... jour de....... 17..... heure de...... sur l'avis à Nous donné qu'il auroit été commis un assassinat..... (ou *qu'on auroit trouvé un homme mort*, &c.) en la Paroisse de.... quartier de...... Nous L...... Lieutenant-Criminel, &c. nous sommes transportés audit lieu, affisté de (a). . . . notre Greffier, & de . . . où étant arrivés, avons trouvé au lieu de. . (*ou* en la place de . . . .) un corps mort ; (*le désigner par la taille, le sexe, les habillemens, &c.*) & ayant fait ôter les habits & la chemise dudit cadavre, avons remarqué qu'il avoit été blessé en tels endroits . . . . . avec une arme, ou instrument tranchant, comme épée, bayonnette, &c. (*ou* avec une arme à feu, *&c.*) qui a percé ses vêtements en tels endroits, *&c.* . . . . . Et ayant fait visiter les poches dudit cadavre, avons trouvé, *&c.* . . . . . dont & de ce que dessus avons fait & dressé le présent procès-verbal ; & après avoir apposé notre sceau, (*ou le sceau de notre Jurisdiction,*) sur le front dudit cadavre, ordonnons qu'il sera porté en la geole ; & que les habits, *&c.* . . . & autres choses servant à conviction, seront déposés en notre Greffe, pour servir au procès, ainsi qu'il appartiendra ; & qu'il sera présentement informé par Nous du contenu audit procès-verbal. (*Si le Procureur du Roi étoit avec le Juge, il faudra ajouter ; à la requête du Procureur du Roi ;*) à laquelle information avons vaqué, ainsi qu'il suit.

2. Est comparu pardevant Nous . . . . . âgé de . . . . (*mettre ses nom, surnom, âge, qualité & demeure ;*) lequel, après serment de lui pris, de dire vérité, & qu'il a déclaré n'être parent, allié, serviteur, ni domestique, dépose sur les faits contenus en notre présent procès-verbal, dont lui avons fait faire lecture . . . . . qu'il reconnoît le cadavre ci-dessus, pour être celui de . . . . . (*Il faudra ensuite ajouter les autres faits, dont ledit témoin peut avoir connoissance ;*) qui est tout ce qu'il a dit sçavoir. Lecture à lui faite de sa déposition, y a persisté, & signé, (ou déclaré ne sçavoir signer, de ce enquis.)

(*Au bas dudit procès-verbal, le Juge doit mettre,* soit communiqué au Procureur du Roi ; à . . . ce . . . 17 . . .

Conclusions du Procureur du Roi, (ou Fiscal.)

Vu le procès-verbal ci-dessus, je requiers qu'il me soit donné acte de ce que j'emploie ledit procès-verbal pour plainte, & qu'il

---

(a) Il n'est pas nécessaire que le Procureur du Roi (ou Fiscal) assiste à ces procès-verbaux, ou qu'il requiere le transport du Juge.

foit informé à ma requête des faits y contenus , circonſtances &
dépendances ; pour ce fait , & à moi communiqué , requérir ce
qu'il appartiendra. Ce . . . 17 . . .

Procès-verbal de l'état d'une perſonne bleſſée.

3. L'an 17 . le jour de . . . à la réquiſition de A . . . (*ou*
du Procureé du Roi ,) Nous L . . . nous ſommes tranſportés en
la maiſon dudit A . . . aſſiſté de notre Greffier , où étant , avons
trouvé , &c. (*Il faudra déſigner le lieu , & l'état où le bleſſé eſt*
trouvé ;) lequel nous a dit, &c. . . . requérant acte de ſa plainte,
& permiſſion d'informer . . . & déclaré qu'il veut, (*ou* qu'il ne
veut pas,) ſe rendre partie civile , & a ſigné, (*ou* déclaré ne ſçavoir ſigner de ce enquis.)

Procès-verbal de tranſport du Juge , dans le cas
d'un vol avec effraction.

4. Aujourd'hui . . . neuf heures du matin, ſur la requête à Nous
préſentée par le Procureur du Roi de ce Siege , qu'il avoit été
fait cette nuit un vol dans la maiſon du nommé A . . . demeurant à . . . . rue de . . . de pluſieurs effets, conſiſtant en . . ;
& que pour faire ledit vol, il auroit été fait une ouverture , ou
effraction au mur de la boutique ; Nous L . . . Lieutenant-Criminel , &c. aſſiſté de notre Greffier, & de l'un de nos Huiſſiers,
nous nous ſommes tranſportés en ladite maiſon ; & avant d'y entrer , avons remarqué dans le mur qui ferme le bas de la boutique , donnant du côté de la rue, une ouverture de quatorze à
quinze pouces en quarré ; après quoi ſommes entrés dans ladite
maiſon , où nous avons trouvé ledit A . . . lequel , après ſerment
de lui pris de dire vérité, nous a déclaré que la nuit derniere , ſur
les deux heures du matin, ayant entendu du bruit dans ſa boutique, il s'étoit lévé , & auroit remarqué qu'il lui avoit été volé
pluſieurs effets & marchandiſes de mercerie, conſiſtant en . . .
&c. , & autres effets, deſquels il ne peut nous dire le nombre ,
&c. . . . Qu'étant ſorti dans la rue , il auroit trouvé , près de ladite
boutique, deux mouchoirs, faiſant partie des effets à lui volés ;
plus un coutre de fer de charrue ; lequel coutre il nous a repréſenté , & s'eſt trouvé être de la longueur de deux pieds quatre

pouces. Avons aussi trouvé en ladite boutique la nommée S. . . servante dudit A. . . laquelle, après ferment aussi par elle prêté de dite vérité, nous a déclaré qu'il a été volé cette nuit en la boutique dudit A. . . son maître, plusieurs effets & marchandises de mercerie; sçavoir. . . &c. Avons ensuite sommé ledit A. . . & ladite S. . . de nous déclarer les personnes qu'ils soupçonnent avoir fait ledit vol; lesquels A. . . . & S. . . nous ont dit qu'ils ne soupçonnent aucune personne en particulier : dont & ce que dessus, avons dressé notre procès-verbal, & ordonnons que le coutre de fer, énoncé en notre procès-verbal, sera déposé en notre Greffe, pour servir de piece de conviction ; & en avons chargé notre Greffier, qui a fait toutes soumissions requises & accoutumées, de le représenter toutes les fois qu'il en seroit requis. Fait les jours & an que dessus ; & a ledit A. . . signé, & ladite S. . . déclaré ne sçavoir, de ce enquis.

(*Ensuite doit être la signature du Juge & celle du Greffier.*)

§. I I.

Des Dénonciations.

Acte de Dénonciation & Cautionnement.

5. Du . . . est comparu en l'Hôtel de Nous P. . . Procureur du Roi, le sieur A. . . lequel nous a déclaré qu'il se rend dénonciateur à Justice contre B. . . &c. pour avoir par ledit B. . . fait & commis, &c. (*énoncer ici l'effet avec toutes ses circonstances,*) dont ledit dénonciateur offre administrer témoins ; & pour justifier qu'il dit la vérité, & que sa dénonciation n'est ni par vengeance, ni calomnie, il donne pour caution de l'événement de ce qui sera jugé, la personne de . . . présent, demeurant à, &c. qui a fait ses soumissions pour ledit cautionnement, & élu domicile en la maison de . . . Et ont lesdis B. . . & . . . signés, (ou déclaré ne sçavoir signer, de ce enquis.)

Nota. (*Cette caution n'est pas absolument nécessaire, & l'Ordonnance ne l'exige point. Le Procureur du Roi doit seulement avoir attention de ne recevoir pour dénonciateurs, que des personnes solvables & connues.*)

§. III.

Des Plaintes & Accusations.

*Plainte & Accusation du Procureur du Roi, en consé-
quence de la Dénonciation précédente, & ordonnance
du Juge sur ladite plainte.*

A MONSIEUR LE LIEUTENANT CRIMINEL, &c.

6. Vous remontre le Procureur du Roi, &c. qu'il lui a été dénoncé que, &c. (*Il faut énoncer ici tous les faits portés en l'acte de
dénonciation.*) Et comme un tel crime ne doit demeurer impuni,
requiert ledit Procureur du Roi, (*ou* Fiscal) qu'il lui soit permis de faire informer du contenu en la présente requête, circonstances & dépendances, contre ledit B... & ses complices; pour
ce fait & l'information à lui communiquée, être par lui requis ce
qu'il appartiendra. A . . . ce . . .

(*Signée du Procureur du Roi.*)

(*Le Juge met au bas de cette requête son Ordonnance, portant
permission d'informer à-peu-près en ces termes.*)

Vu la présente requête, nous avons au Procureur du Roi donné
acte de sa plainte, & permis de faire informer pardevant Nous,
(ou *pardevant tel Commissaire,*) des faits contenus en icelles, circonstances & dépendances; pour l'information faite & communiquée audit Procureur du Roi, être ordonné ce qu'il appartiendra. Fait le . . .

*Autre Plainte & Accusation du Procureur du Roi,
contre plusieurs particuliers, dans le cas d'un vol
avec effraction, & autres vols, &c.*

A MONSIEUR LE LIEUTENANT CRIMINEL, &c.

7. Vous remontre le Procureur du Roi en ce Siege, qu'ayant appris que la nuit du Dimanche au Lundi 7 de ce mois, on étoit
entré, par un trou, &c., en la maison de A... à laquelle il

auroit été pris, &c. . . . dont il a le même jour fait dresser procès-verbal en vôtre Hôtel; (*mettre ensuite les autres faits;* v. g. *le procès-verbal de perquisition faite en la maison de* B. . . (a) par lequel il paroît que les nommés *Savoyard* & *Langevin*, sont prévenus d'être les auteurs dudit vol, au moyen d'effets volés chez ledit A. . . . & mis en dépôt chez ledit B. . . . . par lesdits *Savoyard* & *Langevin*; que cette recherche, au-lieu de diminuer le soupçon qu'on avoit contre ledit B. . . au sujet du vol en question, n'avoit servi qu'à l'augmenter avec d'autant plus de raison, que ledit B. . . & sa femme, par leurs réponses aux demandes qui leur ont été faites lors dudit procès-verbal, se sont contredits à différentes fois, répondant tantôt d'une façon, & tantôt d'une autre. (*Marquer ensuite les autres motifs de soupçon contre* B. . . *comme ceux tirés du séjour desdits* Savoyard *&* Langevin *chez ledit* B. . . *au temps du vol; d'une lettre trouvée chez ledit* B. . . *& des contradictions de* B. . . *au sujet de cette lettre; de la maniere dont elle est conçue; & des expressions mystérieuses qui s'y trouvent.*) Mais ce qui acheve de démontrer que ce soupçon n'est point équivoque, c'est le voyage secret & nocturne que lesdits *Savoyard* & *Langevin* ont fait en cette ville, le 31 dudit mois de Décembre dernier, sans oser y séjourner, ni venir réclamer deux paniers de marchandises par eux laissés à la garde dudit B. . ., & sans que la femme dudit B. . ., à qui, suivant qu'il a été rapporté audit Procureur du Roi, vous aviez donné ordre dans la même journée de vous avertir sitôt que lesdits étrangers viendroient chez elle, ait daigné vous informer de leur arrivée, qu'elle n'a pas dû ignorer, les ayant vus & leur ayant parlé. (*ajouter encore les autres motifs tirés de la mauvaise réputation de* B. . ., *& de sa femme; la conduite qu'ils tiennent dans la ville, à l'égard des inconnus qui viennent continuellement loger chez eux, & autres.*)

8. Dans ces circonstances, ledit Procureur du Roi vous observe, Monsieur, que ce sont ces mêmes particuliers, ou quelques-uns de leur troupe, qui sont les auteurs du vol fait chez le nommé A. . .,

---

(a) Voyez ci-après, n. 25, ledit procès-verbal de perquisition, qui auroit dû être placé ci-précédemment, mais qu'on n'a pas voulu séparer du Titre *Des Procès-verbaux de perquisition, &c.,* où on a cru le devoir mettre.

ainsi

ainſi que des autres vols faits depuis quelque temps en cette ville, & dans les villes & paroiſſes circonvoiſines, avec vrilles, crochets de fer, &c...; & que pour dérober au public la connoiſſance de leurs crimes, ils changeoient ſouvent de vêtements; de manière que ledit B... & ſa femme, & leſdits étrangers doivent être regardés comme les auteurs deſdits vols; les uns pour les avoir faits, & les autres pour les avoir recélés, & vendu les effets & marchandiſes volées. Que d'ailleurs la femme dudit B... a vendu en cachette pluſieurs mouſſelines, & autres effets de mercerie; & que ledit B... & ſa femme, qui étoient ci-devant pauvres, ſont maintenant à leur aiſe & en bonne poſition. Et comme il eſt du devoir du miniſtère public d'arrêter le cours de ſemblables vols, &c. par une punition exemplaire, ledit Procureur du Roi vous donne la préſente requête, en forme de plainte contre leſdits B... & ſa femme, & contre leſdits *Savoyard*, *Langevin* & leurs complices, tendante à ce qu'il vous plaiſe, Monſieur, ce conſidéré, lui en donner acte, & lui permettre d'informer pardevant vous, de tous les faits y contenus, circonſtances & dépendances, pour l'information faite, & à lui communiquée, être requis ce qu'il appartiendra.

(*Au bas de cette plainte, le Juge doit donner acte de la plainte, &c. comme ci-deſſus, n. 6.*)

Autre Plainte du Procureur du Roi, en conſéquence d'un délit, ſans accuſation contre les auteurs du délit, comme n'étant pas connus.

9. Vous remontre le Procureur du Roi, qu'il a eu avis que le jour d'hier, ſur les ... heures du ſoir, il a été commis un meurtre, (*ou* un vol avec effraction:) *déſigner la nature du vol, ou meurtre, avec ſes circonſtances, ainſi que l'endroit où il a été commis.*) Et comme il eſt important de connoître les auteurs de ce crime, vous requiert ledit Procureur du Roi, qu'il lui ſoit permis de faire informer du contenu en la préſente requête, circonſtances & dépendances, même d'obtenir & faire publier monitoires de droit; pour le tout à lui communiqué, être requis ce qu'il appartiendra. A .... ce ....

(*Le Juge doit mettre au bas de cette Requête son Ordonnance ,
portant permission d'informer , à-peu-près comme celle ci-dessus , n. 6 ,
en y ajoutant la permission d'obtenir monitoires.*)

*Plainte & accusation d'une Partie privée qui se porte
Partie civile , présentée au Juge par requête , quand
l'auteur du délit est connu.*

A MONSIEUR LE LIEUTENANT CRIMINEL, &c.

10. Supplie humblement A . . (*mettre ici le nom & surnom du
plaignant , sa qualité , & sa demeure ,*) disant que le jour d'hier ,
sur les . . . du soir , le nommé B . . . (*mettre ici le fait avec
toutes ses ciconstances ;*) desquels faits le suppliant a été conseillé
de vous rendre plainte, dont il vous en mande acte , & qu'il lui
soit permis d'informer des faits contenus en icelle , requérant
à cette fin la jonction du Procureur du Roi ; déclarant ledit A . .
qu'il se rend partie contre ledit B . . , & a signé.

(*Le Juge doit mettre au bas de cette Requête son Ordonnance ,
comme ci-dessus , n. 6.*)

Nota, 1°. *Que quand la plainte contient en même-temps une accusation contre quelqu'un, il semble qu'il est inutile de se porter partie
civile, & que cela est de droit, à moins qu'on ne s'en désiste dans les
vingt-quatre heures.*

2°. *Que la minute de cette Requête doit rester au Greffe, comme
il est dit ci-après , n. 11.*

*Autre Plainte d'une partie privée présentée par Requête
au Juge , en conséquence d'un délit , sans se porter
partie civile.*

A MONSIEUR LE LIEUTENANT CRIMINEL, &c.

11. Supplie humblement A . . . (*mettre le nom , surnom , qualité
& demeure du plaignant ;*) disant que cejourd'hui , sur les . . . heures
du matin, le nommé B . . . (*mettre ici le fait avec toutes ses circonstances ;*) desquels faits il a été conseillé de vous rendre
plainte , dont il vous requiert acte , & qu'il lui soit permis d'informer des faits contenus en icelle , même d'obtenir & faire pu-

blier Monitoires de droit, requérir à cette fin la jonction de M. le Procureur du Roi, (*ou Fiscal ;*) déclarant ledit A . . qu'il n'entend point se porter partie civile ; & a signé.

(*Le Juge doit mettre au bas de cette Requête son Ordonnance, comme ci-dessus* n. 6.)

Nota, 1°. *Que cette Requête doit être apportée & enregistrée au Greffe, & attachée à la minute de l'information, & être transcrite dans la grosse de l'information. Ainsi il faut que le Greffier, au bas de ladite plainte, ajoute ces mots :* apportée & enregistrée au Greffe, le . . ; *& qu'il signe.*

Nota, 2°. *Que ces Requêtes peuvent être présentées aussi aux Commissaires du Châtelet de Paris, & par eux répondues ; mais seulement dans le cas de flagrant délit ; Voyez ci-après* n. 15.

Quelquefois le plaignant dans sa Requête requiert le transport du Juge en sa maison, pour constater l'état de ses blessures, & recevoir sa déclaration. En conséquence, il en faut faire mention, tant dans la Requête, que dans l'Ordonnance rendue en conséquence.

Plainte écrite par le Greffier en présence du Juge par un offensé qui ne veut pas se porter partie civile ; & ordonnance en conséquence avec transport du Juge.

12. L'an . . . neuf heures du matin, pardevant nous L . . , *&c.* présent le Greffier ordinaire de notre Siege, est comparue, N... femme de A . . , laquelle nous a supplié de nous transporter en sa maison, pour y recevoir la plainte de son mari, qui est près d'expirer des coups qu'il a reçus de la part de B . . , de laquelle déclaration elle nous a requis acte, & a signé avec nous & notre Greffier.

Surquoi nous Juge susdit, voyant que notre présence pouvoit être nécessaire dans la maison dudit A . . , nous nous y sommes sur-le-champ transporté ; & y étant entré, avons trouvé ledit A..., lequel nous a dit que, *&c.* (*mettre le fait avec ses circonstances,*) & l'ayant visité, nous avons remarqué que (*faire la description des blessures,* &c.) ; & ledit A . . nous a requis acte de sa plainte, & a déclaré qu'il ne veut pas se rendre partie, s'en rapportant à Justice, & a déclaré ne sçavoir signer, de ce interpellé, & avons signé avec notre Greffier.

Ordonnance de soit-communiqué.

Soit communiqué au Procureur du Roi lesdits jour & an.

Conclusions du Procureur du Roi.

13. Vu le présent procès-verbal, je requiers pour le Roi qu'il me soit donné acte de ce que je déclare rendre plainte des faits y contenus ; en conséquence qu'il me soit permis de faire informer à ma requête desdits faits, circonstances & dépendances, pour le tout fait, & à moi communiqué, être requis ce qu'il appartiendra. Fait à . . . ce . . . .

Ordonnance qui permet d'informer.

Vu notre procès-verbal du jour d'hier, notre Ordonnance de soit-communiqué au bas, du même jour, & les conclusions du Procureur du Roi de cejourd'hui ; tout vû : nous avons donné acte au procureur du Roi de sa plainte ; en conséquence, lui permettons de faire informer des faits contenus en notredit procès-verbal, circonstances & dépendances ; & à cet effet, d'administrer témoins, lesquels seront assignés à comparoir pardevant nous en notre Hôtel, à demain huit heures du matin, pour prêter serment & déposer ; pour le tout fait, communiqué au Procureur du Roi, & à nous rapporté, être par lui requis, & par nous ordonné ce qu'il appartiendra. Fait & donné à . . . en notre Hôtel, le . .

Nota. *Quand la matiere est trop légere, pour que le Juge permettre d'informer ; v. g. si la plainte est pour injures verbales, le Juge doit mettre au bas de la plainte l'Ordonnance qui suit.*

Ordonnance portant seulement permission d'assigner, au bas d'une plainte.

14. Soit B . . . assigné à comparoître sommairement à notre prochaine Audience, pour répondre sur les faits énoncés en la présente Requête, & sur les conclusions que prendra le suppliant. Fait & donné en notre Hôtel, à . . . le . .

Si le Juge ne reconnoît qu'après l'information, que la matiere est trop légere pour décréter, il rend l'Ordonnance suivante sur les conclusions du Procureur du Roi.

Ordonnance au bas de l'information, portant que n'échéant pas de décréter, l'accusé sera assigné.

15. Tout vû & considéré, attendu qu'il n'échet pas de décerner décret, disons que B . . . sera assigné à comparoître sommairement à notre prochaine Audience, pour y être fait droit sur les conclusions des parties. Fait & donné en notre Hôtel, à . . . le . . .

Si l'affaire ne mérite pas une plus ample instruction civile, le Juge, sur le récit que fait le Procureur du Roi, des informations à l'Audience, regle diffinitivement les parties ; ou bien il admet l'accusé à faire preuve contraire, & ordonne à cet effet que les informations feront converties en enquêtes, & que le plaignat donnera à l'accusé, ou défendeur, copie de la plainte.

Nota. Qu'à Paris les Commissaires peuvent recevoir des plaintes ; mais sur la plainte, il faut présenter Requête au Lieutenant-Criminel, pour avoir permission d'informer : (si ce n'est dans le cas de flagrant délit, où les Commissaires peuvent informer sans avoir besoin de cette permission.) Sur cette Requête, le Lieutenant-Criminel permet d'informer devant un Commissaire, qui ordinairement est le même que celui qui a reçu la plainte ; & sur cette permission, le Commissaire rend son Ordonnance, pour assigner les témoins ; de laquelle Ordonnance, il est donné copie en tête des Exploits d'assignations données aux témoins.

Autre Plainte reçue par le Greffier en présence du Juge, & Ordonnance en conséquence.

16. L'an . . , le jour de . . . heures du matin, est venu en l'Hôtel de nous L . . le sieur A . . , lequel nous a dit & fait plainte, que le jour d'hier, sur les . . heures du soir, le nommé B . . . (ou bien, un particulier qu'il ne connoît point,) seroit venu chez lui en sa maison, &c. (mette ici le fait avec toutes ses circonstances ;) desquels faits il a été conseillé de nous venir rendre la présente

plainte, de laquelle il nous requiert acte, & que du contenu en icelle, ayons à informer à sa Requête ; requérant en outre la jonction du Procureur du Roi ; déclarant ledit plaignant qu'il se rend partie civile, contre ledit B . . . (*ou bien*, déclarant ledit plaignant, qu'il n'entend point se porter partie civile ;) dont & de ce que dessus, avons donné acte audit A . . , & ordonné que du contenu en la présente plainte, il sera informé à sa requête. (*Si ledit A . . s'est rendu partie civile*,) & à cette fin, que notre Ordonnance lui sera délivrée pour faire assigner les témoins qui peuvent déposer des faits ci-dessus ; & a ledit A . . signé, (*ou déclaré ne sçavoir signer, de ce enquis.*)

Acte du plaignant pour se porter partie civile depuis la plainte rendue.

17. A la Requête de A . . , demandeur & plaignant, soit signifié à M. le Procureur du Roi, & à B . . (*Si le décret lui a été signifié*,) que ledit A . . se rend partie civile, & poursuivra l'instruction & le jugement du procès criminel, sur la plainte par lui rendue, contre ledit B . . ., élisant à cet effet domicile en la maison & personne de . . . Procureur.

Désistement fait par la partie civile dans les 24 heures.

A la requête de A . . , soit signifié à M. le Procureur du Roi, & à B . . (*si le décret lui a été signifié*,) que ledit A . . se désiste de la poursuite sur la plainte par lui rendue le jour d'hier ; (*ou* se désiste de l'acte par lui signifié le jour d'hier à mondit sieur le Procureur du Roi, & audit B . . ,) déclarant ledit A . . . qu'il ne veut plus être partie civile ; sauf à M. le Procureur du Roi à continuer la poursuite du procès, & y prendre telles conclusions qu'il avisera pour la vengeance publique.

Plainte par addition à la Requête, soit de la partie publique, soit d'une partie privée.

18. Vous remontre le Procureur du Roi, (*ou bien*, supplie humblement A . . , disant) que pour raison du délit, &c . . . il a fait

informer dès le . . du mois . . . dernier, contre B . . fur la-quelle information il a obtenu décret de prife-de-corps, (*ou* autre,) contre ledit B . ., en vertu duquel décret il l'a fait emprifon-ner, & procéder à fon interrogatoire ; duquel ayant pris commu-nication, il a reconnu que ledit B . . dénie plufieurs faits que le-dit remontrant, (*ou* fuppliant,) prétend être bien prouvés par l'information ; (*ou bien*, il a reconnu (*fi le procès fe pourfuit à la requête du Procureur du Roi*,) que ledit B . . eft prévenu de plufieurs autres délits. Et comme le remontrant, (*ou* fuppliant,) a découvert plufieurs témoins qui peuvent dépofer de la vérité defdits faits, il a été confeillé de vous donner la préfente Requête, à ce qu'il vous plaife, ce confidéré Monfieur, lui permettre de faire informer par addition du contenu en fa plainte, circonf-tances & dépendances, même d'obtenir & faire publier Moni-toires de droit . . .

    Au bas de cette Requête le Juge met fon Ordonnance à-peu-près en ces termes :

    Vû la préfente Requête, nous avons permis d'informer par ad-dition des faits contenus en icelle, même d'obtenir à cet effet Monitoires de droit. Fait ce . .

Requête préfentée au Juge par le Procureur du Roi, lorfque l'accufé a déja été repris de Juftice.

29.   Vous remontre le Procureur du Roi, qu'il a appris dans l'exa-men du procès pourfuivi contre le nommé B . . . détenu dans les prifons de cette ville, qu'il a été rendu contre lui des Sen-tences, l'une en la Juftice de . . . le . . , & l'autre en ce Siege, le . . . par la premiere defquelles ledit B . . . a été condamné pour vol, au fouet . . . &c. . . & par la feconde, il a été pro-noncé contre lui un plus-amplement informé. Et comme il eft néceffaire de joindre au procès dudit B . . . . accufé, des expé-ditions en forme defdites deux Sentences ; à ces caufes, requiert que les expéditions defdites Sentences, lui foient délivrées, &c. . . (*Au bas de cette Requête, le Juge met un foit fait, ainfi qu'il eft requis . . .*)

Autre Requête contenant plainte présentée par un fondé de procuration, & tendante à obtenir la permission de faire informer, d'obtenir Monitoires, & de se faire voir & visiter par Médecins & Chirurgiens.

20. Supplie humblement A . . . disant que . . . Ce considéré, Monsieur, il vous plaise donner acte au suppliant, de ce que pour plainte, il emploie le contenu en la présente Requête ; en conséquence, lui permettre de faire informer des faits contenus en icelle, circonstances & dépendances ; même d'obtenir & faire publier Monitoires en forme de droit, & de se faire voir & visiter par Médecins, ou Chirurgiens Jurés, lesquels dresseront procès-verbal de son état, qu'ils affirmeront ensuite véritable ; pour le tout fait & communiqué au Procureur du Roi, être par lui, & par le suppliant requis, & par vous ordonné ce qu'il appartiendra ; déclarant ledit A . . . qu'il fait élection de domicile en la maison de M⁰ . . . qu'il constitue pour Procureur, & qui occupera pour lui : & vous ferez justice.

Présentée le . . . par N . . . fondé de la procuration spéciale du suppliant, passée devant . . . Notaires Royaux de ce Siege, le . . . duement contrôlée & annexée à la présente, après avoir été par lui certifiée véritable, assisté de M⁰ . . . son Procureur.

Ordonnance de soit-communiqué.

Soit communiqué au Procureur du Roi, lesdits jour & an . . .

Conclusions du Procureur du Roi.

21. Je n'empêche pour le Roi qu'il ne soit permis d'informer, d'obtenir, & faire publier Monitoires, & qu'il ne soit procédé à la visite par Médecins, ou Chirurgiens, pour le tout fait, & à moi communiqué, être requis ce qu'il appartiendra. Fait à . . . ce . . .

Ordonnance

Ordonnance portant permiſſion d'informer, &c.

Vu la Requête à nous préſentée le . . . par A . . . ; notre Or‑
donnance de ſoit communiqué au Procureur du Roi, étant au
bas, du même jour, les concluſions dudit Procureur du Roi de
cejourd'hui ; nous avons donné acte de la plainte, & permis au
ſuppliant d'informer des faits contenus en icelle, circonſtances
& dépendances, & à cet effet, d'adminiſtrer témoins, leſquels
ſeront aſſignés à comparoir pardevant nous, en notre Hôtel, à . . .
demain huit heures du matin, pour prêter ſerment & dépoſer,
même d'obtenir & faire publier Monitoires en forme de droit, &
de ſe faire voir & viſiter par Médecins, ou Chirurgiens Jurés,
qui dreſſeront procès-verbal de l'état du ſuppliant, & l'affirmeront
enſuite véritable ; pour le tout fait & communiqué au Procureur
du Roi, & à nous rapporté, être ordonné ce qu'il appartiendra.
Fait & donné à . . . en notre Hôtel, le . . .

Ordonnance pour faire viſiter une perſonne bleſſée.

22. Vû par nous L . . . notre procès-verbal du . . . contenant la
plainte de A . . . &c. nous ordonnons que ledit A . . . ſera vi‑
ſité par Médecin du Roi, & . . . Chirurgien, commis aux rap‑
ports ; (*ou s'il n'y en a point*, par tels . . . Chirurgiens, qu'avons
nommé d'office,) pour conſtater l'état des bleſſures dudit A .. &c.

Rapport des Médecin & Chirurgien.

23. Aujourd'hui ... nous ... Médecin du Roi, & . . . l'un des
Chirurgiens commis aux rapports, (*ou bien* . . . Chirurgiens or‑
dinaires de cette ville,) après le ſerment fait par nous, ſuivant
l'acte du . . . nous ſommes tranſportés en une maiſon ſiſe rue . . .
où étant, ſommes montés en une chambre du premier étage
d'icelle. (*Il faut ſpécifier en cet endroit l'état de la perſonne bleſ‑*
ſée, ou du corps mort ; le nombre & les endroits des bleſſures ; avec
quelles armes on peut préſumer que les bleſſures ont été faites ; ſi c'eſt un
corps mort, dire de quels coups l'on croit qu'il eſt décédé, & n'omettre
aucune des circonſtances qui peuvent faire connoître l'état des bleſſures

ou du cadavre,) dont nous avons dreffé notre préfent rapport ; que nous certifions en nos confciences être véritable ; en foi de quoi nous avons figné icelui , le . . . jour de . . .

Lorfque le Juge nomme pour une vifite des Chirurgiens, Matrônes, ou autres Experts, il faut qu'il ajoute, lefquels feront affignés à comparoître pardevant nous le . . . heure de . . . pour prêter ferment de bien & fidelement procéder , & dreffer procès-verbal de l'état de la perfonne vifitée . . . lequel rapport ils remettront enfuite au Greffe.

(*A l'égard des procès-verbaux de vifite , & levée d'un cadavre , Voyez ci-deffus, n. 1.*)

Procès-verbal de dépôt d'un cadavre fur le regiftre de la Geole.

Du . . . le cadavre trouvé dans . . . a été par moi . . . Huif-fier . . . dépofé en la geole de . . . où il a été porté en vertu de la Sentence de M. le Lieutenant-Criminel, de cejourd'hui , & je l'y ai laiffé en la garde de . . . Geolier, qui a promis de le repréfenter à toute ordonnance de Juftice, & a figné avec moi...

TITRE II.

Des Procès-verbaux de transport du Juge , au fujet d'effets fervant à conviction.

Réquifitoire du Procureur du Roi au Juge , à l'effet de fe transporter en la maifon d'un particulier foupçonné d'être l'auteur d'un vol avec effraction.

24. VOus remontre le Procureur du Roi, que dans les recher-ches qu'il a faites du vol fait avec effraction en la maifon du nommé A . . . la nuit du Dimanche 6 au Lundi 7 de ce mois, il a appris que deux perfonnes étrangeres à lui inconnues étoient

venues le Vendredi précédent chez le nommé B . . . Marchand,
demeurant en cette ville, rue . . . ; & que lesdits deux inconnus
font restés chez ledit B . . . depuis ledit jour, jusqu'au matin 7
qu'ils en sont sortis, & en même-temps de cette ville. Que tout
ce qu'il a pu apprendre sur le compte desdits deux inconnus,
est qu'ils font ordinairement le commerce de Mercerie ; qu'il pourroit se faire que lesdits deux inconnus auroient fait le vol, pour
lequel il vous a rendu plainte, & que les effets volés, ou partie
d'iceux, pourroient encore se trouver chez ledit B . . . & sa
femme ; pourquoi ledit Procureur du Roi requiert que sur-le-
champ vous vous transportiez en la maison dudit B . . . avec
votre Greffier, & tel nombre de vos Huissiers que vous jugerez
convenable, pour, en la présence de A . . . , chez lequel a été
fait le vol en question, & celle de S . . . servante-domestique
dudit A . . . être par vous fait recherche desdits effets volés ;
& de votre perquisition, être dressé procès-verbal, pour servir &
valoir ce que de raison.

Procès-verbal de perquisition faite en conséquence par le Juge.

25. Aujourd'hui . . . heures du matin, nous L . . . Lieutenant-
Criminel, &c. assisté de notre Greffier, & de l'un de nos Huissiers, nous sommes avec A . . . & S . . . sa servante-domestique ; (*si le Procureur du Roi est aussi présent, il faudra en faire*
mention,) transportés en la maison du nommé B . . . Marchand-
Mercier, demeurant en cette ville, ou étant arrivés, l'avons
trouvé avec . . . son épouse. Avons d'abord sommé ledit B . . .
de nous dire s'il n'est pas vrai qu'il a reçu chez lui Vendredi
dernier, sur le soir, deux hommes étrangers ; lequel nous a dit
qu'oui. Lui avons ensuite demandé combien ces deux étrangers
étoient restés de temps chez lui ; nous a répondu qu'ils n'en
étoient partis qu'hier, & y avoient couché pendant les nuits du
Vendredi au Samedi, du Samedi au Dimanche, & du Dimanche
6 au Lundi 7 de ce mois, sans s'être apperçu qu'ils fussent
sortis de chez lui pendant ladite nuit du Dimanche au Lundi.
Lui avons demandé s'il sçavoit d'où venoient lesdits deux étrangers lorsqu'ils arriverent chez lui, & où ils alloient lorsqu'ils en

font partis ; à quoi nous a dit ne sçavoir pas plus l'un que l'autre, si ce n'est que l'un desdits étrangers lui a dit qu'ils alloient du côté de la Savoie, d'où ils étoient. Avons ensuite demandé audit B . . . depuis quand il connoissoit lesdits deux étrangers, & s'il ne sçavoit pas leur nom & leur profession ; lequel nous a dit qu'il les connoissoit depuis environ cinq ans, pour les avoir vus dans les endroits où son commerce de Mercerie l'appelloit ; que l'un se nommoit *Savoyard*, & l'autre *Langevin*, & qu'ils faisoient tous deux le commerce de Mercerie. Lui avons demandé s'ils étoient porteurs de quelques marchandises, lorsqu'ils arriverent chez lui le Vendredi au soir ; nous a dit qu'ils n'avoient que quelques coupons de mousseline, dont la femme dudit B . . . nous a dit s'être chargée pour les vendre. Mais lesdits B . . . & sa femme, se trouvant par nous pressés de plus en plus de nous déclarer si lesdits deux étrangers n'avoient point d'autres marchandises, & des bêtes de somme pour les porter, sont tous les deux convenus que lesdits deux étrangers avoient d'autres marchandises, & deux chevaux pour les porter, & qu'ils avoient vendu lesdits chevaux Samedi dernier à la foire de . . . Avons encore demandé audit B . . . ce qu'étoient devenues les marchandises desdits étrangers, ainsi que les paniers qui les renfermoient : nous ont dit que lesdites marchandises étoient toujours dans lesdits paniers, & que lesdits étrangers les leur avoient laissés pour leur rendre, lorsqu'ils viendroient au pays. Avons demandé audit B . . . & sa femme où étoient lesdites marchandises, & les paniers qui les renfermoient ; nous ont sur-le-champ montré deux paniers d'ozier fermés d'un cadenat, dont ils nous ont représenté la clef ; disant que c'étoient les paniers qui leur avoient été laissés par lesdits étrangers, & que leurs marchandises étoient dedans. Après quoi & au même instant, avons par ledit B . . . fait faire ouverture desdits deux paniers, dans lesquels se sont trouvées différentes espèces de marchandises de Mercerie que nous aurions enjoint audit A . . . d'examiner attentivement, & de voir si il y en avoit faisant partie de celles volées ; lequel a dit qu'il y en avoit bien parmi lesdites marchandises de semblables à celles qui lui ont été volées, mais qu'il n'osoit assurer que ce fussent les mêmes. Avons ensuite fait mettre lesdites marchandises dans lesdits paniers, & les avons fait fermer avec les mêmes cadenats, dont la clef a été remise audit B . . . ; & sur la déclaration réitérée par ledit B. . . & fa femme, que lefdits paniers & marchandifes ne leur appartiennent point, avons fait mettre fur chacun defdits paniers deux bandes de papier, & fur chaque bout d'icelles le cachet de notre Jurifdiction ; après quoi avons remis audit B. . . les deux paniers ainfi remplis l'un à moitié, & l'autre aux deux tiers de marchandifes, fermés & fcellés, à la charge de les repréfenter toutes fois & quantes il feroit requis; à quoi il s'eft obligé, même par corps. Enfuite nous fommes tranfportés dans les différentes chambres & cénacles qui compofent la maifon dudit B. . . & y avons vu & examiné, fait voir & examiner par ledit A, . . . tout ce qui étoit en évidence; lequel A. . . après avoir le tout vû & examiné, nous a dit qu'il n'y reconnoiffoit rien de ce qui lui avoit été volé : après quoi avons fait faire ouverture des armoires, & de toutes les autres fermetures qui fe font trouvées dans les cénacles de ladite maifon, & en avons fait tirer les différents effets qui y étoient renfermés; les avons vus & examinés, & après les avoir fait voir & examiner audit A. . . nous a ledit A. . . déclaré qu'il ne reconnoît aucun d'eux pour faire partie de ceux qui lui ont été volés ; après quoi lefdits B. . . & fa femme ont remis lefdits effets en leur place, & leur en avons laiffé, ainfi que de ceux trouvés en évidence, la libre & entiere difpofition. Avons enfuite repréfenté audit B. . . une lettre trouvée chez lui dans une armoire, ladite lettre cachetée de cire rouge, ayant pour empreinte . . . ladite lettre adreffée au nommé M. . . Marchand à. . . avons demandé audit B. . . qui eft-ce qui avoit écrit ladite lettre ; nous a dit que c'étoit lui qui l'avoit écrite pour un defdits étrangers ; & ayant fait ouverture de ladite lettre, avons remarqué qu'elle étoit foufcrite, votre très-humble fervante N. . . ce qui nous a engagé à remontrer audit B. . . qu'il ne nous a pas dit la vérité, lorfqu'il nous a déclaré avoir écrit ladite lettre pour un defdits étrangers, puifqu'elle étoit foufcrite du nom d'une femme, ou fille ; à quoi nous a répondu que ledit étranger lui avoit fait ainfi foufcrire la lettre pour une femme, ou fille, que lui B. . . ne connoît aucunement. Avons encore remarqué qu'après la foufcription de ladite lettre, & au *verfo* d'icelle, ladite N. . . falue ledit M. . . & que ladite N. . . demande une prompte réponfe, qu'elle marque d'adreffer audit B. . . ; ce qui nous a encore obligé de repréfenter audit B. . . qu'il ne nous a pas déclaré la vérité, en nous difant qu'il ne connoiffoit point ladite N. . . puisque s'il ne l'avoit pas connue, il ne se feroit pas chargé de demander que la réponse à cette lettre lui fût adressée; nous a dit qu'il auroit gardé ladite réponse jusqu'à ce que M. . . fût venu la chercher chez lui : surquoi nous ordonnons (sur le réquisitoire du Procureur du Roi, *s'il est présent au procès-verbal*,) que ladite lettre, préalablement (par ledit Procureur du Roi,) par ledit B. . . & par nous paraphée, *ne varietur*, sera déposée en notre Greffe, & avons chargé notre Greffier, ainsi qu'il s'y est soumis, de nous la représenter toutes les fois qu'il en sera requis. Ensuite de quoi ayant été informé, (*ou bien* ledit Procureur du Roi ayant été informé,) que la femme dudit B. . . . avoit depuis dix à douze jours porté sur le soir en différentes maisons de cette ville, plusieurs mousselines à vendre, avons demandé, (*ou bien* nous auroit requis demander,) à ladite femme de B. . . où elle les auroit prises, à quoi ladite femme nous a répondu que c'étoit un Marchand de sa connoissance, dont elle ne sçavoit pas le nom, ni la demeure, qui lui avoit donné lesdites marchandises à vendre, *&c.* . . dont & de tout ce que dessus, avons dressé notre présent procès-verbal, duquel avons fait faire lecture par notre Greffier auxdits B. . . & sa femme, lesquels, après serment d'eux pris & reçu, ainsi que dudit A. . . ont affirmé leurs dires & réponses sinceres & véritables, & ont signé, *&c.* . .

Et lesdits jour & an que dessus, en notre Hôtel, & pardevant nous Juge susdit, est comparu ledit B. . . par nous mandé, & en la présence du Procureur du Roi, & sur son réquisitoire, avons audit B. . . demandé le signalement desdits deux étrangers *Savoyard* & *Langevin*, lequel B. . . après serment par lui fait de dire vérité, nous a dit que ledit *Savoyard* étoit de taille de, *&c.* . . .; & ledit *Langevin*, de taille de, *&c.* . . . dont nous avons fait acte, *&c.* (*Signé du Juge & des autres parties.* . .)

Autre Réquisitoire du Procureur du Roi, fait au Juge pour se transporter en la maison d'un tiers, au sujet d'un ballot déposé en ladite maison, & appartenant à un accusé.

26. Vous remontre le Procureur du Roi, qu'il vient d'être informé

par le nommé Z. . . demeurant en cette ville , Paroiſſe de . . .
qu'un Mercier forain auroit laiſſé depuis quelque temps chez . . .
aubergiſte, demeurant à . . . un ballot de marchandiſes qui pouvoit appartenir aux nommés *Savoyard* & *Langevin*, accuſés de
vols, conjointement avec B. . . & ſa femme, actuellement priſonniers ès priſons de cette ville de . . . & dans lequel il pourroit ſe trouver des effets & marchandiſes, faiſant partie des vols
exprimés en la plainte qu'il vous a rendue contr'eux le . . . du
préſent mois ; pourquoi il requiert que vous vous tranſportiez préſentement avec lui & votre Greffier, aſſiſté d'un de vos Huiſſiers,
chez ledit aubergiſte, à l'effet de vous faire repréſenter ledit ballot,
pour enſuite faire inventaire ſommaire & procès-verbal de ce qui
s'y trouvera.

Procès-verbal de tranſport du Juge , fait en conséquence.

27. Aujourd'hui . . . heures du matin, Nous L . . . ., aſſiſté de
notre Greffier , nous ſommes tranſportés avec le Procureur
du Roi, notre Greffier , & ledit Z. . . . aſſiſté de . . . . .
notre premier Huiſſier - Audiencier , en la maiſon de . . . .
aubergiſte , ſiſe . . . à . . . diſtant d'une demi-lieue de cette ville,
où étant, avons trouvé ledit aubergiſte & ſa femme, auxquels
ayant déclaré le ſujet de notre tranſport ; & après leur avoir fait
prêter ſerment de dire vérité , les avons ſommés de nous dire
s'ils n'avoient pas en leur poſſeſſion un ballot appartenant à quelques Merciers étrangers ; à quoi la femme dudit aubergiſte nous a
fait réponſe qu'il lui en avoit été laiſſé un en l'abſence de ſon mari,
dans les derniers jours du mois de Novembre dernier, par un Mercier à elle inconnu, âgé d'environ trente ans, accompagné d'une
vieille femme, *&c.* ; & que ce Mercier lui dit de remettre ledit
ballot à un des deux hommes qui avoient bu chez elle, quelques
mois auparavant, avec B. . ., & qui viendroit le chercher ; que
depuis ce temps-là, elle n'a entendu parler de rien, ledit ballot
étant toujours reſté en leur poſſeſſion ; & ayant enjoint auxdits
aubergiſte & ſa femme de nous le montrer, à quoi ils ont ſatisfait, ils nous ont préſenté un ballot, qu'ils nous ont dit être celui
en queſtion, & qui eſt fait d'ozier blanc, couvert d'une toile-
ſerpillere, & cordélé d'une corde arrêtée par un cadenat fermé
à clef , & dont la clef eſt attachée audit cadenat avec une pe-

tite ficelle, duquel ballot ayant, fur le requis du Procureur du Roi, fait faire ouverture par notre Huiffier, en préfence dudit Z... & dudit ... aubergifte & fa femme, y avons trouvé les effets & marchandifes qui fuivent ; fçavoir, &c. (*faire enfuite la defcription de tous les effets*;) tous lefquels effets & marchandifes ont été comptés & aunés par ledit Huiffier, en préfence dudit Procureur du Roi, dudit Z.... & dudit ... aubergifte, & fa femme, & enfuite remis dans ledit ballot, que nous avons fait couvrir de fa ferpilliere & recordeler, y ayant auffi fait remettre ledit cadenat, après l'avoir fermé de fa clef; lequel ballot, avec les effets & marchaifes y contenues, nous ordonnons, ce requérant le Procureur du Roi, être dépofés en notre Greffe, pour fervir & valoir ce que de raifon : & avons laiffé le tout en la poffeffion de notre Greffier, qui en demeure chargé, dont nous avons donné aête, & de ce que ledit Z.... & ledit... aubergifte, & fa femme ont déclaré ne fçavoir figner, de ce enquis.

Autre Procès-verbal du Juge, pour des effets rapportés à Juftice, appartenants à un accufé.

28. Aujourd'hui ... heure de ... pardevant Nous L... Lieutenant, &c. eft comparu le nommé ..., dem urant en cette ville, lequel nous a déclaré qu'il rapportoit à Juftice plufieurs marchandifes, ainfi que deux paquets qui lui avoient été remis par le nommé B... & fa femme, détenus prifonniers ès prifons de cette ville, duquel rapport lui avons donné aête ; & ordonnons qu'en fa préfence il en fera préfentement par nous dreffé procès-verbal, ainfi qu'il fuit :

Aujourd'hui Vendredi 10 Janvier 17..., heure de trois après midi, en notre Hôtel, & pardevant Nous L.... Confeiller du Roi, Lieutenant, &c., eft comparu le Procureur du Roi en ce Bailliage, qui nous a dit que la Demoifelle... demeurant en cette ville, lui ayant cejourd'hui déclaré que B... & fa femme, aêtuellement détenus prifonniers ès prifons de cette ville, lui ont remis plufieurs marchandifes, & deux paquets ; il fait paroître pardevant Nous ladite Demoifelle... dont il requiert aête, & du rapport qu'elle fait à Juftice defdites marchandifes &

paquets

paquets, & qu'en sa présence, & celle de ladite Demoiselle . . .
il soit présentement par Nous dressé procès-verbal qui contienne
l'état & l'énumération desdites marchandises ; ensemble des effets
renfermés esdits deux paquets. Sur quoi nous avons donné acte
audit Procureur du Roi de la comparution de ladite Demoiselle . . .
& du rapport par elle présentement fait à Justice desdites marchandises & deux paquets ; & ordonné qu'en leur présence il sera
présentement par Nous dressé procès-verbal, contenant l'état &
énumération desdites marchandises & effets renfermés dans lesdits
deux paquets ; pour à quoi parvenir, ladite Demoiselle . . ., après
serment par elle prêté devant Nous de dire vérité, Nous a représenté ; sçavoir, &c. . ., qu'elle Nous a dit lui avoir été remis, à
deux ou trois fois différentes, par ladite femme B. . ., pour lui
faire des Cornettes, &c. . . après quoi, Nous a ladite Demoiselle . . . représenté deux petits paquets, &c. attachés avec des
épingles ; & les ayant fait défaire, nous y avons trouvé ;
sçavoir, dans le premier paquet, enveloppé d'une toile de cotton
rayé, &c. . .; & dans le second, enveloppé d'une autre toile
de cotton, &c. . .; ensuite de quoi avons fait remettre lesdits
effets, chacun dans leur paquet, & fait envelopper de la même
maniere. Ce fait, ladite Demoiselle . . . Nous a déclaré que lesdits deux petits paquets de marchandises lui ont été apportés par
ledit B. . . le Mercredi 18 Décembre dernier, sur les 6 heures
du soir, avec priere de sa part de les serrer ; parce que c'étoit
des marchandises de contrebande qui lui occasionneroient des affaires, si on faisoit visite chez lui, ne les ayant reçues qu'à cette
considération ; & nous a ajouté ladite Demoiselle . . . qu'il lui
avoit encore été remis par ledit B. . . deux autres cornettes
qu'elle ne peut nous représenter actuellement, les ayant données
à blanchir, mais qu'elle offre remettre en notre Greffe, sitôt
qu'elles seront seches ; tous lesquels effets, ci-dessus énoncés, ont
été, en la présence de ladite Demoiselle . . . & en celle du Procureur du Roi, comptés & aunés par . . . notre premier Huissier Audiencier par Nous mandé ; & après que ledit Procureur
du Roi en a requis le dépôt en notre Greffe, nous ordonnons
qu'ils y seront déposés, pour servir & valoir ce que de raison ;
& donnons acte de ce que le tout a été remis ès mains de notre
Greffier, qui en demeure chargé. (Signe du Juge, Procureur du
Roi, de ladite Demoiselle . . . de l'Huissier & du Greffier.)

Et le Samedi onze defdits mois & an, au Greffe criminel dudit Bailliage, eſt comparue ladite Demoiſelle . . . laquelle, pour
ſatisfaire aux offres par elle faites par le procès-verbal ci-deſſus,
a dépoſé ès mains de moi Greffier les deux cornettes y mentionnées, dont elle m'a requis acte, que je lui ai octroyé. (*Signé de
la Demoiſelle . . . & du Greffier.*)

*Autre Procès-verbal pour raiſon d'effets trouvés, rapportés
à Juſtice, à un Juge, ou à un Commiſſaire, ou au
Greffe; & qui peuvent ſervir de pieces de conviction.*

30. L'an . . . ſur les neuf heures du matin, pardevant Nous L. . .
&c. s'eſt préſenté . . . lequel Nous a dit & déclaré qu'il a trouvé,
il y a environ une heure, ſur le chemin de . . ., où il entendu
dire qu'il a été commis hier un aſſaſſinat, une bourſe qu'il n'a
pas ouverte, & qui paroît renfermer de l'argent; qu'il vient en
conſéquence Nous faire ſa déclaration, & remettre ladite bourſe,
pour en être par Nous dreſſé procès-verbal, dont il a requis
acte, & déclaré ne ſçavoir ſigner, de ce enquis : de laquelle
comparution Nous . . . ſuſdit avons donné acte audit . . . &
& ayant ouvert ladite bourſe qui étoit nouée, nous y avons trouvé
deux doubles louis, enveloppés dans un morceau de papier blanc,
& quatre écus de ſix livres qui n'étoient pas enveloppés : & avons
paraphé leſdits deux morceaux de papier ſervant d'enveloppes, en
préſence dudit . . . qui a déclaré ne pouvoir les parapher, ne
ſçachant écrire, ni ſigner, de ce interpellé; ordonnons que le
tout ſera remis en notre Greffe, pour le remettre quand & à qui
il appartiendra; dont & de ce que deſſus avons fait & dreſſé le
préſent procès-verbal, pour ſervir & valoir ce que de raiſon; &
avons ſigné; & à l'égard dudit . . . a déclaré ne ſçavoir ſigner,
de ce enquis.

*Réquiſitoire du Procureur du Roi, aux fins de perqui-
ſition & appoſition de ſcellés.*

A MONSIEUR LE LIEUTENANT CRIMINEL, &c.

31. Vous remontre le Procureur du Roi, qu'il eſt informé que dans
l'inſtant, le nommé B. . . vient d'être arrêté dans ſa maiſon, en

exécution du décret de prife de corps par vous décerné ; & comme il n'y a chez lui que des domeftiques pour la garde de fes meubles & effets, du nombre defquels peuvent fe trouver des armes, papiers, & autres effets fervant à conviction, il croit qu'il eft du devoir de fon miniftere de veiller à leur confervation, & à ce qu'il foit fait une perquifition en la maifon & en la préfence dudit B. . . avant qu'il foit transféré dans les prifons de ce Siege.

A ces caufes, il requiert qu'il vous plaife vous tranfporter en la maniere accoutumée en la maifon dudit B. . ., à l'effet de faire en fa préfence la perquifition convenable en pareil cas, y dreffer procès-verbal, appofer le fcellé, cabinets, armoires, & coffres fermants à clef, & faire la defcription des meubles & effets qui font en évidence, & ne peuvent être renfermés ; établir Gardien, & du tout dreffer procès-verbal; pour enfuite, fur la communication qui en fera faite au remontrant, être par lui requis, ce que de raifon.

Ordonnance en conféquence.

32. Nous ayant égard au réquifitoire ci-deffus, difons que nous nous tranfporterons fur-le-champ en la maifon dudit B. . .; à l'effet d'y faire perquifition en fa préfence; & s'il y a lieu, appofer le fcellé fur les cabinets, armoires, & coffres fermants à clef; faire la defcription des meubles & effets en évidence, & qui ne peuvent être renfermés; établir Gardien, & du tout dreffer procès-verbal; qui fera enfuite communiqué au Procureur du Roi, & à nous rapporté, pour être par lui requis, & par nous ordonné ce que de raifon.

Procès-verbal d'appofition de fcellé dans la maifon d'un accufé, en fa préfence.

33. L'an . . ., deux heures de relevée, nous L. . ., accompagné de notre Greffier ordinaire, à la réquifition du Procureur du Roi, & en exécution de notre Ordonnance de ce jourd'hui, nous fommes trafportés en la maifon de B. . ., fife en cette ville, Paroiffe de . . ., pour y appofer nos fcellés, où étant, avons trouvé ledit B. . ., auquel avons déclaré le fujet de notre tranfport, & qui nous a dit que . . . ; & enfuite avons

fait la defcription des meubles & effets trouvés en la manière fuivante ; (*il faut faire la defcription de ces meubles, & fpécifier les fcellés qui feront appofés fur les cabinets, armoires & coffres fermants à clef ;*) & ne s'étant plus rien trouvé à décrire, ni à fceller, nous avons tous nofdits fcellés, meubles & effets, dont la defcription a été ci-deffus faite, laiffé en la garde de G. . . & H. . . Huiffiers, qui demeureront à cet effet en ladite maifon, jufqu'à ce qu'il en ait été par nous autrement ordonné, dont il fe font folidairement chargés comme dépofitaires de biens de Juftice, & promis de les repréfenter, même nofdits fcellés, fains & entiers ; & ont figné. Fait les jour & an que deffus.

(Nota, 1°. *Il n'eft pas néceffaire que cette appofition de fcellé fe faffe fur les conclufions du Procureur du Roi ; mais il peut la requérir.*)

(Nota, 2°. *Dans les endroits où il y a des Commiffaires particuliers, comme à Paris, ces fcellés s'appofent par un Commiffaire qui eft nommé à cet effet par le Lieutenant-Criminel.*)

Autre Procès-verbal d'appofition de fcellé en la maifon d'un accufé abfent.

34. Aujourd'hui . . . 17 . . . pardevant nous L . . . Lieutenant-Criminel, eft comparu le Procureur du Roi, lequel nous a dit qu'il a fait faire perquifition de B. . . en fon domicile, en vertu du décret de prife-de-corps par nous décerné contre lui le . . . ; & comme on ne l'a pû trouver, & qu'il y a des chofes dans fa maifon, qui peuvent fervir à le convaincre du crime dont il eft accufé, ledit Procureur du Roi nous a fupplié de nous y tranfporter pour fceller les portes & cabinets fermés étant en icelle ; même d'y établir garnifon, pour fureté des fcellés.

Sur quoi nous avons donné acte audit Procureur du Roi de fa comparution, dire & réquifition ci-deffus, & ordonné que nous nous tranfporterons heure préfente en la maifon de B. . . pour y appofer nos fcellés fur fes biens & effets. Fait les jour & an que deffus.

En exécution de laquelle Ordonnance, nous nous fommes tranfportés en la maifon de B. . . fife rue . . . . , où étant, avons, appofé le cachet de nos armes & fcellés fur les trous & entrées de clef de la porte d'un cabinet en la première chambre de ladite

maifon, & fur chacun des bouts des deux bandes de papier appliquées à ladite porte, l'une du côté de la ferrure, & l'autre
du côté des pentures d'icelle, & fur. . . ; (*il faut fpécifier les
fcellés qui feront appofés fur les coffres, cabinets & armoires fermés
à clef, & faire la defcription des meubles qui fe trouveront en évidence.*)

Ce fait, nous avons tous nofdits fcellés, & les meubles & effets,
dont la defcription a été ci-deffus faite, laiffé en la garde de, &c.
(*Le refte comme ci-deffus*, n. 33.)

*Requête du Procureur du Roi, à fin d'inventaire, recon-
noiffance des fcellés, & récolement des effets d'un
accufé.*

A MONSIEUR....

35. Vous remontre le Procureur du Roi . . ., que par la communication qu'il a prife du procès-verbal de capture de B . . . &
de fa femme, actuellement détenus prifonniers ès prifons de cette
ville, en vertu du décret de prife-de-corps par vous rendu contre
eux & leurs complices le 5 de ce mois, il a reconnu que H . . .
Huiffier, qui a fait lefdites captures, par fon procès-verbal, y a
fait un inventaire fommaire des effets étant en évidence, qui
étoient dans la maifon & domicile dudit B. . ., & que fur plufieurs paniers d'ofier, & fur une armoire qui renferment beaucoup
d'autres effets, il a appofé l'empreinte de fon cachet, & fait appofer l'empreinte de celui dudit B. . ., préfent à cette opéra-
tion, à l'exception néanmoins de deux paniers, fur lefquels les
fcellés ont été en exécution de votre Ordonnance du . . . par
vous appofés. Que ledit H . . . Huiffier, dans la crainte qu'en
laiffant au domicile dudit B. . ., lefdits effets & fcellés, & partie de ceux énoncés en fon procès-verbal, ils n'y fuffent pas en
fureté, les a par ce motif, fait tranfporter le 6 de ce mois en votre
Greffe, & defquels il paroît que notre Greffier s'eft chargé ainfi
que des clefs defdits panniers & armoire. Dans ces circonftances,
ledit Procureur du Roi qui defire faire faire un inventaire exact,
tant defdits effets laiffés en évidence dans notre Greffe, que de
ceux renfermés dans lefdits panniers & armoires, non-feulement
pour leur confervation, mais parce qu'il eft perfuadé que dans le

nombre des mêmes effets il y en a eu plusieurs de volés, soit en cette ville, soit ailleurs, qui par ce moyen serviront de pieces de conviction au procès qui se poursuit à sa requête, contre ledit B. . . & sa femme ; & contre les nommés *Savoyard, Langevin,* & leurs complices, & qu'il pourra s'y trouver des papiers qu'il sera aussi intéressant d'inventorier ; il vous donne en conséquence, & par ces motifs, la présente Requête, à ce qu'il vous plaise, ce considéré, Monsieur, ordonner qu'inventaire sera par vous fait de tout ce qui a été déposé à notre Greffe, par ledit H. . . Huissier, concernant ledit B. . . & sa femme, & leurs complices, en la présence dudit Procureur du Roi & dudit B. . ., & préalablement procédé à la reconnoissance des scellés apposés de votre Ordonnance, & des empreintes des cachets apposés par lesdits H. . . Huissier, & B. . . ; qu'ensuite récolement sera fait desdits effets, en la présence de la femme dudit B. . ., & qu'en conséquence vous vous transporterez à cet effet en votre Greffe, à tel jour qu'il vous plaira indiquer ; auquel Greffe ledit B. . . & sa femme seront amenés séparément, par tels Huissiers & Archers que vous jugerez à propos de nommer, pour, y étant, procéder, comme dit est audit inventaire & récolement, & y faire, en y procédant, les interpellations audit B. . . & sa femme, que vous jugerez convenables, & statuer ce qu'il appartiendra, sur les réquisitoires qui y seront faits par ledit Procureur du Roi. (*Signé . . .*)

Vu la Requête ci-dessus, & le procès-verbal fait par H. . . Huissier, *&c.* nous ordonnons qu'en la présence dudit Procureur du Roi, & celle dudit B. . . il sera par nous fait inventaire, *&c...* & procédé à la reconnoissance des scellés . . . empreintes des cachets ; & qu'ensuite dudit inventaire le récolement des effets y contenus, sera par nous fait en la présence dudit Procureur du Roi, & de la femme dudit B. . ., à l'effet de quoi disons que Mardi nous nous transporterons, *&c.* (*comme en la Requête ci-dessus,*) assisté de . . . *&c.*

Inventaire & Récolement des effets d'un accusé.

36. Aujourd'hui . . . nous L. . . Conseiller du Roi, Lieutenant-Criminel, nous sommes avec le Procureur du Roi en ce Bailliage, assisté de H. . . & G. . . nos Huissiers-Audienciers, transportés

en notre Greffe, en exécution de notre Ordonnance du jour d'hier, où étant, après y avoir fait amener B. . . actuellement détenu ès prions royales de cette ville, & lui avoir fait prêter serment de dire vérité, nous avons en sa présence, & celle du Procureur du Roi, conformément à notredite Ordonnance, procédé à l'inventaire de tous les effets trouvés en la maison dudit B. . . & de sa femme, lors de leur capture, même de ceux renfermés dans un pannier d'ozier, trouvé chez les sieurs M. . . freres, Marchands en cette ville, & dont ils étoient ci-devant dépositaires. (*Voyez ci-après*, n. 92.) Le tout déposé en notre Greffe, suivant le procès-verbal dudit H. . . des . . . & . . . du présent mois, (*ci-après*, n. 26,) ainsi & de la maniere qui suit, à l'effet dequoi . . . notre Greffier nous a représenté les effets ci-après énoncés.

37. Premiérement, un drap, *&c.* . . (*s'ensuit l'énumération de tous les effets, article par article.*)

Plus, un pannier d'osier cordelé, sur lequel nous avons trouvé deux bandes de papier blanc, & sur chaque bout deux empreintes en cire rouge, & aussi deux autres empreintes sur le nœud de ladite corde, que lesdits H. . . Huissier, & B. . ., nous ont déclaré reconnoître pour être celles de leur cachet qu'ils nous ont dit y avoir mis, de laquelle reconnoissance nous avons fait acte ; après quoi, ayant fait lever lesdites bandes de papier, & ouvrir ledit pannier, nous y avons trouvé un habit, *&c.*

Plus, un autre pannier, *&c.* . .

Plus, une armoire, *&c.* . . en laquelle se sont trouvés les effets qui suivent, sçavoir, *&c.* . .

Plus, une quittance, portant reconnoissance de vente de marchandises faite par les sieurs M. . . freres, à N. . . ., pour la somme de . . . . . . livres en trois articles, ledit B. . . nous ayant déclaré qu'il ne sçait pas ce que c'est que ladite quittance, ni pourquoi elle se trouve en sa possession.

Un billet, *&c.* . . une quittance, *&c.* . . lesquels billets & quittance ci-dessus, ont été sur le réquisitoire dudit Procureur du Roi, par nous signés & paraphés, *ne varientur*, ensemble dudit Procureur du Roi, & dudit B. . .

38. Plus, un autre pannier, sur lequel avons pareillement trouvé deux bandes de papier, ou sont écrits ces mots, (scellé apposé en exécution de l'Ordonnance de Monsieur le Lieutenant-Crimi-

nel de : . . le 17 . . .) & à chacun bout desquelles bandes ;
est l'empreinte d'un cachet en cire rouge, que ledit Procureur
du Roi nous a dit être l'empreinte du sien ; lesquelles empreintes
nous avons trouvé saines & entieres, & dont nous avons fait
acte, & de ce que ledit B. . . nous a dit que ledit pannier & les
effets y renfermés appartenoient audit *Langevin*, ne sçachant pas
si ledit *Savoyard* en a aussi. Après quoi ayant fait lever lesdites
bandes de papier, & ouvrir ledit panier, nous y avons trouvé,
&c. . .

Plus, un autre pannier, *&c.*

Après quoi notredit Greffier nous a représenté un lit, *&c.* . . .
qui avec les autres articles compris audit inventaire, font le total
de ce qu'il nous a dit lui avoir été remis par ledit H . . ., Huissier, suivant que ledit B. . . nous en est aussi convenu, avec
déclaration de sa part que tout ce qui est ci-dessus exprimé, est à
lui, à la réserve des articles qu'il nous déclaré être auxdits *Savoyard & Langevin* ; tous lesquels effets, tant en marchandises,
argent, papiers, qu'autrement, (sauf lesdits lit, traversin & orcil-
ler, qui à la priere dudit B. . . & du consentement dudit Procureur du Roi, ont été portés ès prisons par ledit G. . . Huissier,
pour coucher ledit B. . . & sa femme) sont restés en la charge
& garde de notre Greffier, pour servir au procès de pieces de
conviction, à l'égard de ceux qui se trouveront avoir été volés.

39.   Ce fait, nous avons, sur le réquisitoire du Procureur du Roi,
interpellé ledit B. . . de nous déclarer d'où proviennent tous les
effets ci-dessus inventoriés, qu'il nous a dit lui appartenir ; notamment le drap de toile marqué à un bout de la lettre A, & . . ,
sur laquelle interpellation ledit B. . . après serment par lui réitéré de nous dire vérité, Nous a déclaré qu'il n'est pas bien mé-
moratif d'où il a eu tous lesdits effets, n'y ayant que sa femme
qui puisse Nous dire d'où proviennent lesdits draps, nappes, *&c.* ;
qu'à l'égard des habillements ils appartiennent auxdits *Savoyard
& Langevin* qui les ont laissés chez lui : que les marchandises de
toiles, mousselines, *&c.* il les a achetées d'un nommé *Jacques*,
du pays d'Auvergne, sans sçavoir son surnom, ni sa demeure, *&c.*

40.   Dont & de ce que dessus avons fait acte, & de ce que lesdites
marchandises comprises audit inventaire ont été aunées, pesées &
comptées par lesdits G. . . & H. . . Huissiers, & par eux re-

mifes féparément en chacun defdits paniers & armoire avec les
autres effets qui y étoient, & ce à chaque repréfentation qui nous
en a été faite, fans aucun mélange d'effets des uns aux autre s ; le
tout en préfence dudit Procureur du Roi & dudit B. . . Et pour
procéder au récolement par nous ordonné être fait de tous lefdits effets, nous avons donné jour à Samedi prochain, une heure
après midi, en la maifon de notre Greffier : & après que lecture a
été faite audit B. . . du préfent inventaire, & qu'il nous a dit
qu'il perfifte dans les déclarations & réponfes qu'il nous a faites,
comme contenant vérité, nous l'avons, après avoir figné avec
nous, fait remener par lefdits Huiffiers efdites prifons. (*Signé du
Juge, du Procureur du Roi & de B. . .*)

41. . Et le Samedi premier Février . . . 17 . . . une heure après
midi, Nous, Juge, & Procureur du Roi fufdits nous fommes, en
exécution de notre Ordonnance du 27 Janvier dernier, tranfportés de nouveau en notre Greffe, avec ledit Procureur du Roi,
affifté dudit H. . ., Huiffier, où étant, après avoir fait amener
par ledit H . . . la femme dudit B. . . . détenue ès prifons de
cette ville, & lui avoir fait prêter ferment de nous dire vérité,
avons, en fa préfence, & celle dudit Procureur du Roi, procédé au récolement de tous les effets, tant en marchandifes, argent, papiers, qu'autrement ; le tout énoncé en l'inventaire ci-
deffus, par nous fait en notre Greffe les 28, 29 & 30 dudit
mois de Janvier dernier ; à l'effet de quoi notredit Huiffier ayant
mis en évidence tous lefdits effets, nous avons par lui fait faire
lecture dudit inventaire article par article, & en même temps
repréfenté à ladite femme B. . . tous lefdits effets, auffi article
par article, dans le même ordre, & fuivant qu'ils font exprimés
dans ledit inventaire ; lefquels effets fe font trouvés en mêmes efpeces, nombre, nature & qualité ; dont nous avons fait acte, &
de ce que ladite femme B. . ., de ce interpellée, nous a dit que
lefdits effets font les mêmes qui ont été trouvés dans leur maifon,
le jour que fon mari & elle ont été arrêtés prifonniers, à la réferve que les marchandifes qu'ils avoient dans ledit temps chez
lefdits fieurs M . . . freres, s'y trouvent comprifes. Ce fait, nous
avons, fur le réquifitoire dudit Procureur du Roi, fommé ladite
femme B. ., de nous déclarer d'où proviennent tous lefdits effets,
notamment le drap de toile marqué A, *&c.* fur laquelle fommation, ladite femme B. . ,, après ferment réitéré de dire vé-

rité, Nous a déclaré que . . ., &c., & après que lecture a été faite du préfent récolement d'inventaire, & que ladite femme B... nous a dit qu'elle perfifte en fes déclarations & réponfes ci-def-fus, comme contenant vérité, & qu'elle ne fçait figner, de ce enquife, nous l'avons fait reconduire efdites prifons par ledit H... & avons laiffé tous lefdits effets compris audit inventaire, tant en marchandifes, argent, papiers, qu'autrement, en la charge & garde de notre Greffier, pour, à l'égard de ceux qui fe trou-veront avoir été volés, fervir de pieces de conviction au procès, comme eft ci-devant dit. (*Signé du Juge, du Procureur du Roi, & du Greffier.*)

Procès-verbal de la remife d'une lettre écrite à un accufé.

42. Aujourd'hui . . . en notre Hôtel, & pardevant nous L. . . Confeiller du Roi, Lieutenant, &c. eft comparu . . . Geolier des prifons royales de cette ville, lequel, en la préfence du Procu-reur du Roi en ce Bailliage, nous a dit & remontré qu'à l'inf-tant, il vient de lui être remis par le Directeur de la Pofte de cette ville une lettre adreffée à Monfieur, Monfieur B. . ., Mar-chand forain à . . . laquelle lettre il n'a pas cru devoir remet-tre audit B. . . actuellement détenu efdites prifons, fans avoir auparavant reçu nos ordres ; fur quoi, & fur le réquifitoire dudit Procureur du Roi, nous avons par notre Greffier fait faire ouver-ture de ladite lettre, & lecture d'icelle en entier, qui s'eft trou-vée foufcrite femme de R. . . de . . . ce . . . 17 . . . ; après quoi nous avons auffi, fur le réquifitoire dudit Procureur du Roi, ordonné que ladite lettre, préalablement de Nous, & dudit Pro-cureur du Roi paraphée, *ne varietur*, fe. . dépofée en notre Greffe, pour fervir de piece de conviction au procès contre ledit B. . . fa femme & leurs complices. Faifons acte de ce que ladite lettre a été préfentement par nous & ledit Procureur du Roi paraphée, *ne varietur*, & enfuite dépofée ès mains de notre Greffier qui s'en eft chargé pour nous la repréfenter toutefois & quantes ; & a ledit . . . ., Geolier, figné avec Nous.

(*S'enfuit la teneur de ladite lettre.*)

Nota. *Quelquefois fur la déclaration d'un accufé, quand on foup-çonne qu'il trompe, on fait lever fon extrait-baptiftaire fur les lieux, ou l'extrait-mortuaire d'un de fes enfants, pour voir les qualités du pere.*

TITRE III.

Des Informations.

Exploit d'assignation donnée aux Témoins.

43. L'AN . . . le jour de . . . en vertu de l'Ordonnance de . . . en date du . . ., & à la requête de A. . . y dénommé, demandeur & accusateur, j'ai . . . Huissier . . . demeurant à . . . soussigné, donné assignation à . . . en parlant à N. . . à comparoître . . ., huit heures du matin, en . . . pour déposer aux fins de ladite Ordonnance, & lui ai déclaré qu'il sera payé de son salaire, suivant la taxe qui en sera faite par M. le Lieutenant-Criminel; déclarant, en outre, que faute de comparoir sur ladite assignation, il sera contraint en l'amende, sur le premier défaut; & par emprisonnement de sa personne, en cas de contumace, suivant l'Ordonnance. Fait & laissé copie, tant du présent exploit, que de ladite Ordonnance. (*Signé.*)

Défaut contre les Témoins.

44. L'an . . . pardevant Nous L. . ., Conseiller du Roi, Lieutenant-Criminel à . . . est comparu . . . Procureur de A. . . qui a dit, qu'en vertu de notre Ordonnance du . . . il a fait assigner à ce jour, lieu & heure, M. . . N. . . & O. . . par exploit du . . . qu'il nous a représenté, pour déposer en l'information qui sera par nous faite à la requête dudit A. . .; & après avoir attendu jusqu'à neuf heures sonnées, nous a requis défaut contre lesdits M. . . N. . . & O. . . non comparants, & pour le profit, qu'ils fussent condamnés en telle amende qu'il nous plaira, & ordonné qu'ils seront réassignés, & tenus de comparoir, sur les peines portées per l'Ordonnance.

Sur quoi nous avons donné acte audit. . . Procureur audit nom, de sa comparution & requisition ci-dessus, & defaut contre lesdits M. . . N. . . O. . . non comparants, duement appellés; & pour

H h h ij

le profit, les avons condamnés en . . . livres d'amende chacun;
au paiement de laquelle ils feront contraints par toutes voies dûes
& raifonnables; & ordonné qu'ils feront réaffignés à comparoir
den ain, deux heures de relevée, en notre Hôtel, pour dépofer
fuivant notre précédente Ordonnance; finon & à faute de comparoir, fera fait droit fur le réquifitoire dudit Procureur; ce qui
fera exécuté nonobftant oppofitions, ou appellations, & fans préjudice d'icelles. Fait les jour & an que deffus.

Second défaut contre les Témoins.

45. Et le . . . jour de . . . pardevant Nous L. . ., Lieutenant-
Criminel fufdit, eft comparu . . . Procureur de A. . . qui a dit,
qu'en vertu de notre Ordonnance du . . . il a fait réaffigner à
ce jour, lieu & heure M. . . . N. . . O. . . pour dépofer en l'information qui fera par nous faite; & après avoir attendu jufqu'à
trois heures fonnées, nous a requis défaut contr'eux; & pour le
profit, qu'il nous plût ordonner qu'ils y feront contraints par corps,
nonobftant oppofitions, ou appellations, & fans préjudice d'icelles. Et a figné.

Sur quoi nous avons donné acte audit . . ., Procureur, de fa
comparution, dire & réquifition, & défaut contre M. . . N. . . &
O. . . non comparants, duement appellés; & pour le profit,
ordonnons qu'ils feront contraints par emprifonnement de leurs
perfonnes, à venir dépofer en l'information qui fera par nous
faite, en exécution de nos précédentes Ordonnances; ce qui fera
exécuté, nonobftant oppofitions, ou appellations, & fans préjudice d'icelles. Fait les jour & an que deffus.

Ordonnance contre les Eccléfiaftiques féculiers.

46. Sur quoi nous avons donné acte à . . ., Procureur audit nom,
de fa comparution, dire & réquifition & défaut contre E. . . non
comparant; & pour le profit, faute par lui de venir dépofer en
l'information dont il s'agit, le condamnons en . . . livres d'amende, au paiement de laquelle il fera contraint par faifie de fon
temporel; ce qui fera exécuté nonobftant oppofitions, ou appellations, & fans préjudice d'icelles. Fait . .

Ordonnance contre un Eccléfiaftique régulier.

Sur quoi nous avons donné acte à . . ., Procureur audit nom, de fa comparution, dire & réquifition, & défaut contre F... non comparant; & pour le profit, ordonnons qu'il fera réaffigné au premier jour, deux heures de relevée, en notre Hôtel, pour dépofer en l'information qui fera par nous faite; enjoint au Supérieur du Couvent de faire comparoir ledit F...; à peine de faifie de fon temporel, & des privileges accordés par Sa Majefté audit Couvent; ce qui fera exécuté nonobftant oppofitions, ou appellations, & fans préjudice d'icelles. Fait les jour & an que deffus.

Second défaut contre les Réguliers, faute de dépofer.

47. Sur quoi nous avons donné acte à . . ., Procureur audit nom, de fa comparution, dire & réquifition, & défaut fecond contre F... non comparant; & faute par . . ., Supérieur du Couvent, de l'avoir fait comparoître, pour dépofer en l'information dont il s'agit, avons déclaré les peines portées par l'Ordonnance contre lui encourues; & en conféquence ordonnons qu'il y fera contraint par faifie du revenu temporel du Couvent, & que les privileges accordés par Sa Majefté au même Couvent, demeureront fufpendus jufqu'à ce qu'il ait fatisfait; ce qui fera exécuté nonobftant oppofitions, ou appellations, & fans préjudicier. Fait les jour & an que deffus.

Procès-verbal d'un Huiffier, qui conftate l'abfence d'un particulier qu'il alloit affigner, pour dépofer comme témoin.

48. L'an . . ., à la requête de Monfieur le Procureur du Roi, &c..., je fouffigné H... Huiffier, &c., me fuis tranfporté en la demeure & domicile de T..., à l'effet de lui fignifier copie d'une Ordonnance de Monfieur le Lieutenant-Criminel, en date du . . ., fignée, fcellée, & en bonne forme; & de lui donner, en vertu de ladite Ordonnance, & à la même requête,

aſſignation à comparoître demain huit heures du matin, pour dépoſer en l'information ordonnée par mondit ſieur le Lieutenant-
Criminel; & que faute de comparoître, il ſera condamné en l'a-
mende, & contraint par corps, ſuivant l'Ordonnance; & étant
en ladite demeure & domicile dudit T..., & parlant à ſa femme, je lui ai déclaré le ſujet de mon tranſport, laquelle m'a fait
réponſe que ſon mari eſt à ... pour le ſervice du Roi, & qu'elle
ne ſçait pas quand il reviendra. Sommé ladite femme de ſigner
ſa réponſe, a été de ce refuſante : attendu laquelle réponſe, je
n'ai pu ſignifier ladite Ordonnance audit T..., ni lui donner l'aſſignation ſuſdite ; & de ce que deſſus j'ai fait & dreſſé le préſent
procès, pour ſervir & valoir ce que de raiſon.

Requête pour parvenir à la ſaiſie & annotation des biens
d'un témoin, qui s'eſt abſenté d'intelligence avec
l'accuſé pour n'être pas aſſigné.

49.   Supplie humblement A..., diſant que depuis le procès-verbal de défaut, fait devant vous le ... contre T... témoin aſſigné, en exécution de votre Sentence du ..., pour être entendu en l'information, (*ou* récolé en ſa dépoſition en l'information du ...,) & contre lequel témoin vous avez prononcé l'a-
mende de ... & la contrainte par corps, il a appris que ce témoin, d'intelligence ſans doute avec ledit B..., contre lequel
ſa dépoſition doit faire une charge conſidérable, & peut-être néceſſaire pour le jugement du procès, s'eſt abſenté hors du Royaume; ce qui met dans le cas de ſaiſie & annotation de ſes biens,
dont il ne doit lui être donné main-levée, qu'après qu'il aura
obéi, & des dommages & intérêts du Suppliant, qui a l'honneur
de vous donner à cet effet la préſente requête.

Ce conſidéré, Monſieur, il vous plaiſe lui permettre de faire
aſſigner ledit T... à comparoître pardevant vous, à la huitaine,
pour voir dire & ordonner que ſes biens ſeront ſaiſis & arrêtés,
& à iceux Commiſſaire établi en la maniere accoutumée ; & qu'il
ſera, en outre, condamné en ... livres de dommages & intérêts envers le Suppliant, & aux dépens; & vous ferez juſtice,
déclarant qu'il fait élection de domicile en la maiſon de Me...
qui occupera pour lui.

Ordonnance en conséquence.

50. Permis d'assigner à comparoître pardevant nous, à huitaine, aux fins de la requête. Fait & donné en notre Hôtel à . . le . .

Information.

Information faite par nous L. . . , à la requête de A. . . , demandeur & complaignant, (*ou* accusateur, *si c'est le Procureur du Roi* ;) contre B. . . , en conséquence de la plainte à nous présentée le . . . , à laquelle information avons procédé, ainsi qu'il suit :

Du. . . . jour de. . . 17. . .

51. Est comparu T. . . âgé de . . . . , demeurant à . . . témoin assigné de notre Ordonnance pardevant nous, par exploit de . . . Huissier, en date du . . . dont il nous a fait apparoir, lequel après serment par lui fait de dire vérité, & qu'il a déclaré n'être parent, allié, serviteur, ni domestique des parties, après que lecture lui a été faite de la plainte à nous présentée par A . . . .

Dépose que des faits y contenus, il n'a d'autre connoissance, sinon que . . . . . ; qui est tout ce que ledit déposant a dit sçavoir. Lecture à lui faite de sa déposition, a dit icelle contenir vérité, qu'il y persiste, & a requis salaire que lui avons taxé à . . . & a signé avec nous, (*ou bien*, n'a requis salaire ; *ou bien encore*, & a déclaré ne sçavoir signer de ce enquis.)

(*La taxe se fait, eû égard à la qualité du témoin, & au temps qu'il a employé à venir.*)

Information, quand le Témoin n'entend pas la langue françoise.

52. *S'il arrive qu'un, ou plusieurs témoins n'entendent point la langue Françoise, on fera assigner l'interprete ordinaire, & s'il n'y en a point, la partie publique donnera son réquisitoire expositif qu'il a fait assigner tel . . . pour déposer en l'information ; & que ce tel . . . n'entendant pas la langue Françoise, il convient de lui nommer un interprete d'office, lequel sera assigné pour accepter ladite charge, & prêter le serment de bien & fidelement & en sa conscience expliquer au témoin ce qui lui sera demandé ; & aux Commissaires,*

les réponses qu'il fera. On rend un Jugement conforme, & on nomme
tel . . . pour interprète.

S'il y a partie civile, elle donnera sa Requête aux fins que
dessus.

Il faut observer que l'interprète doit être âgé de vingt-cinq ans, & que
quand même le Juge, ou le Commissaire, entendroient la langue du
témoin, ils ne peuvent néanmoins servir eux-mêmes d'interprètes.

En conséquence du jugement ci-dessus, l'interprète est assigné par
l'Ordonnance suivante.

Ordonnance pour assigner l'Interprete.

De l'Ordonnance de nous L. . . Lieutenant-Criminel, &c. . .
à la requête du Procureur du Roi, (*ou* de A. . . partie civile,)
soit par le premier Sergent de ce Siege, requis, donné assignation à I. . . interprète nommé d'office par jugement du . . . .
pour expliquer au témoin, (*ou* aux témoins,) les demandes qui
lui, (*ou* leur) seront faites, & à nous ses, (*ou* leurs) réponses,
tant dans l'information par nous commencée le . . ., que dans
les autres à faire, s'il y échet, à comparoître le . . . heures du
matin en la Chambre de ce Siege, pour en exécution dudit jugement, accepter ladite charge d'interprète, & prêter le serment
de bien & fidelement, s'acquitter des fonctions d'interprète ; de
ce faire, donnons pouvoir. Fait audit Siege le . . .
(*L'interprète accepte & prête le serment comme il suit.*)

Preßation du serment de l'Interprete.

53.   L'an mil . . . le . . . heures de . . . pardevant nous L. . .
Lieutenant-Criminel, &c. . . à la requête du Procureur du
Roi, (*ou* de A. . . partie civile,) est comparu en la Chambre de
ce Siege I. . . d'une telle profession, demeurant à . . . interprète
nommé d'office, par jugement du . . . pour expliquer au témoin,
(*ou* aux témoins,) les demandes qui lui, (*ou* leur) seront par
nous faites, & à nous les réponses qu'il y fera, (*ou* qu'ils y feront,)
tant dans l'information par nous commencée le . . ., que dans les
autres à faire, s'il y échet, & assigné par exploit du Sergent,
tel . . . du . . . qu'il nous a représenté ; lequel a accepté ladite
charge d'interprète, & a prêté le serment de bien, fidélement, &

en

en fa confcience, s'acquitter des devoirs d'interprête, & a figné avec nous. Fait les jour, mois, & an, que deffus.

(On procede enfuite à l'audition du témoin, comme il fuit dans ce même cahier d'information.)

Dépofition par Interprete.

Du . . . jour de . . . 17

54. Pardevant nous L. . . . du . . . jour de . . . 17 . . . eft comparu T. . . témoin affigné, pour dépofer en la préfente information par exploit de . . . Sergent . . . du . . , qu'il nous a repréfenté, en préfence duquel eft auffi comparu I. . . interprete, nommé d'office par notre Ordonnance du . . ., à l'effet d'expliquer audit témoin les demandes qui lui feront par nous faites, & à nous les réponfes dudit témoin; lequel témoin nous avons interpellé de lever la main; ce qui lui ayant été expliqué par ledit interprete en langue . . . il a levé la main; lui avons enfuite dit ces mots; *vous promettez à Dieu de dire vérité*; ce qui lui ayant été expliqué par ledit interprete, il a dit, ainfi que l'a rapporté l'interprete, qu'il promet à Dieu de dire la vérité; & lui ayant fait baiffer la main, l'avons enquis de fes nom, furnom, âge, qualité, demeure; & s'il eft parent, ou allié, ferviteur, ou domeftique des parties; ce qui lui ayant été expliqué par ledit interprete, il a dit, ainfi que l'a rapporté l'interprete, qu'il s'appelle T. . ., qu'il eft d'une telle profeffion, qu'il 'eft âgé de . . ., qu'il demeure à. . ., & qu'il n'eft parent, allié, ferviteur, ni domeftique des parties.

S'il eft parent, ou allié, on ajoute, fauf qu'il eft parent de tel. . . en tel dégré, ou allié à tel . . ., à caufe de . . .

55. Ce fait, avons fait faire lecture des faits contenus au réquifitoire du . . ., (ou en la plainte du . . .,) & avons interpellé ledit témoin, de nous déclarer ce qu'il en fçait; l'interprete les ayant fucceffivement expliqués audit témoin, il a dit, ainfi que l'a rapporté l'interprete, qu'il connoît tel . . ., (ou qu'il ne connoît pas tel . . . .) On rédige fa dépofition de fuite.

S'il y a quelque piece de conviction, on la repréfente au témoin, & on met, lui avons repréfenté telle chofe; & ledit témoin l'ayant examinée, a dit, ainfi que l'a rapporté ledit interprete, que. . . .,

qui eſt tout ce que ledit témoin a dit ſçavoir, ainſi que l'a rapporté ledit interprete. Lecture faite auxdits interprete & témoin
de la dépoſition dudit témoin, & la lui ayant ledit interprete expliquée, il a dit, ainſi que l'a rapporté l'interprete, que ſa dépoſition contient vérité, & qu'il y perſiſte; & ont leſdits interprete
& témoin ſigné, (*ou* , & a ledit interprete ſigné, & déclaré que
ledit témoin ne ſçavoit, (*ou* ne pouvoit ſigner, à cauſe . . . ,)
enſuite de l'interpellation que nous avons faite audit témoin, &
que lui a expliqué ledit interprete.

S'il y a quelque rature, on ajoute, approuvé la rature du mot
tel . . . , rayé en telle ligne de telle page de la préſente dépoſition, ainſi que nous l'a rapporté ledit interprete, après la lui
avoir expliqué . . .

Et nous ayant ledit interprete rapporté que ledit témoin requéroit taxe, nous lui avons taxé tant . . . pour tant de jours à pied,
ou à cheval.

Information contenant un refus de dépoſer de la part d'un témoin.

56. Information faite cejourd'hui pardevant nous L . . . en notre
Hôtel, à . . . , à la requête de A . . . , demandeur & accuſa-
teur contre B . . . , défendeur & accuſé, en exécution de notre
Ordonnance du . . . duement ſcellée.

Eſt comparu T . . . , âgé de . . . , aſſigné à la requête dudit
A . . . , par exploit de . . . Huiſſier, demeurant à . . . , dont
il nous a repréſenté la copie, lequel après ſerment par lui fait de
dire la vérité, & que lecture lui a été faite deſdites plainte &
Ordonnance, ayant été interpellé de déclarer s'il eſt parent,
allié, ſerviteur, ou domeſtique des parties, a dit qu'il n'eſt parent allié, ſerviteur, ni domeſtique des parties, ſinon qu'il eſt le
couſin iſſu de germain de . . . accuſé, & que c'eſt tout ce qu'il
a à déclarer, ne ſe croyant pas dans le cas de dépoſer, tant à
cauſe de ſa parenté avec l'accuſé, que parce qu'il eſt ſon Procureur, & qu'il n'eſt comparu que pour obéir à la Juſtice ; de laquelle déclaration avons dreſſé procès-verbal ; lecture à lui faite
de ſa déclaration, il a déclaré qu'elle contient la vérité, & qu'il
y perſiſte ; & a ſigné avec nous & notre Greffier.

Ordonnance du Juge de soit communiqué.

57. Soit communiqué au Procureur du Roi lesdits jour & an.

(Si les raisons du témoin étoient dans le cas de le dispenser de dé-
poser, la partie publique donnera ses conclusions, & les Juges pro-
nonceront de la maniere suivante.)

Conclusions du Procureur du Roi.

Vu , &c. . . . tout vu & considéré, je n'empêche pour le Roi,
qu'ayant égard aux raisons alléguées par T . . ., il soit déchargé
de déposer. Fait & délibéré à . . . ce . . .

Jugement.

Vu , &c. . . tout vu & considéré, nous, ayant égard aux raisons alléguées par T..., le déchargeons de déposer. Fait & donné,
par nous, &c. . . en la présence & de l'avis de . . . & de . . .,
gradués, qui ont été à cet effet requis & mandés pour le défaut
de Juges dans le Siege, en l'Auditoire & Chambre Criminelle,
à . . . le . . .

Ce Jugement ne se leve pas, *à moins que la partie civile n'en*
appelle.

Quand le Procureur du Roi trouve que les raisons alléguées par le
témoin ne peuvent pas le dispenser de déposer, il prend les conclu-
sions suivantes.

Conclusions du Procureur du Roi.

58. Tout vu & considéré : je requiers pour le Roi, que sans avoir
égard aux raisons alléguées par T . . ., il soit ordonné qu'il sera
tenu de déposer ; à peine de dix livres d'amende , & d'y être
contraint par toutes voies dues & raisonnables, même par corps,
s'il persiste dans son refus. Fait & délibéré à . . . ce . . .

Jugement.

Tout vu & considéré : nous, sans avoir égard aux raisons allé-

guées par T . . . , difons qu'il fera tenu de dépofer ; à peine de
dix livres d'amende, & d'y être contraint par toutes voies, même
par corps, en cas de perfiftance dans fon refus. Fait & donné
par nous, &c. . . en la préfence & de l'avis de . . . & de . . . ,
gradués qui ont été à cet effet requis & mandés pour le défaut
de Juges dans le Siege, en l'Auditoire & Chambre Criminelle,
à . . . le . . .

Requête pour obtenir la permiffion de faire affigner le témoin qui a refufé de dépofer.

A MONSIEUR LE LIEUTENANT CRIMINEL, &c.

59. Supplie humblement . . . , qu'il vous plaife indiquer le moment
auquel T... pourra être entendu devant vous, en exécution de votre
jugement du . . . , pour dépofer en l'information que le fuppliant fe propofe de faire, par fuite de celle commencée le . . .
en vertu de votre Ordonnance du . . . , étant au bas de la Requête portant plainte, qui vous a été préfentée le même jour, &
vous ferez juftice ; déclarant le fuppliant qu'il fait toujours élection de domicile en fa maifon, & en celle de M° . . . qui occupe pour lui.
Préfentée le . . .

Ordonnance du Juge.

Permis d'affigner T..., à comparoître pardevant nous en notre
Hôtel, le . . . huit heures du matin, pour dépofer en l'information par fuite de celle du . . . , en exécution de notre Ordonnance au bas de la Requête portant plainte du . . . , & de
notre jugement du . . . , aux fins de la préfente Requête. Fait &
donné en notre Hôtel, à . . . le . .

Exploit d'Affignation.

60. L'an . . . , à la requête de A. . . , pour lequel domicile eft
élu en fa maifon, & en celle de M^e . . . , qui occupe pour lui,
& en vertu de l'Ordonnance de Monfieur le Lieutenant-Criminel
du Bailliage de . . . , en date du . . . , duement fignée &

fcellée, étant au bas de la Requête portant plainte, à lui préfentée le même jour, & du jugement rendu par mondit fieur . . . le . . auffi duement figné, fcellé, & en bonne forme, je . . . fouffigné, certifie avoir donné affignation pour la feconde fois à T. . . en fon domicile, en parlant à . . . , à comparoir pardevant mondit fieur le Lieutenant-Criminel en fon Hôtel, à . . . le . . . huit heures du matin, pour dépofer en l'information à laquelle il fera procédé, par fuite de celle du . . . ; lui déclarant que faute de comparoître & de dépofer, il fera condamné en l'amende de dix livres, & contraint par toutes voies dues & raifonnables, même par corps ; & je lui ai, en parlant comme deffus, laiffé copie du jugement & du préfent exploit.

Information dans laquelle on entend le témoin qui a refufé de dépofer.

61. Information faite cejourd'hui . . . . , par fuite de celle du . . , pardevant nous L . . . en notre Hôtel, à . . . , à la requête de A . . , demandeur & accufateur, le Procureur du Roi joint, contre B . . . , défendeur & accufé.

Eft comparu T . . , âgé de . . . , affigné à la requête dudit . . . , par exploit de . . . Huiffier des . . . , dont il nous a repréfenté les copies ; lequel après ferment par lui fait de dire la vérité, & que lecture à lui faite de la Requête portant plainte du . . . ; de notre Ordonnance au bas, du même jour ; & de notre Sentence du . . . ; & qu'il a déclaré n'être parent, allié, ferviteur, ni domeftique des parties, finon qu'il eft coufin iffu de germain de . . . accufé, a dit qu'il ne comparoît que pour obéir à la Juftice ; parce qu'il croit par les raifons qu'il nous a déja détaillées, qu'il n'eft pas dans le cas de dépofer ; & fur la remontrance que nous lui en avons faite, que le contraire a été jugé par notre Sentence du . . . , dont il vient de lui être fait lecture, & qu'ainfi il ne doit pas refufer plus long-temps de dépofer, il a répondu qu'il perfifte à foutenir qu'il ne doit point dépofer, & qu'après le confeil qu'il a pris, il eft dans la ferme réfolution de ne rien dire ; ce qui nous a engagé à lui déclarer que les peines portées par l'Ordonnance feront contre lui prononcées ; lecture à lui faite de fa déclaration, il a déclaré qu'elle contient vérité, & qu'il y perfifte ; & a figné avec nous & notre Greffier.

*Procès-verbal contre un témoin qui perfiste dans son
refus de depofer, & ne veut pas comparoître à Juftice.*

62. L'an . . ., pardevant nous L. . . en notre Hôtel, à . . .Greffier ordinaire y étant, s'eft préfenté Mᵉ. . .Procureur, lequel nous a dit qu'en exécution de notre Sentence du . . ., & de notre Ordonnance au bas de la Requête du . . . duement fcellées, fa partie a par exploit de . . . du . . .contrôlé le . . . qu'il a repréfenté, fait réaffigner T. . . à comparoître en ce moment pardevant nous, pour dépofer en l'information qu'il fe propofe de faire, par continuation de celle du . . .; & comme ledit T. . . ne comparoît pas, ce qui annonce qu'il perfifte dans fon refus de dépofer, il a requis qu'il nous plût, en lui donnant acte de fa comparution & de fes dires, donner défaut contre ledit T. . .; & pour le profit, le condamner en l'amende de dix livres, & ordonner qu'il fera de nouveau affigné à comparoir pardevant nous au moment qui feroit par nous indiqué pour dépofer; à peine d'y être contraint par toutes voies dues & raifonnables, même par corps, & condamné aux dépens; & a figné.

Surquoi, nous Juge fufdit, après avoir attendu jufqu'à neuf heures fonnées, fans que ledit T. . . foit comparu, nous avons donné acte à Mᶜ. . . Procureur, de fes comparution, dire & réquifition, donnons défaut contre ledit T. . .; & pour le profit, l'avons condamné en dix livres d'amende; ordonnons qu'il fera affigné de nouveau à comparoir pardevant nous, demain neuf heures du matin, en notre Hôtel, pour dépofer; à peine d'y être contraint par voies dues & raifonnables, même par corps; & avons figné avec notre Greffier.

*Autre Procès-verbal, par lequel on décharge un témoin
de l'amende par lui encourue faute d'être comparu fur
l'affignation à lui donnée, en conféquence d'un certificat
d'excufe légitime.*

63. L'an . . ., pardevant nous L. . ., s'eft préfenté T. . ., lequel nous a dit que la Sentence par nous rendue le . . ., ne lui permettant pas de douter qu'il s'eft trompé en croyant, comme il nous l'a expofé lorfqu'il eft comparu devant nous le . . . . qu'il ne devoit pas dépofer, il n'auroit pas manqué de comparoître pour faire fa dépofition, fur la nouvelle affignation qui lui a été donnée le . . . ., s'il n'avoit pas alors été abfent ; ce qui eft conf- taté par le certificat de . . . en datte du . . . ., qu'il nous a re- préfenté ; pourquoi il nous a fupplié de le décharger de l'amende que nous avons prononcée contre lui par notre procès-verbal du . . ., qui eft en tête de celui-ci, ajoutant qu'il eft prêt de dépofer; & a figné.

Sur quoi, nous Juge fufdit, ayant égard à l'excufe dudit T. . . qui fe préfente pour dépofer en la continuation d'information, & à la confection de laquelle il va être par nous procédé, avons déchargé ledit T. . . . de l'amende de dix livres que nous avons prononcée contre lui par le procès-verbal ci-deffus, en date du . . . Et avons figné avec notre Greffier.

Requête d'un témoin affigné pour dépofer, tendante à obtenir un fauf-conduit pour empêcher que fes créanciers ne le faffent arrêter.

A Monsieur le Lieutenant Criminel, &c.

64. Supplie humblement T. . ., qu'il vous plaife faire défenfes ; à peine de tous dépens, dommages & intérêts, à fes créanciers, & à tous ceux qui pourroient être porteurs de leurs ordres, de l'arrêter, ou faire arrêter, en allant, fuivant l'affignation qui lui en a été donnée le . . à la requête de . . . en votre Hôtel à . . ., pour dépofer comme témoin en l'information ; à la confection de laquelle il doit être procédé devant vous le . . . ., y féjournant à caufe de l'éloignement, & en s'en retournant ; faute de quoi, dans la crainte d'un emprifonnement, qu'il efpere éviter en tra- vaillant au rétabliffement de fes affaires, il ne pourroit obéir à votre Ordonnance ; & vous ferez juftice, déclarant que Me. . . . eft fon Procureur.

Préfentée le . . . .

Ordonnance portant sauf-conduit.

Nous L. . ., faifons défenfes aux créanciers du Suppliant, &
à ceux qui pourroient être porteurs de leurs ordres, de l'arrêter, ni
faire arrêter, en venant ici le . . ., pour dépofer comme témoin
en l'information qui doit être faite devant nous, en y féjournant,
& en s'en retournant chez lui; à peine de toutes pertes, dépens,
dommages & intérèts. Fait & donné en notre Hôtel, à . . le . .

Requête d'une partie civile pour obtenir la permiffion
d'avancer de l'argent à un témoin pauvre & éloigné.

A MONSIEUR. . .

65.   Supplie humblement A. . ., qu'il vous plaife lui permettre d'a-
vancer la fomme de . . . à T. . ., témoin, qu'il fe propofe de
faire entendre en l'information à laquelle vous lui avez permis
de faire procéder par votre Ordonnance du . . étant au bas de
la requête portant plainte, qu'il vous a préfentée le même jour,
à compte fur la taxe des falaires dudit témoin, afin d'éviter le
reproche que l'on pourroit propofer, s'il lui donnoit de l'argent,
fans y être par vous autorifé; ce qui eft indifpenfable, à caufe
de la mifere de ce témoin, & de l'éloignement de fon domicile
du Siege de cette Jurifdiction; & ferez juftice, déclarant que
Me. . . eft fon Procureur.
     Préfentée le . . .

Ordonnance du Juge.

Nous permettons au Suppliant d'avancer à T. . . . la fomme
de . . . fur la taxe qui fera par nous faite, afin de mettre par-là
ledit T. . . en état de faire les frais de fon voyage, pour venir
ici dépofer comme témoin en l'information à laquelle nous avons
permis au Suppliant de faire procéder. Fait & donné en notre
Hôtel, à . . . le . . .

Conclufions

Conclusions du Procureur du Roi sur une information trouvée nulle.

66. Vu, &c. . . Tout vu & considéré, je requiers pour le Roi, que l'information du . . . & tout ce qui s'en est ensuivi, soit déclaré nul, & de nul effet; qu'il soit dit que les procédures serviront seulement de Mémoires ; qu'il soit ordonné que la procédure sera recommencée ; & que les témoins qui ont déja été ouis, le seront de nouveau. Fait & délibéré à . . . ce . . .

Jugement par lequel on déclare une procédure commencée nulle, à l'assistance de deux Gradués dans un Siege où il n'y a qu'un seul Juge.

Vu, &c. . . Tout vu & considéré, nous déclarons l'information du . ., & tout ce qui s'en est ensuivi, nul, & de nul effet: disons que les procédures serviront seulement de Mémoires : ordonnons que la procédure sera recommencée, & que les témoins qui ont deja été ouis, le seront de nouveau. Fait & donné par Nous L. .., en la présence, & de l'avis de . ., & de . ., pour ce requis, & mandés, vu le défaut de Juge & de Gradués dans le Siege, en l'Auditoire & Chambre-criminelle. A . . le . .

Des Délegations, ou Commissions pour informer.

Requête pour informer par Commission devant le plus prochain Juge royal du lieu de la demeure des témoins.

A Monsieur le Lieutenant Criminel, &c.

67. Supplie humblement A. . ., qu'il vous plaise lui permettre de faire informer du contenu en sa plainte, du . .., pour raison de l'assassinat commis en sa personne par B. . .., circonstances & dépendances, pardevant le plus prochain Juge royal de la demeure des témoins ; & à cet effet ordonner que commission rogatoire sera expédiée ; & vous ferez bien.

Tome IV. Kkk

Ordonnance portant commiſſion pour informer.

Vu la préſente requête , nous avons permis au Suppliant de faire informer du contenu en ſa plainte , circonſtances & dépendances , pardevant le ſieur Lieutenant-Criminel de . . ; à l'effet de quoi , commiſſion rogatoire ſera expédiée ; pour l'information faite , rapportée & communiquée au Procureur du Roi , être ordonné ce qu'il appartiendra. Fait ce . .

Commiſſion rogatoire.

68. L. . ., Conſeiller du Roi , Lieutenant-Criminel en la Sénéchauſſée de . . ; au ſieur Lieutenant-Criminel de . . Salut : Ayant par notre Ordonnance du . ., étant au bas de la requête à nous préſentée par A. . ., permis à lui de faire informer pardevant vous des faits contenus en ſa plainte, circonſtances & dépendances , contre le nommé B. . . & complices ; nous vous prions & requerons d'ouir les témoins qui vous ſeront préſentés par A. . , & de procéder à l'information deſdits faits , comme nous ferions en pareil cas , ſi nous en étions requis par vous ; laquelle information ſera par vous envoyée , cloſe & ſcellée , en notre Greffe. Fait ce . .
 Si la commiſſion eſt d'un Juge ſupérieur , elle ſera ainſi.

Arrêt portant commiſſion au Juge inférieur pour informer.

69. Vu par la Cour la requête préſentée par A. . , tendante à ce qu'il lui fût permis de faire informer des faits contenus en ſa plainte, du . . , à cauſe de l'aſſaſſinat commis en ſa perſonne par B. . . & complices , pardevant le plus prochain Juge royal de la demeure des témoins : Oui le rapport de Me. . . . . Conſeiller ; & tout conſidéré , la Cour a permis , & permet au Suppliant de faire informer des faits contenus en ſa plainte, circonſtances & dépendances, pardevant le Lieutenant-criminel de . . , que la Cour a commis à cet effet ; pour l'information faite, rapportée cloſe &

ₐcellée au Greffe de la Cour, & communiquée au Procureur-Général du Roi, être ordonné ce qu'il appartiendra. Fait . .

Les commiffions qui s'expédient fur les Arrêts, ou Ordonnances des Cours fupérieures, & les commiffions des Chancelleries Préfidiales, feront ainfi.

Commiffion d'une Cour fupérieure à un Juge inférieur.

70. Louis, par la grace de Dieu, Roi de France & de Navarre : A notre Prévôt de . . Salut. Vu par notre Cour de . . la requête préfentée par A. . . ., à ce que, attendu l'éloignement de la demeure des témoins qui peuvent dépofer de l'affaffinat commis en fa perfonne par B. . . . il lui fût permis d'en faire informer pardevant le plus prochain Juge royal des lieux de la demeure des témoins, Notredite Cour a permis audit A. . . de faire informer pardevant vous des faits contenus en fa plainte, circonftances & dépendances; pour l'information faite, être par Vous envoyée clofe & fcellée au Greffe de notredite Cour. Donné à . .

Nota. *Un Juge commis ne peut fubdéléguer d'autres Juges, fi l'Arrêt, ou Iugement par lequel il eft commis, ne porte précifément pouvoir de fubdéléguer.*

Si la commiffion donne pouvoir au Juge commis de fubdéléguer d'autres Juges pour informer, faire quelque inftruction, ou juger, la fubdélégation fera en cette forme.

Subdélégation pour informer.

71. L. . . au fieur. . ., Lieutenant-Général de . . Salut. Ayant été commis par Lettres-patentes du . . pour . . Nous vous avons commis & fubdélégué pour informer à la requête de A.., contre B.. & fes complices, & parfaire l'inftruction du procès jufqu'à jugement diffinitif exclufivement; pour ce fait, être le tout par vous envoyé dans un fac clos & fcellé en notre Greffe : de ce faire vous donnons pouvoir, en vertu de celui à Nous donné par Sa Majefté. Mandons à tous Huiffiers & Sergents royaux, & autres Miniftres de Juftice, de mettre à due & entière exécution les décrets, ordonnances & jugements qui feront par vous donnés, fans qu'il foit befoin d'autre permiffion. En témoin de quoi nous

K k k ij

avons. figné & fait contrefigner la préfente par notre Secrétaire ; & appofer à icelle le fceau de nos armes. Fait à . .

Le Commiſſaire qui a fait l'information, la doit envoyer au Juge qui l'a commis, cioſe & ſcellée, & n'en doit retenir aucune choſe pardevers lui.

Nota. *Le Juge commis pour faire une information, ne peut informer par addition ; à moins qu'il n'ait une nouvelle commiſſion.*

Des Informations par addition.

Requête pour avoir permiſſion d'informer par addition.

A MONSIEUR LE LIEUTENANT CRIMINEL.

72. Supplie humblement A. . ., difant, que pour raifon de . . il a fait informer dès le . . contre B. . . ; fur laquelle information il a obtenu décret de prife-de-corps contre ledit B. . ., en vertu duquel il l'a fait emprifonner, & même procéder à fon interrogatoire ; duquel ayant pris communication, il a reconnu que ledit B. . . dénie quantité de faits que le Suppliant prétend être bien prouvés par lefdites informations ; mais comme il a découvert plufieurs autres témoins qui peuvent dépofer de la vérité des faits dont il s'agit ; ce confidéré, il vous plaife permettre au Suppliant de faire informer par addition du contenu en fa plainte, circonftances & dépendances d'icelles ; même obtenir & faire publier monitoires en forme de droit ; & ferez Juftice.

Nota, 1°. *Que cette requête fe peut donner après que la première information eft faite, fans attendre qu'elle foit décrétée.*

2°. *Qu'il faut énoncer le fait dans ladite requête, le plus au long que faire fe pourra ; parce que cette requête doit fervir à dreffer le monitoire.*

Ordonnance du Juge fur la Requête ci-deſſus.

Permis d'informer par addition. Fait ce . . jour de . .

Sentence en conséquence pour informer par addition,
pour faire publier Monitoires.

73. Vu la requête à nous préfentée par A. . . demandeur & complaignant, contenant que . . , dont & de quoi le Suppliant a rendu
plainte à . . le . . ; & d'autant que ce crime ayant été commis
la nuit, &c. ., il eft difficile d'en avoir la preuve : pourquoi
le Suppliant nous requiert qu'il nous plaife lûi permettre d'informer de nouveau par addition de ce fait ; même qu'il lui foit permis d'obtenir & faire publier monitoires en forme de droit ; nous
avons permis & permettons au Suppliant d'informer par addition ;
même d'obtenir & faire publier monitoires en forme de droit ,
des faits contenus en ladite requête feulement ; pour ce fait, rapporté & communiqué au Procureur du Roi , être ordonné ce que
de raifon. A . . ce . . jour de . .

TITRE IV.

Des Monitoires.

Requête afin d'avoir permiffion d'obtenir & faire publier
Monitoires.

A MONSIEUR LE LIEUTENANT CRIMINEL.

74. SUPPLIE humblement A. . , difant, que le . . jour de . . ,
revenant de la campagne, il a trouvé la porte de fon cabinet
rompue , & que l'on avoit volé tous fes papiers , or & argent
monnoyé , plufieurs pierreries d'un prix confidérable , & autres
chofes qui étoient dans ledit cabinet , lefquelles il ne peut précifément défigner.

Ce confidéré, Monfieur, il vous plaife permettre au Suppliant
d'obtenir & faire publier monitoires en forme de droit , fur les faits
contenus en la préfente requête, pour avoir révélation d'iceux :
Et vous ferez Juftice.

Le Juge auquel cette requête sera présentée, peut donner l'ordonnance qui suit, laquelle se met au bas de la requête.

Ordonnance portant permission d'obtenir, & faire publier Monitoires.

Vu la présente requête, nous avons permis au Suppliant d'obtenir & faire publier monitoires en forme de droit, sur les faits y contenus. Fait ce . .

Jugement portant permission d'obtenir & publier Monitoires.

Extrait des Registres de. . .

Sur la requête à nous présentée par A. . ., contenant que le our de . . ., revenant de la campagne, il a trouvé la porte de son cabinet rompue, & que l'on avoit volé tous ses papiers, or & argent monnoyé, plusieurs pierreries d'un prix considérable, & autres choses qui étoient dans ledit cabinet, lesquelles il ne peut précisément désigner; requérant qu'il nous plût lui permettre d'obtenir & publier. monitoire en forme de droit, sur les faits contenus en ladite requête, pour avoir révélation d'iceux : & tout considéré, nous avons permis au Suppliant d'obtenir & faire publier monitoires en forme de droit, sur les faits ci-dessus; pour les révélations rapportées, être ordonné ce qu'il appartiendra. Fait ce . .

Réquisition, ou sommation d'accorder les Monitoires.

A la requête de A. . . soit requis, sommé & interpellé Mᵉ. ., Prêtre-Official de . ., d'accorder audit A. . . des Lettres-monitoires en forme de droit, sur les faits mentionnés au jugement de Monsieur le Lieutenant-Criminel du . ., offrant de lui mettre entre les mains ledit jugement, & de payer les droits, tant dudit sieur Official, que de son Greffier, suivant l'Ordonnance.

Nota. *Si après cette sommation, l'Official refuse encore d'accorder les monitoires, il faut présenter requête en cette sorte.*

Requête pour avoir-permiſſion de faire ſaiſir le temporel de l'Official.

A MONSIEUR LE LIEUTENANT CRIMINEL.

76. Supplie humblement A..., diſant, que par votre Sentence du.., vous avez permis au Suppliant d'obtenir & faire publier monitoires en forme de droit, ſur les faits y contenus, en exécution de laquelle il a requis le ſieur Official de.., de lui accorder ledit monitoire ; ce qu'il a refuſé, ainſi qu'il paroît par acte du..

Ce conſidéré, Monſieur, il vous plaiſe ordonner que ledit Official ſera contraint par ſaiſie de ſon revenu temporel, à accorder le monitoire que vous avez permis d'obtenir par votre jugement du... Et vous ferez bien.

Nota. *Il faut attacher à la Requête, le Jugement portant permiſſion d'obtenir Monitoires, avec la ſommation faite à l'Official de les accorder ; & ſur ces pieces, le Juge peut donner permiſſion de ſaiſir le temporel de l'Official.*

Permiſſion de faire ſaiſir le temporel de l'Official.

77. Vu la préſente Requête, notre Jugement du..., portant permiſſion au ſuppliant d'obtenir & faire publier Monitoires, & la ſommation faite à ſa requête à l'Official de....le...d'accorder leſdites Monitoires ; nous ordonnons que ledit Official ſera contraint par ſaiſie de ſon temporel, d'accorder leſdites Monitoires ; ce qui ſera exécuté nonobſtant oppoſitions, ou appellations, & ſans préjudice d'icelles. Fait ce...

En vertu de cette Ordonnance, on peut ſaiſir & arrêter les revenus des Officiaux, ès mains de leurs débiteurs & Fermiers.

Saiſie & Arrêt.

L'an..., en vertu de l'Ordonnance de Monſieur le Lieutenant-Criminel du..., & à la Requête de A..., j'ai... Huiſſier-Sergent à..., ſouſſigné, ſaiſi & arrêté de par le Roi, ès mains de N..., en parlant à... en ſon domicile, toûs &

chacuns les deniers qu'il doit à Me. . ., Official de. . ., lui faifant défenfes de vuider fes mains, jufqu'à ce qu'autrement par Juftice il en ait été ordonné, à peine de payer deux fois ; & ce faute par ledit fieur Official d'avoir accordé à A . . . les Monitoires mentionnées en ladite Ordonnance; & outre, j'ai audit N. . ., parlant comme deffus, donné affignation à comparoir d'hui en . . . jours pardevant Monfieur le Lieutenant-Criminel en fon Auditoire, à . . ., pour affirmer ce qu'il doit audit fieur Official, & repréfenter le bail qu'il lui a fait, & fa derniere quittance.

Nota. *On peut auffi faire une faifie de fruits, & y établir Commiffaire en la forme exprimée, au titre 19 de l'Ordonnance civile du mois d'Avril 1667.*

Affignation à l'Official pour voir déclarer la faifie bonne & valable.

78. L'an . . ., à la requête de A. . ., j'ai . . . Huiffier à . . ., donné affignation à Me. . ., Official de . . ., à comparoir d'hui en . . . jours pardevant Monfieur le Lieutenant-Criminel en la Sénéchauffée de . . ., pour voir déclarer la faifie faite à la requête de A. . ., ès mains de N. . ., bonne & valable ; & en conféquence, que les revenus qu'il affirmera devoir à Me. . ., échus & qui échéront, jufqu'à ce qu'il ait fatisfait à l'Ordonnance de Monfieur le Lieutenant-Criminel ; enfemble les fruits faifis, auxquels T. . . a été établi Commiffaire, feront diftribués aux pauvres de l'Hôtel-Dieu de . . . ; & en outre, procéder comme de raifon : & lui ai laiffé copie, tant de ladite faifie, que du préfent exploit.

MONITOIRE.

Officialis Parifienfis, omnibus Parochis nobis fubditis eorumve Vicariis, Salutem in Domi .

79. Vu le Jugement rendu par le fieur Lieutenant-Criminel en la Sénéchauffée de . . ., le . . ., fur la Requête de A. . ., plaignant à Dieu & à notre Mere fainte Eglife, nous vous mandons d'admonêter par trois Dimanches confécutifs, ès Prônes de vos Eglifes,

Eglifes, tous ceux & celles qui ont connoiffance que le jour de . . . certains quidams, ou quidantes, ont rompu la porte du cabinet de A. . ., pris & emporté des papiers, or, & argent monnoyé, plufieurs pierreries d'un prix confidérable, & autres chofes qui étoient dans ledit cabinet; (*expofer ainfi les faits contenus dans le jugement ;*) qui fçavent & connoiffent les auteurs & complices, fauteurs & adhérants defdits quidams, ou quidantes, & où ils fe font refugiés ; & généralement tous ceux & celles qui des faits ci-deffus, circonftances & dépendances, en ont vu, fçu, connu, entendu, oui dire, ou apperçu aucunes chofes, ou y ont été préfents, confenti, donné confeil, ou aidé, en quelque forte & maniere que ce foit, d'en venir à révélation ; & lefdits quidams, ou quidantes, à fatifaction par eux, ou par autrui, dans trois jours après la publication des préfentes ; finon nous uferons contre eux des cenfures eccléfiaftiques, & felon la forme de droit, nous nous fervirons de la peine d'excommunication. *Datum fub figillo Curiæ noftræ, anno Domini mil. . . fept. . . menfis. . .*

Réagrave.

(*Voyez au Style des Procédures-Officialités, dans Defcombes,* pag. 241.)

Réquifition au Curé de publier Monitoire.

80. L'an . . ., à la requête de A. . ., je . . . Huiffier à . . ., ai requis & interpellé Meffire C. . ., Prêtre Curé de . . ., en parlant à . . ., en la maifon Presbytérale de ladite Paroiffe, de publier au Prône de la Meffe Paroiffiale, par trois Dimanches confécutifs, le Monitoire obtenu par A. . ., que j'ai à cet effer offert de lui mettre entre les mains; lequel C. . ., parlant comme deffus, a été de ce faire refufant, au moyen de quoi je lui ai déclaré que ledit A. . . fera faifir fon temporel, fuivant l'Ordonnance.

Requête pour faire commettre un autre Prêtre pour publier le Monitoire.

A MONSIEUR LE LIEUTENANT CRIMINEL.

Supplie humblement A. . ., difant qu'ayant obtenu des Lettres

Monitoires en forme de droit, en l'Officialité de . . . , en conféquence de votre jugement du . . . , il a requis le fieur C. . . Curé de . . . , de publier ledit Monitoire ; ce qu'il a refufé, ainfi qu'il paroît par acte du.

Ce confidéré, Monfieur, il vous plaife nommer d'office un autre Prêtre, pour faire la publication du Monitoire : & vous ferez bien. . .

Ordonnance portant nomination d'Office d'un Prêtre pour publier le Monitoire.

81. Vu la préfente Requête, notre jugement du . . ., portant permiffion d'obtenir Monitoires en forme de droit ; Lettres Monitoires acordées par l'Official de . . . , en exécution dudit jugement ; la fommation & requifition faite à Me . . . Curé de . . ., de publier ledit Monitoire contenant fon refus ; nous ordonnons que les publications defdites Lettres Monitoires feront faites en la Paroiffe de . . . , par Me D. . . Prêtre, que nous avons nommé d'office. Fait ce . . .

Oppofition à la publication d'un Monitoire.

A la requête de B. . . , foit fignifié & déclaré à Me C. . ., Prêtre Curé de l'Eglife Paroiffiale de . . . , que ledit B . . s'eft oppofé & s'oppofe à la publication du Monitoire obtenu par A. . . . , en l'Officialité de . . . , pour les caufes & moyens qu'il déduira en temps & lieu, élifant domicile en la maifon de . . . Procureur, fife rue. . .

Affignation à l'oppofant.

82. L'an . . . , à la requête de A. . . . , je . . . Huiffier à . . . , ai donné affignation à B. . . , au domicile par lui élu en la maifon de P. . . . , en parlant à . . . audit domicile, à comparoir demain huit heures du matin en la Chambre, & pardevant Monfieur le Lieutenant-Criminel, pour voir ordonner que nobftant l'oppofition formée par B. . . . , à la publication du Monitoire obtenu par A. . . , de laquelle il fera débouté avec dé-

-pens, dommages & intérêts, ledit Monitoire fera publié en la manière accoutumée.

(S'il y avoit appel comme d'abus, au-lieu de cet exploit, l'appellant obtiendra un relief d'appel, & fera assigner sa partie au Parlement, pour y procéder ; & s'il négligeoit de relever son appel, l'intimé pourroit obtenir des Lettres d'anticipation, & pourfuivre fur cet appel.)

Sentence par laquelle l'oppofant est débouté de son oppofition.

Extrait des Regiftres de. . .

Entre A. . ., demandeur aux fins de l'exploit du . . ., à ce que le défendeur ci-après nommé foit débouté de l'oppofition par lui formée à la publication du Monitoire obtenu par le demandeur en l'Officialité de . . . le . . ., & condamné aux dépens ; & B. . ., défendeur d'autre. Après que P. . . pour le demandeur, a conclu aux fins dudit exploit ; & que R. . . pour le défendeur a été oui : nous avons débouté le défendeur de fon oppofition ; & en conféquence, ordonnons qu'il fera paffé outre à la publication du Monitoire dont il s'agit, & le condamnons aux dépens ; ce qui fera exécuté nonobftant oppofitions, ou appellations, & fans préjudice d'icelles. Fait ce . .

Des Révélations.

Modele de Révélation.

8;. S'eft adreffé à nous C. . ., Curé de l'Eglife Paroiffiale de N. ., lequel nous a dit, qu'ayant oui publier un Monitoire en ladite Eglife, il a été obligé, pour la décharge de fa confcience, de venir à nous pour nous, faire fa déclaration qui eft que . . .

Requête pour obtenir la permiffion de faire affigner les témoins qui ont été à révélation.

A MONSIEUR LE LIEUTENANT CRIMINEL. . .

Supplie humblement A. . . Difant que fur la publication du

Monitoire qu'il a obtenu en l'Officialité de . . .; en exécution de votre Sentence du . . ., plusieurs personnes font venues à révélation devant le sieur C . . . Curé de . . ., qui a fait cette publication, lesquels témoins il defire de faire assigner devant vous, pour dépofer.

Ce confidéré, Monsieur, il vous plaife ordonner que les témoins qui ont été ouis en révélation, feront affignés à comparoître devant vous au moment qu'il vous plaira indiquer, pour être ouis comme témoins ; & vous ferez justice ; déclarant que Me . . . occupe toujours pour lui

Présentée le . . .

Ordonnance en conséquence.

84. Vu la présente Requête, & les révélations envoyées en notre Greffe par le sieur C . . . Curé de . . ., nous ordonnons que les témoins ouis en révélation feront affignés à comparoître pardevant nous, demain neuf heures du matin, en notre Hôtel, à . . . à l'effet de dépofer comme témoins ; pour l'information faite, communiquée au Procureur du Roi, & à nous rapportée, être par lui requis, & par nous ordonné ce qu'il appartiendra. Fait & donné à . . . ce . . .

Requête afin de faire taxer les frais du voyage, pour apporter les révélations.

A MONSIEUR LE LIEUTENANT CRIMINEL.

Supplie humblement C . . . Prêtre, Curé de l'Eglise de . . .; difant qu'ayant publié le Monitoire obtenu par A . . ., & reçu les révélations de plufieurs personnes, il les a rédigées en un cahier qu'il a envoyé cacheté en votre Greffe par un homme exprès dudit lieu de . . . en cette ville de . . ., diftante l'une de l'autre de . . . lieues.

Ce confidéré, Monsieur, il vous plaife ordonner exécutoire, être délivré au fuppliant contre A . . . de la fomme de . . . pour les frais du voyage de celui qui a apporté les révélations en votre Greffe ; au paiement de laquelle il fera contraint par toutes

voies dues & raifonnables, nonobftant oppofitions, ou apppella-
tions, & fans y préjudicier ; & vous ferez bien.

Ordonnance par laquelle les frais du voyage font taxés.

85. Vu la préfente Requête, & les révélations envoyées en notre
Greffe par le fuppliant, nous avons taxé les frais du voyage pour
apporter lefdites révélations, à la fomme de ..., dont fera délivré exécutoire contre A ...; & au paiement de laquelle fomme
il fera contraint par toutes voies dues & raifonnables, nonobftant oppofitions, ou appellations, & fans préjudice d'icelles.
Fait ce ...

*Il faut donner cette Ordonnance au Greffier, fur laquelle il expé-
die l'exécutoire en cette forte.*

Exécutoire des frais du voyage.

L..., Confeiller du Roi, Lieutenant-Criminel à ..., au
premier Huiffier, ou Sergent Royal, fur ce requis : vous mandons, à la requête du fieur C... Prêtre, Curé de l'Eglife de .., contraindre A... par toutes voies dues & raifonnables, nonobftant
oppofitions, ou appellations, & fans préjudice d'icelles, à payer
audit C... la fomme de ..., à laquelle nous avons taxé les
frais du voyage d'un homme venu exprès en cette ville, pour
apporter les révélations fur le Monitoire publié par ledit C...,
à la requête dudit A...; de ce faire vous donnons pouvoir.
Fait ce ..

(*Après que cet exécutoire aura été fignifié, & commandement fait
de payer la fomme y contenue, on peut pour le refus de la partie
condamnée, faire exécuter & vendre fes meubles.*)

Requête pour faire répéter les témoins, ouis en révélation.

A MONSIEUR LE LIEUTENANT CRIMINEL.

86. Supplie humblement A.., difant, que fur la publication
faite à fa requête, des Lettres-monitoires obtenues en l'Officialité de .., en exécution de votre jugement du .., plufieurs
perfonnes font venues à révélation, lefquelles ont été reçues par

le sieur C. ., Curé de . ., & par lui rédigées en un cahier qui a été envoyé en votre Greffe.

Ce considéré, Monsieur, il vous plaise ordonner que les témoins ouis en révélation, seront répétés pardevant vous, par forme d'information. Et vous ferez bien.

Ordonnance portant que les témoins ouis en révélation feront répétés.

Vu la présente requête, & les révélations envoyées en notre Greffe par le sieur C. ., Curé de . ., nous ordonnons que les témoins ouis en révélation, seront répétés par forme d'information, & à cet effet assignés au premier jour, deux heures de relevée, en notre Hôtel. Fait ce . .

(Suivant cette Ordonnance, il faut faire assigner les témoins pour être répétés ; & s'ils ne comparent, observer la procédure marquée ci-dessus, n. 44, contre les témoins défaillants, qui doit être la même contre ceux qui sont venus à révélation, & qui refusent de comparoître.

La répétition des témoins se fait comme aux informations, ci-dessus, n. 51.)

TITRE V.

Des Décrets.

Conclusions du Procureur du Roi à fin de décret d'assigné pour être oui.

87. VU la plainte & information faite à la requête de A. . ., contre B. . ., je requiers ledit B. . . être assigné pardevant vous, dans les délais de l'Ordonnance, pour être oui, sur les faits résultants de ladite information. Fait ce . .

(Le Juge au bas de ces conclusions, s'il les trouve justes, met ces mots, soit fait ainsi qu'il est requis ; ou bien il prononce un

décret plus fort ; ou bien il renvoie les parties à se pourvoir à l'Au-dience , s'il croit qu'il n'y a pas lieu de décréter.)

Décret d'assigné pour être oui en forme.

A tous ceux qui ces préfentes Lettres verront ; (*mettre ici les qualités du Juge.*) Sçavoir faifons , que vu la plainte faite à la requête de A. . . (*Faire mention de la procédure faite jufqu'alors , y compris les conclufions au décret.*) Et le tout confidéré, nous or-donnons que B. . . fera affigné pardevant nous, dans les délais de l'Ordonnance , pour être oui fur les faits réfultants de ladite information. Donné à . . le . .

Conclufions du Procureur du Roi , afin de Décret d'ajournement perfonnel.

88. Vu la plainte & information faite à la requête de . ., contre B. . ., je requiers ledit B. . . être affigné , pour comparoître en perfonne pardevant vous , dans les délais de l'Ordonnance , pour efter à droit , être oui & interrogé fur les faits réfultants des charges & informations, & répondre à telles fins & conclufions, & autres fur lefquelles le Procureur du Roi voudra les faire ouir , & répondre à fes conclufions.

(*Le Juge , au bas de ces conclufions, s'il les trouve légitimes , met ces mots ,* foit fait ainfi qu'il eft requis ; *finon il prononce un décret plus fort , ou plus foible ; ou bien il ordonne que les parties fe pourvoiront à l'Audience , s'il croit qu'il n'y a pas lieu de dé-créter.*)

Décret d'ajournement perfonnel en forme.

A tous ceux, (*comme ci-deffus* , n. 87 ;) & le tout confi-déré , nous ordonnons que A. . . fera affigné pour comparoître en perfonne pardevant nous, dans les délais de l'Ordonnance , pour efter à droit , être oui & interrogé fur les faits réfultans def-dites charges & informations , & autres fur lefquelles le Procu-reur du Roi , (ou Fifcal ,) voudra le faire ouir ; & répondre à fes conclufions. Donné à . . le . .

Conclusions du Procureur du Roi à un décret de prise-de-corps.

89. Vu la plainte, (*ou* le procès-verbal,) dreffée à ma requête, à l'occasion du vol fait avec effraction, chez le nommé A. . ., *&c.*, je requiers pour le Roi que lefdits B. . . & C. . .,) domiciliés & connus,) & deux autres particuliers (inconnus, *pourquoi il faudra mettre le fignalement defdits particuliers, la taille & les habits*, ou bien *à l'indication qui en fera faite;*) foient pris au corps, & conduits ès prifons de cette ville, pour y être ouis & interrogés fur les faits réfultants defdites charges & informations, & autres fur lefquels je voudrai les faire ouir ; finon, & après perquifition faite de leurs perfonnes, qu'ils foient affignés à comparoir à quinzaine ; & par un feul cri public, à la huitaine enfuivant, leurs biens faifis & annotés, & à iceux établis Commiffaires ; ce qui fera exécuté nonobftant oppofitions, ou appellations quelconques. Fait à . . ce . .

Décret de prife-de-corps en forme.

90. A tous ceux qui ces préfentes Lettres verront, *&c.* Sçavoir faifons, que vu le procès-verbal, *&c.* (*Faire mention de la procédure faite jufqu'alors, y compris les conclufions au décret.*) Tout vu & confidéré, nous ordonnons que lefdits B. . . & C. . ., *&c.*, feront pris au corps, *&c.*, (comme ci-deffus, *n.* 89, aux conclufions.) Donné par nous . . . ce

Décret de prife de corps fous la défignation de l'habit.

Vu, *&c.* nous ordonnons que ledit quidam ayant un habit & culote de velours noir, vefte de foie noire, & bas auffi de foie noirs, portant perruque à bourfe, fera pris au corps, & conduit, *&c.* . .

Décret de prife de corps à l'indication du plaignant.

Vu, *&c.* nous ordonnons que ledit quidam, vêtu d'un habit
de

de . ., qui fera indiqué par le plaignant, fera pris au corps, & conduit, *&c.*

De l'exécution des Décrets.

Procès-verbal de capture & emprifonnement.

91. L'an . ., en vertu du décret de prife-de-corps décerné par M. le Lieutenant-Criminel. . ., en date du . ., figné. . . & fcellé; & la requête de A. . ., demandeur & complaignant, M. le Procureur du Roi joint, lequel A. . . a élu fon domicile à . ., j'ai . . . Huiffier, demeurant rue . ., fouffigné, fait commandement à B. . . nommé audit décret, en parlant à fa perfonne , trouvé rue . ., auquel j'ai déclaré que je le faifois prifonnier, de me fuivre aux prifons de . ., où je voulois le conftituer prifonnier ; & de fait, j'ai conduit & mené ledit B. . ès prifons de cette ville de . . affifté des ci-après nommés, où étant, j'ai fait écroue de fa perfonne fur les regiftres de la geole defdites prifons. Fait en préfence de . . & . . qui ont figné avec moi le préfent procès-verbal.

Autre Procès-verbal de capture & emprifonnement de plufieurs accufés, & dépôt de leurs effets.

92. L'an . ., heure du . ., par vertu d'un décret de prife-de-corps décerné au Bailliage de O . . en date de ce jour d'hier, figné : . ., Greffier, & à la requête de M. le Procureur du Roi audit Siege, demeurant audit O . ., rue . . Paroiffe de . ., pour lequel domicile eft élu au Greffe dudit Bailliage, je me fuis H . ., Huiffier royal, *&c.* . ., demeurant audit O . ., Paroiffe de . ., fouffigné, affifté & accompagné de G . . & I . ., Huiffiers royaux audit Siege, & de C . ., D . . & E . ., cavaliers de Maréchauffée de . ., à la réfidence de . ., tous demeurant en ladite ville de O . ., Paroiffe de . ., auffi fouffignés, tranfportés en la maifon & domicile de B . . . . & de . . fa femme, demeurants à . ., accufés & dénommés audit décret; où étant & parlant à leurs perfonnes , je leur ai déclaré, qu'en vertu du fufdit décret, & à la requête de mondit fieur le Procureur du Roi, je les faifois, comme

Tome IV. M m m

en effet, je les ai fait arrêter & conſtituer priſonniers du Roi &
Juſtice ; en conſéquence comme porteur dudit décret, j'ai conduit avec leſdits G. .. & I... ladite femme B. .., au même
inſtant, dans les priſons royales dudit O. ., pendant lequel temps
j'ai laiſſé ledit B. .. en ſon domicile, à la garde deſdits C. ..,
D. .. & E. ..; où étant, je lui ai fait paſſer les guichets deſdites
priſons, & ai ſur le regiſtre criminel deſdites priſons, fait écroue
de ſa perſonne, & l'ai laiſſé en la charge & garde de. .., Concierge deſdites priſons, pour par ladite femme B. ,. répondre
aux fins dudit décret, circonſtances & dépendances, & aux charges & informations contr'elle faites, & ſur les autres faits qu'il
plaira à mondit ſieur le Procureur du Roi la faire ouir & interroger, & eſter à droit, & déclaré que mondit ſieur le Procureur du Roi occupera pour lui ; enſemble j'ai laiſſé copie, tant
dudit décret, que du préſent, à ladite femme B. ., entre les
deux guichets deſdites priſons. Ce fait, & au même inſtant, je
me ſuis H. ., Huiſſier ſuſdit, aſſiſté & accompagné comme deſſus, tranſporté en la maiſon dudit B. ., où étant, j'ai en ſa préſence, & de meſdits aſſiſtants & cavaliers auſſi ſuſnommés, fait
ſommaire-inventaire des meubles & effets trouvés en évidence,
tant audit domicile, que lieux en dépendants ; & ce pour la
la conſervation deſdits effets, en la forme & de la maniere qui
ſuit : Premierement, une pelle, pincette, &c. ; deux panniers
d'oſier couverts, fermés & cadenaſſés ; à chacun deſquels il y a
deux bandes de papier, & au bout d'icelles bandes, l'empreinte
d'un cachet en cire rouge, ſur leſquelles bandes ſont écrits ces
mots, (ſcellé appoſé, en exécution de l'Ordonnance du Bailliage de
O. ., ce. . 17. .., avec paraphe,) que ledit B. .., m'a déclaré être un dépôt à lui laiſſé par Mᶜ le Lieutenant-Criminel de
O. ., de la date ci-deſſus énoncée ; plus un habit, &c. .., que
ledit B. .. m'a déclaré auſſi être un dépôt à lui laiſſé par. ..;
trois panniers couverts d'oſier blanc, remplis de différentes marchandiſes, linge, &c. que j'ai fermés & liés de corde neuve, &
ſur chacun d'eux fait & poſé deux bandes de papier, & à chaque bout d'icelles mis l'empreinte de mon cachet ordinaire en
cire rouge, & ai ſommé ledit B. .. d'y poſer l'empreinte du
ſien, ainſi que ſur le nœud de la corde de chaque pannier ; ce
qu'il a fait, & retiré ſondit cachet : Plus une armoire, &c. ..,
dans le haut de laquelle il y a différentes marchandiſes & har-

des , & autres effets que j'ai renfermés avec la clef ; & fur les
deux battants de ladite partie d'armoire, j'ai auffi pofé deux bandes de papier , & fur chaque bout, mis l'empreinte de mon cachet , auffi en cire rouge , & fommé ledit B. . . de mettre auffi
le fien, ce qu'il a fait ; & dans la partie baffe de ladite armoire
ne s'eft rien trouvé ; Un habit de drap , *&c.* . ., qui font tous lefdits effets que j'ai trouvés en ladite maifon. Enfuite jai fommé
ledit B. . , parlant comme deffus, de me déclarer s'il a d'autres
effets chez lui , ou ailleurs , m'a fait réponfe qu'il a un pannier
d'ôfier blanc couvert , chez les fieurs M. . . freres, Marchands
audit O. ., dans lequel il y a des marchandifes : en conféquence,
j'ai ledit B. . . . affifté & accompagné comme deffus, conduit
au domicile defdits fieurs M. . . freres , après avoir cependant
laiffé ledit G. . . en la maifon dudit B. . . à la garde des effets
& fcellés ci-deffus énoncés ; lefquels fieurs M. . . freres, parlant
à leurs perfonnes, m'ont effectivement repréfenté un pannier d'o-
fier que j'ai trouvé fermé avec une bande de fer & un cadenat ,
que ledit B. . . a reconnu pour être le fien, fur lequel j'ai, fur-
le-champ, mis deux bandes de papier , & fur chaque bout d'icelles , pofé l'empreinte de mon cachet, & ledit B. . . l'empreinte
du fien ; le tout en cire rouge. Enfuite ledit B. . . m'a remis
entre les mains la fomme de 27 liv. en argent blanc , & 4 liv.
6 f. en monnoie ; fçavoir, tant en fols de deux fols , *&c.*, de laquelle monnoie j'ai pris & payé 10 f. à . ., cordier, pour corde
par lui fournie pour lefdits panniers. Plus , ledit B. . . . m'a
déclaré devoir auxdits fieurs M. . . freres , la fomme de 12 liv.
9 f. pour marchandifes par eux à lui fournies & à fadite femme ,
& a figné ledit B. . . à cet endroit.

93. Ce fait, & au même inftant, j'ai , Huiffier fufdit & fouffigné ,
accompagné comme deffus, conduit ledit B. . . ès prifons royales
de O. . . ; & lui ayant fait paffer les guichets defdites prifons,
j'ai , fur le regiftre criminel defdites prifons , fait écroue de fa
perfonne , & laiffé à la garde & charge dudit . ., Concierge
defdites prifons, pour le repréfenter toutes les fois qu'il en feroit
requis.

Ce fait, en continuant comme deffus, je me fuis tranfporté au
domicile dudit B. . ., où étoit refté ledit G. . . Huiffier ; & ai appellé le nommé . . . Charretier, demeurant près & attenant le
domicile dudit B. . ., qui a amené à la porte de ladite maifon,

fa charrette & fon cheval, à ma réquifition; & attendu que partie des effets & fcellés énoncés au procès-verbal, ne feroient point en fureté en ladite maifon, fituée à l'écart des autres; & que de plus il fe peut trouver dans ladite armoire, paniers, & autres effets, des chofes qui peuvent fervir à conviction au procès, &c......
j'ai fait charger par ledit ... Charretier, fçavoir, l'armoire, les cinq paniers, &c...; enfuite j'ai fait voir audit ... Charretier, le furplus des effets y énoncés, & en fa préfence, fermé les portes de ladite maifon avec les clefs d'icelle, que je lui ai re-mifes, dont il s'eft chargé pour les repréfenter, ainfi que les effets qui y font reftés. Ce fait, j'ai fait conduire par ledit ...Char-retier, les effets par lui chargés, & paffant devant la maifon def-dits fieurs M... freres, je lui ai fait auffi charger dans ladite charrette le panier qui y étoit, appartenant audit B..., & le tout fait tranfporter en la maifon & domicile de ... Greffier en ce Bailliage, qui s'eft chargé de tous lefdits effets, ainfi que de l'argent & monnoie dont eft ci-devant parlé, pour les repré-fenter quand il en fera requis ; lui ai auffi remis trois clefs, tant defdits paniers, que de ladite armoire, dont il s'eft auffi chargé, & a figné en cet endroit; & a ledit ... Charretier, déclaré ne fçavoir figner, de ce fommé ; dont du tout j'ai fait acte, affifté & accompagné comme dit eft , pour lequel dreffer & faire les opérations y contenues, j'ai été depuis le jour d'hier cinq heures du foir, jufqu'aujourd'hui deux heures après midi ; & ce fans au-cune difcontinuation, & duquel procès-verbal, décret & écroue, j'ai laiffé copie audit B... parlant à fa perfonne entre les deux guichets d'icelles prifons de ..., où je l'ai fait venir à cet effet en préfence defdits B... & fa femme ; de C..., D...E..., qui ont figné avec moi. Ainfi figné en fin du procès-verbal,
B..., C..., D..., E...& H...

Autre Procès-verbal de capture d'une accufée, & acte de dépôt de fes effets.

94. L'an ... 17 ... le ... avant midi, par vertu d'un décret de prife-de-corps décerné par Monfieur le Lieutenant-Criminel du Bailliage de ..., en date du ... Février dernier duement en forme, figné ... Greffier, & fcellé du fceau de la Juftice, à

la Requête de Monſieur le Procureur du Roi audit Bailliage y demeurant, Paroiſſe de . . . ., qui a élu domicile au Greffe dudit Bailliage de . . ., & en la ville & Paroiſſe de . . ., au logis Curial dudit lieu, je me ſuis H . . . Huiſſier Royal-Audiencier en la Prévôté de . . ., réunie au Bailliage dudit lieu, &c. . . tranſporté avec G . . . Sergent au Bailliage de . . ., demeurant audit . ., & de . . . Praticien, demeurant à . . ., mes témoins auſſi ſouſſignés pardevers & à la perſonne de la fille F . . ., ſurnommée . . ., demeurant au fauxbourg & rue de . . . de la ville de . . ., diſtante de ma demeure de trente lieues, où étant & parlant à ſa perſonne trouvée dans ledit fauxbourg, je l'ai faite & conſtituée priſonniere du Roi & Juſtice en vertu du ſuſdit décret, pour icelle être conduite ès priſons royales de . . ., par moi & mes aſſiſtants ſuſdits, y être fait écroue de ſa perſonne, & répondre par elle aux fins dudit décret, circonſtances & dépendances ; & en outre répondre ſur ce qu'il plaira à mondit ſieur le Procureur du Roi de la faire ouir & interroger, & eſter à droit, à laquelle F . . . j'ai trouvé un fichu, &c. . . (*faire mention des autres effets trouvés en ſa poſſeſſion;*) & m'étant rendu avec ladite F . . & mes aſſiſtants aux trois Rois, chez N . ., eſt dans l'inſtant apparu le ſieur . . ., Marchand, demeurant à . . ., lequel a déclaré qu'il venoit d'apprendre l'arrêt de ladite fille F . . ., & que icelle F . . . lui avoit mis en mains un gobelet d'argent marqué de ces mots F . . ., & une cuilliere d'argent gravée d'un chiffre, & une fourchette d'argent marquée d'un F . . ., par forme de gage pour la ſomme de 14 livres, ainſi que ladite F . . . l'a préſentement reconnu, & que ledit ſieur . . . m'a préſentement rapporté & mis entre les mains, pour lui ſervir de décharge, & le tout ſervir & valoir ce que de raiſon, & à ladite F . . . déclaré ne ſçavoir ſigner, de ce enquiſe ; & a ledit ſieur . . . ., ſigné le préſent avec moi & mes aſſiſtants, dont acte, duquel ſera fourni copie à ladite F . . . (*Ainſi ſigné* . . .)

95. S'enſuit l'écroue de ladite F . . .

Et leſdits jour & an que deſſus, & au même inſtant, je me ſuis H . . . tranſporté en la maiſon & domicile de Me . . . Greffier . . . où étant & parlant à ſa perſonne, je lui ai remis entre les mains l'original de capture de la perſonne accuſée & nommée en l'écroue ci-deſſus, & de l'autre part, enſemble les effets & l'argenterie énoncés audit procès-verbal d'écroue, qui conſiſtent, ſçai

voir , une croix d'or, &c. . . . dont ledit fieur . . . Greffier s'eſt
volontiers chargé pour être joint & rapporté à l'inſtruction du
procès de l'accuſée nommée auxdits actes, & complices, duquel
dépôt j'ai fait le préſent acte qui a été figné par moi & mes af-
fiſtants, & dudit fieur . . . Greffier.

Ecroue d'empriſonnement mis ſur le regiſtre de la Geole.

Du . . . le nommé B. . . a été amené priſonnier ès priſons
de céans par moi . . . Huiſſier, demeurant à . . . , en vertu du
décret de priſe-de-corps contre lui décerné par Monſieur le Lieutenant-Criminel, en date du . . . , à la requête de . . . qui a élu
fon domicile en fa maiſon, fiſe rue . . . , le Procureur du Roi
joint.

Procès-verbal de rébellion.

96. L'an . . . , nous H. . . Huiſſier . . . , &c. à la requête de A. . .
nous ſommes tranſportés à . . . , à l'effet de . . . , & voulant faire . . .
eſt ſurvenu B. . . qui nous a dit qu'il empêchoit que . . . , &
lui avons fait connoître que c'étoit une choſe jugée, & que la
conteſtation qu'il vouloit préſentement former, étoit inutile : mais
fans rien repliquer aux remontrances que nous lui avons faites,
il a arraché de nos mains ſi ſubitement l'Arrêt de l'exécution
duquel il s'agit, qu'il nous a été impoſſible de l'en empêcher ;
après quoi, il a fermé la porte de la chambre où nous étions, &
s'eſt approché de la fenêtre, d'où il a appellé ſes domeſtiques,
qui ſont auſſi-tôt montés dans l'eſcalier avec d'autes gens armés
de mouſquetons, & de piſtolets, leſquels exécutant l'ordre de
leur Maître, ont voulu faire retirer nos aſſiſtants, qui ont refuſé
de ſortir ; ce que voyant leſdits gens armés, ils ont tiré quelques coups, & ont tué ſur la place G. . . , l'un de nos aſſiſtants . . . , dont nous avons dreſſé le préſent procès-verbal, les
jour & an que deſſus.

Décret d'ajournement perſonnel ſur un Procès-verbal.

Vu le procès-verbal du . . . nous ordonnons que ledit H. . .
Huiſſier, & ſes records & aſſiſtants, ſeront répétés ſur ledit pro-

cès-verbal, & cependant feront les nommés ... ajournés à comparoir en perfonne, &c...

Répétition de l'Huiffier, & de fes Records & affiftants fur les Procès-verbaux.

97. (*La répétition s'intitule*, information & répétition faite par nous, &c....

Les Sergents, Records & Affiftants, dépofent féparément mot à mot de tout le contenu au procès-verbal, dont le Juge leur fait faire lecture à chacun féparément ; & il doit être fait mention à chacune répétition, que lecture leur en a été faite. Ils peuvent, lors de la répétition, changer, ou augmenter à ce qu'ils ont dit par le procès-verbal ; & il faut y obferver les mêmes formalités que celles pour l'audition des témoins en une information.)

Requête à ce qu'il foit permis à l'Huiffier porteur d'un Décret, de fe faire affifter de tel nombre d'Officiers qu'il fera néceffaire.

A Monsieur le Lieutenant Criminel, &c.

98. Supplie humblement A..., difant que fur l'information faite à fa requête, pour raifon de..., il a obtenu un décret de prife-de-corps contre B...& fes complices, le..., qu'il a remis entre les mains de H... Huiffier, pour le mettre à exécution, lequel voulant entrer dans la maifon de B..., pour faire la perquifition de fa perfonne, & faire les actes de Juftice en la maniere accoutumée, ledit B... eft furvenu avec cinq, ou fix perfonnes armées de piftolets & moufquetons, qu'il a fait tirer fur H... & fur fes deux Records, l'un defquels eft bleffé au bras & à la tête des coups qu'il a reçus, enforte qu'ils ont été obligés de fe retirer, dont il a été dreffé un procès-verbal, fur lequel ils ont été répétés par forme d'information.

Ce confidéré, Monfieur, il vous plaife permettre au fuppliant de fe faire affifter de tel nombre d'Officiers & de perfonnes qui feront néceffaires pour l'exécution dudit décret ; en forte que la force demeure à Juftice, & vous ferez bien.

Le Juge met fur cette requête : Soit montré au Procureur du Roi.

Ordonnance portant permiſſion à l'Huiſſier porteur d'un Décret, de ſe faire aſſiſter d'un nombre de Records.

99.   Vu la préſente Requête, le décret de priſe-de-corps décerné contre B..., le... procès-verbal de H... Huiſſier du..., répétition dudit H... & de ſes Records, par forme d'information du...; concluſions du Procureur du Roi : & tout conſidéré, nous avons permis à H... de ſe faire aſſiſter de tel nombre de Records qu'il ſera néceſſaire, juſqu'à trente, ou de....au plus, pour l'exécution dudit décret; en ſorte que la force demeure à Juſtice. Ce qui ſera exécuté nonobſtant & ſans préjudice de l'appel. Fait ce..

Réquiſitoire & Ordonnance à l'effet de faire faire le ſervice par les Huiſſiers, & de prêter main-forte pour l'exécution d'un Decret, ou Jugement.

A Monsieur le Lieutenant Criminel.

    Le Procureur du Roi requiert qu'il vous plaiſe, Monſieur, enjoindre à H..., & à tous autres Huiſſiers de ce Siege, de ſe rendre le...à.., à l'effet de ſervir votre Audience pour la police d'icelle, & prêter main-forte pour l'exécution de vos Jugements, à peine de dix livres d'amende contre chacun des refuſants, au paiement de laquelle ils ſeront contraints, même par corps; à... ce...

Ordonnance en conſéquence.

100·   Vu le réquiſitoire du Procureur du Roi du..., par lequel il requiert qu'il nous plaiſe enjoindre à H..., & à tous autres Huiſſiers de ce Siege, de ſe rendre le...à..., à l'effet de ſervir notre Audience pour la police d'icelle, & prêter main-forte pour l'exécution de nos Jugements, à peine de dix livres d'amande contre chacun des refuſants, au paiement de laquelle ſomme ils ſeront contraints même par corps; Nous ayant égard au réquiſitoire dudit Procureur du Roi, & y faiſant droit, enjoignons à H..., & à tous autres Huiſſiers de ce Siege, de ſe
rendre

rendre le . . . à . . . , à l'effet de fervir notre Audience, pour la police d'icelle, & prêter main-forte pour l'exécution de nos jugements; à peine de dix livres d'amende contre chacun des refufants, au paiement de laquelle fomme ils feront contraints, même par corps. Fait & donné par nous . . . à . . . le . . .

Procès-verbal de capture d'accufés, à la clameur publique.

101. Aujourd'hui . . . Nous L . . . Confeiller du Roi, &c., fur l'avis qui vient de nous être donné, que dans le moment il avoit été, à la clameur publique, conduit dans les prifons de cette ville, deux particuliers comme complices des vols faits par B . . . fa femme, ainfi que par les nommés *Savoyard*, *Langevin*, & autres, leurs complices, dont l'inftruction criminelle fe fait actuellement pardevant nous, à la requête du Procureur du Roi en ce Bailliage, nous fommes, avec ledit Procureur du Roi & notre Greffier, affifté de H . . . l'un de nos Huiffiers, tranfportés ès dites prifons, où étant, avons trouvé un grand nombre d'habitants de cette ville, qui nous ont repréfenté deux hommes, qu'ils nous ont dit avoir été ledit jour & à ladite heure conduits ès dites prifons à la clameur publique, comme complices des accufés ci-deffus nommés ; après quoi ayant fait prêter le ferment auxdits deux particuliers ainfi arrêtés, de dire & répondre vérité, & demandé à l'un d'eux fon nom & fur-nom ; nous a dit s'appeller M . . . ; & ayant pareillement demandé à l'autre fon nom & furnom, nous a dit fe nommer N . . . ; enfuite dequoi nous les avons fait fouiller par ledit H . . . , en préfence de E . . . , F . . . & G . . . , tous particuliers demeurant audit . . . , & trouvés ès dites prifons, faifant partie du grand nombre d'habitants qui avoient arrêté lefdits M . . . & N . . . ; & dans les poches dudit M . . . , s'eft trouvé, fçavoir, un piftolet de poche, &c . . . après quoi avons fait ôter audit M . . . trois boutons d'argent, dont deux étoient aux manches de fa chemife, & un autre au col, & deux boucles de métal blanc qui étoient à fes fouliers . . . ; & dans les poches dudit N . . . s'eft trouvé : . . . , plus quatre louis d'or de vingt-quatre livres, deux écus de fix livres, &c . . . & un écu vieux, le tout faifant la fomme de . . . , non compris la valeur dudit écu vieux ; après quoi lui avons fait ôter de fes fouliers deux boucles d'argent, & une ceinture de toile de tablier à petits carreaux bleu &

blanc qu'il avoit autour de lui ; ce fait, C.... concierge defdites prifons, nous a repréfenté les effets ci-après, qu'il nous a dit lui avoir été remis par ceux qui ont conduit lefdits M... & N...; premiérement, un vieux chapeau, &c... une beface de toile, en laquelle s'eft trouvé....; plus une autre grande poche de toile, en laquelle il y avoit, &c... enfuite dequoi lefdits E.., F... & G..., nous ont repréfenté un cheval fous poil bay rouge étant bâté, & une jument fous poil gris auffi bridée, & ayant une bâtelle, qu'ils nous ont dit avoir trouvés, fçavoir, ledit cheval en la poffeffion dudit M..., qui le tenoit par la bride lors de fon arrêt ; & ladite jument en celle dudit N..., fur laquelle il étoit monté, & couroit à toute bride auffi lors de fon arrêt dans la grande rue de cette ville ; lefquels chevaux nous avons, fur le réquifitoire du Procureur du Roi, ordonné être mis en fourriere, en la charge & garde du fieur P... Aubergifte du logis de l'Ecu de cette ville, que nous avons pour ce mandé, & qui a fait à ce fujet toutes foumiffions requifes ; la nourriture defquels chevaux fera inceffamment criée & adjugée au rabais par ledit H..., qui les expofera aux trois premiers marchés de cette ville, afin que s'ils ont été volés, ils puiffent être reconnus. Avons, pareillement fur le réquifitoire dudit Procureur du Roi, ordonné que lefdits M... & N..., feront arrêtés ès dites prifons & écroues à fa requête, fur le regiftre criminel d'icelles, & que tous les effets & argent énoncés en notre préfent procès-verbal, feront dépofés en notre Greffe, pour ceux qui pourront fervir de pieces de conviction audit procès, être repréfentés auxdits M... & N..., & à tous autres qu'il appartiendra. Faifons acte de ce que lefdits effets & argent ont été préfentement remis ès mains de notre Greffier, qui en demeure chargé ; & ont lefdits E..., F..., G... & H... Aubergifte, &c... & C... figné avec nous, & lefdits M... & N..., déclaré ne fçavoir figner, de ce enquis. (Signé auffi du Greffier.)

Nota. *Que l'écroue d'un accufé ainfi arrêté à la clameur publique, doit lui être fignifié à-peu-près ainfi qu'il fuit.*

Signification de l'Ecroue au prifonnier.

102. L'an...., le jour de... l'écroue ci-deffus tranfcrit a été par moi... Sergent à...., fouffigné à la requête de A..., de-

mandeur & complaignant, montré, fignifié, & d'icelui baillé copie audit . . . , dénommé parlant à fa perfonne entre les guichets defdites prifons, où pour ce, il a été mandé, à ce qu'il n'en ignore ; lui déclarant d'abondant que ledit A . . . a élu domicile en la maifon de . . . , rue de . . . , & en tant que befoin feroit en la maifon de M . . . Procureur, rue . . .

Procès-verbal de la nourriture donnée au rabais, de deux chevaux appartenants à des accufés prifonniers.

103. L'an . . . 17 . . . heure de . . . du matin, en vertu de l'Ordonnance rendue par Monfieur le Lieutenant-Criminel, &c. . . en date du . . . de ce mois, contenue au procès-verbal, d'énumération des effets trouvés en la poffeffion des nommés M . . . & N . . , & à la requête de Monfieur le Procureur du Roi audit Bailliage, demeurant audit . . . Paroiffe de . . . , pour lequel domicile a été élu au Greffe dudit Bailliage, je me fuis H . . . Huiffier, &c. . . fouffigné, tranfporté au domicile du fieur P . . . Aubergifte, demeurant en cette ville de . . . Paroiffe de . . en l'Auberge où pend pour enfeigne l'Ecu, où étant & parlant à fa perfonne, je l'ai fommé de me repréfenter, & remettre les deux chevaux mis en fourriere chez lui, fur le réquifitoire de mondit fieur le Procureur du Roi, & defquels il s'eft chargé par la fufdite Ordonnance, pour les repréfenter toutes fois & quantes il en feroit requis ; à laquelle fommation ledit fieur P . . . , ayant fatisfait, je les ai fait conduire en ma préfence à la place de . . . de cette ville, le marché s'y tenant cejourd'hui, où étant arrivé, je les ai expofés en l'endroit ordinaire, afin d'y être vûs & reconnus en cas qu'ils aient été volés par lefdits M . . . & N . . . , & à telles autres fins que de raifon ; & en même-temps, j'ai encore déclaré à différentes fois à tous ceux qui étoient préfents, qu'en exécution de ladite Ordonnance, la nourriture defdits deux chevaux devoit par moi être criée & adjugée au rabais, & déclaré que celui qui fe chargera de les nourrir & foigner, fera tenu de donner à chacun defdits chevaux, vingt livres de foin par jour & nuit, & une mefure ordinaire d'avoine le matin & le foir ; & qu'il feroit tenu, outre ce, de les expofer exactement à ladite place pendant la tenue des deux premiers marchés, & ce pour les raifons ci-deffus énoncées : enfuite de-

quoi, j'ai à haute & intelligible voix, crié la nourriture defdits chevaux ; à quoi feroient apparus plufieurs Aubergiftes de cette ville, notamment le fieur R. . ., Aubergifte de cette ville, où pend pour enfeigne la Croix rouge, qui a offert de fe charger defdits deux chevaux aux conditions fufdites, moyennant quarante fols par jour & nuit ; le fieur Q. . . . moyennant trente-huit fols ; & le fieur R. . . moyennant trente-quatre fols ; & après avoir crié plufieurs fois les offres dudit fieur R. . ., & qu'aucuns des autres fus-nommés, ni aucun autre n'ont voulu fe charger de la nourriture defdits chevaux à plus bas prix, & avoir même attendu jufqu'après le marché fini, je les ai mis ès mains dudit R. . . pour les foigner & nourrir, lequel s'y eft obligé, & de les repréfenter lorfqu'il en fera requis, comme dépofitaire de biens de Juftice ; enfemble de les expofer jufqu'à ce que, fur le requifitoire de mondit fieur le Procureur du Roi, il en foit autrement ordonné : dont du tout j'ai fait le préfent acte, duquel j'ai laiffé copie audit R. . ., qui m'a déclaré ne fçavoir figner, de ce fommé.

Requête du Procureur du Roi pour faire vendre les chevaux ci-deffus ; & Ordonnance rendue en conféquence.

A MONSIEUR LE LIEUTENANT CRIMINEL, &c.

104. Vous remontre le Procureur du Roi audit Bailliage, que le cheval & la jument dont fe font trouvés faifis M. . . . . & N. . ., détenus ès prifons de cette ville, lors de leur capture, ont été mis en fourriere depuis ce temps, & exactement expofés à la place . . . de cette ville, le marché s'y tenant ; qu'indépendamment de cette expofition, & du temps qui s'eft écoulé, perfonne ne les a réclamés, ni reconnus pour appartenir à aucuns des environs ; de maniere qu'il y a toute apparence qu'ils font aux auxdits M. . . & N. . ., ou qu'ils ont été par eux pris dans des endroits éloignés ; & que fi l'on attendoit plus long-temps, il y a lieu de préfumer qu'ils ne feroient pas réclamés, & que leur nourriture en abforberoit le prix ; motifs qui déterminent ledit Procureur du Roi à vous donner la préfente requête, à ce qu'il vous plaife, Monfieur, ordonner que lefdits deux chevaux feront expofés demain Samedi à ladite place, le marché s'y tenant, par

H. . . ., Huiffier , & qu'ils y feront par lui vendus au plus offrant & dernier enchériffeur ; que pour cet effet, la vente d'iceux
fera annoncée à fon de tambour aux lieux de cette ville deftinés à faire telles proclamations ; dont du tout fera par ledit
H. . . dreffé acte , & que le prix en provenant fera par lui remis ès mains de votre Greffier, qui fe chargera de le repréfenter toutes fois & quantes il en fera requis ; qu'il fera cependant par
vous autorifé à payer au fieur P. . . la nourriture defdits chevaux, fuivant qu'elle a été réglée par le procès-verbal dudit H. . .
du . . de ce mois ; quoi faifant, demeurera d'autant à cet égard
figné &

Soit fait ainfi qu'il eft requis ; à . . ce . . . *Signé* L. . .

Procès-verbal de la vente defdits deux chevaux.

105. L'an . . , dix heures du matin, en vertu d'une Ordonnance
rendue par M. le Lieutenant, *&c.* . ., étant en fin d'une requête
à lui préfentée par M. le Procureur du Roi , & à la requête de
mondit fieur le Procureur du Roi audit Siege , demeurant en
cette ville , Paroiffe de . . , qui a élu domicile au Greffe du
Bailliage , je me fuis H. . . . . , premier Huiffier audiencier
& fouffigné , tranfporté au domicile du fieur P. . . . . . . ,
aubergifte ; par moi chargé de la nourriture d'un cheval . . . . ,
& d'une jument, *&c.* . ., appartenants à M. . . & N. . ., accufés
& détenus prifonniers ; où étant & parlant à la perfonne dudit
P. . ., je l'ai fommé & requis de me repréfenter lefdits chevaux, & de les conduire, ainfi qu'il s'y eft foumis, à l'inftant à
la place où fe doit tenir aujourd'hui le marché, ce qu'il a fait , &
les y ai fait expofer ; j'ai en conféquence & en exécution de ladite
Ordonnance, appellé T. . ., Tambour de cette ville, demeurant
fur ladite place , lequel étant venu , je l'ai conduit dans tous les
endroits & carrefours de . . , où l'on a accoutumé de faire battre
la caiffe, où étant , plufieurs perfonnes y étant accourues, je leur
ai déclaré que conformément à ladite Ordonnance , je procéde-
rois aujourd'hui à la vente defdits deux chevaux ; que ceux, ou
celles qui voudroient y mettre enchere, n'avoient qu'à fe trouver à la place à l'heure d'onze heures, & que j'y adjugerois lefdits
deux chevaux au plus offrant & dernier enchériffeur. Ce fait,
je fuis retourné à la place, le marché tenant, auquel lieu il y

avoit un grand concours de personnes ; & dans le nombre, se seroient présentés à moi E. . ., F. . ., &c., lequel E. . . m'a requis lui adjuger ladite jument, regardée par un grand nombre de personnes, comme ayant les jambes ruinées, pour la somme de 18 liv. ; & par F. . ., pour 30 liv. ; & par G. . ., pour 41 liv. ; & ledit cheval, regardé comme poussif, très vieux, &c., a été mis à prix par D. . ., pour la somme de 10 liv. ; & par E. . ., pour 15 liv. ; & après avoir crié par différentes fois lesdites encheres desdits D. . . & E. . ., jusqu'à l'heure de midi sonné au gros horloge de cette ville, & ne s'étant présenté autre personne pour enchérir, j'ai ladite jument adjugée audit D. . . pour la somme de 41 ; & ledit cheval, audit E. . . pour la somme de 15 liv. ; lesquelles sommes montant à 56 liv. m'ont été remises ès mains ; & ayant livré lesdits deux chevaux nuds, j'ai déchargé ledit P. . . desdits deux chevaux, & dressé du tout le présent acte, que lesdits D. . . & E. . . ont signé avec moi. (*Signés* D. . . & E. . .)

106. Et à l'instant je me suis transporté chez . ., Greffier au Bailliage de cette ville, que j'ai trouvé à son domicile, auquel ayant remis ladite somme de 56 liv., il s'en est chargé, & de les représenter toutes fois & quantes il en seroit requis ; & a signé avec moi.

Et lesdits jour & an que dessus, en vertu de ladite Ordonnance, & à la requête de mondit sieur le Procureur du Roi, je me suis H. . ., Huissier susdit & soussigné, transporté dans les prisons dudit. . ., où étant, j'ai fait venir entre les deux guichets d'icelles lesdits M. . . & N. . . par . . . Geolier, auxquels à chacun d'eux, en parlant à leur personne, j'ai laissé copie des actes par moi ci-dessus faits cejourd'hui ; ensemble de ladite Requête & Ordonnance, à ce qu'ils n'en ignorent. (*Signé,* H. . .)

Requête d'un Aubergiste pour être payé de la nourriture des chevaux ci-dessus, mis en garde chez lui.

A MONSIEUR LE LIEUTENANT CRIMINEL, &c.

107. Supplie humblement R. . ., Aubergiste de cette ville, demeurant en l'Auberge où pend pour enseigne la Croix rouge ; disant que par procès-verbal du . . . mois dernier, dressé par

H. . . , l'un de vos Huissiers, il s'est chargé de la nourriture de deux chevaux qui ont été mis en garde chez lui, à raison de trente-quatre sols par jour ; lesquels deux chevaux sont restés chez lui pendant l'espace de dix jours, jusqu'au jour de. . . . dernier qu'ils en ont été retirés. Ce considéré, Monsieur, il vous plaise ordonner que le suppliant sera payé de la somme de dix-sept livres pour le temps qu'il a nourri lesdits deux chevaux ; & vous ferez justice.

Le Juge rend son Ordonnance en conséquence, portant que le suppliant sera payé de la somme portée en sa requête.

Autre Requête de la part de celui qui a battu le tambour pour la vente des chevaux.

A Monsieur le Lieutenant Criminel, *&c.*

Supplie humblement T. . . , Tambour de cette ville, demeurant en la place de. . . , disant que par procès-verbal du. . . de ce mois, dressé par H. . . , l'un de vos Huissiers, il a été employé par lui pour battre la caisse dans les carrefours & endroits accoutumés, à l'effet de procéder à la vente de deux chevaux, *&c.* Ce considéré, Monsieur, il vous plaise ordonner que le suppliant sera payé de la somme de. . . pour son salaire ; & ferez justice.

Requête d'un accusé pour toucher l'argent provenant de la vente de ses chevaux.

108. Supplie humblement M. . . , détenu dans les prisons de cette ville, disant qu'il a eu le malheur d'être arrêté & constitué prisonnier dans les prisons de cette ville : que lors de sa capture il avoit à lui un des deux chevaux qui ont été vendus en conséquence de votre Ordonnance du. . . , *&c.* Ce considéré, Monsieur, il vous plaise ordonner que le suppliant touchera la somme provenante de la vente de sondit cheval, pour ses besoins, aux offres d'en donner décharge valable.

Ordonnance du Juge en conséquence.

Vu la Requête ci-dessus, nous ordonnons que sur le prix de la vente defdits chevaux, il fera donné audit M... une fomme de... pour fes befoins.

Nota. *Lorfque ce font des chevaux volés, le Juge ne doit rien faire toucher à l'accufé fur le prix.*

Si l'accufé ne fçait pas figner, le Juge peut donner acte au Greffier de ce qu'il a remis en fa préfence cette fomme à l'accufé ; ou bien l'accufé peut faire donner une quittance par le Geolier. On peut même y faire encore figner un témoin, comme cette fomme a été remife par le Greffier à l'accufé.

Ces fortes de requêtes ont pareillement lieu, lorfque l'accufé demande, v. g. que fon manteau, ou fon lit lui foient remis ; ou des chemifes, ou mouchoirs. Néanmoins fi c'étoient des effets volés, le Juge ne le doit point ordonner : & il en eft de même fi c'eft un effet fervant à conviction. On doit en général laiffer aux accufés leurs hardes, à moins que ce ne foient des effets fervants à conviction, ainfi qu'il réfulte de l'article 7 du titre 13 de l'Ordonnance de 1670.

Ecroue de l'accufé qui fe rend volontairement prifonnier, mis fur le regiftre de la Geole.

109. B... s'eft rendu volontairement prifonnier ès prifons de cette ville, pour fatisfaire au décret de prife-de-corps contre lui décerné par Monfieur le Lieutenant Criminel, fur les charges & informations faites à la requête de A..., contre laquelle il a protefté de fes dépens, dommages & intérêts, avec réparation d'honneur pour la calomnieufe accufation.

Ecroue de récommandation faite de la perfonne d'un accufé fur les regiftres de la Geole des prifons.

Du... le nommé B..., trouvé..., prifonnier ès prifons de..., a été par moi... Huiffier..., demeurant à..., fouffigné, arrêté & recommandé efdites prifons, en vertu du décret de prife-de-corps décerné par Monfieur le Lieutenant Criminel, &c..., en date du..., figné..., Greffier, à la requête de A..., demandeur & complaignant, le Procureur du Roi joint, pour lequel A... a élu domicile en la maifon de..., rue de...

Signification

Signification de l'Ecroue de recommandation à l'accufé.

(*Comme ci-deffus, n. 102.*)

Procédure fur un Décret d'ajournement perfonnel.

Affignation en vertu d'un Décret d'ajournement perfonnel.

110. L'an. . . le jour de. . ., en vertu du décret d'ajournement perfonnel décerné par Monfieur le Lieutenant-criminel de..., figné & fcellé, & dont copie eft ci-deffus tranfcrite, & à la requête de A. . ., qui a élu fon domicile en la maifon de. . ., j'ai H. . ., Sergent à. . ., demeurant à. . ., fouffigné, donné affignation à B. . ., dénommé audit décret, en parlant à. . . en fon domicile, à comparoître en perfonne dans. . . jours pardevant mondit fieur le Lieutenant-criminel, pour efter à droit, & être oui & interrogé fur les faits réfultants des charges & informations contre lui faites ; lui déclarant que faute de comparoître à ladite affignation, il fera procédé contre lui, fuivant la rigueur de l'Ordonnance. Fait & laiffé copie, tant du décret, que du préfent exploit.

Acte de comparution perfonnelle qui fe met fur le regiftre de l'Audience.

111. Aujourd'hui. . . eft comparu au Greffe criminel du. . . B. . . défendeur, contre A. . ., demandeur & complaignant, auquel B. . . a été donné lettres de fa comparution ; & ordonné qu'il fera interrogé par. . ., dont il a requis acte, & a élu domicile en la maifon de Me. . . fon Procureur.

Signification de l'Acte de comparution à la partie civile.

L'an. . . l'acte de comparution perfonnelle, dont copie eft ci-deffus tranfcrite, a été par moi. . . Huiffier. . ., demeurant à. . ., fouffigné, à la requête dudit B. . ., fignifié, & d'icelui donné copie à A. . ., parlant à. . ., en fon domicile ; lui dé-

clarant que ledit B. . . a élu son domicile en la maison de Mᵉ. . . ,
son Procureur, rue. . . , à ce qu'il n'en ignore.

(*Si le défendeur ne comparoît pas sur l'ajournement personnel
après les délais , on peut obtenir contre lui défaut.*)

Défaut contre un accusé, faute de comparoître sur le décret d'ajournement personnel.

Extrait des Registres de. . .

Défaut à A. . . , demandeur & accusateur, (le Procureur du
Roi joint,) contre B. . . , défendeur & accusé, faute d'être comparu à l'assignation à lui donnée le. . . , échue le. . . , après
que le délai porté par l'Ordonnance est expiré. Fait ce. . .

Sentence par laquelle le décret d'ajournement personnel est converti en décret de prise-de-corps.

Extrait des Registres de. . .

112.   Vu le défaut obtenu par A. . . , demandeur & accusateur,
(le Procureur du Roi joint ;) contre B. . . , défendeur & accusé, faute de comparoître le. . . ; les charges & informations
contre lui faites à la requête de A. . . ; le décret d'ajournement
personnel par nous décerné contre ledit B. . . le . . sur lesdites
informations ; exploit d'assignation donné en conséquence le . . . ;
conclusions du Procureur du Roi, & tout considéré, nous avons
déclaré ledit défaut bien obtenu, & pour le profit d'icelui,
ordonnons que ledit B. . . sera pris & appréhendé au corps,
pour ester à droit, & être oui & interrogé sur les faits & informations desdites charges, & autres, sur lesquels le Procureur
du Roi, voudra le faire ouir & répondre à ses conclusions.
Donné à . . . le . .

Nota. *Les accusés constitués prisonniers en vertu d'un décret de
prise-de-corps prononcé par conversion, doivent être élargis après
leur interrogatoire, s'il ne survient contre eux de nouvelles charges.
Cet élargissement se prononce par le Juge d'instruction, sur une Requête présentée à cet effet à l'accusé.*

Requête d'un accusé pour obtenir son élargissement, après avoir subi interrogatoire.

113. Supplie humblement A. . . ., disant qu'ayant été originairement décrété d'ajournement personnel, & n'ayant été constitué prisonnier, qu'en exécution de la Sentence par laquelle ce décret a été converti en prise-de-corps, son élargissement ne doit pas lui être refusé, puisqu'il a subi interrogatoire, & que ses réponses prouvent son innocence.

Ce considéré, Monsieur, il vous plaise ordonner que le suppliant sera élargi ; à quoi faire le Geolier contraint, ce faisant, déchargé, & son écroue rayé & biffé ; aux offres qu'il fait de se représenter à toutes assignations, & de faire élection de domicile ; déclarant que M°. . . occupera pour lui ; & vous ferez justice.

Présentée le . . .

Ordonnance de soit communiqué au Procureur du Roi, lorsqu'il est partie.

Soit communiqué au Procureur du Roi lesdits jour & an.

Conclusions du Procureur du Roi.

Vu, &c. . . je n'empêche pour le Roi le suppliant être relaxé
114. & mis en liberté des prisons de ce Siege, à la charge de se représenter en état d'ajournement personnel, & d'élire domicile. Fait à . . . ce . .

Sentence.

Vu, &c. . . . nous disons que B. . . sera élargi & mis hors des prisons de ce Siege, à la charge par lui de se représenter à toutes assignations en état d'ajournement personnel, & d'élire domicile ; à quoi faire le Geolier contraint, ce faisant déchargé. Fait & donné par nous . . ., à . . . ., le . . .

Soumiſſions devant le Greffier, qui ſe met au bas du Jugement.

115. Et à l'inſtant avons mandé ledit B. . ., actuellement détenu ès priſons de ce Siege, auquel nous avons fait lecture du Juge-ment ci-deſſus, rendu cejourd'hui par Monſieur le Lieutenant-Criminel; & en exécution d'icelui, ledit B... a fait ſes ſoumiſſions de ſe repréſenter à toutes aſſignations, & a fait élection de domi-cile en la maiſon de M . . ., dont il nous a requis acte, que nous lui avons octroyé ; & a ſigné avec nous.

Nota. *Quand, depuis le décret d'ajournement perſonnel, il eſt ſur-venu de nouvelles charges, ſoit par des dépoſitions de témoins, ſoit par les réponſes de l'accuſé, le Procureur du Roi ne conſent pas à l'élargiſſement, & met au bas de la Requête les concluſions ſui-vantes.*

Concluſions du Procureur du Roi, lorſqu'il eſt ſurvenu de nouvelles charges.

Vu , &c. . . . . je requiers pour le Roi la préſente Requête être jointe au procès , pour en jugeant, y avoir tel égard que de rai-ſon. Fait à . . . ce . . .

Sentence.

Vu , &c. . . . . nous avons joint la Requête de . . . au pro-cès , pour en jugeant , y avoir tel égard que de raiſon. Fait & donné à . . . ce . .

Requête pour obtenir la permiſſion de faire informer contre un Eccléſiaſtique , ou Officier qui continue ſes fonctions au mépris d'un décret d'ajournement perſonnel.

A MONSIEUR LE LIEUTENANT CRIMINEL.

116. Vous remontre le Procureur du Roi . . ., que malgré la ſi-gnification qui a été faite le . . . à B. . . du décret d'ajourne-ment perſonnel par vous décerné contre lui le . . ., il a été in-

formé que ledit B. . . continue fes fonctions ; ce qui met le remontrant dans le cas, pour remplir le devoir de fon miniftere,
de vous rendre plainte à l'effet de parvenir à faire prononcer la
peine que mérite ce mépris fait à la Juftice.

A ces caufes , le remontrant requiert qu'il vous plaife lui
donner acte de fa plainte ; en conféquence, lui permettre de faire
informer des faits contenus en icelle , circonftances & dépendances ; & à cet égard , d'adminiftrer témoins, lefquels feront
affignés à comparoir pardevant vous au moment qu'il vous plaira
indiquer, pour l'information faite & à moi communiquée , être
par moi requis ce que de raifon

Ordonnance en conféquence.

Nous avohs donné acte au Procureur du Roi de fa plainte ; en
conféquence, lui permettons de faire informer des faits contenus
en icelle , circonftances & dépendances , & à cet effet d'adminiftrer témoins, lefquels feront affignés à comparoître pardevant
nous en notre Hôtel, à . . . , à l'effet de dépofer, pour l'information faite, communiquée au Procureur du Roi, & à nous rapportée, être par lui requis, & par nous ordonné, ce que de raifon. Fait & donné à . . . , en notre Hôtel le . . .

Autres Procédures fur un Décret d'affigné
pour être oui.

Affignation en vertu d'un Décret d'affigné pour être oui.

117. L'an . . . , le . . . jour de . . . , en vertu du décret de Monfieur le Lieutenant - Criminel du . . . , figné & fcellé, & à la
requête de A. . . , qui a élu fon domicile en la maifon de . . . ,
j'ai H. . . . Huiffier, Sergent à , . . , donné affignation à B. . . ,
en parlant à . . . en fon domicile, à comparoître dans . . . jours
pardevant mondit fieur le Lieutenant-Criminel, pour être oui &
interrogé fur les faits réfultants des charges & informations
contre lui faites, à la requête de A. . . ; & répondre aux conclufions que Monfieur le Procureur du Roi voudra prendre
contre lui ; & en outre , procéder comme de raifon, requérant dé-

pens ; & signifié que Me . . . est Procureur de A. . ., & ai laissé audit B. . . copie, tant du décret, que du présent exploit.

Acte de comparution d'un accusé sur un décret d'assigné pour être oui.

(*Comme ci-dessus* , n. 110.)

Signification de l'Acte de comparution à la partie civile.

(*Comme ci-dessus* , n. 111.)

118. *Nota. Si l'accusé après sa comparution est négligent de se faire interroger, on fera convertir le décret d'assigné pour être oui, en ajournement personnel ; & s'il continue sa désobéissance à Justice, en décret de prise-de-corps.* (*Voyez ci-dessus* , n. 111.)

Défaut faute de comparoître sur un décret d'assigné pour être oui.

Extrait des Registres de. . .

Défaut à A. . ., demandeur & accusateur, (le Procureur du Roi joint,) contre B. . ., défendeur & accusé, faute d'être comparu à l'assignation à lui donnée le . . ., échue le . . . après que le délai porté par l'Ordonnance est expiré. Fait ce . . .

Sentence par laquelle le décret d'assigné pour être oui, est converti en ajournement personnel.

Extrait des Registres de. . .

119. Vu le défaut obtenu par A. . ., demandeur & accusateur, (le Procureur du Roi joint,) contre B. . . défendeur & accusé, faute de comparoître le . . .; les charges & informations contre lui faites à la requête de A. . .; le . . . décret d'assigné pour être oui par nous décerné contre B. . . le . . . sur lesdites informations ; l'exploit d'assignation donnée en conséquence le . . .; conclusions du Procureur du Roi ; & tout considéré : Nous avons déclaré ledit

défaut bien obtenu ; & pour le profit d'icelui, ordonnons que ledit B. . . fera ajourné à comparoître en perfonne dans . . . , pour être oui & interrogé fur les faits réfultants des charges & infor, mations, &c. ; (*le refte du décret d'ajournement perfonnel, comme ci- deſſus, n. 88.) & ajouter*, condamnons l'accufé aux dépens dudit défaut, & de ce qui s'en eft enfuivi. Fait ce . . .

Etat des décrets, captures & emprifonnements, tel qu'il doit être envoyé aux mois de Janvier & de Juillet de chacune année, fuivant l'article 20 du titre Des Décrets de l'Ordonnance de 1670.

120. Etat des procès qu'il y a en ce Bailliage de . . . , depuis le mois de Janvier, jufqu'au préfent mois de Juillet.

Entre A. . . , accufateur, contre B. . . , accufé de . . . , par plainte du . . . , fur laquelle il y a eu information le . . . , com- pofée de . . . témoins, fuivie de décret de prife-de-corps du . . . , en vertu duquel ledit B. . . a été écroué le . . .

Entre le Procureur du Roi, accufateur, contre B. . . , accufé de . . . , par plainte du . . . , fur laquelle il y a eu information le . . . , compofée de . . . témoins, laquelle a été fuivie de décret de prife-de-corps du . . . , en vertu duquel ledit B. . . a été arrêté & écroué le . . .

Le préfent état certifié véritable par nous . . . Lieutenant- Criminel, & . . . Procureur du Roi dudit Bailliage ; à . . . ce . .

TITRE VI.
Des Exoines.

Acte d'Exoine propofé par un accufé.

Extrait des Regiſtres du Greffe Criminel du . . .

121. A ÉTÉ donné lettre de l'exoine propofé par Me. . . Procureur de B. . . , défendeur & accufé fur l'ajournement perfonnel qui lui a été fignifié à la requête de A. . . , demandeur & com-

plaignant, & ordonné qu'il fera informé refpectivement par les parties dans . . . des caufes dudit exoine ; pour ce fait, être fait droit aux parties ce que de raifon, dépens réfervés.

Rapport qui conftate l'état d'un décrété malade, à l'effet de faire recevoir fon exoine.

Nous N . . . Chirurgien, demeurant à . . . , certifions qu'ayant été requis de la part de B . . . , de nous tranfporter en fa maifon, à défaut de Médecin fur les lieux, pour voir & vifiter ledit B . . . ; nous nous fommes tranfportés en la maifon dudit B . . . , que nous avons trouvé couché, fe plaignant de . . . , lequel nous a dit qu'il nous a fait appeller pour le voir & vifiter, & dreffer procès-verbal de fon état, à l'effet de conftater qu'il eft hors d'état de fe tranfporter à . . . devant Monfieur le Lieutenant-Criminel du Bailliage de . . . , pour fubir interrogatoire, fur le décret d'affigné pour être oui, qui lui a été fignifié le . . ; & l'ayant vifité fur fa réquifition, nous avons remarqué que . . ; dequoi nous avons dreffé le préfent procès-verbal, que nous atteftons fincere & véritable. Fait en la maifon dudit R . . . le . . . ; & avons figné.

Procès-verbal d'affirmation de rapport devant le Juge des lieux.

122. L'an . . . le . . . . pardevant nous . . . Bailli de la Juftice de . . , en notre Hôtel, à . . . , fe font préfentés les fieurs N . . . . Chirurgien, demeurant à . . . , & O . . . auffi Chirurgien, demeurant à . . . , lefquels nous ont dit qu'ayant été appellés par B . . . , à défaut de Médecin fur les lieux, pour voir & vifiter ledit B . . . , & dreffer procès-verbal de fon état, à l'effet de conftater qu'il eft hors d'état de fe tranfporter à . . . , devant Monfieur le Lieutenant-Criminel du Bailliage de . . . , pour fubir interrogatoire fur le décret d'affigné pour être oui, qui lui a été fignifié le . . . , ils ont vu & vifité ledit B . . . , & ont fur fa réquifition dreffé le procès-verbal de rapport en date du . . . qu'ils nous ont repréfenté ; & lefquels, après que lecture leur a été préfentement faite dudit procès-verbal de rappport, en ont juré

juré & affirmé le contenu fincere & véritable, dequoi ils nous ont requis acte, que nous leur avons accordé, après que ledit rapport que nous leur avons rendu, a été par eux, & par nous paraphé; & ont figné avec nous.

Procuration du décrété malade, à l'effet de faire recevoir fon exoine.

12}. Pardevant, *&c.* fut préfent en perfonne B. ., giffant au lit en la maifon de . ., au village de . ., lequel a fait & conftitué Z.. pour fon Procureur fpécial, la perfonne de . ., auquel il donne pouvoir de fe préfenter par-tout où befoin fera, & de faire tout ce qui fera convenable, à l'effet de faire recevoir fon exoine par M. le Lieutenant-Criminel de . ., & obtenir une furféance jufqu'à ce qu'il puiffe fe préfenter, & fubir interrogatoire, en exécution du décret d'affigné pour être oui, contre lui décerné à la requête de A. . . le . ., & qui lui a été fignifié le . ., fa maladie l'empêchant de fe déplacer, & même de fortir du lit, fans s'expofer à perdre la vie; ce qui eft conftaté par le rapport de . . & de . . ., Chirurgiens, demeurant à . ., à défaut de Médecin fur les lieux, qui a été affirmé véritable devant M. le Bailli de la Juftice de . ., dont il a été dreffé procès-verbal le . .; lefquels rapport & procès-verbal font ici joints; conftituer Procureur, le révoquer, en conftituer un autre en fon lieu & place, & généralement faire tout ce qui fera néceffaire pour parvenir à faire recevoir fon exoine, promettant, *&c.*, obligeant, *&c.* Fait & paffé audit . . le . . avant midi; & a ledit B. . . déclaré que la foibleffe que lui occafionne fa maladie, l'empêche de figner, de ce interpellé par les Notaires fouffignés.

Le rapport, le procès-verbal d'affirmation & la procuration de l'accufé, fe préfentent au Juge, avec la requête fuivante.

Requête d'un accufé pour faire recevoir fon exoine.

A MONSIEUR LE LIEUTENANT CRIMINEL.

124. Supplie humblement B. . ., difant, qu'étant retenu au lit par une maladie confidérable, qui met fa vie en danger, ainfi qu'il eft conftaté par le rapport qu'il en a fait dreffer le . . par deux

Chirurgiens, à défaut de Médecin fur les lieux, lefquels ont fait leur affirmation devant M. . ., Juge des lieux, qui en a dreffé fon procès-verbal le . .; il a donné fa procuration fpéciale, qui a été paffée devant les Notaires royaux de . . le . ., à l'effet de vous repréfenter qu'il ne lui eft pas, quant à préfent, poffible de fe tranfporter pour venir fubir devant vous interrogatoire, en exécution du décret d'affigné pour être oui que vous avez décerné contre lui le . . .

Ce confidéré, Monfieur, il vous plaife, vu l'expofé ci-deffus, & les pieces qui y font relatées, recevoir l'exoine du Suppliant accufé, & de lui accorder un délai de . . pour fe préfenter devant vous, à l'effet de fubir fon interrogatoire, en exécution du décret d'affigné pour être oui contre lui décerné le . ., à l'exécution duquel il fera furfis, ainfi qu'à l'inftruction de la contumace : Et vous ferez juftice; déclarant le Suppliant que Me. . occupera pour lui.

Préfentée le . . .

Cette requête doit être fignée par le fondé de procuration ; & le Juge met au bas fon Ordonnance de foit communiqué.

Ordonnance du Juge.

Soit montré au Procureur du Roi, & communiqué à la partie civile. Fait ce . . .

Signification de l'exoine au plaignant.

125. L'an . . . le . . . jour de . .; l'afte d'exoine dont copie eft ci-deffus tranfcrite, a été par moi H. . ., Huiffier . ., demeurant à . ., fouffigné à la requête dudit B. . ., défendeur & accufé, montré, fignifié, & d'icelui baillé copie, enfemble des pieces y attachées, à A. . ., en parlant à . . en fon domicile, lui déclarant que ledit B. . . a élu fon domicile en la maifon de P. . ., fon Procureur, rue . ., à ce qu'il n'en ignore.

Sommation à la partie civile de fe trouver à l'Audience pour voir dire que l'exoine fera reçue.

A la requête de B. . ., accufé, foit fommé & interpellé A. . ., complaigant, de comparoître, demain huit heures du matin, en la Chambre, & pardevant M. le Lieutenant-Criminel, pour voir dire que l'excuse présentée par ledit B... sera reçue, & en conséquence qu'il sera surfis à l'exécution du décret de prise-de-corps contre lui décerné, & au jugement de la contumace, jusqu'à ce qu'il s. puisse mettre en état; à l'effet de quoi sera donné copie, avec le présent acte, audit A..., du rapport de visite faite de la personne de B... par D.., Docteur en Médecine de la Faculté de..; du procès-verbal d'attestation de.., que ledit rapport est véritable, & de la procuration de B.., contenant ses excuses, dont acte.

Jugement portant permission d'informer de la vérité de l'exoine.

Extrait des Registres de...

126. Entre B.., demandeur aux fins de l'acte du.., & A.., défendeur d'autre, après que Z... fondé de procuration spéciale du demandeur, a présenté son exoine, & que..., Procureur pour A.., a été oui; ensemble... pour le Procureur du Roi, nous avons permis au demandeur de faire preuve dans.. jours, de la vérité de l'exoine par lui présentée; & le défendeur & le Procureur du Roi, au contraire, pardevant le Prévôt de..; pour ce fait & rapporté, être ordonné ce qu'il appartiendra. Fait..

Signification de la part de celui qui a fait faire enquête sur l'exoine.

A la requête de.. soit signifié & déclaré à Me..., Procureur de B.., qu'il a cejourd'hui produit & mis au Greffe la production par lui faite sur l'incident de l'exoine, à ce qu'il ait à faire le semblable, si bon lui semble, lui déclarant qu'il poursuivra incessamment le jugement dudit incident, attendu que le délai pour informer est expiré.

Si par l'évenement de la preuve, l'exoine se trouve fausse, on joint l'information à la contumace; & on suit, comme si elle n'avoit pas été proposée.

Sentence qui joint l'information à la contumace , & qui ordonne que l'instruction sera continuée.

127. Vu , &c. , nous avons joint les informations à la contumace, & ordonnons que l'instruction sera continuée contre B. . . Fait & donné par . . le . .

On tient ensuite une procédure pour la conversion du décret successivement en ajournement personnel , & en prise-de-corps ; comme il a été observé ci-dessus , n. 111 & suiv.

Quand , au contraire , il est prouvé que le décrété est vraiment malade , & hors d'état de se présenter , on rend la Sentence suivante.

Sentence portant surséance au jugement de la contumace.

A tous ceux , &c. . ; nous ordonnons qu'il sera sursis à l'exécution du décret d'assigné pour être oui , décerné contre B. . , le . . , pendant . . . Fait & donné par . . le . .

Lorsque l'éxoine est proposée par un décrété de prise-de-corps, le jugement de surséance en est peu différent.

Sentence de surséance au jugement de la contumace , contre un décrété de prise-de-corps.

128. A tous ceux , &c. . ; nous ordonnons qu'il sera sursis pendant . . . au jugement de la contumace instruite contre B. . , en exécution du décret de prise-de-corps contre lui décerné le . . ; durant lequel espace de temps, sera ledit B. . . en la maison où il est malade, comme en une geole ; & D. . , qu'avons nommé gardien à cet effet , en sera & demeurera chargé , & fera ses soumissions de le représenter. Fait & donné par . . le . .

Procès-verbal, portant les soumissions du gardien.

L'an . . pardevant nous . . , en la présence de . . , Greffier ordinaire , s'est présenté D. . , lequel nous a dit , qu'ayant été par nous nommé gardien par notre Sentence du . . , de la personne de B. . , contre lequel il a été décerné décret de prise-de-corps le . ., il eſt prêt d'en accepter la charge, & de faire ſes ſoumiſſions; ce qu'il a réellement fait, en prêtant le ſerment en pareil cas requis; & a ſigné avec nous, & notre Greffier.

Sentence portant que le Lieutenant-Criminel ſe transportera en la maiſon où l'accuſé eſt malade.

Extrait des Regiſtres de. . .

129. Vu, &c. ; Nous, attendu l'indiſpoſition de B. ., accuſé, avons ordonné que nous nous transporterons en la maiſon où il eſt, pour être dreſſé procès-verbal de l'état de ſa perſonne, en préſence de M. ., Docteur en Médecine, & de N. ., Chirurgien, que nous avons nommé d'office pour viſiter l'accuſé ; même s'il y échet, être par nous procédé à ſon interrogatoire ſur les faits réſultants des charges & informations contre lui faites, pour ſervir & valoir ce que de raiſon; & cependant ſurſis à l'inſtruction & jugement de la contumace.

Requête à fin de faire viſiter le corps de l'accuſé, mort de ſes bleſſures.

A MONSIEUR LE LIEUTENANT CRIMINEL, &c.

130. Supplie humblement . ., diſant, que défunt B. ., à cauſe de ſes bleſſures, a été arrêté, en vertu de votre Sentence du . ., en la maiſon du Suppliant, où il a demeuré depuis le . ., juſqu'à ce jour qu'il eſt décédé.

Ce conſidéré, Monſieur, il vous plaiſe ordonner que le corps dudit B... ſera ouvert, vu & viſité par tels Médecins & Chirurgiens qu'il vous plaira nommer d'office, tant en votre préſence, qu'en celle du Chirurgien qui l'a panſé; leſquels en feront leur rapport pour, icelui vu, être le Suppliant déchargé purement & ſimplement : Et vous ferez bien.

Ordonnance portant que le cadavre sera visité par un Médecin & un Chirurgien.

Vu la préfente requête, & les conclufions du Procureur du Roi, Nous ordonnons que le corps mort de B. ., fera ouvert, partie préfente, ou duement appellé, en notre préfence, & celle du Chirurgien qui l'a panfé, par M. ., Docteur en Médecine, & par N. ., Me Chirurgien, que nous avons nommés d'office, pour le rapport defdits M. . . & N. . . fait, & par nous vu, être fait droit fur ladite requête, ainfi qu'il appartiendra. Fait . .

Sentence par laquelle le Juge du lieu eft commis pour faire fubir interrogatoire à un décrété malade, qui ne peut pas fe transporter.

131. Vu, &c., nous, attendu la maladie de B. ., avons commis & commettons le fieur Bailli de la Juftice de . ., à l'effet de fe transporter en la maifon dudit . ., pour y procéder à fon interrogatoire fur les faits, &c. . .

Si c'étoit à un Juge égal, il faudroit mettre, prions, *au-lieu de* commettons.

Quand l'accufé vient à mourir, le gardien préfente la requête fuivante.

Requête du Gardien, à l'effet de faire vifiter pour fa décharge, le corps du décrété qui avoit été mis en fa garde, & qui eft décédé.

Supplie humblement D. ., difant, que B. . . a été mis en la garde du Suppliant, en vertu de votre Sentence du . .; mais que ledit B. . . étant décédé le jour d'hier, il a été confeillé de vous donner fa requête.

Ce confidéré, Monfieur, il vous plaife ordonner que le corps dudit B. . . fera ouvert, vu & vifité par tels Médecins & Chirurgiens qu'il vous plaira nommer d'office, tant en votre préfence, qu'en celle du Chirurgien qui l'a traité ; lefquels en feront leur rapport, pour, icelui vu, être le Suppliant déchargé purement & fimplement : Et vous ferez juftice.

Préfentée le . .

Ordonnance de foit communiqué.

Soit communiqué au Procureur du Roi lefdits jour & an.

Conclufions du Procureur du Roi.

132.

Vu, &c., je requiers pour le Roi, qu'il foit ordonné que le corps mort de B. . . fera ouvert, vu & vifité par Médecins & Chirurgiens qui feront nommés d'office , moi & les parties préfentes , ou dûement appellées , & en la préfence du Chirurgien qui l'a panfé ; pour, le tout fait, & à moi communiqué, être requis ce qu'il appartiendra. Fait & délibéré à . .

Ordonnance pour faire vifiter l'accufé décédé.

Vu la requête à nous préfentée par D. . , tendante à , &c.., notre Ordonnance de foit communiqué au bas, & les conclufions du Roi ; le tout de cejourd'hui : Tout vu & confidéré , nous ordonnons que le corps mort de B. . fera ouvert, vu & vifité par . . , & . . que nous avons nommés d'office , parties préfentes , ou dûement appellées, en notre préfence, & du Chirurgien qui l'a panfé ; pour, le rapport defdits . . fait , communiqué au Procureur du Roi , & à nous rapporté , être ordonné ce qu'il appartiendra. Fait & donné , &c.

TITRE VII.

Des remises de Procédures faites en une autre Jurisdiction.

Acte pour avertir les Baillis & Sénéchaux, à l'effet d'envoyer chercher les procédures, & les accusés dans les Justices de Seigneurs, lorsqu'il s'agit de cas royaux.

133. L'AN . . , à la réquisition de M. . ., Prévôt royal de . ., demeurant à . ., j'ai H. . . soussigné, signifié & déclaré à M rs les Juges & Magistrats du Bailliage de . ., au domicile de M e. ., Greffier dudit Bailliage, demeurant à . ., en parlant à . ., que le sieur requérant, en se conformant à la disposition de l'article 21 de la Déclaration du 5 Février 1731, a, sur l'accusation du Procureur du Roi, informé contre B. ., accusé de . ., décrété de prise-de-corps, & interrogé ledit B. ., qui est actuellement dans les prisons de la Prévôté de . . ., à ce qu'ils n'en ignorent, & envoient quérir, si bon leur semble, ledit B. ., & les procédures faites contre lui, suivant & aux termes de ladite Déclaration de 1731, attendu que s'agissant d'un cas royal, la connoissance leur en est attribuée, privativement au sieur requérant, qui ne continueroit l'instruction, qu'autant que mesdits sieurs les Juges & Magistrats n'enverroient pas chercher ledit accusé, & les procédures faites contre lui; & je leur ai, en parlant comme dessus, laissé copie du présent acte.

(*Lorsque les premiers Juges ne font pas cet avertissement, les Juges supérieurs sont dans le cas de faire la revendication, suivant l'article 4 du titre 1 de l'Ordonnance de 1670.*)

Acte de Revendication.

134 L'an . . ., à la réquisition de Monsieur le Procureur du Roi du Bailliage de . . ., demeurant à . . ., rue de . . ., Paroisse de . .

de . . . , en fon Hôtel, où il a élu fon domicile ; je . . . fouffigné, ai fignifié & déclaré à M. le Prévôt royal de . . . , au
domicile de Mᵉ . . . , Greffier de la Prévôté royale de . . . , demeurant à . . . , en parlant à . . . , que mondit fieur le Procureur du Roi ayant été informé qu'on inftruit en ladite Prévôté
un procès à la requête de A . . . , contre B . . . , accufé de . . . ,
ce qui eft un cas royal, dont la connoiffance appartient aux
Baillis & Sénéchaux privativement aux Prévôts royaux, il requiert que mondit fieur le Prévôt de . . . , en fe conformant à
l'article 21 de la Déclaration du 5 Février 1731, fe défaififfe de
la connoiffance de ce procès, pour l'inftruction être continuée &
achevée par Meffieurs les Juges & Magiftrats dudit Bailliage
de . . . , qui ont feuls le droit d'en connoître, proteftant de nullité contre tout ce qui pourroit être fait au préjudice de la préfente révendication , de tous dépens, dommages & intérêts , &
de fe pourvoir à cet effet, ainfi qu'il appartiendra ; & j'ai audit
fieur Prévôt de . . . , en parlant comme deffus, laiffé copie des
préfentes.

Signification faite à des Officiers de remettre des
procédures, & des accufés renvoyés en vertu d'un
Arrêt, dans un autre Siege ; avec le procès-verbal de
la remife, tant des accufés que des effets depofés au
Greffe du premier Juge qui a fait d'abord l'inftruction.

135. L'an . . . , à la requête de Monfieur le Procureur du Roi au
Bailliage & Siege Préfidial de N . . . , demeurant audit N . . . ,
rue . . . , Paroiffe . . . , en fon Hôtel, où il a élu fon domicile,
l'Arrêt du Confeil d'Etat du . . . , par lequel le Roi évoque, &c..
& en attribue la connoiffance audit Préfidial en conféquence, ordonne que les accufés qui font dans les prifons de G . . . , feront
transférés, &c . . . & que les procédures qui ont été faites audit
Bailliage de G . . . , ou en d'autres Jurifdictions, pour raifon defdits crimes, enfemble les effets fervant à conviction, fi aucuns
y a, feront portés au Greffe du Préfidial de N . . . , à ce faire
feront tous Greffiers & dépofitaires contraints, même par corps ;
quoi faifant ils en demeureront bien & valablement déchargés ;
& qui permet aux Officiers dudit Préfidial de fe transporter, &c. ;

la commission jointe audit Arrêt, ensemble l'Ordonnance de Messieurs les Officiers du Présidial de N..., portant acceptation de ladite commission, & qui ordonne de l'exécution dudit Arrêt en date du...; ont été par moi H... Huissier..., soussigné, signifiés, & d'icelles pieces baillé copie, & fait sçavoir à Messieurs les Officiers du Bailliage de G..., au domicile de Me... leur Greffier, demeurant en ladite ville de G..., rue..., afin qu'ils n'en ignorent; ce fait & par vertu dudit Arrêt, commission y jointe, & Ordonnance de Messieurs les Officiers du Présidial de N..., sus mentionnés, j'ai Huissier susdit & soussigné, fait commandement audit Me... Greffier, en parlant comme dessus, de remettre & délivrer ès mains de moi Huissier susdit comme porteur desdits Arrêts, Commissions & Ordonnance sus mentionnés, toutes les grosses des procédures faites audit Bailliage de G..., à l'occasion de l'instruction des accusations mentionnées audit Arrêt; ensemble les effets servant à conviction, déposés au Greffe dudit Bailliage de G..., lequel Me... Greffier, en parlant comme dessus, m'a fait réponse, qu'il est prêt de satisfaire au présent commandement; & y satisfaisant, m'a représenté & délivré toutes les grosses, (*ou bien,*) lequel m'a fait réponse qu'il satisfera au présent commandement, ce faisant, qu'il portera, ou enverra incessamment lesdites grosses & pieces servant à conviction, au Greffe du Présidial de N...) du procès instruit par Messieurs les Officiers du Bailliage de G..., contre lesdits accusés & autres complices, énoncés en son inventaire & addition d'icelui, contenant...rôles en petit papier timbré; ensemble tous les effets, argenterie & papiers qui ont été déposés audit Greffe, qui se sont trouvés par la récapitulation que j'en ai faite, & à laquelle a été vaqué depuis huit heures du matin, jusqu'à huit heures du soir, sans discontinuation, en même nombre & qualité que ceux qui lui ont été déposés suivant les procès-verbaux, & inventaire faits par lesdits Officiers de..., les... & ... Janvier dernier, & jours suivants; & autres faits par ... Huissier, les ...

236. & ... Mars dernier; ensemble ceux rapportés par la femme.., la servante du Curé..., & par... témoin, ainsi que le coutre, dont est fait mention par le procès-verbal du... Décembre aussi dernier, sauf une chemise ayant une grosse dentelle aux manches, & huit pieces de linge de tête, qui ont été données à la fille... accusée de l'ordre desdits sieurs Officiers. Et à l'égard de l'argent mon-

noyé auffi dépofé audit Greffe, fuivant les procès-verbaux du... & ...
Janvier dernier, montant à la fomme de deux cents livres quinze
fols, en ce non compris la fomme de 56 livres, pour le prix de la
vente de deux chevaux, dont fe font trouvés faifis les nommés...
& ... accufés, ne m'en a été faite aucune délivrance par ledit fieur ..., attend qu'il l'a employé; & même plus, de l'ordre defdits fieurs Officiers du Bailliage de G..., pour fervir à
l'inftruction du proc, dont il juftifiera inceffamment; m'a cependant remis, comm ne faifant point partie de la fufdite fomme,
un écu vieux d'argent de neuf à dix aux marc, & une piece de
douze fols, dont eft fait mention dans la procédure; au moyen
dequoi j'ai déchargé par ces préfentes ledit Me... Greffier,
de tous lefdits effets, groffes, papiers, argenterie, écu vieux &
piece de douze fols, énoncés aux procès-verbaux ci-deffus, déclarés, fauf à mondit fieur le Procureur du Roi, de fe faire
rendre compte par ledit fieur... de ladite fomme de deux cents
livres, &c. réfervant en outre ledit Me..., à fe pourvoir inceffamment au Préfidial de N..., pour le paiement de fes
groffes & avances par lui faites : dont & de tout ce que deffus
j'ai dreffé le préfent procès-verbal, duquel j'ai délivré copie,
enfemble dudit Arrêt, Commiffion & Ordonnance du Préfidial
fus-mentionné, à mefdits fieurs les Officiers du Bailliage de
G..., & audit Me... Greffier, pour lui fervir de décharge; &
a figné avec moi le préfent procès-verbal par moi fait lefdits
jour & an, & m'a ledit Me... obfervé qu'il m'a fait ladite délivrance, à la charge d'une oppofiton qui a été faite entre fes
mains, à la requête des fieurs..., Marchands audit..., créancier dudit... de la fomme de douze livres quinze fols par exploit de... Huiffier royal audit..., le 3 Mai dernier, lequel
il m'a à l'inftant remis ès mains, dont acte lefdits jour & an
que deffus, ainfi figné... enfemble... Huiffier.

Signification pour la remife des accufés,
faite au Concierge des prifons.

137. L'an..., (& *le refte comme ci-deffus, finon qu'il n'y a point*
de fignification aux Officiers du Bailliage de G... mais feule-
ment au Concierge des prifons,) auquel M.. (Concierge,)

en parlant comme deſſus, j'ai fait commandement de préſentement & ſans délai, me repréſenter & délivrer ſous ma garde &
conduite, leſdits B. . . & ſa femme, ainſi que C. . ., D. . . &
E. . ., tous accuſés, qu'il doit avoir actuellement détenus ſous ſa
garde ès dites priſons, pour les transférer dans les priſons du
Châtelet de N. . ., conformément audit Arrêt & Ordonnance
fus-mentionnés, lequel M. . . ., audit nom, m'a fait réponſe qu'il
eſt prêt de ſatisfaire au préſent commandement ; que néanmoins
il ne peut me repréſenter & délivrer que B. . ., ſa femme &
C. . . étant les ſeuls qui lui ont été laiſſés en ſa garde depuis
le 7 de ce mois qu'il a été établi Concierge deſdites priſons ; &
qu'à l'égard deſdits D. . . & E. . ., ils ſe ſont évadés par pluſieurs fractures qu'ils ont faites auxdires priſons au mois de . . .
dernier, de laquelle évaſion & bris de priſon, il a été dreſſé
procès-verbal par Meſſieurs les Officiers du Bailliage de ladite
ville de G. . . ; ce fait, j'ai ſommé d'abondant ledit M. . ., de me
repréſenter & délivrer un lit, un traverſier, & un oreiller, qui
ſuivant l'inventaire des effets dudit . . . ont été remis audit M. . . .
pour coucher leſdits B. . . & ſa femme. Lequel M. . . m'a fait
réponſe que ledit lit & traverſier ont été déchirés par ledit
B. . ., au moyen dequoi la plume a été perdue ; & à l'inſtant
ledit M. . . m'a repréſenté & délivré ledit B. . . & ſa femme,
& C. . ., pour conduire dans les priſons royales du Préſidial
de N. . ., conformément audit Arrêt & Ordonnance fus mentionnés ; au moyen dequoi ils en demeurent bien & valablement
déchargés, ſous les réſerves par moi faites pour mondit ſieur le
Procureur du Roi, de ſe pourvoir, ainſi qu'il aviſera bon être,
pour raiſon de l'évaſion deſdits D. . . & E. . ., & a ſigné : dont
& de tout ce que deſſus, j'ai fait & dreſſé le préſent procès-
verbal, duquel j'ai délivré copie audit M. . ., enſemble deſdits
Arrêt, Commiſſion & Ordonnance fus-datés, pour lui ſervir de
décharge, en parlant comme deſſus, pour ſervir & valoir à mondit ſieur le Procureur du Roi ce que de raiſon ; ainſi ſigné M. . .,
enſemble H. . . Huiſſier.

Procès-verbal de transport des accuſés, & des effets.

138. Et leſdits jour & an, pour l'exécution dudit Arrêt du Conſeil
& Ordonnance de Meſſieurs les Officiers du Préſidial de N. . .,

fus-mentionnés à la requête & de l'ordre de mondit fieur le Procureur du Roi audit Bailliage & Siege Préfidial ; j'ai H. . . Huiffier foufligné , fait conduire de ladite ville de G. . . en celle
de N. . ., lefdits B. . . & fa femme, & C. . ., qui m'ont été délivrés par le Concierge des prifons de ladite ville de G. . ., dans
les prifons royales du Bailliage & Siege Préfidial de N. . ., par
la voiture de X. . . Voiturier, demeurant en ladite ville de G. . .,
Paroiffe de . . . ; comme auffi tous les effets dépofés au Greffe
du Bailliage de G. . ., fervant à conviction pour l'inftruction du
procès des fus-nommés, leurs complices, participes, fauteurs, &
adhérants, qui m'ont été délivrés par le fieur . . . Greffier dudit
Bailliage de G. . ., en la maifon duquel ils avoient été dépofés,
fuivant le procès-verbal du jour d'hier , par la voiture de Y. . .
Voiturier par terre, demeurant au fauxbourg & paroiffe de . . .,
près la ville de G. . ., pour les dépofer au Greffe du Préfidial
de N. . ., & ai payé pour les voitures . . . livres, de l'ordre de
mondit fieur le Procureur du Roi ; fçavoir, . . . livres audit X. . ,
& . . . livres audit Y. . ., après avoir le lendemain . . . du
préfent mois, fur les fept heures du foir, jour de mon arrivée,
conftitué lefdits B. . ., fa femme, & C. . ., accufés fus-nommés,
prifonniers ès prifons du Bailliage & Siege Préfidial de N. . .,
où ils ont été par moi à l'inftant écroués fur le regiftre des écrous
defdites prifons, & y avoir fait décharger tous les effets fervant
à conviction, pour en faire ci-après l'acte de dépôt, ainfi qu'il
appartiendra ; dont & de tout ce que deffus, j'ai fait & dreffé
le préfent procès-verbal, lefdits jour & an que deffus, pour fervir
& valoir à Monfieur le Procureur du Roi, ce que de raifon. Et
ont lefdits X. . . & Y. . . . déclaré ne fçavoir figner , de ce enquis ; ainfi figné . . . Huiffier.

Procès-verbal de remife d'une fomme de. . . au Greffe
du Préfidial de N. . ., par le Greffier du Bailliage
de G. . .

159. Aujourd'hui . . . eft comparu au Greffe-criminel du Bailliage
& Siege Préfidial de N. . . Me. . . Greffier - criminel au
Bailliage de G. . ., lequel en exécution de l'Arrêt du Confeil
du . . ., a dépofé la fomme de . . . . livres, &c. , laquelle

lui avoit été dépoſée dans le cours du procès criminel inſtruit audit Bailliage de G. . ., contre B. . . & ſa femme, & autres, ſuivant les procès-verbaux faits audit Bailliage de G. . . les . . . &. . . Janvier dernier, déduction faite de la ſomme de dix-ſept liv. pour la fourriere des chevaux vendus, ſuivant le procès-verbal du . . . Juin audit an, de laquelle ſomme ledit M. . . a requis décharge par lui octroyée, dont acte ; & a ſigné . .,

Nota. *Lorſqu'on envoie des effets dont un accuſé a été trouvé ſaiſi, d'une Juriſdiction dans une autre, le Greffier qui les reçoit doit en donner reconnoiſſance à celui qui les lui remet.*

Quand ce ne ſont pas des procédures, mais des marchandiſes, argenterie, &c. il faut que le Greffier qui les envoie, y joigne un inventaire détaillé, & que le Greffier qui les reçoit en donne un reçu au bas de cet inventaire, après l'avoir vérifié. Il ſemble même que dans ce cas il faudroit envoyer le tout dans un ſac, ou coffre, ſcellé du ſceau de la Juriſdiction qui envoie.

Des Envois & Remiſes de Groſſes.

Groſſe d'Information.

Information faite par nous L. ., Conſeiller du Roi, &c., à la **140.** requête du Procureur du Roi audit Siege, demandeur & plaignant, ſuivant la plainte de A. .., de nous répondue le . . . du courant, à l'encontre de B. ., &c. & leurs complices, tous accuſés & défendeurs, à laquelle information avons procédé, ainſi qu'il ſuit, & icelle fait rédiger par écrit par . ., notre Greffier ordinaire.

Du . . . .

N. . . ., âgé de

(*Il doit être fait mention à chaque témoin de la taxe par lui requiſe, ou refuſée.*)

Ainſi ſigné en la minute des préſentes ; (*Mettre le nom du Juge, du témoin s'il ſçait ſigner, & du Greffier.*)

Et en fin de l'information eſt écrit : Ladite minute des préſentes contenant . . pages, cotées & paraphées par premiere & derniere, & ſignée en fin de chacune d'icelle, des témoins qui ont ſçu ſigner, du Juge, (*dont il faut mettre le nom,*) & de moi

Greffier fouffigné ; & les renvois qui font en marge, approuvés :
(*En fin de laquelle minute eft l'Ordonnance qui fuit.*)

Soit communiqué au Procureur du Roi. Fait ce . . . Signé en
fin de ladite Ordonnance. (*Mettre le nom du Juge.*)

Et en fin de ladite groffe, le Greffier doit mettre fa fignature.

Il en eft de même des procès-verbaux des Juges, plaintes, inter-
rogatoires, & autres actes dont on n'envoie point les minutes.

Inventaire des Pieces envoyées.

141. Inventaire des groffes des charges, & informations du procès
extraordinairement commencé au Bailliage de G. ., à la requête
de Monfieur le Procureur du Roi, (*ou Fifcal,*) demandeur &
accufateur contre B. ., accufé, pour être lefdites pieces portées
au Greffe-criminel du Bailliage royal de . ., (*ou au Parlement,*)
en exécution de la Sentence, (*ou Arrêt*) du . .; fçavoir,

La groffe de la plainte, &c.

Et enfin, le préfent inventaire contenant . . rôles, cotés fous
la lettre . . .

Total . . pieces, compris le préfent inventaire, & contenant
en tout . . rôles. Fait à . . ce . . .

TITRE VIII.

Des Sentences de provifion.

Requête d'un plaignant à fin de provifion.

A MONSIEUR LE LIEUTENANT CRIMINEL. . .

142. SUPPLIE humblement A. . ., difant, que pour raifon des
excès, violences & voies de fait, commis en fa perfonne
par B. ., il en a fait informer pardevant vous . ., fur laquelle information le Suppliant a obtenu décret de . . contre ledit B. .; mais
attendu que le Suppliant eft grièvement bleffé, & en danger de

mort, ainfi qu'il paroît par le rapport en Chirurgie, qui eft attaché aux informations, requiert lui être fur ce pourvû.

Ce confidéré, Monfieur, il vous plaife adjuger au Suppliant
la fomme de . . par provifion, pour employer à fes aliments, &
médicaments; au paiement de laquelle, ledit B. . . fera contraint
par toutes voies dues & raifonnables; même par emprifonnement
de fa perfonne; ordonner que la Sentence qui interviendra fur la
préfente requête, fera exécutée, nonobftant oppofitions, ou appellations, & fans préjudice d'icelles : Et vous ferez bien.

Il eft néceffaire de joindre à cette requête, l'information faite con-
tre l'accufé.

Si le plaignant n'a pas été vifité, le Juge ordonnera, avant faire
droit, qu'il fera vifité par Médecin & Chirurgien ; & fi c'eft une fille
qui peut être enceinte des faits de l'accufé, le Juge ordonnera qu'elle
fera vifitée par Matrônes.

Le rapport doit être comme ci-deffus, n. 23.

Sentence de provifion.

Extrait des Regiftres de . . .

143.   Vu la requête à nous préfentée par A. . ., contenant, &c. (*Il*
faut tranfcrire la requête); rapport de vifitation faite de la perfonne
du Suppliant par N. . ., Médecin, & O. . ., Chirurgien, le . .
contenant l'état de fes bleffures ; Et tout confidéré,

Nous avons adjugé au Suppliant par provifion la fomme de . .
livres, pour fes aliments & médicaments; au paiement de laquelle
B. . . fera contraint par toutes voies dues & raifonnables ; même
par emprifonnement de fa perfonne; ce qui fera exécuté, nonobftant oppofitions, ou appellations, & fans préjudice d'icelles
Fait ce . .

Sentence de provifion en forme.

A tous ceux qui ces préfentes Lettres verront . . . Salut. Faifons fçavoir, que Vu les charges & informations faites le jour
de . ., à la requête de A. . ., complaignant, (le Procureur du
Roi joint,) à l'encontre de B. . . ., défendeur & accufé, pour raifon
des excès commis par ledit défendeur le jour de . . ., ainfi qu'il
eft

eſt plus au long contenu eſdites charges & décret de nous décerné ſur icelles ; le rapport fait en Chirurgie des bleſſures dudit
complaignant , & la requête à nous préſentée par ledit A. .., à
fin de proviſion : Le tout vu & conſidéré , nous avons adjugé , &c.,
(*comme ci-deſſus* ; en témoin de quoi nous avons fait ſceller
ces préſentes. Fait & donné par , &c. .., le jour de . .

Commandement en vertu de ladite Sentence de proviſion.

144. L'an . ., le . . jour de . ., en vertu de la Sentence de proviſion , rendue par M. le Lieutenant-Criminel le . ., ſignée &
ſcellée à la requête de A . ., demandeur & complaignant , (le
Procureur du Roi joint ,) pour lequel complaignant domicile eſt
élu en la maiſon de . ., j'ai . . Huiſſier . ., demeurant à . .,
ſouſſigné , fait commandement par le Roi notre Sire , à B. . .,
ci-deſſus condamné par ladite Sentence , en parlant à . . ., de
payer à . ., ou à moi , porteur de ladite Sentence , pour lui , la
ſomme de . . pour la proviſion en laquelle il eſt condamné par
ladite Sentence ; lequel parlant comme deſſus , a dit que . .

Exploit de ſignification d'une Sentence de proviſion , *contenant la capture du condamné.*

145. L'an . ., le . .., en vertu de la Sentence de proviſion de M. le
Lieutenant-Criminel du . ., duement ſignée , ſcellée. & en bonne
forme , & à la requête de A. . ., pour lequel domicile eſt élu en
la maiſon de Me . ., qui occupe pour lui , & en celle de . .,
je . . ſouſſigné , aſſiſté de mes Records , ci-après nommés & ſouſſignés , certifie m'être exprès tranſporté à . ., diſtant de ma demeure de . . lieues ; ou étant , & parlant à B . ., que j'ai trouvé
ſur la place dudit . ., je lui ai fait commandement de par le Roi
notre Sire & Juſtice , & en exécution de la Sentence de proviſi-
ſion , de préſentement payer au requérant , ou à moi , comme
porteur des pieces , & chargé de commiſſion , la ſomme de . .,
qu'il a été condamné de payer par proviſion par ladite Sentence ;
ſinon , & à faute de ce faire ſur-le-champ , je lui ai déclaré qu'il
y ſera contraint par toutes voies , même par empriſonnement de
ſa perſonne ; de quoi faire ledit B. . a été refuſant : Vu lequel

refus , j'ai appréhendé au corps ledit B. ., à l'aide de mes Records & Affiftants , & l'ai conduit dans les prifons de . ., où il a été fait par moi écroue de fa perfonne fur le regiftre du Geolier , en la maniere accoutumée ; & je l'ai laiffé en la garde du Geolier , qui en eft demeuré chargé , & a promis de s'acquitter de fon devoir , & de fe conformer aux Ordonnances & Réglements ; le tout fait & exploité en la préfence de . . & de . ., mes témoins & affiftants , qui ont figné avec moi le préfent original , & la copie que j'ai laiffée audit B. . . entre les deux guichets , tant de ladite Sentence & de l'écroue, que du préfent procès-verbal.

Procès-verbal de capture , en exécution d'une Sentence de provifion , qui a précédemment été fignifiée.

146. L'an . ., le . ., en vertu de la Sentence de provifion, &c., je . . fouffigné, affifté de mes Records, ci-après nommés & fouffignés , certifie m'être exprès tranfporté à . ., diftant de ma demeure de . . lieues ; où étant, & parlant à B. ., que j'ai trouvé en fa maifon, fife rue . ., Paroiffe de . ., &c. ; je lui ai fait itératif commandement de par le Roi notre Sire & Juftice, & en exécution de ladite Sentence de provifion qui lui a été fignifiée avec commandement, de payer préfentement, ou à moi, &c. ; le tout fait & exploité en la préfence de . . & de . ., mes Records & Affiftants , qui ont figné avec moi le préfent original, & la copie que j'ai laiffée audit . . entre les deux guichets, tant de l'écroue, que du préfent procès-verbal.

Lorfque le condamné a déja été conftitué prifonnier, foit en vertu d'un décret, foit autrement, il faut lui fignifier la Sentence de provifion entre les deux guichets, lui faire commandement de payer, & d'abondant l'arrêter & le recommander.

Signification d'une Sentence de provifion à un prifonnier ; & écroue de fa perfonne.

147. L'an . ., le . ., en vertu de la Sentence de provifion, &c., j'ai H . . fouffigné, fignifié & donné copie à B. ., prifonnier dans les prifons de . ., en parlant à fa perfonne, pour ce man-

dée entre les deux guichets defdites prifons, comme lieu de liberté, de la Sentence de mondit fieur . . dudit jour . . , & lui ai fait commandement de par le Roi notre Sire, & Juftice, de préfentement, & fans délai, payer au requérant, ou à moi, comme porteur de piece & chargé de commiffion, la fomme de . . , contre lui adjugée par provifion par ladite Sentence ; de quoi faire il a été refufant : Vu lequel refus, je l'ai arrêté & recommandé dans lefdites prifons de . . ; laquelle recommandation a été par moi faite de fa perfonne, en la maniere accoutumée, fur le regiftre du Geolier, qui en eft refté chargé, & a promis de s'acquitter de fon devoir, & de fe conformer aux Ordonnances & Réglements ; & j'ai audit B. . . , entre les deux guichets defdites prifons, & parlant à fa perfonne, laiffé copie de ladite Sentence, de la recommandation, & des préfentes.

Requête à fin de nouvelle provifion.

A MONSIEUR LE LIEUTENANT CRIMINEL.

148. Supplie humblement A. . . , difant, que pour raifon d'excès, violences & voies de fait commifes en fa perfonne par B. . . , il auroit fait informer, & obtenu contre lui décret de prife-de-corps, même une Sentence de provifion de la fomme de . . , dès le . . . ; mais comme les bleffures dudit Suppliant ne font pas dans le cas d'être fitôt guéries, & que la fomme de . . . qui lui a été adjugée de provifion, n'eft pas fuffifante pour fubvenir à fes panfements & médicaments, il requiert lui être fur ce, pourvu. Ce confidéré, il vous plaife ordonner, que pour achever de panfer & médicamenter le Suppliant, & fubvenir à fes autres néceffités, pendant fa maladie, il fera accordé au Suppliant une fomme de . . ; au paiement de laquelle ledit B. . . fera contraint par corps : Et vous ferez juftice.

Ordonnance en conféquence.

Vu la préfente requête, nous ordonnons que le fuppliant fera de nouveau vifité par Chirurgiens jurés. . . , pour leur rapport vu, être ordonné ce que de raifon. Fait ce. . .

R r r ij

Nouveau rapport en Chirurgie.

149. Nous. . ., Médecin & Chirurgien, demeurants à . . ., certifions que cejourd'hui . . ., en exécution de l'Ordonnance.., étant au bas de la requête à lui présentée, nous avons vu & visité la personne de A. . ., qui nous a dit avoir été blessé dès le. . ., & sur lequel avons remarqué que ladite plaie n'est pas encore en voie de guérir sitôt; & qu'il a besoin d'être bien & soigneusement pansé & médicamenté, pour éviter aux accidens qui peuvent arriver; lequel rapport, nous certifions & affirmons être véritable; & avons icelui délivré audit A. . ., pour lui servir & valoir ce que de raison. Fait ce. . .

Seconde provision.

(*Comme ci-dessus*, n. 143.)

TITRE IX.

Des Jugements de compétence.

Interrogatoire fait par un Prévôt des Maréchaux au temps de la capture.

150. INTERROGATOIRE fait par nous P. . ., Prévôt-Général de la Maréchaussée de . ., d'un particulier détenu dans le village de . ., & arrêté à la clameur publique; (*ou par nous*) comme prévenu de vol, *&c.* (*ou* d'être mendiant-vagabond,) auquel interrogatoire avons procédé ainsi qu'il suit.

Du . . .

Interrogé de son nom, surnom, âge, qualité, & demeure; le serment de lui pris,
A dit avoir nom B . . .

Lui avons remontré notre qualité de Prévôt de la Maréchauffée, que notre intention eft de lui faire fon procès en dernier reffort, & s'il veut nous reconnoître pour Juge.

A dit que . . . , (*ou bien*,) qu'il s'en rapporte à Juftice.

Interrogé fi, *&c*. . .

A dit que . . .

Lecture à lui faite du préfent interrogatoire, y a perfifté, & a figné; (*ou bien*, & a déclaré ne fçavoir figner, de ce enquis.)

Requête pour faire apporter au Préfidial les informations faites en une Maréchauffée.

A Messieurs les Présidents et Conseillers tenants le Présidial.

Supplie humblement B. . ., prifonnier en vos prifons, qu'il vous plaife ordonner commandement être fait au Greffier de la Maréchauffée de . . ., d'apporter en votre Greffe l'information faite contre le fuppliant, à la requête de A. . ., par le fieur Prévôt des Maréchaux de . . .; à ce faire ledit Greffier contraint, même par emprifonnement de fa perfonne, pour être la compétance dudit fieur Prévôt, jugée par vous, Meffieurs, fuivant l'Ordonnance, & vous ferez bien.

Jugement portant que les informations feront apportées au Greffe du Préfidial.

Les gens tenants le Siege Préfidial de . . . : A tous ceux qui ces préfentes Lettres verront, Salut; fçavoir faifons, que vu la requête à nous préfentée par B. . ., prifonnier, à ce qu'il nous plaife ordonner, *&c.* (*inférer les conclufions de la requéte*) Oui le rapport de M^r. . ., Confeiller, & tout confidéré.

Nous, par Jugement dernier, ordonnons que les charges & informations, & autres procédures extraordinaires faites par le Prévôt des Maréchaux de. . ., contre le fuppliant, feront apportées en notre Greffe dans. . .; à ce faire, le Greffier de la Maréchauffée contraint, même par corps; ce qui fera exécuté, fans avoir égard à l'appel.

Interrogatoire de l'accusé à la Chambre.

Interrogé de fon nom , furnom , âge, qualité , & demeure ; le ferment de lui pris :

A dit avoir nom B. . .

Interrogé depuis quel temps il a quitté fon pays, &c.

A dit. . .

Interrogé fur les moyens de fon déclinatoire, & s'il veut recon-noître le Prévôt des Maréchaux pour Juge, l'avertiffant que de fes Jugements il n'y a point d'appel.

A dit qu'il s'en rapporte à Juftice, (*ou* qu'il demande à être jugé à la charge de l'appel.)

Lecture faite à l'accufé du préfent interrogatoire, y a perfifté, & a figné ; (*ou* a déclaré ne fçavoir figner, de ce enquis.)

Jugement par lequel le Prévôt des Maréchaux eft déclaré incompétent.

152. Les gens tenants le Siege Préfidial à . . . : A tous ceux qui ces préfentes Lettres verront, Salut ; fçavoir faifons, que Vu les charges & informations faites par le Prévôt des Maréchaux de. . ., à la requête de A. . ., demandeur & complaignant contre B. . ., défendeur & accufé le . . . ; Nous, après que B. . . a été oui en la Chambre du Confeil, avons par jugement dernier, dé-claré ledit Prévôt des Maréchaux incompétent de connoître du fait dont ledit B. . . eft accufé ; auquel Jugement ont affifté Meffieurs C. . . Préfident, D, E, F, G, H, I, Confeillers. Fait ce. . .

Jugement qui renvoie l'accufé au Siege , dans le reffort duquel le délit a été commis.

Les gens tenans le Siege Préfidial, &c. ; nous, après que B. . . a été oui en la Chambre du Confeil, avons par Jugement dernier, déclaré ledit Prévôt de. . . incompétent, (*ou* valablement re-cufé,) & attendu qu'il s'agit de. . ., (*exprimer la qualité du crime, ou celle de la perfonne ;*) ordonnons que l'accufé fera transféré, & les charges & informations portées au Bailliage de. . ., dans le reffort duquel le délit a été commis, pour y être le procès inftruit & jugé, auquel Jugement de compétence, ont affifté Meffieurs, *&c.* . .

Jugement qui déclare le Prévôt des Maréchaux compétent.

153. Les gens tenans le Siege Préfidial, *&c.* : nous, après que B. . . a été oui en la Chambre du Confeil, & attendu qu'il s'agit de vol fait avec effraction extérieure, *&c.* ; (*exprimer ainfi le cas de la compétence*,) avons, par Jugement dernier, déclaré ledit Prévôt des Maréchaux compétent, pour faire & parfaire le procès audit B. . ., & le juger en dernier reffort & fans appel ; auquel Jugement ont affifté Meffieurs, *&c.* . .

Autre Jugement.

Nous, par Jugement dernier, après que B. . . a été oui en la Chambre du Confeil, & attendu qu'il s'agit de vols faits fur le grand chemin, (*ou* avec port d'armes, *&c.*,) ordonnons que fon procès fera fait en ce Siege. . . par Jugement dernier, & fans appel ; auquel Jugement ont affifté. . ., *&c.*

Prononciation du Jugement de compétence à l'accufé.

Et ledit jour. . . ayant incontinent fait rentrer ledit. . . en ladite Chambre du Confeil, nous lui avons, préfents Meffieurs... prononcé & fait lecture de la Sentence de compétence en l'autre part ; & a ledit B. . . figné, (*ou* déclaré ne fçavoir figner,) de ce interpellé, fuivant l'Ordonnance.

Acte de fignification qui doit être faite à l'accufé du Jugement de compétence.

Et ledit jour. . . le Jugement de compétence en l'autre part, & la lecture de la prononciation d'icelui ci-deffus, ont été fignifiés, & d'iceux donné copie audit B. . ., en parlant à fa perfonne, pour ce mandé entre les deux guichets des prifons de. . ., à ce qu'il n'en ignore, par moi. . . Cavalier de la Maréchauffée de. . ., à la réfidence de. - ., demeurant à. . ., fouffigné.

TITRE X.

Des Interrogatoires.

Interrogatoire d'un Prisonnier.

Du . . .

154. L'AN. . ., nous L. . ., Conseiller du Roi, Lieutenant-Criminel à. . ., nous étant transporté en la Chambre criminelle des prisons de ce Siege, avons fait amener en icelle B. . ., prisonnier esdites prisons, arrêté en vertu du décret de prise-de-corps par nous décerné contre lui à la requête de A. . ., demandeur & complaignant, le Procureur du Roi joint ; lequel B. . ., après serment par lui prêté de dire vérité, a été par nous interrogé, ainsi qu'il ensuit : —

Interrogé de son nom, âge, qualité & demeure.

A dit. . .

Interrogé où il étoit le. . ., jour de. . .

A dit. . .

Interrogé s'il n'alla pas ledit jour à. . .

A dit. . .

Interrogé s'il n'écrivit pas audit A. . . qu'il l'attendît audit lieu à l'heure de. . ., & qu'il ne manqueroit pas de s'y trouver.

A dit. . .

Lui avons remontré qu'il ne dit pas la vérité, puisque. . .

A dit. . .

Et à l'instant lui avons représenté un billet contenant quatre lignes d'écriture où sont ces mots . . ., & à lui enjoint de reconnoître si ce billet n'est pas écrit de sa main.

A reconnu avoir écrit ledit billet, lequel a été paraphé par nous, & par l'accusé

Interrogé quelles armes il avoit lorsqu'il fut audit lieu de. . .

A dit. . .,

Lui avons représenté une canne a pomme de cuivre, &c. (*ou une*

une bayonnette garnie de . . . , la lame de laquelle eſt encore en-
ſanglantée,) & à lui enjoint de nous dire ſi ce n'eſt pas avec
ladite canne, (*ou* bayonnette,) qu'il a frappé ledit A. . .

A dit . . . & a été ladite canne, (*ou* bayonnette,) enveloppée
d'une bande de papier, & cachetée du cachet de nos armes ;
laquelle bande de papier a été paraphée par nous & par ledit
accuſé.

(Il faut inſi interroger l'accuſé ſur les faits & induĉlions réſultantes
des hardes, meubles, & pieces ſervant à la preuve.

Si l'accuſé veut expliquer, ou changer quelque choſe à ce qu'il
dit, il ne faut point faire des ratures, ainſi qu'il a été ci-deſſus re-
marqué ; mais il peut faire les changements, ou explications, en la
forme qui ſuit.)

Maniere d'exprimer les explications, ou changements que l'accuſé veut faire à ſon interrogatoire.

155.   Et en expliquant, *ou* changeant par l'accuſé, ce qu'il a reconnu
par ſa réponſe, au troiſiéme article du préſent interrogatoire.

A dit . . .

(Si ce changement donne quelque lumiere au Juge pour continuer
l'interrogatoire ſur d'autres faits que ſur ceux des charges & infor-
mations, il doit encore interroger l'accuſé de la même maniere que
ci-deſſus.)

Interrogé, s'il veut prendre droit par les charges & informations contre lui faites, & s'en rapporter aux témoins qui ont dépoſé en icelles.

A dit . . .

Lecture à lui faite du préſent interrogatoire, a dit que ſes réponſes contiennent vérité, & y a perſiſté, & a ſigné, *ou* a déclaré ne ſçavoir ſigner, de ce enquis ; & a été l'accuſé remis ès
mains du Geolier, pour le reconduire en ſa priſon. Fait les jour
& an que deſſus.

Autre formule d'interrogatoire fur un décret de prife-de-corps; & continuation dudit interrogatoire fait le lendemain.

Interrogatoire fait par nous . . ., & reçu par . . . notre Greffier ordinaire, en exécution du décret de prife-de-corps par nous décerné le . . ., à la requête du Procureur du Roi, contre B. . . accufé ; auquel interrogatoire avons procédé en une chambre des prifons de . . ., où ledit accufé eft détenu à caufe de fa maladie, & par nous prife pour Chambre du Confeil.

Du . . . deux heures de relevée, après ferment fait par ledit . . ., de dire vérité.

Interrogé de fon nom, furnom, âge, qualité & demeure.

A dit fe nommer B. . ., âgé de . . ., ou environ, bourgeois, demeurant au village de . . .

Interrogé . . .

A dit . . .

Et attendu qu'il eft fept heures fonnées, nous avons remis la continuation du préfent interrogatoire à demain.

Lecture faite audit B. . . de ce que deffus, il a dit qu'il contient vérité ; qu'il perfifte dans fes réponfes comme véritables, & a figné avec nous & notre Greffier ; ainfi qu'au bas de chacune des pages du préfent commencement d'interrogatoire, qui ont été par nous cotées & paraphées.

Du lendemain dudit mois de . . ., huit heures du matin, en ladite Chambre,

Après avoir par ledit B. . . réitéré ferment de dire vérité.

A dit . . .

Lecture faite du préfent interrogatoire, ledit B... accufé de ce interpellé, a perfifté dans les réponfes par lui faites, comme véritables, & a figné avec nous & notre Greffier, ainfi qu'au bas de chacune des pages de la préfente continuation d'interrogatoire, qui ont été par nous cottées & paraphées.

Autre interrogatoire fait à un accufé qui doit être jugé en dernier reffort, ou préfidialement.

156. L'an . . ., nous L. . . Confeiller du Roi, Lieutenant-Crimi-

nel à . . ., étant en la chambre de la Geole, y a été amené de notre ordonnance, B. . ., prifonnier en nos prifons, en vertu du décret de prife-de-corps par nous décerné contre lui, à la requête de A. . ., auquel B. . . avons déclaré que le procès lui fera par nous fait préfidialement & en dernier reffort ; après quoi lui avons fait faire ferment de dire & répondre vérité fur les faits dont il fera par nous enquis, & avons procédé à fon interrogatoire ; ainfi qu'il enfuit.

Interrogé de fon nom, *&c. comme au précédent interrogaire.*

Nota. *Si l'interrogatoire eft fait par un Prévôt des Maréchaux, fa déclaration à l'accufé fera ainfi :*

Auquel B . . avons déclaré que nous entendions le juger prévôtalement, & en dernier reffort ; après quoi, *&c.*

Autre interrogatoire fait à un accufé de cas prévôtaux.

157. L'an . . ., nous P. . . Confeiller du Roi, Prévôt de la Maréchauffée de . . ., nous fommes tranfporté dans la chambre du Geolier des prifons de . . ., en laquelle ayant fait amener B. . ., accufé prifonnier ès dites prifons, lui avons déclaré que nous entendions le juger prévôtalement , & en dernier reffort ; & fuivant l'injonction que nous avons faite audit accufé, il a levé la main, & a prêté ferment de dire & répondre vérité fur les faits dont il feroit par nous interrogé.

Interrogé de fon nom, âge, qualité, & demeure.

A dit . . .

Interrogé quel eft le lieu de fa naiffance.

A dit . . ., *&c. (comme les autres interrogatoires.)*

Interrogatoire fur un décret d'ajournement perfonnel.

Du . . .

Pardevant nous L. . ., fuivant l'ajournement perfonnel . . ., eft comparu B. . ., âgé de . . ., (*fa qualité*,) demeurant à . . . ; lequel après ferment par lui fait de dire vérité, *&c. (La fuite comme ci-deffus,* n. 154.)

*Sommation faite à la partie civile de prendre
communication de l'interrogatoire.*

158. A la requête de B. . ., prisonnier ès prisons de . . ., soit
sommé & interpellé A. . ., de prendre inceſſamment communication de l'interrogatoire dudit B. . ., qu'il a ſubi ſur les charges & informations contre lui faites, à la requête dudit A. . . ;
lui déclarant que faute de ce faire, ledit B. . . . pourſuivra ſa
liberté, à ce qu'il n'en ignore . . . Fait par moi . . . Huiſſier
à . . ., demeurant à . . ., en parlant à . . ., en ſon domicile,
le . . . jour de . . . 17 . . . .

*Procès-verbal contenant la déclaration d'un accuſé décrété,
qui ne comparoît que pour propoſer l'incompétence
du Juge, & demander ſon renvoi.*

L'an . . ., pardevant nous L. . . &c. . . en la préſence de . . .
notre Greffier ordinaire en la Chambre-criminelle à . . ., eſt comparu
B. . ., lequel nous a dit qu'il n'entend pas ſubir devant nous
interrogatoire, ſur le décret d'aſſigné pour être oui, que nous
avons décerné contre lui le . . ., & qui lui a été ſignifié le . . ,
à la requête de A. . . ; ne comparoiſſant que pour nous expoſer
qu'attendu ſa qualité de . . ., nous ſommes incompétent pour
connoître de l'accuſation témérairement formée contre lui, & pour
demander ſon renvoi devant Meſſieurs . . ., qui ſont les ſeuls
Juges à qui la connoiſſance de cette accuſation appartient : ſurquoi nous avons fait obſerver audit B. . ., que ſon refus de ſubir interrogatoire nous donne lieu de dreſſer le préſent procès-
verbal, qui ſera communiqué à la partie civile, & au Procureur
du Roi ; & a ſigné avec nous & notre Greffier.

Ordonnance en conſéquence.

Soit communiqué à la partie civile, & au Procureur du Roi ;
leſdits jour & an.

Requête de la partie civile.

A MONSIEUR LE LIEUTENANT CRIMINEL.

359. Supplie humblement A..., difant que par la communication qu'il a prife du procès-verbal du..., il a remarqué que B..., dans la vue fans doute d'éloigner fa condamnation, a refufé de fubir interrogatoire, en exécution du décret d'affigné pour être oui, par vous décerné le..., & qui lui a été fignifié le..., fous prétexte que vous êtes incompétent, & que le renvoi doit être ordonné devant Meffieurs... ce qui oblige le fuppliant à vous donner fa requête.

Ce confidéré, Monfieur, il vous plaife permettre au fuppliant de faire affigner B... à comparoître devant vous fommairement au premier jour de votre Audience, pour voir dire, que fans avoir égard au renvoi requis par ledit B..., il fera tenu de fubir interrogatoire dans tel bref délai qu'il vous plaira fixer; finon & faute de ce faire dans ledit temps, que ledit décret d'affigné pour être oui, fera converti en décret d'ajournement perfonnel, fuivant l'Ordonnance; & ledit B... condamné aux dépens; déclarant que M^e...occupe pour lui; fauf à Monfieur le Procureur du Roi à prendre telles conclufions qu'il avifera pour la vindicte publique.

Préfentée le ...

Ordonnance.

Permis d'affigner à comparoître devant nous au premier jour de notre Audience, aux fins de la préfente Requête defdits jour & an.

Affignation.

160. L'an..., en vertu de l'Ordonnance de Monfieur L... du.. duement fignée & fcellée, étant au bas de la Requête à lui préfentée le même jour, & à la requête de A..., pour lequel domicile eft élu en la maifon de M^e... qui occupera pour lui, j'ai... fouffigné donné affignation à B... en fon domicile, en parlant à..., à comparoître fommairement au premier jour d'Audience

de mondit ſieur...., pour voir adjuger au requérant les fins & concluſions de ladite Requête du ...; & en outre, pour répondre &
procéder ſelon raiſon, afin de dépens; & j'ai audit B..., en parlant comme deſſus, laiſſé copie deſdites Requête & Ordonnance
du procès-verbal du ...., relaté en ladite Requête, & du préſent exploit.

(On peut ſignifier des écritures de part & d'autre; mais ſoit que
l'on en ſignifie, ou que l'on n'en ſignifie pas; & ſoit que l'accuſé
comparoiſſe, ou ne comparoiſſe pas, on juge les incidens à l'Au-
dience.)

Sentence de renvoi devant les Juges qui en doivent connoître.

161. A tous ceux, &c...entre A..., d'une part, & B... d'autre
part, parties ouies; ſçavoir... par Me..., & ... par Me..
enſemble le Procureur du Roi, diſons que les parties ſe pourvoiront devant les Juges qui en doivent connoître, dépens réſervés;
ce qui ſera exécuté ſuivant l'Ordonnance par ..., auquel de
ce faire donnons pouvoir. Fait & donné le ..

Sentence, qui ſans avoir égard au renvoi requis, ordonne que le décrété ſera tenu de ſubir interrogatoire, ſous les peines portées par l'Ordonnance.

A tous ceux, &c. diſons, ſans avoir égard au renvoi requis, que
B... ſera tenu de ſubir dans huitaine interrogatoire pardevant
nous, (ou pardevant le Lieutenant criminel de ce Siege,) ſur
le décret d'aſſigné pour être oui, du ..., ſous les peines portées
par l'Ordonnance, & le condamnons aux dépens; & ſera notre préſente Sentence exécutée ſuivant l'Ordonnance.

La partie civile ſignifie cette Sentence, avec ſommation d'y ſa-
tisfaire, & déclaration que faute de le faire, la converſion du dé-
cret ſera pourſuivie. La procédure pour la converſion a déja été
marquée ſous le titre Des décrets, *ci-deſſus, n.* 111 *&* 118.
On permet quelquefois aux accuſés de communiquer avec leur Con-
ſeil; cela dépend de la nature des crimes. Ceux pour leſquels on
donne cette permiſſion, & que l'Ordonnance déſigne en l'article 8
du titre 14, *ſont,*

Le péculat.

La concuffion.

La banqueroute prétendue frauduleufe.

Le vol de Commis, ou Affociés en affaires de finance, ou de banque.

La fauffeté de pieces.

La fuppofition de part, & autres crimes où il s'agit de l'état des perfonnes.

Requête pour avoir affiflance de confeil.

A MONSIEUR LE LIEUTENANT CRIMINEL.

162. Supplie humblement B. . ., prifonnier dans les prifons de . . ; difant qu'il a été accufé de . . ., ainfi qu'il l'a appris par l'interrogatoire qu'il a fubi le . . . ; & comme ce crime eft un de ceux pour lefquels l'Ordonnance permet aux accufés de communiquer avec leur confeil, il eft dans l'obligation, pour l'obtenir, de vous donner fa Requête.

Ce confidéré, Monfieur, il vous plaife lui permettre de communiquer avec Me . . . Avocat, & Me . . . Procureur, fon confeil ordinaire ; & vous ferez Juftice.

Préfentée le . . .

Ordonnance.

Soit communiqué au Procureur du Roi lefdits jour & an.

Quand le Procureur du Roi ne trouve pas qu'il y ait lieu d'accorder un confeil, il prend les conclufions fuivantes.

Conclufions du Procureur du Roi.

163. Vu, &c. je requiers pour le Roi que la Requête du fuppliant foit jointe au procès, pour en jugeant y avoir tel égard que de raifon. A. . . ce . .

Sentence.

Vu, &c. nous avons joint la Requête dudit . . . au procès, pour, en jugeant, y avoir tel égard que de raifon. Fait & donné à . . . ce . .

Lorsque la matiere requiert au contraire qu'il soit accordé un con-
seil, le Procureur du Roi conclut ainsi.

Conclusions du Procureur du Roi.

Vu, &c. je n'empêche pour le Roi, qu'il ne soit permis au suppliant de communiquer avec son conseil. A . . . ce . .

Sentence.

Vu, &c. nous permettons à . . . , de communiquer avec Me . ; Avocat, & Me . . . Procureur, pour lui servir de conseil, suivant l'Ordonnance. Fait & donné à . . . ce . .

Interrogatoire d'un accusé qui n'entend pas la Langue Françoise.

164. L'an . . . , nous L . . . Conseiller du Roi, Lieutenant-criminel à . . . ; nous étant transporté en la Chambre criminelle des prisons de la Sénéchaussée de . . . , avons fait venir en ladite Chambre B . . . , accusé prisonnier ès prisons de cette Cour, qui y a été amené par le Geolier desdites prisons ; & ayant voulu interroger ledit B . . . sur les faits résultants des charges & informations contre lui faites, à la requête de A . . . , avons reconnu que ledit accusé est étranger, & qu'il n'entend pas la langue Françoise.

Surquoi, nous avons ordonné que les interrogatoires qui seront par nous faits à l'accusé, lui seront expliqués ; & à nous, les réponses de l'accusé par I . . . , Interprete des langues étrangeres, que nous avons nommé d'office ; à l'effet de quoi ledit I . . . sera assigné pour faire le serment de bien, fidelement, & en sa conscience, expliquer lesdits interrogatoires & réponses, & a été l'accusé remis ès mains du Geolier, pour le ramener esdites prisons. Fait les jour & an que dessus.

165. Et le même jour, deux heures de relevée, nous étant transporté en la Chambre du Conseil, l'accusé y a été amené, en présence duquel est comparu I . . . , Interprete par nous nommé d'office, lequel a fait serment de bien, fidelement, & en sa conscience, expliquer à l'accusé les interrogatoires qui lui seront par nous faits, & à nous les réponses de l'accusé ; & a signé,

Ce

Ce fait, avons, en préfence de I. ., interpellé l'accufé de lever la main, laquelle interpellation ledit I. . . ayant expliqué à l'accufé en langue . . . ., icelui accufé a levé la main.

Après quoi lui avons dit ces mots : *Vous promettez à Dieu de dire vérité*, ce que I. . . ayant expliqué à l'accufé, il a répondu, & I. . . nous a dit que l'accufé promettoit à Dieu de dire vérité.

Et ayant fait baiffer la main à l'accufé , l'avons interrogé de quel lieu il eft natif, de fon nom, âge , qualité & demeure.

Lequel interrogatoire I. . . a expliqué à l'accufé qui a dit, ainfi que nous a expliqué ledit I. . . ., que l'accufé s'appelloit B. . . ., âgé de . . ., natif de . . ., Banquier, demeurant ordinairement à . . .

Interrogé l'accufé, quel eft le motif qui l'a obligé de venir en France. . .

Cet interrogatoir fe fera en la forme de celui ci-deffus n. 154, *que l'interprete expliquera, ainfi qu'on vient de le dire.*

Lecture faite audit B. . . . accufé, du préfent interrogatoire par ledit I. . . interprete, a dit par icelui interprete, que les réponfes par lui faites dans ledit interrogatoire, font véritables, y a perfifté, & a figné.

Autre modele d'interrogatoire d'un accufé qui n'entend pas le françois.

Du . . .

166. Avons fait venir de fa prifon, un des trois prifonniers Italiens qui ont été arrêtés avec . ., en préfence duquel eft comparu I. .., interprete par nous nommé d'office , le ferment de lui pris & reçu , de bien & fidélement s'acquitter des devoirs de fa charge, pour expliquer à l'accufé les interrogatoires ci-après, attendu que ledit accufé n'entend pas la langue Françoife, & à nous , les réponfes dudit accufé ; lequel accufé nous avons interpellé, en préfence dudit interprete, de lever la main, & de prêter ferment de dire vérité, & de nous dire fes nom, furnom, âge, qualité & demeure ; laquelle interpellation ayant été expliquée à l'accufé par ledit interprete en langue Italienne, il a levé la main, & après avoir promis à Dieu de nous dire la vérité, il a répondu, ainfi que nous l'a déclaré l'interprete,

Qu'il s'appelle B. . . ., âgé de . . ., (d'une telle profeſſion,) & qu'il eſt de . . . . .

Interrogé ſi . . . . .;

Ce que ledit interprete lui ayant expliqué, il nous a répondu ; ainſi que nous l'a rapporté l'interprete, que . . .

Avons enſuite repréſenté à l'accuſé, (telle, ou telle choſe) & l'avons interpellé de la parapher avec nous, & de déclarer . . .

Ce que ledit interprete ayant expliqué à l'accuſé, ledit accuſé a répondu, ainſi qu'il nous a été rapporté par l'interprete, que . . ., & qu'il étoit prêt de la parapher avec nous ; ce qu'il a fait à l'inſtant, (*ou* qu'il ne vouloit la parapher, parce que . . .)

Lecture faite auxdits interprete & accuſé du préſent interrogatoire & des réponſes dudit accuſé, & les ayant ledit interprete expliquées audit accuſé, ledit accuſé a dit, ainſi que l'a rapporté l'interprete, que ſes réponſes contiennent vérité, & qu'il y perſiſte ; & a ledit interprete ſigné, & l'accuſe auſſi ſigné, (*ou* déclaré ne ſçavoir ſigner ; enſuite de l'interpellation faite par nous, & expliquée audit accuſé par ledit interprete; ainſi que l'a rapporté ledit interprete.)

Nota. (*L'interprete doit ſigner chaque page de l'interrogatoire, avec l'accuſé.*)

Ordonnance du Juge, qui ſe met au bas des interrogatoires.

Soit montré au Procureur du Roi, & communiqué à la partie. Fait ce. . .

Interrogatoire d'un accuſé ſur la ſellette en la Chambre du Conſeil.

167. L'an . . .; nous L. ., Conſeiller du Roi, Lieutenant-Criminel en la Sénéchauſſée de . . ., étant en la Chambre du Conſeil, où étoient auſſi Meſſieurs . ., Conſeillers, après avoir procédé à la viſite du procès criminel, extraordinairement fait & inſtruit à la re   de A. ., le Procureur du Roi joint, contre B. ., accuſé pri.   .er en nos priſons, avons mandé ledit B. ., qui a été ame . . par le Geolier d'icelles priſons; lequel accuſé étant aſſis ſur la ſellette, a fait ſerment de dire & répondre vérité ſur les

faits dont il feroit par nous enquis; après quoi l'avons interrogé, ainfi qu'il enfuit.

Iuterrogé de fon nom, furnom, âge, qualité, & demeure, a dit...

Et ainfi continuer l'interrogatoire, & ajouter :

Lecture à lui faite du préfent interrogatoire, a dit que fes réponfes contiennent vérité, y a perfifté, & a figné, (*ou* a déclaré ne fçavoir figner, de ce enquis ;) & a été ledit B. . . remis entre les mains du Geolier, pour être remené en fa prifon, Fait le jour & an que deffus.

TITRE XI.

Des Récolements & Confrontations.

Conclufions du Procureur du Roi, (ou Fifcal.)

168. **V**U la plainte , information, addition d'information, l'interrogatoire ci-deffus, &c., je requiers pour le Roi être les témoins récolés , & fi befoin eft, confrontés audit accufé, (même les accufés récolés en leurs interrogatoires, & confrontés entr'eux ;) & cependant je n'empêche ledit B. . . être mis hors des prifons, en donnant caution. Fait ce . .

(Nota.) *Le récolement & la confrontation des témoins peut auffi être demandé par l'accufé en quelques cas ; mais alors il doit en avancer les frais.*

Jugement portant que les témoins feront récolés & confrontés.

Entre A. ., demandeur & complaignant, & B. ., prifonnier ès prifons de . ., défendeur & accufé, &c. Vu les charges & informations par nous faites à la requête de A. ., demandeur & complaignant, le Procureur du Roi joint, contre B. ., défendeur & accufé ; Interrogatoire par lui fubi fur les informations ; requête de A. . ., à ce que les témoins fuffent récolés & confrontés ; conclufions du Procureur du Roi ; & tout confidéré, nous ordon-

nons que les témoins ouis ès informations, & autres qui pourront
être ouis de nouveau, seront récolés en leurs dépositions, & si
besoin est, confrontés à l'accusé; (*quelquefois on ajoute, comme
ci-dessus,* même les accusés entr'eux; Voyez *ci-après,* n. 182;)
pour ce fait & communiqué au Procureur du Roi, être fait droit,
ainsi qu'il appartiendra. Fait . .

Expédition dudit Jugement en forme.

169. A tous ceux qui ces présentes Lettres verront . . . . Salut.
Sçavoir faisons, que vu les charges & informations faites par . .,
à la requête de A. . ., demandeur & complaignant, (le Procureur du Roi joint) à l'encontre de B. . , défendeur & accusé.
Vu aussi l'interrogatoire dudit accusé; & le tout considéré, nous
&c. . .; en témoin de ce, nous avons fait sceller ces présentes.
Fait & prononcé en la présence de . . . , Procureur dudit demandeur, le . .

Ordonnance pour assigner les témoins afin d'être récolés en leurs dépositions.

De l'Ordonnance de nous L. . , Conseiller du Roi, Lieutenant-
Criminel à . . , à la requête de A. . ., demandeur & accusateur, le Procureur du Roi joint, soit donné assignation à T. . .,
S. . ., V. . ., à comparoir pardevant nous au premier jour, deux
heures de relevée, à . . , pour être récolés en leurs dépositions,
contenues en l'information par nous faite à la requête de A. . .,
contre B. . ., accusé, & complices. Fait ce . .

Assignation aux témoins pour le récolement & la confrontation, & à l'accusé pour la subir.

170. L'an . . , le . . , en vertu de la Sentence rendue le . . .;
signée. . , & à la requête de A. . .; j'ai . . , Sergent . . . donné assignation à . . , en parlant à T. ., S. . &c., à comparoir à . . prochain . . .
heure de . . en la Chambre-Criminelle de . . , pour être récolés
en leurs dépositions, & confrontés à B. . , accusé; sinon, & à faute
de ce faire, qu'ils seront condamnés en l'amende de dix livres;

comme pareillement j'ai donné affignation à B. . ., accufé , à comparoir lefdits jour & heure en ladite Chambre , pour fubir la confrontation defdits témoins. Fait & laiffé copie à chacun, dudit exploit , à ce qu'ils n'en ignorent.

(Nota.) *Quand l'accufé eft prifonnier , il eft inutile de l'affigner.*

Récolement de témoin.

171· Récolement fait par nous L. . ., à la requête de A. . ., demandeur & complaignant, contre B. . ., défendeur & accufé.

Du . . .

Eft comparu S . . ., fecond témoin entendu en l'information, qu'avons récolé en fa dépofition , de laquelle lecture lui a été faite, icelle ouie & entendue, le ferment de lui pris, y a, de ce interpellé, perfifté comme véritable, fans y vouloir ajouter, ni diminuer, (*ou bien* en y ajoutant , dit que, *&c.* . . .) Lecture faite audit témoin de fon récolement, y a perfifté , & a figné ; (*ou bien* a déclaré ne fçavoir figner, de ce enquis.)

Récolement du témoin qui n'entend pas la Langue françoife.

Eft comparu S . . ., d'une telle profeffion, demeurant à . ., fecond témoin oui en ladite information , & affigné à ce jour, à l'effet du préfent récolement, par exploit de . . . ., Huiffier du . ·, qu'il nous a repréfenté , en préfence duquel eft auffi comparu I . ., interprete nommé d'office, ou ordinaire, pour expliquer audit témoin fa dépofition, contenue en ladite information, & au préfent récolement, parce qu'il n'entend pas la langue Françoife, & à nous, les réponfes dudit témoin; & après ferment réitéré par ledit interprete, de bien & fidélement & en fa confcience s'acquitter des fonctions d'interprete , avons interpellé ledit témoin de lever la main; laquelle interpellation lui ayant été expliquée en langue . . . . . par ledit interprete, il a levé la main; lui avons enfuite dit ces mots : *Vous promettez à Dieu de dire vérité;* ce que ledit interprete lui ayant expliqué, il a dit, ainfi que l'a rapporté l'interprete, qu'il promettoit à Dieu de dire vérité ; & lui ayant fait baiffer la main , avons fait faire leɛture de fadite fufdite dépofition , que ledit interprete lui a expliquée ; & l'avons interpellé de déclarer fi elle contient vérité , & s'il n'y veut rien changer , augmenter , ou diminuer , & s'il y perfifte.

172. (*Si on repréfente quelque piece , on ajoute*) repréfentation faite de telle chofe . . . ; ce que ledit interprete ayant expliqué audit témoin ; il a dit , ainfi que l'a rapporté ledit interprete , que fa dépofition eft véritable en tout fon contenu , qu'il n'y veut rien changer , augmenter , ni diminuer , & qu'il y perfifte.

(*S'il veut changer , on mettra comme au récolement ci-deffus ,* n. 171.)

Leɛture faite auxdits témoin & interprete du préfent récolement , & l'ayant ledit interprete expliqué audit témoin , il a dit , ainfi que l'a rapporté ledit interprete , qu'il y perfifte ; & ont lefdits interprete & témoin figné , (*ou* , & a ledit interprete figné , & déclaré que ledit témoin ne fçavoit , ou ne vouloit figner en fuite de l'interpellation à lui faite & expliquée par ledit interprete.)

S'il y a quelque rature , on ajoute : Approuvant la rature du mot tel . . , rayé en telle ligne du préfent récolement , ainfi que l'a rapporté ledit interprete , après l'avoir expliqué au témoin ; & nous ayant ledit interprete auffi rapporté que ledit témoin requéroit taxe , lui avons taxé tant . .

(*L'interprete doit figner le récolement en chaque page , ainfi que le témoin.*)

Il faut auffi obferver que fi les témoins ne chargeoient point du tout l'accufé dans leur récolement , il ne faudroit point les confronter.

Confrontation.

Confrontation faite par nous , L. . . , &c. à la requête de A. . . , demandeur & complaignant contre B. . . , défendeur & accufé.

Du . . . . .

173. Eft comparu , (*ou bien* avons mandé & fait venir) pardevant B. . . , accufé , prifonnier , auquel avons confronté S. . . fecond témoin oui en notre information ; le ferment d'eux pris en préfence l'un de l'autre , & les ayant interpellés de déclarer s'ils fe connoiffoient , ont dit , fçavoir , ledit S. . . , témoin , connoître ledit accufé ; & ledit accufé , ne pas connoître ledit témoin ; (*ou bien* ont dit qu'ils fe connoiffent.)

Avons fait faire lecture audit B. . ., accusé présent, des premiers articles de la déposition du témoin, contenant son nom, surnom, âge, qualité, demeure, & donné acte de la déclaration présentement faite par ledit témoin, qu'il n'est parent, allié, serviteur, ni domestique des parties.

Avons sommé & interpellé ledit B. . ., accusé, de fournir présentement de reproches contre ledit témoin, si aucun il a à proposer, & averti qu'il n'y sera plus reçu, après que lecture lui aura été faite de la déposition & récolement dudit témoin, suivant l'Ordonnance.

Ledit B. . ., accusé, a dit n'avoir aucuns reproches à proposer contre le témoin ;

Ou bien ledit B. . ., accusé, a dit pour reproches que . . . .

Ledit témoin, enquis sur lesdits reproches, a dit qu'ils . . . .

Lecture faite audit B. . ., accusé, en présence dudit témoin, du surplus de la déposition dudit témoin, & de son récolement à icelle, y a ledit témoin, de ce interpellé, persisté, & déclaré qu'ils contiennent vérité, & qu'il reconnoît l'accusé présent, pour être celui dont il a entendu parler par iceux, & qui a, *&c.* (a)

Ledit accusé enquis sur ladite déposition & récolement, a dit que le tout est vrai en ce qui le regarde ; sinon qu'il est faux que . . ; (*ou bien* a dit que le tout est faux.)

Ledit témoin a d'abondant soutenu sa déposition & récolement véritable à l'accusé.

Lecture faite à l'accusé & au témoin de la présente confrontation ils y ont persisté en ce qu'ils ont dit, & ont signé ; (*ou bien* & a ledit témoin signé ; & ledit accusé déclaré ne sçavoir signer, de ce enquis.)

(*Si le témoin requiert salaire, il sera taxé par le Juge, & la taxe marquée à la fin de la confrontation ; & mise par le Greffier au bas de l'exploit du témoin.*)

***

(a) Nota *Que si le témoin dépose contre plusieurs accusés, il doit nécessairement expliquer si celui auquel il est confronté sous des noms qui sont désignés, en est, & dire que l'accusé présent, est un de ceux dont il a parlé dans sa déposition, sous la désignation du particulier vêtu, &c. ; & il faudra répéter la substance de la charge, afin que l'on connoisse en jugeant, quel est celui qui a frappé, ou commis le crime dont est question, ou qui y a participé en quelque maniere que ce soit.*

Confrontation à un accusé qui refuse de répondre.

Confrontation faite par nous, &c. . .

Du . . . jour de . . .

174 A été amené devant nous B. . . . . ., accusé, auquel nous avons confronté V. . . ., troisieme témoin de ladite information, & interpellé l'accusé, en présence dudit témoin, de faire serment de dire vérité, & de déclarer s'il connoît le témoin.

L'accusé n'a voulu faire le serment, ni répondre.

Avons de nouveau interpellé l'accusé de prêter serment ; ce qu'il a refusé de faire

Avons interpellé, pour la troisieme fois, l'accusé de prêter serment ; ce qu'il n'a voulu faire, en persistant dans son refus de répondre.

Avons reçu le serment fait par le témoin de dire vérité ; ce fait, a dit qu'il connoît l'accusé : après quoi avons fait faire lecture par notre Greffier des premiers articles de la déposition du témoin, contenant son nom, âge, qualité & demeure, & sa déclaration, qu'il n'est parent, allié, serviteur, ni domestique des parties ; & avons interpellé l'accusé de fournir présentement de reproches contre le témoin ; sinon, & à faute de ce faire, l'avons averti qu'il n'y sera plus reçu, après que lecture lui aura été faite de sa déposition & récolement, suivant l'Ordonnance que lui avons donné à entendre.

L'accusé n'a voulu parler.

Ce fait, avons fait faire lecture de la déposition & récolement du témoin, en présence de l'accusé ; lequel témoin a soutenu sa déposition véritable, & que c'est de l'accusé qu'il a entendu parler par icelle.

L'accusé n'a rien dit.

Lecture faite à l'accusé & au témoin de la présente confrontation, l'accusé n'a rien dit, & le témoin y a persisté & signé ; & l'accusé n'a voulu signer, de ce interpellé, suivant l'Ordonnance.

Autre

Autre confrontation à un accusé qui refuse de répondre.

175. Suivant le Jugement fait venir de fa prifon B. . ., accufé,
à l'effet de fubir la confrontation de V. . ., troifieme témoin de l'information faite par nous, (*ou* par le Commiffaire.. ,) le . . Mais
dernier, récolé en fa dépofition ; & après avoir pris le ferment
du témoin, en préfence de l'accufé, ayant voulu prendre celui
dudit B. . ., accufé, il a refufé de prêter ferment, & nous a
dit que fon confeil ne le trouvoit pas à propos; l'ayant interpellé
pour la premiere fois, de prêter ferment, il nous a fait la même
réponfe; l'avons interpellé, pour la feconde fois, de prêter ferment, & il nous a déclaré qu'il employoit la même réponfe ci-
deffus ; l'avons interpellé, pour la troifieme fois, de prêter ferment, & lui avons déclaré qu'après la lecture qui va être faite
en fa préfence, & en celle du témoin, de la dépofition dudit témoin, lui accufé ne fera plus admis à fournir de réponfes fur
ladite dépofition, laquelle demeurera pour confentie, a dit qu'il
fe foumet à tout ce qui fera ordonné par Meffieurs du Parlement,
& qu'attendu fon appel du décret de prife-de-corps, il ne nous
reconnoît plus comme fes Juges, fans cependant manquer au
refpect qu'il doit à la Juftice ; & nous fupplie très humblement
de lui permettre de fe retirer, attendu qu'il eftime que nous ne
pouvons pas paffer outre au préjudice de fon appel.

176. Avons interpellé le témoin de déclarer s'il connoît l'accufé
préfent ; a dit qu'il le connoît. Avons auffi interpellé l'accufé de
déclarer s'il connoît le témoin ; a dit qu'il n'a rien à dire ; & de
même après la feconde & la troifieme interpellation.

Lecture faite des nom, furnom, âge, qualité & demeure du
témoin, & de la déclaration par lui faite à icelui accufé, interpellé de propofer reproches, avifé de l'Ordonnance.

L'accufé s'eft bouché les oreilles, & n'a voulu entendre, s'é-
tant retiré près la porte du cabinet.

Lecture faite de la dépofition & récolement du témoin, en préfence de l'accufé, lequel s'eft de nouveau bouché les oreilles,
le témoin a perfifté, & dit que c'eft de l'accufé préfent qu'il a
entendu parler par fa dépofition, fous le nom de B. . ., auquel il
foutient tout ce qui y eft contenu, être véritable en toutes fes
parties, & qu'il reconnoît la canne caffée pour être celle, &c.

L'accusé interpellé de répondre, & de déclarer s'il veut que la lecture lui soit de nouveau faite de ladite déposition, a dit qu'il persiste dans ce qu'il a eu l'honneur de nous dire, & que s'étant bouché les oreilles, il n'a point entendu la déposition.

Lecture, &c. ont persisté & signé.

Autre confrontation avec interpellation de l'accusé.

177. Fait venir de sa prison ledit B. . . accusé, auquel avons confronté Y. . ., cinquième témoin de ladite information récolée en sa déposition ; desquels le serment pris en présence l'un de l'autre, ils ont dit se connoître, de ce interpellés, suivant l'Ordonnance.

Lecture faite des nom, surnom, âge, qualité, demeure de la témoin, & de la déclaration par elle faite, &c. & icelui accusé interpellé de fournir reproches, avisé de l'Ordonnance.

L'accusé a dit n'avoir à proposer reproches ; *ou bien* a dit pour reproches, que la témoin, &c.

Et par la témoin ont été déniés les reproches, &c.

Lecture faite de la déposition & récolement de la témoin, en présence de l'accusé, la témoin y a persisté & dit que c'est de l'accusé présent dont elle a parlé par sa déposition & récolement, sous le nom de B. . ., auquel elle soutient tout ce qui est contenu comme véritable en toutes ses parties ; reconnoît la canne représentée, pour être celle dont elle a entendu parler par sa déposition.

L'accusé a dénié sa déposition, ne reconnoît point la canne représentée, ne l'ayant jamais vue, ni touchée.

Et par la témoin a été soutenu le contenu de sa déposition être véritable.

L'accusé nous a requis d'interpeller la témoin de déclarer comment elle sçait que . . ., &c. . .

L'interpellation faite, la témoin a dit qu'elle a sçu, &c. . . .

Nous a encore requis l'accusé d'interpeller la témoin de déclarer, &c. . .

L'interpellation faite, la témoin a dit, &c. . .

Et par la témoin a été soutenu le contenu en sa déposition véritable.

Lecture faite à l'accusé & à la témoin de la présente confrontation, ils y ont persisté & signé.

Autre interpellation.

178. Nous a encore requis B. . . accufé, d'interpeller la témoin, de déclarer fi, &c. . ; à laquelle interpellation, nous lui avons dit & déclaré qu'il ne pouvoit être admis, attendu qu'il avoit entendu la dépofition de la témoin ; mais a exigé de nous que nous en faffions mention, pour s'en fervir au Parlement, ainfi qu'il avifera bon être ; nonobftant quoi l'accufé ne voulant finir aucune confrontation, a encore infifté à ce que nous demandions au témoin pourquoi il s'eft dit Bourgeois de Paris, &c.

Lecture, &c... ont perfifté ; le témoin a figné & l'accufé avant de figner, a protefté qu'il entend fans manquer au très profond refpect qu'il doit à Juftice & à Nous, demander à Noffeigneurs du Parlement, la permiffion de nous intimer en notre nom, 1°. En ce que nous l'avons décrété contre la difpofition de l'Ordonnance, étant bourgeois domicilié à Paris, & le cas dont il s'agit par l'expofé de la plainte ne pouvant pas mériter peine afflictive. 2°. Sur ce qu'au préjudice de fon appel, & de l'Arrêt qu'il a obtenu, nous avons inftruit par récolement & confrontation une matiere légere. 3°. En ce que nous avons témoigné de l'inimitié contre lui accufé fur ce que, &c. . . 4°. &c. & nous fuppliant de pourvoir fur fes repréfentations felon notre prudence ordinaire, comme la confrontation vient d'être faite, & que lui accufé fe trouve fort indifpofé, &c., il nous fupplie encore d'ordonner qu'il fera préfentement transféré du cachot, dans les prifons de la Conciergerie, où il fera plus à portée de communiquer avec fon confeil, pour faire juger fon appel ; protefte au furplus de la nullité, caffation, & attentat de toutes lefdites procédures, & de fe pourvoir pour fes dommages & intérêts contre & ainfi qu'il appartiendra.

Autre confrontation avec repréfentation d'effets.

179. Nota. *Quelquefois dans la confrontation on repréfente à l'accufé, & au témoin, des effets volés, ou autres fervant à conviction, qui n'ont point été repréfentés à l'accufé, ou autrement ; alors il faut procéder comme il fuit après les repliques fur la dépofition du témoin.*

Ce fait, avons repréſenté à l'accuſé & au témoin un fuſil à deux coups garni de cuivre, *&c.* ; deux couvertures, dont l'une de laine blanche, & l'autre, *&c.* deux draps, *&c.* les ſommant de reconnoître le tout ; le témoin a dit qu'il reconnoît ſeulement dans leſdits effets, ſçavoir, les deux couvertures marqués I. L..., pour être celles dont il a entendu parler dans ſa dépoſition.

Et l'accuſé a dit qu'il reconnoît que le tout lui appartient & à ſa femme ; mais qu'il n'eſt pas vrai que leſdits effets proviennent de . . . , *&c.*. . que lui & ſa femme ont apportés chez le témoin ; ſinon les deux coëffes qu'il reconnoît pour avoir été faites d'une nappe que la femme porta chez ledit témoin, conformément à ſa dépoſition.

Avons interpellé ledit témoin de nous déclarer s'il reconnoît ces effets pour être ceux qu'il dit lui avoir été volés ; & le témoin a répondu qu'il les reconnoît pour être ceux, *&c.*

Avons auſſi interpellé l'accuſé de nous déclarer s'il reconnoît leſdits effets ; lequel a répondu que deſdits effets, il ne reconnoît que la couverture de laine blanche, *&c.*. . mais qu'il ne l'a point volée, & qu'il l'a eue de, *&c.*

Lecture faite à l'accuſé & au témoin de la préſente confrontation, repréſentation & reconnoiſſance, ils y ont perſiſté, *&c.*. . .

Procès-verbal de repréſentation d'effets ſervant à conviction, faite à un accuſé & à un témoin après la confrontation.

180. L'an, *&c.*. . ., nous, *&c.*. . ., en la préſence de . . ., en la Chambre-Criminelle de la Geole, avons fait amener devant nous par le Geolier, B... accuſé, où eſt auſſi comparu V... troiſieme témoin de l'information faite devant nous le . . ., lequel a été recolé & même confronté audit B..., à la requête de A.., contre ledit B..., leſquels... en préſence l'un de l'autre ont fait ſerment de dire vérité.

Enſuite leur avons repréſenté . . .

L'accuſé, après l'avoir examiné, a dit . . .

Le témoin, après examen auſſi fait de ſa part, a dit . . . ce qu'il a ſoutenu à l'accuſé, & ledit accuſé a dit, *&c.*

Lecture faite dudit procès-verbal, leſdits B... accuſé, & V... témoin, ont dit, chacun ce qui les concerne, que ledit procès-

verbal contient vérité, & qu'ils y perſiſtent ; & ont ſigné avec
nous & notre Greffier.

Requête préſentée au Juge pour ſe tranſporter en la
maiſon d'un témoin malade, pour le récoler & confronter
à un accuſé, & pour y faire tranſporter l'accuſé.

A MONSIEUR LE LIEUTENANT CRIMINEL, &c.

181. Supplie humblement A..., qu'il vous plaiſe ordonner votre
tranſport en la maiſon de T... témoin entendu en l'information
du..., récolé le..., & qui eſt retenu au lit, & hors d'é-
tat de ſe tranſporter, à l'effet d'être, en exécution de votre Sentence, confronté à B..., lequel ſera conduit en ladite maiſon
dudit T... en la maniere accoutumée ; & vous ferez Juſtice ;
déclarant que M^c... occupe toujours pour lui.
Préſentée le...

Ordonnance en conſéquence.

Nous diſons que nous nous tranſporterons le... neuf heures
du matin en la maiſon de T..., à l'effet d'y procéder, en exécution de notre Sentence du..., à la confrontation dudit T..,
avec B... accuſé, lequel y ſera conduit en la maniere accoutumée. Fait & donné en notre Hôtel, à... le..
La partie publique peut prendre les mêmes concluſions.
On donne auſſi une pareille Requête pour une Religieuſe qui a été
entendue comme témoin & récolée au parloir.

De la Confrontation réciproque de deux ou pluſieurs
accuſés entr'eux.

Jugement portant que les accuſés ſeront récolés en leurs
interrogatoires, & confrontés les uns aux autres.

Extrait des Regiſtres de...

Vu les charges & informations, &c. Nous ordonnons que leſdits B. . . & C. . . . accusés, seront recolés en leurs interrogatoires, & confrontés l'un à l'autre, pour ce fair & communiqué au Procureur du Roi, être ordonné ce qu'il appartiendra.

Récolement des accusés en leurs interrogatoires.

182. Récolement fait par nous L. . ., à la requête du Procureur du Roi, demandeur & accusateur, contre B. . ., accusé & défendeur.

Du . . .

Est comparu C. . . accusé, entendu en l'information, qu'avons recolé en ses interrogatoires de . . ., & . . . iceux ouis & entendus, le serment de lui pris, y a, de ce interpellé, persisté comme véritables, *&c.* (*Le surplus comme ci-dessus*, n. 171.)

Confrontation des accusés les uns aux autres.

Confrontation faite par nous, *&c.*

Du . . . jour de . . .

Ont été amenés devant nous par le Geolier des prisons B. . . & C. . . accusés, auquel B. . . avons confronté ledit C. . ., & après serment par eux fait de dire vérité, en présence l'un de l'autre, ont dit qu'ils se connoissent, (*ou* qu'ils ne se connoissent pas.)

Après quoi avons fait faire lecture par notre Greffier, des nom & surnom, âge, qualité & demeure de C. . ., insérés en l'interrogatoire qu'il a subi pardevant nous sur les charges & informations contre lui faites à la requête de A. . ., & avons donné acte de la Déclaration présentement faite par ledit C. . ., qu'il n'est parent, ni allié, serviteur, ou domestique dudit B. . . ; & avons interpellé ledit B. . . de fournir présentement de reproches contre ledit C. . ., sinon & à faute de ce faire, l'avons averti qu'il n'y sera plus reçu après que lecture lui aura été faite de son interrogatoire & récolement à icelui, suivant l'Ordonnance que lui avons donné à entendre.

Ledit B. . . accusé, a dit, *&c.* ; (*comme à la confrontation des témoins aux accusés*, ci-dessus, *n.* 173.)

(Il faut faire lecture de l'interrogatoire & récolement de l'accusé, de même que l'on fait des dépositions des témoins, & de leurs récolements.)

Confrontation à un accusé qui n'entend pas la Langue françoise.

183. Avons fait tirer des prisons, & amené pardevant nous B. . . ., accusé prisonnier, en préfence duquel est comparu l. . . Interprete, qu'avons nommé d'office pour expliquer à l'accusé la préfente confrontation, parce qu'il n'entend pas la langue Françoise; lequel interprete a prêté le ferment de bien, fidelement, & en fa conscience, expliquer à l'accusé la préfente confrontation, & à nous les réponfes dudit accusé; auquel B. . . avons confronté T. . . témoin oui en ladite information; & après ferment prêté par ledit témoin en préfence defdits interprete & accusé de dire vérité, avons interpellé icelui accusé de lever la main; laquelle interpellation lui ayant été expliquée par ledit Interprete en langue . . . , il a levé la main ; lui avons enfuite dit ces mots : *Vous promettez à Dieu de dire vérité*, ce que ledit Interprete lui ayant expliqué, il a dit ainfi que l'a rapporté l'Interprete, qu'il promettoit à Dieu de dire vérité ; & lui ayant fait baiffer la main, avons interpellé lesdits témoin & accusé de déclarer s'ils fe connoiffoient, ledit témoin a dit . . . , & ladite interpellation ayant été expliquée à l'accusé par ledit Interprete, il a dit, ainfi que l'a rapporté l'Interprete, qu'il. . .

Ce fait, nous avons fait lecture à l'accusé & à l'Interprete, des premiers articles de la dépofition dudit témoin, contenant fes nom, furnom, âge, qualité, demeure, & de fa déclaration qu'il n'eft parent, allié, ferviteur, ni domeftique des parties ; & interpellé ledit accusé de fournir préfentement de reproches, fi aucun il y a, finon qu'il n'y fera plus reçu, après qu'il aura eu lecture du furplus de ladite dépofition & du récolement, fuivant l'Ordonnance que nous avons expliquée audit Interprete ; ce que ledit Interprete ayant expliqué audit accusé, ledit accusé a dit, ainfi que l'a rapporté l'Interprete, que . . .

184. *Si l'accusé fournit de reproches, le témoin répondra, & on mettra :*

Et par ledit témoin a été dit que . . . , après quoi avons fait faire lecture en préfence defdits témoin, Interprete & accufé, du furplus de la dépofition dudit témoin, & de fon récolement, & les ayant ledit Interprete expliqué à l'accufé, nous avons interpellé icelui accufé, de déclarer s'ils contiennent vérité.

(*Si on lui repréfente quelque piece, on ajoute,*) repréfentation à lui faite de telle chofe . . . , ainfi qu'audit témoin.

Ce que ledit Interprete ayant expliqué à l'accufé, il a dit, ainfi que l'a rapporté l'Interprete, que . . .

(*Si l'accufé veut faire interpeller le témoin, on mettra,*)

Et nous ayant ledit Interprete rapporté que l'accufé nous requéroit d'interpeller le témoin de déclarer . . . , ou de convenir. . .

Ladite interpellation ayant été par nous faite audit témoin, il a dit que . .

Et ledit Interprete ayant expliqué à l'accufé la réponfe dudit témoin, il nous a rapporté que l'accufé difoit que . .

Et par ledit témoin a été dit que fes dépofition & récolement font véritables en tout leur contenu, & l'a ainfi foutenu audit accufé, & que c'eft de l'accufé préfent, (*ou* fans fçavoir fi c'eft de l'accufé préfent,) qu'il a entendu parler par fefdits dépofitions & recolement, & qu'il y perfifte, de ce interpellé.

185. (*Si le témoin reconnoît que l'accufé préfent n'eft pas celui dont il a voulu parler, on met :*)

Déclarant que ce n'eft point de l'accufé préfent dont il a entendu parler par fes dépofition & recolement ; parce que . . . , & qu'il y perfifte, de ce interpellé.

Ce que ledit Interprete ayant encore expliqué audit accufé, il a dit, ainfi que l'a rapporté l'Interprete, que . .

Lecture faite auxdits témoin, Interprete, & accufé, de la préfente confrontation, ledit témoin y a perfifté à fon égard ; & l'ayant ledit Interprete expliqué à l'accufé, il a dit, ainfi que l'a rapporté l'Interprete, qu'il y perfiftoit auffi à fon égard ; & ont lefdits Interprete, témoin & accufé figné, (*ou* & ont lefdits témoin & Inteprete figné, & l'accufé a déclaré ne fçavoir figner, *ou* ne vouloir figner, ainfi que nous l'a rapporté l'Interprete, après lui avoir expliqué l'interpellation que nous lui en avons faite.)

(*S'il y a quelque rature, on ajoute :*)

Approuvant

Approuvant la rature du mot tel . . . , rayé en telle ligne de telle page de la préfente confrontation, ainfi que nous l'a pareillement rapporté l'Interprete, après l'avoir expliqué audit accufé.

(*L'Interprete doit figner en chaque page avec l'accufé, & le témoin.*)

Si c'étoit au contraire le témoin qui n'entendît point la langue Françoife, on procédera à la confrontation, conformément au modele fuivant.

Confrontation par Interprete, quand le témoin n'entend pas la Langue Françoife.

186. Du. . . héures du matin (*ou* de relevée,) nous avons fait tirer des prifons, & amener pardevant nous B. . ., prifonnier accufé, auquel avons confronté T. . ., témoin oui en ladite information, en préfence duquel eft comparu I . . . Interprete ordinaire de ce Siege, (*ou* nommé d'office par jugement du . . . .,) pour expliquer audit témoin la préfente confrontation, parce qu'il n'entend pas la langue Françoife ; lequel Interprete a fait ferment de bien, fidélement, & en fa confcience, expliquer audit témoin la préfente confrontation, & à nous fes réponfes ; & après ferment prêté par ledit accufé, en préfence dudit témoin, de dire vérité, avons interpellé ledit témoin, en préfence dudit accufé, de lever la main, laquelle interpellation lui ayant été expliquée par ledit Interprete, il a levé la main ; lui avons enfuite dit ces mots : *Vous promettez à Dieu de dire vérité*, ce que ledit Interprete lui ayant expliqué, il a répondu, ainfi que l'a rapporté ledit Interprete, qu'il promettoit à Dieu de dire vérité ; & lui ayant fait baiffer la main, nous avons interpellé lefdits témoin & accufé de déclarer s'ils fe connoiffent ; l'accufé a dit . . ., & ladite interpellation ayant été expliquée audit témoin, il a dit, ainfi que l'a rapporté ledit Interprete, que . . . .

Après quoi, nous avons fait faire lecture à l'accufé des premiers articles de la dépofition dudit témoin, contenant fes nom, furnom, âge, qualité, demeure & déclaration, qu'il n'eft parent, allié, ferviteur, ni domeftique des parties ; & interpellé ledit accufé de fournir préfentement de reproches, fi aucuns il a contre ledit témoin, finon qu'il n'y fera plus reçu après qu'il aura oui la lecture du surplus de ladite déposition & du récolement, suivant l'Ordonnance, que nous lui avons donné à entendre; l'accusé a dit que . . .

187. (*S'il y a quelques reproches, le témoin répondra;*) ce que ledit Interprete ayant expliqué audit témoin, il a dit, ainsi que l'a rapporté l'Interprete, que . . .

Ce fait, avons fait faire lecture en présence desdits témoin, Interprete, & accusé, du surplus de la déposition dudit témoin, & de son récolement; & après les avoir ouis, avons interpellé l'accusé de déclarer s'ils contiennent vérité.

(*Si on représente quelque piece, ou arme, on ajoute :*) représentation faite de telle chose . . . , l'accusé a dit que . . .

(*S'il y a réquisition de la part de l'accusé d'interpeller le témoin, on met :*)

Et nous ayant l'accusé requis d'interpeller ledit témoin, de déclarer, ou convenir de . . .

Ladite interpellation ayant été par nous faite audit témoin, & à lui expliquée par ledit Interprete, il a dit que . . . , ainsi que nous l'a rapporté ledit Interprete.

Et ledit Interprete ayant expliqué audit témoin, tant sesdites déposition & récolement, que la réponse dudit accusé, il a dit, ainsi que l'a rapporté l'Interprete, que sesdites déposition & récolement sont véritables en tout leur contenu; qu'il le soutient ainsi audit accusé, & que c'est dudit accusé présent, (*ou qu'il ne sçait si c'est dudit accusé présent,*) qu'il a entendu parler par sa déposition & récolement, & qu'il y persiste, ensuite de l'interpellation à lui faite, & expliquée par ledit Interprete.

188. (*Si le témoin ne reconnoît point l'accusé, on met,*) qu'il déclare que ce n'est point de l'accusé présent qu'il a entendu parler par sesdites déposition & récolement; parce que . . . . . , & qu'il y persiste, ensuite de l'interpellation à lui faite, & expliquée par ledit Interprete.

Lecture faite auxdits témoin, Interprete, & accusé, de la présente confrontation, l'accusé y a persisté à son égard, & l'ayant ledit Interprete expliqué audit témoin, il a dit, ainsi que l'a rapporté ledit Interprete, qu'il y persiste aussi à son égard; & ont lesdits témoin, interprete, & accusé, signé; (*si l'accusé ne veut, ou ne sçait signer, on met,*) & ont lesdits témoin & inteprete signé, & l'accusé a déclaré ne sçavoir, (*ou ne vouloir*) signer, de ce interpellé.

(*S'il y a quelque rature, on ajoute :*) Approuvant la rature du
mot tel . . , rayé en telle ligne, de telle page de la préfente
confrontation, ainfi que nous l'a rapporté ledit Interprete, après
l'avoir expliqué au témoin.

*L'Interprete doit figner en chaque page avec le témoin, & l'ac-
cufé.*

*S'il arrive que ni le témoin, ni l'accufé n'entendent pas la langue
Françoife, il faut encore avoir recours aux Interpretes, & faire affigner, tant celui qui a fervi pour la dépofition & le récolement du
témoin, que celui qui a fervi pour l'interrogatoire de l'accufé, étant
convenable de les faire affifter de chacun leur Interprete ; ne fût-ce
que pour éviter la confufion dans laquelle un feul Interprete pour les
deux pourroit tomber, étant obligé de parler prefque dans le même
moment pour deux perfonnes, qui ordinairement font contraires l'une
à l'autre. On procede à cette confrontation comme il fuit.*

Confrontation par Interprete, lorfque ni le témoin, ni l'accufé n'entendent point la Langue françoife.

189. Du . . . . . mil . . . . . heures de . . . . . , nous avons
fait tirer des prifons, & amener pardevant nous B. . . . ,
prifonnier accufé, auquel avons confronté tel . . . . ,
témoin ouïs en ladite information, en préfence defquels font
comparus I. . . & M. . . leurs Interpretes, lefquels ont prêté le
ferment de bien, fidélement, & en leurs confciences, expliquer
aux fufdits témoin & accufé la préfente confrontation ; & enfuite
à nous leurs réponfes, & les avons interpellés tous deux de lever
la main ; laquelle interpellation leur ayant été expliquée par lefdits Interpretes en langue telle . . . , ils ont levé la main ; leur
avons enfuite dit ces mots : *Vous promettez à Dieu de dire vérité,*
ce que lefdits Interpretes leur ayant expliqué, ils ont répondu,
ainfi que l'ont rapporté lefdits Interpretes, qu'ils promettent à Dieu
de dire vérité, & leur ayant fait baiffer la main, nous les avons
interpellés de déclarer s'ils fe connoiffent, laquelle interpellation
leur ayant été expliquée par lefdits Interpretes, ils ont répondu,
ainfi que l'ont rapporté les Interpretes, qu'ils . . .

190. Ce fait, avons fait faire lecture à l'accufé des premiers articles
de la dépofition dudit témoin, contenant fes nom, furnom, âge,

qualité, demeure & déclaration, qu'il n'eſt parent, allié, ſerviteur, ni domeſtique des parties ; & interpellé ledit accuſé de
fournir préſentement de reproches, ſi aucuns il y a contre ledit
témoin, ſinon qu'il n'y ſera plus reçu après qu'il aura eu lecture
du ſurplus de ladite dépoſition & du récolement, ſuivant l'Ordonnance que nous avons donné à entendre audit I . . .; ce que
ledit Interprete ayant expliqué audit accuſé, il a dit, ainſi que
l'a rapporté l'Interprete, que . . ., ce qui a auſſi été expliqué
audit témoin par ledit M . . . ſon Interprete, (*& ſi l'accuſé reproche, on ajoute,*) ainſi que le reproche fourni par ledit accuſé :
& ledit témoin a dit, ainſi que l'a rapporté ledit Interprete, que . . .

Après quoi, nous avons fait faire lecture en préſence deſdits
témoin, Interpretes & accuſé du ſuplus de la ladite dépoſition
dudit témoin, & de ſon récolement.

Si on repréſente quelque piece de conviction, on ajoute, repréſentation à eux faite de telle choſe . . ., & les ayant ledit I . . .
Interprete, expliqué à l'accuſé, nous l'avons interpellé de déclarer
s'ils contiennent vérité ; ce que ledit Interprete ayant expliqué
audit accuſé, il a dit, ainſi que l'a rapporté ledit Interprete,
que . . .

191. *Si l'accuſé requiert les Commiſſaires d'interpeller le témoin,* on
met :

Et nous ayant ledit Interprete rapporté que l'accuſé nous requéroit d'interpeller ledit témoin de déclarer . . .

Laquelle interpellation ayant été par nous faite audit témoin,
& à lui expliquée par M . . . ſon Interprete, ainſi que ſes dépoſition, récolement, & la réponſe de l'accuſé, il a dit, ainſi que
l'a rapporté ledit Interprete, que , . . ., & que ſes dépoſition &
récolement ſont véritables en tout leur contenu ; qu'il le ſoutient
ainſi audit accuſé, & que c'eſt de l'accuſé préſent, (*ou* déclarant
que ce n'eſt point de l'accuſé préſent) qu'il a entendu parler par
leſdites dépoſition & récolement ; parce que . . ., & qu'il y
perſiſte, après interpellation à lui faite & expliquée par ledit Interprete.

Ce que ledit I . . . Interprete, ayant expliqué à l'accuſé, il
a dit, ainſi que l'a rapporté ſon Interprete, que , . . .

Lecture faite auxdits témoin, accuſé, & Interpretes, de la préſente confrontation, & la leur ayant leſdits Interpretes expliquée,
ils ont dit, ainſi que l'ont rapporté leſdits Interpretes, qu'ils y

perfistent chacun à leur égard; & ont lesdits témoin, Interpretes & accusé, signé.

(*Si le témoin, ou l'accusé ne sçait, ou ne veut écrire, & s'il y a quelque rature, on mettra comme on a vu aux confrontations ci-deffus.*)

Confrontation à un muet, ou sourd, qui ne sçait ni lire, ni écrire.

Confrontation faite par nous, &c.

Du . . . jour de . .

192. A été amené devant nous, par le Geòlier des prifons, B. . . accufé, affifté de C. . . fon curateur, auquel avons confronté T. . . , premier témoin de ladite information; & après ferment fait par C. . . curateur dudit B. . . . , & par T. . . témoin, en préfence l'un de l'autre, de dire vérité, & interpellés de déclarer s'ils fe connoiffent; ledit C. . . a dit, &c. . (*comme aux autres confrontations.*)

Autre confrontation à un accufé fourd & muet, qui écrit fes réponfes dans le corps de la confrontation, après en avoir pris lecture.

Confrontation faite par nous, &c. . .

Du. . .

193. Avons fait extraire des prifons de ce Siege, & amener devant nous B. . . , défendeur & accufé, affifté de C. . . , fon curateur, auquel nous avons confronté T. . . premier témoin de l'information faite devant nous le. . . par nous récolé en fa dépofition.

Interpellé l'accufé & le témoin en préfence l'un de l'autre, de faire ferment de dire vérité, & de déclarer s'ils fe connoiffent; le témoin a fait ferment de dire vérité, & a dit reconnoître l'accufé; & l'accufé après avoir pris lecture de notre interpellation, a levé la main, & a écrit ce qui fuit:

Je jure & promets à Dieu de dire vérité, & je reconnois le témoin.

Avons fait faire lecture des nom, furnom, âge, qualité & demeure, & autres premiers articles de la dépofition du témoin, &

averti l'accusé de fournir sur-le-champ des reproches, autrement qu'il n'y fera plus reçu après avoir entendu lecture de fes dépofition & récolement en leur entier, fuivant l'Ordonnance.

Après lecture prife par l'accufé de ce que deffus, & defdits premiers articles de la dépofition du témoin, il a écrit ce qui fuit:

Je n'ai point de reproches à faire contre le témoin.

194. Enfuite avons fait faire lecture par notre Greffier des dépofitions & récolement du témoin en entier ; ledit témoin de ce interpellé, a dit que fes dépofition & récolement contiennent vérité ; qu'il y perfifte, & que c'eft dudit accufé préfent dont il a entendu parler par iceux, auquel il foutient tout ce qui y eft contenu véritable.

Lecture prife par l'accufé de ce que deffus, & des dépofition & récolement du témoin, il a écrit ce qui fuit:

Je. . .

Lecture faite de la préfente confrontation, & interpellé le témoin & l'accufé de déclarer s'ils y perfiftent chacun à leur égard,

Le témoin a dit qu'il y perfifte ;

Et l'accufé après avoir pris lecture de tout ce que deffus, a écrit ce qui fuit:

Je perfifte dans la préfente confrontation, & je foutiens tout ce que j'y ai dit comme véritable.

Interpellé le témoin, l'accufé & fon curateur de figner, & fait lire par l'accufé notre interpellation, ils ont l'un & l'autre figné, ainfi que C. . ., curateur de l'accufé, avec nous & notre Greffier, & auffi au bas de chacune des pages de la préfente confrontation, qui ont été par nous cottées & paraphées.

Confrontation d'un accufé muet fans être fourd, qui écrit fes réponfes dans le corps de la confrontation, après en avoir entendu la lecture.

195. Confrontation faite par nous L. . ., &c. . ., avons fait extraire des prifons de ce Siege ; B. . ., défendeur & accufé, affifté de C. . . fon curateur, auquel avons confronté. . . quatrieme témoin de l'information faite devant nous le. . ., par nous récolé en fa dépofition.

Interpellé le témoin & l'accufé en préfence l'un de l'autre de faire ferment de dire vérité, & de déclarer s'ils fe connoiffent.

Le témoin a fait ferment de dire vérité, & a dit reconnoître l'accufé.

Et l'accufé a levé la main, & a écrit ce qui fuit :

Je jure & promets à Dieu de dire la vérité, & je déclare re-connoître le témoin.

Avons fait faire lecture, &c.

L'accufé a écrit ce qui fuit :

Je n'ai point de reproches à fournir contre le témoin.

Ce fait, avons fait faire lecture, &c.

Le témoin de ce interpellé, a dit, &c. . .

Et l'accufé a écrit ce qui fuit :

Je. . .

Lecture faite de la préfente confrontation, le témoin a déclaré y perfifter à fon égard ;

Et l'accufé a écrit ce qui fuit :

Je perfifte dans la préfente confrontation, & dans tout ce que j'y ai foutenu comme véritable.

Interpellé le témoin, l'accufé & fon curateur de figner, ils ont tous trois figné avec nous, & notre Greffier.

Confrontation d'un accufé fourd fans être muet, qui fait fes réponfes après avoir lu la confrontation.

196. Confrontation faite par nous, &c.

Avons fait extraire, &c. . .

Interpellé l'accufé & le témoin en préfence l'un de l'autre, de faire ferment de dire vérité, & de déclarer s'ils fe connoiffent.

Le témoin a fait ferment de dire vérité, & a déclaré recon-noître l'accufé.

Et l'accufé après avoir pris lecture de notre interpellation, a fait ferment de dire la vérité, & dit reconnoître le témoin.

Avons fait faire lecture, &c. . .

Après lecture prife par l'accufé de ce que deffus, & defdits pre-miers articles de la dépofition du témoin.

L'accufé a dit qu'il n'a point de reproches à fournir contre le témoin.

Ce fait, avons fait faire lecture, &c.

Ledit témoin de ce interpellé, a dit, &c.

Lecture prise par l'accufé de ce que deffus, & des dépofition & récolement du témoin, a dit. . .

Lecture faite de la préfente confrontation, & interpellé le témoin & l'accufé de déclarer s'ils y perfiftent.

Le témoin a dit qu'il y perfifte. . .

Et l'accufé après avoir pris lecture de tout ce que deffus, a dit qu'il y perfifte auffi à fon égard.

Interpellé le témoin, l'accufé & fon curateur de figner, & fait lire par l'accufé notre interpellation, ils ont tous trois figné, avec nous & notre Greffier.

Jugement portant qu'il fera fait confrontation littérale à l'accufé.

Extrait des Regiftres de. . .

197. Vu l'information, &c. . ., nous ordonnons que les dépofitions de. . ., témoins ouïs en l'information, & qui font décédés, feront lues & publiées à l'accufé ; & qu'avant la publication d'icelles, il fera tenu de propofer & juftifier par pieces les reproches, fi aucuns il a contre lefdits témoins ; autrement qu'il n'y fera plus reçu, fuivant l'Ordonnance ; pour ce fait, & communiqué au Procureur du Roi, & par nous vu, être fait droit, ainfi qu'il appartiendra.

Confrontation littérale.

Confrontation littérale faite par nous L. . ., Confeiller du Roi, Lieutenant-Criminel, &c. . . .

Du . . . 17 . . .

A été amené devant nous, par le Geolier des prifons, B. . . accufé, lequel après ferment par lui fait de dire vérité, avons interpellé de déclarer s'il connoiffoit défunt T. . ., témoin.

L'accufé a dit qu'il connoiffoit ledit défunt T. . ., (*ou* qu'il ne le connoiffoit pas.)

Après quoi, avons fait faire lecture audit B. . . par notre Greffier des premiers articles de la dépofition de défunt T. . ., portée en l'information par nous faite à la réquête de A. . ., le. . .

contenant

contenant fon nom, furnom, âge, qualité & demeure, & de fa déclaration qu'il n'eft parent, allié, ferviteur ni domeftique des parties,
& qu'il connoiffoit l'accufé; (*ou au contraire*;) & interpellé l'accufé
de fournir préfentement de reproches contre ledit défunt T. . . .,
lefquels l'accufé fera tenu de juftifier par pieces; finon, & à faute
de ce faire, qu'il n'y fera plus reçu, après que lecture lui aura
été faite de fa dépofition & récolement, fuivant l'Ordonnance
que lui avons donné à entendre.

198. L'accufé a dit pour reproches, que ledit T. . . témoin, a été
condamné aux galeres par Sentence du. . ., confirmée par Arrêt
du. . ., ce qui a été exécuté, & ledit T. . . ayant été mis à la
chaîne, eft décédé dans le fervice le. . ., ainfi que l'accufé
offre de juftifier par la Sentence & l'Arrêt ci-deffus datés, &
par le certificat du fieur Z. . ., Capitaine des Galeres du. . .

Ce fait, avons fait faire lecture de la dépofition & récolement dudit défunt T. . . en préfence de l'accufé, lequel après
l'avoir oui, a dit. . .

Lecture faite à l'accufé de la préfente confrontation, y a perfifté & a figné, (*ou déclaré ne fçavoir écrire ni figner, de ce
enquis.*)

(*Nota.*) *La même confrontation littérale aura lieu à l'égard des
témoins qui ne pourront être confrontés, à caufe d'une longue abfence,
d'une condamnation aux galeres, ou banniffement à temps, ou de
quelqu'autre empêchement légitime, pendant le temps de la contumace.*

*La confirmation littérale du témoin abfent, n'a lieu que contre l'ac-
cufé contumax qui fe repréfente; car s'il n'y avoit pas eu de contumace, on ne pourroit faire cette confrontation littérale qui en eft la
peine. Il femble que l'Ordonnance permet de faire cette confrontation fans jugement; mais on eft dans l'ufage d'en rendre un qui l'ordonne.*

*De la procédure qui fe tient contre des témoins qui
s'abfentent pour n'être pas récolés & confrontés.*

199. *Lorfqu'un témoin, d'intelligence avec l'accufé, s'abfente pour n'ê-
tre pas récolé & confronté, on peut préfenter requête pour faire faifir
& annoter fes biens, & obtenir contre lui des dommages & intérêts.
Pour conftater l'abfence de ce témoin, il faut un procès-verbal de*

Tome *IV.* Y y y

*perquisition faite du témoin, qui prouve qu'il est absent dès le . .,
lors de l'absence de l'accusé, & pendant l'instruction de la contumace instruite contre ledit accusé ; ledit procès-verbal signé de . .
& . . . ., Sergents, qui constate la perquisition par eux faite
dudit témoin ès lieux & endroits portés par icelui, en date du . ., &
contrôlé à . . le . . desdits mois & an.*

Requête pour parvenir à la saisie & annotation des biens d'un témoin qui s'est absenté, d'intelligence avec l'accusé, pour n'être pas récolé & confronté.

A Monsieur le Lieutenant Criminel.

200. Supplie humblement A. . ., disant, que depuis le procès-verbal de défaut, fait devant vous le . ., contre T. . ., témoin assigné, en exécution de votre Sentence du . ., pour être récolé
en sa déposition, en l'information du . ., & confronté à . . .,
accusé, & contre lequel témoin vous avez prononcé l'amende
de . ., & la contrainte par corps ; il a appris que ce témoin,
d'intelligence sans doute avec l'accusé, contre lequel sa déposition doit faire une charge considérable, & peut être nécessaire
pour le jugement du procès, s'est absenté hors du Royaume ; ce
qui le met dans le cas de faire saisir & annoter les biens dudit témoin, dont il ne doit lui être fait main-levée, qu'après qu'il
aura obéi, & des dommages & intérêts du Suppliant qui a
l'honneur de vous donner à cet effet la présente requête.

Ce considéré, Monsieur, il vous plaise permettre au suppliant de
faire assigner ledit T. . ., à comparoir devant vous, à la huitaine,
pour voir dire & ordonner que ses biens seront saisis & annotés, &
à iceux, Commissaire établi en la maniere accoutumée, & qu'il
sera en outre condamné en trois cents livres de dommages &
intérêts envers le Suppliant, & aux dépens ; Et vous ferez justice ; déclarant qu'il a fait élection de domicile en la maison de
Mᶜ. . ., qui occupera pour lui.

Présentée le

Ordonnance.

201. Permis d'assigner à comparoir pardevant nous, à la huitaine ;

aux fins de la préſente requête. Fait & donné en notre Hôtel à . . , le . .

A l'égard du décès d'un témoin, il ſe prouve par un procès-verbal d'un Huiſſier, atteſté par des parents & des voiſins.

Requête de l'accuſé, contenant plainte en ſubornation de témoin.

A MONSIEUR LE LIEUTENANT CRIMINEL.

Supplie humblement B. . ., diſant, qu'il a été informé que A. . . n'eſt parvenu à obtenir le décret de priſe-de-corps, en exécution duquel il a été conſtitué priſonnier dans les priſons de ce Siege, où il gémit depuis le . . . ., qu'en ſubornant, à prix d'argent, les nommés . . . .; pourquoi il a été conſeillé d'en rendre plainte.

Ce conſidéré, Monſieur, il vous plaiſe donner acte au Suppliant de ce que pour plainte il emploie le contenu en la préſente requête; en conſéquence, ordonner qu'il ſera informé des faits y relatés, circonſtances & dépendances; & à cet effet que les témoins ſeront adminiſtrés devant vous, aux jours & heures qu'il vous plaira indiquer, pour enſuite être pris telles concluſions qu'il appartiendra; Et vous ferez juſtice; déclarant le Suppliant qu'il a fait élection de domicile en la maiſon de M^e. . . . qu'il conſtitue, & qui occupera pour lui.

Préſentée le . .

Ordonnance.

Nous avons donné acte de la plainte, & ordonnons qu'il ſera informé des faits contenus en icelle, circonſtances & dépendances, à la requête & diligence du Procureur du Roi, aux frais & dépens du Suppliant, qui ſera tenu de conſigner, à cet effet, au Greffe de ce Siege, dans . . ., la ſomme de . . . ., pour l'information faite, communiquée au Procureur du Roi, & à nous rapportée, être par lui requis, & par nous ordonné ce qu'il appartiendra. Fait & donné en notre Hôtel à . . . ., le . . .

TITRE XII.

Des Elargiffements.

Requête de l'accufé à fin d'élargiffement, lorfque le plaignant néglige la pourfuite du procès.

A MONSIEUR LE LIEUTENANT CRIMINEL.

202. SUPPLIE humblement B. . ., difant, qu'ayant été empri-fonné, en vertu du décret par vous décerné fur les charges & informations par lui faites à la requête de A. . ., le Suppliant a fubi l'interrogatoire depuis . . . jours ; & comme il eft injufte-ment accufé, ledit A. . . néglige de fuivre le procès, de peur de faire connoître l'innocence du Suppliant.

Ce confidéré, Monfieur, il vous plaife, faute par A. . . . . d'avoir fait récoler & confronter les témoins au Suppliant, ordon-ner qu'il fera déchargé & renvoyé abfous de la calomnieufe ac-cufation de A. . ; que l'écroue de fon emprifonnement fera rayé & biffé, avec réparation, dépens, dommages & intérêts ; & en conféquence, qu'il fera relaxé, & mis hors des prifons ; à ce faire le Geolier contraint par corps, ce faifant, déchargé ; & que les effets à lui appartenants dépofés au Greffe-criminel, lui feront remis ; à quoi faire le Greffier, & tous autres feront contraints : quoi faifant, déchargés ; fauf au Suppliant à fe pourvoir par les voies de droit, contre l'injure qui lui eft faite : Et vous ferez bien.

Ordonnance du Juge.

Soit fignifié à la partie au domicile de Me. . . ., Procureur, pour y répondre dans . . . jours ; & être enfuite, fur les con-clufions du Procureur du Roi, ftatué ce qu'il appartiendra. Fait à . . ., le . . .

Signification de la Requête & de l'Ordonnance ci-dessus.

203. L'an . . ., à la requête de B. . ., pour lequel domicile eſt élu en la maiſon de Mᵉ. . ., qui occupera pour lui, j'ai . . . ſouſſigné, ſignifié & donné copie à A. . ., au domicile de Mᵉ. . . ſon Procureur, en parlant à . . ., de la requête du requérant, préſentée cejourd'hui à Monſieur . ., & de l'Ordonnance de mondit ſieur le . . ., étant au bas duement ſignée & ſcellée ; & en vertu de ladite Ordonnance, j'ai fait ſommation audit A. . . d'y répondre, ſi bon lui ſemble, dans le délai de . . ., fixé par icelle, faute de quoi, je lui ai déclaré qu'il ſera paſſé outre, & que le jugement ſera pourſuivi par défaut ; & j'ai au ſuſnommé, & parlant comme deſſus, laiſſé copie deſdites requête & ordonnance, & de la préſente ſommation.

(*On peut enſuite procéder comme ci-après*, n. 213.)

Requête d'un accuſé priſonnier qui demande ſon élargiſſement proviſoire, à la charge de ſe repréſenter.

A Monsieur le Lieutenant Criminel. . .

Supplie humblement B. ., qu'il vous plaiſe, attendu la preuve de ſon innocence, réſultante de l'interrogatoire par lui ſubi, ordonner que le Suppliant ſera relaxé, & mis hors des priſons ; à la charge par lui de ſe repréſenter en tel autre état de décret qu'il vous plaira ordonner : Et vous ferez juſtice.

Préſentée le · . .

Ordonnance.

Soit communiqué au Procureur du Roi leſdits jour & an.

Conclusions.

204. Vu les pieces ci-attachées & procédures extraordinaires, je n'empêche pour le Roi que B. . . ait iſſue des priſons, à la charge par lui de ſe repréſenter en état d'aſſigné pour être oui, & en faiſant ſes ſoumiſſions à cet effet, & éliſant domicile ; &

que le Geolier fera contraint, même par corps, de le laiffer fortir, quoi faifant, déchargé.

Sentence d'Elargiffement.

Vu notre Ordonnance du . . . , par laquelle il a été donné acte au Procureur du Roi de la plainte par lui rendue des faits énoncés en fa requête, circonftances & dépendances, au bas de laquelle il lui a été permis, &c. . ; L'information faite le . . , nous ordonnons que B. . . fera relaxé, & mis hors des prifons de ce Siege ; à ce faire le Geolier contraint par corps, quoi faifant, déchargé ; à la charge par ledit B. . . de fe repréfenter en état d'affigné pour être oui, à toutes les affignations qui lui feront données pour l'inftruction & jugement du procès ; faifant à cet effet fes foumiffions, & élifant domicile. Fait à . . , ce . .

Procès-verbal d'un Huiffier portant fignification de la Sentence ci-deffus au Geolier ; foumiffion du prifonnier, & fon élargiffement.

205. L'an . . . , le . . , à la requête de Monfieur le Procureur du Roi, pour lequel domicile eft élu, &c. . . , je . . . . . , Huiffier fouffigné, a fignifié & laiffé copie à . . . . . , Geolier des prifons de . . , parlant à fa perfonne, de la Sentence de . . du . . , fignée, fcellée, & en bonne forme ; à ce que du contenu en ladite Sentence ledit . . n'ignore. Et en vertu de la même Sentence, je lui ai fait commandement de par le Roi & Juftice de me repréfenter fon regiftre, pour fur icelui & en marge de l'écroue de . . B. . . , y mettre & figner fa décharge dudit B. . . & de fuite le mettre en liberté hors defdites prifons, à l'inftant qu'il aura fait fur ledit regiftre fa foumiffion de fe repréfenter en état d'affigné pour être oui à toutes les affignations qui lui feront données pour l'inftruction & jugement de fon procès, avec élection de domicile ; lequel . . , Geolier, obtempérant au commandement à lui préfentement fait, m'a repréfenté fondit regiftre, fur lequel & en marge de l'écroue dudit B. . . , j'ai fait mention de la Sentence d'élargiffement dudit B. . . ; & en même temps ledit B. . . y a fait fes foumiffions de fe repréfenter comme il eft

ci-deffus dit , & a élu à cet effet domicile en cette ville en la maifon de . . , fife . . ; & de fuite je l'ai mis en liberté hors defdites prifons ; & pour fervir audit . . . , Geolier, de plus ample
décharge de la perfonne dudit . . . . . . , je lui ai auffi, parlant
comme deffus, laiffé copie du préfent, en fuite de celle de ladite
Sentence.

Lorfqu'il n'y a pas lieu d'accorder l'élargiffement du prifonnier,
le Procureur du Roi prend des conclufions , & le Juge met au bas
fon Ordonnance, ainfi qu'il fuit.

Requête d'un prifonnier qui demande fa liberté aux offres de fe repréfenter.

A MONSIEUR LE LIEUTENANT CRIMINEL, &c.

206. Supplie humblement B. . . , qu'il vous plaife, attendu que le
Suppliant a fubi interrogatoire, dans lequel il a prouvé fon innocence, ordonner qu'il fera mis en liberté, aux offres qu'il
fait de fe repréfenter en tel état de décret qu'il plaira à la Cour
ordonner : Et vous ferez juftice.

Préfentée le . . .

Ordonnance.

Soit communiqué au Procureur du Roi lefdits jour & an.

Conclufions.

Vu la procédure extraordinaire , & le décret de prife-de-corps
décerné contre le Suppliant , je requiers pour le Roi la préfente
requête être jointe au procès, pour, en jugeant, y avoir tel égard
que de raifon. A . . . , ce . . .

Sentence.

Vu , &c. . . . ; nous avons joint la requête dudit B. . . . au
procès, pour, en jugeant, y avoir tel égard que de raifon. Fait
& donné à . . . , ce . . .

Autre Jugement.

Nous ordonnons que B. . . aura provision de sa personne dans la ville & fauxbourg de . ., lui faisant défenses d'en désemparer; à peine d'être déclaré atteint & convaincu des cas à lui imposés; & à la charge de se représenter à toutes assignations qui lui seront données, & d'élire domicile à cet effet.

Procès-verbal de présentation & réception de caution qui se met quelquefois au bas d'une Sentence d'Elargissement.

207. L'an . . ., le . ., B. . . a été élargi, & mis hors des prisons, de l'Ordonnance ci-dessus, à la caution de . ., demeurant à . ., lequel présent s'en est volontairement chargé, & a promis de le représenter à toutes assignations, & par corps, comme dépositaire de Justice, ou de payer le jugé; a fait ses soumissions, & a élu domicile . . .

Décret de commandement à la caution de représenter un accusé.

De par le . . .

Vous, le premier Huissier, ou Sergent sur ce requis, à la requête de A. . ., demandeur & complaignant, (le Procureur du Roi joint,) faites commandement à . ., caution de B. . ., défendeur & accusé, de représenter incessamment pardevant nous ledit B. . . ., pour être oui & interrogé sur l'addition de charges & informations contre lui faite, & répondre à telles fins & conclusions que ledit A. . ., plaignant, & Procureur du Roi voudront prendre contre lui. De ce faire vous donnons pouvoir. Fait & donné à . . ., le . .

Exploit de commandement à la caution de représenter un accusé.

208. L'an . . ., le . . . jour de . ., en vertu du décret décerné par
M.

Mor · eur le Lieutenant-Criminel..., figné & fcellé, dont copie eft
ci-deffus tranfcrite , & à la requête de A. . ., demandeur & complaignant, (M. le Procureur du Roi joint,) j'ai H. . . ., Sergent . . ., demeurant à . . ., fouffigné, fait commandement de par
le Roi notre Sire à . . ., caution de B. . ., défendeur & accufé,
& dénommé audit décret, en parlant à . . . en fon domicile,
de repréfenter & remettre inceffamment ès prifons de . . . ledit
B . . .; lui déclarant que faute d'y fatisfaire, il y fera contraint
par emprifonnement de fa perfonne , comme dépofitaire de Juftice , & ainfi qu'il y eft obligé par l'acte de foumiffion de caution
par lui fait le . . .; à ce qu'il n'en prétende caufe d'ignorance.

TITRE XIII.

Des Requêtes réciproques des Parties.

Requête de l'accufé pour prendre droit par les charges.

209. SUPPLIE humblement B. . ., accufé, difant, que fur la plainte
rendue contre lui, à la requête de A. . ., vous avez permis
d'informer, fur laquelle information vous avez décrété le Suppliant
d'ajournement perfonnel, qui en conféquence a fubi interrogatoire pardevant vous le . . . dernier. Le Suppliant, a tout lieu
d'efpérer, vu fon innocence, que les témoins ne l'ont pas chargé,
(ou que les charges qui font contre lui, ne font pas de nature à
mériter une procédure extraordinaire :) Ce confidéré, Monfieur,
il vous plaife recevoir le Suppliant à prendre droit par les charges, & ordonner que fans qu'il foit néceffaire de paffer à plus
ample inftruction, le procès fera jugé en l'état où il fe trouve ;
requérant au furplus le Suppliant qu'il lui foit donné congé de la
plainte de A . ., avec dépens , & à ce que ledit A. . . foit condamné envers lui en . . livres de dommages & intérêts : Et ferez
juftice.

Requête de la partie publique, pour prendre droit par l'interrogatoire de l'accusé.

210. Vous remontre le Procureur du Roi, que par la communication qu'il a prise des charges & informations, ensemble des interrogatoires subis par B..., les... & ... de ce mois, il a reconnu que les charges qu'il y a contre ledit B..., ne sont pas de nature à mériter une instruction extraordinaire. En conséquence requiert le remontrant, sans qu'il soit besoin de plus ample instruction, que ledit B... soit atteint & convaincu d'avoir commis du scandale dans l'Eglise de..., en injuriant A...., &c.; pour réparation dequoi ledit B... sera condamné à faire brûler un cierge, &c....; & en outre, en vingt livres d'aumônes applicable au pain des prisonniers.

Requête du Procureur du Roi contre le plaignant, pour qu'il soit tenu de mettre le procès en état.

Vous remontre le Procureur du Roi, que par la communication qu'il a prise de la procédure tenue dans l'instruction du procès criminel poursuivi contre B..., à la requête de A..., il a reconnu que vous avez rendu votre réglement à l'extraordinaire, par lequel vous avez ordonné que les témoins entendus en l'information, seroient récolés, & si besoin est, confrontés audit B...; que depuis ce temps-là, ledit B... néglige de suivre l'instruction, & de faire récoler & confronter les témoins, au désir de votre Ordonnance; pourquoi requiert ledit Procureur du Roi, qu'il vous plaise ordonner que dans... jours, pour toute préfixion & délai, ledit A..., partie civile, sera tenu de faire procéder aux récolement & confrontation des témoins entendus à sa requête, & de mettre le procès en état d'être jugé; sinon, & à faute de ce, & ledit temps passé, qu'il sera permis au remontrant de faire assigner à sa requête les témoins entendus en l'information pour être récolés; & si besoin est, confrontés audit B..., & ledit B... pour subir ladite confrontation; le tout aux frais de A..., contre lequel, à cet effet, il sera délivré exécutoire de la somme de....

Jugement portant délai à la partie civile, pour faire récoler & confronter les témoins.

Extrait des Regiſtres de...

211. Vu l'information faite à la requête de A..., contre B...; requête dudit B..., à ce que...; concluſions du Procureur du Roi; & tout conſidéré, nous ordonnons que dans... jours ledit A... ſera tenu de faire récoler & confronter à B... les témoins ouis en l'information; ſinon ſera fait droit ſur ladite requête.

Autre Jugement, portant que la partie civile ſera tenue de faire venir les témoins pour être récolés & confrontés.

Nous ordonnons que dans... ledit A... ſera tenu de faire récoler & confronter à B... les témoins ouis en l'information; ſinon, & à faute de ce faire dans ledit temps, & icelui paſſé, que leſdits témoins ſeront aſſignés à cet effet, à la requête & diligence du Procureur du Roi, aux frais de A...

Requête de l'accuſé quand le plaignant & accuſateur differe de mettre le procès en état.

A MONSIEUR LE LIEUTENANT CRIMINEL.

212. Supplie humblement B..., diſant que depuis... jours il a ſubi la confrontation aux témoins de l'information contre lui faite, à la requête de A..., lequel néglige de mettre le procès en état; cependant le ſuppliant eſt toujous détenu priſonnier.

Ce conſidéré, Monſieur, il vous plaiſe, faute par ledit A... de mettre le procès en état d'être jugé, permettre au ſuppliant de lever les groſſes d'interrogatoire, récolement, & confrontation, & d'avancer les frais qu'il conviendra, dont il lui ſera délivré exécutoire contre A...; & vous ferez bien.

Ordonnance.

Viennent les parties. Fait ce...

Il faut signifier cette Requête au Procureur de la partie civile, avec un acte pour venir plaider ; & après que la cause aura été plaidée, & le Jugement rendu, faire expédier la Sentence, & la faire signifier, avec sommation d'y satisfaire.

Sentence portant que la partie civile mettra le procès en état de juger.

Extrait des Registres de . . .

213. Entre B. . . . demandeur, en Requête du . . . d'une part, & A. . . défendeur d'autre ; après que P. . . Procureur du demandeur, & Q. . . pour le défendeur, ensemble O. . . . pour le Procureur du Roi, ont été ouis ; nous ordonnons que dans . . . pour tout délai, à compter du jour de la signification de la présente Sentence à personne, ou domicile de A. . . , ledit A. . . sera tenu de mettre le procès en état de juger ; autrement, & faute de ce faire dans ledit temps, & icelui passé, sans qu'il soit besoin d'autre jugement, avons permis audit B. . . de lever les grosses d'interrogatoire, récolement, & confrontation à ses frais, dont il lui sera délivré exécutoire contre A. . .

L'accusé peut encore demander à être élargi, faute de mettre le procès en état, ou de le juger ; comme ci-dessus, n. 202.

Requête de la partie civile pour le jugement du fond.

A Monsieur le Lieutenant Criminel.

214. Supplie humblement A. . . ., disant que pour raison de l'assassinat commis en sa personne par B. . ., vous avez informé du contenu en la plainte du suppliant, & décrété de prise-de-corps ledit B. . . . , lequel ayant été interrogé, & les témoins récolés & confrontés, le suppliant estime que les preuves du crime dont il s'agit sont suffisamment établies. (*Il faut exprimer les moyens & les raisons que l'on a de demander les dommages & intérêts contre l'accusé.*)

Ce considéré, Monsieur, il vous plaise de déclarer B. . . ., duement atteint & convaincu d'avoir assassiné le suppliant, & autres cas mentionnés au procès ; pour réparation desquels , le condamner en . . . . livres d'intérêt civil envers le suppliant , & aux dépens du procès ; sauf à Monsieur le Procureur du Roi à prendre telles autres conclusions qu'il avisera pour l'intérêt de Sa Majesté , & du public ; donner acte au suppliant de ce que pour justifier les faits contenus en la présente requête , il produit & emploie . . . pieces ; la premiere est . . . (*Il faut inventorier sommairement les pieces que l'on produit.*)

Ordonnance.

Acte de l'emploi ; soit la présente requête & pieces communiquées , & d'icelles donné copie , pour , en jugeant , y être fait droit , & soit signifié sans retardation. Fait ce . . .

Requête contenant les défenses de l'accusé.

A Monsieur le Lieutenant Criminel, &c.

215. Supplie humblement B... prisonnier, disant qu'encore qu'il soit innocent du crime dont il est accusé par A..., néanmoins le procès lui a été extraordinairement fait & parfait par interrogatoire, récolement, & confrontation de témoins, pendant lequel procès il a toujours été détenu prisonnier . . . (*L'accusé peut exprimer ,* *1°. les moyens qu'il a pour faire connoître son innocence. 2°. Tirer les inductions des pieces qu'il joindra à sa requête. 3°. Répondre à celles que la perrie civile a tirée par la sienne. 4°. Contredire la personne des témoins qui ont été recusés lors de la confrontation , pour raison du fait qui y a été spécifié , pourquoi l'accusé en peut reprendre & expliquer les moyens pour offoiblir leur témoignage. 5°. Contredire la déposition des témoins , en faisant voir qu'ils se contredisent dans leurs dépositions , & qu'il n'y a ni possibilité , ni convenance dans les faits sur lesquels ils ont déposé. 6°. Atténuer le crime par des circonstances qui feront expliquées , ce qui servira à diminuer la peine , &c. . .*)

Ce considéré , Monsieur , il vous plaise décharger le suppliant de la calomnieuse accusation de A. . . ; condamner ledit A. . . envers le suppliant , en telle réparation d'honneur qu'il appartiendra , avec dépens , dommages & intérêts ; & en conséquence , ordonner que le fuppliant fera élargi & mis hors de prifons ; à ce faire, le Geolier contraint par corps, ce faifant déchargé ; que l'écroue de fa perfonne étant fur le regiftre de la geole, fera rayé & biffé, à côté duquel il fera fait mention de la Sentence qui interviendra : & pour la juftification du contenu en la préfente Requête, produit & employe . . . (*comme à la requête de la partie civile.*)

TITRE XIV.

Des Défauts & Contumaces.

Procès-verbal de perquifition d'un accufé.

216. L'An . . . , en vertu du décret de Monfieur le Lieutenant-Criminel, à . . . du . . . jour de . . . , figné . . . & fcellé, & à la Requête de A . . . , qui a élu fon demicile à . . . , je . . Sergent à . . . , affifté de C . . . & D . . . Archers de la Maréchauffée de . . . , me fuis tranfporté au-devant de la maifon & domicile de B . . . , fife rue . . . , où étant, j'ai heurté à la porte d'icelle, laquelle ayant été ouverte par F . . . ferviteur domeftique de B . . . , j'y fuis entré avec mes affiftants, & lui ayant demandé où étoit B . . . , il m'a dit qu'il y avoit environ cinq, ou fix jours que ledit B . . . étoit forti de fa maifon monté fur un cheval bai-brun, & lui dit en fortant qu'il alloit paffer quelques jours à la campagne, & ne fçavoit ledit F . . . quand il pourroit être de retour, ni le lieu où il étoit allé, ledit B . . . ne lui en ayant rien dit lors de fon départ ; enfuite j'ai fommé & interpellé F . . . de par le Roi, de me faire ouverture de toutes les chambres & lieux dépendants de la maifon, & à l'inftant F . . . a ouvert toutes les portes d'icelle maifon, où je fuis entré ; premierement dans la falle baffe, (*fpécifier ainfi les lieux que l'on vifite ;*) dans tous lefquels lieux j'ai fait perquifition exaéte de B . . . pour l'arrêter & le mener prifonnier dans les prifons de . . . , en vertu dudit décret ; & ne l'ayant point trouvé en la maifon, je me fuis

enquis de M. . ., T. . ., O. . ., proches voifins, s'ils ne l'a-voient point vu entrer, ou fortir d'icelle maifon, lefquels m'ont dit, (*exprimer ce que l'on peut apprendre des voifins,*) dont j'ai dreffé le préfent procès-verbal pour fervir audit A. . ., ainfi qu'il ap-partiendra ; pour raifon duquel j'ai laiffé copie à F. . ., fuivant l'Ordonnance ; le tout en la préfence defdits C. . . & D. . ., qui ont figné avec moi, tant les copies, que le préfent ori-ginal.

Affignation à quinzaine au domicile où l'accufé réfidoit dans les trois mois du crime commis.

217. L'an . . ., en vertu du décret de prife-de-corps décerné le .. par Monfieur le Lieutenant-Criminel . . ., figné & fcellé ; & à la requête de A. . ., pour lequel domicile eft élu en la maifon de M. . ., qui occupera pour lui, Monfieur le Procureur du Roi joint, j'ai . . . fouffigné, en continuant le procès-verbal de perquifition par moi fait le . . ., donné affignation à B. . ., en parlant à un domeftique qui n'a voulu dire fon nom au domicile où réfidoit ledit B. . ., dans les trois mois du jour que le crime dont il eft accufé a été commis, à comparoître dans quinzaine par-vant mondit fieur le Lieutenant-Criminel en la Chambre-Crimi-nel, à . . ., pour efter à droit, fubir interrogatoire, répondre fur & aux fins dudit décret & charges & informations contre lui faites, & aux conclufions que Monfieur le Procureur du Roi vou-dra prendre contre lui ; & à cet effet fe mettre dans les prifons de . . ., & fatisfaire audit décret : & j'ai audit B. . ., en par-lant comme deffus, laiffé copie dudit décret & du préfent ex-ploit.

Affignation à l'accufé par affiche à la porte de l'Auditoire, à comparoir dans quinzaine.

L'an . . ., en vertu du décret de prife-de-corps décerné par Monfieur le Lieutenant-Criminel, ... figné & fcellé, & à la requête de A. . ., qui a élu fon domicile à . . ., je . . . Sergent à . . ., en continuant la perquifition par moi ci-devant faite, me fuis tranfporté au-devant de la porte & principale en-

trée de l'Auditoire de . . . , où étant j'ai donné affignation à
B. . . , à comparoir dans quinzaine pardevant mondit fieur le
Lieutenant-Criminel, pour efter à droit, fubir interrogatoire, &
répondre aux conclufions dudit décret ; & à cet effet, fe mettre
en état ès prifons dudit lieu, en exécution du décret ; & afin
que ladite affignation foit publique, & que B. . . n'en puiffe
ignorer, j'ai mis & appofé copie du préfent exploit à la porte
dudit Auditoire.

Procès-verbal d'Affiche du décret à la porte de l'Auditoire.

218. L'an . . . , à la requête de A. . . , qui a élu fon domicile
à . . . , en vertu du décret de prife-de-corps décerné par Monfieur le Lieutenant-Criminel en la Sénéchauffée de . . . , contre
B. . . , je H. . . Sergent à . . . , fouffigné en conféquence de
la déclaration qui m'a été faite par . . . , que ledit B. . . n'a
point réfidé dans le reffort de ladite Sénéchauffée, (*ou* que B. . .
n'a point de domicile,) me fuis tranfporté au-devant de la
porte & principale entrée de l'Auditoire de ladite Sénéchauffée,
où étant, j'ai mis & affiché à icelle porte, copie dudit décret,
enfemble du préfent procès-verbal, fuivant l'Ordonnance, pour
valoir perquifition de la perfonne de B. . . , dont acte.

Procès-verbal de perquifition, faifie, annotation, & affignation à quinzaine contre un accufé.

219. L'an . . . , par vertu d'un décret de prife-de-corps décerné
par Monfieur le Lieutenant-Criminel au Bailliage de . . . , en date
du . . . du préfent mois & an, duement en forme, *&c.* . je me
fuis H. . . Huiffier . . . , fouffigné affifté de S. . . Sergent-Huif-
fier . . . , & T. . . mes témoins avec moi menés exprès, &
fouffignés, tranfporté en la maifon & domicile du nommé B. . . ,
demeurant en ladite ville de . . . , grande rue & vis-à-vis . . . ,
accufé & nommé audit décret ; où étant & parlant à la femme
dudit B. . . , à l'effet d'y prendre & appréhender au corps ledit
B. . . , le conftituer prifonnier du Roi & Juftice, & le conduire
aux prifons royales de . . . , pour répondre & procéder aux fins
du fufdit décret, circonftances & dépendances, & aux charges
& informations contre lui faites, à la requête dudit Procureur du
Roi;

Roi ; & en outre sur ce qu'il plaira à mondit sieur le Procureur du Roi de le faire ouir, & interroger, & ester à droit, je me suis enquis à ladite femme B. . ., ainsi qu'aux sieurs D. . . Marchand, & E. . . demeurants à . . ., proches voisins dudit B. ., parlant à leurs personnes, où pouvoit être ledit B. . . ; laquelle femme B. . . & voisins sus-nommés m'ont fait réponse qu'il étoit absent depuis le Jeudi 6 du présents mois, & qu'il ne sçavoient pas où il peut être allé, & ont refusé de signer leur réponse duement enquis. Ce fait, j'ai sommé ladite femme B. . . de me faire présentement ouverture de tous les endroits & cénacles dudit domicile, & lesdits voisins, aussi parlant que dessus, d'être présents à la perquisition que je voulois y faire ; à quoi ladite femme B. . . a obéi, & lesdits voisins réfusé, & de signer de ce enquis; ce fait, je suis avec mesdits témoins entré en la boutique dudit domicile ouvrant, sur la rue ci-dessus désignée, & dans la chambre atenante ; ensuite dans une chambre haute sur le devant, dans
220. deux chambres autres, *&c.* ; ensuite dans les greniers & dans la cave, *&c.*, & en tous les endroits & recoins de ladite maison & domicile ; & en tous les susdits lieux & endroits, assisté comme ci-dessus, j'ait fait pleine & ample perquisition & recherche de la personne dudit B. . . accusé ; & ne l'ayant point trouvé, j'ai à ladite femme B. . ., & autres qu'il appartiendra, à domicile & parlant comme dessus, déclaré que je donnois, comme en effet j'ai donné par ces présentes, assignation audit B. . ., à comparoir à la quinzaine d'ordonnance, qui échéra le Lundi . . . présent mois & an, pardevant mondit sieur le Lieutenant-Criminel ; en conséquence, se mettre en état ès prisons royales de . . ., pour répondre & procéder aux fins de sondit décret, circonstances & dépendances ; & être oui & interrogé sur les charges & informations contre lui faites audit Bailliage, & à la requête de mondit sieur le Procurer du Roi ; & en outre, sur ce qu'il lui plaira de le faire ouir & interroger, & ester à droit ; & en conséquence du susdit décret, & en vertu d'icelui & de la même Requête que dessus, réiterant les mêmes élections de domicile que dessus
221. est dit, je Huissier susdit soussigné, suis sorti à la porte dudit domicile, où étant & parlant aux personnes desdits sieurs D. . . & E. . ., proches voisins dudit domicile, je les ai sommés de venir & être présents à la saisie & annotation que j'entendois faire audit domicile, des meubles & effets, si aucuns il y a, lesquels

ont été refusants de le faire, & de signer, quoique de ce interpellés ; ce fait, je suis avec mesdits témoins rentré audit domicile,
où étant, j'ai en vertu du susdit décret & de la même Requête, de
par le Roi & Justice, saisi & annoté les effets étant audit domicile, ainsi qu'il ensuit ; premierement . . . , &c. qui est tout ce
que j'ai trouvé à saisir & annoter audit domicile ; sauf à faire
distraction du lit prescrit par l'Ordonnance, si le cas y échet ;
& ai sommé ladite femme B. . . de me déclarer si son mari
n'avoit pas un registre où il écrit ses achats de meubles, ainsi
qu'il est d'usage & d'obligation aux Revendeurs d'en avoir, &
de me le représenter ; m'a fait réponse qu'elle ne sçait pas où il
peut l'avoir mis, n'ayant pas connoissance de ses affaires, & a refusé
de signer, de ce enquise. A la garde & conservation de tous lesquels
effets ci-dessus saisis & annotés, j'ai sommé ladite femme B. . .
de me présenter un Gardien bon & solvable, pour se charger
volontairement de la garde des susdits effets, pour les représenter
quand il seroit requis ; laquelle femme B. . . m'a déclaré qu'elle
en avoit cherché depuis ce matin sans avoir pu en trouver ; vu

222. laquelle réponse & pour sureté des susdits effets saisis & annotés,
j'ai commis & établi par forme de garnison en la maison & domicile dudit B. . ., & à la garde des susdits effets, les personnes
desdits S. . . & T. . ., mes témoins susdits & soussignés, qui y
resteront jusqu'à ce qu'il soit autrement ordonné par Justice ; &
lesdits S. . . & T. . . s'obligent de faire sure garde de ce que
dessus, & les représenter quand ils en seront requis ; le tout
moyennant salaire raisonnable: dont & de tout ce que dessus j'ai
fait acte, pour servir & valoir comme de raison ; & auxdits S. . .
& T. . ., en parlant à leurs personnes, j'ai délivré copie de
leur commission ; & audit B. . . accusé à domicile, ès mains de
ladite femme, j'ai laissé copie, dudit décret de prise-de-
corps, procès-verbal de perquisition de la personne dudit B. . .
accusé, assignation à quinzaine, saisie & annotation de meubles
dudit B. . , établissement de Gardien à iceux, le tout par même
acte ci-dessus, pour le faire sçavoir audit B. . . son mari.
Fait ès présence, & assisté desdits S. . . & T. . . mes témoins
susdits & soussignés, qui ont signé avec moi le présent original,
ainsi que la copie dudit . . . ., & leurs commissions.

223. Et au même instant, & ledit jour . . . heure de . . . du soir,
ladite femme B. . . m'a fait apparoir la personne du sieur N. . .

Marchand Drappier, demeurant audit . . . , Paroiſſe de . . . ,
à l'effet de ſe rendre gardien volontaire des effets ſus-ſaiſis & annotés, & pour éviter les frais de garniſon ; lequel ſieur N. . .
parlant à ſa perſonne, m'a requis vouloir l'accepter pour gardien
aux effets ſaiſis & annotés par le procès-verbal ci-deſſus, au-lieu
& place deſdits S . . & T. . . , aux offres qu'il fait de s'en
charger volontairement, pour les repréſenter toutes fois & quantes
il en ſera requis, aux peines de droit ; ce que j'ai accepté & con-
ſenti auxdites charges ; en conſéquence relevé la garniſon des
perſonnes deſdits S . . . & T. . . , qui ont préſentement remis
leur commiſſion & double ladite ſaiſie & annotation, & copie
ſur icelle de la préſente ſoumiſſion ; & du tout fait acte, & de
ce que j'ai préſentement fait récapitulation des effets compris audit procès-verbal de ſaiſie & annotation audit ſieur N. . . , dont
il s'eſt contenté, & a ſigné avec mes témoins & moi Huiſſier ſouſſigné.

Autre procès-verbal de perquiſition, ſaiſie & annotation,
quand il n'y a aucuns effets au domicile de l'accuſé.

224. (*Même formule que dans le procès-verbal précédent, ſinon qu'il*
y eſt dit qu'il s'eſt tranſporté avec C. . . & D. . . Cavaliers de
Maréchauſſée, *& enſuite* ;) Et voulant procéder à la ſaiſie & annotation des effets étant audit domicile, & après qu'ouverture a
été faite par la femme dudit B. . ., accuſé de tous les endroits
& cénacles dudit domicile ci-devant déſigné, & de quelques fermetures d'icelui domicile, je n'y ai trouvé que quelques mauvais bois de lit, une table, chaiſes très-mauvaiſes, & quelques
guenilles ; dont le tout étoit de peu de valeur, & n'étoit ſuffiſant
pour les frais de la ſaiſie & annotation, vente & diſcuſſion d'i-
ceux, dont & de tout ce que deſſus, j'ai fait & dreſſé le préſent
procès-verbal, pour ſervir & valoir ce que de raiſon.

(*Nota.*) *Au Châtelet de Paris, quand un des accuſés eſt contu-*
max, le Procureur du Roi, ou la partie civile donnent une Re-
quête au Lieutenant-Crimnel, pour voir ordonner que l'accuſé ſera
aſſigné à quinzaine à ſon de trompe & cri public ès lieux, en la ma-
niere accoutumée ; pour le tout fait & rapporté au Greffe, être or-
donné ce qu'il appartiendra, ſans préjudice des autres droits &
actions.

Le Lieutenant-Criminel met au bas de la Requête, quand il y a partie civile, un foit montré au Procureur du Roi, qui prend enfuite des conclufions.

Mais cette Ordonnance, ainfi que les conclufions, doivent être données par le décret de prife-de-corps, & par les conclufions qui le précédent.

Lorfque l'accufé contumax ne comparoit pas dans la quinzaine, on tient la même procédure pour le faire affigner de rechef à huitaine; mais il n'eft pas néceffaire pour cette affignation à huitaine, de préfenter Requête, ni de rendre une Ordonnance.

Formule de conclufions du Procureur du Roi pour faire affigner à huitaine, ainfi qu'il s'obferve en quelques Sieges, mais inutilement.

225. Vu le décret de prife-de-corps décerné contre B. . . ; procès-verbal de perquifition & affignation à quinzaine, défaut en cas de ban ; & la préfente Requête, (*de la partie civile,*) je requiers pour le Roi ledit B. . . , être affigné derechef à la huitaine à fon de trompe , par un feul cri public , fuivant & conformément à l'Ordonnance.

Procès-verbal d'affignation par un cri public à la huitaine.

L'an . . . , en vertu du décret de prife-de-corps décerné par Monfieur le Lieutenant-Criminel en la Sénéchauffée de . . . , figné & fcellé, & à la requête de A. . . , qui a élu fon domicile, à . . . , je fouffigné Sergent à . . . , me fuis tranfporté en la place de . . . , où fe tient le marché, accompagné de P. . . , où étant P. . . , ayant fonné de la trompette par un cri public, j'ai affigné B. . . à comparoître à la huitaine pardevant mondit ficur le Lieutenant-Criminel, pour fe mettre en état ès prifons dudit lieu , & fatisfaire audit décret ; & à l'inftant je me fuis tranfporté au-devant de la porte, & principale entrée de l'Auditoire de ladite Sénéchauffée , auffi accompagné de P. . . , où étant , & ledit P. . . ayant fonné de fa trompette, j'ai, par un cri public, fait pareille proclamation, & affigné B. . . à comparoître à la huitaine pardevant Monfieur le Lieutenant-Criminel, pour fe mettre en état ès prisons dudit lieu, & satisfaire audit décret. (*Si l'accusé a un domicile, ou résidence au lieu de la Jurisdiction, le Sergent s'y doit transporter avec la trompette, & continuer son procès-verbal ainsi ;*) après quoi m'étant transporté avec P. . . au-devant de la maison & domicile de B. . ., & icelui P. . . ayant sonné de la trompette, j'ai, par un cri public, pareillement assigné B. . . à comparoître, &c. : dont & de ce que dessus, j'ai dressé le présent procès-verbal, pour servir ainsi qu'il appartiendra ; après quoi, copie du présent procès-verbal a été par moi affichée à la porte dudit Auditoire.

Conclusions du Procureur du Roi pour récoler les témoins dans le cas de contumace de l'accusé.

226. Vu la plainte faite par A. . . contre B. . . le. . . ; ordonnance de Monsieur le Lieutenant-Criminel, portant permission d'informer des faits y contenus, du. . . ; information faite en conséquence le. . . ; décret de prise-de-corps décerné contre B. . . le. . . ; procès-verbal de perquisition faite de sa personne le. . . ; assignation à quinzaine donnée audit B. . . accusé, en son domicile le. . . ; autre assignation à lui donnée le. . . à son de trompe par un cri public, à comparoître à la huitaine ensuivant ; & tout ce qui m'a été communiqué, vu & considéré.

Je requiers pour le Roi, qu'il soit ordonné que les témoins ouis en l'information seront récolés en leurs dépositions, & que le récolement qui sera fait d'iceux, vaudra confrontation à l'accusé ; pour ce fait, & le tout à moi communiqué, requérir ce qu'il appartiendra.

(Ordonnance en conséquence, qui doit être conforme aux conclusions.)

Récolement.

227. L'an. . ., pardevant nous L. . ., Conseiller du Roi, Lieutenant-Criminel à. . ., est comparu A. . ., demandeur & accusateur, lequel nous a dit qu'en exécution de notre Ordonnance du. . ., il a fait assigner M. . ., N. . ., O. . ., témoins ouis en l'information par nous faite à sa requête contre B. . ., accusé & ses complices, pour être récolés en leurs dépositions par exploit de. . ., Huiffier du. . ., contrôlé à. . . le. . ., lequel A. . . nous a repréfenté, & requis qu'il nous plût procéder au récolement defdits témoins.

Surquoi nous avons donné acte audit A. . . de fa comparution, dire & réquifition; & ordonné qu'il fera par nous préfentement procédé au récolement defdits témoins, & s'eft ledit A. . . retiré.

Et à l'inftant, eft comparu M. . ., fecond témoin oui en l'information par nous faite à la requête de A. . ., auquel M. . . après ferment par lui fait de dire vérité, avons fait faire lecture de la dépofition par lui faite en ladite information; & après l'avoir ouie, a dit qu'elle eft véritable, qu'il ne veut y augmenter, ni diminuer, & qu'il y perfifte. Lecture à lui faite du préfent récolement, y a auffi perfifté, & a figné avec nous, (*ou* déclaré ne fçavoir écrire ni figner, de ce interpellé, fuivant l'Ordonnance.)

Eft auffi comparu N. . ., premier témoin oui en ladite information, auquel, après le ferment par lui fait de dire vérité, *&c.*, (*comme au récolement du témoin ci-deffus; & fi les témoins veulent ajouter, ou diminuer à leurs dépofitions, il faut l'écrire.*)

Conclusions diffinitives du Procureur du Roi sur la contumace.

228.　Vu , &c. (*Dreffer le vu pareil à celui des conclufions ci-deffus, n. 226.*)

Je requiers pour le Roi que la contumace foit déclarée bien inftruite contre l'accufé; & adjugeant le profit d'icelle, qu'il foit déclaré duement atteint & convaincu de . . .; pour réparation dequoi, condamné à être pendu & étranglé jufqu'à ce que mort s'enfuive, à une potence qui fera plantée en la place de . . .; condamné en . . . livres de réparation, dommages & intérêts envers le demandeur, & aux dépens du procès; le furplus de fes biens acquis & confifqués à qui il appartiendra, fur iceux préalablement pris la fomme de . . livres d'amende envers le Roi, en cas que confifcation n'ait lieu au profit de Sa Majefté; ce qui fera exécuté par effigie à un tableau qui fera attaché à ladite potence.

Jugement diffinitif de condamnation à mort par contumace.

Extrait des Regiſtres de...

229. Vu le procès criminel par nous extraordinairement fait & inſtruit à la requête de A..., demandeur & accuſateur, (le Procureur du Roi joint,) contre B..., accuſé, défendeur & défaillant ; Procès-verbal par nous fait le.., contenant la plainte de A...; notre ordonnance portant qu'il ſera informé du contenu en icelle, circonſtances & dépendances ; information par nous faite en conſéquence à la requête dudit A...; décret de priſe-de-corps par nous décerné contre B..., le..; procès-verbal de perquiſition faite de la perſonne de l'accuſé, le..; aſſignation à quinzaine à lui donnée le.. jour de.., pour ſe mettre en état ès priſons de cette Cour, & ſatisfaire audit décret ; autre aſſignation à huitaine par un cri public, à lui donnée aux mêmes fins, le..; notre Sentence du.., par laquelle il eſt ordonné que les témoins ouis en l'information ſeront récolés en leurs dépoſitions, & que le récolement vaudra confrontation à l'accuſé ; Récolement par nous fait des témoins en leurs dépoſitions, le..; Concluſions du Procureur du Roi, auquel le tout a été communiqué : Et tout conſidéré.

Nous avons déclaré la contumace bien inſtruite contre B..., accuſé ; & adjugeant le profit d'icelle, le déclarons duement atteint & convaincu de..; (*inférer le crime dont il s'agit* ;) pour réparation dequoi, condamnons ledit B..., accuſé, à être pendu & étranglé juſqu'à ce que mort s'enſuive, à une potence qui ſera pour cet effet plantée en la place de..; le condamnons, en outre, en.. livres de réparation, dommages & intérêts envers le demandeur, & aux dépens du procès ; avons déclaré le ſurplus de ſes biens acquis & confiſqués à qui il appartiendra, ſur iceux préalablement pris la ſomme de... livres d'amende envers le Roi, en cas que confiſcation n'ait lieu au profit de Sa Majeſté ; & ſera la préſente Sentence exécutée par effigie en un tableau, qui ſera attaché à ladite potence par l'Exécuteur de la Haute-Juſtice.

Procès-verbal d'exécution par effigie.

230. L'an . . ., le préfent jugement a été publié à haute & intelligible voix en la place de . . . par moi Greffier en la Sénéchauffée de . ., fouffigné : ce fait, l'effigie y mentionnée étant en un tableau, a été attachée à une potence dreffée en la même place par Z. . ., Exécuteur de la Haute-Juftice, conformément & en exécution dudit jugement. Fait les an & jour que deffus.

Jugement diffinitif de condamnation aux Galeres, par contumace.

Extrait des Regiftres de. . .

Vu le procès criminel, &c. . ., (*comme le précédent*;) Nous avons déclaré la contumace bien inftruite contre B. . ., accufé ; & adjugeant le profit d'icelle, le déclarons duement atteint & convaincu de . .; pour réparation dequoi, le condamnons à fervir de forçat à perpétuité dans les galeres du Roi ; le condamnons en outre en. . . livres de réparation, dommages & intérêts, & aux dépens du procès ; avons déclaré le furplus de fes biens acquis & confifqués à qui il appartiendra, fur iceux préalablement pris la fomme de , . . livres d'amende envers le Roi, en cas que confifcation n'ait lieu au profit de Sa Majefté ; & fera la préfente Sentence tranfcrite dans un tableau attaché par l'Exécuteur de la Haute-Juftice, à une potence, qui pour cet effet fera plantée en la place de . . .

Procès-verbal du Juge qui conftate l'évafion d'un prifonnier fans bris de prifon.

231. L'an . . .; nous L. . ., affifté de . ., notre Greffier ordinaire, nous nous fommes tranfportés, fur les neuf heures du matin, dans les prifons de ce Siege, fur l'avis qui nous a été donné, que plufieurs prifonniers en étoient fortis ; & nous étant informé à G. . ., Geolier, s'il étoit vrai, comme le bruit s'en étoit répandu, que tous les prifonniers confiés à fa garde n'étoient pas dans les prifons, il nous a répondu, qu'il vient de remarquer,

quer, dans le moment, que B. . . ., qui étoit encore hier à dix heures du foir dans les prifons, n'y eſt plus, fans ſçavoir quelle ruſe il a pu mettre en uſage pour s'évader, ce qu'il ſe diſpoſoit à nous faire ſçavoir ; nous nous ſommes fait conduire par ledit G. . . dans les prifons, où étoit renfermé ledit B. . ., laquelle s'eſt en effet trouvée vuide, fans que nous ayons remarqué, ni en icelle, ni dans les autres, & les lieux en dépendants, que nous avons viſités avec ſoin, aucun bris de priſon ; ce qui nous a engagé à faire de nouvelles queſtions au Geolier, & à lui remontrer qu'il étoit bien étonnant, qu'étant reſponſable des prifonniers, il eût ainfi laiffé évader ledit B. . . ; à quoi il nous a répondu, avec ferment, qu'il n'avoit rien à ſe reprocher, & qu'il ne concevoit pas comment cette évaſion avoit pu ſe faire ; & n'ayant pu tirer ni par lui, ni par nos recherches, d'autres éclairciſſements, nous avons rédigé de ce que deſſus, notre préſent procès-verbal qui ſera communiqué au Procureur du Roi, à l'effet d'être par lui requis, & enſuite par nous ordonné ce que de raifon ; & a ledit . ., Geolier, ſigné avec nous & notre Greffier.

Conclufions du Procureur du Roi fur l'évaſion d'un accuſé.

232.   Vu la plainte faite par A. . . contre B. . ., le . . ; ordonnance de M. le Lieutenant-Criminel, portant permiffion d'informer du . . ; information faite en conféquence, le . . ; décret de priſe-de-corps décerné contre ledit B. . ., le . . ; procès-verbal d'empriſonnement dudit B. . ., le . . ; interrogatoire ſubi par ledit B. . ., le . . ; procès-verbal de l'évaſion dudit B. . . ; & tout ce qui m'a été communiqué vu & confidéré,

    Je requiers pour le Roi qu'il ſoit ordonné que les témoins feront ouis ; que ceux qui l'ont été, feront récolés en leurs dépofitions ; & que le récolement vaudra confrontation.

Jugement portant que l'accusé, qui a pour prison la suite du Conseil, ou du Grand-Conseil, le lieu de la Jurisdiction où s'instruit son procès, ou les chemins de celle où il a été renvoyé, sera assigné par une seule proclamation, faute de se représenter.

Extrait des Registres de . . .

233.   Vu la plainte faite par A . . . contre B . . ., le . . ; l'ordonnance portant permission d'informer, du . . ; information faite en conséquence, le . . ; décret de prise-de-corps décerné contre ledit B . . . ; le jugement du . . , portant que l'accusé aura pour prison les chemins de . . ; conclusions du Procureur du Roi : Et tout vu ; nous ordonnons que dans . . l'accusé sera tenu de se représenter aux pieds de la Cour, ou se mettre en état ès prisons de . . , pour être procédé au jugement du procès ; & que faute de ce faire, il sera pris au corps, si pris & appréhendé peut être, sinon assigné par une seule proclamation, suivant l'Ordonnance. Fait...

Assignation à l'accusé par proclamation.

L'an . . , en vertu du jugement du . . , & à la requête de A . . , qui a élu son domicile à . . , je . . , Huissier à . . , soussigné, me suis transporté au-devant de la porte & principale entrée de l'Auditoire de . . ; où étant, j'ai à haute & intelligible voix proclamé & assigné B . . . , à comparoir d'hui en . . . jours, pardevant M. le Lieutenant-Criminel, pour se mettre en état ès prisons de . . , & satisfaire au décret contre lui décerné, dont j'ai dressé le présent procès-verbal, copie duquel a été par moi Huissier soussigné, mise & apposée à la même porte, à ce que B . . . n'en puisse ignorer.

Défaut contre l'accusé, faute de se représenter.

Extrait des Registres de . . .

234.   Défaut à A . . . , demandeur & accusateur, (le Procureur du

Roi joint,) contre B. . . , accufé, défendeur & défaillant, faute de fe repréfenter, fuivant l'affignation échue le . . , après que le délai porté par l'Ordonnance eſt expiré.

(Il faut enfuite communiquer le procès au Procureur du Roi, pour y donner ſes conclufions.)

Conclufions du Procureur du Roi.

Vu le défaut obtenu au Greffe, le . . . . , par **A**. . . . , demandeur & accuſateur contre B. . . . , défendeur & accuſé, faute de fe repréfenter, après que le délai porté par l'Ordonnance eſt expiré ; vu auffi la plainte dudit A. . . contre B. . . ; ordonnance de M. le Lieutenant-Criminel, portant permiffion d'informer du . . ; information faite en conféquence, le . . . ; décret de priſe-de-corps décerné contre l'accuſé ; jugement du . . , portant que l'accuſé aura pour priſon les chemins de . . ; autre jugement du . . , portant que l'accuſé fera tenu de fe repréfenter, finon pris au 'corps, ou affigné par une feule proclamation ; procès-verbal fait par . . , Huiffier, le . . , contenant proclamation à la porte de l'Auditoire de cette Cour, & affignation à l'accuſé, pour fe mettre en état ès priſons de . . ; & tout ce qui m'a été communiqué vu & confidéré,

Je requiers pour le Roi être dit que le défaut a été bien obtenu ; & pour le profit, que les témoins ouis en l'information feront récolés en leurs dépofitions, & que le récolement vaudra confrontation contre ledit B. . . .

Le Juge rend ſon Ordonnance en conféquence.

Conclufions diffinitives du Procureut du Roi.

Vu, &c.

235. Je requiers pour le Roi la contumace être déclarée bien inſtruite ; & adjugeant le profit d'icelle, que B. . . , accuſé, foit condamné à. . .

(Nota.) S'il y a des conclufions diffinitives avant la contumace, les conclufions fur la contumace feront ainfi.

Conclusions du Procureur-du Roi sur la contumace seulement.

Vu, &c.

Je requiers pour le Roi la contumace être déclarée bien instruite, & persiste aux conclusions par moi ci-devant prises, (*Voyez ci-dessus*, n. 228.)

Si c'est au Parlement, ou en quelqu'autre Cour supérieure, & qu'il y ait appel d'une Sentence, les conclusions seront ainsi.

Je requiers pour le Roi que la contumace soit déclarée bien instruite; & pour le profit, l'Appellant déchu de son appel, & condamné en l'amende . . . .

Ou

Je n'empêche droit être fait par la Cour, ainsi qu'il appartiendra.

Lettres pour ester à droit.

236. Louis, par la grace de Dieu, Roi de France & de Navarre : A nos amés & féaux, &c. . . . (*Il faut mettre l'adresse aux Juges qui ont jugé la contumace.*) Salut. Il nous a été exposé, de la part de B . . ., qu'il a tué N . . ., dans la nécessité d'une légitime défense de sa vie; & craignant la rigueur de la Justice, il s'est refugié à . . ., d'où il n'a pu repasser en France, à cause de la guerre d'entre les deux Couronnes; cependant la veuve de ce défunt a fait une plainte contre l'Exposant, qualifiant cet accident d'assassinat prémédité, & a obtenu Arrêt qui le condamne à mort par défaut & contumace, le . . ., quoique l'Exposant soit fort innocent du crime qu'on lui impose. Et comme il lui a été impossible de se représenter, dans les cinq années, depuis ledit Arrêt, il nous a très humblement supplié de lui octroyer nos Lettres, pour être reçu à ester à droit : A ces causes, nous vous mandons que notre Procureur-Général, & autres qu'il appartiendra, appellés pardevant vous, s'il vous appert que l'Exposant n'ait pu se présenter lors des défauts & contumace; en ce cas, ayez à le recevoir à ester à droit, & se justifier des cas à lui imposés, tout ainsi qu'il eût pu faire avant ledit Arrêt, que ne voulons lui préjudicier, pour ne s'être représenté dans les cinq ans portés par nos Ordonnances, dont nous l'avons de notre grace

fpéciale, pleine puiffance & autorité royale, relevé & relevons par ces préfentes ; à la charge de fe mettre en état dans vos prifons dans trois mois, lors de la préfentation d'icelles, de refonder les dépens de la contumace, & de configner les amendes & fommes, fi aucunes ont été adjugées aux parties ; & Voulons que foi foit ajoutée aux dépofitions des témoins décédés, comme s'ils avoient été confrontés. Mandons au premier notre Huiffier, où Sergent fur ce requis, de faire pour l'exécution des préfentes, tous exploits, fignifications & actes de Juftice néceffaires : car tel eft notre plaifir. Donné à. . . le. . . jour de. . . l'an de grace... & de notre regne le. . .

Requête à fin d'entérinement des Lettres pour efter à droit.

A Nosseigneurs de. . .

237. Supplie humblement B. . ., qu'il plaife à la Cour entériner les lettres pour efter à droit, obtenues par le fuppliant le. . . ; & ordonner qu'il fera oui & interrogé fur les faits réfultants des informations contre lui faites à la requête de. . . ; & vous ferez bien.

Arrêt qui entérine les Lettres pour efter à droit.

Extrait des Regiftres de. . .

Vu par la Cour la requête préfentée par B. . ., à ce que les lettres pour efter à droit par lui obtenues en Chancellerie, fuffent entérinées, & qu'il plût à la Cour ordonner qu'il fera interrogé fur les informations contre lui faites à la requête de A. . . . Vu auffi lefdites lettres ; l'écroue d'emprifonnement du fuppliant du. . . ; conclufions du Procureur-Général du Roi ; oui le rapport de Me. . ., Confeiller ; & tout confidéré : la Cour a entériné & entérine lefdites lettres obtenues par le fuppliant ; & en conféquence, ordonne qu'il fera oui & interrogé fur les faits réfultants des charges & informations pardevant le Confeiller-Rapporteur ; pour l'interrogatoire fait & communiqué au Procureur-Général du Roi, être ordonné ce que de raifon. Fait. . . .

Requisitoire du Procureur du Roi pour la vente des effets sujets à dépérir.

A Monsieur le Lieutenant Criminel, *&c.*

238. Vous remontre le Procureur du Roi . . ., que dans les biens saisis & annotés sur B. . ., par le procès-verbal du. . ., il se trouve des grains à battre, des grains battus, & des vins qui sont dans le cas de dépérir.

A ces causes, requiert qu'il vous plaise ordonner que ces effets seront vendus, & les deniers provenant de la vente, touchés par le Commissaire établi par ledit procès-verbal, lequel en rendra compte ; le tout en la maniere accoutumée, *&c.*

Présenté le. . .

Ordonnance qui permet de vendre.

Nous ordonnons que les grains battus, les grains à battre, & les vins compris au procès-verbal de saisie & annotation du. . . seront vendus, & les deniers provenant de la vente, touchés par le Commissaire établi par ledit procès-verbal, lequel en rendra compte ; le tout suivant l'Ordonnance, & en la maniere accoutumée. Fait & donné à . . . le. . .

TITRE XV.

De la converſion des Procès , & de la réception en Procès ordinaires.

Ordonnance portant que communication ſera faite au Procureur du Roi d'un Procès civil, dans lequel il y a des faits qui méritent une inſtruction à l'extraordinaire.

239. **N**OUS, attendu que nous avons remarqué qu'il y a dans l'affaire des faits qui méritent une inſtruction à l'extraordinaire ; diſons qu'il en ſera communiqué au Procureur du Roi, à l'effet d'être par lui requis ce que de raiſon , & enſuite par nous ordonné ce qu'il appartiendra.

Plainte du Procureur du Roi.

A MONSIEUR LE LIEUTENANT CRIMINEL, &c.

Vous remontre le Procureur du Roi, que par la communication qu'il a priſe en vertu de votre Sentence de cejourd'hui , de l'inſtance d'entre. . ., d'une part , & B. . . d'autre part, il a reconnu que ledit B. . . y eſt accuſé de. . ., qui ſont des faits graves qui ne peuvent manquer d'exciter ſon miniſtere à vous donner ſa plainte.

A ces cauſes, il vous plaiſe lui donner acte de ce que pour plainte il emploie le contenu ci-deſſus : en conſéquence lui permettre d'en faire informer , circonſtances & dépendances ; & à cet effet, d'adminiſtrer témoins, leſquels ſeront aſſignés à comparoître pardevant vous au jour & heure qu'il vous plaira indiquer, & ordonner que l'enquête à laquelle il a été procédé le. . .

demeurera jointe au procès, pour le tout à lui communiqué ; être requis ce que de raison,

Ordonnance.

240. Nous avons donné acte au Procureur du Roi de sa plainte : en conséquence lui permettons de faire informer des faits contenus en icelle, circonstances & dépendances ; & à cet effet d'administrer témoins, lesquels seront assignés à comparoître pardevant nous en notre Hôtel le. . ., huit heures du matin ; & ordonnons que l'enquête du. . . sera & demeurera jointe au procès, pour ladite enquête communiquée au Procureur du Roi, & à nous rapportée, être par lui requis, & par nous ordonné ce qu'il appartiendra. Fait & donné en notre Hôtel à, . . le. . .

Conclusions du Procureur du Roi pour recevoir les parties en procès ordinaire.

Entre A. , . ., demandeur & complaignant, & B. . . ., accusé.

Vu la plainte & information faite à la requête dudit A. . .

Je requiers pour le Roi, avant faire droit, que les parties soient reçues en procès ordinaire ; ce faisant, que les informations soient converties en enquêtes ; & qu'il soit permis audit B. . , accusé, d'en faire une de sa part ; pour ce fait, & à moi communiqué, requérir ce que de raison. Fait ce . . .

Jugement qui reçoit les parties en procès ordinaire.

Extrait des Registres de . . ,

241. Vu les charges & informations par nous faites à la requête de A. . ., demandeur & complaignant, le Procureur du Roi joint, contre B. . . défendeur & accusé ; décret de prise-de-corps décerné sur les informations, contre B. , . . ; interrogatoire par lui subi sur les informations ; conclusions du Procureur du Roi ; & tout considéré,

Nous avons reçu les parties en procès ordinaire ; ce faisant, ordonnons

ordonnons que l'information faite à la requête du demandeur, sera convertie en enquête; & en conséquence avons permis au défendeur d'en faire une de sa part dans. . . jours; & sera tenu le demandeur de donner au défendeur un extrait des noms, surnoms, âges, qualités & demeures des témoins ouis en ladite information, pour fournir de reproches contre iceux, si bon lui semble; sauf à reprendre l'extraordinaire, s'il y échet. Fait ce . . .

Expédition de ladite Sentence en forme.

(*Comme aux autres Sentences en forme; Voyez ci-dessus*, n. 169.)

Signification de ladite Sentence.

(*Comme aux autres significations; (Voyez ci-dessus, n.* 203.)

TITRE XVI.

Des Lettres de Grace.

Lettres d'Abolition.

242. LOUIS, par la grace de Dieu, Roi de France & de Navarre: A tous présens & à venir, Salut. Nous avons reçu la très-humble supplication de B. . ., contenant que la famille du sieur A. . . ayant successivement eu depuis plus de cent ans, une haine mortelle contre la famille de l'Exposant, le sieur A. . . . a recherché les occasions d'en faire ressentir les effets à l'Exposant, & s'est toujours rencontré dans les lieux où il a cru pouvoir lui donner du chagrin, ce que l'Exposant a souffert avec toute la modération imaginable; mais A. . . abusant de l'honnêteté & des égards que l'Exposant avoit pour lui, est venu le jour.. de . . . en la maison du sieur O. . ., où étoit l'Exposant, qui voulut en sortir lorsqu'il vit ledit A. . .; lequel continuant les

infultes, & l'Expofant ne pouvant plus fe contraindre, mit l'épée à la main, & en donna deux coups audit A..., dont il mourut un jour après, au grand regret de l'Expofant, qui a un extrême déplaifir d'avoir contribué à ce malheur ; nous fuppliant de lui octroyer nos Lettres de grace. A ces caufes, voulant donner audit B... des marques de notre clémence, lui avons quitté, remis, pardonné, éteint, aboli ; quittons, pardonnons, remettons, & aboliffons par ces préfentes, le fait & cas ci-deffus expofé, avec toute peine, amende & offenfe corporelle, civile & criminelle, qu'il a pour raifon de ce, encourue envers Nous & Juftice ; mettons au néant tous décrets, défauts, coutumaces, Sentences, Jugemens & Arrêts qui s'en font enfuivis ; le mettons & reftituons en fa bonne renommée, & en fes biens, non d'ailleurs confifqués ; fatisfaction préalablement faite à partie civile, fi fait n'a été, & s'il y échet ; impofons fur ce, filence perpétuel à notre Procureur-Général, fes Subftituts préfents & à venir, & à tous autres. Si donnons en mandement à notre Bailli de..., ou fon Lieutenant-Criminel, & Gens tenants le Siege audit lieu..., que du contenu en ces préfentes, nos Lettres de grace, & abolition, ils faffent jouir l'Expofant, pleinement, paifiblement, & perpétuellement, ceffant & faifant ceffer tous troubles & empêchements contraires ; à la charge de fe préfenter pardevant vous, pour l'entérinement des préfentes dans...., à peine de nullité d'icelles ; car tel eft notre plaifir, &c.

Lettres de Remiffion.

243. Louis, par la grace de Dieu, Roi de France & de Navarre : A tous préfents & à venir, Salut. Nous avons reçu la très-humble fupplication de B..., contenant que le... jour de... fur les onze heures du foir, l'Expofant fortant de fa maifon pour aller à...., fut attaqué par deux hommes ayant l'épée à la main, qui lui demanderent la bourfe ; ce qui obligea l'Expofant de tirer auffi l'épée, & de fe mettre en défenfe ; mais voyant que deux autres hommes venoient du même côté de ceux qui l'attaquoient, il recula quelques pas, & fe mit fous la porte du fieur F..., où fe trouvant preffé par les quatre hommes, il leur porta quelques coups, defquels deux defdits hommes demeurerent fur la place ; & ceux qui reftoient, l'ayant réduit à l'extrêmité, il voulut faire

un dernier effort pour fortir du lieu où il étoit, & en paffant, il donna un coup d'épée dans le corps de l'un d'eux, qui fe fentant bleffé, pria fon compagnon de lui aider à fe fauver, & laifferent l'Expofant, qui s'en retourna chez lui ; nous fuppliant de lui octroyer nos Lettres de remiffion. A ces caufes, avons remis & pardonné, remettons & pardonnons, par ces préfentes, le fait, &c. . .

Lettres de Pardon.

244. Louis, &c. . . B. . . nous a expofé qu'il y a près de quatre ans qu'il fe trouva chez le fieur N. . . , lequel donnoit à manger à plufieurs perfonnes qui y étoient affemblées ; & pendant le repas, les fieurs P. . . & D. . . fe dirent des paroles fâcheufes, & enfuite fe menacerent en préfence de l'Expofant ; lequel croyant que D. . . avoit raifon de repouffer par des injures celles qui étoient dites par P. . . , fe déclara pour D. . . , en blâmant P. . . ; & la querelle s'étant échauffée, D. . . prit un des couteaux qui étoient fur la table, & en donna un coup à P. . . , quelques efforts que l'Expofant pût faire pour l'empêcher, duquel coup P. . . mourut à l'inftant, dont l'Expofant eut un fenfible déplaifir ; nous fuppliant de lui octroyer nos Lettres de pardon. A ces caufes, &c. . .

Sentence fur la préfentation & lecture des Lettres.

Extrait des Regiftres du Bailliage de. . .

245. Aujourd'hui ont été lues en la falle d'Audience, l'Audience tenant, les Lettres de . . . , obtenues par B. . . , & ce, en fa préfence, étant nue tête & à genoux ; & après ferment par lui fait de dire vérité, a affirmé qu'il a donné charge de les obtenir ; qu'elles contiennent vérité, & qu'il s'en veut fervir, nous avons ordonné & ordonnons que lefdites Lettres & informations feront communiquées au Procureur du Roi, & copie d'icelles Lettres donnée à la partie civile, fi aucune y a, pour fournir fes moyens d'oppofition dans le temps de l'Ordonnance ; & fera ledit B. . . ouï & interrogé par le Confeiller-Rapporteur du procès, fur les faits réfultants defdites Lettres & informations, pour l'interroga-

toire fait, & auſſi communiqué audit Procureur du Roi, être ordonné ce que de raiſon. Fait en Parlement ce . .

Autre publication de Lettres de Chancellerie, obtenues par un impétrant.

L'an . . . , le . . . les préſentes Lettres de rémiſſion, (*ou autres,*) ont été par moi Greffier ſouſſigné , lues & publiées à l'Audience tenant, en préſence de l'impétrant; lequel étant nue tête
& à genoux , a dit icelles contenir vérité, avoir donné charge de
les obtenir , & qu'il s'en veut ſervir, dont lui avons donné acte,
& qu'il ſera procédé à l'inſtruction du procès dudit B. . . , en
la maniere accoutumée.

Requête à fin d'aſſigner la partie civile pour procéder à l'entérinement des Lettres.

A NOSSEIGNEURS DE PARLEMENT.

246. Supplie humblement B. . . Ecuyer , priſonnier ès priſons de . . .
diſant qu'ayant été obligé, dans la néceſſité d'une légitime défenſe de ſa vie, de tuer A. . . , il a obtenu des Lettres de rémiſſion adreſſées à la Cour le . . . , ſignées & ſcellées, leſquelles
il a préſenté, ſuivant l'Arrêt du . . .

Ce conſidéré, Noſſeigneurs, il vous plaiſe permettre au ſuppliant de faire aſſigner C. . . , fils & héritier dudit défunt, pour
fournir ſes moyens d'oppoſition , ſi aucuns il a , contre leſdites Lettres, & voir procéder à l'entérinement d'icelles, pour
jouir par le ſuppliant de l'effet y contenu , ſelon leur forme &
teneur ; & vous ferez bien.

Ordonnance.

Soit partie appellée. Fait ce . .

*(Si la partie que l'on veut faire aſſigner demeure hors du lieu où la
Cour eſt établie , il faut obtenir des Lettres de Chancellerie , ou une
Commiſſion particuliere adreſſée au premier Huiſſier , ou Sergent
royal requis , n'y ayant que les Huiſſiers de la Cour qui puiſſent ſi-*

gnifier les Ordonnances fur les Requêtes qui y font préfentées, ainfi que les Arrêts qui en font émanés.)

Affignation pour voir procéder à l'entérinement des Lettres.

247. L'an . . ., en vertu de . . ., (exprimer l'Ordonnance de la Cour, ou les Lettres, l'Arrêt, ou la Commiffion particuliere,) & à la requête de B. . . Ecuyer, qui a élu fon domicile en la maifon de P. . . Procureur en la Cour, je . . . Huiffier à . . ., demeurant à . . ., ai donné affignation à C. . ., héritier du défunt A. . ., en parlant à . . ., en fon domicile, à comparoître d'hui en . . . jours pardevant Noffeigneurs de la Cour de Parlement de . . ., pour procéder aux fins de ladite requête; de laquelle, enfemble du préfent exploit, & des Lettres de remiffion obtenues par ledit fieur B. . ., mentionnées en ladite requête, j'ai laiffé copie audit C. . ., à ce qu'il n'en ignore ; & en outre, procéder comme de raifon, & à fin de dépens, dommages & intérêts, en cas de conteftation ; & fignifié que P. . . eft Procureur.

Arrêt d'enthérinement de Lettres.

Extrait des Regiftres de Parlement.

248. Vu par la Cour les Lettres de rémiffion obtenues par B. . . Ecuyer, le . . . jour de . . ., fignées . . ., pour raifon de l'homicide par lui commis en la perfonne de A. . . ; informations, & autres procédures criminelles faites pour raifon de ce, par le Lieutenant-Criminel de . . ., à la requête de C. . . ; écroue d'emprifonnement volontaire de B. . . en la Conciergerie le . . ; Arrêt du . . ., fur la préfentation & lecture defdites Lettres en la Grand'Chambre, l'Audience tenant, en préfence de B. . ., lequel étant nue tête & à genoux, & après ferment par lui fait de dire vérité, a affirmé qu'il a donné charge de les obtenir ; qu'elles contiennent vérité, & qu'il s'en veut fervir ; par lequel Arrêt la Cour a ordonné que lefdites Lettres & informations feront communiquées au Procureur-Général du Roi, & copie d'icelles Lettres donnée à la partie civile, fi aucune y a, pour fournir

ſes moyens d'oppoſition dans le temps de l'ordonnance ; & que B. . . , ſera ouï & interrogé par le Conſeiller-Rapporteur du procès, ſur les faits réſultant deſdites Lettres & informations ; interrogatoire à lui fait par le Conſeiller commis, contenant ſes réponſes, confeſſions & dénégations, & ſa déclaration qu'il prend droit par leſdites informations, joint leſdites Lettres de rémiſſion ; concluſions du Procureur du Roi ; & ouï & interrogé en la Chambre B. . . , ſur les cas à lui impoſés & contenus auxdites Lettres, deſquelles la teneur enſuit : Louis par la grace de Dieu, &c. . . (*Il faut transférer les Lettres, & s'il y a partie civile, inſérer les qualités des parties, défauts, requêtes, & incidents, comme dans les vûs d'Arrêts en matiere civile, qui ſont au ſtyle univerſel civile,*) Ouï le rapport de Mᵉ . . . Conſeiller, & tout conſidéré :

La Cour a entériné leſdites Lettres de rémiſſion, pour jouir par ledit B. . . de l'effet & contenu d'icelles, ſelon leur forme & teneur.

Autre Arrêt d'entérinement de Lettres, portant condamnation à aumôner, & à faire prier Dieu pour le défunt.

249. La Cour a entériné leſdites Lettres de rémiſſion, pour jouir par ledit B. . . , de l'effet & contenu d'icelles, ſelon leur forme & teneur ; néanmoins le condamne à aumôner la ſomme de . . , pour le pain des priſonniers de la Conciergerie du Palais ; & celle de . . . , pour faire prier Dieu pour l'ame du défunt.

Autre qui condamne l'impétrant à ſervir à l'Armée pendant un temps.

La Cour a entériné leſdites Lettres, pour jouir par B. . . de l'effet & contenu d'icelles ; & néanmoins le condamne de ſervir le Roi, à ſes dépens, en l'une de ſes armées pendant . . . ; & ſera tenu de rapporter certificat au Procureur - Général du Roi en bonne & due forme, du ſervice qu'il aura rendu, ſigné du Général d'armée, & du Capitaine ſous lequel il aura ſervi, trois mois après la campagne faite ; le condamne en outre à aumôner pour le pain des priſonniers de la Conciergerie, la ſomme de . . . ,

& celle de . . . pour faire prier Dieu pour l'ame du défunt, en l'Eglise de . .

Autre prononciation lorsque la partie civile est en cause, & qu'on lui adjuge des dépens, dommages & intérêts.

250. La Cour a entériné lesdites Lettres de rémiffion, pour jouir par l'impétrant de l'effet & contenu d'icelles, felon leur forme & teneur ; & néanmoins l'a condamné en . . , livres de réparation civile, dommages & intérêts envers ledit C. . . , en . . . livres d'aumône pour faire prier Dieu pour l'ame du défunt, & aux dépens du procès.

Requête à fin de renvoi de l'inftruction de l'inftance, de Lettres, fur le lieu où le crime a été commis.

A NOSSEIGNEURS DE PARLEMENT.

Supplie humblement C. . . , fils & unique héritier du défunt A. . . , difant que B. . . Ecuyer, ayant tué A. . . , le fuppliant en a fait informer pardevant le Lieutenant-Criminel en la Sénéchauffée de . . . , & a obtenu décret de prife-de-corps contre B. . . , qui, au-lieu de fe mettre en état dans les prifons de ladite Sénéchauffée, a obtenu des Lettres de rémiffion, dont il pourfuit l'entérinement en la Cour, dans la penfée d'y trouver plus facilement l'impunité, faute de preuve ; laquelle le fuppliant ne peut faire que fur les lieux où le crime a été commis ; (*exprimer ainfi les raifons que l'on a de demander le renvoi pardevant le Juge des lieux.*)

Ce confidéré, Nosseigneurs, il vous plaife renvoyer les parties pardevant le Lieutenant-Criminel de . . , pour être par lui procédé à l'inftruction de l'inftance d'entre les parties jufqu'à Sentence diffinitive exclufivement ; pour ce fait & rapporté à la Cour, être ordonné ce qu'il appartiendra, fur la demande de l'accufé, à fin d'entérinement des Lettres de rémiffion par lui obtenues ; & à cet effet ordonner que B. . . fera transféré ès prifons de la Sénéchauffée de . . , & les charges & informations portées au Greffe dudit Siege : Et vous ferez bien.

Arrêt de renvoi sur le lieu où le crime a été commis.

Extrait des Regiſtres de Parlement.

251. Entre C . . ., demandeur en requête du . . , à ce qu'il plût à
la Cour, &c. ; (*tranſcrire les concluſions de la requête,*) d'une
part ; & B . . ., Ecuyer, priſonnier ès priſons de la Conciergerie, défendeur, d'autre ; après que O . . ., Avocat pour le demandeur, & P . . ., pour le défendeur, ont été ouïs ; enſemble
M . . ., pour le Procureur-Général du Roi ; la Cour a renvoyé
& renvoie les parties pardevant le Lieutenant-Criminel de . . ,
& au Préſidial du même lieu, pour être procédé à l'inſtruction
de l'inſtance d'entre les parties juſqu'à Sentence diffinitive excluſivement ; pour ce fait & rapporté à la Cour, être ordonné ce
qu'il appartiendra ; & à cet effet, ſeront les charges & informations, & autres procédures, portées au Greffe du même Siege,
moyennant ſalaires raiſonnables ; à ce faire les Greffiers dépoſitaires d'icelles, contraints par corps ; & ſera B . . . transféré ſous
bonne & ſûre garde ès priſons dudit Préſidial.

Arrêt lorſque l'impétrant n'eſt pas priſonnier.

Extrait des Regiſtres de Parlement.

252. Entre, &c. ; la Cour a renvoyé & renvoie les parties pardevant le Lieutenant-Criminel en la Sénéchauſſée de . . , pour être
procédé, &c. ; & à cet effet ſeront les charges & informations,
& autres procédures, portées au Greffe du même Siege, moyennant ſalaire raiſonnable ; à ce faire les Greffiers & dépoſitaires
d'icelles, contraints par corps ; à la charge par l'Impétrant de ſe
mettre en état ès priſons dudit Siege, huit jours après que les
informations auront été miſes au Greffe ; de faire aſſigner les parties pour fournir leurs moyens d'oppoſition ; & procéder ainſi qu'il
appartiendra.

Arrêt de jonction de la Requête à fin de renvoi de l'inſtance.

La Cour a joint ladite requête à l'inſtance, pour, en jugeant, y être fait droit, ainſi que de raiſon.

Ou bien ſi le demandeur en renvoi eſt mal-fondé, l'Arrêt ſera ainſi.

Arrêt qui déboute le demandeur en renvoi.

La Cour a débouté le demandeur des fins de ſa requête, & l'a condamné aux dépens.

Lettres de rappel de Ban, ou de Galeres.

253. Louis, par la grace de Dieu, Roi de France & de Navarre : A tous préſents & à venir, Salut : B. . . nous a expoſé qu'il y a plus de trois années que N. . . ayant été aſſaſſiné, A. . . ſon fils en accuſa l'Expoſant, & en fit informer par notre Prévôt de . ., lequel décerna un décret de priſe-de-corps contre lui B. . .; quoique les témoins qui dépoſerent, juſtifiaſſent mieux la paſſion & la haine de N. . ., que le prétendu crime dont il l'accuſoit; & par Sentence du . ., l'Expoſant fut condamné aux galeres per- pétuelles, où il a été mené depuis deux ans, & où il eſt à l'ex- trémité de ſa vie, par la fatigue de la chaîne qu'il n'a plus la force de ſoutenir, & par le chagrin de voir ſon innocence in- juſtement opprimée, & ſa famille, qui ne ſubſiſtoit que par ſes ſoins, réduite aux miſeres de la plus inſupportable pauvreté, faute du ſecours qu'il pourroit encore lui donner; nous ſuppliant de lui octroyer nos Lettres à ce néceſſaires. A ces cauſes, de l'avis notre Conſeil, qui a vu ladite Sentence du . ., ci - atta- chée ſous le contre-ſcel de notre Chancellerie, & de notre grace ſpéciale, pleine puiſſance & autorité royale, avons l'Expoſant rappellé & déchargé, rappellons & déchargeons par ces préſen- tes des galeres, ou du banniſſement, à quoi il eſt condamné par ladite Sentence, pour le temps qui en reſte à expirer, & remis l'Expoſant en ſa bonne renommée & en ſes biens non d'ailleurs

D d d d

confisqués ; imposons sur ce , silence à notre Procureur-Général , les Substituts présents & à venir , & à tous autres ; à la charge de satisfaire aux autres condamnations portées par ladite Sentence , si fait n'a été. Si donnons en mandement , *&c.*

(*Si la partie condamnée n'étoit pas dans les galeres , l'on ne met point dans les Lettres* rappellé , *mais* déchargé & déchargeons , *&c.*)

Jugement qui entérine les Lettres de rappel de Ban , ou de Galeres.

Extrait des Registres du. . .

254. Entre , *&c.* (*comme aux autres Sentences ;*) nous avons entériné lesdites Lettres de rappel de ban , (*ou* des galeres ,) obtenues par ledit B. . . en Chancellerie le . ., pour jouir par lui du contenu en icelles , selon leur forme & teneur.

Lettres de commutation de peine.

255. Louis par la grace de Dieu , Roi de France & de Navarre : A tous présents & à venir , Salut. B. . . nous a exposé que dès l'âge de quatorze ans il fut mené à la guerre , où il a exposé sa vie pendant plus de vingt années , principalement au siege de . ., en qualité de Capitaine au régiment de . . ; à la bataille de . ., commandant la Compagnie de . . ; & en d'autres occasions , où il a donné des preuves considérables de sa valeur & de son zèle pour notre service , qu'il eût continué toute sa vie avec le même courage , s'il n'eût pas eu le malheur d'avoir été condamné à servir de forçat sur nos galeres pendant trois ans , par Sentence du Prévôt de . . ; laquelle condamnation il ne peut exécuter , ayant eu la main gauche percée d'un coup de mousquet au siege de . ., dont il est demeuré estropié , & incapable de servir sur les galeres , nous suppliant très humblement de commuer cette peine. A ces causes , de l'avis de notre Conseil , qui a vu ladite Sentence du . ., ci-attachée sous le contre-scel de notre Chancellerie , & de notre grace spéciale , pleine puissance & autorité royale , avons ledit B. . . déchargé & déchargeons par ces présentes , de la peine

des galeres, à laquelle il a été condamné par ladite Sentence, & icelle commué & commuons en celle de . . ., ou de nous servir à ses dépens en notre armée de . . , dans le régiment de . . , pendant . . . années, & rapportant par lui certification, tant du Général de l'armée, du Capitaine de la Compagnie où il aura servi, de l'Intendant de Justice, que du Secrétaire de nos Commandements, ayant le département de la guerre; l'avons dès-à-présent remis en sa bonne renommée, &c.

Lettres de réhabilitation.

256. Louis, par la grace de Dieu, Roi de France & de Navarre: A tous présents & à venir: Salut. C... nous a exposé que B... l'ayant prié de garder un sac rempli de papiers, il ne voulut pas lui refuser une chose qui paroissoit être de si petite conséquence; & un mois après, l'Exposant apprit que B... étoit accusé d'avoir fait de faux titres de noblesse; ce qui l'obligea de porter au Greffe du Bailliage de . . le sac que B. . . lui avoit donné en dépôt, dans lequel il se trouva plusieurs pieces servant à conviction contre B. . . ce qui faisoit voir la sincérité de l'Exposant; néanmoins sur l'interrogatoire de B. . ., il fut rendu un décret d'ajournement personnel contre l'Exposant, qui a été interrogé, & a subi la confrontation, par où son innocence & sa bonne foi sont également justifiées; cependant par la Sentence qui condamne B. . . . à mort pour réparation du crime de faux dont il fut convaincu, l'Exposant a été blâmé & condamné en . . . livres d'amende, qu'il a payée; ce qui seroit une note d'infamie sans nos Lettres de réhabilitation, qu'il nous supplie très humblement de lui octroyer, pour lui conserver l'honneur qui lui est infiniment plus précieux que sa vie. A ces causes, de l'avis de notre Conseil, qui a vu ladite Sentence du . . , ci-attachée sous le contrescel de notre Chancellerie, & de notre grace spéciale, pleine puissance & autorité royale, avons remis, restitué & rétabli, remettons, restituons & rétablissons l'Exposant en sa bonne renommée, ainsi qu'il étoit avant ladite Sentence; sans que pour raison d'icelle il lui puisse être imputé aucune incapacité, ni note d'infamie; laquelle nous avons ôtée, éteinte & effacée, ôtons, éteignons & effaçons par ces présentes: Voulons, & nous plaît que nonobstant ladite Sentence, il puisse tenir & posséder offices; &

fur ce impofons filence à notre Procureur-Général, fes Subftituts préfents & à venir, &c.

Requête à fin d'entérinement de Lettres.

A NOSSEIGNEURS DF...

257. Supplie humblement B..., qu'il vous plaife entériner les Lettres de..., par lui obtenues en la Chancellerie de France, le..., pour jouir par le Suppliant de l'effet & contenu d'icelles, felon leur forme & teneur : Et vous ferez bien.

Arrêt d'entérinement de Lettres.

Extrait des Regiftres de ...

Vu par la Cour les Lettres de..., obtenues en Chancellerie par B..., le..., fignées LOUIS, & plus bas.., & fcellées du grand fceau de cire verte, fur lacs de foie rouge & verte, par lefquelles Sa Majefté... (*il faut exprimer en fubftance le contenu des Lettres;*) requête de B..., à ce qu'il plût à la Cour entériner lefdites Lettres; conclufions du Procureur-Général du Roi; oui le rapport de M^e..., Confeiller : Et tout confidéré, la Cour a entériné & entérine lefdites Lettres de..., pour jouir par B... de l'effet & contenu d'icelles, felon leur forme & teneur.

(*Si l'Impétrant avoit été mis à la chaîne, il faudroit ajouter dans l'Arrêt, ou dans le Jugement :*)

Et à cette fin ledit B... fera détaché & tiré de la chaîne, où il eft; & fera mis en liberté.

Lettres pour efter à droit.

Nota. (*Ces Lettres fe trouvent ci-deffus, au titre des défauts & contumaces, n. 236.*)

TITRE XVII.

Du faux principal & incident, & des reconnoissances d'écritures.

S. I.

Du faux principal.

Plainte en faux principal.

A Monsieur le Lieutenant Criminel.

258. SUPPLIE humblement A..., disant que.... (*Il faut exposer ici la maniere dont le faux a été commis; quelle est la piece prétendue fausse; si elle est authentique, ou sous signature privée; si elle est fabriquée, altérée, antidatée, surchargée, par interligne, ou autrement; ou, s'il s'agit de ratures, ou enlevement d'écritures; déclarer si la piece est jointe à la requête, ou si elle est entre les mains du prétendu auteur du faux, ou d'autres dépositaires; ou bien si elle a été soustraite, & par qui; ou si ella a été perdue;*) & comme le suppliant a intérêt d'empêcher les poursuites que l'on pourroit faire contre lui à l'occasion de ladite piece, (*ou pour le paiement d'icelles, si c'est un acte obligatoire; comme lettre de change, ou autre;*) il a été conseillé de vous donner la présente plainte.

Ce considéré, Monsieur, il vous plaise donner acte au suppliant de la plainte qu'il vous rend contre B..., au sujet de ladite piece, comme étant fausse, ou ayant été falsifiée dans le corps de la signature, permettre au suppliant de faire informer dudit faux, tant par titres, que par témoins, & par Experts-écrivains qu'il vous plaira nommer, & par comparaison d'écritures. (*Si cette piece n'est pas jointe, & qu'elle soit entre les mains d'autrui, on ajoutera,*) à l'effet de quoi ordonner que ladite piece sera représentée par... porteur d'icelle, & par lui déposée au Greffe

~~de votre~~ Jurisdiction, pour être dreſſé par vous procès-verbal de ladite piece, en préſence du ſuppliant & du Procureur du Roi ; enſuite être ordonné ce que de raiſon, & ſerez Juſtice. (*Signé de A. . . & de . . . ſon Procureur.*)

Ordonnance ſur cette plainte.

259. Nous avons donné au ſuppliant acte de la plainte, & permis d'informer pardevant nous du faux de la piece dont eſt queſtion, tant par titres que par témoins, & par E . . . . & F . . . Experts-Jurés Ecrivains que nous avons nommés d'office, & par compa-raiſon d'écritures ; à l'effet de quoi, (*ſi la piece eſt jointe à la plainte,*) procès-verbal ſera préalablement fait de ladite piece, laquelle ſera à cet effet remiſe au Greffe ; (*& ſi elle n'eſt pas jointe, & que la perſonne entre les mains de qui elle eſt, ſoit déclarée dans la requête, il ſera dit,*) ladite piece ſera apportée dans trois jours, ou autre délai, en notre Greffe, & dépoſée par. . . . porteur d'icelle, à la premiere ſommation qui lui en ſera faite, ſinon, contraint même par corps, (*ſi c'eſt un dépoſitaire public ;*) ou par la ſaiſie de ſon temporel, (*ſi c'eſt un Eccléſiaſtique ;*) pour, après le dépôt de ladite piece, être dreſſé procès-verbal de l'état d'icelle, ſuivant l'Ordonnance.

(*Si cette piece eſt déclarée être entre les mains de l'accuſé, ou autre perſonne à lui affidée, le Juge pourra ordonner conformément à l'article 7,*) qu'en attendant l'apport & la remiſe de ladite piece au Greffe, & avant ledit rapport & remiſe, il ſera procédé à l'information par témoin.

(*Enfin, s'il eſt déclaré que ladite piece a été ſouſtraite, ſans pou-voir dire par qui, & quelle a été perdue ; en ce cas, il ſuffit encore ordonner, conformément audit article 7,*) qu'il ſera informé, tant par titres, que par témoins, qui ſeront entendus avant le dépôt de ladite piece au Greffe ; ſauf s'il apparoît dans la ſuite de la perſonne qui l'a en ſa poſſeſſion, à être ordonné en ce cas que ladite piece ſera apportée au Greffe ; & en outre, ce que de raiſon. (*Si la requête tend à obtenir Monitoire, & que la matiere y ſoit dépoſée, il faudra ajouter,*) même d'obtenir & faire pu-blier Monitoire.

(*Voyez les articles* 3, 4, 5, 6, 7 & 8 *du titre* Du faux principal, *de l'Ordonnance du mois de Juillet* 1737.)

Signification de cette Ordonnance, & sommation pour faire apporter au Greffe la piece prétendue fausse.

260. L'an . . . . le . . ., à la requête de A. . ., demeurant à . . ., pour lequel domicile est élu en sa maison, & en celle de Mc. . . son Procureur, j'ai . . . soussigné, signifié & baillé copie à N. . ., en son domicile en parlant à . . ., de l'Ordonnance de Monsieur le Lieutenant-Criminel de . . ., en date du . . . duement scellée, étant au bas de la requête portant plainte, à lui présentée le même jour contre B. . ., à l'occasion de . . ., (*désigner la piece,*) dont ledit N. . . est porteur ; en vertu de laquelle Ordonnance j'ai sommé & interpellé ledit N. . . de représenter ladite piece, & de l'apporter dans . . ., (*mettre trois jours, ou autre délai aux termes de l'Ordonnance,*) au Greffe-criminel de . . ., à peine d'y être contraint par corps ; & j'ai audit N. . ., à son domicile, & parlant comme dessus, laissé copie de ladite Ordonnance, & du présent exploit.

(*Voyez l'article* 6 *du titre* Du faux principal, *de l'Ordonnance faux de* 1737.)

Procès-verbal de dépôt fait au Greffe de la piece prétendue fausse.

L'an . . ., est comparu N. . ., au Greffe-criminel du Bailliage & Siege Présidial de . . . ; lequel, en vertu de l'Ordonnance rendue par Monsieur le Lieutenant-Criminel le . . . de ce mois, & pour satisfaire à icelle, a déposé audit Greffe un écrit, &c. . . (*désigner la piece,*) dont & de quoi a été par moi . . . . Greffier audit Bailliage & Siege Présidial, dressé procès-verbal, ladite piece préalablement paraphée dudit N. . . & de moi Greffier ; & avons audit N. . . donné copie du présent procès-verbal de dépôt, pour lui servir & valoir ce que de raison.

Procès-verbal de l'état des pieces prétendues fausses.

161. L'an. . ., (*ou* aujourd'hui) Nous L. . ., assisté de. . . Greffier ordinaire, en vertu de notre Ordonnance du . . ., nous étant transportés au Greffe de . . ., (*ou plutôt* en la Chambre-criminelle, ou du Conseil,) en présence du Procureur du Roi, ou Fiscal, & de A . . ., plaignant & accusateur, ou de . . ., fondé de la procuration spéciale, à l'effet du présent acte dudit A. . . ., plaignant & accusateur, passée devant. . . Notaire, le . . ., laquelle est demeurée annexée à la minute des présentes, après avoir été paraphée par nous & par ledit . . .; notre Greffier, nous a représenté, (*il faut faire la description de la piece arguée de faux, sa nature, & sommairement ce qu'elle contient ; pardevant quel Notaire elle a été passée, & sa date,*) étant sur . . . feuilles de papier, ou parchemin, commençant par ces mots . . ., &c. & finissant à la . . . page du feuillet par ces autres mots . . .; (*il faut faire mention des renvois, ratures, surcharges, & interlignes, si aucuns y a, & marquer les pages, feuillets & lignes où ils sont ; & s'il y a des blancs, il faut les barrer, & en faire mention ;*) laquelle piece a été paraphée par nous, par le Procureur du Roi, (*ou* Fiscal,) & par ledit A . . ., (*ou* par ledit. . . ., fondé de procuration dudit A. . . ;) & ont signé, (*ou* déclaré ne sçavoir signer, de ce interpellés, suivant l'Ordonnance :) ce fait, icelle piece a été par nous remise és mains de notre Greffier. Fait les jour & an que dessus ; (*& s'il y a procuration, il faut ajouter,*) ensemble ladite procuration.

(*Voyez les articles* 10 & 11 *du titre* Du faux principal, *de l'Ordonnance de* 1737.)

Requête de l'accusateur, ou plaignant, s'il n'a pas en sa possession les pieces qu'il veut donner pour pieces de comparaison, pour les faire apporter & remettre au Greffe.

A MONSIEUR LE LIEUTENANT CRIMINEL.

162. Supplie humblement A . . ., disant que par Ordonnance, ou jugement du . . ., intervenu sur la plainte du suppliant, il lui

a été permis entr'autres chofes, d'informer & faire preuve des faits contenus en icelle, par comparaifon d'écritures & fignatures ; pour cet effet, le fuppliant entend fournir pour pieces de compa-raifon . . . , (*marquer ici les pieces.*) Et comme lefdites pieces font en la poffeffion de.. ., demeurant à.. ., le fupplant a recours à vous.. ., pour lui être, fur ce, pourvu ; ce confidéré, Monfieur. . . il vous plaife ordonner que dans . . . jours ledit . . . fera tenu d'apporter, ou faire apporter, & remettre au Greffe de . . . les pieces ci-deffus énoncées, moyennant falaire raifonnable, fui-vant la taxe qui en fera faite par . . . ; finon, & à faute de ce faire dans ledit délai, & icelui paffé, & en vertu de l'Ordon-nance, ou jugement qui interviendra fur la préfente requête, fans qu'il en foit befoin d'autre, que ledit . . . . . y fera contraint par toutes voies dues & raifonnables ; (*fi c'eft un dépofitaire pu-blic, ou quelqu'un qui ait fouftrait lefdites pieces, ou fi c'eft l'ac-cufé qui les ait entre les mains, on ajoute: même par corps ; & fi c'eft un Eccléfiaftique, on met: à peine de faifie de fon temporel.*) *On peut même conclure indéfiniment que ceux qui ont les pieces entre les mains, foient contraints par corps ; fauf au Juge, dans fon Ordonnance, ou jugement, s'il s'agit d'un Eccléfiaftique, ou autre perfonne non publique, à mettre :* fauf à être ordonné ci-après, s'il y échet, que ledit . . . y fera contraint par les mêmes voies qu'un dépofitaire public, & par corps.

Procès-verbal de l'état des pieces de comparaifon, fur la repréfentation qui en eft faite par l'accufateur, s'il les a en fa poffeffion ; ou fur la repréfentation qui en eft faite par le Greffier, après qu'elles ont été remifes au Greffe, en vertu de l'Ordonnance ou Jugement inter-venu fur la fufdite Requête, & du commandement fait en conféquence.

263. L'an. . ., (*ou aujourd'hui.* . .) Nous. . . nous fommes tranfportés au Greffe de . . . , (*ou en la Chambre du Confeil de . . . ,*) où étant, en préfence du Procureur du Roi, (*ou Fifcal,*) & de A. . . , accufateur en faux, (*ou de . . . , fondé de la procura-tion fpéciale dudit A. . . ,*) à l'effet des préfentes, paffée par-

devant . . . Notaires, (*ou* . . . Notaire , &. . . témoins) le. . .,
laquelle eſt demeurée annexée à la minute du préſent procès-verbal, après avoir été paraphée par nous & par ledit . . . porteur
d'icelle ; (*ou* laquelle après avoir été paraphée par nous & par
ledit . . ., a été annexée à la minute du précédent procès-
verbal par nous fait le. . .,) ledit. . , (*ou* notre Greffier,) nous
a repréſenté . . ., (*énoncer les pieces* ;) deſquelles pieces ledit
A. . ., accuſateur en faux, prétend ſe ſervir pour pieces de
comparaiſon ; & ont ſigné, (*ou* fait refus, de ce interpellés ; *ou*
déclaré ne ſçavoir ſigner, de ce enquis.)

Et à l'inſtant le Procureur du Roi, (*ou* Fiſcal,) nous a requis
de recevoir leſdites pieces, pour pieces de comparaiſon, (*ou* a
déclaré qu'il n'empêche pour le Roi que leſdites pieces ne ſoient
reçues pour pieces de comparaiſon, *ou* a requis que leſdites pieces
ſoient rejettées,) & a ſigné.

264. Sur quoi nous ordonnons que leſdites pieces ſeront admiſes pour
pieces de comparaiſon dans l'accuſation de faux intentée par ledit
A. . . contre B. . . ; & ont en conſéquence été leſdites pieces
paraphées par nous, par le Procureur du Roi, (*ou* Fiſcal,) & par
ledit. . , (*ou*, & a déclaré ledit. . . ne ſçavoir ſigner, de ce
enquis ;) ce fait, icelles pieces ont été par nous remiſes ès mains
de notre Greffier ; (*on ajoute :* enſemble ladite procuration, *ſi elle
n'a pas été annexée au précédent procès-verbal ;*) & ordonnons que
leſdites pieces demeureront au Greffe, pour ſervir d'inſtruction
dans ladite accuſation de faux. Fait les jour & an que deſſus.

(*Si les pieces ainſi admiſes pour pieces de comparaiſon, ſont des
regiſtres de baptémes , mariages , ſépultures , & autres dont les dépoſitaires auroient beſoin continuellement pour le ſervice du public ,
le Juge pourra ordonner* que leſdites pieces ſeront remiſes par le
Greffier aux dépoſitaires d'icelles ; quoi faiſant, il en demeurera
déchargé ; à la charge par leſdits dépoſitaires de rapporter & repréſenter leſdites pieces à la premiere ſommation qui leur en
faite.*)

265. *Si le Juge trouve de la difficulté à admettre leſdites pieces pour
pieces de comparaiſon, il pourra ordonner qu'il en ſera référé aux
autres Officiers du Siege, toujours après le paraphe deſdites pieces,
dont il ſera fait mention comme ci-deſſus ; & en ce cas, il faudra
communiquer le procès-verbal à la partie civile , & au Procureur du
Roi, (ou Fiſcal ,) par la voie du Greffe ; & ſur les concluſions par*

écrit de la partie publique, on rendra un jugement *sur vu des pieces, portant admission ou rejet desdites pieces.*

Mais si par le procès-verbal, les pieces sont rejettées, il sera inutile de les parapher ; il faudra seulement faire mention qu'elles ont été remises à la partie qui les a représentées, ou au Greffe, pour être rendues à ceux qui les ont apportées ; & par la même ordonnance, ou jugement, il faudra ordonner que la partie civile, s'il y en a une, sinon la partie publique, sera tenue, dans le délai qui sera prescrit, d'en rapporter, ou indiquer d'autres ; sinon qu'il y sera pourvu, ainsi qu'il appartiendra.

En ce cas, pour obtenir ordonnance, ou jugement, portant que les pieces indiquées seront apportées & remises au Greffe par les dépositaires d'icelles, Voyez ce qui a été dit ci-dessus, *n.* 259 & 260.

(*Voyez aussi les articles* 16, 17, 18, 19, 20 & 21 *du titre* Du faux principal de l'Ordonnance de 1737.)

Sentence portant que le Procureur du Roi, & la partie civile, rapporteront d'autres pieces de comparaison.

Extrait des Regiſtres de. . .

266. Vu notre procès-verbal du . . ., sur le refus fait par B. . ., accusé, prisonnier en nos prisons, de convenir des pieces de comparaison mises en nos mains par A. . ., demandeur, pour procéder à la vérification d'un Mémoire prétendu écrit par l'accusé, & par lui dénié ; signification faite dudit procès-verbal audit A.. ; conclusions du Procureur du Roi, auquel ledit procès-verbal a été communiqué : Tout considéré, nous avons rejetté les pieces représentées par A. . ., pour servir de comparaison au Mémoire dénié par l'accusé ; & ordonné que dans . . jours ledit A. . ., ensemble le Procureur du Roi, seront tenus d'en rapporter d'autres pour être sur icelles procédé à la vérification dont il s'agit ; sinon, & à faute de ce faire dans ledit temps, & icelui passé, sera fait droit. Fait ce . . .

Information par Experts.

267. Information par Experts (*& si l'information, ou preuve par pie-*

ces de comparaifon a été ordonnée, on ajoute) & par pieces de comparaifon, faite par nous, en vertu de notre ordonnance, (*ou* jugement) du .., à la requête de A... contre B..., (joint le Procureur du Roi, (*ou* Fifcal,) à laquelle information nous avons procédé comme il fuit.

Du ... jour de ...

Eft comparu E....., l'un des Experts nommés d'office par notredite ordonnance, (*ou* jugement) du ..; lequel, après ferment par lui fait de dire vérité, nous a dit être âgé de ..., & n'être parent, allié, ferviteur, ni domeftique des parties; comme auffi nous a déclaré qu'il lui a été remis au Greffe par notre Greffier la plainte contenant l'accufation de faux intentée par A.. contre B...; l'ordonnance, (*ou* jugement) portant permiffion d'information, donnée en conféquence le ..; la piece arguée de faux, qui eft ...; (*énoncer ladite piece;*) le procès-verbal de l'état d'icelle du ..; les pieces de comparaifon confiftant en .. pieces, la premiere du .., &c.; (*énoncer lefdites pieces;*) le procès-verbal de préfentation defdites pieces de comparaifon, avec l'ordonnance étant au bas, (*ou* jugement,) par lequel elles ont été reçues; toutes lefquelles pieces ledit B.... a pareillement déclaré avoir vues & examinées féparément & en fon particulier, fans déplacer dudit Greffe; & après avoir paraphé ladite piece arguée de faux, & nous avoir fait apparoir de l'exploit d'affignation à lui donnée le .., à la requête de A..., en vertu de notre ordonnance du .., dépofé, &c... (*l'expert fait fon rapport en forme de dépofition:*) Lecture à lui faite de fa dépofition, a dit qu'elle contient vérité, y a perfifté; & après qu'il a requis falaire, lui avons taxé. ...

268.   Eft auffi comparu .., Expert, &c. (*comme deffus.*)

Il fembleroit que le défaut d'affignation aux Experts, & de la mention de l'exploit, ne feroit point une nullité, puifqu'ils ont été nommés d'office par le Juge, à l'effet de dépofer; cependant comme ces dépofitions d'Experts doivent être reçues par forme d'information, il eft plus à propos d'en obferver les formalités.

Il faut auffi obferver que l'on prend une ordonnance du Juge, pour affigner les Experts à jour & heure pour dépofer

(Voyez les articles 7, 22, 23 & 24 du titre *Du faux principal de l'Ordonnance de* 1737.)

Information par Témoins.

*Elle se fait, comme les autres informations ; sinon qu'il faut repré-
senter à chaque témoin les pieces prétendues fausses, & les leur faire
parapher, si elles sont au Greffe ; sinon il faudra les leur représenter, & faire parapher au récolement, ou à la confrontation.*

(Voyez les articles 24, 25, 26, 27, 28, 29, 40 & 44 du titre
Du faux principal de l'Ordonnance de 1737.)

Requête pour faire ordonner un corps d'écriture.

A MONSIEUR LE LIEUTENANT CRIMINEL, &c.

269. Supplie humblement A. . ., disant, que sur la plainte & accusation du faux rendue par le Suppliant contre B. . ., & permission d'informer, notamment par Experts & comparaison d'écritures & signatures, le Suppliant a fourni plusieurs pieces de comparaison qui ont été admises & reçues pour l'instruction du faux ;
& ensuite les Experts nommés d'office ont été entendus dans l'information qui a été faite à cet effet, sur laquelle, & autres,
(*s'il y a eu d'autres informations,*) ledit B. . ., accusé, a été décrété de . . . ; au moyen de quoi le Suppliant a tout lieu d'es-
pérer qu'il y a preuve complette du crime de faux dont il s'agit
contre ledit B. . ., & qu'il en est l'auteur ; néanmoins pour un
plus grand éclaircissement, & pour une plus parfaite conviction,
le Suppliant souhaiteroit que ledit B. . ., accusé, fût obligé de
faire un corps d'écriture, en conformité de l'Ordonnance du mois
de Juillet 1737.

270. Ce considéré . . ., il vous plaise ordonner que ledit B. . .,
accusé, sera tenu de faire un corps d'écriture, tel qu'il lui sera
dicté par lesdits Experts, ou autres nouveaux Experts qu'il vous
plaira nommer ; lequel corps d'écriture sera fait au Greffe de . . .,
ou autre lieu servant aux instructions, en présence de M. le Procureur du Roi, ou Fiscal, ensemble du Suppliant, ou lui duement
appellé, à la requête de M. le Procureur du Roi, (*ou Fiscal,*)
dont il sera dressé procès-verbal pardevant vous, pour être ledit
corps d'écriture reçu pour piece de comparaison, & être lesdits
Experts entendus par voie de déposition sur ce qui peut résulter.

dudit corps d'écriture comparé avec la piece arguée de faux par le Suppliant : Et vous ferez bien.

Au bas de cette requête la partie publique mettra ses conclusions, portant : je n'empêche, *ou* je requiers, &c.

Enfuite le Juge mettra son ordonnance ; & si elle est conforme aux conclusions de la requête, il suffira qu'il mette, soit fait ainsi qu'il est requis par la requête ci-dessus du Suppliant, & pardevant les mêmes Experts. (*S'il juge à propos d'ajouter d'autres Experts, ou d'en nommer de nouveaux ; en ce cas, il ordonnera qu'il en sera référé aux autres Juges.*)

Le Juge peut aussi ordonner d'office ce corps d'écriture.

Procès-verbal de corps d'écriture fait par l'accusé.

271. L'an . . ., (*ou* aujourd'hui . .) Nous L. . ., en vertu de notre ordonnance du . . ., nous étant transportés au Greffe, (*ou* en la Chambre de . .,) à la requête de A. . ., accusateur ; où étant en préfence du Procureur du Roi, *ou* Fiscal, & dudit A. . ., accufateur, (*ou en son absence,* duement appellé, à la requête du Procureur du Roi, *ou* Fiscal, fuivant l'exploit de . ., contrôlé le . . ;) comme aussi en préfence de . ., & . . . Experts par nous nommés d'office. (*Si l'accusé est prisonnier, on met :* nous avons ordonné au Geolier d'amener ici ledit B. . ., accufé ; ce qui ayant été fait. . . (*S'il n'est point prisonnier, mais seulement décrété d'affigné pour être oui, ou d'ajournement personnel, & qu'il se soit reprénté à l'affignation à lui donnée à cet effet, à la requête de la partie publique, on en fait mention ; & ensuite on dit :* nous avons ordonné audit accusé de faire fur-le-champ un corps d'écriture de fa main, tel qu'il lui fera dicté par lefdits Experts ; à quoi ledit B. . . a obéi, & fait ledit corps d'écriture ; lequel a été paraphé par nous, par le Procureur du Roi, (*ou* Fiscal,) par ledit accufateur, & par lefdits Experts, enfemble par ledit B. . ., accufé ; (*& s'il fait refus de parapher ledit corps d'écriture, il faut en faire mention, & de l'interpellation ;*) & ont figné ; (*ou* fait refus, de ce interpellés ; *ou* déclaré ne fçavoir figner, de ce enquis.) Et à l'instant le Procureur du Roi, (*ou* Fiscal) a requis, (*ou* conclu) à ce que ledit corps d'écriture foit reçu pour piece de comparaifon.

272. Sur quoi, oui le Procureur du Roi, (*ou* Fiscal,) en fes conclufions, nous ordonnons que ledit corps d'écriture fera reçu pour piece de

comparaiſon, & que les Experts ſeront de nouveau entendus par voie de dépoſition, ſur ce qui peut réſulter dudit corps d'écriture comparé avec la piece arguée de faux ; à l'effet de quoi ſeront remis à chacun deſdits Experts par le Greffier, & ſans déplacer dudit Greffe, la plainte ; la permiſſion d'informer ; la piece arguée de faux ; le procès-verbal de l'état d'icelle ; les autres pieces de comparaiſon ; le procès-verbal de préſentation d'icelles ; l'Ordonnance, (*ou* jugement) par lequel elles ont été reçues pour pieces de comparaiſon ; enſemble ledit corps d'écriture, & le ſuſdit procès-verbal d'icelui ; pour, par leſdits Experts, voir toutes leſdites pieces, & les examiner chacun ſéparément & en particulier. Fait les jour & an que deſſus,

(Voyez les articles 33, 34 & 35 du titre *Du faux principal de l'Ordonnance de 1737.*)

Des pieces de comparaiſon demandées par l'accuſé pour ſa juſtification.

(Voyez les articles 46, 47 & ſuivants, du titre *Du faux principal de l'Ordonnance de 1737.*)

Nota. *Le ſurplus de l'inſtruction, tant pour le décret, que pour l'interrogatoire, le réglement à l'extraordinaire, les récolements & confrontations, &c., ſe fait comme aux autres inſtructions criminelles.* (Voyez les articles 30, 31 & ſuivants, du titre *Du faux principal de l'Ordonnance du faux de 1737.*)

§. II.

Du Faux incident.

Procuration pour s'inſcrire en faux.

273. Pardevant les Notaires à.., eſt comparu A..., lequel a par ces préſentes conſtitué N... pour ſon Procureur ſpécial, à l'effet de s'inſcrire en faux contre tel acte.... (*énoncer la piece,*) produit par B..., en l'inſtance pendante au Bailliage de.., entre ledit B... & lui conſtituant ; & faire au ſurplus tout ce qui ſera néceſſaire pour ſuivre ladite inſtance, &c. Signé de A...., du Procureur, & des Notaires.

Requête pour avoir permiſſion de s'inſcrire en faux.

A Monsieur le Lieutenant Criminel.

Supplie humblement A. . . , diſant, qu'en la cauſe d'entre le Suppliant & B. . ., pendante . ., ledit B. . . a fait ſignifier & communiquer au Suppliant . . . (*énoncer la piece.*) *Si c'eſt une inſtance, ou procès, on met:*

Diſant qu'en l'inſtance , (*ou* procès) d'entre le Suppliant & B. . ., pendant au rapport de . ., le Suppliant ayant pris communication de ladite inſtance, (*ou* dudit procès,) a trouvé que la . . . piece de la cotte . . . de la production dudit . . . (*énoncer la qualité & la date de la piece,*) laquelle piece le Suppliant maintient fauſſe , & avoir été fauſſement fabriquée, (*ou* être fauſſe ,) en ce que . . . (*Expliquer ce en quoi on croit que la fauſſeté conſiſte.*)

Ce conſidéré . . ., il vous plaiſe , Vu la quittance d'amende, jointe à la requête , permettre au Suppliant de s'inſcrire en faux contre ladite piece qui eſt . ., (*énoncer ladite piece, & ſur quoi tombe l'inſcription en faux;*) en conſéquence ordonner que ledit B. . . ſera tenu de déclarer, s'il entend ſe ſervir de ladite piece, ſur la ſommation qui lui en ſera faite dans les délais de l'Ordonnance ; ſinon que ladite piece ſera rejettée de la cauſe, (*ou* inſtance, *ou* procès,) avec dommages & intérêts , & dépens : Et vous ferez bien.

(*Si le ſuppliant ne peut pas ſigner lui-même ſa requête, ſoit en cas d'abſence, ou autrement, il faudra qu'il donne ſa procuration ſpéciale paſſée pardevant Notaires, comme deſſus en la page précédente, à ſon Procureur, ou autre perſonne ; auquel cas il faudra dire :*) ce conſidéré, Vu la requête d'amende, & la procuration ſpéciale du ſuppliant jointe à la préſente requête, &c. . .

(*Voyez les articles* 3 , 4 & 7 *du titre* 2 *de l'Ordonnance du faux du mois de Juillet* 1737.)

Ordonnance du Juge, portant permiſſion de s'inſcrire en faux.

274. Vu la requête ci-deſſus, enſemble la quittance d'amende de la ſomme de . . ., du . . .; (*& quand le ſuppliant ne ſigne pas la* requête

requête , on ajoute ; & la procuration fpéciale du fuppliant aux fins de ladite requête ;) nous ordonnons que l'infcription fera faite au Greffe par le fuppliant, & qu'il fera tenu à cet effet de fommer ledit B. . . de déclarer s'il veut fe fervir de la piece maintenue fauffe ; ce que le fuppliant fera tenu de faire dans trois jours , à compter du jour de la préfente Ordonnance ; finon , le déclarons déchu de fa demande en infcription de faux. Fait ce . .

(*Voyez l'article 8 du titre* Du faux incident , *de l'Ordonnance du mois de Juillet* 1737.)

Sommation faite au défendeur de déclarer s'il veut fe fervir de la piece maintenue fauffe.

L'an . . . , en vertu de l'Ordonnance de . . . du . . . , & à la requête de A. . . , qui a élu fon domicile en la maifon de . . . fon Procureur, demeurant à . . . , rue . . . , Paroiffe . . . , j'ai . . . Huiffier, (*ou* Sergent) à . . . , fait fommation à B. . . , au domicile de . . . fon Procureur, en parlant à . . . , de déclarer s'il veut fe fervir de . . . , (*énoncer la piece ,*) maintenue fauffe par ledit A. . . , en ce que . . . & interpellé ledit B. . . de faire fadite déclaration dans trois jours , en conformité de l'Ordonance ; finon que ledit A. . . fe pourvoira : & pour fatisfaire à ladite Ordonnance , j'ai fignifié & laiffé copie audit B. . . , parlant comme deffus, de la quittance d'amende du . . . ; de la procuration fpéciale dudit A. . . , paffée devant . . . le . . . , (*fi aucune y a* ;) de la requête dudit . . . ; & de l'Ordonnance de . . . du . . . ; enfemble de mon préfent exploit. Fait les jour & an que deffus.

Dans la copie de l'exploit de fommation , il faut tranfcrire en tête les fufdites pieces.

(*Voyez les articles* 9 , 10 & 11 *du titre* Du faux incident , *de l'Ordonnance de* 1737.)

Déclaration du défendeur , qu'il n'entend point fe fervir de la piece infcrite de faux.

275. A la requête de B. . . , qui a élu fon domicile à . . . , foit fignifié & déclaré à A. . . que ledit B. . . ne veut point fe fervir de la

lettre miffive de A. . ., produite cinquieme de la cote N. . . ;
de la production de B. . ., dont acte . . .

Défaut, faute de mettre au Greffe une copie inscrite de faux.

Extrait des Regiftres de. . .

Défaut à A. . ., demandeur en faux, fuivant fa requête du
. . ., par Me . . . fon Procureur, contre B. . ., défendeur &
défaillant, faute de mettre au Greffe une lettre miffive prétendue
écrite par le demandeur, après que le délai porté par l'Ordonnance eft expiré, & foit fignifié. Fait . . .

Requête du demandeur en faux, en cas que le défendeur n'ait pas fait fa déclaration dans le temps, & en la forme preferite par l'Ordonnance ; ou qu'il déclare ne vouloir fe fervir de la piece fauffe.

A MONSIEUR LE LIEUTENANT CRIMINEL.

276. Supplie humblement A. . . . ; difant qu'en vertu de votre
Ordonnance du . . ., le fuppliant a fait faire les fommations
& interpellations, & fait donner copie en conféquence des pieces
requifes, à B. . ., fans qu'il ait fait fa déclaration dans les délais, & en conformité de l'Ordonnance, (*ou* lequel a déclaré
précifément par acte du . . ., qu'il n'entendoit pas fe fervir de
la piece dont il s'agit, maintenue fauffe par le fuppliant.)
Ce confidéré . . ., il vous plaife, en venant par les parties
plaider fur la préfente requête, ordonner que la piece. . ., (*énoncer*
la piece maintenue fauffe par le fuppliant,) fera rejettée de la
caufe, (*ou* de l'inftance, *ou* du procès) d'entre les parties, par
rapport audit B. . . défendeur en faux ; fauf au fuppliant à en tirer
telles inductions, ou conféquences qu'il jugera à propos, dans ladite caufe, (ou inftance, ou procès,) & à y former pour raifon de
ce, telles demandes qu'il avifera ; & dès-à-préfent, condamner
ledit B. . . en . . . livres de dommages & intérêts, & aux dépens de l'incident ; fauf à Monfieur le Procureur du Roi, (*ou*

Fifcal ,) à prendre telles autres conclufions qu'il avifera pour la vengeance publique ; & vous ferez bien.

Cette requéte doit être répondue d'un viennent ; *& fur un fimple avenir, le demandeur doit pourfuivre l'audience fur la requéte.*

(*Voyez les articles* 12 & 13 *du titre* 2 *de l'Ordonnance de* 1737.)

Procès-verbal de mis au Greffe par le défendeur, de la piece maintenue fauffe.

277. L'an . . . , eft comparu B. . . au Greffe-criminel du Bailliage de . . . , lequel en vertu de l'Ordonnance, (*ou* du jugement,) rendue par Monfieur le Lieutenant-Criminel le . . . de ce mois, a rapporté un écrit, &c. (*défigner la piece* ,) maintenu faux par A, dans l'inftance pendante, entre lui & ledit A ; dont nous avons donné acte audit B. . . , *figné* du Greffier & de B. . .

Signification au demandeur, portant que la piece maintenue fauffe, a été mife au Greffe.

A la requête de B. . . , foit fignifié & déclaré à A. . . , que la lettre écrite audit B. . . par ledit A. . . , & par lui foutenue fauffe, a été cejourd'hui mife au Greffe de la Cour, à ce qu'il ait à former fon infcription dans le temps de l'Ordonnance, dont acte.

(*Voyez l'article* 14 *du titre* Du faux incident, *de l'Ordonnance de* 1737.)

Jugement, faute par le défendeur d'avoir remis la piece au Greffe, & d'avoir donné copie de l'acte de mis au Greffe.

278. A tous ceux, &c. . . L. . . &c. . . ; Vu par nous la déclaration faite par B. . . , qu'il entend fe fervir de la lettre miffive, &c. (*ou* autre piece qu'il faudra énoncer ;) fignification de ladite déclaration faite audit A. . . le . . . ; faute par ledit B. . . , d'avoir remis ladite piece en notre Greffe dans les vingt-quatre heures de la fignification de ladite déclaration, au defir de l'Ordonnance, Nous ordonnons que ladite piece fera rejettée du pro-

F fff ij

cès, (*ou* nous avons permis à A. . . de faire remettre ladite piece à ses frais, dont il sera remboursé par B. . .; desquels frais nous avons à cet effet délivré exécutoire audit A.)

(*Voyez l'article* 14 *du titre* Du faux incident *de l'Ordonnance de* 1737.)

Acte d'inscription de faux.

Extrait des Registres de. . .

279. Aujourd'hui est comparu N. . . , assisté de Mᵉ. . . son Procureur, (*ou* de . . . Procureur en ce Siege ;) lequel, en vertu de la procuration spéciale à lui donnée par A. . . , passée devant Notaires le . . . , demeurée annexée à la minute des présentes, après avoir été paraphée par ledit . . . , a déclaré qu'il s'inscrit en faux contre . . . , (*énoncer la piece mise au Greffe le* . . . ,) dont il a requis acte. Fait ce. . .

(*Voyez l'article* 15 *du titre* 2 *de l'Ordonnance de* 1737.)

Jugement, faute par le demandeur d'avoir formé son inscription de faux.

A tous ceux, &c. , L. . . , Vu par nous l'acte de dépôt fait en notre Greffe par B. . . de la lettre missive, &c. (*ou autre piece qu'il faudra énoncer & désigner*,) le . . ; signification dudit acte faite à A. . . , faute par ledit A. . . , d'avoir formé son inscription de faux contre ladite piece dans les ving-quatre heures après ladite signification, sans nous arrêter à la requête dudit A. . . , demandeur, nous ordonnons qu'il sera passé outre au jugement de la cause principale.

(*Voyez l'article* 15 *du titre* 2 *de l'Ordonnance de* 1737.)

Requête pour faire apporter la minute de la piece arguée de faux.

A Monsieur le Lieutenant Criminel.

280. Supplie humblement A. . . , disant qu'il a formé son inscription de faux contre . . . , (*énoncer la piece arguée de faux, produite par B.* . .) dans l'instance, ou procès d'entre les parties ; & comme il eſt néceſſaire d'avoir la minute de ladite piece arguée de faux, le ſuppliant requiert qu'il vous plaiſe ordonner que ledit B. . . ſera tenu dans tel temps qu'il vous plaira preſ-crire, de faire apporter en votre Greffe ladite minute ; & que le dépoſitaire d'icelle y ſera contraint dans les délais marqués par l'article 6 du titre *Du faux principal,* (*marquer ce délai* ;) ſinon & à faute de ce faire dans ledit temps, & icelui paſſé, ledit dépoſi-taire y ſera contraint par toutes voies dues & raiſonnables, même par corps, (*ſi c'eſt un dépoſitaire public* ;) & *ſi c'eſt un Ec-cléſiaſtique*, par ſaiſie de ſon temporel.

L'Ordonnance au bas de cette requête, ou le jugement, doit être conforme aux concluſions.

(*Voyez les articles* 16 & 17 Du faux incident ; *& les articles* 5 & 6 *du titre* Du faux principal *, de l'Ordonnance de* 1737.)

Exploit de commandement fait à un Notaire d'apporter la minute.

28 i. L'an . . ., en vertu de l'Ordonnance de Monſieur le Lieute-nant . . . du . . ., étant au bas de la requête à lui préſentée, & à la requête de B. . ., qui a élu ſon domicile en la maiſon & perſonne de . . . ſon Procureur, j'ai . . . Huiſſier à . . ., demeurant à . . ., rue . . ., fait commandement à N. . . No-taire, en parlant à ſa perſonne, (*ou à* . . . *en ſon domicile*), d'apporter, ou envoyer au Greffe de Monſieur le Lieutenant . . . la minute d'un contrat de mille livres de rente faite au profit de B. . . par A. . ., pardevant ledit N. . . & ſon confrere No-taires le . . ., & lui ai déclaré que ſes ſalaires lui ſeront payés ; lequel N. . ., parlant comme deſſus, a été de ce faire refuſant, au moyen duquel refus, je lui ai donné aſſignation à comparoître au premier jour, huit heures du matin en la Chambre, & par-devant Monſieur le Lieutenant . . ., pour s'y voir condamner, & par corps, & aux dépens, dommages & intérêts de B. . . ; de laquelle Requête & Ordonnance, je lui ai laiſſé copie avec le préſent exploit.

*Jugement qui rejette la piece arguée de faux, faute par
le défendeur d'avoir fait les diligences néceffaires
pour l'apport de la minute.*

282.　A tous ceux, &c.. L. . . , Vu par nous notre Ordonnance du
. . . , portant que B. . . feroit tenu dans les . . . jours, de
faire apporter en notre Greffe la minute de telle piece, &c. . . ;
(*il faut la défigner ;*) l'acte de fignification de notredite Ordonnance faite audit B. . . , en date du . . . ; conclufions du Procureur du Roi ; & tout confidéré : faute par ledit B. . . d'avoir
fait les diligences néceffaires pour l'apport de ladite minute dans
ledit délai , nous ordonnons que ladite piece maintenue fauffe
fera rejettée du procès, (*ou* bien , nous avons permis à A. . .
de faire apporter ladite minute à fes frais, dont il fera remboursé
par B. . . ; defquels frais avons à cet effet délivré exécutoire audit
A. . .)

(*Voyez les articles* 17 & 18 *du titre* Du faux incident, *de l'Ordonnance de* 1737.)

*Sommation au défendeur, pour être préfent au procès-
verbal de l'état des pieces prétendues fauffes.*

L'an . . . , le . . . jour de . . . , à la requête de B. . . , pour
lequel eft élu domicile en la maifon de . . . . fon Procureur, fife
rue de. . . . , Paroiffe de . . . ; je . . . Huiffier . . . demeurant à
. . . , fouffigné, ai fignifié & déclaré à A. . . , au domicile de
Me . . . fon Procureur, fife rue . . . , Paroiffe de . . . , en parlant à . . . , que ledit B. . . a fait remettre au Greffe de . . .
le . . . , (*énoncer ici la piece,*) enfemble la minute d'icelle, le
fommant de fe trouver dans trois jours audit Greffe à . . . heures
du matin , (*ou* de relevée,) à l'effet d'affifter & être préfent, fi
bon lui femble, au procès-verbal de l'état defdites piece & minute; lui déclarant qu'il fera procédé au procès-verbal & paraphe defdites pieces, tant en préfence, qu'abfence , afin qu'il
n'en ignore.

(*Voyez l'article* 25 *du titre* 2 *de l'Ordonnance de* 1737.)

Procès-verbal de l'état des pieces prétendues fausses.

283. *Ce procès-verbal doit être rédigé comme ci-dessus, n. 261, avec cette différence seulement qu'il faut qu'il soit fait avec le défendeur en faux, ou lui duement appellé, lequel doit parapher les pieces, ou faire mention de son refus ; & de plus, s'il a été ordonné que les minutes seront apportées, il faudra dresser conjointement le procès-verbal, tant des pieces, que de leurs minutes ; si ce n'est que le Juge eût ordonné qu'il seroit d'abord dressé procès-verbal de l'état des pieces, sans attendre l'apport des pieces, & qu'il eût ensuite dressé procès-verbal, séparément des minutes desdites pieces.*

(Voyez les articles 23, 24 & 25 du titre Du faux incident, *de l'Ordonnance de 1737.)*

Moyens de faux.

Moyens de faux pertinents & admissibles, que donne pardevant vous A. . ., demandeur, contre B. . ., défendeur.

A ce qu'il plaise à . . . ordonner que . . ., (*énoncer la piece,*) sera déclarée fausse ; & en conséquence, rejettée de la cause, (instance, *ou* procès) d'entre les parties, à l'égard du défendeur ; sauf au demandeur à en tirer telles inductions, ou conséquences qu'il jugera à propos, & à y former pour raison de ce, telles demandes qu'il avisera ; ce faisant, ordonner que la somme de . . ., consignée par ledit A. . ., demandeur, lui sera rendue ; à ce faire, le . . . contraint par corps, quoi faisant, déchargé ; & condamner ledit B. . ., défendeur, en . . . livres de dommages & intérêts envers le demandeur, & aux dépens de l'incident ; sauf à Monsieur le Procureur du Roi, (*ou* Fiscal,) à prendre telles autres conclusions qu'il avisera pour la vengeance publique.

Requête du défendeur, faute par le demandeur d'avoir fourni ses moyens de faux.

A MONSIEUR LE LIEUTENANT CRIMINEL. . .

284. Supplie humblement B. . ., disant que par votre procès-verbal du . . . dernier, vous avez constaté l'état des pieces produites

par le fuppliant, & qui ont été prétendues fauffes par A. . . ;
lequel procès-verbal a été fignifié par le fuppliant audit A. . . :
que ledit A. . . , au-lieu de mettre fes moyens de faux au Greffe
dans les trois jours de ladite fignification, fuivant la difpofition
de l'Ordonnance, a gardé le filence depuis ledit temps, n'ayant
aucun moyen valable pour attaquer de faux lefdites pieces : ce
confidéré, Monfieur, il vous plaife ordonner que ledit A. . . demeurera déchu de fon infcription de faux ; & ferez juftice.

(*Voyez l'article* 27 *du titre* Du faux incident, *de l'Ordonnance
de* 1737.)

Jugement qui , faute par le demandeur d'avoir fourni fes moyens de faux , ordonne que l'infcription de faux fera rejettée.

*Ce Jugement doit être conforme aux conclufions de la requête pré-
cédente.*

Conclufions & Jugement pour admettre ou rejetter les moyens de faux.

Extrait des Regiftres de. . .

285.   Vu la requête préfentée à . . . par A. . ., tendante à ce qu'il
lui fût permis de s'infcrire en faux contre . . ., (*énoncer la piece
infcrite de faux* ;) Ordonnance fur ladite requête du . . . , portant permiffion audit A. . . de s'infcrire en faux ; fommation faite
à B. . . le . . ., de déclarer s'il vouloit fe fervir de ladite piece
infcrite de faux ; déclaration dudit B. . . du . . . , qu'il veut fe
fervir de ladite piece ; fignification de ladite déclaration faite
audit A. . . le . . . ; autre fignification de l'acte de mis de ladite
piece au Greffe le . . . ; (*s'il y a eu des pourfuites pour faire apporter au Greffe la minute de la piece infcrite de faux , il faut les
énoncer, enfemble les autres incidents ;*) procès-verbal de l'état de
la piece infcrite de faux, enfemble de la minute, (*s'il y a en eu
d'apportée,*) fait par nous le . . . ; infcription de faux formée
au Greffe de . . . , contre ladite piece par ledit A. . . , par acte
du . . . ; moyens de faux donnés par lui mis au Greffe le . . . ;

ladite

ladite piece infcrite de faux ; la minute de ladite piece , (*fi au-cune y a ;*) conclufions du Procureur du Roi, (*ou Fifcal.*)

Nous avons joint lefdits moyens de faux au procès d'entre les parties , pour, en jugeant, y avoir tel égard que de raifon. Fait ce . . .

(*Ou fi les moyens font admis ,*) nous avons les moyens de faux donnés par A. . . , contre B. . . , (*énoncer la piece ,*) déclarés per-tinents & admiffibles, en ce que . . . ; (*détailler & exprimer tous les moyens admis ;*) ordonnons qu'il fera informé defdits faits, tant par titres , que par témoins ; (*fi le cas le requiert , le Juge peut ajouter :* comme auffi par E. . . & F. . . , Experts, que nous avons nommés d'office , & par comparaifon d'écritures & figna-tures.) Fait ce . .

286. (*Ou fi partie des moyens feulement font admis :*) Nous, ayant au-cunement égard aux moyens de faux donnés par A. . . , contre B. . , (*énoncer la piece ,*) les avons déclarés pertinents & ad-miffibles feulement, en ce que . . . , (*exprimer & détailler les moyens admis ;*) ordonnons qu'il fera informé des fufdits faits , tant, &c. (*comme deffus ;*) & à l'égard des autres moyens de faux don-nés par ledit A. . . , confiftant en ce que . . . , ordonnons qu'ils demeureront joints à l'incident de faux, (*ou* à la caufe , *ou* inf-tance, *ou* procès principal d'entre les parties ,) pour y avoir tel égard que de raifon.

Ou, nous ordonnons que les moyens de faux donnés par ledit A. . . feront rejettés , & que fans y avoir égard , il fera paffé outre au jugement de la caufe, (*ou* procès ;) condamnons ledit A. . . , demandeur en faux, en l'amende de . . . livres, y com-pris celle confifquée lors de l'infcription en faux, dont il en ap-partiendra les deux tiers au Roi , (*ou* au Seigneur de cette Juf-tice ,) & l'autre tiers à . . . , défendeur ; fauf à B. . . , défen-deur , à fe pourvoir pour fes dommages & intérêts , & dépens de l'incident.

(*Voyez les articles* 29 , 30 & 31 *du titre* Du faux incident, *de l'Ordonnance de* 1737.)

Requête pour l'apport & remise au Greffe des pieces de comparaison ; & Ordonnance ou Jugement sur ladite Requête.

A MONSIEUR LE LIEUTENANT CRIMINEL, &c.

287. Supplie humblement A. . ., disant qu'ayant formé son inscription en faux, & fourni ses moyens de faux contre . . . ., (*énoncer la piece arguée de faux*,) produite par B. . . dans l'instance, (*ou* procès) d'entre les parties, par l'Ordonnance, (*ou* Jugement) du . . ., qui a admis les moyens de faux mis au Greffe par le suppliant, il lui a été permis de faire preuve des faits y portés, tant par titres, que par témoins, comme aussi par Experts & comparaison d'écritures & signatures ; & comme les pieces dont le suppliant entend se servir pour pieces de comparaison, sont entre les mains de N. . ., demeurant à . . ., il a recours à . . ., pour lui être sur ce pourvu.

Ce considéré . . ., il vous plaise ordonner que N. . . sera tenu, moyennant salaire raisonnable, d'apporter, ou faire apporter au Greffe de . . . ; (*énoncer les pieces*,) desquelles pieces le suppliant entend se servir pour pieces de comparaison dans l'instruction de faux incident dont il s'agit ; ce que ledit N. . . sera tenu de faire dans . . . ; (*marquer le délai requis par l'article 6 du titre 1* ;) sinon & à faute de ce faire dans ledit temps, & icelui passé, ledit N. . . contraint par toutes voies dues & raisonnables, même par corps, (*si c'est un dépositaire public ;*) ou si c'est un Ecclésiastique, par saisie de son temporel. (*Voyez ci-dessus, n. 280, sur la nature de la contrainte,*)

288. *L'Ordonnance au bas de cette Requête, ou le Jugement, doit être conforme à ces conclusions.*

Si le demandeur a en sa possession les pieces de comparaison, ou qu'elles aient été apportées & remises au Greffe, par celui, ou ceux qui les avoient entre les mains, il doit faire sommation au défendeur, au domicile de son Procureur, de comparoître au procès-verbal des pieces de comparaison ; & pour cet effet, prendre l'Ordonnance du Juge, qui marquera le lieu, le jour & heure, mais non en l'hôtel du Juge ; il suffira même pour faire la sommation, que le Juge donne verbalement son jour & heure.

(*Il faut procéder au procès-verbal de préfentation & état des pieces de comparaifon, en la forme qui fuit :*)

L'an. . ., (*ou* aujourd'hui. . .) heure. . ., Nous. . . nous fommes tranfportés au Greffe de . . . (*ou* en la Chambre du Confeil de . . .,) où étant en préfence du Procureur du Roi, (*ou* Fifcal ; *ou fi c'eft au Parlement,* en préfence de . . ., Subftitut du Procureur-Général du Roi,) eft comparu A. . ., demandeur, (*ou* . . . fondé de la procuration fpéciale, à l'effet des préfentes, de A. . ., paffée devant Notaires, (*ou* devant Notaire & témoins, le . . ., qui eft demeurée annexée à la minute des préfentes, après avoir été paraphée par nous & par ledit. . . ;) lequel nous a repréfenté l'original de la fommation faite à B. . ., défendeur, le . . , de comparoir à cejourd'hui, lieu & heure, à l'effet d'être préfent au préfent procès-verbal ; & après avoir attendu une heure, & que ledit B. . . n'eft comparu, nous avons donné défaut contre lui, & pour le profit, ordonnons qu'il fera paffé outre.

289. (*Si le défendeur comparoît, on met :*) eft comparu B. . ., défendeur, lequel (*ou* notre Greffier,) nous a repréfenté . . . ; (*énoncer les pieces ;*) defquelles pieces ledit A. . ., demandeur, prétend fe fervir pour pieces de comparaifon dans l'inftruction de faux incident dont il s'agit ; lefquelles nous avons repréfentées audit B. . ., défendeur ; & l'ayant interpellé de convenir defdites pieces, ou les contefter fur-le-champ, il a déclaré qu'il en convient, (*ou qu'il les contefte,*) & a figné, (*ou fait refus de figner, de ce interpellé ; ou déclaré ne fçavoir figner, de ce enquis ;*) & a auffi ledit. . ., demandeur, figné . . .

Et à l'inftant le Procureur du Roi, (*ou Fifcal, &c.*) *le furplus comme ci-deffus,* n. 263, *à la fin ; en obfervant de faire auffi parapher les pieces de comparaifon par le défendeur, fi elles font admifes.*

(*Voyez les articles* 33-38 *du titre* Du faux incident, *de l'Ordonnance de* 1737.)

Nota. *Le furplus de l'inftruction pour l'audition des experts & témoins, le décret, l'interrogatoire, le corps d'écriture, le réglement à l'extraordinaire, les nouvelles pieces de comparaifon, le jugement,* &c. *fe fait comme au faux principal.*

(*Voyez les articles* 39 *& fuivant, du titre* Du faux incident, *de l'Ordonnance de* 1737.)

§. III.

Des reconnoiffances d'Écritures.

Procès-verbal de reconnoiffance d'Écritures privées.

290. L'an mil fept cent. . . le . . . jour de . . ., heures du matin, en la Chambre du Confeil du . . . , pardevant nous L. . . , avons fait venir de fa prifon B. . ., accufé, auquel, après lui avoir fait prêter ferment de dire vérité, avons repréfenté . . ., (*défigner la piece,*) écrite en . . . pages, commençant par ces mots . . . ; & finiffant par ces autres mots . . . ; interpellé ledit B. . . de reconnoître s'il n'a pas écrit & figné ladite piece, laquelle a été par nous mife entre fes mains, pour la voir & examiner à loifir ; & après l'avoir examinée, il a déclaré l'avoir écrite & fignée. (*Si l'accufé ajoute quelqu'autre chofe, il faut l'inférer auffi dans le procès-verbal.*) Enfuite ladite piece a été par nous paraphée, & par ledit B. . .

Lecture à lui faite du préfent procès - verbal, a dit y perfifter, & a figné, (*ou déclaré ne fçavoir figner, de ce enquis, fuivant l'Ordonnance ;*) figné . . .

Si au contraire l'accufé refufe de reconnoître la piece qu'on lui préfente, pour l'avoir écrite, ou fignée, ou pour être écrite & fignée d'une telle perfonne, &c. ; le Juge dreffera le procès-verbal dans la forme fuivante.

Procès-verbal de refus de reconnoître la piece.

291. L'an mil fept cent . . ., le . . . jour de . ., heures du matin, en la Chambre du Confeil du . . ., pardevant nous L. . ., avons fait venir de fa prifon B. . ., accufé, auquel après ferment par lui fait de dire vérité, avons repréfenté une lettre fans date, ni foufcription, commençant par ces mots . . ., & finiffant par ces autres mots . . . ; & interpellé ledit B. . . de reconnoître s'il n'a pas écrit ladite lettre que nous lui avons remife entre les mains ; après l'avoir examinée & lue, nous a déclaré ne l'avoir écrite, & n'a voulu la reconnoître : enfuite a été ladite lettre paraphée par nous & par ledit B. . .

Lecture faite du présent procès-verbal audit B. . . , il a persisté en sa déclaration, & a signé

(*Si l'accusé refuse de parapher la piece de conviction, il faudra mettre :*)

Ensuite ladite lettre a été de nous paraphée en présence de B. . . , qui n'a voulu la parapher . .

Lecture, &c. . .

Surquoi nous ordonnons que ladite lettre sera vérifiée sur pieces de comparaison, par E. . . & F. . . Jurés-Experts-Ecrivains, que nous avons nommés d'office, lesquels seront assignés à la diligence du Procureur du Roi, (*ou de la partie civile, s'il y en a une,*) pour prêter serment de bien & fidelement, en leur ame & conscience, procéder à la vérification de ladite lettre, & déposer en l'information qui sera par nous faite ; & a été l'accusé remis ès mains du Geolier, pour être remené dans sa prison. Signé . . .

(*Voyez les articles* 1, 2, 3 & 4 *du titre* 3 *de l'Ordonnance du faux de* 1737.)

Procès-verbal de préfentation de pieces de comparaison, quand l'accufé eft préfent.

292. Et le jour de. . . mil sept. . . , heures du matin, pardevant nous étant en la Chambre du Conseil, avec le Procureur du Roi, & en présence de A. . . , (*s'il y a une partie civile,*) avons fait venir de sa prison B. . . , accusé, auquel après avoir fait prêter serment de dire vérité, avons représenté . . . ; (*énoncer ici les pieces dont on veut se servir pour pieces de camparaison,*) à nous remises par le Procureur du Roi, ou par A. . . , partie civile, (*s'il y en a ;*) & interpellé ledit B. . . de déclarer présentement s'il consent que lesdites pieces servent pour pieces de comparaison à la lettre par lui désavouée, & dont il s'agit de faire la vérification, ou s'il veut les contester ; nous a déclaré ledit B. . . , après lui avoir remis lesdites pieces, & les avoir vues & examinées, qu'il consent qu'elles servent à la vérification de la lettre par lui désavouée.

Lecture à lui faite du présent procès-verbal, y a persisté, & a signé.

Surquoi nous ordonnons que lesdites pieces demeureront pour

piéces de comparaison ; & que la vérification de la lettre en question sera faite sur icelles ; & ont été lesdites piéces par nous paraphées par ledit B. . . ; par ledit Procureur du Roi ; & par ledit A. . . , partie civile.

(*Voyez les articles* 5, 6, 7, 8 & 9 *du titre* 3 *de l'Ordonnance du faux de* 1737.)

Nota. *Le surplus de l'instruction pour ce qui regarde l'audition des Experts & des témoins, le décret, l'interrogatoire, le corps d'écriture, le réglement à l'extraordinaire, les nouvelles piéces de comparaison, &c. se fait comme au faux principal.*

(*Voyez les articles* 10, 11 & *suivants du même titre* 3 *de l'Ordonnance du faux de* 1737.)

TITRE XVIII.

De la Question, ou Torture.

Sentence portant que l'accusé sera appliqué à la question préparatoire.

Extrait des Registres de . . .

293 V U le procès-criminel par nous extraordinairement fait & instruit à la requête de A. . ., demandeur & accusateur, le Procureur du Roi joint, contre B. . ., défendeur & accusé, prisonnier ès prisons de cette Cour ; information faite contre l'accusé & ses complices le. . . ; décret de prise-de-corps par nous décerné contre l'accusé le . . . ; interrogatoire de l'accusé contenant ses reconnoissances, confessions & dénégation du . . . ; récolement fait des témoins en leurs dépositions le . . . . ; confrontation des témoins à l'accusé du . . . ; conclusions du Procureur du Roi ; interrogatoire subi par l'accusé, assis sur la sellette en la Chambre du Conseil ; oui le rapport de M^c. . ., Conseiller ; & tout considéré ; nous, avant que de procéder au jugement diffinitif du procès, ordonnons que l'accusé sera appliqué à la question ordinaire & extraordinaire, & interrogé sur les faits réfultants du procès, en préfence du Rapporteur d'icelui, affifté de l'un des autres Juges ; pour fon interrogatoire, fait & rapporté, être ordonné ce que de raifon. Fait ce. . .

Retentum.

· Arrêté que l'accufé fera feulement appliqué à la queftion ordinaire.

Sentence portant que l'accufé fera appliqué à la queftion, les preuves réfervées en leur entier.

Extrait des Regiftres de . . .

294. Vu le procès criminel, &c. . .
Nous ordonnons que l'accufé fera appliqué à la queftion ordinaire & extraordinaire, pour apprendre par fa bouche la vérité d'aucuns faits réfultans du procès, en préfence du Rapporteur d'icelui, qui fera affifté de l'un des autres Juges, les preuves fub-fiftant en leur entier. Fait ce. . .

Autre Sentence portant que l'accufé condamné à mort, fera préalablement appliqué à la queftion ordinaire & extraordinaire.

Nous avons, par Jugement préfidial & en dernier reffort, déclaré B. . . . atteint & convaincu d'avoir la nuit du. . . . ; pour réparation de quoi, nous avons condamné ledit B. . . à être cejourd'hui pendu & étranglé jufqu'à ce que mort s'enfuive, à une potence qui fera dreffée à cet effet dans la place publique de cette ville, &c. . ., préalablement appellé à la queftion ordinaire & extraordinaire, pour avoir révélation de fes complices. Déclarons tous fes biens acquis & confifqués, &c. . .

Procès - verbal de Question préparatoire, ordinaire &
extraordinaire, donnée à l'eau avec réserve de preuves.

295. L'an... le jour de..., onze heures du matin, Nous L...
Conseiller du Roi, Lieutenant-Criminel à..., & P..., aussi
Conseiller du Roi en la Sénéchauffée & Siege Présidial de...,
nous étant transportés en la chambre de la question, avons fait
venir des prisons & amener en ladite chambre B... accusé,
après quoi accusé s'étant mis à genoux tête nue, lui a été prononcé par notre Greffier la Sentence rendue sur le procès-criminel
extraordinairement fait à la requête de A... contre l'accusé, par
laquelle, avant que de procéder au jugement diffinitif du procès,
il a été ordonné que l'accusé seroit appliqué à la question ordinaire & extraordinaire, & interrogé sur les faits résultans du
procès, les preuves réservées en leur entier ; lequel accusé s'é-
tant assis sur la sellette, & après serment par lui fait de dire vérité, avons procédé à son interrogatoire, ainsi qu'il suit :
Interrogé de son nom, âge, qualité, & demeure.
A dit, &c...
(*Il faut interroger l'accusé sur les faits résultants du procès seule-*
ment, & non d'autres.)
Lecture à lui faite du présent interrogatoire, a dit que ses réponses contiennent vérité ; y a persisté, & a signé ; *ou* a déclaré
ne sçavoir écrire, ni signer, de ce enquis.
Ce fait, l'accusé a été deshabillé & mis sur le siege de la ques-
tion par le Questionnaire, & après avoir été attaché par les bras
& jambes en la maniere accoutumée, & ayant été étendu, &
le premier tréteau passé sous les cordes attachées aux jambes de
l'accusé, a dit : (*Il faut écrire tout ce que l'accusé voudra dire.*)
Le Questionnaire a fait boire un pot d'eau à l'accusé, lequel
interrogé, &c.
A dit...
Au second pot,
A dit...
Au troisieme pot,
A dit...
Au quatrieme pot,
A dit...

Après

296. Après quoi, le grand tréteau de l'extraordinaire ayant été passé sous les mêmes cordes, l'accusé,

Au premier pot de l'extraordinaire,
A dit. . .
Au second pot de l'extraordinaire,
A dit. . .
Au troisieme pot de l'extraordinaire,
A dit. . .
Au quatrieme pot de l'extraordinaire,
A dit. . .

Et ensuite l'accusé a été détaché & mis devant le feu sur un matelas, où étant,

  L'avons interrogé, s'il n'est pas vrai que. . .
  A dit. . .
Interrogé si. . .

Lecture faite à l'accusé du présent interrogatoire, a dit que ses réponses contiennent vérité; y a persisté, & a signé; (*ou* a déclaré ne sçavoir écrire, ni signer, de ce enquis;) ce fait, l'accusé a été mis ès mains du Geolier desdites prisons, pour le remener en icelles. Fait le jour & an que dessus.

Prononciation de Jugement de condamnation à mort, qui porte que le condamné sera préalablement appliqué à la question ordinaire & extraordinaire, donnée aux brodequins, dans lequel un autre accusé se trouve chargé; confrontation, amende-honorable, & procès-verbal d'exécution, contenant des déclarations qui font charge contre des particuliers, dont on ordonne 297. *la représentation.*

L'an. . . le. . ., onze heures du matin, nous L. . ., assisté de notre Greffier-Criminel. . . sommes montés en la chambre de la question de. . ., où étant, avons fait extraire des prisons dudit Siege, & amener devant nous B. . ., accusé; & icelui étant à genoux, lui avons fait lecture de la Sentence contre lui rendue par. . . le. . ., par laquelle il est déclaré duement atteint &

convaincu de. . .; pour réparation, condamné. . ., & de l'Arrêt de Nosseigneurs du Parlement du. . ., qui a confirmé ladite Sentence, & avant laquelle exécution, il est dit qu'il sera appliqué à la question ordinaire & extraordinaire, laquelle lui sera donnée avec les brodequins, pour avoir révélation de ses complices; après quoi ledit B. . . . . condamné, étant à genoux, a fait serment de dire vérité, la main mise sur les saints Evangiles, & étant assis sur la sellette :

298.   Interrogé de son nom, surnom, âge, qualité & demeure :

A dit. . .

Interpellé de déclarer. . .

A dit. . .

Lecture faite, ledit condamné a persisté dans ses réponses, comme véritables, & a signé.

Et à l'instant ledit condamné a été lié & attaché sur la sellette, & après serment réitéré.

Interrogé quel a été le motif. . .

A dit. . .

A lui représenté que ce n'est que le commencement des douleurs, & qu'il peut s'en faire soulager en convenant de ses complices.

A dit. . .

Au premier coin,

Interrogé. . .

A jetté un cri, & a dit. . .

Au deuxieme coin,

Interrogé. . .

S'est écrié : Messieurs ! . . .

Au troisieme coin,

Interrogé. . .

A dit. . .

Au quatrieme coin, &c.

Au huitieme & dernier coin,

S'est écrié, mon Dieu, ayez pitié de moi.

Interpellé de. . .

A dit. . .

299.   Lecture faite du présent interrogatoire, ledit condamné de ce interpellé, a persisté dans ses réponses, comme véritables, sans

y vouloir ajouter, ni diminuer, & a déclaré ne pouvoir écrire ni figner, de ce interpellé, fuivant l'Ordonnance.

(Nota. *Que fi l'interrogatoire de l'accufé fait charge contre quelqu'un de fes complices, il faudra récoler l'accufé en fon interrogatoire, comme ci-deffus,* n. 182; *& enfuite le confronter avec le complice, ainfi qu'il fuit :)*

A été amené en ladite chambre C..., auquel avons confronté B..., fur l'interrogatoire par lui fubi cejourd'hui;

Après ferment par eux refpectivement fait de dire vérité, en préfence l'un de l'autre, & interpellés de déclarer s'ils fe connoiffent,

Ont dit qu'ils fe connoiffent, (*ou* qu'ils ne fe connoiffent pas.)

Avons audit C... fait faire lecture des premiers articles de l'interrogatoire dudit B..., condamné, contenant fes nom, furnom, âge qualité & demeure, & donné acte de la déclaration préfentement faite par ledit B..., qu'il n'eft parent, allié, ferviteur dudit C..., & avons interpellé ledit C... de fournir fur-le-champ de reproches, autrement qu'il n'y fera plus reçu, après avoir entendu lecture de l'interrogatoire dudit condamné en fon entier, & récolement à icelui, fuivant l'Ordonnance.

300. Ledit C... a dit n'avoir aucuns reproches à propofer contre ledit B..., condamné.

Ce fait, avons audit C... fait faire lecture de l'interrogatoire dudit B..., condamné, & de fon récolement à icelui; ledit condamné de ce interpellé, a dit que fefdits interrogatoire & récolement, contiennent vérité, & qu'il y perfifte, & que c'eft dudit C........... préfent, qu'il a entendu parler par iceux, auquel il foutient tout ce qui y eft contenu comme véritable.

Et par ledit C... a été dit...

Et par ledit condamné a été dit...

Et par ledit C... a été dit...

Lecture faite de la préfente confrontation, y ont perfifté chacun à leur égard; ledit C... a figné, & ledit B... condamné, a déclaré ne pouvoir écrire ni figner, de ce interpellé, fuivant l'Ordonnance.

Ce fait, ledit C... a été conduit, de notre ordonnance, ès prifons de ce Siege, jufqu'à ce qu'autrement il en ait été ordonné.

301. Et ledit jour, une heure de relevée, je... Greffier fufdit...

H h h h ij

ſuis deſcendu en la Chapelle des priſons, & m'étant approché
dudit condamné, lui ai demandé s'il n'avoit pas quelque déclaration à faire, & lui ai dit que Meſſieurs... ſe tranſporteroient
pour les recevoir ; ledit condamné m'a répondu qu'il n'avoit aucune déclaration à faire ; & étant rentré dans les priſons pour donner les ordres pour l'exécution de ladite Sentence, les prieres
chantées, ledit condamné a été mené à la porte de la priſon,
où j'ai fait lecture de ladite Sentence en préſence du peuple, le
cri préalablement fait par l'Exécuteur de la Haute-Juſtice ; de-là
a été mené au-devant de la principale porte de l'Egliſe de....
dans un tombereau, & y étant arrivé, eſt deſcendu du tombereau, a fait l'amende-honorable, & prononcé mot-à-mot les termes de ladite Sentence ; étant enſuite remonté dans ledit tombereau, a été conduit en la place de... où j'ai fait lecture de
ladite Sentence & du ſuſdit Arrêt, en préſence du peuple ; & m'é-
tant approché dudit condamné, je lui ai dit qu'il étoit temps de
penſer à la mort, & que pour la décharge de ſa conſcience, il
devoit révéler ſes complices, & lui ai donné à entendre que
Meſſieurs... s'étoient tranſportés à l'Hôtel-de-Ville pour recevoir ſes déclarations ; lequel condamné m'ayant déclaré qu'il
avoit à parler à meſdits Sieurs..., je l'ai fait conduire devant
eux.

Et après ſerment par lui fait de dire vérité,

Lecture faite de la préſente déclaration, y a perſiſté comme
véritable, & a déclaré ne pouvoir écrire, ni ſigner, de ce interpellé, ſuivant l'Ordonnance.

302. Ce fait, je Greffier ſuſdit, ai fait reconduire ledit condamné
en la place de.., où j'ai, pour la derniere fois, fait lecture
de ladite Sentence & du ſuſdit Arrêt, en préſence du peuple, le
cri préalablement fait par l'Exécuteur de la Haute-Juſtice ; ledit
condamné a été enſuite mis & lié ſur l'échafaud, où il a été rompu
vif ; après quoi il a été attaché ſur la roue, la face tournée vers
le ciel, où il a expiré ; & ſuis venu en rendre compte à meſdits Sieurs... ; & ſuis reſté en la place de... juſqu'après
l'exécution de ladite Sentence & Arrêt ; de laquelle exécution
j'ai dreſſé le préſent procès-verbal. Fait les jour & an que deſſus,
& ai ſigné.

Capture d'un particulier, contre lequel il se trouve des charges dans un Procès-verbal de Question.

303. L'an . ., sur les huit heures du matin, en vertu de l'ordonnance de Messieurs. . ., séants en la chambre de la question de. . ., inférée au procès-verbal de torture de . ., de cejourd'hui, dont l'expédition par extrait, signée . ., Greffier, porte, que l'Huissier . . . amenera prisonnier, de l'ordonnance de . ., le nommé D. . ., & à la requête de Monsieur le Procureur du Roi, pour lequel domicile est élu en son hôtel & demeure, sis à . .; je . . ., Huissier soussigné, me suis transporté, avec les Archers ci-après nommés, à la porte de la maison de D. . .; où étant entré, & y ayant trouvé ledit D. . . ., je lui ai, parlant à sa personne, montré, notifié, & fait lecture de ladite expédition par extrait de ladite ordonnance ; & en vertu d'icelle, je lui ai signifié & déclaré que je l'arrêtois pour le mener prisonnier, en exécution de ladite ordonnance ; & lui ai fait commandement de par le Roi & Justice, de venir avec moi ; & satisfaisant par ledit D. . . . . audit commandement, je suis allé avec lui, accompagné de . . . & de . ., cavaliers de Maréchaussée, à la porte des prisons de . ., & de suite ledit D. . . a été conduit en la chambre de la question, où après être comparu devant Messieurs . . ., mesdits sieurs . . . ayant ordonné de le faire descendre ès prisons de . ., il y a été constitué prisonnier ; & dans le même instant j'ai, sur le registre du Geolier, en vertu de l'ordonnance de mesdits sieurs . ., susdatée & énoncée, & de l'ordre du procès-verbal par eux donné, à la requête de mondit sieur le Procureur du Roi, écroué ledit D. . ., pour ester à droit aux fins de ladite ordonnance ; de laquelle, & du présent j'ai laissé copie audit D. . ., parlant à sa personne, entre les deux guichets desdites prisons.

Procès-verbal de Question préalable, ordinaire & extraordinaire, dans un Procès de Maréchaussée.

304. Aujourd'hui . . ., nous . . ., Conseiller au Présidial de . . . Rapporteur du procès, & . ., aussi Conseiller audit Présidial,

Commiſſaire en cette partie, nous ſomme tranſportés en la chambre de la queſtion; où étant (préſent le ſieur . ., Prévôt-Général de la Maréchauſſée, *ſi c'eſt un procès prévôtal*,) avons fait amener B. . ., accuſé condamné, auquel a été prononcé le jugement (prévôtal,) rendu cejourd'hui, par lequel il a été condamné à mort, préalablement appliqué à la queſtion ordinaire & extraordinaire, pour avoir révélation de ſes complices, & autres crimes; lequel s'étant mis ſur la ſellette, après le ſerment par lui fait ſur les ſaints Evangiles de dire vérité.

Interrogé de ſon nom, ſurnom, âge, qualité & demeure,

A dit avoir nom, *&c.*

Interrogé quels ſont les complices du vol commis, *&c.*

Lecture faite à l'accuſé condamné du préſent interrogatoire, y a perſiſté, *&c.*

Ce fait, l'accuſé condamné a été mis ſur le ſiege de la queſtion par l'Exécuteur queſtionnaire; où étant déchauſſé, nues jambes, lui a été mis quatre planches de bois de chêne entre les jambes, depuis les pieds juſqu'aux genoux; ce fait, avons ſommé ledit accuſé, le ſerment de lui pris derechef ſur les ſaints Evangiles,

A dit avoir nom . . .

Interrogé quels ſont les complices du vol, *&c.*,

305. A dit au premier coin . ., *&c.*;

Au ſecond coin . .;

Au grand coin de l'extraordinaire, *&c.* . .

Lecture faite audit B. . ., accuſé condamné, du préſent interrogatoire, y a perſiſté, *&c.* . .

Ce fait, l'accuſé condamné a été délié & mis ſur le matelas; où étant, derechef le ſerment de lui pris.

A dit avoir nom, *&c.*

Interrogé quels ſont les complices, *&c.*

Lecture faite audit B. . ., accuſé condamné, du préſent interrogatoire, y a perſiſté, *&c.*

Au récolement, s'il en eſt fait un, il faudra mettre B. . . . ., accuſé condamné, auquel avons fait lecture de ſes interrogatoires avant, pendant, & après la queſtion, iceux ouis, *&c.*, (*le ſurplus comme aux récolemens, ci-deſſus*, n. 182.)

Procès-verbal, quand une femme condamnée à la Question, paroît, ou déclare être enceinte.

306. L'an . . ; nous L. . ., Conseiller du Roi, Lieutenant-Criminel à . . ; & P. . ., Conseiller du Roi au même Siege, nous étant transportés en la chambre de la question, y avons fait amener, par le Geolier des prisons, N. . ., femme de B. . ., accusé ; après quoi l'accusée s'étant mise à genoux, lui a été prononcé par notre Greffier la Sentence contr'elle rendue sur le procès criminel extraordinairement fait à la requête de A. . ., par laquelle, avant que de procéder au jugement diffinitif du procès, il a été ordonné que l'accusée seroit appliquée à la question ordinaire & extraordinaire, & interrogée sur les faits résultants du procès ; laquelle N. . . s'étant assise sur la sellette, & après serment par elle fait de dire vérité, avons procédé à son interrogatoire, ainsi qu'il ensuit.

Interrogée de son nom, âge, qualité & demeure,

A dit . . .

(*Il faut interroger l'accusée sur les faits du procès, & non sur d'autres ; ainsi qu'il est ci-dessus observé.*)

Lecture faite à l'accusée du présent interrogatoire, a dit, que ses réponses sont véritables, & y a persisté ; & a signé, ou déclaré ne sçavoir écrire, ni signer, de ce enquise.

307. Et ayant fait mettre ladite N. . . ès mains du questionnaire, elle nous a dit, que pour la décharge de sa conscience, elle est obligée de nous déclarer qu'elle croit être enceinte, & nous a supplié de la faire visiter avant que d'être appliquée à la question ; & a signé, (ou déclaré ne sçavoir signer, de ce enquise.)

Sur quoi nous avons ordonné que ladite N. . ., accusée, sera visitée par R. . . & S. . ., Jurées-Matrones, (ou par le . . . Médecin du Roi, & T. . ., Chirurgien,) pour leur rapport à nous fait, être ordonné ce que de raison.

En exécution de laquelle ordonnance, avons mandé lesdites R. . . & S. . ., Matrones, auxquelles avons fait faire serment de fidélement & en leur conscience procéder à la visitation de ladite N. . ., accusée présente ; après quoi lesdites R. . . & S. . ., Matrones, sont entrées avec l'accusée dans une chambre qui est à côté de celle où se donne la torture ; de laquelle étant sorties, après y avoir demeuré une demi-heure, ou environ, lesdites Matrones nous ont dit avoir visité l'accusée, & qu'elles lui ont trouvé toutes les marques & signes de grossesse, & que par la connoissance qu'elles ont, elles croient qu'elle est grosse & enceinte d'enfant, dont elles nous ont délivré leur rapport par elles signé, pour être joint à notre présent procès-verbal.

Sur quoi nous, en conséquence dudit rapport, avons sursis l'exécution de ladite ordonnance ; ordonnons qu'il en sera référé à la Chambre ; & que ladite N. . . sera remenée en prison. Fait les jour & an que dessus.

(*En conséquence de cette ordonnance, les Juges qui ont condamné l'accusée, s'assemblent, & ordonnent qu'il sera sursis à l'exécution jusqu'après l'accouchement de l'accusée.*)

Rapport d'Experts, lorsque la femme n'est pas enceinte.

308. Lesquelles R. . . & S. . ., Matrones, après avoir été environ une demi-heure avec l'accusée en ladite chambre, en sont sorties, & nous ont dit qu'elles ont visité l'accusée, & ne lui ont trouvé aucunes marques, ni signes de grossesse, & ne croient pas qu'elle soit grosse, ni enceinte d'enfant, dont elles nous ont délivré leur rapport, &c.

Sur quoi, nous avons ordonné qu'il sera passé outre à l'exécution de la Sentence ; ce faisant, & conformément à icelle, que ladite N. . . sera présentement appliquée à la question ordinaire & extraordinaire. . .

Et à l'instant ladite N. . . a été mise ès mains du questionnaire, déshabillée & assise sur le siege de la question, & attachée par les bras & jambes, en la maniere accoutumée ; & lui avons fait réitérer le serment de dire vérité ; &c. (*le reste du procès-verbal de question ci-dessus, qui doit être donnée en la même forme que celle que l'on donne aux hommes.*)

Procès-verbal de présentation à la Question.

309. L'an. . . ; Nous L. . . & O. . ., Conseillers du Roi en la Cour de . ., Commissaires en cette partie, nous étant transportés en la chambre de la question, y avons fait amener B. . ., accusé, prisonnier en la Conciergerie, auquel, étant tête nue &

à

à genoux, a été prononcé l'Arrêt de la Cour, rendu sur le procès criminel contre lui extraordinairement fait à la requête de A: . . le . ., par lequel il est ordonné que l'accusé sera appliqué, (& par *retentum*, seulement présenté) à la question ordinaire & extraordinaire, & interrogé sur les faits résultants du procès ; lequel accusé s'étant assis sur la sellette, avons procédé à son interrogatoire, après serment par lui fait de dire vérité, ainsi qu'il ensuit.

Interrogé de son nom, surnom, âge, qualité & demeure, A dit . . . .

Interrogé depuis quel temps il est arrivé de . . . ., A dit . . .

Interrogé . . . . (*Il faut continuer l'interrogatoire, ainsi qu'il est observé aux précédents procès-verb ux.*)

Ce fait, l'accusé a été déshabillé par le questionnaire, & mis sur le siege de la question, & attaché par les bras & jambes, en la maniere accoutumée ; & lui avons fait réitérer le serment de dire vérité.

Interrogé, *&c.*, *comme aux précédents interrogatoires.*

Après quoi l'avons fait délier & remettre ès mains du Geolier desdites prisons. Fait les jour & an que dessus.

T I T R E   X I X.

Des Conclusions diffinitives.

Conclusions diffinitives à fin de décharge de l'accusation.

‡ 10. **V**U les charges & informations faites à la requête de A. . . ., demandeur & accusateur contre B. . ., prisonnier, défendeur & accusé ; le . ., décret de prise-de-corps décerné contre l'accusé, sur les informations, le . . ; interrogatoire de l'accusé, du . ., contenant ses reconnoissances, confessions & dénégations; récolements des témoins en leurs dépositions, & confrontations d'iceux faite à l'accusé, les . . ; requête de A. . ., à ce que l'ac-

cufé foit duement atteint & convaincu, *&c.* ; requête de l'accufé, à ce qu'il fût déchargé, *&c.* (*Il faut ici faire mention de toutes les pieces du procès.*)

Je n'empêche pour le Roi que B. . . foit déclaré & envoyé abfous de l'accufation, & que A. . . foit condamné à . . . ; & en conféquence, ordonné que l'accufé fera relaxé & mis hors des prifons, l'écroue de fon emprifonnement rayé & biffé ; à côté duquel fera fait mention de la Sentence qui interviendra.

Autres Conclufions.

Vu les charges & informations, *&c.* .

Je n'empêche pour le Roi qu'il foit par vous fait droit aux parties, ainfi qu'il appartiendra par raifon.

Conclufions à ce que l'accufé foit reçu en fes faits juftificatifs.

Vu les charges & informations, *&c.* .

3ıı.   Je n'empêche pour le Roi, que l'accufé foit reçu à nommer témoins pour la preuve des faits juftificatifs, & des reproches par lui allégués au procès ; pour iceux, fi aucuns font par lui nommés, être ouïs d'office à ma requête.

Conclufions à mort.

Vu les charges & informations, *&c.* .

Je requiers pour le Roi, être B. . ., accufé, déclaré duement, atteint & convaincu . . . ; pour réparation dequoi, être ledit B. . . condamné être pendu & étranglé, jufqu'à ce que mort s'enfuive, à une potence, qui, pour cet effet, fera plantée en la place publique de . . . ; ordonné que fon corps y demeurera vingt-quatre heures, & fera enfuite porté aux fourches patibulaires ; que tous & chacuns fes biens foient déclarés acquis & confifqués à qui il appartiendra ; & que fur iceux il foit pris la fomme de . . . livres d'amende envers le Roi, en cas que confifcation n'ait lieu au profit de Sa Majefté ; l'accufé préalablement appliqué à la queftion ordinaire & extraordinaire.

TITRE XX.

Des faits justificatifs.

Jugement par lequel l'accusé est reçu à faire preuve de ses faits justificatifs.

Extrait des Registres de . . .

312. **V**U le procès criminel par nous extraordinairement fait & instruit, à la requête de A. . ., demandeur & complaignant (le Procureur du Roi joint) contre B. . . . prisonnier ès prisons de . . ., défendeur & accusé ; la plainte du demandeur du . . . ; information par nous faite le . . . ; décret de prise-de-corps décerné . . . contre l'accusé le . . . ; interrogatoire par lui subi, contenant ses reconnoissances, confessions & dénégations du . . . ; récolement des témoins en leurs dépositions, & confrontations d'iceux à l'accusé des. . . . ; conclusions du Procureur du Roi ; & tout considéré :

Nous avons reçu l'accusé à faire preuve des faits justificatifs, & des reproches par lui allégués au procès ; sçavoir, pour son interrogatoire du . . . que le jour de l'assassinat commis en la personne de B. . . en la ville de . . ., l'accusé étoit en celle de . . , éloignée de plus de . . . lieues : & par la confrontation qui lui a été faite le. . . des témoins ouis en l'information, que D. . . troisième témoin est . . . ; (*exprimer ainsi les faits que le Juge aura choisis* ;) & sera tenu l'accusé, après la prononciation faite de la présente Sentence, de nommer sur-le-champ les témoins, par lesquels il entend justifier lesdits faits, autrement il n'y sera pas reçu ; lesquels témoins seront ouis d'office à la requête du Procureur du Roi ; ce fait, sera l'enquête communiquée audit Procureur du Roi, & à la partie civile, & jointe au procès, pour, en jugeant, y avoir tel égard que de raison ; à l'effet de quoi l'accusé consignera telle somme qu'il conviendra, pour fournir aux

frais de la preuve defdits faits ; tous dommages, intérêts & dépens réfervés.

Procès-verbal de prononciation à l'accufé du jugement qui le reçoit à faire preuve de fes faits juftificatifs.

313. L'an . . ., nous L . . ., Confeiller du Roi, Lieutenant-Criminel en la Sénéchauffée de . . ., étant en la Chambre du Confeil de ladite Sénéchauffée, y avons fait amener B . . ., accufé
prifonnier en nos prifons, auquel a été prononcé le jugement par
nous rendu le . . ., par lequel il a été reçu à faire preuve des
faits juftificatifs, & des reproches y mentionnés par lui allégués
au procès extraordinaire contre lui inftruit, à la requête de A . . .;
& l'avons fommé & interpellé de nommer les témoins par lefquels
il entend les juftifier ; finon, & à faute de ce faire préfentement, lui avons déclaré qu'il n'y fera plus reçu ; lequel accufé,
après ferment par lui fait de dire vérité, & après avoir oui le jugement, & fuivant l'interpellation que nous lui avons faite, a
dit qu'il nomme C. . . Marchand, demeurant rue . . .; J. . .
Avocat, demeurant rue . . .; S. . ., &c. pour témoins, qui
peuvent dépofer de la vérité de fes faits juftificatifs, & de reproches inférés audit jugement. Lecture à lui faite du préfent procès-
verbal, a perfifté en fa nomination defdits témoins, & a figné,
(*ou* déclaré ne fçavoir figner, de ce enquis.) & a été l'accufé remis ès mains du Geolier, pour être remené en prifon. Fait le jour
& an que deffus.

Ordonnance portant que l'accufé confignera une fomme pour les frais de la preuve des faits juftificatifs.

Extrait des Regiftres de . . .

314. Vu notre jugement du . . ., par lequel B. . . ., accufé, a été
reçu à faire preuve des faits juftificatifs, & des reproches par lui
allégués au procès exrtraordinaire contre lui fait, à la requête de
A . . .; procès-verbal de prononciation dudit jugement à l'accufé,
par lequel procès-verbal il a nommé les témoins par lefquels il
entend faire la preuve de fes faits juftificatifs : Et tout confidéré,

Nous ordonnons que pour fournir aux frais de la preuve defdits faits juftificatifs, l'accufé fera tenu de configner en notredit Greffe la fomme de . . . ; à ce faire, contraint par toutes voies dues & raifonnables. Fait ce . .

T I T R E X X I.

Des Audiences.

Signification de venir plaider à l'Audience après que l'accufé a fubi interrogatoire.

A LA requête de A. . ., demandeur & complaignant, foit fignifié à Me P. . ., Procureur de B. . ., défendeur & accufé, de comparoître au premier jour . . ., heures du matin, à l'Audience de . . ., pour plaider la caufe d'entre les parties, & fignifié que Me Q. . . eft Procureur de A. . . Fait & fignifié le contenu ci-deffus à Me P. . , Procureur dudit B. . ., en parlant à . . . en fon domicile, par moi . . . . Huiffier . . ., demeurant à . . . le . .

Des Sentences d'Audience.

Sentence d'Audience, portant les pieces mifes aux fins d'un délibéré.

Extrait des Regiftres de. . .

315. Entre A. . ., demandeur & complaignant, (le Procureur du Roi joint, *s'il eft partie au procès*,) d'une part ; & B. . ., défendeur & accufé, d'autre ; ledit B. . . auffi complaignant & demandeur, contre ledit A. . ., défendeur & accufé ; lecture faite des informations, décrets, interrogatoires, & autres pieces des parties, & oui lefdites parties par leurs Avocats, en leurs plaidoiries ; nous avons la plainte dudit B. . . jointe & la joignons

à celle dudit A. . . ; & pour leur faire droit fur le tout, nous ordonnons que les pieces feront mifes en nos mains pour en dé-libérer, icelles préalablement communiquées au Procureur du Roi ; pour ce fait, être ordonné ce que de raifon, dépens ; dom-mages & intérêts réfervés. Fait & donné par nous, &c. .

Sentence contradictoire à l'Audience en réparation d'injure.

Entre A. . ., demandeur & complaignant, d'une part ; & B. . ., défendeur, d'autre ; lecture faite de la plainte, informa-tion, interrogatoire dudit B. . ., & autres pieces des parties, Nous, après les avoir oui en leurs plaidoiries, & après la déclara-tion faite par ledit B. . ., défendeur, qu'il n'a pas entendu in-jurier ni offenfer ledit A. . ., demandeur, lequel il reconnoît pour homme de bien & d'honneur, avons donné acte audit de-mandeur de la déclaration préfentement faite par le défendeur ; & en conféquence, avons mis les parties hors de Cour & de pro-cès, dépens compenfés. Fait & donné par nous . .

Autre Sentence en pareil cas, auffi contradictoire à l'Audience.

316. Entre A. . ., complaignant & demandeur, afin de réparation d'injures, d'une part ; & B. . ., défendeur, d'autre. Lecture faite de la plainte, information, & autres pieces & exploits des par-ties ; & icelles ouies par leurs Avocats en leurs Plaidoiries ; après que B. . . a foutenu n'avoir proféré les injures contenues en la plainte dudit A. . ., qu'en répondant à celles qui lui avoient été dites auparavant, Nous avons condamné & condamnons ledit B. . ., défendeur, a donner acte audit demandeur, portant qu'il le reconnoît pour homme de bien & d'honneur, & non entaché des injures mentionnées en ladite plainte ; avons fait défenfes audit B. . . de récidiver fous telles peines qu'il appartiendra ; & pour les injures par lui proférées, nous l'avons condamné en . . . livres de dommages & intérêts, & aux dépens ; & vaudra notre préfente Sentence pour acte. Fait & donné par nous . .

Autre Sentence fur le même fait par défaut.

Entre A. . . , demandeur en réparation d'injures, d'une part ;
& B. . . ., défendeur, d'autre part. Lecture faite de la plainte
dudit A. . ., en date du . . ., enfemble de l'information, &
des autres pieces des parties ; Nous, après avoir oui Me. . . Procureur dudit A. . ., en fa Plaidoirie, avons donné défaut
contre ledit B. . ., qui n'eft comparu, ni Procureur pour lui,
& pour le profit, faifons défenfes audit B. . . . de plus à l'a-
venir injurier, méfaire, ni médire audit demandeur, fous telles
peines qu'il appartiendra ; & condamnons ledit B. . . à lui donner acte au Greffe, qu'il le reconnoît pour homme de bien &
d'honneur ; & pour la faute par lui commife, le condamnons en
. . . livres de dommages & intérêts, & aux dépens.

Sentence contradictoire à l'Audience, qui met les parties hors de Cour.

317.   Entre A. . . ., demandeur & défendeur, d'une part ; &
B. . ., défendeur & demandeur, d'autre part. Lecture faite des
demandes refpectives des parties ; & après avoir oui les Procureurs des parties en leurs Plaidoiries ; Nous, fur les demandes refpectives faites par les parties, les avons mis & mettons hors de
Cour & de procès, dépens compenfés. Fait & donné par nous . .

Autre Sentence rendue à l'Audience, fur des rapports refpectifs de Commiffaires.

Entre A. . ., demandeur aux fins de la plainte par lui faite à
Me M. . . Commiffaire & défendeur ; contre B. . ., défendeur
& demandeur, auffi aux fins de la plainte par lui rendue à Mc N. . .
Commiffaire ; parties ouies en leurs plaidoyers, enfemble lefdits
Commiffaires en leurs rapports ; Nous, fans nous arrêter à la plainte
faite par ledit B. . . audit N. . , Commiffaire, de laquelle nous
avons donné congé audit A. . ., avec dépens ; & faifant droit
fur celle faite par ledit A. . . audit M. . . Commiffaire ; nous
avons ordonné que ledit B. . . donnera acte audit A. . ., qu'il

Je reconnoît pour homme de bien & d'honneur ; lui faisons défenses de récidiver, à peine de prison, &c. ; & pour la faute par lui commise, le condamnons en . . . livres de dommages & intérêts, & aux dépens. Fait & donné par nous . . .

Sentence pour faire enquête d'une part feulement.

318. Entre A. . ., demandeur aux fins de la plainte faite à Me . . . Commissaire le . . ., contre B. . ., défendeur ; Nous, après avoir oui Me . . . Procureur dudit A. . ., ensemble ledit Me . . . Commissaire en son rapport ; & après que ledit B. . . a dénié avoir proféré aucunes des injures mentionnées en ladite plainte ; avons permis audit A . . . de faire preuve par témoins sommairement pardevant nous des faits par lui mis en avant ; pour ce fait, l'enquête vue, rapportée & communiquée au Procureur du Roi, être par nous ordonné ce que de raison ; ce qui sera exécuté nonobstant l'appel, & sans y préjudicier. Fait & donné par nous . .

Autre pour faire enquêtes respectives, sans préjudice à la récrimination.

Entre A. . ., demandeur en réparation d'injure, & défendeur ; contre B. . ., défendeur, & aussi demandeur en réparation d'injures ; lecture faite des plaintes respectives des parties ; Nous, après avoir entendu les parties en leurs Plaidoiries, leur avons permis & permettons de faire preuve des faits par elles mis en avant pardevant . . . ; pour ce fait, les enquêtes vues, rapportées & communiquées au Procureur du Roi, être par nous ordonné ce que de raison ; dépens, dommages & intérêts réservés. Fait & donné par nous . . .

Autre portant que les parties communiqueront respectivement leurs enquêtes.

319. Entre A. . ., demandeur en réparation d'injures, & défendeur, contre B. . ., défendeur, & pareillement demandeur en réparations ; lecture faite des plaintes & demandes respectives des parties, ensemble de notre Sentence contradictoirement rendue le . . ,

portant

portant qu'elles feront refpectivement preuve des faits par elles
mis en avant ; Nous, après avoir oui les parties en leurs plaidoiries, ordonnonons qu'elles fe communiqueront refpectivement
leurs enquêtes ; donneront par écrit les noms & furnoms des témoins d'icelles, pour fournir de reproches contre eux ; & donneront leurs moyens de nullité, fi aucuns elles ont ; pour ce fait,
être ordonné ce que de raifon. Fait & donné par nous . .

Autre portant les enquêtes & pieces mifes.

Entre A..., demandeur en réparation d'injures ; contre B...,
défendeur ; ledit B..., auffi demandeur en réparation d'injures,
contre ledit A..., défendeur ; lecture faite des plaintes refpectives des parties ; de notre Sentence contradictoirement rendue
entre elles le..., portant permiffion de faire preuve refpectivement des faits par elles mis en avant ; & autres pieces & exploits des parties ; Nous, parties ouies en leurs plaidoiries, avons
ordonné & ordonnons que les enquêtes refpectivement faites par
les parties, & autres pieces, feront fommairement mifes en nos
mains, préalablement communiquées au Procureur du Roi ; pour
ce fait, être ordonné fur icelles ce que de raifon ; dépens, dommages & intérêts réfervés en diffinitif. Fait & donné par nous ..

Autre Sentence fur des enquêtes refpectives, qui condamne
une des parties, & donne congé de la plainte de l'autre.

§ 20?   Entre A..., demandeur en réparation d'injures, & défendeur,
le Procureur du Roi joint, d'une part ; & B..., défendeur &
demandeur, pareillement en réparation d'injures, d'autre part.
Nous, oui le Procureur du Roi, fans nous arrêter à la plainte
& enquête faite par ledit A..., de laquelle avons donné congé
audit B.... avec dépens, faifant droit fur celle faite par ledit
B... ; nous ordonnons que ledit A... donnera acte au Greffe
audit B.. qu'il le reconnoît pour homme de bien & d'honneur ;
faifons défenfes audit A... de récidiver, ni injurier ledit B..,
fous telles peines qu'il appartiendra ; & condamnons ledit A...
en ... livres des dommages & intérêts, & en ... livres d'aumône

applicable aux pauvres prisonniers de cette ville, & aux dépens.

(Nota. *Voyez pour les autres Sentences en matiere criminelle, ci-*
après, tit. 28, n. 367 & suivants.)

TITRE XXII.

Procédure dans le cas d'infraction de Ban.

Requête à ce qu'il soit permis d'informer contre un accusé
qui a enfreint son ban.

A NOSSEIGNEURS DE PARLEMENT.

321. SUPPLIE hublement A..., disant qu'à cause du crime de..
commis par B..., le procès lui a été extraordinairement
fait par le Lieutenant-Criminel de..., qui a condamné ledit
B... au bannissement pour cinq ans de la Sénéchaussée de...;
en cinq cents livres d'amende, mille livres de dommages & intérêts, & aux dépens du procès, par Sentence du:...; laquelle
a été confirmée par Arrêt de la Cour du..., sur l'appel interjetté par B..., qui, au-lieu de garder son ban, est revenu en
la ville de..

Ce considéré, Nosseigneurs, il vous plaise, faute par ledit B...
d'avoir gardé son ban, permettre au suppliant de faire informer de la
contravention audit Arrêt, & cependant de le faire arrêter &
constituer prisonnier : Pour ce fait, prendre par Monsieur le Procureur-Général, telles conclusions qu'il avisera ; & vous ferez
bien.

Arrêt portant permission d'informer de la contravention
à l'Arrêt de Bannissement, & d'arrêter la partie
condamnée.

Extrait des Registres de...

322. Vu par la Cour la requête présentée par A..., à ce qu'il plût à la Cour permettre au suppliant de faire informer de la contravention faite par B. . . à l'Arrêt de la Cour du . . . , confirmatif de la Sentence du Lieutenant-Criminel de . . . , qui condamne B. . . au bannissement pour cinq ans de la Sénéchauffée de . . . , & de faire arrêter & constituer prisonnier ledit B. . . , faute de garder son ban : Vu aussi les Sentence & Arrêt sus-datés ; oui le rapport de M. . . . Conseiller, & tout considéré :

La Cour a permis & permet au suppliant de faire informer de la contravention audit Arrêt pardevant le plus prochain Juge Royal des lieux de la demeure des témoins ; pour l'information faite, & rapportée au Procureur-Général du Roi, être ordonné ce qu'il appartiendra ; & cependant permet au suppliant de faire arrêter B. . . , & icelui constituer prisonnier, trouvé dans les lieux d'où il a été banni : Enjoint au Prévôt des Maréchaux de . . . , ses Lieutenants, Exempts & Archers, & tous autres, de tenir la main à l'exécution du présent Arrêt. Fait . .

323. *Si le condamné au bannissement est repris dans les lieux d'où il a été banni, les procédures nécessaires pour instruire son procès sur la contravention au jugement, ou à l'Arrêt de condamnation, sont,*

1°. *Le procès-verbal de capture de l'accusé, faisant mention du lieu où il a été ; des noms & demeures du Sergent, & de ceux qui ont aidé à prendre l'accusé.*

2°. *Les conclusions du Procureur-Général, (ou du Procureur du Roi,) à ce que les Huissiers & Sergents soient répétés sur leur procès-verbal de capture ; & cependant que l'accusé soit arrêté & recommandé dans la prison.*

3°. *L'Arrêt, ou Jugement conforme à ces conclusions ; & si la preuve de la contravention n'étoit pas suffisamment établie par le procès-verbal, la Cour ajoute qu'il sera plus amplement informé dans un temps.*

4°. *La répétition des témoins par forme d'information.*

5°. *L'interrogatoire de l'accusé.*

6°. *Les conclusions du Procureur-Général, (ou du Procureur du Roi,) à ce que les témoins soient récolés en leurs dépositions, & confrontés à l'accusé.*

7°. *L'Arrêt, ou Jugement conforme à ces conclusions.*

8°. *Le récolement des témoins, & la confrontation à l'accusé.*

9°. *Les conclusions diffinitives du Procureur-Général, (ou du Procureur du Roi.)*

10°. *L'interrogatoire de l'accusé sur la sellette.*
11°. *L'Arrêt, ou le Jugement dernier.*
(*Toutes ces procédures se trouvent ci-devant.*)

TITRE XXIII.

De la maniere de faire le Procès aux Communautés.

Ordonnance portant que la Communauté nommera un Syndic, ou Député.

Extrait des Regiſtres de . . .

324. VU la Requête à nous préſentée par A. . . , à ce qu'il nous plût ordonner que dans trois jours les habitants du village de . . . feront tenus de nommer un Syndic en la maniere accoutumée pour ſubir l'interrogatoire ſur les faits réſultants des charges & informations contre eux faites, ſuivant le décret d'ajournement perſonnel par nous décerné, & être le Syndic employé en cette qualité dans les procédures du procès criminel, qui ſera par nous extraordinairement fait contre eux; ſinon qu'il nous plût nommer d'office un curateur à cet effet : Vu auſſi les charges & informations, & le décret par nous décerné ſur icelles, portant que leſdits habitants feront ajournés en la perſonne de leur Syndic; & tout conſidéré : Nous ordonnons que les habitants de . . . feront tenus de s'aſſembler le premier jour de Dimanche, ou de Fête, d'après la ſignification de notre préſente Ordonnance, au ſon de la cloche, iſſue de la Meſſe paroiſſiale, ou de Vêpres, pour nommer un Syndic, ou député, à l'effet de ſubir interrogatoire, ſuivant le décret d'ajournement perſonnel par nous décerné ; ſubir la confrontation des témoins, s'il y échet ; & être employé dans toutes les procédures du procès criminel, qui ſera par nous extraordinairement fait contre eux ; ſinon, & à faute de ce faire dans ledit

temps , & icelui paſſé, il ſera par nous nommé d'office un curateur auxdits habitants. Fait . .

Signification à une Communauté d'Habitants.

325. L'an . . . , le Dimanche . . . jour de . . . dix heures du matin, à la requête de A. . . , qui a élu ſon domicile à . . . , je . . .
Huiſſier-Sergent à . . . , ſouſſigné , me ſuis tranſporté au village
de . . . , & étant à la porte & principale entrée de l'Egliſe paroiſſiale dudit lieu, j'ai ſignifié aux habitants d'icelui, ſortants en
grand nombre de ladite Egliſe, iſſue de la Meſſe paroiſſiale, cé-
lébrée ledit jour , en parlant à leurs perſonnes , l'Ordonnance de
Monſieur le Lieutenant-Criminel du . . . ; de laquelle enſemble
du préſent exploit, j'ai laiſſé copie à P. . . l'un des Marguillers
de ladite Paroiſſe, & attaché une autre copie de ladite Ordonnance, à la porte de l'Egliſe, à ce qu'ils n'en ignorent.

Sentence portant nomination d'un Curateur à une Communauté d'Habitants.

Vu la Requête à nous préſentée par A. . . , tendante à ce que
faute par les habitants du village de . . . , d'avoir nommé un
Syndic , ou député , pour ſubir l'interregatoire ſur les charges &
informations contre eux faites à la requête du ſuppliant, & être
employé dans toutes les procédures du procès, il nous plût nommer d'office un curateur auxdits habitants. Vu auſſi notre Ordonnance du . . . ; ſignification faite d'icelle aux habitants de . . . ,
ſortants de la Meſſe de Paroiſſe ; Concluſions du Procureur du
Roi, & tout conſidéré :
Nous, faute par les habitants de la Paroiſſe de . . . d'avoir
nommé un Syndic , ou député , à l'effet du procès criminel qui
ſera par nous fait & inſtruit extraordinairement contr'eux, avons
nommé d'office pour curateur auxdits habitants, la perſonne de
C. . . , qui ſera aſſigné à . . . jours pardevant nous, pour accepter ladite décharge, & faire le ſerment. Fait . .

Acte d'acceptation & de serment du Curateur à une Communauté.

326. L'an . . ., pardevant Nous L. . ., Conseiller du Roi, Lieu-tenant-Criminel en la Sénéchauffée de . . ., en notre Hôtel, est comparu C. . ., curateur par nous nommé d'office aux habitants du village de . ., à l'effet du procès criminel qui sera par nous extraordinairement fait contr'eux, à la requête de A. . .; .lequel C. . . a accepté ladite charge de curateur, & a fait le serment de bien & fidélement défendre lesdits habitants, dont il nous a requis acte, à lui octroyé les jour & an que dessus.

Interrogatoire à une Communauté d'Habitants en la personne d'un Syndic, Député, ou Curateur.

327. L'an . . ., pardevant Nous . . ., Conseiller du Roi, Lieu-tenant-Criminel en la Sénéchauffée de . ., en la Chambre du Conseil en ladite Sénéchauffée est comparu C. . ., Syndic de la Communauté des habitants du village de . ., lequel nous a dit qu'il est prêt & offre de subir l'interrogatoire sur les faits résul-tants des informations par nous faites à la requête de A. . . ., contre lesdits habitants; requérant qu'il nous plût lui donner acte de sa comparution, & procéder à son interrogatoire; & a signé.

Sur quoi nous avons donné acte audit C. . ., audit nom, de sa comparution & réquisition ci-dessus, & ordonné qu'il sera par nous présentement procédé à l'interrogatoire dudit C. . .

Et à l'instant ledit C. . . a prêté serment de répondre vérité sur les faits sur lesquels il nous plaira l'interroger.

Ce fait, l'avons interrogé de son nom, âge, qualité & de-meure.

A dit que son nom est C. . ., qu'il est Syndic & Député de la Communauté des habitants de . . ., y demeurant, de présent en cette ville de . . ., logé rue de . ., âgé de . . . ans, ou environ.

Interrogé s'il sçait le sujet pour lequel lesdits habitants l'ont député pour comparoître devant nous,

A dit. . . .

Interrogé s'il fçait pourquoi nous avons décerné ajournement personnel contre lesdits habitants,

A dit . . . .

Interrogé, fi lui répondant n'étoit pas dans ledit village le . . . jour de . . ,

A dit . . .

Interrogé fi le même jour lesdits habitants s'étant attroupés, ne furent pas devant la porte de l'hôtellerie de . . . , aucuns defquels portoient du bois & de la paille pour mettre le feu à la maifon de O. . . , pendant que quatre, ou cinq defdits habitants fonnoient le tocfin;

A dit . . .

Interrogé, *&c.*

Lecture à lui faite du préfent interrogatoire, a dit, que fes réponfes contiennent vérité, y a perfifté, & a figné.

Confrontation faite au Syndic.

328. Confrontation faite par Nous L . . . & M . . . , Commiffaires en cette partie, à la requête du Procureur du Roi, (*ou de* A . . . , *partie civile*, le Procureur du Roi joint,) à C . . . Syndic nommé par la Communauté de . . . , (*ou curateur nommé d'office à la Communauté de* . . . ,) des témoins ouis en l'information, (*ou en répétition par forme d'information*,) par nous faite le . . . , & autres jours fuivants, en exécution du jugement du . . . , à laquelle confrontation avons procédé comme il fuit, conformément au jugement du. . .

Du . . . mil . . . heure d . ., en la Chambre-criminelle,

Eft comparu C . . . , Syndic nommé par la Communauté de . . . , (*ou curateur nommé d'office à la Communauté de* . . . ,) auquel avons confronté tel . . . , témoin oui en ladite information, (*ou répétition par forme d'information;*) & après ferment par eux prêté, en préfence l'un de l'autre, de dire vérité, & interpellés de déclarer s'ils fe connoiffent, ont dit . . . ; (*& le furplus comme celle du témoin à l'accufé, ci-deffus, n. 173,*) *en changeant le mot d'accufé, en celui de* Syndic, (*ou curateur;*) *& la réponfe du témoin, après la lecture des dépofitions & récolement, fera comme il fuit.*

Et par ledit témoin a été dit que fes dépofition & récolement font véritables en tout leur contenu, & l'u ainsi soutenu audit Syndic, (*ou* Curateur ;) & que c'est de la Communauté représentée par ledit Syndic, (*ou* Curateur) présent, qu'il a entendu parler par sesdites déposition & récolement, & qu'il y persiste, de ce interpellé.

Lecture, &c.

(*Ce Syndic,* ou *Curateur subira le dernier interrogatoire, lequel sera comme il suit.*)

Dernier Interrogatoire du Syndic en la Chambre du Conseil.

329. L'an mil . . . , le . . . , heures du matin, à la requête du Procureur du Roi, (*ou de* A . . . , partie civile, le Procureur du Roi joint,) est comparu en la Chambre de . . . C . . . , Syndic de la Communauté de . . . , (*ou* Curateur nommé d'office à la Communauté de . . ,) lequel étant debout derriere le Barreau, après serment par lui fait de dire vérité, a répondu aux interrogatoires qui lui ont été faits par tel . . . , en présence de . . , comme s'enfuit.

Interrogé de ses nom, &c., *comme à celui ci-devant,* nº 327.)

(*Les condamnations contre la Communauté ne pourront être que de réparations civiles, dommages & intérêts envers la partie ; d'amende envers le Roi ; privation de privileges ; & de quelqu'autre punition qui marque publiquement la peine qu'elle aura encourue par son crime.*)

TITRE

TITRE XXIV.

De la maniere de faire le Procès aux Sourds & Muets.

Nomination d'un Curateur à l'accusé muet, ou sourd.

330. L'AN . . ., Nous L. . ., Conseiller du Roi, Lieutenant-Criminel en la Sénéchauffée de . . .; fur le réquifitoire de A. . ., demandeur & plaignant, (le Procureur du Roi joint,) nous fommes tranfportés en la Chambre du Confeil de ladite Sénéchauffée; ou étant, y avons fait amener B. . ., accufé; & voulant procéder à fon interrogatoire, avons reconnu que ledit accufé eft fourd, (*ou muet.*)

Sur quoi avons nommé d'office C. . . pour curateur à B. . ., accufé, lequel C. . . fera affigné, pour faire le ferment de le bien & fidèlement défendre; & a été ledit accufé remené efdites prifons par le Geolier d'icelles. Fait les jour & an que deffus.

Et ledit jour, quatre heures de relevée, nous nous fommes tranfportés en la Chambre du Confeil; où étant, eft comparu C. . ., curateur par nous nommé d'office à B. . ., accufé; lequel a accepté ladite charge, & fait le ferment de bien & fidélement défendre l'accufé; & a figné.

Interrogatoire au Muet, ou Sourd.

331. Et à l'inftant avons mandé B. . . ., accufé, qui a été amené par le Geolier, des prifons, & avons procédé à l'interrogatoire dudit accufé étant affifté de C. . ., fon curateur, après que ledit C. . . a fait ferment de répondre vérité, ainfi qu'il enfuit.

Interrogé l'accufé de fon nom, âge, qualité & demeure,
Ledit C. . ., curateur a dit.
Interrogé s'il fçait pourquoi il a été emprifonné,
Ledit C. . ., a dit. .

(Il faut ainfi interroger les muets , ou fourds , & faire écrire par le Greffier les réponfes du Curateur.)

Interrogatoire au Muet, ou Sourd , qui veut écrire fes réponfes , contenant en même temps la nomination du Curateur.

332. L'an . . . ; Nous L. . ., Confeiller du Roi , Lieutenant-Criminel en la Sénéchauffée de . . . ; fur le réquifitoire de A . ., demandeur & plaignant , (le Procureur du Roi joint,) nous fommes tranfportés en la Chambre du Confeil ; où étant, eft comparu C. . ., curateur par nous nommé d'office à B. . . . accufé ; lequel C. . . a accepté ladite commiffion , & fait ferment de bien & fidélement défendre l'accufé.

(Nota. *La nomination du Curateur peut auffi être faite par un acte féparé de l'interrogatoire, comme ci-deffus,* n. 330.)

Et à l'inftant avons fait amener B. . ., accufé, en la Chambre du Confeil ; où étant, en préfence de C. . ., fon curateur, ledit C. . . nous a dit que l'accufé veut écrire & figner fes réponfes à l'interrogatoire que nous lui ferons ; & à l'inftant avons fait mettre une écritoire & du papier devant l'accufé, qui a enfuite levé la main, fuivant l'interpellation que nous lui en avons faite ; & lui ayant dit ces mots, *Vous promettez à Dieu de dire vérité,* l'accufé s'eft affis, & a écrit fur une feuille de papier, féparée du préfent interrogatoire : *Oui.*

Interrogé de fon âge, qualité & demeure,

A écrit, *mon nom eft B. . . ; je fuis âgé de . . . ans, bourgeois de . . ; je demeure rue . .*

Interrogé s'il fçait pourquoi il a été emprifonné,

A écrit, *je n'en fçai rien.*

Interrogé s'il n'eft pas vrai que . . .

A écrit . . .

Interrogé s'il en veut croire les témoins qui ont dépofé en l'information,

A écrit, *je m'en rapporte à la vérité.*

Lecture faite à l'accufé du préfent interrogatoire, a écrit, *Les réponfes que j'ai écrites font véritables.*

Ce fait, la feuille de papier fur laquelle l'accufé a écrit fes

réponſes , a été paraphée par Nous , par l'accuſé , & par C...,
curateur ; & avons ordonné qu'icelle feuille demeurera jointe au
préſent interrogatoire. Fait les jour & an que deſſus ; & ont
ſigné.

Interrogatoire d'un accuſé ſourd qui n'eſt pas muet , &
qui après avoir lu les interrogatoires , fait lui-même
ſes réponſes.

ʒʒʒ.   Interrogatoire , &c. .., auquel interrogatoire il a été procédé
ainſi qu'il ſuit , après que ledit B. . . nous a requis de lui laiſſer
lire nos interrogatoires , pour y faire lui-même ſes réponſes.

Nous avons interpellé ledit B... de lever la main , & de prêter ſerment de répondre vérité.

Ledit B. . ., après avoir pris lecture de notre interpellation ,
a levé la main , & a dit : *Je jure & promets à Dieu de dire vé-*
rité.

Interrogé de ſon nom , &c. . .

Lecture par lui priſe de notre interrogatoire , a dit que ſon
nom eſt B. . ., &c. . .

Lecture faite du préſent interrogatoire , & interpellé ledit B. . .
de déclarer s'il contient vérité , & s'il perſiſte dans ſes réponſes.

Lecture par lui priſe , a dit que ſes réponſes contiennent vérité ,
& qu'il y perſiſte.

Interpellé de ſigner ,

Après lecture de notre interpellation , a ſigné , & ſon curateur
avec nous , & notre Greffier.

Interrogatoire à celui qui refuſe de répondre.

ʒʒ4.   L'an . . . ; Nous L. .., Conſeiller du Roi , Lieutenant-Cri-
·minel en la Sénéchauſſée de . . ., étant en la Chambre du Conſeil de ladite Sénéchauſſée, avons mandé B. .., priſonnier eſdites
priſons , pour procéder à ſon interrogatoire , ſur les charges &
informations contre lui faites à la requête de A. . . ; lequel B. . .
y ayant été amené par le Geolier , lui avons enjoint de lever la
main , faire le ſerment de dire vérité , & de nous déclarer ſon
nom, âge, qualité, & demeure ; à quoi il n'a voulu ſatisfaire.

L'avons interpellé pour la seconde fois de lever la main & de répondre, & à lui déclaré, qu'autrement son procès lui sera par Nous fait comme à un muet volontaire, & qu'après il ne sera plus reçu à répondre sur ce qui aura été fait en sa présence pendant son refus de répondre.

A persisté en son refus.

Interpellé, pour la troisieme fois, de lever la main & de répondre, & à lui déclaré, *&c.*, *comme à la premiere interpellation.*

A persisté en son refus.

Interrogé de son nom, âge, qualité, & demeure,

N'a voulu répondre.

Interrogé de quel lieu il est natif,

N'a voulu répondre.

Interrogé s'il connoît le sieur A...

N'a voulu répondre.

(Et ainsi de tous les articles de l'interrogatoire..)

Lecture à lui faite du présent interrogatoire, & interpellé de signer, n'a voulu répondre, ni signer. Fait les jour & an que dessus.

Ordonnance portant délai de vingt-quatre heures à l'accusé pour répondre.

335. L'an..., Nous L..., Conseiller du Roi, Lieutenant-Criminel en la Sénéchaussée de...., nous sommes transportés en la Chàmbre du Conseil, en laquelle avons fait amener par le Geolier des prisons de cette Cour, B..., prisonnier en icelles, à l'effet de procéder à son interrogatoire, sur les charges & informations contre lui faites, à la requête de A...; & lui avons enjoint de lever la main, fait serment de dire vérité, & de dire son nom, âge, qualité, & demeure; lequel B... n'a pas voulu lever la main, ni répondre; surquoi nous avons ordonné que dans vingt-quatre heures, pour tout délai, l'accusé sera tenu de répondre; autrement, son procès lui sera par nous fait comme à un muet volontaire, suivant l'Ordonnance. Fait les jour & an que dessus.

(Les confrontations se feront comme ci-dessus, n. 174.)

Dernier interrogatoire dudit accusé à la Chambre du Conseil.

336.   L'an mil . . ., le . ., heures du matin, à la requête du Procureur du Roi, (*ou* de A. . . , partie civile, le Procureur du
Roi joint,) a été tiré des prifons, & amené à la Chambre du
Conseil de ce Siege B. . . , prifonnier accufé, affifté de C. . .
fon curateur ; & ledit accufé étant affis fur la fellette, (*ou* debout, derriere le Barreau,) ledit curateur a prêté ferment de
dire vérité, & enfuite a répondu aux interrogatoires qui lui ont
été propofés par nous L. . . , en préfence des autres Juges,
comme il fuit :

Interrogé, &c. (*comme à l'interrogatoire de l'inftruction,* ci-deffus, n. 331-333.)

Jugement de condamnation d'un Sourd & Muet.

Entre le Procureur du Roi . . . , d'une part ; & C. . . curateur créé par Juftice au nommé B. . . , attendu qu'il eft fourd &
muet tout enfemble, défendeur & accufé, d'autre. Tout vu & confidéré, &c. *le refte, comme aux autres Sentences.*

TITRE XXV.

De la maniere de faire le procès au cadavre, ou à la mémoire d'un défunt.

Conclusions du Procureur du Roi pour la nomination d'un Curateur au cadavre, & à ce que par provision le cadavre soit enterré en terre profane.

337. VU, *&c.* je requiers pour le Roi, qu'il soit ordonné par provision, que le cadavre sera enterré en terre profane, sauf à en faire l'exhumation, s'il y échet; & lui avons nommé pour curateur la personne de C. . . ; à l'effet d'être le procès extraordinairement fait audit cadavre en la maniere accoutumée, en la présence dudit curateur, qui sera employé en cette qualité dans les procédures. Fait à . .

Jugement en conséquence.

Vu, *&c.* Nous ordonnons que le cadavre sera par provision enterré en terre profane, sauf à en faire l'exhumation, s'il y échet; & lui avons nommé pour curateur la personne de C. . ., à l'effet d'être le procès extraordinairement fait audit cadavre, en la maniere accoutumée, en la présence dudit curateur, qui sera employé en cette qualité dans les procédures; lequel curateur sera assigné à comparoître pardevant nous le . . . ., pour accepter ladite charge, & faire le serment en pareil cas requis.

Prestation de serment du Curateur.

338. L'an mil . . ., le . ., heures d . . ., pardevant nous M. . . & N. . . Commissaires en cette partie en la Chambre de ce Siege, est comparu C. . ., (d'une telle profession,) demeurant à . . ., curateur nommé d'office au cadave, ou à la mémoire de B. . .,

par jugement du . . . , & affigné par exploit de S . . . Sergent
du . . . , qu'il nous a repréfenté, à l'effet du procès criminel &
extraordinaire, qui fera par nous inftruit à la requête du Procureur du Roi, (*ou* de B . . . , partie civile, le Procureur du Roi
joint,) au cadavre, (*ou* à la mémoire) dudit B . . . ; lequel C . . .
a accepté ladite charge du curateur, & a prêté le ferment de
bien, fidelement, & en fa confcience, défendre ledit B . . . , (*ou*
la mémoire dudit B . . . ,) & a figné avec nous. Ainfi fait les jour,
mois, an, & pardevant que deffus.

Décret contre le Curateur.

339. Vu, &c. Nous ordonnons que C . . . curateur par nous nommé
au cadavre de B . . . , comparoîtra devant nous en la chambre de
la geole, pour y être interrogé, & répondre fur les faits réfultants
des charges & informations, & autres, fur lefquels le Procureur
du Roi pourra requérir qu'il foit entendu ; pour, l'interrogatoire
fait, communiqué au Procureur du Roi, & à nous rapporté, être
ordonné ce qu'il appartiendra. Fait & donné à . . . ce . .
(*Si, au-lieu de faire enterrer le cadavre, on le faifoit embaumer*
pour le conferver, on rendroit ce jugement, fur les conclufions du Pro-
cureur du Roi, dans la forme fuivante.)

Autre Jugement portant décret.

Vu, &c. Nous ordonnons que le cadavre de B . . . fera tranf-
féré dans la prifon, pour y être détenu à la charge du Geolier
jufqu'en fin de caufe ; à l'effet de quoi ledit cadavre fera embau-
mé, & que C . . . qui lui a été nommé curateur, comparoîtra
le . . . en la chambre de la geole, pour y être interrogé, & répondre fur les faits réfultants des charges & informations, & autres ; fur lefquels le Procureur du Roi pourra requérir qu'il foit
entendu ; pour l'interrogatoire fait, communiqué au Procureur
du Roi, & à nous rapporté, être ordonné ce qu'il appartiendra.
Fait & donné à . . . ce . .

Affignation au Curateur pour fubir interrogatoire.

340. L'an . . . , en vertu de la Sentence rendue par Monfieur le

. . ., duement signée & scellée, & à la requête de Monsieur le Procureur du Roi, pour lequel domicile est élu en son hôtel, à . . ., (*ou* au Greffe) ; je soussigné Sergent . . . ai donné assignation à C. . . curateur nommé au cadavre de B. . ., en son domicile, en parlant à . . ., à comparoître le . . . en la chambre de la geole, pardevant. . . ., pour y être interrogé, & répondre sur les faits résultants des charges & informations, & autres, sur lesquels mondit sieur le Procureur du Roi pourra requérir qu'il soit entendu, & entièrement satisfaire à ladite Sentence ; faute de quoi je lui ai déclaré qu'il y sera contraint par toutes les voies de droit, & j'ai au sus-nommé, en parlant comme dessus, laissé copie de ladite Sentence, & du présent Arrêt.

Interrogatoire.

341. L'an, *&c.* . . ., pardevant nous, *&c.* en la chambre de la geole, est comparu C. . . curateur par nous nommé au cadavre de B. . ., lequel nous a dit qu'il est prêt & offre de subir interrogatoire, en exécution de notre Sentence du , . . ., qui a été signifiée à la requête du Procureur du Roi le . . . avec assignation, pour comparoître cejourd'hui pardevant nous ; pourquoi il nous a requis de lui donner acte de sa comparution, & de procéder à son interrogatoire ; & a signé.

Surquoi, nous Juge susdit, ayons donné acte audit C. . . de sa comparution, & de ses dires & réquisition, & avons procédé sur-le-champ à son interrogatoire, en exécution de notredite Sentence du . . ., à la requête du Procureur du Roi, de la maniere suivante.

Avons fait prêter audit C. . . . le serment de répondre la vérité sur les faits sur lesquels il sera par nous interrogé.

Ce fait, l'avons interrogé de ses nom, surnom, *&c.* . .

A dit . . .

Interrogé, s'il a connu la personne au cadavre de laquelle il a été nommé curateur,

A dit. . .

Interrogé s'il sçait . . .

A dit. . .

Lecture à lui faite du présent interrogatoire, *&c.* . .

Confrontation.

Confrontation.

342. Confrontation faite par nous M. . . & N. . . Commiſſaires en cette partie, à la requête du Procureur du Roi, (*ou* de A. . . , partie civile, le Procureur du Roi joint,) à C. . . , curateur nommé d'office au cadavre, (*ou* à la mémoire) de B. . . , des témoins ouis en l'information par nous faite le . . . , & autres jours ſuivants ; enſuite du jugement du . . . , à laquelle confrontation avons procédé comme s'enſuit, en exécution du jugement du . . .

Du . . . mil . . . , heures d . . . , en Chambre de ce Siege.

Eſt comparu C. . . , curateur nommé d'office au cadavre, (*ou* à la mémoire) de B. . . , auquel avons confronté tel . . . témoin, *&c.* (*comme à la confrontation des témoins à l'accuſé, ci-deſſus, n.* 173, *en mettant le mot de* curateur *au-lieu de celui d'ac-cuſé, & la réponſe ſuivante, après la lecture des dépoſitions & récolement.*

Et par ledit témoin a été dit que ſes dépoſition & récolement ſont véritables en tout leur contenu, & l'a ainſi ſoutenu audit curateur, & que c'eſt dudit défunt B. . . . que ledit curateur préſent défend, (*ou* dont ledit curateur préſent défend la mémoire,) qu'il a entendu parler par ſeſdits dépoſition & récolement, & qu'il y perſiſte, de ce interpellé.

Procès-verbal de préſentation, & reconnoiſſance du cadavre par les témoins.

343. L'an . . . , *&c.* Nous, *&c.* . . . , aſſiſté de . . . , *&c.* nous ſommes tranſportés avec C. . . , curateur nommé au cadavre de B, . . , & . . . témoin, qui vient d'être confronté audit C. . . curateur en la geole, où eſt ledit cadavre, dont la repréſentation a été faite, & après avoir de nouveau fait prêter ſerment, tant audit C. . . curateur, qu'audit . . . . témoin, de répondre vérité, nous avons interpellé ledit . . . témoin, de déclarer s'il reconnoît ledit cadavre pour être celui de B. . . , dont il a parlé dans ſa confrontation ; à quoi il a répondu que . . . ; & de la part dudit C. . . curateur, il a dit que . . . ; & nous avons

du tout dreſſé le préſent procès-verbal, lequel a été lu auxdits curateur & témoin, qui ont dit qu'il contient vérité, & qu'ils perſiſtent dans ce qu'ils y ont dit comme véritable; & ont ſigné avec nous & notre Greffier.

(La ſuite de la procédure ſe fait comme aux autres procès.)

Jugement de condamnation contre un cadavre ſuicide.

344. Nous avons ledit défunt B. . . , déclaré duement atteint & convaincu de s'être défait & homicidé ſoi-même, s'étant donné un coup de piſtolet dans la tête, dont il eſt mort; pour réparation de quoi, condamnons ſa mémoire à perpétuité, & le cadavre dudit défunt à être attaché par l'Exécuteur de la Haute-Juſtice au derriere d'une charrette, & traîné ſur une claie, la tête en bas, & la face contre terre par les rues de cette ville, juſqu'à la place de . . . , où il ſera pendu par les pieds à une potence, qui, pour cet effet, ſera plantée audit lieu; & après qu'il y aura demeuré vingt-quatre heures, jetté à la voirie; déclarons tous & chacuns de ſes biens, ſitués en pays de confiſcation, acquis & confiſqués, &c. .

Autre Jugement contre la mémoire d'un défunt.

Nous avons ledit défunt B. . . , déclaré duement atteint & convaincu de s'être défait & homicidé ſoi-même, s'étant pendu & étranglé; pour réparation de quoi condamnons ſa mémoire à perpétuité; déclarons les biens dont il jouiſſoit au jour de ſa mort, ſitués en pays de confiſcation, acquis & confiſqués, &c.

Autre Jugement, portant qu'il ſera informé des vie & mœurs du défunt.

345. Nous, avant faire droit, ordonnons qu'il ſera informé des vie & mœurs, & comportements dudit défunt, pardevant nous, pour l'information faite, rapportée & communiquée au Procureur du Roi, être ordonné ce qu'il appartiendra.

Autre qui purge la mémoire d'un suicide.

Nous, attendu la preuve réfultante des informations que défunt B. . . n'a pu fe défaire foi-même, & qu'il étoit innocent, avons déchargé fa mémoire de l'accufation ; & en conféquence, ordonnons que le cadavre dudit défunt fera inhumé en la maniere accoutumée.

Procès - verbal du cadavre d'un condamné qui s'eft défait.

346. L'an . . . le . . , heures du matin, fur l'avis qui nous a été donné par . . ., l'un des Guichetiers des prifons de cette ville, que ce matin allant à la vifite des prifonniers enfermés aux cachots, il avoit trouvé que le nommé B. . , condamné à . . , étoit mort, & qu'il croyoit qu'il s'étoit défait lui-même ; Nous nous fommes à l'inftant, fur le réquifitoire, & en la préfence du Procureur du Roi, tanfporté, affifté de notre Geffier, efdites prifons ; où étant, avons été conduits dans l'un des cachots defdites prifons, où avons trouvé le corps mort dudit B. . . ; lequel avons fait voir & vifiter en notre préfence par le Médecin du Roi, & par N. . , l'un des Chirurgiens-Jurés commis aux rapports, lefquels nous ont dit & rapporté que ledit B. . . s'eft défait & homicidé lui-même, s'étant étranglé avec une corde qu'il a faite exprès d'un morceau de fa chemife qu'il a déchiré ; ce qui nous a été certifié véritable par les nommés . . . . & . . . prifonniers, qui étoient mis & enfermés dans ledit cachot avec ledit B. . ., dont & de quoi nous avons fait dreffer le préfent procès-verbal, pour fervir & valoir en temps & lieu ce que de raifon.

Conclufions du Procureur du Roi fur ledit procès-verbal.

Vu le procès-verbal de l'état du corps mort de B. . ., condamné à . . . ; mes conclufions fur ledit procès-verbal ; & le rapport en Chirurgie fait d'icelui par le Médecin du Roi, & par N . ., l'un des Chirurgiens-Jurés, commis aux rapports, par lequel il paroit que ledit B. . . s'eft défait & homicidé lui-même ; je requiers pour le Roi ledit B. . . être déclaré s'être défait & homicidé lui-même; pour réparation de quoi, être son cadavre, condamné à être traîné sur une claie, la face contre terre, jusqu'en la place de . . . , pour y être pendu par les pieds ; puis jetté à la voirie. Fait ce . .

Jugement en conséquence.

347. Entre le Procureur du Roi, demandeur & accusateur, contre le cadavre du nommé B. . . , qui avoit été condamné à mort, par Sentence en dernier reſſort du . . . , & qui s'est depuis défait ſoi-même dans le cachot, où il avoit été enfermé juſqu'à l'exécution de ladite Sentence ; Nous, par délibération de Conſeil & jugement dernier, oui, ſur ce le Procureur du Roi, diſons que ledit B. . . est déclaré duement atteint & convaincu de s'être défait & homicidé ſoi-même dans le cachot où il avoit été enfermé, pour prévenir l'exécution de la Sentence de mort contre lui rendue le . . . ; pour réparation de quoi, nous avons le cadavre dudit B. . . condamné à être traîné ſur la claie, la face contre terre, depuis le lieu de ſa priſon, juſqu'au lieu de l'exécution, pour y être pendu par les pieds à une potence, qui, pour cet effet, y ſera plantée, & y demeurer vingt-quatre heures; puis traîné & jetté à la voirie ; & au ſurplus, ladite Sentence rendue contre lui, exécutée. Jugé le . . .

Procès - verbal de prononciation & exécution de ladite Sentence.

Et le . . . du mois de . . . 17 . . . , la Sentence ci-deſſus a été prononcée en préſence du cadavre dudit B. . . , au-devant de la porte de l'Auditoire de . . . ; lequel enſuite a été traîné, la face contre terre, juſqu'en la place publique de ce lieu, où il a été pendu & attaché par les pieds à une potence, ſuivant & conformément à la ſuſdite Sentence, dont a été dreſſé le préſent procès-verbal, pour ſervir & valoir ce que de raiſon.

TITRE XXVI.

De la procédure pour purger la mémoire d'un défunt.

Lettres qui reçoivent à purger la mémoire d'un défunt.

348. **L**OUIS, par la grace de Dieu, Roi de France & de Navarre ; à nos amés & féaux, &c. (*l'adreſſe ſe fait aux Juges qui ont jugé le procès par coutumace*, (ſalut. M. . ., veuve de défunt B. . ., nous a expoſé qu'en l'année . . . ledit B. . . paſſant dans la rue de . . ., vit deux hommes qui ſe battoient ſans aucun avantage l'un ſur l'autre, & s'étant approché pour les ſéparer, il les reconnut pour être les ſieurs C. . . & D. . ., leſquels prévoyant peut-être l'intention de l'expoſant, ſe précipiterent avec ſi peu de jugement, qu'il s'enferrerent dans leurs épées, & tomberent en même-temps tous deux morts ſur la place ; la veuve duquel D. . . en fit informer, & obtint un jugement de mort, par défaut & contumace conte ledit défunt B. . . en ladite Sénéchauſſée le . . . ., pendant un voyage qu'il fit en Eſpagne, où il eſt décédé, & où il étoit allé pour des affaires preſſantes, ne croyant pas que pour avoir voulu rendre un bon office, il dût être pourſuivi criminellement ; nous ſuppliant de la recevoir à purger la mémoire de défunt ſon mari, & lui octroyer nos Lettres à ce néceſſaires : A ces cauſes, nous avons reçu l'expoſante à purger la mémoire de défunt ſon mari, ainſi qu'il eût pu faire avant les défaut & contumace, & condammation à mort contre lui prononcée, quoique l'expoſante ſoit hors le temps porté par nos Ordonnances, dont nous l'avons relevée & relevons par ces préſentes ; à la charge de payer les frais de la coutumace, comme frais préjudiciaux, & de conſigner les amendes, dépens, dommages & intérêts civils ; & voulons que foi ſoit ajoutée aux dépoſitions des témoins décédés, comme s'ils avoient été confrontés. Mandons, &c.

Clause lorsque le défunt a obtenu des Lettres de rémission.

349.   Et permis à l'exposante de pourfuivre l'entérinement des Lettres de grace & rémiffion accordées audit défunt ; & du contenu en icelles, faire jouir l'exposante, comme fi elles euffent été entérinées du vivant dudit défunt ; à la charge de payer les frais, &c.

Arrêt qui décharge la mémoire d'un défunt condamné par contumace.

Extrait des Regiftres de. . .

Vu par la Cour, &c. .

La Cour a déchargé la mémoire dudit défunt de l'accusation contre lui faite ; ce faifant, ordonne que la veuve, enfants & héritiers dudit défunt, demeureront en la poffeffion & jouiffance des biens & effets de fa fucceffion ; fauf à eux à fe pourvoir pour la réparation, dépens, dommages & intérêts, contre le dénonciateur, ou contre ceux qu'ils aviferont bon être. . .

TITRE XXVII.

De la procédure conjointe de l'Official & du Juge royal, dans le cas d'un délit privilégié.

Signification du Promoteur pour avertir le Lieutenant-Criminel.

350.   L'AN . . . le . . . , à la requête de M. le Promoteur de l'Officialité de . . . , pour lequel domicile eft élu au Greffe de ladite Officialité, j'ai . . . , fouffigné, fignifié & déclaré à Monfieur le Lieutenant-Criminel du Bailliage de . . . , (*ou autre Magiftrat qui en fait les fonctions,*) au Greffe Criminel

dudit Bailliage, au domicile de M^e..., Greffier-Criminel, demeurant à ..., en parlant à ..., que dans le procès commencé devant M. l'Official de ..., à la requête du fieur requérant, par la plainte qu'il a préfentée le ... contre le fieur B..., s'y trouvant quelque cas privilégié, l'inftruction doit fe faire conjointement entre mefdits Sieurs les Lieutenant-Criminel & Official, à ce que mondit Sieur le Lieutenant-Criminel n'en ignore, & fe rende, fi bon lui femble, en l'Officialité de ... dans la huitaine, fuivant la Déclaration du mois de Juillet 1684; & j'ai à mondit Sieur le Lieutenant-Criminel, en parlant comme deffus, laiffé copie de la préfente fignification.

Signification du Procureur du Roi pour avertir l'Official.

351. L'an... le ..., à la requête de Monfieur le Procureur du Roi au Bailliage de ..., pour lequel domicile eft élu au Greffe dudit Bailliage, j'ai ..., foufligné, fignifié & déclaré à M. l'Official de ..., au domicile de M^e..., Greffier de l'Officialité, demeurant à ...., en parlant à ..., que le Sieur B..., contre lequel le Sieur requérant pourfuit un procès criminel fur la plainte qu'il a préfentée le ... devant Monfieur le Lieutenant-Criminel de ..., ayant requis par fon interrogatoire du ..., fur le décret de prife-de-corps contre lui décerné le ..., d'être renvoyé devant mondit Sieur l'Official; l'inftruction conjointe devient néceffaire, à ce que mondit Sieur l'Official n'en prétende caufe d'ignorance, & fe tranfporte, fi bon lui femble audit Bailliage, ou déclare s'il entend que l'inftruction fe faffe en l'Officialité; & j'ai à mondit Sieur l'Official, en parlant comme deffus, laiffé copie de la préfente fignification.

Déclaration de l'Official pour inftruire le procès en l'Officialité.

352. L'an ..., le ..., à la requête de M. le Promoteur de l'Officialité de ..., pour lequel domicile eft élu au Greffe de ladite Officialité; j'ai ... fouffigné, fignifié & déclaré à M. le Lieutenant-Criminel du Bailliage de ..., au Greffe dudit Bailliage, chez M^e..., Greffier-criminel, demeurant à .., en parlant à ..,

que M. l'Official de . . . requiert que l'inſtruction du procès contre le ſieur B. . . ſoit faite en l'Officialité, à ce que mondit
Sieur le Lieutenant-Criminel n'en ignore ; & j'ai à mondit Sieur
le Lieutenant-Criminel, en parlant comme deſſus, laiſſé copie de
la préſente déclaration.

Réquiſitoire du Procureur du Roi pour transférer l'accuſé dans les priſons de l'Officialité.

Vu, &c. . . je requiers pour le Roi, qu'il ſoit ordonné que
dans huitaine B. . . . ſera transféré dans les priſons de l'Officialité de . . , & que vous vous tranſportiez dans le Siege de
ladite Officialité, pour continuer & achever l'inſtruction du procès dudit B. . ., conjointement avec le ſieur Official. A. . .,
ce . . .

Ordonnance en conſéquence.

353. Vu, &c. . ., Nous ordonnons que dans huitaine B. . . .
ſera transféré dans les priſons de l'Officialité de . . ; & que nous
nous tranſporterons dans le Siege de ladite Officialité, pour continuer & achever l'inſtruction du procès dudit B. . ., conjointement avec le ſieur Official. Fait à . ., ce . . .

(*Quand il y a une partie civile, on met, que la tranſlation ſera
faite à ſes frais ; autrement elle ſe fait au frais du Domaine, ſur
la pourſuite du Procureur du Roi.*)

Révendication d'un Official pour une affaire de la compétence de l'Officialité.

L'an . . ., le . ., à la réquiſition de M. le Promoteur de l'Officialité de . ., pour lequel domicile eſt élu au Greffe de ladite
Officialité de . . ; j'ai . . . ſouſſigné, ſignifié & déclaré à M. le
Lieutenant-Criminel du Bailliage de . . . au domicile de Me . . .,
Greffier-criminel dudit Bailliage, demeurant à . . ., en parlant
à . . ; que mondit ſieur le Promoteur ayant été informé que l'on
inſtruit audit Bailliage un procès contre ledit ſieur B . . ; & la
connoiſſance en appartenant à M. l'Official de . . , il requiert que
mondit ſieur le Lieutenant-Criminel faſſe transférer ledit ſieur

B. . .

B. . . dans les prifons de l'Offieialité , & envoie fon procès au Greffe de ladite Officialité , proteftant de nullité contre tout ce qui pourroit être fait au préjudice de la préfente revendication , & de fe pourvoir ainfi qu'il appartiendra ; & j'ai à mondit fieur le Lieutenant-Criminel, en parlant comme deffus , laiffé copie des préfentes.

Réquifitoire du Promoteur , portant plainte dans le cas d'un procès commencé devant le Juge royal.

A MONSIEUR L'OFFICIAL DE. . . .

354. Vous remontre le Promoteur, que par la communication qu'il a prife des procédures tenues au Bailliage de . ., à la requète du Procureur du Roi, contre le fieur B. . ., accufé, il a remarqué que . . . : à ces caufes, requiert qu'il vous plaife lui donner acte de ce qu'il déclare fe rendre plaignant des faits ci-deffus , circonftances & dépendances ; en conféquence, vu les faits réfultants des chages & informations faites au Bailliage de . . . ., contre ledit fieur B. . ., qui à ce jour a été transféré dans les prifons de ce Siege, ordonner que le décret de prife-de-corps décerné audit Bailliage , le . ., contre ledit B. . ., fera exécuté en ce Siege , & que ledit fieur B. . . fera arrêté , & recommandé dans les prifons de cedit Siege , & oui & interrogé fur les faits réfultants defdites charges & informations, circonftances & dépendances ; pour enfuite être pris telles conclufions qu'il appartiendra. A . ., ce . . .

Sentence qui reçoit le Promoteur plaignant , & qui ordonne que l'accufé fera recommandé.

355. Vu , &c. . . ., Nous avons donné acte au Promoteur de la déclaration par lui faite, qu'il fe rend plaignant des faits ci-deffus , circonftances & dépendances ; en conféquence, ordonnons que le décret de prife-de-corps décerné au Bailliage de . . . ., le . . . ., contre le fieur B. . ., fera exécuté en ce Siege , & que ledit B. . . fera arrêté & recommandé dans les prifons de ce Siege , & oui & interrogé fur les faits réfultants defdites charges & infor-

mations, circonſtances & dépendances ; pour enſuite l'interrogatoire communiqué au Promoteur, & à nous rapporté, être par
lui requis, & par nous ordonné ce que de raiſon. Fait & donné
en la Chambre du Conſeil de l'Officialité, à . . ., ce . . .

Recommandation faite par le Promoteur.

De la Sentence rendue par M. l'Official de . . . le . . .,
ſignée, ſcellée & en bonne forme, a été extrait le diſpoſitif dont
la teneur ſuit :

Nous, &c.

L'an . . ., &c., à la requête de M. le Promoteur de l'Officialité de . . ., pour lequel domicile eſt élu en ſon hôtel à . . .,
j'ai H. . . ſouſſigné, ſignifié & laiſſé copie par extrait, pareil à
celui qui eſt ci-deſſus, de la Sentence rendue par M. l'Official
de . . ., le . . ., au ſieur B. . . . priſonnier ès priſons de ce
Siege, en parlant à ſa perſonne, pour ce amené entre les deux
guichets deſdites priſons, à ce que du contenu audit extrait de
Sentence ledit ſieur B. . . n'ignore ; & en vertu de la même Sentence, j'ai pareillement, à la requête de mondit ſieur le Promoteur, arrêté & recommandé ledit ſieur B. . . ſur le regiſtre deſdites priſons, & à nous repréſenté par . . ., Geolier d'icelles,
pour être oui & interrogé ſur les faits réſultants des charges &
informations, dont eſt queſtion en ladite Sentence, circonſtances
& dépendances, pardevant mondit ſieur l'Official ; pour ledit interrogatoire fait & communiqué à mondit ſieur le Promoteur, &
vu par M. l'Official, être requis & ordonné ce que de raiſon ;
& à ce que ledit ſieur B. . . n'en ignore, je lui ai pareillement,
comme deſſus, laiſſé copie du préſent exploit.

Information faite devant les deux Juges.

Information faite dans le Prétoire de l'Officialité de . ., à . .,
pardevant Nous . ., Official de . ., & pardevant Nous L. . .,
Lieutenant-Criminel du Bailliage de . . ., ladite information reçue par F. . ., Greffier de l'Officialité, & par G. . ., Greffier
dudit Bailliage, à la requête du Promoteur de ladite Officialité,
& à la requête du Procureur du Roi audit Bailliage, demandeurs
& accuſateurs, contre le ſieur B. . ., defendeur & accuſé, en

exécution de l'ordonnance de Nous, Official du . . . ; étant au bas de la plainte du Promoteur, du même jour ; & en exécution de l'ordonnance de Nous, Lieutenant-Criminel du . ., étant au bas de la plainte du Procureur du Roi, du même jour ; à laquelle information il a été procédé, ainsi qu'il suit.

(Nota. *Au bas de chaque déposition, & des pages d'icelles, le témoin signe avec les deux Juges & les deux Greffiers ; & les deux Juges cotent & paraphent les pages.*)

Interrogatoire devant les deux Juges, reçu par les deux Greffiers.

357. Interrogatoire fait par Nous, Official de . . ., & L . . ., Lieutenant-Criminel au Bailliage de . ., ledit interrogatoire reçu par F . ., Greffier de l'Officialité de . ., & par G . . ., Greffier du Bailliage de . . ., en exécution de la Sentence rendue par Nous, Official de . . .; & du décret de prise-de-corps décerné par Nous Lieutenant-Criminel du . ., à la requête du Promoteur & du Procureur du Roi, demandeurs & accusateurs contre M^e. B. . ., accusé, auquel interrogatoire avons procédé dans le Prétoire de ladite Officialité, à . . . ainsi qu'il suit.

Du . . .

Après serment fait par ledit sieur B. . ., accusé, lequel a mis la main *ad pectus*, & a juré en son ame & conscience, de dire & répondre vérité.

Interrogé par Nous, Official, de ses nom, surnom, âge, qualité & demeure,

A dit . . .

Interrogé . . ,

A dit . . .

Lecture faite audit sieur B. . . du présent interrogatoire, il a dit qu'il contient vérité, & qu'il persiste dans ses réponses comme véritables ; & a signé avec Nous Official, le Lieutenant-Criminel & nos Greffiers, ainsi qu'au bas de chacune des pages d'icelui, qui ont été cotées & paraphées par Nous Official, & Lieutenant-Criminel.

(*Le Juge Royal peut requérir l'Official de faire des interrogations*

N n n n ij

& des interpellations ; & en cas de refus, les faire lui-même à l'accusé ; ce qui s'inscrit dans l'interrogatoire, de la maniere suivante.

Interpellé à la réquisition du Juge Royal, de dire . . .

Interrogé à la réquisition du Juge Royal. . .

Interrogé par le Juge Royal, sur le refus du sieur Official, si . . .

(*Au bas de la minute de l'interrogatoire qui doit rester au Greffe de l'Officialité, l'Official met son ordonnance de soit communiqué au Promoteur ; & au bas de la minute qui reste au Greffe de la Juridiction Royale, le Lieutenant-Criminel met aussi son ordonnance de de soit communiqué au Procureur du Roi.*)

Conclusions du Promoteur pour le récolement des témoins en leurs dépositions, & leur confrontation à l'accusé.

358.   Vu, &c., je requiers qu'il soit ordonné que les témoins ouis en l'information, & autres qui pourront l'être de nouveau, seront récolés en leurs dépositions, & confrontés, si besoin est, à l'accusé ; pour ce fait, & à moi communiqué, requérir ce que de raison.

Jugement de l'Official.

Vu, &c. Tout vu & considéré, Nous ordonnons que les témoins ouis ès informations, & ceux qui pourront l'être de nouveau, seront récolés en leurs dépositions, & si besoin est, confrontés à l'accusé ; pour ce fait & communiqué au Promoteur, & à nous rapporté, être par lui requis, & par nous ordonné ce que de raison. Fait & donné en la Chambre du Conseil de l'Officialité, à . . . ce. . . .

Conclusions du Procureur du Roi pour le récolement des témoins en leurs dépositions, & leur confrontation à l'accusé.

359.   Vu, &c. je requiers pour le Roi qu'il soit ordonné que les témoins ouis ès informations, & autres qui pourront l'être de nouveau, seront récolés en leurs dépositions, & confrontés si, besoin

eſt, à l'accuſé ; pour ce fait, & à moi communiqué, requérir ce que de raiſon. Fait à . . . ce . .

Jugement du Juge royal en conséquence.

Vu, &c. Tout vu & conſidéré, Nous ordonnons que les témoins ouis ès informations, & ceux qui pourront l'être de nouveau, ſeront récolés en leurs dépoſitions, & ſi beſoin eſt, confrontés à l'accuſé ; pour ce fait, & communiqué au Procureur du Roi, être ordonné ce qu'il appartiendra. Fait & donné en la Chambre-Criminelle, à . . . ce . .

Requête du Promoteur pour demander l'indication du jour, à l'effet d'aſſigner les témoins pour le récolement & la confrontation.

A Monsieur l'Official de . . .

Vous remontre le Promoteur, que . . . ; à ces cauſes, requiert qu'il vous plaiſe indiquer votre heure, pour faire comparoître devant vous, ſur les aſſignations qui leur ſeront données, les témoins entendus en l'information faite au Bailliage-criminel de . . . le . . . , à la requête du Procureur du Roi dudit Bailliage contre B. . . , à l'effet d'être récolés en leurs dépoſitions, & ſi beſoin eſt, confrontés aux accuſés en exécution de votre jugement du . . .
Préſentée le . . .

Ordonnance de l'Official.

360   Permis d'aſſigner les témoins ouis en l'information faite au Bailliage criminel de . . . le . . . , contre le ſieur B. . . , à comparoître pardevant nous au Prétoire de l'Officialité, à . . . le . . , heure de . . . & jours ſuivants, à la même heure, pour être récolés en leurs dépoſitions, & ſi beſoin eſt, confrontés à l'accuſé, en exécution de notre jugement du . . . , & aux fins de la préſente requête. Fait & donné, à . . . ce . .

Requête du Procureur du Roi aux mêmes fins.

A MONSIEUR LE LIEUTENANT CRIMINEL.

Vous remontre le Procureur du Roi que, *&c.* ; à ces caufes, requiert qu'il vous plaife indiquer votre heure, pour faire comparoître devant vous, fur les affignations qui leur feront données,
les témoins entendus en l'information faite devant vous, à la requête du remontrant, contre le fieur B. . . ; à l'effet d'être récolés en leurs dépofitions, & fi befoin eft, confrontés à l'accufé,
en exécution de votre jugement du . . .

Préfentée le . . .

Ordonnance.

361. Permis d'affigner les témoins ouis en l'information faite devant
nous, à la requête du remontrant, contre le fieur B. . ., à comparoître pardevant nous au Prétoire de l'Officialité de . . . le . .
heure de . ., & jours fuivants, à la même heure, pour être recolés en leurs dépofitions, & fi befoin eft, confrontés à l'accufé,
en exécution de notre jugement du . . ., & aux fins de la préfente requête. Fait & donné à . . . ce . . .

Affignation aux témoins par les deux Juges féparément, & premierement par l'Official.

L'an . . , le . . ., en exécution du jugement rendu par
Monfieur l'Official de . . . le . . ., & en vertu de fon Ordonnance du . . ., au bas de la requête à lui préfentée le même
jour, lefdits Jugement & Ordonnance duement fignés & fcellés,
& en bonne forme ; & à la requête de Monfieur le Promoteur en
l'Officialité de . . ., pour lequel domicile eft élu en fon hôtel,
à . . ., j'ai H. . . fouffigné, donné affignation à T. . . en fon
domicile, en parlant à . . ., & à S . ., en fon domicile, en parlant à . . ., pardevant Monfieur l'Official de . . ., au Prétoire
de ladite Officialité de . . , le . ., huit heures du matin, & jours
fuivants à la même heure, pour être recolés en leurs dépofitions
en l'information du . . ., & fi befoin eft, confrontés à l'accufé ;

leur déclarant qu'ils feront taxés & payés de leurs falaires raifonnables; & que faute de comparoître, ils feront condamnés en l'amende de dix livres chacun, réaffignés & contraints par toutes voies dues & raifonnables; & j'ai aux fus-nommés, à chacun féparément, laiffé copie du préfent exploit.

Affignation aux témoins à la Requête du Procureur du Roi.

362. L'an . . ., &c. . en exécution, &c. . & à la requête de Monfieur le Procureur du Roi, pour lequel domicile cft élu en fon hôtel, à . . ., j'ai . . . fouffigné, donné affignation à T. . . en fon domicile, en parlant à . . .; & à S. . . en fon domicile, en parlant à . . ., à comparoître pardevant mondit fieur le Lieutenant-criminel au Prétoire de l'Officialité de . . ., à . . . le . ., huit heures du matin, & jours fuivants, à la même heure, pour être recolés en leurs dépofitions en l'information du . . ., & fi befoin eft, confrontés à l'accufé; leur déclarant qu'ils feront taxés & payés de leurs falaires raifonnables; & que faute de comparoître, ils feront condamnés en l'amende de dix livres chacun, réaffignés & contraints par toutes voies dues & raifonnables; & j'ai aux fus-nommés, à chacun féparément, laiffé copie du préfent exploit.

Récolement des témoins par les deux Juges.

363. Récolement fait par nous . . . Official de . . ., & L. . . Lieutenant-criminel au Bailliage de . . ., ledit récolement reçu par F. . . Greffier de l'Officialité, & par G. . . Greffier dudit Bailliage de . . ., en exécution de la Sentence de nous Official du . . ., & de celle de nous Lieutenant-criminel du . . ., à la requête du Promoteur & du Procureur du Roi, demandeurs & accufateurs, contre le fieur B. . . accufé; auquel récolement avons procédé dans le Prétoire de ladite Officialité, à . .

Du . . .

T. . . premier témoin de l'information faite devant nous Lieutenant-criminel le . . ., récolé en fa dépofition, après ferment par lui fait de dire vérité, lecture à lui faite de sa déposition, ledit témoin de ce interpellé, a dit, que sa déposition contient vérité ; qu'il n'y veut ajouter, ni diminuer, & qu'il y persiste.

Lecture faite du présent récolement, ledit témoin y a pareillement persisté comme véritable ; & a signé avec nous & nos Greffiers, après avoir été taxé sur la réquisition qu'il en a faite. .

S. . . second témoin, récolé en sa déposition, &c. .

Confrontation par les deux Juges.

364.   Confrontation faite par Nous . . . Official de . . , & L. . . Lieutenant-criminel au Bailliage de . . . , ladite confrontation reçue par F. . . Greffier de l'Officialité, & par G. . . Greffier dudit Bailliage de . . . , en exécution de la Sentence de nous Official du . . . , & de celle de Nous Lieutenant-criminel du . . , à la requête du Promoteur & du Procureur du Roi, accusateurs, contre le sieur B. . . accusé, à laquelle confrontation il a été procédé dans le Prétoire de ladite Officialité, à . . ainsi qu'il suit.

Du . . . , a été amené devant Nous, par le Geolier desdites prisons, le sieur B. . . accusé, auquel avons confronté T. . . premier témoin de l'information du . . . , par nous récolé en sa déposition ; & après serment par eux fait de dire vérité, en présence l'un de l'autre, le témoin en levant la main, & l'accusé en la mettant *ad pectus.*

Interpellés de dire s'ils se connoissent,

Ont dit . .

Lecture faite des premiers articles de la déposition du témoin, contenant ses nom, surnom, âge, qualité & demeure, & de sa déclaration qu'il n'est parent, allié, serviteur, ni domestique des parties ; & interpellé l'accusé de fournir sur-le-champ ses reproches contre les témoins, si aucuns il a, & averti qu'il n'y sera plus reçu après qu'il aura entendu la lecture des déposition & récolement dudit témoin ;

L'accusé a dit qu'il n'a aucuns reproches à fournir contre le témoin, (*ou* l'accusé a dit pour reproches que, . .)

Le témoin a dit que les reproches sont véritables, (*ou* qu'ils ne sont pas véritables.)

Ce

365. Ce fait, & lecture faite de la dépofition & du récolement du-dit témoin, en préfence dudit accufé, avons interpellé ledit témoin de déclarer s'ils contiennent vérité, & fi ledit fieur B. . . accufé, eft celui dont il a entendu parler dans fes dépofition & récolement ; ledit témoin a dit que fes dépofition & récolement contiennent *vérité*, & que c'eft de l'accufé préfent dont il a entendu parler par fefdites dépofition & récolement, & y a perfifté.

Et l'accufé a dit . . .

Lecture faite à l'accufé & au témoin de la préfente confrontation, ils y ont perfifté chacun à leur égard, & ont figné avec nous & nos Greffiers.

(*Au bas de la confrontation, l'Official met l'Ordonnance de foit communiqué au Promoteur ; & le Lieutenant-Criminel, celle de foit communiqué au Procureur du Roi.*)

Conclufions du Promoteur.

366. Vu, *&c.* je requiers être le fieur B. . ., accufé, être atteint & convaincu de . . . ; pour réparation de quoi, je requiers qu'il foit condamné à . . . Fait à . . . ce . .

Dernier Interrogatoire devant l'Official.

Interrogatoire fubi en la Chambre du Confeil de l'Officialité de . . . à . . . cejourd'hui . . . pardevant nous. . . . . Official, en la préfence du Greffier de ladite Officialité, par le fieur B. . . accufé, qui a prêté ferment de dire vérité par l'appofition de la main *ad pectus*.

Interrogé de fes nom, furnom, âge, qualité & demeure,

A dit qu'il s'appelle, *&c.* .

Jugement diffinitif de l'Official.

Vu, *&c.* tout vu & confidéré, le faint Nom de Dieu invoqué, & après avoir pris confeil de . . . & de . . ., nous avons déclaré ledit B. . . atteint & convaincu de . . . ; pour réparation de quoi l'avons condamné à . . . Fait, & jugé en la Chambre du Confeil de l'Officialité, à . . . le . .

(*Le Procureur du Roi donne de fa part fes conclufions diffinitives;*

l'accufé eft transféré dans les prifons du Bailliage criminel ; il fu-
~~bit le dernier interrogatoire~~, ou fur la felette, ou derriere le bar-
reau, & les Juges de ce Siege rendent leur Sentence diffinitive, dans
le vû de laquelle ils relatent celle de l'Official.)

TITRE XXVIII.

Des Récufations contre un Greffier.

Requête de Récufation contre un Greffier.

A Monsieur le Lieutenant Criminel, &c.

367. SUPPLIE humblement A. . ., difant que G. . ., Greffier ordinaire de ce Siege, étant le coufin au cinquieme degré de B. . . ; contre lequel le fuppliant a cejourd'hui rendu plainte, il ne doit pas faire les fonctions de Greffier dans le procès-criminel auquel cette plainte va donner lieu ; & c'eft pour avoir en fa place un Greffier qui ne foit pas fufpect, qu'il a l'honneur de vous donner fa requête.

Ce confidéré, Monfieur, il vous plaife, vu les moyens de fufpicion ci-deffus expofés, commettre un Greffier au lieu & place de G. . ., Greffier ordinaire, & qui en faffe les fonctions dans le procès-criminel commencé par la plainte de cejourd'hui ; & vous ferez juftice ; déclarant qu'il fait élection de domicile en la maifon de Me . . ., qui occupe pour lui.

Préfentée le . . .

Conclufions du Procureur du Roi.

Vu, &c. je n'empêche pour le Roi que faifant droit fur la récufation propofée par la requête dudit A. . ., il foit dit que le Greffier-criminel de ce Siege s'abftiendra de fes fonctions dans le procès criminel commencé par la plainte préfentée hier par A. . ., contre B. . ., & qu'il en foit commis un autre en fon lieu &

place ; lequel prêtera à cet effet le ferment en pareil cas requis.
A. . . ce . .

Sentence portant que le Greffier récufé s'abſtiendra.

s68. Vu la requête préſentée hier par A. . . , tendante à ce qu'il
nous plaiſe , vu les moyens de ſuſpicion qui y ſont détaillés ,
commettre un Greffier au lieu & place de G. . . , Greffier ordinaire de ce Siege , & qui en faſſe les fonctions dans le procès
criminel commencé par la plainte qu'il a rendu le même jour
contre B. . . ; & attendu que ſur la communication qui a été faite
de cette requête audit G. . . , il a déclaré que l'expoſé eſt véritable ; & Vu les concluſions du Procureur du Roi du . . . ;
Nous faiſant droit ſur la récuſation propoſée par la requête dudit
A. . . , diſons que G. . . , Greffier ordinaire de ce Siege , s'abſ-
tiendra de ſes fonctions dans le procès criminel commencé par
la plainte préſentée hier par A. . . , contre B. . . ; & avons commis pour Greffier en ſon lieu & place , la perſonne de N. . . ;
lequel prêtera à cet effet le ferment en pareil cas requis ; ce qui
ſera exécuté , nonobſtant oppoſition ou appellation quelconque ,
attendu qu'il s'agit de récuſation , par le premier Huiſſier de ce
Siege , ou autre Huiſſier ou Sergent royal ſur ce requis , auquel
de ce faire donnons pouvoir. Fait , donné & jugé par Nous , &c.
de l'avis de : . . & de . . . , préſent Me . . . , pris pour Commis-Greffier , attendu la récuſation du Greffier ordinaire , & duquel nous avons reçu le ferment accoutumé en l'Auditoire &
Chambre criminelle ordinaire , à . . . le . . .

(Nota. *Quand le Juge commet un Greffier pour la récuſation,*
abſence, ou autre empêchement du Greffier ordinaire , il ſuffit qu'il
en faſſe mention en tête du procès-verbal , ou autre acte qu'il fait en
cette ſorte.)

Aſſiſté de . . . , (*ou bien* ledit interrogatoire, &c. rédigé par
N. . . ,) que nous avons pris pour Commis-Greffier , à cauſe de
l'abſence , (*ou* récuſation, &c.) du Greffier ordinaire ; & duquel
Commis-Greffier avons reçu le ferment en tel cas requis.

TITRE XXIX.

Des Sentences & Jugements.

369. (**N**OTA. *Voyez en général pour les Sentences rendues à l'Audience, ci-deſſus*, n. 315 & ſuivants.)

Sentence de converſion d'un décret d'aſſigné pour être oui, en ajournement perſonnel.

(*Voyez ci-deſſus*, n. 119.)

Sentence de converſion d'un décret d'ajournement perſonnel, en décret de priſe-de-corps.

(*Voyez ci-deſſus*, n. 112.)

Sentence pour faire publier Monitoire.

(*Voyez ci-deſſus*, n. 75.)

Sentence de proviſion alimentaire.

(*Voyez ci-deſſus*, n. 143.)

Sentence de compétence pour un Juge ordinaire.

(*Voyez ci-deſſus*, n. 152.)

Sentence de compétence pour un Prévôt des Maréchaux.

(*Voyez ci-deſſus*, n. 152.)

Jugement d'incompétence pour un Prévôt des Maréchaux.

(*Voyez ci-dessus*, n. 152.)

Sentence portant que les témoins seront récolés & confrontés.

(*Voyez ci-dessus*, n. 168.)

370. Sentence d'entérinement de Lettres de Rémission.

(*Voyez ci-dessus*, n. 248.)

Autre qui entérine des Lettres de Rémission.

(*Voyez ci-dessus*, n. 257.)

Autre qui entérine des Lettres de rappel des Galeres.

(*Voyez ci-dessus*, n. 254.)

Autre qui entérine des Lettres de commutation de peine.

(*Voyez ci-dessus*, n. 255.)

Autre qui entérine des Lettres d'Abolition.

(*Voyez ci-dessus*, n. 248.)

Sentence qui reçoit le Procureur du Roi à prendre droit par l'interrogatoire de l'accusé, & l'accusé par les charges.

(*Voyez ci-dessus*, n. 210.)

371. Sentence qui reçoit les parties en procès ordinaire.

(*Voyez ci-dessus*, n. 241.)

Sentence qui reçoit un accusé en ses faits justificatifs.

(*Voyez ci-dessus* , n. 312)

Sentence portant que les pieces seront mises sur le Bureau aux fins d'un délibéré.

(*Voyez ci-dessus* , n. 315.)

Sentence diffinitive sur un délibéré.

(*Cette Sentence n'est point différente des autres Sentences d'Audience, sinon que dans le vu on met* , vu les pieces sur le Bureau, &c.)

Sentence interlocutoire.

Entre A. . . , demandeur & complaignant, le Procureur du Roi joint, d'une part ; & B. . . prisonnier ès prisons de . . . , défendeur & accusé, d'autre part : Nous, par délibération de Conseil, disons qu'avant faire droit, ledit A. . . fera la preuve des faits. . . pour ce fait, être fait droit aux parties, ainsi que de raison, dépens, dommages, & intérêts réservés en diffinitif.

Sentence portant renvoi de l'accusation.

372. Nous avons renvoyé ledit B. . . absous de l'accusation à lui imposée ; & en conséquence, ordonnons qu'il sera rélaxé, & mis hors des prisons. A ce faire, le Geolier contraint par corps ; ce faisant il en demeurera bien & valablement déchargé ; sera l'écroue d'emprisonnement de la personne de B. . . rayé & biffé ; & mention faite de la présente Sentence, en marge d'icelui ; condamnons A. . . aux dommages & intérêts dudit B. . . , & aux dépens du procès.

Sentence portant qu'il sera plus amplement informé.

Nous, avant faire droit, ordonnons qu'il sera plus amplement informé des cas mentionnés au procès 'dans . . . mois, pour l'information faite, rapportée & communiquée au Procureur du Roi , & vue, être ordonné ce que de raison.

Sentence portant qu'il sera plus amplement informé, & cependant l'accusé élargi.

373. Nous ordonnons qu'il sera plus amplement informé des cas mentionnés au procès contre B. . . dans . . . mois ; & cependant qu'il sera élargi des prisons , à sa caution juratoire de se représenter à toutes assignations, quand il sera par Justice ordonné ; élisant à cet effet domicile.

Sentence portant qu'il sera plus amplement informé, & que l'accusé tiendra prison.

Nous ordonnons qu'il sera plus amplement informé des cas mentionnés au procès contre l'accusé dans . . . ., pendant lequel temps l'accusé tiendra prison. . .

Sentences & Jugements pour injures.

(Voyez ci-dessus, n. 315 & suivants.)

Sentence pour la célébration d'un Mariage.

Nous ordonnons que ledit B. . . sera mené & conduit, sous bonne & sûre garde, en l'Eglise paroissiale de . . . ., pour y être le mariage d'entre lui & ladite C. . ., célébré en la manière accoutumée ; sinon réintégré esdites prisons, pour lui être son procès fait & parfait , selon la rigueur de l'Ordonnance.

Sentence portant défenses respectives aux parties de se fréquenter.

374. Nous, par délibération de Conseil , avons fait défenses respectives aux parties de se fréquenter , sous telles peines qu'il

appartiendra ; à l'effet de quoi, les prisons leur seront ouvertes ; dépens entr'elles compensés.

Sentence qui condamne à élever un enfant.

Nous condamnons ledit B. . . de prendre l'enfant duquel ladite C. . . est accouchée, & icelui faire nourrir, entretenir, & élever en la Religion Catholique, Apostolique & Romaine, & en la crainte de Dieu, jusqu'à ce qu'il soit en âge de gagner sa vie, & lui faire apprendre métier ; dont il sera tenu rapporter certificat au P⸳⸳⸳⸳reur du Roi, de trois en trois mois ; le condamnons aussi d'aumôner . . . livres au pain des prisonniers de la Conciergerie de . . ., aux dommages & intérêts de ladite C. . ., & aux dépens du procès.

Sentence de condamnation à être admonêté.

375. Nous avons déclaré ledit B. . . duement atteint & convaincu des excès & voies de fait mentionnés au procès ; pour réparation de quoi, sera mandé en la Chambre, & admonêté : lui faisons défenses de récidiver, ni d'user de pareilles voies, sur telles peines qu'il appartiendra ; le condamnons en . . . livres de dommages & intérêts envers A. . ., & en . . . livres d'aumône, applicable aux pauvres de l'Hôpital de . . ., & aux dépens du procès.

Sentence qui condamne à donner acte au Greffe.

Nous avons fait défenses audit B. . ., de plus à l'avenir injurier, ni médire contre ledit A. . ., à peine d'amende arbitraire, & de plus grande, s'il y échet ; le condamnons à donner acte au Greffe, à ses dépens, audit A. . ., qu'il ne sçait que bien & honneur en sa personne, & qu'il n'est entaché des injures portées par les informations, & aux dépens.

Sentence de condamnation à être blâmé.

376. Nous ordonnons que ledit B. . . sera mandé en la Chambre, le Conseil y étant, pour être blâmé d'avoir commis les excès mentionnés

sionnés au procès ; lui faisons défenses de récidiver sur telles peines que de raison ; le condamnons en . . . livres de réparation
civile envers ledit A. . . , & aux dépens du procès.

Autre qui condamne au blâme, avec réparation honorable.

Nous avons ledit B. . . , déclaré duement atteint & convaincu
des excès & voies de fait mentionnés au procès ; pour réparation
de quoi, ordonnons qu'il fera mandé en la Chambre, le Conseil
y étant, & là nue tête & à genoux, en préfence dudit A. . . ,
& de fix perfonnes, telles qu'il voudra choifir, pour y être blâmé ;
ordonné qu'il demandera pardon audit A. . . , des injures atroces
qu'il a proférées contre fa réputation ; le priera de les vouloir
oublier, & le reconnoîtra pour homme d'honneur, & non entaché
des injures contenues aux informations, dont il lui donnera acte
au Greffe, à fes dépens ; lui faifons défenfes de récidiver, ni
d'ufer de pareilles voies, à peine de punition exemplaire ; condamnons ledit B. . . en . . . livres de dommages & intérêts, &
aux dépens du procès.

Sentence de Banniffement à temps.

377. Nous avons ledit B. . . déclaré duement atteint & convaincu
de . . . . . . ; pour réparation de quoi, l'avons banni pour . . . . . .
ans de la ville de . . ; lui enjoignons de garder fon ban, fur
les peines portées par la Déclaration du 31 Mai 1682, (*ou* du
29 Avril 1687, *fi c'eft une femme*,) dont lecture lui fera faite ;
condamnons ledit B. . . , (*ou* ladite C. . .) en . . . livres de
réparation civile, dommages & intérêts envers A. . . , en . . .
livres d'amende, & aux dépens du procès.

Sentence de condamnation au Carcan.

Nous avons ledit B. . . déclaré duement atteint & convaincu
de . . . ; pour réparation de quoi, le condamnons à être appliqué
au carcan de la place publique de cette ville, le jour du marché
qui fe tiendra en icelle, & y demeurer attaché par le col l'efpace de . . . heures ; lui faifons défenfes de récidiver, fur peine
de punition corporelle ; le condamnons en outre en . . . livres

d'amende envers le Roi, en . . . livres de dommages & intérêts envers le demandeur, & aux dépens du procès.

Sentence de condamnation à faire amende-honorable in figuris.

378. Nous avons ledit. B. . . . déclaré duement atteint & convaincu de . . ; pour réparation de quoi, le condamnons à faire amende-honorable nud en chemise, la corde au col, tenant en ses mains une torche de cire ardente du poids de deux livres, l'Audience tenant ; & là étant nue tête & à genoux, dire & déclarer à haute & intelligible voix, que méchamment & comme mal-avisé, il a . . . , dont il se répent, en demande pardon à Dieu, au Roi & à Justice ; le condamnons en outre en . . . livres de réparation civile, dommages & intérêts envers A. . . , en . . . d'amende envers le Roi, & aux dépens du procès.

Sentence qui condamne une femme de mauvaise vie à être promenée.

Nous avons ladite B. . . déclaré duement atteinte & convaincue de . . . ; pour réparation de quoi, la condamnons d'être battue & fustigée nue, de verges, par l'Exécuteur de la Haute-Justice, ayant écriteau devant elle, où sera ces mots, *Maquerelle publique*, & un chapeau de paille sur la tête, avec la corde au col, au-devant de cet Auditoire, & par les carrefours accoutumés ; & à l'un d'iceux, sera flétrie d'un fer chaud, & marquée d'une fleur de lis sur les deux épaules : ce fait, l'avons bannie à perpétuité de la ville de . . . , & ordonné qu'elle sera mise hors d'icelle par l'Exécuteur de la Haute-Justice ; enjoint à elle de garder son ban, sur les peines portées par la Déclaration du Roi, & condamnée en . . . livres d'amende envers Sa Majesté, & aux dépens du procès.

Sentence de condamnation au fouet.

379. Nous condamnons ledit B. . . à être battu & fustigé nud, de verges sur les épaules par l'Exécuteur de la Haute-Justice, aux car-

refours & lieux accoutumés de cette ville . . : ce fait, l'avons banni, &c.

Autre qui condamne au fouet, à la flétriffure, & au banniffement.

Nous condamnons ledit B. . . d'être battu & fuftigé de verges, à nud, par l'Exécuteur de la Haute-Juftice, dans les carrefours & lieux accoutumés de cette ville de . . .; & à l'un d'iceux, fera flétri d'un fer chaud, marqué d'une fleur de lis fur l'épaule droite : ce fait, l'avons banni de la Ville & Prévoté, &c.

Sentence de condamnation aux Galeres à temps.

Nous avons ledit B. . . déclaré duement atteint & convaincu d'avoir . . .; pour réparation de quoi, le condamnons à être mené & conduit aux galeres du Roi, pour y fervir comme forçat l'efpace de . . . ans; le condamnons en outre en . . . livres de réparation civile, dommages & intérêts envers A. . ., & aux dépens du procès.

Sentence qui condamne à la Queftion fans réferve de preuves.

(*Voyez ci-deffus*, n. 290.)

380. *Autre Sentence de condamnation à la Queftion avec réferve de preuves.*

(*Voyez ci-deffus*, n. 294.)

Sentence de condamnation au Banniffement à perpétuité.

Nous avons ledit B. . . déclaré duement atteint & convaincu des cas mentionnés au procès; pour réparation defquels, l'avons banni à perpétuité du Royaume, (*ou* de la Ville & Bailliage, *ou* Prévôté de . .;) à lui enjoint de garder fon ban, fur les peines portées par l'Ordonnance; le condamnons en . . . livres de ré-

paration civile, dommages & intérêts envers ledit A...; en...
livres d'amende envers le Roi, & aux dépens du procès.

Sentence de condamnation aux Galeres à perpétuité.

Nous avons ledit B. . . déclaré duement atteint & convaincu
de . . .; pour réparation de quoi, le condamnons à servir comme
forçat dans les galeres du Roi à perpétuité, en . . . livres de
réparation civile, dommages & intérêts envers ledit A..., & aux
dépens du procès. Le surplus de ses biens situés en pays de confiscation, acquis & confisqués au Roi, ou à qui il appartiendra, &c.

Condamnation à faire amende - honorable, à avoir la langue percée, & aux Galeres à perpétuité.

381. Nous avons ledit B. . . déclaré duement atteint & convaincu
d'avoir blasphémé le saint Nom de Dieu; pour réparation de quoi,
le condamnons à faire amende-honorable, nud en chemise, la
corde au col, tenant en ses mains une torche de cire ardente du
poids de deux livres, l'Audience tenant; & là, étant nue tête &
à genoux, dire & déclarer à haute & intelligible voix, que méchamment, & comme mal-avisé, il a . . ., dont il se repent, &
en demande pardon à Dieu, au Roi, & à Justice; ce fait, aura
la langue percée d'un fer chaud par l'Exécuteur de la Haute-
Justice, en la place de . .; & ensuite sera mené & conduit à la
chaîne, pour y être attaché & servir comme forçat dans les ga-
lers du Roi à perpétuité.

Autre Sentence qui condamne ad omnia citra mortem, contre un accusé.

Nous avons ledit B. . . déclaré atteint & convaincu de . . .;
pour réparation de quoi, l'avons condamné à être battu & fustigé de verges, ayant la corde au col, par l'Exécuteur de la Haute-
Justice, au-devant de la porte de cet Auditoire, & par les carrefours de cette ville; & à l'un d'iceux, flétri d'un fer chaud, marqué d'une fleur de lis sur les deux épaules : ce fait, l'avons banni

à perpétuité hors le royaume , villes & terres étant fous l'obéif-
fance du Roi , & mis hors la ville par l'Exécuteur ; enjoint à lui
de garder fon ban , à peine d'être pendu & étranglé ; ordonnons
que tous & chacuns fes biens feront acquis & confifqués à qui il
appartiendra , fur iceux préalablement pris la fomme de . . livres
d'amende envers le Roi , ou autres Seigneurs Hauts - Jufticiers
qu'il appartiendra , au cas que confifcation n'ait pas lieu à fon profit.

Sentence de condamnation à être pendu pour fauffe monnoie.

382. Nous avons ledit B. . . déclaré duement atteint & convaincu
d'avoir fait & fabriqué les efpeces de fauffe-monnoie , mentionnées au procès ; pour réparation de quoi , le condamnons à être
pendu , *&c.*

Sentence de condamnation à mort par contumace.

Nous avons déclaré la contumace bien inftruite contre ledit B . . ;
& adjugeant le profit d'icelle , nous avons déclaré ledit B. . . .
atteint & convaincu de . . ; pour réparation de quoi , nous l'avons
condamné à . . . . . . ; ce qui fera exécuté par effigie en
un tableau qui fera attaché à une potence , qui pour cet effet
fera plantée en la place publique de ce lieu : ordonnons que tous
& chacuns fes biens feront confifqués à qui il appartiendra , fur
iceux préalablement pris la fomme de . . . livres de réparation
civile , dommages & intérêts envers ledit A. . . , & . . . livres
d'amende envers le Roi , au cas que confifcation n'ait lieu au profit de Sa Majefté , & aux dépens du procès.

Autre qui condamne à l'amende - honorable , & à être pendu pour pieces falfifiées.

383. Nous avons ledit B. . . déclaré atteint & convaincu d'avoir
fauffement & malicieufement fabriqué l'acte du . . , dont eft queftion , lequel nous avons déclaré faux ; pour réparation de quoi ,
le condamnons à faire amende-honorable nud en chemife , la corde
au col , tenant en fes mains une torche de cire ardente du poids

de deux livres , au-devant de la principale porte & entrée de
l'Eglife de . ., où il fera mené par l'Exécuteur de la Haute-Juftice, ayant écriteaux devant & derriere, avec ce mot (*Fauffaire;*)
& là, étant nue tête & à genoux, déclarer que fauffement & malicieufement il a fabriqué ladite piece , dont il fe repent, & en
demande pardon à Dieu , au Roi, & à Juftice : ordonnons que
ladite piece fera lacérée par ledit Exécuteur , en préfence de
l'accufé ; lequel nous condamnons en outre à être pendu & étranglé jufqu'à ce que mort s'enfuive , à une potence qui pour cet
effet fera dreffée en la place de . . : déclarons tous & chacuns
fes biens , fitués en pays de confifcation , acquis & confifqués au
Roi , ou à qui il appartiendra, fur iceux, ou autres non fujets à
confifcation , préalablement pris . . . livres d'amende envers le
Roi; condamnons en outre ledit B. . . en . . . livres de réparation civile envers A. . ., & aux dépens.

Autre Sentence portant condamnation de mort, & autres
peines contre plufieurs accufés.

384. Nous avons par jugement dernier, déclaré lefdits B. ., C. .,
D. ., &c. duement atteints & convaincus ; fçavoir, lefdits B. . .
& C. . ., des vols de nuit, par eux commis, avec port d'armes,
dans les rues de cette ville , le . . . ; & lefdits D. ., &c., d'a-
voir eu part auxdits vols ; pour réparation de quoi, nous avons
condamné , fçavoir, lefdits B. . . & C. . . à être cejourd'hui
pendus & étranglés jufqu'à ce que mort s'enfuive , à une potence
qui à cet effet fera plantée en la place de . ., leurs corps y demeurer vingt-quatre heures ; puis portés aux fourches patibulaires
de ce lieu ; tous & chacuns leurs biens acquis & confifqués à qui
il appartiendra, fur iceux préalablement pris la fomme de . . .
livres d'amende envers le Roi ,., au cas que confifcation n'ait lieu :
& à l'égard defdits D. . ., &c., nous les avons condamnés à affifter à l'exécution de mort defdits B. . . & C. . ., & à être
battus & fuftigés nuds, de verges, par l'Exécuteur de la Haute-
Juftice, au pied de ladite potence, & flétris d'un fer chaud
marqué d'une fleur de lis fur l'épaule droite ; ce fait, bannis pour
. . . ans de la ville de . . . ; & enjoint à eux de garder leur ban,
fous les peines de l'Ordonnance. Condamnons en outre lefdits D. . .
&c. en . . . livres d'amende. Fait & donné . . .

Sentence qui condamne à être pendu, préalablement appliqué à la Question ordinaire & extraordinaire.

Nous avons ledit B. . . déclaré, & le déclarons duement atteint & convaincu de . . . ; pour réparation de quoi, le condamnons à être pendu & étranglé jusqu'à ce que mort s'ensuive, à une potence qui pour cet effet sera dressée en la place de . . ; ledit B. . . préalablement appliqué à la question ordinaire & extraordinaire, pour avoir révélation de ses complices ; déclarons tous & chacuns de ses biens acquis & confisqués, &c. ; & le condamnons aux dépens du procès.

Sentence qui condamne à avoir la tête tranchée.

385. Nous avons ledit B. . . déclaré duement atteint & convaincu du crime du rapt mentionné au procès ; pour réparation de quoi, le condamnons d'avoir la tête tranchée sur un échafaud, qui pour cet effet sera dressé en la place de . . ; déclarons tous & chacuns de ses biens, situés en pays de confiscation, acquis & confisqués, &c.

Sentence qui condamne à être rompu vif.

Nous avons ledit B. . . déclaré duement atteint & convaincu de vols, meurtres & assassinats par lui commis envers tel . . . & tel . . . sur les grands-chemins avec armes ; pour réparation de quoi, condamnons ledit B. . à avoir les bras, jambes, cuisses & reins rompus vif sur un échafaud qui pour cet effet sera dressé en la place de . . , & mis ensuite sur une roue, la face tournée vers le ciel, pour y finir ses jours ; ce fait, son corps mort porté par l'Exécuteur de la Haute-Justice sur le chemin de . . . ; ses biens acquis & confisqués, &c.

Retentum.

A été arrêté que ledit C. . . . ne sentira aucun coup vif, mais sera secrétement étranglé.

Autre Retentum.

Arrêté qu'après que B. . . aura senti trois coups vif, il sera se-crétement étrangle.

Autre.

Arrêté qu'après que B. . . aura senti tous les coups vif, il sera secrétement étranglé à l'entrée de la nuit.

Sentence qui condamne à avoir la langue coupée, & à être pendu & brûlé.

386. Nous avons ledit B. . . , déclaré duement atteint & convaincu d'avoir proféré des blasphêmes contre Dieu, la sainte Vierge, & les Saints; pour réparation de quoi, le condamnons à faire amende-honorable, nud en chemise, la corde au col, tenant en ses mains une torche de cire ardente, du poids de deux livres, au-devant de la principale porte & entrée de l'Eglise de . . , où il sera conduit par l'Exécuteur de la Haute-Justice, dans un tombereau servant à enlever les immondices de la ville, & dira que méchamment il a proféré des blasphêmes contre Dieu, la sainte Vierge, & les Saints, dont il se repent, & en demande pardon à Dieu, au Roi, & à Justice; ce fait, aura la langue coupée par ledit Exécuteur au-devant d'icelle Eglise, & ensuite mené dans le même tombereau en la place de . . . , où il sera pendu & étranglé, jusqu'à ce que mort s'ensuive, à une potence qui sera dressée en la même place : son corps mort jetté au feu, avec son procès, & réduit en cendres, qui seront jettées au vent; déclarons ses biens, situés en pays de confiscation, acquis & confisqués au Roi, ou à qui il appartiendra, sur iceux, ou autres non sujets à confiscation, préalablement pris la somme de . . . livres d'amende, en cas que confiscation n'ait lieu au profit de Sa Majesté, & le condamnons aux dépens du procès.

Autre qui condamne à avoir le poing coupé, & à être brûlé vif.

Extrait des Regiſtres de . . .

387. Vu le procès criminel, &c. (*comme le vu du jugement de la queſtion ordinaire & extraordinaire*, ci-deſſus, n. 293,) Nous avons ledit B. . . déclaré duement atteint & convaincu d'avoir . . . (*faire mention du crime dont l'accuſé eſt convaincu*;) pour réparation de quoi, le condamnons à faire amende-honorable, nud en chemiſe, la corde au col, tenant en ſes mains une torche de cire ardente, du poids de deux livres, au-devant de la principale porte & entrée de l'Egliſe de . . . ., où il ſera mené & conduit par l'Exécuteur de la Haute-Juſtice, dans un tombereau ſervant à enlever les immondices de la ville, ayant écriteau devant & derriere, avec ce mot, *Sacrilege*; & là, étant nue tête & à genoux, déclarer que méchamment il a . . ., dont il ſe repent, & en demande pardon à Dieu, au Roi, & à Juſtice; ce fait, aura le poing coupé, ſur un poteau qui ſera planté au-devant de ladite Egliſe; après quoi, ſera mené par l'Exécuteur dans le même tombereau en la place publique de . . . ., pour y être attaché à un poteau avec une chaîne de fer, & brûlé vif, ſon corps réduit en cendres, & icelles jettées au vent; déclarons tous ſes biens ſitués en pays de confiſcation, acquis & confiſqués au Roi, ou à qui il appartiendra, ſur iceux, ou autres non ſujets à confiſcation, préalablement pris la ſomme de . . . ., pour être employée à la fondation & entretien perpétuel d'une lampe ardente, qui ſera miſe au-devant de l'Autel où ledit ſacrilege a été commis; le condamnons en outre en . . . . livres d'amende envers le Roi, en cas que confiſcation n'ait lieu au profit de Sa Majeſté, & aux dépens du procès; & ſera la préſente Sentence gravée ſur une table d'airain qui ſera attachée au plus prochain pilier du même Autel.

Sentence de condamnation contre un cadavre, ou contre ſa mémoire.

(*Voyez ci-deſſus*, n. 344 & 347.)

Tome IV.   **Qqqq**

Sentence de condamnation contre un homme & une femme
adultère.

388. Nous avons lefdits B. . . & N. . ., déclaré duement atteints
& convaincus d'avoir commis entr'eux le crime d'adultere ; pour
réparation de quoi, les condamnons ; fçavoir, ledit B . . . à . . ,
&c., & à l'égard de ladite N. . . à être mife & recluse dans le
Monaftere des filles Religieufes de . . . , pour y demeurer pendant deux années en habit féculier, pendant lefquelles M. . . .
fon mari la pourra voir, même la reprendre, fi bon lui femble ;
finon ledit temps paffé, fera rafée & voilée, pour y demeurer le
refte de fes jours, & y vivre en habit régulier comme les autres
Religieufes, en payant par M. . . auxdites Religieufes, pour fadite femme . . . livres de penfion pour chacun an, de quartier
en quartier, & par avance ; laquelle penfion fera prife fur
les biens dudit M. . . ; & dès-à-préfent avons déclaré ladite
N. . . déchue & privée de fa dot & conventions matrimoniales,
portées par fon contrat de mariage, enfemble de tous les avantages qui lui pourroient être faits à l'avenir, tant par fucceffion,
donnation, qu'autrement ; lefquels demeureront aux enfants de
M. . . & d'elle ; condamnons ladite N. . . , folidairement avec
B. . . . , en la fomme de . . . . , de réparation civile, envers
A. . . , en . . . livres d'amende envers le Roi, & aux dépens
du procès.

Des prononciations & exécutions de Jugements.

Prononciation de Jugement.

389. Prononcé ledit jour auxdits B. . . & N. . . , entre les deux
guichets des prifons, où ils ont été mandés & fait venir ; lefquels ont déclaré qu'ils acquiefçoient à ladite Sentence ; & ont
figné.

Comme auffi prononcé à Monfieur le Procureur du Roi, lequel
a déclaré n'être appellant *à minimâ.*

Procès-verbal de prononciation d'une Sentence qui accorde
la liberté à un prisonnier.

L'an . . ., nous . . . Greffier de . . ., avons fait lecture de
la Sentence ci-deſſus rendue par . . . cejourd'hui à B . . . & à
C . . . ; pour ce, mandés entre les deux guichets des priſons de
. . . ; leſquels ont promis de ſe conformer à ladite Sentence,
& ont ſigné avec nous.

Procès-verbal de radiation d'écroue.

390·   L'an . . ., le . . ., à la requête de Monſieur le Procureur du
Roi, pour lequel domicile eſt élu en ſon hôtel & demeure, ſis
. . . ; nous . . . Huiſſier . . . ſouſſigné, avons ſignifié & laiſſé
copie à . . . . . Geolier des priſons de . . . , en parlant à ſa perſonne, de la Sentence rendue par . . . le . . ., à ce que du
contenu en ladite Sentence, il n'ignore ; & en vertu de la même
Sentence, nous lui avons fait commandement, de par le Roi &
Juſtice, de nous repréſenter ſon regiſtre, pour être l'écroue de
B . . ., étant ſur icelui, par nous rayé & biffé, en exécution de
ladite Sentence, & fait mention en marge dudit écroue de la radiation ; lequel . . . obtempérant au commandement à lui préſentement fait, nous a repréſenté ſon regiſtre ; & à l'inſtant avons, conformément & au deſir de ladite Sentence, rayé & biffé ledit
écroue, & de ſuite fait & ſigné ladite mention de radiation,
comme il eſt ci-deſſus dit ; & de ce que deſſus, avons fait, &
dreſſé le préſent procès-verbal, duquel avons audit . . . laiſſé
copie, enſuite de celle de ladite Sentence.

Signification d'une Sentence qui renvoie de l'accuſation ;
ordonne que l'accuſé ſera mis en liberté, & que ſon écroue
ſera rayé ; en tête de laquelle ſignification eſt l'extrait
de la Sentence.

Extrait de la Sentence.

391·   Par Sentence de . . . du . . ., ſignée, ſcellée & en bonne forme, appert être entre autres difpofitions celle qui fuit. Avons renvoyés B... & C... de l'accufation contre eux intentée ; ordonnons qu'ils feront mis en liberté, & que leurs écroues feront rayés & biffés ; à ce faire, le Geolier contraint par corps, quoi faifant déchargé.

L'an..., le..., à la requête de Monfieur le Procureur du Roi de..., pour lequel domicile eft élu en fon hôtel & demeure, à..., rue de..., Paroiffe de..., je... fouffigné, ai laiffé copie par extrait, pareille à celle qui eft ci-deffus à..., Geolier des prifons dudit..., à.., parlant à fa perfonne, de la Sentence rendue cejourd'hui, à ce qu'il n'ignore du contenu en ladite copie de Sentence ; & en vertu de la même Sentence, je lui ai fait commandement, de par le Roi & Juftice, de me repréfenter fon regiftre, pour, fur icelui & en marge de l'écroue de B... & de C..., y mettre & figner la décharge de leurs perfonnes, rayer & biffer leurs écroues, & les mettre en liberté hors defdites prifons, en exécution de ladite Sentence ; lequel... obtempérant au commandement à lui préfentement fait, m'a repréfenté fondit regiftre, fur lequel & en marge de l'écroue dudit B..., & de celui dudit C..., j'ai figné la décharge de leurs perfonnes ; & de fuite j'ai rayé & biffé lefdits écroues, & mis en liberté hors defdites prifons lefdits B... & C... ; & pour fervir audit Geolier de plus ample décharge defdites deux perfonnes fus-nommées ; & je lui ai auffi, parlant comme deffus, laiffé copie du préfent, enfuite de celle par extrait de ladite Sentence.

Prononciation de Jugement à un banni, qui fe met au bas du Jugement.

392. Et lefdits jour & an, nous Lieutenant de la Maréchauffée fufdit, nous fommes tranfportés dans les prifons de cette ville, avec notre Greffier, où étant, avons fait venir ledit B..., auquel avons donné lecture par notredit Greffier de la Sentence ci-deffus ; & après qu'il a déclaré y acquiefcer & offert l'exécuter, nous lui avons fait lecture de la déclaration du 31 Mai 1682, (*ou du 29 Avril 1687, fi c'eft une femme* ;) & à ce moyen, nous les avons élargis defdites prifons ; & ont lefdits accufés déclaré ne fçavoir figner, de ce enquis.

Prononciation de Sentence par Interprete.

L'an mil . . . , le . . . , telle heure . . . , eſt comparu en chambre de . . . B . . . accuſé, en préſence duquel eſt auſſi comparu I . . . ſon Interprete, à l'effet de lui expliquer la teneur de la Sentence diffinitive, cejourd'hui rendue contre lui au procès extraordinairement inſtruit en ce Siege, à la requête du Procureur du Roi , (*ou* de A . . . , partie civile, le Procureur du Roi joint ;) auquel B . . . accuſé, je . . . Greffier dudit Siege, ſouſ-ſigné, préſents tel . . . & tel . . . Commiſſaires, & dudit Pro-cureur du Roi, ai prononcé ladite Sentence ; laquelle lui ayant été expliquée par ſondit Interprete, il a dit, ainſi que l'a rapporté ledit Interprete, que . . . (*S'il y a appel* à minimâ , *on ajoute* , & par ledit Procureur du Roi a été dit qu'il en appelle *à minimâ.*)

Ce que ledit Interprete a auſſi expliqué audit accuſé, & a ſigné ainſi. Fait les jour, mois, an & préſents que deſſus.

Ordre du Procureur du Roi à l'Exécuteur de la Haute-Juſtice , pour mettre une Sentence à exécution.

A . . . ce . . .

393. L'Exécuteur de la Haute-Juſtice de . . . , vous vous rendrez à . . . , pour y mettre à exécution le jour de . . . la Sentence rendue par Monſieur le . . . , qui condamne par coutumace B . . . à être pendu ; ce que vous ferez par effigie , & il vous en ſera décerné éxécutoire.

D . . . Procureur du Roi de . . .

Mandement au Commandant de la Maréchauſſée , à l'effet de prêter main-forte.

Nous Procureur du Roi de . . . , requérons le Commandant de la Maréchauſſée de . . . , & à ſon défaut le Brigadier, ou Ca-valier qui eſt chargé du commandement à ce ſujet, de ſe rendre à . . . le . . . , à l'effet de prêter la main à l'exécution de la Sen-tence de Monſieur . . . de ce Siege, qui a condamné B . . . par coutumace à être pendu. Fait à . . . ce . .

Procès - verbal d'exécution d'un Jugement, portant condamnation à mort.

L'an . . . , le jugement ci-deſſus a été prononcé par moi . . . ; Greffier en la Sénéchauſſée de . . . , ſouſſigné en l'Auditoire de ladite Sénéchauſſée à B. . . , où il a été amené ; & après que le Sacrement de Confeſſion lui a été adminiſtré par . . . Prêtre, icelui B. . . a été mis entre les mains de . . . , Exécuteur de la Haute-Juſtice, qui l'a conduit le même jour, quatre heures de re-levée, en la place de . . . , & a exécuté ledit Jugement ſelon ſa forme & teneur. Fait les jour & an que deſſus.

Procès-verbal d'injonction faite à un condamné, de faire amende-honorable en l'Audience.

394. L'an . . . , nous L. . . , Conſeiller du Roi, Lieutenant-Crimi-nel en la Sénéchauſſée de . . . , tenant l'Audience, où étoient Meſſieurs . . . , Conſeillers audit Siege, a été amené B. . . , nud en chemiſe, la corde au col, tenant en ſes mains une torche de cire ardente, conduit par l'Exécuteur de la Haute-Juſtice ; auquel B. . . notre Greffier a prononcé la Sentence de nous rendue contre lui le . . . , par laquelle ledit B. . . eſt condamné de faire amende-honorable en cette Audience, nue tête & à genoux, & déclarer à haute & intelligible voix, que méchamment, & comme mal-aviſé, il a . . . , dont il ſe repent, & en demande pardon à Dieu, au Roi, & à Juſtice ; à laquelle Sentence ledit B. . . ayant refuſé d'obéir, lui avons enjoint de ſe mettre à genoux, & de ſatisfaire à ladite Sentence ; ce que ledit B. . . ayant refuſé de faire, lui avons derechef enjoint de ſe mettre à genoux, & de faire l'amende-honorable aux termes exprimés en ladite Sen-tence ; ce que ledit B. . . a encore refuſé ; & pour la troiſieme & derniere fois, lui avons enjoint de ſe mettre à genoux, & de ſatisfaire à ladite Sentence, & ſuivant icelle de faire l'amende-honorable y mentionnée ; ce que ledit B. . . a refuſé de faire ; en conſéquence de quoi avons ordonné que le préſent procès-verbal ſera communiqué au Procureur du Roi ; pour ce fait, & ſes concluſions vues, être ordonné ce que de raiſon ; & a été le-dit B. . . mis ès mains du Geolier, pour être remené en priſon. Fait le jour & an que deſſus.

Procès-verbal de mort d'un condamné, arrivée en chemin.

395. L'an . . . , le jour de . . , nous L. . . allant pour faire exécuter la Sentence de mort rendue contre le nommé B. . . ; comme nous étions environ à la moitié du chemin, dans la rue de . . . , au-devant de la maison de . . . , l'Exécuteur se seroit arrêté, & seroit venu à nous pour nous dire que ledit B. . . étoit mort subitement entre les mains de son Confesseur, ce qui nous auroit obligé de nous approcher avec notre Greffier dudit B. . . , & l'ayant vu & reconnu être sans parole, ni mouvement, aurions à l'instant mandé Z. . . , l'un des Chirurgiens-Jurés, commis aux rapports, pour voir & visiter en notre présence ledit B. . . ; ce qu'ayant été fait, ledit Chirurgien nous auroit dit qu'il avoit trouvé ledit B. . . sans poulx, ni mouvement quelconque, ce qui lui avoit fait juger qu'il étoit décédé ; au moyen de quoi avons ordonné à l'Exécuteur de remener le corps dudit B. . . en la basse geole des prisons de ce lieu, jusqu'à ce qu'autrement par nous il en ait été ordonné ; dont, & de ce que dessus avons fait dresser le présent procès-verbal, pour servir & valoir en temps & lieu ce que de raison.

Jugement en conséquence.

Et le . . en conséquence du rapport & certificat de mort dudit B. . ., avons ordonné que le corps dudit B. . . sera inhumé en la maniere accoutumée ; & au surplus, que la Sentence contre lui rendue, sera exécutée en entier selon sa forme & teneur.

Testament de mort.

396. L'an . . . ; Nous L. . . , Conseiller du Roi, Lieutenant-Criminel en la Sénéchaussée de . . . , étant en la place de . . . , pour faire exécuter notre Sentence du , . . . , portant condamnation à mort contre B. . . . ; l'Exécuteur de la Haute-Justice nous a fait avertir que ledit B. . . souhaitoit nous faire quelques déclarations pour la décharge de sa conscience, & requéroit qu'il nous plût de les recevoir ; suivant lequel avis avons ordonné de faire descendre ledit B. . . de l'échelle où il étoit monté ; & étant descendu, après serment par lui fait de dire vérité, nous

a dit & déclaré que . . . , (*il faut écrire ce que le condamné voudra dire.*) Lecture à lui faite du présent procès-verbal, a dit que
sa déclaration contient vérité, y a persisté, & a signé, (*ou déclaré*
ne sçavoir écrire, ni signer, de ce enquis;) & a été ledit B. . .
remis ès mains de l'Exécuteur de la Haute-Justice. Fait les jour
& an que dessus,

Autre Testament de mort.

397. Aujourd'hui . . . ; Nous L. . ., Lieutenant-Criminel, & R. . .;
Rapporteur du procès-criminel des nommés B. . . & C. . ., condamnés à mort, étant en la place publique du . . , pour être présent
à l'exécution de la Sentence de mort desdits B. . . & C. . . ., sur
l'avis à nous donné que ledit C. . . avoit quelque déclaration à
faire pour la décharge de sa conscience, avons fait amener
pardevant nous ledit C. . .; lequel après serment de lui pris,
nous a dit . . : Lecture faite audit C. . . . de sa déclaration,
y a persisté, & déclaré ne sçavoir signer, dont & ce que dessus,
avons dressé le présent procès-verbal. A . . .

Requête après l'exécution d'une condamnation à mort, à l'effet d'obtenir la remise d'une somme volée par le condamné,

A Monsieur le Lieutenant Criminel, *&c,*

Supplie humblement A. . . qu'il vous plaise, attendu les preuves résultantes du procès de B. . ., condamné à mort par Sentence du . . , exécutée le . . , ordonner que la somme de . . . ,
que ledit B. . . a été convaincu d'avoir volée au Suppliant, lui sera
remise; à quoi faire le Greffier dépositaire sera contraint par toutes
voies dues & raisonnables; quoi faisant, déchargé : Et vous ferez
justice.

Présentée le . . . ,

Ordonnance de soit communiqué.

Soit communiqué au Procureur du Roi lesdits jour & an.

Conclusions

Conclusions du Procureur du Roi.

Vu les pieces ci-attachées, je n'empêche pour le Roi que la somme de . . volée au Suppliant, ne lui foit remife. A . . . , ce . . .

Sentence qui ordonne la remife d'une fomme volée.

398. Vu la requête préfentée par le fieur A. . . : Tout vu & confidéré, Nous ordonnons que ladite fomme de . . . fera remife au Suppliant ; à ce faire le Greffier contraint ; quoi faifant , il en demeurera bien & valablement quitte & déchargé. A . . , ce . . .

Minute de Sentence diffinitive , ainfi que du vu, avec la groffe de ladite Sentence.

Dictum de la Sentence.

399. Entre , &c. . . .
Vu le procès extraordinairement fait & inftruit devant nous, à la requête de A. . ., demandeur & complaignant, d'une part, contre B. . ., prifonnier ès prifons de cette ville, défendeur & accufé, d'autre part ; plainte rendue par ledit A. . ., expofitive . . , &c. ; Conclufions diffinitives du Procureur du Roi, auquel le tout a été montré & communiqué ; & tout vu & confidéré, Nous difons , &c.

Groffe en parchemin de ladite Sentence.

A tous ceux qui ces préfentes Lettres verront . . : Salut. Sçavoir faifons , &c. . . . . . .; conclufions diffinitives du Procureur du Roi , auquel le tout a été communiqué ; & tout vu & confidéré, Nous difons , &c.

En témoin de quoi, nous avons fait fceller ces préfentes. Fait & prononcé audit accufé, entre les deux guichets des prifons de . . , le . ., dans laquelle

Et le . . . , la préfente Sentence rendue par . ., confirmée par Arrêt de . . . , a été derechef prononcée audit B. . . . au, devant de la porte de l'Auditoire de . . , en la place publique, où il a ~~été exécuté~~, ~~fuivant & conformément~~ à ladite Sentence, dont a été dreffé le préfent procès-verbal, pour fervir & valoir en temps & lieu ce que de raifon.

TITRE XXX.

Des Appellations & Arrêts.

Requête au Juge fupérieur, pour obtenir des défenfes d'exécuter un décret d'ajournement perfonnel.

A Nosseigneurs de Parlement.

400. Supplie humblement B. . . , difant, que pour raifon du vol & divertiffement des effets de la fucceffion de N. . , ayant été informé par le Prévôt de . . , à la requête de A. . . , ledit Prévôt a décerné ajournement perfonnel contre le Suppliant, qui lui a été fignifié le . . ; & comme cette accufation eft calom-nieufe, & que . . . (*Il faut expofer les moyens que l'on a d'em-pêcher l'exécution du décret d'ajournement perfonnel.*) Ce confidéré, Noffeigneurs, il vous plaife recevoir le Suppliant appellant de la permiffion d'informer, information & décret d'ajournement perfonnel contre lui décerné ; le tenir pour bien relevé ; ordon-ner que fur l'appel les parties auront audience au premier jour ; & cependant que commandement fera fait au Greffier de la Pré-vôté de . . . , d'apporter les charges & informations au Greffe de la Cour, & à lui enjoint d'obéir au premier commandement ; à peine d'y être contraint par corps, & de cent livres d'amende : pour lefdites informations vues, faire défenfes de mettre ledit décret à exécution : & vous ferez bien.

Jugement ou Arrêt, qui ordonne, avant faire droit, que les charges & informations feront apportées au Greffe-Criminel de la Cour.

401. La Cour a reçu le Suppliant appellant, l'a tenu pour bien relevé, lui permet de faire intimer, fur ledit appel, qui bon lui femblera, fur lequel les parties auront audience au premier jour; feront les informations, & autres procédures, apportées au Greffe de la Cour; à ce faire le Greffier contraint par corps; lui enjoint d'obéir au premier commandement, à peine de foixante livres d'amende, & d'interdiction.

Arrêt de défenfes d'exécuter un décret d'ajournement perfonnel.

Extrait des Regiftres de Parlement.

Vu par la Cour l'information faite par le Prévôt de . . , le . . , à la requête de A. . . , demandeur, (le Subftitut du Procureur-Général du Roi joint ,) contre B. . . , accufé; requête dudit B . . , à ce qu'il plût à la Cour le recevoir appellant de la permiffion d'informer, information, décret d'ajournement perfonnel contre lui décerné, & de tout ce qui a été contre lui fait par ledit Prévôt de . . , le tenir pour bien relevé; ordonner que fur l'appel, les parties auront audience au premier jour, avec défenfes de paffer outre à l'exécution dudit décret; Conclufions du Procureur-Général du Roi : Oui le rapport de M°. . . . , Confeiller en la Cour; & tout confidéré : La Cour a reçu & reçoit le Suppliant appellant, le tient pour bien relevé; ordonne que fur les appellations, fur lefquelles il fera intimer qui bon lui femblera, les parties auront audience au premier jour ; & cependant fait défenfes d'exécuter ledit décret d'ajournement perfonnel, & de faire pourfuites ailleurs, qu'en la Cour, jufqu'à ce qu'autrement par la Cour, parties ouies, il en ait été ordonné. Fait en Parlement, le . . .

Arrêt de défenses d'exécuter un décret d'ajournement personnel converti en prise de corps.

Extrait des Registres de Parlement.

402. Vu par la Cour l'information faite par le Prévôt de . . . . . ;
(*insérer le vu de l'information & requête, comme ci-dessus, n. 401 ;*)
la Cour a reçu & reçoit le Suppliant appellant, le tient pour bien
relevé ; ordonne que sur les appellations, sur lesquelles il fera
intimer qui bon lui semblera, les parties auront audience au
premier jour ; cependant fait défenses de passer outre, & de
faire poursuites ailleurs, qu'en la Cour, ni de mettre ladite Sentence de conversion d'ajournement personnel, en prise-de-corps, à
exécution, jusqu'à ce qu'autrement par la Cour, parties ouies,
il en ait été ordonné. Fait en Parlement, le . . .

*Autre Arrêt pour faire des défenses sans vu de charges,
lorsqu'un accusé a été arrêté en vertu d'un décret de
prise-de-corps, après qu'il a subi interrogatoire & a
été élargi, soit à sa caution juratoire, soit en donnant
caution de se représenter ; lesquelles s'accordent sur les
conclusions de Monsieur le Procureur-Général, parce
que le décret a été purgé, & que la liberté donnée à
l'accusé, marque que la matiere est légere.*

403. La Cour a reçu le Suppliant appellant, l'a tenu pour bien relevé ; lui permet de faire intimer sur ledit appel qui bon lui
semblera, sur lequel les parties auront audience au premier jour ;
feront les informations, & autres procédures, apportées au Greffe-
criminel de la Cour ; à ce faire le Greffier contraint par corps ;
lui enjoint d'obéir au premier commandement, à peine de soixante
livres d'amende, & d'interdiction : cependant, en conséquence
de ce que le Suppliant a subi interrogatoire, & a été élargi,
fait défenses de passer outre ; faire poursuites ailleurs, qu'en la
Cour, & d'attenter à la personne & aux biens du Suppliant ; à
peine de mille livres d'amende.

Autre Arrêt portant défenfes d'exécuter un décret de prife-de-corps, & qui remet l'accufé appellant, en état d'ajournement perfonnel.

Extrait des Regiftres de Parlement.

404. Vu par la Cour, (*inférer le vu des informations & conclufions de la requête,* &c.)

La Cour a reçu & reçoit le Suppliant appellant, le tient pour relevé ; lui permet de faire intimer qui bon lui femblera fur ledit appel, fur lequel les parties auront audience au premier jour ; & cependant fait défenfes de mettre ledit décret de prife-de-corps à exécution, ni d'attenter à la perfonne & biens du Suppliant, à peine de . . . . d'amende ; à la charge par lui de fe repréfenter à toutes affignations qui lui feront données en état d'ajournement perfonnel, pardevant ledit Lieutenant-Criminel de . ., pour l'inftruction du procès, qui fera par lui continué jufqu'à Sentence diffinitive inclufivement ; fauf l'exécution, s'il en eft appellé ; & fauf audit Lieutenant-Criminel à décréter de nouveau, s'il furvient plus grande charge. Fait en Parlement.

Autre Arrêt portant que l'accufé qui a été emprifonné, en vertu d'un décret d'ajournement perfonnel, converti en prife-de-corps, fera élargi.

Extrait des Regiftres de Parlement.

405. Vu par la Cour l'information faite par le Lieutenant-Criminel de . . ., à la rêquête de A. . ., demandeur, (le Subftitut du Procureur-Général du Roi joint,) contre B. . ., défendeur & accufé ; requête dudit B. . ., à ce qu'il fût reçu appellant de la permiffion d'informer, information, & décret d'ajournement perfonnel converti en prife-de-corps, par Sentence du . . ; le tenir pour bien relevé ; ordonner que fur les appellations, les parties auront audience au premier jour ; & cependant faire défenfes de paffer outre, & de mettre ladite Sentence à exécution, & en conféquence, que le Suppliant fera relaxé & mis hors des prifons, où il eſt détenu, en vertu dudit décret, à ce faire le Geolier contraint par corps, ce faiſant, déchargé; ladite requête ſignée P..; Concluſions du Procureur-Général du Roi: Oui le rapport de Me..., Conſeiller; & tout conſidéré: La Cour a reçu & reçoit le Suppliant appellant, le tient pour bien relevé; ordonne que ſur l'appel, ſur lequel il fera intimer qui bon lui ſemblera, les parties auront audience au premier jour; & cependant fait défenſes de faire pourſuites ailleurs, qu'en la Cour; & ſera le Suppliant relaxé & mis hors des priſons, pourvu qu'il ne ſoit détenu pour autre cauſe, qu'en vertu de ladite Sentence de converſion d'ajournement perſonnel en priſe-de-corps; à ce faire le Geolier contraint par corps, ce faiſant, déchargé; à la charge par le Suppliant de ſe repréſenter à toutes aſſignations aux pieds de la Cour, faiſant ſes ſoumiſſions & éliſant domicile. Fait...

Arrêt portant défenſes de continuer l'inſtruction d'un procès.

Extrait des Regiſtres de Parlement.

406.   Vu par la Cour l'information, &c. La Cour a reçu & reçoit le Suppliant appellant, le tient pour bien relevé; ordonne que ſur l'appel, ſur lequel il fera intimer qui bon lui ſemblera, les parties auront audience au premier jour; & cependant fait défenſes de continuer l'inſtruction du procés, ni faire pourſuites ailleurs, qu'en la Cour; & à tous Huiſſiers, Sergents & Archers d'attenter à la perſonne & biens du Suppliant, juſqu'à ce qu'autrement, parties ouies, en ait été ordonné; à la charge de ſe repréſenter par le Suppliant à l'Audience, & toutes fois & quantes que par la Cour ſera ordonné, faiſant ſes ſoumiſſions & éliſant domicile. Fait en Parlement, le...

Autre Arrêt qui leve les défenſes.

Extrait des Regiſtres de Parlement.

407.   Vu par la Cour l'information faite par le Lieutenant-Criminel de..., à la requête de A..., demandeur & complaignant,

(le Subſtitut du Procureur-Général joint,) contre B... accuſé ;
requête de A. . . ., contenant que pour raiſon de . . ., il a fait
informer, & obtenu décret de priſe-de-corps contre B. . ., lequel ſans faire appeller le ſuppliant, a obtenu Arrêt de défenſes,
requiert être reçu oppoſant à celui, & faiſant droit ſur ſon oppoſition, qu'il plût à la Cour lever leſdites défenſes, & ordonner
qu'il ſera paſſé outre à l'inſtruction du procès ; Concluſions du Procureur-Général du Roi ; oui le rapport de M⁰ . . . . Conſeiller ; & tout conſidéré : la Cour a reçu & reçoit le ſuppliant
oppoſant ; ordonne que ſur ladite oppoſition, les parties auront
audience au premier jour ; & cependant ſans préjudice d'icelle,
& des appellations, a levé & ôté les défenſes portées par ledit
Arrêt ; & ſera ledit B... tenu de ſe repréſenrer en perſonne pardevant le Lieutenant-Criminel de . . ., pour ſubir l'interrogatoire
ſur les informations contre lui faites ; & à cette fin, ſera tenu de
comparoître à la premiere aſſignation qui lui ſera donnée ; autrement ſera contre lui procédé par ledit Lieutenant-Criminel, ainſi
que de raiſon. Fait . . .

Autre Arrêt portant défenſes d'exécuter une Sentence diffinitive, ou un exécutoire de dépens.

408. La Cour a reçu le ſuppliant appellant, l'a tenu pour bien relevé ; lui permet de faire intimer ſur ledit appel qui bon lui ſemblera, ſur lequel les parties auront audience au premier jour . .
(*Si la Sentence a été rendue ſur un procès par écrit, au-lieu de ces*
mots, auront audience, *on met,* ſur lequel les parties procéderont
en la maniere accoutumée ; *parce que c'eſt un procès à conclure aux*
Enquêtes ;) & cependant fait défenſes de faire pourſuite ailleurs qu'en
la Cour, mettre ladite Sentence diffinitive & exécutoire de dépens, à exécution, ni d'attenter à la perſonne & biens du ſuppliant,
auquel fait main-levée des choſes ſur lui ſaiſies, à la repréſentation deſquelles les gardiens & dépoſitaires contraints par corps ;
qui faiſant déchargés.

Autre Arrêt portant défenses à un Juge-d'Appel qui avoit surfis, sur une simple requête, & sans connoissance de cause, à un décret décerné par le Juge à quo, en ordonnant que les informations seront apportées en son Greffe.

La Cour a reçu le suppliant appellant, l'a tenu pour bien relevé ; lui permet de faire intimer sur ledit appel qui bon lui semblera, sur lequel les parties auront audience au premier jour : cependant fait défenses audit Juge de . . . , de passer outre, & de mettre l'Ordonnance par lui rendue, à exécution ; & en conséquence, ordonne que la procédure encommencée par le Juge *à quo*, sera parachevée jusqu'à la Sentence diffinitive, inclusivement, sauf l'appel.

Autre portant défenses d'élargir un prisonnier, qu'en vertu d'Arrêt contradictoire.

409. La Cour a reçu le suppliant appellant, l'a tenu pour bien relevé ; lui permet de faire intimer sur ledit appel qui bon lui semblera, sur lequel les parties auront audience au premier jour ; seront les informations apportées au Greffe-criminel de la Cour, &c. & cependant fait défenses au Geolier des prisons de . . ., de mettre en liberté ledit B. . . ., sinon en vertu d'Arrêt contradictoire donné avec le suppliant ; à peine d'en répondre en son propre & privé nom.

Arrêt qui confirme une Sentence.

Extrait des Registres de Parlement.

Vu par la Cour le procès criminel extraordinairement fait & instruit par le Prévôt de . . ., ou son Lieutenant-Criminel, à la requête de A . . ., demandeur & accusateur, (le Subtitut du Procureur-Général du Roi joint, contre B . . . accusé,) prisonnier ès prisons de la Conciergerie du Palais, appellant de la Sentence

contre

contre lui donnée par ledit Lieutenant-Criminel le . . . , par laquelle ledit B . . . a été condamné à . . . ; (*il faut transcrire le dispositif de la Sentence dont est appel ;*) & ouï & interrogé en la Cour ledit B. . . fur fa caufe d'appel, & cas à lui impofés ; Conclufions du Procureur-Général du Roi ; oui le rapport de M². . . Confeiller ; & tout confidéré : La Cour dit qu'il a été bien jugé, mal & fans grief appellé par ledit B . . ., & l'amendera ; l'a coïndamné ès dépens de la caufe d'appel ; & pour faire mettre le préfent Arrêt à exécution, a renvoyé & renvoie ledit B. . . prifonnier, pardevant ledit Lieutenant-Criminel. Fait à . .

Lorfqu'il y a quelque confidération pour ne pas renvoyer l'exécution fur les lieux, la Cour prononce en ces termes :

Et pour aucune caufe & confidération, ordonne que l'exécution du préfent Arrêt fera faite en la place de Grève de la ville de Paris. Fait en Parlement le . . . .

Autre prononciation.

410. La Cour a mis & met l'appellation au néant ; ordonne que la Sentence dont a été appellé, fortira effet ; condamne l'appellant en une amende ordinaire de douze livres , & aux dépens de la caufe d'appel.

Autre Arrêt qui infirme une Sentence , & abfout de l'accufation.

La Cour a mis & met l'appellation & Sentence, de laquelle a été appellé, au néant ; émendant a abfous l'appellant de l'accufation à lui impofée, ordonne qu'il fera relaxé & mis hors des prifons ; à cê faire, le Geolier contraint par corps, ce faifant déchargé ; & fera l'écroue d'emprifonnement de fa perfonne, rayé & biffé, en marge duquel fera fait mention du préfent Arrêt ; condamne l'intimé aux dépens, dommages & intérêts de l'appellant ; & aux dépens, tant de la caufe princpale, que d'appel.

Autre qui infirme une Sentence , mais non dans tous fes chefs.

411. La Cour a mis & met l'appellation & Sentence, de laquelle a

été appellé, au néant, en ce que par icelle il a été ordonné que
. . . , émendant, quant à ce, pour les cas réfultants du procès,
condamne ledit B. . . à . . . ; la Sentence au réfidu fortiffant
effet.

Arrêt qui ordonne qu'un Juge fera tenu de faire le procès à un accufé.

La Cour ordonne que dans. . . . après la fignification du préfent Arrêt, faite à la perfonne, ou domicile de la partie civile,
elle fera tenue de faire parachever & juger le procès au fuppliant,
même de lui faire prononcer la Sentence qui interviendra ; autrement, & à faute de ce faire, fera fait droit. Enjoint audit Juge
de . . . , (*ou* au Subftitut du Procureur-Général du Roi audit
Siege,) d'y tenir la main, à peine d'en répondre en leurs propres
& privés noms, & de tous dépens, dommages & intérêts.

Autre Arrêt lorfque la Cour évoque & juge le principal.

La Cour a mis & met les appéllations, & ce dont a été appellé, au néant ; évoque à elle le principal différent d'entre les
parties, & y faifant droit, ordonne . . .

Autre qui permet d'informer devant un des Meffieurs, ou autre Juge.

412. La Cour permet au fuppliant de faire informer des faits contenus audit procès-verbal de rébellion, ou en fa requête, circonftances & dépendances, pardevant le Confeiller-Rapporteur du
préfent Arrêt, (*ou bien*, pardevant tel Juge. . . ,) pour l'information faite, rapportée & communiquée au Procureur-Général du
Roi, & vue par la Cour, être ordonné ce que de raifon.

(S'il y a des témoins en cette ville & fur les lieux, on permet d'infor-
mer ; fçavoir, pour les témoins qui font en cette ville, pardevant
le Confeiller-Rapporteur ; & pour ceux qui font fur les lieux, par-
devant le Juge de . . .)

S'il y a des témoins en différents endroits, & très-éloignés les uns
des autres, on dit, par les plus prochains Juges royaux de leurs
demeures.

Arrêt qui permet d'informer par addition , quand la Cour
eſt ſaiſie des appellations au moyen des Arrêts de
défenſes obtenus par l'accuſé ; ce qui s'accorde à l'ac-
cuſateur ſans retardation du jugement des appellations.

La Cour permet au ſuppliant de faire informer par addition des
faits contenus en ſa plainte , (*ou* requête,) circonſtances & dépendances , pardevant le Conſeiller-Rapporteur ; (*ſi c'eſt du Parle-*
ment ;) *ou bien ,* devant le Juge de. . . , pour l'information faite &
rapportée , être jointe à la cauſe d'appel , pour , en jugeant , y
avoir tel égard que de raiſon , ſans retardation du jugement d'i-
celle.

Autre qui renvoie une Requête à un Juge à fin de per-
miſſion d'informer ; ce qui s'accorde ſouvent , lorſ-
que le Juge ordinaire eſt parent de la partie plaignante ,
ou des accuſés , ou qu'il y a d'autres parents , ou des
raiſons particulieres qui l'obligent à demander un
Juge à la Cour.

413. La Cour renvoie ladite requête pardevant le Lieutenant-Criminel , (*ou* Juge royal) de . . . , pour y être pourvû , ainſi que de
raiſon.

Autre Arrêt qui décrete des informations en renvoyant
l'inſtruction au Juge qui a fait l'information ; ſçavoir,
de priſe-de-corps contre aucuns des accuſés , & d'ajour-
nement perſonnel contre les autres.

La Cour ordonne que B. . . & C. . . ſeront pris au corps ,
& amenés priſonniers ès priſons de . . . ; les autres ajournés à
comparoître en perſonne pardevant le Juge de . . . , pour être
tous ouïs & interrogés ſur les faits réſultants deſdites informations,
& le procès à eux fait par ledit Juge, juſqu'à Sentence diffinitive excluſivement ; pour ce fait, rapporté, & le tout commu-

niqué au Procureur-Général du Roi, être ordonné ce que de raison ; & où ceux en décret de prise-de-corps ne pourroient être appréhendés, seront assignés suivant l'Ordonnance, leurs biens saisis & annotés, & Commissaires établis, jusqu'à ce qu'ils aient obéi.

Autre qui accorde un temps à un banni, pour demeurer dans les lieux de son bannissement.

414. La Cour permet au suppliant de demeurer dans les lieux de son bannissement pendant deux, ou trois mois, pour vaquer à ses affaires ; pendant lequel temps fait défenses d'attenter à sa personne, & icelui passé, lui enjoint de garder son ban, sous les peines portées par la Déclaration du Roi.

Autre Arrêt portant défenses de contracter mariage, en renvoyant devant un Juge, à fin de permission d'informer pour raison de rapt & séduction ; ce qui s'accorde pour éviter un mariage qui est préjudiciable à une famille, & qui ne peut se réparer en diffinitif.

La Cour renvoie ladite requête devant tel Juge, pour y être pourvû ; cependant fait défenses à ladite fille F. . . , & audit B. . . de passer outre à aucun mariage ; à tous Notaires d'en passer contrat ; & à tous Prêtres, Curés, ou Vicaires, de procéder à la célébration d'icelui ; sous les peines portées par l'Ordonnance, (*ou plutôt* à peine de nullité, & d'être procédé extraordinairement contre les contrevenants, suivant la rigueur des Ordonnances ;) permet au suppliant de reprendre ladite F. . . sa fille, par-tout où elle sera trouvée, pour être conduite en sa maison, & y demeurer, jusqu'à ce qu'autrement il en ait été ordonné ; (*ou bien,* pour être conduite dans un Monastere, tel qu'il voudra choisir,) & y demeurer, &c.

Autre Arrêt qui ordonne qu'un exécutoire de transla-
tion de prisonnier, sera exécuté contre un Sei-
gneur, attendu la pauvreté de la partie civile, dont il
apparoît par un procès-verbal qui contient le comman-
dement ; ce qui s'accorde sur les conclusions de M. le
Procureur-Général.

415. La Cour, en conséquence du procès-verbal de . . . , ordonne
que ledit exécutoire de tel jour, sera exécuté par provision contre
les Receveurs, Fermiers, & Sous-Fermiers de . . . , nonobstant
toutes appellations quelconques, & sans préjudice d'icelles ; sauf
leur recours contre la partie civile, suivant l'Ordonnance.

Autre Arrêt qui permet à un Seigneur de faire instruire
& juger, par son Juge, en la Conciergerie, un pro-
cès par lui commencé, attendu que ses prisons ne sont
pas sûres, & qu'il ne peut avoir de Gradués.

La Cour a permis & permet au suppliant de faire instruire &
juger le procès desdits B. . . & C. . . en la Conciergerie, par
ledit Juge de . . . ; & à cet effet, qu'ils y seront transférés sous
bonne garde ; à la charge par ledit Juge de se faire assister de
Gradués pour le jugement dudit procès, suivant l'Ordonnance.
(*Il y en a plusieurs exemples, même un de l'ordre verbal de feu*
Monsieur le Président de Mêmes.)

Autre qui donne pouvoir à un Juge commis par la Cour
de délivrer commission rogatoire à un Juge éloigné,
pour entendre des témoins, pour éviter le transport
des premiers Juges, qui mettroit les parties en frais,

416. La Cour ordonne que par ledit Juge commis, commission rogatoire sera délivrée, adressante au Juge royal de . . . . , pour
l'exécution dudit Arrêt, à l'égard des témoins qui sont dans la
ville de . . . , ou dans l'étendue de son ressort ; pour ce fait,

rapporté & joint aux informations faites par le premier Juge, être ordonné ce que de raison; (*ou bien,*) la Cour ordonne qu'à la diligence du suppliant, ou du Substitut du Procureur-Général du Roi, au Siege de . . . ., les témoins qui seront trop éloignés de la ville de . . ., (*qui est le premier Juge,*) seront entendus, récolés & confrontés audit . . . ., par le plus prochain Juge royal du domicile desdits témoins qui seront délégués par le Lieutenant-Criminel de . . . ., (*qui est le premier Juge commis par la Cour;*) pour ce fait, rapporté & joint au procès, servir & valoir ce que de raison.

TITRE XXXI.

Des Exécutoires qui se décernent par les Juges.

417. *Les Juges peuvent dans les procès de grand-criminel, décerner des exécutoires contre les parties civiles, pous les frais nécessaires à l'instruction & à l'exécution des Jugemens; sans pouvoir néanmoins y comprendre leurs épices, droits & vacations, ni les salaires des Greffiers.*

Il n'en est pas de même des procès du petit-criminel, dans lesquels les Juges peuvent décerner des exécutoires, pour leurs vacations, & celles de leurs Greffiers avant le jugement, contre les parties, lorsquelles transigent, ou cessent leurs poursuites

Exécutoire qui se délivre par le Greffier ordinaire pour les salaires de celui qui a été commis, lorsqu'il a exécuté sa commission.

L . . . Conseiller du Roi . . . ; mandons au premier Huissier, ou Sergent royal, sur ce requis, contraindre . . . de payer à . . . la somme de . . . ., que nous lui avons taxée, pour les salaires & vacations à lui dûs, comme Greffier par nous commis, pour travailler à l'information, récolement & confrontation faits par nous à la requête de A. . . . , contre B. . . , en vertu de l'Arrêt du . . . , & dont les minutes ont été par lui remises au Greffe de la Cour, suivant l'Ordonnance ; de ce faire, te donnons pouvoir. Fait à . .

(*Cet exécutoire se délivre en exécution de l'Ordonnance du Juge, au bas de la requête du Commis-Greffier ; l'Ordonnance porte :* soit délivré exécutoire au suppliant de la somme de . . . , en la maniere accoutumée , pour les causes mentionnées en la présente requête.)

Autre Exécutoire au Contrôleur de ce qu'il a payé aux témoins.

4 8. Etat fait pardevant nous . . . Prévôt royal en la Prévôté de . . . , des sommes payées aux témoins ouis ès informations, & autres procédures faites en la Justice criminelle de ladite Prévôté . . . , contre les particuliers ci-après nommés pendant le quartier de mil sept cent . . . . , par le sieur Contrôleur des actes au Bureau de . . . , sur la représentation faite par ledit sieur . . , des exploits taxés auxdits témoins, & des reçus desdits témoins , qui ont signé, ou déclaré ne sçavoir signer, en la présence de . . , Conseiller du Roi, & son Procureur en ladite Prévôté ; & de . . . Greffier-criminel dudit Siege, pour raison des crimes & délits ci-après mentionnés, & dont Sa Majesté doit supporter les frais ; ainsi qu'il ensuit :

4 9. Dans le procès commencé à la requête du Procureur du Roi en ladite Prévôté , contre le nommé B. . . , accusé *de vol & assassinats* ; les frais se sont trouvés monter à la somme de . . . , suivant la taxe étant au dos des exploits à nous représentés , au nombre de . . . , & remis audit sieur . . . . , laquelle taxe s'est trouvée conforme à celle inférée sur la minute de l'information , ci . . . . o liv. o s. o d.

Et dans le procès commencé à la requête dudit Procureur du Roi en la Prévôté de . . . ; contre C. . . , accusé de . . . , les frais se sont trouvés monter à la somme de . . . , suivant la taxe étant au dos des exploits à nous représentés, au nombre de

TABLE
DES MODELES
OU
FORMULES
DE PROCEDURES CRIMINELLES.

TITRE PREMIER.

Des Plaintes, Accufations, & Dénonciations.

§. I.

Des Informations d'office.

§. II.

Des Dénonciations.

§. III.

Des Plaintes & Accufations.

TITRE II.

Des Procès-verbaux de transport du Juge, au sujet d'effets servants à conviction.

TITRE V.

Des Décrets.

Tome IV.   Vvvv

TITRE VI.

Des Exoines.

TITRE VII.

Des remises de procédures faites en une autre Jurisdiction.

TITRE VIII.

Des Sentences de provision.

TITRE IX.

Des Jugements de compétence.

TITRE X.

Des Interrogatoires.

TITRE XI.

Des Récolements & Confrontations.

TITRE XII.

Des Élargiffements.

TITRE XIII.

Des Requêtes réciproques des parties.

TITRE XIV.

Des Défauts & Contumaces.

TITRE XV.

De la conversion des Procès ; & de la réception en Procès ordinaire.

TITRE XVI.

Des Lettres de grace.

TITRE XVII.

Du faux principal & incident, & des reconnoiffances d'écritures.

§. I.

Du faux principal.

§. II.

Du faux incident.

§. III.

Des Reconnoiffances d'Écritures.

TITRE XVIII.

De la Question, ou Torture.

TITRE XIX.

Des Conclusions diffinitives.

TITRE XX.

Des faits justificatifs.

TITRE XXI.

Des Audiences.

TITRE XXII.

Procédure dans le cas d'infraction de Ban.

TITRE XXIII.

De la maniere de faire le procès aux Communautés.

TITRE XXIV.

De la maniere de faire le procès aux Sourds & Muets.

TITRE XXV.

De la maniere de faire le procès au cadavre, ou à la mémoire d'un défunt.

TITRE XXVI.

De la procedure pour purger la mémoire d'un défunt.

TITRE XXVII.

De la procédure conjointe de l'Official, & du Juge royal, dans le cas d'un délit privilégié.

TITRE XXVIII.

Des Récusations contre un Greffier.

TITRE XXIX.

Des Sentences & Jugements.

Des prononciations & exécutions de Jugements.

TITRE XXX.

Des Appellations & Arrêts.

Tome IV. Zzzz

TITRE XXXI.

Des Exécutoires qui ſe décernent par les Juges.

Fin de la Table des Modeles ou Formules.

TABLE
DES MATIERES.

Nota. *L'Ouvrage est divisé en quatre Tomes designés par les Lettres*
A, B, C, D.

Zzzz ij

TABLE

Aaaaa

En

Tome IV.

Bbbbb

B bbbb ij

Tome IV. Ccccc

Ddddd

L

Tome IV.   Eeecc

Tome IV. Fffff

pour le même fait, B 496

Jugements de question qui ne peuvent être exécutés par les premiers Juges, B 496

Question préparatoire, B 476

Ce que c'est, B 476

De la question sans réserve de preuves, B 477

De la question avec réserve de preuve, B 477

Des conditions nécessaires pour condamner à la question préparatoire, B 478

Dans quels cas se prononce, B 479

On ne doit point y condamner un contumax, B 480

De la confession qui résulte de la question préparatoire, B 484

Question préalable.

Ce que c'est, B 485

Dans quels cas a lieu, B 485

Quidam.

Quand peut-on décréter sous ce nom, B 195

R

Rappel de ban, ou de galeres, B 411

Rapport d'effets à Justice, (*Formule de*) D 418

Rapports d'Experts, A 747

Comment servant à constater le corps de délit, B 34

Des seconds rapports, B 40

Rapport de Médecins & Chirurgiens, (*Formule de*) D 409

Rapporteurs.

Des procès prévôtaux, doivent remettre les procédures au Greffe dans les vingt-quatre heures du jugement, A 244

Rapt, C 705. Voyez *Stupre*.

— *simple, ou volontaire*, C 719

N'est cas royal, A 193

— *de séduction de filles mineures*, C 727

Comment puni, C 729

— de séduction du mineur à l'égard de sa pupille, C 737

De ceux qui abusent de filles impuberes, C 737

Circonstances qui diminuent la peine du rapt de séduction, C 738

De l'action pour rapt de séduction, C 739

Rapt de séduction de fils mineurs, C 735

— *d'enlevement de filles, ou femmes*, C 719

— *de Religieuse*, C 713. Voyez *Stupre*.

— *de violence & viol*, C 742

Est cas royal, A 193

Comment se punit, C 743

Circonstances qui augmentent la peine, C 746

Du rapt de violence contre des fils de famille, C 747

Autres peines établies contre le rapt de violence, C 747

Circonstances qui diminuent la peine, C 749

Simple attentat puni dans ce crime, C 749

De l'action pour rapt de violence, C 750

Des preuves de la violence, C 751

Des faits justificatifs dans ce crime, C 751

Accusation calomnieuse pour viol, C 752

Ratification en fait de crime, A 26

Ratures & renvois, B 94

Réagrave. Voyez *Monitoires.*

Ce que c'est, B 129

Formule de réagrave, D 449

Rébellion à Justice, D 67

Ce que c'est, D 67

Comment punie, D 68

Formule de rébellion, D 462

Rébellion aux mandemens du Roi, ou de ses Officiers.

Est cas royal, A 177

Des

Fin de la Table des Matieres.